主编 于立文

世界名人大传

第一卷

本书所撷选的名人均为人类历史上有重大影响的人物，并在此基础上不拘一格，无论哲学、政治、经济、军事、科学、文化、艺术等诸领域，都广有涉及。这便为读者提供了一种可能：从不同的人生角度去体会名人，从不同的价值角度去看待名人。其次，本人对名人的表述更为人性化。名人往往被神化，这便隔绝了名人与平凡人之间的共性。

辽海出版社

图书在版编目(CIP)数据

世界名人大传/于立文主编－沈阳:辽海出版社,2010.12
ISBN 978-7-5451-1077-7

Ⅰ.①世… Ⅱ.①于… Ⅲ.①名人－传记－世界
Ⅳ.①K811

中国版本图书馆 CIP 数据核字(2010)第 244608 号

责任编辑:段扬华
责任校对:顾　季
封面设计:黄　辉

出 版 者:辽海出版社
社　　　址:沈阳市和平区十一纬路 25 号
邮政编码:110003
电　　话:024-23284469
E-mail:dyh550912@163.com
印 刷 者:北京德富泰印务有限公司印刷
发 行 者:辽海出版社

幅面尺寸:170mm×250mm
印　　张:80
字　　数:2800 千字

出版时间:2010 年 12 月第 1 版
印刷时间:2010 年 12 月第 1 次印刷
定　　价:696.00 元(全四卷)

序　言

　　这是一部历时弥久、精心编纂的多卷本立体型著作，全书分别从政治、经济、军事、科技、文学艺术等领域遴选了多位对人类有杰出贡献的人物传纪精选，内容充实，可读性强，不受"时空二大"制约，上下几千年，纵横全世界，百位伟人星光灿烂，相约一个地球村，齐聚一部伟人传，构建出一座荟萃人类智慧的耀眼殿堂。当我们打开书卷，便立即觉得霞光万道、瑞气千条、英气逼仄、眩人眼目。

　　我们不需要一定成为出色的政治家、指挥若定的军事家、杰出的科学家、知名的作家、成功的企业家，但一定要修身齐家，这是做人最起码的准则。那么，让我们和这些伟大的人物从心灵上交流、从思想上沟通、从行动上对话，提高自己的综合素质，以适应异彩纷呈、日新月异的时代。

　　在指导思想上，编者力求创意出新，不蹈旧辙，不炒剩饭，不拾人牙慧，不哗众取宠，尊重历史，尊重现实，给读者以实实在在的感觉。

　　在编排布局上，涉及 5 个领域，读者可于茶余饭后忙里偷闲顺手从书架上随意抽出一本，任意浏览，皆独立成篇，不至如长篇巨制之小说，突然事临又惦着人物命运不忍释卷而误事。

但是，由于编者水平有限，难免挂一漏万，敬请见谅。

编　者

目　录

世界名人大传

目录

三

世界名人大传

目录

六

世界名人大传

目录

七

世界名人大传

目

录

九

恺　撒

早年生活

　　罗马的苏布拉区恰恰不是一个富人区,它人口稠密,位于中心广场的西侧,大概相当于今天的卡武尔街地区。然而,在位于这里的一栋房子里,公元前 100 年 7 月 13 日,诞生了盖尤斯·尤利乌斯·恺撒。恺撒的家族尤利氏族属古罗马贵族之家,是古老的名门望族,而且是最高贵的望族之一。

　　恺撒的母亲奥雷莉娅也是出身于一个政治上有影响的有声望的古老家族。她对儿子所受的教育施予了最强烈的影响。就像人们确信恺撒独具天赋一样,人们也确信他曾受到过最优良的课堂教育。大约从 10 岁起,他开始从师于被认为是出色的古希腊和古罗马文学专家马可·安东尼·格尼弗,因为掌握两种语言和文学,在当时对一个有教养的罗马人来说是不可或缺的。于是,恺撒开始学习读写,而且是根据由李维·安德罗尼柯和荷马本人翻译的旧拉丁文译本《奥德赛》来学习的。他学会了一门精美的语言,打下了对于政治家来说至关重要的演讲艺术的基础,还打下了他以后也还有过实践的赋诗艺术的基础。

　　恺撒是在公元前 84 年 3 月 15 日受成年人着装礼的。他的父亲还主持了这个仪式,但就在儿子即将年满 16 岁之前,父亲却在一天早晨穿衣时不幸猝然死去。在一般的仕途上,父亲曾官至第二高官——大法官的高位。因为年轻的恺撒即使是在受成人礼之后也一直处在家长的绝对的族权管束之下,所以,父丧对他来说是彻底的独立了。同时,母亲对他的重要性则日益增长。

　　恺撒出生的罗马时代,正是所谓的罗马革命的时代。这一时期从公元前 133 年提比里乌斯·格拉古的出现开始,至公元前 31 年亚克兴之战为止。这一百年间,在严重的内战中,完成了从旧的罗马共和政体向君主政体的过渡。

　　这就是年轻的恺撒在脱去少年装、步入成人圈时所面临的世界,这就是出身良门的年轻人所面临的可能性。从教育者们的清规戒律中独立和解脱出来,他非常高兴,并且随着父亲的去世,这种独立和自由感还有所增长。他可以读其所愿,写其所想——人们不仅听说他在尝试写悲剧,还听说他在大胆地作诗。面对罗马的生活为一个高贵家族的后裔提供的各种吸引和可能性,他并不固步自封。他性情温和,讨厌强制,紧腰束带会令他感到不舒服。他不顾尽管看上去可能不像男子汉,仍把长袍松散地穿在身上,令下摆自由飘动。柔弱、白皙的肤色,瘦高、修长的肢体,更增强了他的温文尔雅的形象。但是他走起路来昂首挺胸,身体富有弹性,健壮有力。他在骑马、击剑和游水方面的成绩,是他自少年时代以来长年苦练的结果,他的游水本事后来曾经救他一命。他的健康状况很好,炯炯有神的黑眼睛显示出力量。他一生注重外表,他着装仔细,甚至穿戴入时。他不仅让人为其刮脸、修发,还要剃去身上所有的毛。在后来的年代里,秃顶使他十分苦恼,他把头发小心地朝前梳理,以为遮掩,令他感到特别高兴的是,元老院作出一项决定,允许他永久头戴桂冠。

恺撒的父亲去世后,与马略的妻子尤莉娅建有联系的当政者们,选定恺撒去任专神祭司迪亚里斯的职位——最高神丘必特祭司。就在这时,他解除了与出身骑士家庭的科苏蒂娅的已定婚约,并与秦纳的女儿科尔奈莉娅结婚。恺撒家族与民众派的领袖们的联系得到了加强,马略的妻子尤莉娅,很可能就是婚姻介绍人。然而这桩婚姻同时又是恋爱婚姻,恺撒真诚地爱上了自己的妻子。公元前83年出生的女儿尤莉娅,恺撒在一生中都给予了特殊的关爱。在此,在恺撒的生命中,个人情感和政治愿望首次协调一致。这对于恺撒来讲,是具有特征性的。

恺撒被选为公元前68年的财务官。财务官在罗马和各行省都是财政部门的长官,协助最高长官参与管理。担任此官,便打开了通向元老院的道路。

公元前65年,他又担任了营造治安官一职,作为营造治安官,他要在罗马进行警察监督,关心公众娱乐活动,还要监督市场。他与贵族派马可·比布鲁斯共管这一部门。公元前64年,他成为预审法官(刑事陪审法庭主席)。公元前63年,祭司团主席逝世。虽然任此职对恺撒来说实际上还显得过于年轻,但他仍申请争取这个最高祭司的职位。

第二年,他成为大法官,这是法官职务上的最高职位,当执政官前的最后一级。公元前61年,他接受了对南西班牙行省的管理权。

在西班牙,由于几次较大的行动,他第一次赢得了军事荣誉。他把军力由20个步兵队提高到30个步兵队,征服了总能摆脱罗马统治的山地部落,并使他们定居下来。军事讨伐为军官和士兵带来了战利品和荣耀,军队将恺撒视为统帅,向他欢呼致意。元老院决定为他举行酬谢庆典,出现了凯旋罗马的可能。在民事管理方面,他也在继续着自己以财务官身份开始的事业。

公元前60年,当恺撒从西班牙行省返回时,尽管他在财政上得到恢复,并有望率军向卡皮托尔神庙山胜利进发——这是罗马将要给予的最高荣誉,但是,十年来的国内政治活动,带来的成果不大。他掌握了政治游戏的所有手段,他证明了自己的精神优势和在民众中的威望。人们应对他有正确的估计。但同样清楚的是,仅仅用这些手段是不能掌握国家的,还需要真正的权力。通向这个真正权力的路,自马略和苏拉以来就已被标明,庞培就是走这条路的最后一人。这条路叫作:夺取军权。眼下,这条路先将恺撒引向执政官位,根据他的年龄,公元前59年的这个职位,已向他敞开了大门,然后再兼某一行省的最高长官。恺撒已然不顾一切阻力,坚定不移地走上了这条路。

初任执政

早在恺撒申请执政官位时,对手就为他设置了障碍。按规定,个人应在罗马申请登记,但谁要想庆祝凯旋,事先就不得越过神圣的罗马城界,因为这样的话,他就会丧失他的指挥权,而没有这一权力,他也就不能举行凯旋仪式。于是,恺撒留在城外,并请求元老院免除他亲自登记的义务。在这类情况下,颁布这种豁免令并不困难。但是卡托却以超过元老院会议规定的结束时间的持续演讲阻挠通过或许给自己带来不安结果的决议。这种议会中的拖延伎俩,人们那时就已谙熟。恺撒后来放弃了凯旋仪式,并及时进城登记,这体现了恺撒目标明确和公正客观。对手们看到了自己能从恺撒身上期待什么，便不惜巨大的金钱牺牲，以使至少他们的一个人与恺撒同成为执政官。这次又是比布鲁斯，他在作营造治安官和大法官时就已是恺撒的同事，但并不总是使他高兴。之后，贵族派便企图挫败恺撒在执政年以后时间里的各项计划。元老院当时就作为责任向两位执政官委派了使命：管理意大利的森林业和筏运业。以此，他们希望恺撒远离军事指挥权。

　　贵族派还企图以同样的手段使庞培瘫痪。庞培公元前61年以战胜者姿态从亚细亚班师，并且非常忠实地遣散了自己的军队。公元前60年期间，他试图借助作为朋友的民众保民官和其他官员的帮助，从自己在东方的胜利中获取收益。问题首先涉及的是，给那些老兵提供土地，落实所谓的"庞培计划"，也就是他在亚细亚实行了的新秩序。可是在这方面，元老院也采取了拖延伎俩，进行阻挠。两位面对同样困难的政治家的联合，已为期不远。恺撒不仅完成了这一联合，他还使庞培确信，只有再加上克拉苏以其经济实力的加入，这一联合才会不可战胜。尽管二人间有个人矛盾，但恺撒仍使其趋于平衡，并促使政治上的目的性战胜了感情冲动。他还想把西塞罗拉过来，但西塞罗的反应却是缄默。这样，在三个罗马城最强的民众派领袖间，形成了同盟。他们越是团结一致，他们的影响也就越无人敢挡。这就是所谓的第一三头，又称前三头（公元前60年），这当时是一个秘密的私下约定。三个人对共同的行动负有义务，任何未经三人一致同意的事，均不得做。这种关系由于下一年的联姻而变得更加紧密。庞培与恺撒惟一的女儿尤莉娅结婚，只要尤莉娅活着，她就能保证恺撒与庞培联盟的持续存在。恺撒娶卡尔普尼娅为第三任妻子，她是鲁齐乌斯·卡尔普尼乌斯·皮索之女。皮索与一个叫奥鲁斯·加比尼乌斯的庞培追随者被确定为恺撒和比布鲁斯的继任人，即公元前58年的执政官。新的执政官应保证恺撒作执政官时所采取的政策的连续性。通过以上种种，恺撒的政策已具有了稳固可靠的基础。反对者们那些无济于事的嘲讽，也无法改变这种情况。比如，博学家马可·忒伦底乌斯·瓦罗就曾写过一篇叫作《三头怪物》的讽刺文，来反对他们。"三头怪物"原来指的是希腊神话中冥府看门狗塞卜洛士。

　　没有什么再能阻拦恺撒实现他为执政年所制定的计划。但他首先是以平和的方式担当元老院中反对派的合作者，为自己同事的虚荣心做一些让步，并且在元老院中表明要与其合作，因为如果他们二人分裂，国家就会受损。他以这种方式试图使对手成为合作者，共同制定移民法，移民法的制定是他在执政年中的主要作为。恺撒的建议显示出，他从鲁卢斯的失败中多有所学。属于村镇或大农场的生产性田地未被用作移民之用，土地应在自由市场上买得。为此所需要的资金，来自庞培的战利款和他所获得的那些行省的税收。以冒着公民的危险而获取的东西，必须再还用于他们，这就是论据。各块土地20年之内不得出卖，这之后，则应彻底成为移民的私有财产。一个由20人组成的委员会负责移民工作的实施。恺撒自己放弃了进入委员会的竞选，他也回避给人留下有个人兴趣的表面印象：……他愿满足于已草拟出的法案，并将其提交出来。早在就职之前，他就公布了法律草案。对于他来说，问题在于，与元老院合作去实施法律。与十年后内战爆发时一样，他现在要认真对待这种平衡。他当然清楚地知道，通过元老院使移民合法化的意义有多大。如果尽管如此，他仍被挤兑到合法性之外的道路上去，那么，这二者均在于反对者拒绝搞平衡，虽然是出于正当的原因也罢。他们当然知道，与恺撒合作会使恺撒更强大，而他们的地位则会被削弱。当这位新的执政官根据法律草案要求议员们逐一表态并宣布未获批准者,他准备随时修改甚至删除时,元老院则试图以推迟方式加以拖延,恺撒对此也无法违抗,因这时他正根据职权欲对卡托采取措施并将他逮捕。但有如此多的议员声明支持卡托,愿与其一同赴监,恺撒不得不做些让步。他高声宣布,他让议员们做法律的判官和主人,倘若某项规定未被他们批准,它就无须提交国民大会。但由于他们不愿参与事先商讨,由于元老院的反对,他就不得不违背初衷,将一切提交全民做出决断。这时比布鲁斯试图出面干预,声称,他要作为另一位执政官无论如何也要阻止住法案的受理。他滥用宗教规定,继续拖延,以使国民大会无法召开。他指出预兆极为不祥,禁止召开国民大会。此外,他还宣布,本年度还可考虑定为召开国民大会的日子,一律改为节日。他作为执政官是有权这样做的。如果恺撒不顾这一切,仍促使法案的受理,那是无效的。面对这些破坏活动,恺撒放弃了一切打算,吁请他的"三头同志"给予帮助,并达到了使法案为国民大会接受的目的。这当中出现了暴力行为,部分是由于有组织的歹徒帮伙的介入,比布鲁斯和卡托首当其冲受到了伤害。元老院被吓坏了,结果,它尽管开始反对,这时也不得不做出法律中所要求的宣誓,不再反对这个法案的施行。比布鲁斯引退家中,放弃一切公务活动,乃至放弃发布旨在阻碍恺撒的公务行为和使这些行为失去法律基础的赦令。罗马的城市幽默是这样反应这件事的,讽刺普遍以两位执政官的名字作纪年的方法,结果出现了"尤利乌斯和恺撒执政年"的笑话。

宣传方面的冲突在整个这一年中都在继续,当三头出现在剧场或竞技场的群众大会时,有时受到的是欢迎,有时遭到的则是不满。在宣传中,出现过一起与普卜利乌斯·韦蒂乌斯之间的不明事件。这个告密者想要揭露贵族派领袖间的一个所谓秘密的约定,其中包括西塞罗和鲁库鲁斯。这个约定要谋害庞培。这对恺撒来说是颇受欢迎的宣传资料。但是韦蒂乌斯很笨,自相矛盾,后来根据恺撒的命令被除掉了。这样,韦蒂乌斯提供的情报是否确有背景,或者他仅仅是个奸细,一直是个谜。

继耕地法之后,又制定出了其他一些法律。一个法律附件也把生产性用地包括进去之后,是落实"庞培计划"。还有一项法律免除了包税人的一部分包税额。这些法律明显是为庞培和克拉苏利益服务的。但这些法律的作用,已超出了庞培和克拉苏,这是恺撒做事的特色。耕地法不仅帮助庞培的老兵,更主要的是,它还使很多家庭获得了土地,孩子多的家庭受到优待。2万名公民被移民安置。在第二次布匿战争期间被摧毁的卡普阿,又得以重建。未来才显出这项法律的完整意义,后来可追溯到恺撒的许多法律,使其形成了意大利的完善的新秩序,当时全体罗马公民就居住在这块土地上。

同样,降低包税也减轻了各行省的负担。恺撒明确公开地恳切劝导包税人:他们今后在承包时不应再过分地出价。对此,出台了关于行省管理的各项法律和一项反对勒索逼取和贪污侵吞的法律,它对罗马、意大利和各行省的所有官员一样有效,明确规定了哪些进款是被禁止的。还有一项法律使5000公民作为垦殖者前往科莫,这一新的措施代表了波河北岸住民的利益。曾经支持过庞培出征犹地亚地区的吹长笛者托勒密,也受到奖赏,不仅得到了金钱,还被授予"罗马民族的朋友和同盟者"的称号。日尔曼王侯阿里奥维斯特,最后也得到了荣誉,恺撒在第二年将更多地和他打交道。

由于比布鲁斯的拖延,恺撒的所有法律虽然得以确立,但其有效性均以表面的原因而受到非难。恺撒的反对者得以在他执政期届满后对他提起诉讼,追究他的执政责任。这时,一个与执政官位紧密衔接的总督官位,为他提供了安全庇护,阻止了对他的起诉。元老院曾想通过让恺撒负责监管森林而堵塞他的这条道路。可现在民众派却把阿尔卑斯山这一侧的行省高卢(山南高卢或内高卢)和亚得里亚海东岸的伊利里亚交给他三年,同时还有五个军团。这样,恺撒就掌握非常指挥权,并且距首都非常之近,以致他可以对首都发生的事件施加影响。他对此感到异常高兴,他说:与我的对手们的意志相反,在他们的呻吟中,我如愿以偿,我现在可以随心所欲地对待他们了。对此,一个反对者无聊地指出"这可不会轻易地使一个女人高兴的"——这是暗指恺撒与尼肯米达斯所谓的关系,恺撒则反唇相讥:塞米拉米斯曾是叙利亚的女王;亚马孙族女战士也统治过小亚细亚的大部分地区。而当此后外高卢纳博讷行省的总督意外地死亡之后,元老院根据庞培的提议,把这一行省也交给了恺撒。

　　这样一来,就排除了被起诉的危险。但即使是这时,恺撒仍做好了应付一切的准备,以避免留下他感到害怕的表现印象。比布鲁斯在卸职时虽然受到保民官的责难,未能在去职誓言之后就政治局势发表演讲,但是,当两位大法官在恺撒卸职后就其不合法的职务行为提出报告时,他要求元老院进行调查。元老院感到非常害怕,再次采取拖延策略。在经过三天的毫无结果的辩论后,恺撒开始越过城界,以行使他的指挥权,这从法律上是无懈可击的。但他仍留在罗马附近,直至那里局势平稳、不再令人担心为止。虽然通过执政官皮索和加比尼乌斯可以保证以三头的思想来治理国家,但反对派仍支配着一些官职,看来,使其主要代表人物陷于瘫痪仍是必要的。这些人当中主要是西塞罗——恺撒可能非常了解他的精神能量,另外还有卡托。恺撒曾反复争取过西塞罗,并为他在移民委员会中提供位置,也为他提供过军职,但他却保持他的贵族派信念不变。当他一次对其反对派恶语相加后,出现了对抗。西塞罗的老友克劳狄乌斯早就希望转成平民,去做民众保民官——他作为贵族是无权担任此职的。惟一可能的方式,是被某个平民收为义子,而这要有祭司团的同意。恺撒在此之前一直予以拒绝,现在他表示同意接收这个曾一度是他第二任妻子的情人的人为他供职。克劳狄乌斯遂成为民众保民官。就是他,当初阻止比布鲁斯在卸职时发表演讲。现在他在反对西塞罗,而且日益激烈,对恺撒劝他为自己留下后路,但他对之不屑一顾。对西塞罗的攻击开始了。克劳狄乌斯提出一项法案,要对那些未经向国民大会诉告便对罗马公民判处死刑的人,施以流放和没收财产的处罚。这是指西塞罗而言的,因为他处死了喀提林党人。这时,一切恳求和对当权者的疏通均无济于事。法案通过了,形成法律,西塞罗在起诉书到来之前,自愿选择了流放,地点是萨洛尼基。克劳狄乌斯煽动乱民捣毁了西塞罗的家。卡托是在后来才被逐出罗马的,给他的任务,是将塞浦路斯岛划归为罗马的行省,理由是,那的国王——"吹笛者"的一个兄弟——支持海盗劫掠。这是在恺撒起程前往自己的行省之后才发生的事。恺撒是在罗马附近滞留三个月后前往那里的。

高卢征战

　　人们弄不清楚,是什么原因促使元老院把外高卢作为行省也交给恺撒的。是想防止一个可能的、还更一进步的国民决议？或是人们希望以这种方式使恺撒更加远离首都,因为不安的局势要求他到阿尔卑斯山那边去？或是人们想要破坏恺撒可能从波河平原出发向萨瓦河、德拉瓦河和多瑙河的占领性进军计划？在这种情况下,人们就可以对恺撒在做执政官时与阿里奥维斯特所缔结的友好盟约做出解释:那是试图建立高卢边境的安宁。恺撒并未周密计划过要在高卢采取较大的行动。当他赴任总督不久被迫要在阿尔卑斯山另外一侧采取主动行动时,他尚未认清复杂的政治关系。只是到了来高卢后的第一个夏天,他才得以彻底认清。

自由的高卢西界为大西洋和拉芒什海峡(即英吉利海峡)。向东,莱茵河大致构成与日尔曼人的边界。在南方,塞文山脉和罗讷河上游将其与罗马行省隔开。住民为凯尔特人,凯尔特人属印度日尔曼民族,其居住地还有不列颠、南德意志和波河平原。在这里居住的凯尔特人,在恺撒时代已高度罗马化了。他们经过迁徙到达巴尔于及小亚细亚。从公元前1世纪初以来,他们在来自北方并且已越过下莱茵的日尔曼人面前步步退却。公元前70年以来,他们也推进到了上莱茵。凯尔特的政治划分,是以各单个部族为基础的,他们的政体更多地是君主式的。但到了恺撒时代,又大多为大贵族家族统治。在部族国家之间,存在着扩大了的当事人关系,各单个部族的统治地位就是由这种关系生成的。有两大派别贯穿于各部落之中,一个更倾向于君主制,另一个则主张贵族统治。为保障通往西班牙的道路安全,罗马早在公元前2世纪就已在高卢的南部站住了脚根。当时发生了与阿维尔尼人的战争,奥弗涅山脉就是以阿维尔尼人命名的。他们这时是中高卢的统治者。罗马通过对阿维尔尼人的胜利,确保了对这一地区的占有,建立了以首府纳博讷命名的纳博讷行省,但却放弃了对塞文山脉以北的占领(公元前122年)。公元前1世纪60年代,特别是由于日尔曼人的压力,高卢明显变得动荡起来。当时,海都尔人(勃艮第)取代了阿维尔尼人在中高卢的统治地位。这时,塞卡尼人在弗朗什孔泰和上阿尔萨斯(上莱茵省)攫取了统治地位,并求助于日尔曼人。在前面已提到过的阿里奥维斯特的率领下,斯维比部族越过了莱茵河,塞卡尼人靠与他们的结盟,于公元前62年在马哥托布利加(具体位置不详,或在勃艮第,或在弗朗什孔泰)战胜海都尔人,可同时也将日尔曼人引进家门。他们必须将自己耕地的1/3让给日尔曼人,统治权落到了阿里奥维斯特手中,而不是他的同盟者手中。他就像在自己的国土内一样,开始在阿尔萨斯进行安排。长期以来即为罗马的同盟者的海都尔人,希望在罗马寻求帮助,执政的贵族派领袖狄维查库斯,亲赴罗马,请求元老院援助。但是元老院仅做出一项决定:纳博讷行省的代理总督应根据可能支持海都尔人和罗马民族的其他朋友。于是,一切都是开放性的,阿里奥维斯特于公元前59年也得到了一个罗马民族的朋友的称号,这对澄清局势没有帮助。

促成新的发展的是赫尔维蒂人。他们居住在上莱茵、瑞士汝拉山、日内瓦湖和阿尔卑斯山之间的地区。还在公元前2世纪末,他们就占有了从上莱茵和黑森林到美茵河的广大地区。从他们的退却中,可以看到日尔曼人的压力之强大。由于他们一如以前仍在承受这种压力,他们决定再次退却,想要穿过高卢,尽可能地向远方迁移,在吉伦特以北的富饶之地寻找自己的新家园。这个计划出自贵族奥尔格托利克斯,他在追寻着自己的目标。他与海都尔人和塞卡尼人的君主制拥护者的领袖杜姆诺利克斯和卡斯蒂库斯订立了一项秘密协议:随着赫尔维蒂人的行进,他们要在所有三个部族建立君主政体,褫夺阿里奥维斯特的统治权。当这一计划泄露后,赫尔维蒂人清除了奥尔格托利克斯,但仍坚持迁徙。恺撒认为这是对其行省的威胁,因为他们的行进要通过罗马行省的最北端,即阿洛布罗格人的地区。但发生不久的骚乱表明,阿洛布罗格人是靠不住的。赫尔维蒂人请求恺撒允许他们通过,恺撒拖住了他们,同时通过野战工事稳固罗讷河边界,并拒绝了赫尔维蒂人强行通过的企图。于是,他们便沿罗讷河与汝拉山之间的沿岸道路,通过塞卡尼人的地区向西行进。然而,恺撒仍感不安。好战的赫尔维蒂人在吉伦特一带定居,在恺撒看来,这是对行省的一大威胁,特别是对西部图卢兹一带的威胁,因为那里没有天然屏障。有鉴于此,他越过行省边界罗讷河,来到里昂以北,这时海都尔人还没有请求保护他们抵御赫尔维蒂人的通行。当这一请求到达恺撒那里时,他非常欢迎,因这证明了他的行动的正确。尽管海都尔人反罗马的拥护君主制的党派领袖杜姆诺利克斯设置了困难,恺撒仍能跟踪赫尔维蒂人,并在数次小规模交战后,最终在海都尔人的首府比布拉克特附近(欧坦迤西的蒙伯夫赖)将其重创。幸存者必须重返故里,以使那里免遭向此处拥进的日尔曼人的占领。

为了进行这次出征,恺撒加强了自己的军队。他在行省最早有一个军团(第10军团),负责对付赫尔维蒂人。这时他又通过穿越阿尔卑斯山(蒙热内夫尔山口)的强行军,把驻守波河平原的三个军团(第7、8、9军团)调往高卢,同来的还有他在意大利快速招募的两个军团(第11、12军团)。一个军团的编制为6千人,分成10个大队,每队再由6个百人队组成。他们的军徽标志是一只鹰。罗马士兵受过优良的训练,日行军能力在22公里,但也可远远超过这个速度。这是非常惊人的,因为每晚一般要宿营扎寨。进攻武器是开战用的投枪和近战用的西班牙短剑。步兵战时军队呈三列排阵。防御武器有头盔、革制铠甲和盾牌。给养每人每天850克未加工的原小麦,士兵或他的身为奴隶的马弁,须将其磨成面粉烹制。为此,每位伙伴要在驮畜上自带一个手提式磨,把面粉加工成一种面饼,大多情况下没有脂肪类佐餐。此外,人们还烤制一种薄煎饼。肉类只是粮食匮乏时的一种辅助食品,这就表明士兵所依赖的伙食供给有了困难。当然,1940年在法国由于快速进军,致使许多天面包跟不上时,尽管士兵有充足的肉食享用,但总感到饥饿。为指挥军队,恺撒在身边设有几位副将,他们一般是军团的指挥者,他们来自罗马的高贵家族。恺撒最重要的一位副将,就是他在国内政治斗争中就已结识的梯特·拉比埃努斯。副将之外,是军事保民官。百人队由百人队长指挥,他们是从百人队中擢升出来的。军团的重兵,由装备较轻的辅助部队来承担,辅助部队连同骑兵则由同盟国来提供。

对赫尔维蒂人的胜利,一下子使罗马获得了在中高卢的霸主地位。之所以这样说,是因为高卢各部族若举行部族议会,要为此请恺撒允准。根据商议的结果,他们派代表再次前往恺撒处,请求他保护他们来对付阿里奥维斯特,与阿里奥维斯特结盟的塞卡尼人感觉到的他的压力,不比其他高卢人的少,更何况他还在调遣更多的日尔曼人越过莱茵河前来。这对恺撒来说,是一个确立罗马在高卢的统治地位的有利机会。他首先试图通过谈判之路来刹住与他订有友好条约的日尔曼人的推进,但未成功。于是,他决定违背自我,在阿里奥维斯特先他之前,占领塞卡尼人的首府贝桑蒂奥(贝桑松)。这在士兵中引起了恐慌。日尔曼人自金伯尔战争以来就有着神话般地勇猛和富于战斗力的名声,对日尔曼人的恐惧非常之大,将会导致士兵抗命。恺撒召集军官和百人队长,发表了一次重要演讲,借此,他稳住了局面。为安定人心,他指出,与阿里奥维斯特订有友好关系,他让大家回想马略对金伯尔人和条顿人的胜利,回想他自己对并不逊于日尔曼人的赫尔维蒂人的胜利,着重强调了他作为指挥官的地位和他独自承担的责任,并宣布,他无需惧怕抗命不遵。为了证明这一点,我将马上实施我为下一步制定的计划。明日拂晓队伍开拔,以尽快发现,在你们身上的荣誉感和义务自觉性,是否比恐惧心更强有力。倘若还无人跟我走,我将自行率领第 10军团出发。因为我对第 10 军团从不怀疑,它将会作为我的御林军效忠于我。

这一演讲大鼓士气,刚才还沮丧气馁的人,也要求随队开拔。恺撒率队通过勃艮第隘口,向阿尔萨斯推进。在那里的米尔豪森地区,他与阿里奥维斯特相遇。后者这时已准备进行个别谈判。于是,在一座小山丘上,二人骑在马上举行了会谈。恺撒指出,承认阿里奥维斯特的国王地位,也承认他是罗马民族的朋友,这要归功于他的影响,并阐述了这一承认的意义。之后,他向阿里奥维斯特解释了罗马对同盟者海都尔人的义务,罗马不能容忍海都尔人的削弱。紧接着,他反复要求,阿里奥维斯特不得进犯海都尔人和他们的同盟者,应遣返他们的人质,并不得再调新的日尔曼人越过莱茵河。早在此之前,他就以公元前 62 年的元老院决定为根据,申述了这一要求和他的行动的理由。根据决定,行省总督应对海都尔人给予支持。这时,发生了决定性的舌战,日尔曼人的首领显示出自己是匹敌的对手。这位首领说,他并不是主动越过莱茵河的。相反,他是受到了高卢人的请求和呼唤而来的。他离开自己的家乡和部属,并非没有高卢人为他许下的庄重诺言,也并非没有美好的前程。他在高卢的居住地,是高卢人自己出让给他的,人质也是自愿的。征税,是他作为战胜者根据战争法所获得的权利而进行的。因为是高卢人先侵犯了他,而不是相反。但是他把高卢人全部打败了。罗马民族的友好,应为他带来声誉和保护,所以他才在寻求这种友好。他命其他的日尔曼人前来,是为了保卫自己,不是为了侵犯高卢。然后,他提出了主要论据:他比罗马民族更先来到高卢,以前从未有哪支罗马军队越过行省边界。你想干什么,恺撒?你为什么到我的国度来?这一侧的高卢是我的行省,那一侧的高卢才是你们的行省。就像你们不会容忍我进犯你们的行省一样,你们也不能无理妨碍我的权利。说完,他尽情嘲笑了一番罗马对海都尔人的义务。我还没有愚蠢到无知的地步,在最近的反对阿洛布罗格人的战斗中,海都尔人并未援助罗马人,罗马人也未帮助海都尔人来反对我。

如果说,阿里奥维斯特如此举出他取胜的事实和是他先来到中高卢的,那么,恺撒对此也针锋相对。将有功于己的同盟者弃置不顾,这既不是他的习惯,也不是罗马民族的习惯,而且阿里奥维斯特并非早于罗马民族来到高卢。阿维尔尼人和鲁特纳人被昆图斯·费边·马克西姆打败,但罗马民族宽恕了他们,没有将他们的土地改为行省,也没要求他们赔款。如果问题在于谁来在先,那么,罗马最有理由要求统治高卢。如果按照元老院的决定去做,那高卢则须自由化,元老院给予了高卢自治权,虽然高卢曾在战争中被攻克。用高超的外交技巧,恺撒指出,放弃吞并阿维尔尼人的土地,这表达了元老院的意志,即:高卢应自由化。恺撒还由此提出自己一方有义务保卫高卢人的自由。可见,问题很清楚,双方的观点无法协调,只能诉诸武力。经过长时间的斗智和激烈的交战,恺撒取胜,阿里奥维斯特和大部分日尔曼人逃向莱茵河对岸,只有一部分仍留在阿尔萨斯。这一胜利为恺撒在中高卢奠定了稳固的统治地位。

罗马军团驻扎高卢已是自明之事,他们将在这里建起自己的冬季营地。恺撒则在这寒冷的季节前往上意大利,去履行他总督的职责。

中高卢局势惊人的变化,是一次重大的胜利,但也使比利其人陷于不安,尽管并未直接波及他们。比利其人是居住在塞纳河和马恩河以北及至沿海和莱茵河的高卢人。很早以来,日尔曼各部族就沿着这一水路向前推进,并在比利其人中站住了脚根。凯尔特日尔曼比利其人尤其勇猛善战。现在,他们团结一致,抵挡恺撒可能的北进。只有雷默人——他们的名字保留在了"兰斯"这个地名中——没有参加到比利其人中来。他们从前一年的事件中得出结论,必须推行一种和平政策,与恺撒妥协。恺撒看到,对方结盟是个危险,于是,又调来上意大利的 3 个军团。这样,他的军力已达 8 个军团,双倍于他刚上任总督时所能支配的军力。这时,公元前 57 年初,他开始北进。雷默人交出了军事行动基地。为此,他们在战争胜利后在比利其人中赢得了优先地位,类似于海都尔人自战胜阿里奥维斯特以来所再次拥有的那种地位。但是和海都尔人相反的是,雷默人始终坚持自己的决定不变,从不动摇对恺撒和罗马人的忠诚。

比利其人首先试图以各部族的总动员来迎击罗马人,俾以数量上的优势战而胜之。恺撒号称率领 30 万大军,这可能有些夸大。比利其人占有数量优势,超出恺撒 8 个军团 4 万人。然而,他们却无法应付出现的组织方面的困难,无法解决这一庞大的军队的给养问题。这样一来,恺撒便得以在埃纳河畔未经什么大的战斗轻而易举地以谋略取胜。比利其人不得不把过于庞大的队伍分散,转而各部族各自为战。这减轻了恺撒行动的难度,他便得以把各部族各个击破。在海讷高和康布雷地区,他遭到了被认为是极其凶猛的内尔维尔人的激烈抵抗。内尔维尔人与阿特雷巴特人和威罗曼都尔人一道,埋伏于欧蒙附近莫伯日以西的桑布尔河谷的森林,等待罗马人的到来。这一战役的发生过程是戏剧性的,它的结局是由恺撒的亲自上阵而决定的。恺撒自己对此曾有过一段描述。下面就是这段简述:

由北向桑布尔河接近的罗马人,看到了这条河,两侧是缓缓而降的斜坡。在河的对岸,上升的斜坡不久便消失在树林中。沿河,人们能发现比利其人的骑兵据点分布。河深三英尺,也就是说,渡河很容易。

罗马军队的先头骑兵和石弩手越过河,将高卢的骑兵驱回树林,而自己却不跟随而入。同时,罗马的六个军团,也就是主力,在桑布尔河以北的小山脊上开始挖筑工事。随军团而来的,还有辎重队。就在辎重队出现在山坡上时,内尔维尔人及其同盟者从树林里冲了出来。他们从趟过的河边,跑步向小山丘正在挖筑工事的罗马军团扑来。

恺撒已没有时间做出正常的反应,去升起作为报警信号的旗子,去吹响把士兵从挖筑工事中召来的号声,去部署有秩序的战线,去忠告士兵和去发布进攻命令。但这些均为士兵们的训练有素所弥补,再加上有受恺撒之命与自己的挖筑工事的部队在一起的副将们的参与,即使没有恺撒的指示,也能指挥若定。

恺撒立刻赶往发生战斗的部队,首先来到与第 10 军团同在左翼的第 9 军团。在简短鼓动之后,他发出了开始战斗的命令,因为敌人距离已不到一箭之地了。然后他又赶往右翼发布攻击令,但却遭遇一支已经卷入战斗的队伍。一切发生得都是如此迅速,以致士兵们都未及做好武装准备,也没有时间做好正规部署。

进攻神速,地势倾斜——这一切使统一指挥成为不可能。战役转为小分队各自为战,战役已脱离恺撒的掌控。从他的位置看到的情况如下:

在他所来到的左翼,第9和第10军团正迅速将由于突击而已疲乏的阿特雷巴特人驱回河边,逼迫他们渡河,并追随他们涉水而过,在上坡地带再次粉碎了他们的抵抗,将其击退。在中路,第8和第11军团击退了威罗曼都尔人的进攻,并在河边与其展开肉搏。由于这一向前推进,左侧和中间的阵地便裸露出来,只有右翼还有第12和第7军团。内尔维尔人向这里发动了进攻,一部分敌人已通过中路和左翼的空隙突破阵地,另一部已开始对这两个军实行包围。

内尔维尔人在阵地中击溃了恺撒的骑兵(骑兵通常是集中在推进中的步兵的后面)以及辎重队,他们高声喊叫,四下奔逃。当高卢人的骑兵后备部队从特里尔地区看到此情此景时——阵地被攻破,军团被包围,四下都是散兵游勇,他们飞奔而去,将回家通报:罗马人已被打败,内尔维尔人已将其阵地和辎重占领。

恺撒看到了所有这一切,他眼前发生了一场灾难。第12军团的士兵们乱作一团,自相践踏,无力再战。第4大队所有的百人队长和护鹰徽官全部阵亡,鹰徽也已遗失。在其他大队,几乎所有的百人队长非伤即死,其中包括勇敢的普卜利乌斯·塞克斯蒂乌斯·巴库鲁斯,他几乎已经无法站立,其余也是奄奄一息。在后面已有一些人溜号,在弹石弓矢面前屈服,甚至企图投敌。就是这样,敌人还是从四面不断压来。事情到了危急关头,而且远近又无救兵来援。这时,恺撒亲临前敌。他夺下最后一排一个士兵的盾牌,亲自站到前列,逐一点叫百人队长,鼓动士气,并下令拉大距离前进,以使武器能更便于操作。恺撒的出现给了士兵新的希望,增加了他们的勇气。尽管形势严峻,每个人都愿在统帅面前一显身手。这样一来,敌人的攻势受到遏止。

第7军团也受到敌人的胁迫,与第12军团毗邻。恺撒把第7军团拉到第12军团侧后,令两军团协同御敌,抵抗力一下得到增强。这时,担任后卫队的第13和第14军团得悉赶来,出现在山脊上。同时,在右翼占领了比利其人阵地并看到局势危险的拉比埃努斯,也带来第10军团。他发现友军处境危机,遂迅速向其靠拢。

这些军团的到来,彻底扭转了形势。轻装部队和辎重夫们重获勇气,主动参战,以作为他们曾经退却的补偿。但是,敌人(恺撒是这样结束他的描述的,并在这里特别指内尔维尔人)即使是在处于绝境时,仍显示出莫大的勇敢:如果第一列倒下,第二列则踏着他们的尸体前进。如果这些人也倒下了,尸骨山积,幸存者就站在尸骨山上向我们投掷武器,投回他们截获的长矛。可以说,如此勇猛的男子汉,一定能够涉险滩,攀悬崖,无坚不摧,无往不胜。

内尔维尔人终于被征服了。失败使他们丧失了几乎所有能拿起武器的男人。恺撒在对这一地区改组时必须采取措施,以防止内尔维尔人受到邻近部族的攻击。由于恺撒的《高卢战记》仅限于对军事事件的描写,所以,我们对与此同时发生的组织方面的安排知之甚少。

比利其战争的最后行动,是针对阿图阿图克人的。阿图阿图克人,是留在比利其这里的金伯尔人残余部分的后裔,他们的隐堡位于马斯河谷(在那慕尔附近的蒙法利兹,而不是那慕尔)。恺撒的包围行动,使用了当时所有的技术手段:在城四周筑起封锁墙;掘筑攻城平台(像坝一样的路基),平台上置攻城武器——可移动的挡箭车,以保护士兵在作业和进攻时免遭城墙的投掷物的伤害;另外还有一些其他防护装置,如可移动的多层攻击塔,借助它可以向城墙上搭起进攻的桥梁;还有攻城槌,用来攻破城池,以及其他许多许多。"龟甲行动",是指士兵将盾甲擎于头前,以抵挡来自城墙的射击。攻城时也使用了投弹炮架,它靠弦的张力来投掷弹丸和矢镞。面对这一技术上的优势,特别是移动塔,阿图阿图克人先是投降,可后来又借助隐藏起来的武器试图继续抵抗。经过浴血拼杀,他们被制服了,并被彻底消灭,也就是说,幸存者被当作奴隶变卖。今天的战俘概念,对古代人来说是陌生的。被俘的敌人是战胜者的私有财产,战胜者可以将其杀死,也可以将其当作奴隶留下,或将其当作奴隶变卖。

至此,比利其人被彻底征服,这是恺撒的一大胜利,它将很快对罗马和高卢带来重大影响。此刻,那些居住在大西洋、拉芒什海峡和布列塔尼沿岸地区的各部族,未作抵抗也为三头之一克拉苏之子小克拉苏所征服。恺撒命小克拉苏率一个军团前往完成了这一使命。莱茵河的另一岸也向恺撒派遣来了使节。在罗马,元老院决定举行酬谢庆典,其持续时间之长位于历次庆典活动之首。恺撒可以相信,行省与海峡和莱茵河之间的高卢,已归安宁。只有加龙河与比利牛斯山脉之间的阿奎丹尼亚,尚在掌控之外。那些尚未曾拿起武器反对恺撒的部族,恺撒也派军团去驻防那里的冬季大本营。克拉苏前往卢瓦尔河下游的安登部族(安茹),拉比埃努斯率主力前往卢瓦尔河中游的卡尔努特部族(沙特尔)和图图尔;加尔巴进驻阿尔卑斯山,即进入大圣伯纳德山口地区。恺撒自己则前往上意大利和伊利里亚。加尔巴的分遣队的任务是,开通越过大圣伯纳德山口的商路。加尔巴计划在奥克托都鲁斯(马蒂尼)过冬,但被当地住民逐出,遂转而去了阿洛布罗格人地区。

这里详尽叙述了与阿里奥维斯特的谈判和对内尔维尔人的战役,旨在使人对恺撒自己的描述有个印象,既有军事行动方面的,也有政治背景方面的。要想再继续如此详尽地叙述下去,那是不可能的,因为还要叙述高卢斗争的其他部分。

加尔巴在阿尔卑斯山所遇到的抵抗已经表明,征服高卢尚未结束。在相反的方向上,克拉苏这边也得到了证实,当时他正在从他的冬季大本营出发,向邻近的部族征收粮食。受命去执行这项任务的军粮官们,被高卢人拘捕。布列塔尼的沿海部族和诺曼底联合起来进行抵抗。站在这个联盟前列的是布列塔尼南海岸的威尼特人,这是一个天生航海家的部族。他们又得到了不列颠凯尔特人的援助。在卢卡因一个政治会议而未能脱身的恺撒,这时决定在水陆两路展开战事,为此,他下令在卢瓦尔河上建造一支船队。当他自己重又来到高卢时,对威尼特人的联合行动开始了。同时,其他部队也开始在布列塔尼和莱茵河口地区之间,镇压海峡沿岸各民族。恺撒在陆地上与威尼特人作战,可对方却总是遁走海上。于是,恺撒决定在布列塔尼海岸进行一场海战,这是我们知道的在大西洋上进行的第一场海战。在恺撒和步兵面前,罗马的帆桨手划的大战船在德西姆斯·布鲁土斯的指挥下,与威尼特人的多桅高舷皮帆帆船交战。他们的船甲板因为大洋上的风暴而造得比罗马人的船都要高,罗马人的船是为航行地中海而建造的。但是,罗马人再次使用围堵的策略手段,扭转了窘境。这里有一种钩墙镰刀,它是在一根棒子上按上一个弯钩,用以将墙捣破。据此,罗马人制出了许多锋利的钩墙镰刀,因而割断了包括桅杆在内的全部敌船帆具。于是得以登上了难以行动的敌船,以肉搏战取得胜利。威尼特人投降后,紧跟着是对他们可怕的惩罚,他们的议员均被处死,其余的人则当作奴隶变卖。拿破仑曾对这种残酷做法进行了最激烈的谴责。早在前一年,恺撒对阿图阿图克人也采取了同样的做法。他对于自己对威尼特人的行为是这样辩解的：……他之所以对他们采取如此严厉的措施，是为了高卢人未来要更加谨慎地尊重罗马使节的权利。他指的是军粮官因征粮而被关押的事。总之，他不认为高卢人的反抗是对外战争，而是一场起义。正如同在阿图阿图克人那里一样，根据罗马人的观点，问题涉及的是对忠信关系的违犯，这种忠信关系是通过胜者与战败者之间投降与受降关系建立起来的。它使胜者承担义务，在道义上善待战败者、被征服者，不可撕毁降约。在战争过去两年后，恺撒认为对高卢的征服业已完成。通过这些行动，高卢已被全部征服，他自己这样说，元老院的酬谢庆典也证实了这一点。另外，公元前57年与公元前56年之交的冬季，召开了卢卡会议，会上表明，恺撒在高卢的使命，本质上看，已经完成。人们估计，恺撒并未把这些新征服的国家变为行省，相反，他将纳博讷行省以外的高卢国家，组织成依赖于罗马的当事人国家。这样估计是令人高兴的。由于国家的当事人关系在高卢已为人所知，所以，这也符合既有的事实。罗马担当了一种最高保护权人的角色。在这方面，恺撒主要是依靠海都尔人、雷默人和林贡斯人（朗格斯），他们自己在高卢已占统治地位。只是到了此后一些年中高卢人举行的抵抗运动和起义时才证明，这种保护关系难以持久，因而恺撒下令严加措置。

恺撒还在布列塔尼时，小克拉苏就以奇兵，以极少的军队征服了阿奎丹尼亚。秋季，恺撒还对佛兰德和莱茵河三角州梅纳皮尔人和莫里尼人用过一次兵。由于对方撤进了茂密的森林，加之秋季风暴来临，所以收效不大。然而，从此刻起，恺撒把每一次犯界，都视为对罗马帝国的进攻。

这种情形在第二年（公元前55年）初，即显现出来。几十年以来，日尔曼人处在从东向西的运动之中，总有他们的部族越过下莱茵河。但当这次日尔曼的优西比特人和登克特勒人在斯维比人的压力下再次跃跃欲试时，恺撒看到这是一次干预的机会。莱茵河是罗马帝国的边界，他甚至也让日尔曼人这样认为。因为他害怕日尔曼人在高卢出现会带来动乱——阿里奥维斯特的例子就是一个警示，他迅速而彻底地采取了严厉的措施。他非常令人生疑地采取外交拖延和军事进攻相结合的手段，消灭了日尔曼人，只有偶被调离的骑兵一部得以逃脱。恺撒的行为是如此令人不安，以致他的宿敌卡托在元老院提议，将他引渡给日尔曼人，因为对于背叛罗马的行为，只有通过牺牲负罪人才能躲过圣灵的惩罚。

为更加持久地强调莱茵河边界的性质，吓退日尔曼人对边界的再度侵犯，恺撒决定在右岸进行一次军事显示。为此，他修建了第一座莱茵河大桥。桥位于新维德盆地，是一座坚固的桩桥。根据最新的复原模型，每一桥墩之间都由一根60厘米厚的梁组成，这根梁好像是以五根垂直夯入河中的桩为支撑。每一桥墩之间跨度的两边，各由一对42厘米厚的、斜面夯入的桩加固，这些桩逆向迎着冲来的水流。这些成对的斜桩相互间的距离为12～13米，水高时约16米左右。每一桥墩之间，顺流方向又由更强的支撑桩来加固，以抵抗水压，相应地，逆流方向又由缓冲桩来减弱水流及其冲力，以防止有意扔进河中的树干。桥墩上的车道由长树干、木板和柴捆铺垫，上面再以土覆盖。车道宽约9～10.5米。从运送物资起计，历时10天，直至整个工程完工，接着军队过河。但是日尔曼人除了鲁尔地区的乌比尔部族外，均已遁走。乌比尔人当时就寻求与罗马人建立良好关系，后被罗马人移居至莱茵河左岸的行省地区。他们以科隆为首府，科隆最初被称为"乌比尔人的祭坛"。取得乌比尔人的支持，罗马军队出现在莱茵河右岸,从而保证了边界的安全,这是东渡莱茵河的结果。除了对日尔曼人撤出地区进行劫掠外,没有什么值得一提的东西。

为了同样的目的,在渡莱茵河之后和次年(公元前54年),恺撒又进行了两次对不列颠的远征,起因是由于那个岛曾援助过威尼特人。由于时间短暂,第一次出征未取得结果,只不过是一次武装侦察而已。抢渡行动在海峡的最窄处进行,即从加来以西的波尔都斯—伊蒂乌斯开始。军队可能是从渡莱茵河的地点乘船顺莱茵河沿海岸线前往那里的。在英格兰的登陆地点,是肯特郡东端。但是由于未能将骑兵同时运来,而且席卷陆地的风暴又将船只毁坏,出征未取得大的成功。恺撒坚持在海边安营,反击英格兰人的进攻。之后,修理好船只,返回大陆,损失不大。尽管未取得什么战果,但抢渡莱茵河和进攻了那个遥远的北方的陌生之岛的行动,仍在罗马引起了极大的反响。"伟大的恺撒的胜利纪念地,高卢的莱茵河,可怕的大海和地球边缘的不列颠。"一位当时的诗人如此吟诵道。

第二年远征之前,进行了细致的准备工作。恺撒命令在卢瓦尔河上建造一支运输船队,可载运5个军团和2000骑兵。他是以前一年的经验为依据的。为能将他们快速载运到对岸,他令将船造得比通行于地中海的船低平一些。这是可行的,因为他已有了经验,由于水流经常变化,海浪并不很高。为运输行装、马匹和辎重等,他令将船造得比通常的要宽。所有乘员都装备船桨,以使船只在水浅时也能航行自如。饶有趣味的是,1804年拿破仑在建造他借以渡海前往英格兰的驳船时,也持这种"吃水浅、调度灵活"的观点。

登陆后,经过激战,恺撒直向泰晤士河推进。敌人的佯攻被击退,双方举行谈判,恺撒要求对方缴纳贡品,交出人质。但恺撒不能长久在岛上立足,尽管这本是他的意图所在。然而,这次出征带来的一个后果却是,高卢与不列颠之间活跃的贸易往来,此后中断了大约一个世纪。从发现的(特别是在日尔哥维亚)此后年代的武器遗存物的金属中,经考察可知,向高卢的锡输入量在减少。锡的产地是锡利群岛。这一对地中海世界最为重要的不列颠的出口品,至克劳狄乌斯皇帝占领不列颠时(公元43年)止,输向大陆所经过的通路,可能是弗里斯兰海岸。

在恺撒正忙于莱茵河边界与拉芒什海峡边界的对外安全时,高卢的内部关系也变得越来越不安定起来。早在第二次出征不列颠之前,恺撒就不得不采取预防措施:他在各部族中加强那些对罗马友好的诸因素,如果需要,甚至用军事手段达到。如对特雷维勒人(特里尔)就是如此。他在此亲率4个军团,恫吓对方不要搞敌对行动,不要与莱茵河对面的日尔曼人发生联络。来自所有部族的4000名高卢骑兵须随恺撒出征不列颠,并作为担保家乡安宁的人质。罗马人的宿敌、海都尔人杜姆诺利克斯出逃,后遭围捕,在格斗中丧生。尽管如此,抵抗运动一直在增长,尤其是北高卢。这一年遭受欠收,为了过冬,恺撒不得不把军团在北高卢的分布化为若干较小的营地。为谨慎起见,他没有离开高卢。罗马军队的分散,看来给高卢人提供了起义的有利时机,埃布龙人(吕蒂希)首先发难。他们通过计谋诱使一个半军团离开冬季营地,在部队行进中发起突然袭击,一举歼灭。这一形势也引起内尔维尔人的起义。罗马人在当地驻有一个军团,指挥官是西塞罗的兄弟昆图斯,他作为副将在恺撒军中供职。内尔维尔人和埃布龙人紧紧包围了他。但是,恺撒迅速集结了更多的军团,用一封偷带过来的紧急公函为西塞罗鼓气:勇敢些!援军就到!随之解围。

然而,起义范围已十分广泛,以至并不是所有的军团都能及时响应恺撒的号召。在其他部族,对罗马人友好的王侯领主被撤换或被处死。动乱一直延续到新的一年公元前53年。恺撒整个冬季都待在高卢,他通过副将又招募了两个军团,此外,向庞培征用一个军团,早在公元前55年他在意大利就曾征用过。这样一来,恺撒的军力扣除损失总计达10个军团,约5万人。这完全有可能给起义者以有力打击。冬季结束之前,恺撒又进行了一次对内尔维尔人的惩罚性讨伐,迫使其再次屈服,也为4个军团的士兵带来了丰厚的战利品。紧接着,他又镇压了塞农人(桑斯)和卡尔努特人(沙特尔)的骚乱,他们对恺撒的出现感到突然,经海都尔人和雷默人斡旋,他们再次表示屈服。恺撒迅速受降,因为他认为,夏季是作战的季节,而不是庭审诉讼的时候。同时,拉比埃努斯也在安抚特雷维勒人。但是最主要的即原本目的,是要惩罚埃布龙人。恺撒在听到他的士兵被这一部族的人歼灭消息后曾为之服丧举哀,直至告密者赎罪为止。恺撒先有计划地把他们团团围住,使其陷于孤立。之后,恺撒又对梅纳皮尔人进行了一次劫掠性讨伐,第二次在莱茵河上架桥,地点比前次稍偏北一点。恺撒率军在对岸驻扎达2~3个星期,以向日尔曼人示威。日尔曼人再次避战撤走,但未能诱使恺撒深入腹地。为了长久保持已达到的威慑力,恺撒这次与公元前55年相反,他令桥体的大部分继续保存,并对朝向日尔曼人的一端进行了加固,建起一座四层高的塔楼,派12个大队留守。这些准备停当之后,他再回头对付埃布龙人。埃布龙人被彻底消灭,其土地被罗马军团地毯式扫荡了一遍,罗马士兵进行了大规模的烧杀劫掠。恺撒还以战利品作许诺,叫邻近部族也前来参加抢掠活动,在森林中最好别用军团士兵的生命、而用高卢人的生命去冒险,用尽可能多的人充斥这个国家来惩罚埃布龙人的罪恶,彻底灭绝他们。恺撒做到了这一点,但肇事头目安比奥利克斯却得以逃脱,而另一个埃布龙人的头人卡图福尔库斯则自杀身亡。在进行了这一惩罚之后,年终时,恺撒召集了一次高卢部族大会,会议在雷默人的首府杜罗科托伦举行。在这里,重又开始了年初被推迟的对塞农人和卡尔努特人动乱参与者的审理,塞农王侯阿科被认为是煽动者而处死,并且是按照"祖宗成例",即罗马人惯例处死的。这证明恺撒现在已将高卢视作罗马的行省了。军队的主力继续留在这里的冬季大本营里,有几部分前往特里尔地区和第戎地区。

对于上述各事件,恺撒在他的《高卢战记》第6卷中有所描述。在对军事行动的描述中,他在谈到第二次回渡莱茵河时,用大量篇幅谈论有关民族志学和地理学方面的内容,旨在证实,凯尔特人和日尔曼人是两个不同的民族,莱茵河构成了他们之间的边界。恺撒以此提出了地理学和民族志学方面的一个发现,因为至此时止,凯尔特人和日尔曼人被认为同属于一个民族。恰恰在谈到第二次回渡莱茵河时,他证明两民族的不同族属,从而对他为何中止在莱茵河畔占领的原因作了解释。恺撒以此在作政治家最难驾驭的艺术的练习,即在得胜后的最佳时机戛然而止的艺术。这一点非常值得注意,因为在这里,常胜将军与计谋多端的政治家统一为一人。俾斯麦在尼科尔斯堡费了九牛二虎之力,才迫使他的那位以军事为取向的国王为了政治目的收住了得胜的队伍。而在这一点上,恺撒一人二用(在莱茵河畔时),这最清楚地证明了,在他身上尽管具有先天的一切战略才能,但政治家的气质仍然支配着军事统帅。同时,他以自己的判断造就了国家的现实,这也说明他是一位政治家。如前所述,莱茵河并不能确立为凯尔特人和日尔曼人之间的边界,因为他们经常在许多河段越过河流。恺撒明确塑造了政治现实，划定了两个民族沿莱茵河的边界，于是，也就把左岸所有日尔曼人划归凯尔特范围，因而并入罗马帝国。这样一来，左岸的日尔曼人以及整个凯尔特人开始迅速罗马化，莱茵河成了民族的分界线。

这份报告具有对比性质，它讲述了高卢人和日尔曼人的习俗，恺撒据此证明了这两大民族存在着民族志学上的区别。因此，它同时也是我们现有的最古老的日尔曼内在关系的记述。

日尔曼人的习俗与高卢人很不相同。他们既不受祭司主持，也不一味贡献牺牲。他们只把那些他们能看到的、对他们有帮助的东西奉为神灵，如太阳神、火神和月亮女神。其他神灵，他们从未听说过。他们的生活仅仅是狩猎和战争。从小时起，他们便锻炼和训练体魄。谁能将童贞保持得最久，谁就在自己人中获得最大的赞誉。他们认为，这能促进身材发育，增强体力，强健肌肉。若在20岁之前与女人发生关系，被认为是莫大的耻辱。但在这方面也没有什么秘密可言，因为两性共在河中洗浴，他们的服装是毛皮或皮衣，身体大部裸露在外。

他们对耕作没有兴趣，主要食品为奶、乳酪和肉。没有人有一块确定的耕地或准确划界的份地作为私有物。相反，当局和王侯每年为各家族和氏族分派耕地，其大小和位置以其感到合适为准，而且在第二年他们提倡到另外土地上去耕种。对此，他们举出了种种理由，如：人们不应由于不变的习惯，而把嗜战改换成务农；强者不应一味追求增加自己的土地占有而剥夺弱者的占有；应该制止为防寒和避暑而不断建造房舍；不应贪欲金钱，因为贪财只会引起纷争；百姓应该感到满足，因为他们看到，在涉及财产占有问题上，每个人与强者都是平等的。

对于各国来说，如果其四周是尽可能广阔的无耕种和无建筑的旷野，这意味着无上的光荣。他们认为，勇敢的明证在于：如果邻国之人被自己国家驱逐而不得不出走，但没有任何人敢到他们附近定居。同时，他们认为这样就有了安全感，因为他们不必担心突如其来的进犯。如果某一部族要进行一场自卫战争或攻击战争，就要选出领导战争和决定生杀大权的官员。在和平时期没有普遍官制，领主是其地区的审判者，应负责调解争端。打家劫舍如果是在部族以外进行，则不被认为可耻；如果此类事件的发生是为了锻炼年轻人和引导那些懒惰的无所事事者，那反可受到嘉奖。如果某位贵族在部族大会上宣称，他愿做首领，愿跟随者请通名报姓，那么，合适者就会跳将起来向他承诺，与会者则报以掌声。如果这些人中有人不去，即被认为是逃兵和叛徒，今后在任何事情上均以不可信论处。若对宾客无理，则被认为是罪孽。哪个人无论出于何种原因与宾客接触，须保护他免遭非礼对待，并保证不遭侵害。所有的馆舍，都应做到宾至如归。

有一个时期，高卢人的勇猛超过了日尔曼人，他们对日尔曼人发起了进攻，并由于人口过剩而向莱茵河对岸移民。于是，据传说，他们在日尔曼尼亚最富饶的地区海尔兹森林附近定居下来，至今他仍居于此。他们组织良好，善于战斗。然而这时，日尔曼人始终固守古老简朴的生活方式，坚持体魄锻炼。相反，高卢人则从罗马行省和海外取得许多享受物资。这样一来，他们相对日尔曼人的优势，渐渐淡化，败仗连连，甚至不再敢与日尔曼人一比高下。

我们提到的海尔兹森林，延伸宽度相当于无负重行军九天的路程。当地的居民不知有别的测定方法，不知道什么是里程。这个森林起于赫尔维蒂、内梅特和劳拉克

（黑林山）部族处，与多瑙河平行，延伸至达克尔人地区（七堡），然后，它背河向左，广袤绵延，经过许多民族的地域。

人们知道，在森林中生存着许多在其他地方不为人知的动物。在这些动物中，有下述一些最能与其他动物相区别，因而也值得一提，它们是：

状似鹿的牛。这种牛在两耳间的额顶生有一角，比我们所知道的牛角更直，尖部有形状似手的枝叉分开，雌雄情形相同，角的形状也一样。

再就是所谓的驼鹿。从外形和有斑点的毛皮上看，与山羊相像，但体型略高，角不尖，腿无关节，休息时不下卧。若偶尔摔倒，不会站起，以树为床，依偎树干休息，稍稍靠上。如果猎人发现了它们的足迹，知道了它们常去的地方，他们就会在那里把树下刨空、锯开，令外表如初。当动物习惯地再上前依靠时，由于重力作用，树即断裂，动物则随之倒下。

第三种动物是一种叫原牛的野牛。个头不小于大象，但外表、颜色和形状酷似公牛，力大无穷，行动速度快，无论是对人，还是对别的动物，都不容情。居民喜用陷阱抓捕。年轻人以此为健身之法。通过狩猎，他们受到锻炼。捕获动物最多者，以角示人为凭，他们会获得高度的赞扬。这种动物很难习惯于人，也难于驯服，小牛也是如此。角的大小、形状和外表，与这里的大不相同。那里的人喜欢这种角，设法弄到，将其边缘用银镶嵌，在盛大宴会上用以盛酒。

作家恺撒从另一个面，即从民族志学和地理学方面所作的这一试笔使人们看到，他在这里并不像人们今天所想像的那样是以亲身观察或目击报告为根据的。当时，为此目的多用希腊和罗马的书面传说，上文提到的神奇动物，极有可能恰恰不是恺撒要附在日尔曼人身上的猎人故事，倒是来自更为古老的希腊文学，它在讲述未知国度时，装饰以浪漫色彩。

在高卢，公元前54年至公元前53年血腥镇压了起义者之后，出现了安宁局面，但并未维持多久。罗马的形势，已进入严峻的阶段。这带来了恺撒将必须留在意大利的希望，也鼓励了那些要再次起义的人。他们举行秘密聚会，暗中商定，准备进行新的反抗。连一直对罗马效忠的阿特雷巴特人的首领孔米乌斯，也与谋叛者建立了联系，这时，不满程度已经清楚的显示出来。趁恺撒不在之机拉比埃努斯授意的行刺恺撒的未遂尝试，使反抗情绪更加高涨。起义终于在西纳本（奥尔良）爆发，在那里定居的给养专员和罗马商人被害。听到这一消息，在阿维尔尼人那里，前国王的儿子、恺撒在高卢最大的、也是惟一像样的对手小维尔琴盖托里克斯，也揭竿而起。他带领一小股追随者，不顾贵族的反对，广搜自己部族的人发动起义。他被大家拥为国王。很快，邻近的部族也纷纷加入，不久，抵抗运动一直蔓延到罗马行省与海都尔人的边境。但海都尔人仍旧追随罗马，因为他们嫉妒阿维尔尼人的领导地位。维尔琴盖托里克斯，只能将属于海都尔部族的比图里吉人（贝里）网罗到自己的麾下。

罗马局势平息后，恺撒得以重返高卢。这时，谋叛者在罗马行省与在高卢过冬的罗马军团之间，建立了政权。如果恺撒将军团调往行省，那这些军团势必在他不在而半途展开战斗；如果他自己急急赶往部队，那他就不得不将自己的安全托付给现在看来尚属安静的反叛者们。他觉得这很危险。另外，维尔琴盖托里克斯已做好了向行省进犯的准备，所以，恺撒率先来到纳博（纳博讷），在这里，他组织对行省这一部分边境的防卫。在赫尔维蒂人处，他集结了来自意大利的援军和其他一些部队。尽管山岭尚为厚厚积雪所覆盖,恺撒仍是翻越前行(有时需用铁铲开道),并在阿维尔尼人属地开始抢掠。一俟维尔琴盖托里克斯靠近,恺撒把指挥权交割,急赴维埃纳,从那里骑马日夜兼程,横穿海都尔人属地,直奔在林贡斯人处过冬的罗马军团。以这一速度,他得以抢在海都尔人可能实施的暗算之前,把军团与在桑斯的其他部队合为一处,在敌国中心地带,形成了一支可观的部队。此时,维尔琴盖托里克斯还远未得到这些行动的消息,他于是转过头来对付当事人海都尔人。恺撒则必须保护同盟者。他拿下了许多高卢城池,惩罚了起义的爆发地西纳本,占领了诺维奥都努姆(波米尔斯)。恺撒的这些胜利迫使维尔琴盖托里克斯实行焦土战术,以断罗马人的粮草。仅在比图里吉人那里,就有 20 座城池被焚毁,纵火者是当地住民自己。但对自己的首府阿瓦利昆(布尔日),比图里吉人却奋起保卫。恺撒对其实行围攻,虽艰苦异常,兵员匮乏,但最终占领了这座陷于绝望的城池。罗马人怒火万丈,以致在陷城后的掠夺中,屠杀了四万之众。然而,这一失败却反而抬高了高卢领袖的地位,还证明了他的计划的正确性,按照这个计划,也要摧毁阿瓦利昆城。这位高卢领袖继续在召集其他部族加入起义行列。只有阿奎丹尼亚、林贡斯、雷默和海都尔部族不与罗马作对。但海都尔人已开始动摇,并在运送粮草方面有所退缩,他们的属地这时是恺撒的行动基地,军需机构、援兵站、辎重和未背叛的部族的人质,均在诺维奥都努姆(讷韦尔)。拉比埃努斯从那里出发,向北前去征讨塞农人和巴黎西亚人(巴黎)。

恺撒则与之相反,他向起义的腹地逼近,围攻阿维尔尼人的首府日尔哥维亚(克莱蒙费朗附近)。攻城战斗非常激烈,维尔琴盖托里克斯前来支援救助。战斗中,海都尔人第一次燃起起义的火焰,但恺撒亲自迅速干预,局面遂得以扼制。他回到围攻日尔哥维亚城的军中,经受了有生以来的第一次失败。他必须撤围。这时,海都尔人最终离开了他的看来已失败的事业,投向维尔琴盖托里克斯,他们击溃了罗马人对诺维奥都努姆的围攻,掳获了金钱储备品,解救了人质并摧毁了这座城池。

恺撒作为军事统帅的伟大,在日尔哥维亚和都拉基乌姆战役之后(公元前 48年),在一连串败绩中愈显惊心动魄。现在看来,下一步要向行省撤退,这已是惟一的可能了。但这意味着遗弃正在起义的高卢中心地带的拉比埃努斯。因此,恺撒在失败后并未选择退却,而是继续向敌国内深入。他摆脱了维尔琴盖托里克斯,向北推进。拉比埃努斯听到日尔哥维亚失败的消息后,重又调头向南,向塞农人属地挺进。在此,他得以与恺撒会合。

此间,高卢人召开了一次新的部族大会。在日尔哥维亚胜利和海都尔人归来后,这次大会成了维尔琴盖托里克斯一生中的顶峰。除阿奎丹尼亚人外,只还缺少对恺撒保持效忠的雷默人、林贡斯人和整个起义期间在家乡坚持与日尔曼人作战的特雷维勒人未参加大会。部族大会确认了维尔琴盖托里克斯的最高指挥权。这时他在海都尔人和其他边境民族的协助下,要对罗马行省发动攻击。这一切都给恺撒提供了一个喘息机会,罗马军团得以稍适休整。他趁机从莱茵河对岸招募了日尔曼骑兵,欲用来挫败高卢人在骑兵上的优势,使之旗鼓相当。高卢骑兵向行进中的罗马军团的前方和侧翼发起攻击。他们坚信,这是为取得最后决定性胜利,是为争得自由而战。形势在开始时非常不利,阿维尔尼人在一座神庙中展示他们在战斗中缴获的恺撒佩剑,将其高悬于神殿之中。后来恺撒在庙中看到了这把短剑,他笑了起来,侍从想取下,但他却说:免了! 它现在已属神灵所有了。

危机终被克服,恺撒的日尔曼骑兵以罗马军团的后备军为依靠,击溃了高卢人的进攻。维尔琴盖托里克斯在迅及到来的失败面前,不得不飞速退守邻近的阿莱西亚要塞(阿利斯—圣雷讷)。恺撒一如既往灵活机动,立刻趁机改变了进军方向(就像毛奇在色当著名的向右进军那样),紧追敌人,并将其包围于阿莱西亚。维尔琴盖托里克斯尚来得及遣走他的骑兵,在要塞战中,骑兵无用武之地,反而给给养造成负担。他交给骑兵一项任务,召集高卢所有部族组成一支解围部队。这时,对要塞的包围圈,已开始形成。

恺撒恰恰在这一年的出征中,已经进行过多次包围战。尽管现在对方的解围援军从外向内构成威胁,但这时在阿莱西亚要塞前,仍演变成了典型的阵地战。恺撒在阵地战中也表现出他的大师风度,就像后来在都拉基乌姆表现的那样。问题的关键在于,要把要塞与外界的联系割断,以饥饿迫降,但同时还必须保证封锁线通向外界的安全。拿破仑三世曾授命进行的挖掘,结果证实了恺撒当时阵地的存在。当时阵地的修建由于山势地形复杂,难度极大。尽管有维尔琴盖托里克斯实施干扰,恺撒还是先位于山顶上的城堡的四周,修筑了一座 16～17 公里长的环状野战防御工事。这样一来,就阻止了城内与外界的任何联系,沿线建有方形堡,其后适当地方是步兵与骑兵的大型营地。方形堡和营地都是为了在环形壁垒受到威胁时可以随时由此派兵赶往出事地点。这一环状壁垒完工后,恺撒又围绕它修起面向外界的第二道封锁线,周长达 21 公里。它尽可能地与地形相适应,把内部阵地和营盘围在里面,保障受外部攻击时的安全。此外,在工事可能最先受到攻击的地段,附加了安全措施:加深壕沟,可能的话,沟内灌水;围墙用栅栏和设在一定距离内的塔楼增加防护;前方开阔地上,设有陷马坑,插上铁蒺藜,还夯入了带有荆棘的灌木。这些都是为了阻碍敌方靠近。阵地内营盘里,积贮粮草,以防万一敌人的解围部队再来一次封锁。这一巨大工事,均赶在敌人的解围军来到之前构筑完成。

此间,遭围困的高卢人的生活资料,开始告急。有鉴于此,维尔琴盖托里克斯将所有只消耗粮食的老百姓,统统轰至城外。罗马人未收留他们,一再恳请,表示愿意为奴或被变卖。在城堡与罗马人的阵地之间,成百上千的妇女、老人和儿童悲惨死去。在阿莱西亚要塞内,有人甚至建议食用无战斗能力的人的肉,来延缓士兵的生命,因为据说高卢人在金伯尔人入侵时,曾使用过同样的应急措施。要塞中给养严重短缺。在情况达到最危急的关头,解围部队终于赶到,被围士兵欢呼雀跃。

这时,决定性的厮杀开始了。战斗由解围骑兵冲击而打响。最后罗马人得胜,罗马人的胜利,再次归功于日尔曼人的骑兵。第二天,没有战事发生。高卢人利用这一天准备进击物资。当夜,解围军企图在一个合适的地点向罗马人的阵地发起奇袭,战斗从午夜持续到翌日清晨。高卢人因黑暗进攻受阻,损失惨重。他们无法攻入阵地,最后不得不在罗马人的反攻面前后撤。又过了一天,决定性时刻终于来临。一方面,解围军的主力与罗马人的阵地对峙,另一方面,一支精锐部队在维尔卡西维劳努斯率领下,在一有利的地点攻入罗马人阵地,并将其突破。与此同时,维尔琴盖托里克斯在另一合适的地点,从内部发起攻击。恺撒站在一制高点上指挥战斗,此处他可以统观全局。他指挥几个步兵队的一部分与维尔琴盖托里克斯交战。激战以后,后者终被打退。对于已经突破外线的敌方解围军,恺撒派拉比埃努斯前去迎战,把所有可支配的兵力调给他使用。在击退维尔琴盖托里克斯之后,他自己率最后的步兵队赶往受到威胁的地点,并派出骑兵。所有人都看到了红光闪闪氅袍,那即是统帅。他的出现,就是决战开始的信号。从围墙和所有防御工事处传来的喊杀声与厮杀的叫喊声混成一片。我们的士兵扔掉了投枪,用剑与敌人短兵相接。突然间,我们的骑兵出现在敌人背后,其他步兵队也开了过来,敌人掉头便跑。骑兵挡住了逃跑者的去路。一场大战。莱默威克人的首领和头人塞都鲁斯倒下了,维尔卡西维劳努斯在逃跑时被俘。74面战氅被缴获,并被送到恺撒面前。大多数敌人中,在带到营地时,只有少数人还活着。

解围军开始撤退,作鸟兽散。阿莱西亚在第二天宣布投降。维尔琴盖托里克斯试图把一切责任尽归于己,并为子民而牺牲自己,但无结果。"他佩带上自己最好的武器,让人像出席阅兵式那样为他的马装上马鞍,上好笼头。他骑马疾驰出城。在恺撒座前勒住,下马,卸去铠甲,跪于恺撒面前。沉默不语,直至被人押下。"对于恺撒来说,叛乱者不仅是维尔琴盖托里克斯一人,所有的抵抗战士都是叛乱者,他们受到了严厉惩罚。只有海都尔人和阿维尔尼人的情况好一些,因为恺撒还想把这两个部族重新争取过来支持罗马。全体投降人员被恺撒当作奴隶分配给士兵。维尔琴盖托里克斯被投进监狱,坐牢 6 年。最后,在恺撒举行的凯旋仪式上,在罗马示众,后被处决。

随着阿莱西亚的陷落和维尔琴盖托里克斯的剪除,整个高卢的起义被彻底裁平。但是,抵抗者仍保留了各别的巢穴。最顽强的叛乱者要属贝洛瓦瑟人,这是比利其部族中最倔强的部族之一。恺撒在第二年(公元前 51 年)的一次大规模炫耀武力的亲征中,铲平了该部。零星的抵抗战士隐藏进多尔多涅河的一座城堡要塞(乌克塞罗都努姆)。恺撒毫不含糊,最后将其一并解决。罗马人通过一个地下平峒把向要塞提供用水的惟一水源引开,高卢人因缺水而投降,随之要塞陷落。恺撒还进行了第二次亲征,讨伐埃布龙人,使其地区化为废墟。特雷维勒人的骚乱被拉比埃努斯制压下去。恺撒采取的手段,一方面是严厉的惩罚,也适当予以宽大。通过这些手段,恺撒最终平定高卢,其保障的基础是,冬季适当地派驻罗马军团。公元前 51 年至公元前 50 年间的冬天,彻底重建了作为行省的高卢的安全和组织。调整了各部族的地位、关系,规定了贡赋事项。被承认为罗马同盟者的部族不是很多,因而无需纳贡。对高卢的征服非常彻底,以致此后几十年中几乎再未发生动乱,即使恺撒在地中海地区忙于激烈的内战斗争时期也是如此。经计算可知,在 8 年的战争期间,能拿起武器的高卢居民中,有三分之一死亡,其中大多数人是在起义的年代中死去的。起义期间,斗争的激烈程度是逐渐升级的。大约另外有三分之一的人被变卖为奴。在这些年中,罗马人在物质上从这块富饶的土地获取了多少实利,无法估算。每个罗马士兵都通晓致富之道,军官们从战败者那里攫取的战利品更是不可胜数。拿恺撒自己来说,他不仅清偿了在作执政官时欠下的所有债务,还把巨额钱财寄往罗马,一部分被用来建造新建筑以美化罗马城,如在公元前 50 年,他就曾出资 1500 泰伦特,帮助执政官埃米利乌斯·保罗建造了一座新建筑,即中心广场上的埃米莉娅大厅。同样,他也慷慨地贷款给那些有影响的政治家,为他们撑腰。他馈赠亲友,对所有各方显示他的豪爽大度。同时还留有余钱,以备后用。他从战利品中(主要是从那些掠夺于各神庙宝物馆中的战利品中),拿出黄金投入市场。由于黄金投入太多,导致买家的出价低于以往价格的 30%。

更重要的是占领高卢的政治后果和历史后果。罗马帝国扩大了50万平方公里，成为一个具有发展能力的富国。在帝国的西半部，高卢构成了对庞培在东部的占领地区的抗衡力量。在东部，居民大部分是东方人种，文化是希腊要素与东方要素的混合。高卢则相反，居民属印度日尔曼人种，他们与古意大利人和罗马人有很近的亲缘关系。由于这一亲缘关系的影响，移民向那些因战乱而减员的地区涌入，这就是高卢为什么能够如此迅速罗马化的原因。

对于恺撒来说，这8年意味着他个人权力的决定性增长。在此期间，他创建了一支强大的对他无条件服从的军队。他把军队的成员培养成世界上最优秀的士兵，他们有效率，忠实可靠，充满对统帅的爱与忠诚。此时，他已拥有了一支真正的实力，这将在未来的争斗中举足轻重。

国内局势

在征战高卢的那些年里，国内政局也在发生着变化，因此，恺撒也必须始终给予关注。他到意大利过冬，部分原因就在于此。同时，他通过很多代理人保持与首都的不间断联系。在这些代理人中有巴尔布斯，他是恺撒与罗马要人、特别是与庞培之间的红人和帮手，一直往来于其间。除他之外，还有盖尤斯·奥皮乌斯。奥皮乌斯是恺撒的通讯事务和新闻事务负责人，他使恺撒能了解在首都发生的政治事件，他与巴尔布斯紧密合作。与他的工作相对应，在恺撒的大本营中，设有负责全部公文往来的文书处。

在国内政治领域中，恺撒最重要的任务就是培育与其他两位三头的合作关系，并不断与其在行动上保持协调一致。克劳狄乌斯有时设置一些困难，有机会甚至转而反对恺撒和庞培。这使得庞培逐渐靠近被放逐的西塞罗，而且还为赦免西塞罗奔走。被流放的西塞罗以几近丧失尊严的顽强，努力争取回归。看到他准备付出一切代价，又因其兄弟昆图斯在恺撒军中作副将，可以为他的善行作担保，所以，恺撒允准。西塞罗于公元前57年初返回罗马，他高兴非常，受到元老院隆重的迎接。这期间，庞培的地位也由于一项新的使命而得以巩固。要向贫民免费配给粮食，就必须有组织地统计收成。庞培受命，首先为期5年。这一"操办粮食"的使命在法律上是一项总督非常指挥权，当然，不动一兵一卒，但在帝国全境有效，它赋予统计所有粮食储备和贮存、支付、运输及分配的决断权。这一授权是否助长了克拉苏对庞培的旧有的嫌恶呢？克拉苏是否在此失去了一笔买卖？不管怎样，二人之间的关系明显变冷。贵族派立刻感到有机可乘，并企图在官职中安插尽可能多的自己的候选人。因此，有必要修好三头之间的关系，使其基础稳固起来。恺撒利用公元前57至公元前56年的冬天，来完成这一使命，他当时认为，对高卢的征服已经结束。由于举行有关的会商，使恺撒返回高卢相当迟，已临近出征讨伐维内特人。恺撒在克拉苏与庞培间所做的调解取得了成功。他首先在拉韦纳会见了克拉苏。尔后，三头又于公元前56年4月在卢卡聚会。之所以在卢卡聚会，是由于地理位置较为合适，它是恺撒行省最南端的城市。这次会议使很多反对者意外难过，因为它显示出三人同盟重新合好，力量增强。众多的元老院成负和高贵家族的成员纷纷赶往卢卡，向实际上支配着罗马的三人致以问候。三头又回到牢固的约定基础上来，这些约定更加明确确定了每个伙伴的地位和使命(就像以往一样),并保证了他们之间的均势。克拉苏和庞培将在第二年即公元前55年,接任执政官位。为排除选举中的每一意外因素,选举定于秋天举行,届时从高卢会有足够多的人被准假而来,保证这两位候选人赢得多数。就职之后,他们将作为总督以非常指挥权接管行省,非常指挥权的行使将持续到公元前50年的3月1日。恺撒的总督职位被延长5年,增加军团数量和增加副将职位等,连同与此有关的财政支付诸项,后来都被允准。此外还可以预见,在公元前50年3月1日之前,不就继任问题举行蹉商,因为在当时,属执政官的未来的行省,在就职之前就已确定。公元前50年的属各执政官的未来的行省,就是在公元前50年1月1日之前定下来的。但在这个时候,根据在卢卡商定的方法,尚未确定恺撒的继任人。这样一来,只有公元前49年的执政官,才能被考虑,也就是说,恺撒到公元前48年1月1日才能被替换,在此之前,他将自动保有其指挥权。但是他计划公元前48年,在其第一次作执政官事隔10年之后,再次竞选这一职位。那时,这会与对行省的管理径直衔接,会保证恺撒免于因主政行省而带来的调查诉讼,就像公元前59年他做执政官届满之后的情形一样。当然,为此他决不能亲赴罗马报到。庞培受命去办理此事,西塞罗应在元老院支持这些计划,并且也做到了,他发表了演讲《论总督之行省》。他在讲演中声明,反对任何将恺撒从行省召回的企图。人们看得出,这是一篇专为三头而作的报告。尽管如此,它仍深刻表明了恺撒对高卢的占领和他的各种发现在罗马留下的印象。

所有这一切,构成了一个周密的计划,细节环环相扣,这对恺撒十分有利,他是本来的精神之父。这个计划保障了三头对国家的统治权,但它也为日后的矛盾冲突埋下了隐患,特别是对各细节,人们可以有不同的解释。和所有政治一样,在这里也如此:再好的和再完善的协议,当其前提不复存在时,都会失去效用。卢卡所达成的协议,只有当三头兴趣一致时,才能遵守。当他们的兴趣开始相异时,就对达成的协议的解释各执一词了,其效用也就随之丧失。在后来的5年中,就出现了这种情形。首先,克拉苏突然退出。执政官任期满后,叙利亚作为行省归他所有,庞培得到了西班牙。庞培因"操办粮食"而留在罗马附近,他作为三头之一,必须在附近监督城中统计粮食的过程。相反,克拉苏却渴望获得战争荣誉。他从叙利亚出发,远征安息人(波斯人)。征途中,在幼发拉底河以东卡雷战役中丧生,军队也被消灭(公元前53年)。此后,恺撒和庞培的关系也开始松动,因为恺撒的女儿尤莉娅(也就是庞培的妻子),在同一年死于分娩。恺撒和庞培二人都很尊敬她、爱护她,由于她的精心维护,确保了二人的联盟。京城内形势的发展,导致庞培向贵族派接近,因为城里混乱,无政府状态在不断扩大,政治帮派的首领起着很大作用,只要付钱,他们便可提供打手。克劳狄乌斯就率领着这样一个帮派。当他在阿庇亚大道与米洛领导的一敌对帮派发生冲突时,被殴打致死。由于动乱,公元前52年的选举无法举行。因此,庞培被推迟确定为这一年的没有同事的执政官。这个权力非常之大,但时间上有限。在局势稍事平静以后,庞培在最后5个月里,也得到了一位同事。之后,他的西班牙总督职位得以延长,他的军队也扩充了两个军团,但他们留在罗马附近。恺撒则在高卢被起义锁住手脚,上面提到的形势,大大帮了起义者的忙,因为这种形势肯定要把将帅们久久地拖在意大利。

庞培在罗马成功地恢复了秩序,部分是靠"元老院最后决定"。这使得他向元老院和贵族派更加靠近,这些人执行的是复辟性极强的政策,维护已有状况不受任何侵害。公元前 52 年,当庞培再婚时,这种接近变得更为紧密。因为他这次娶贵族普卜利乌斯·西庇阿的女儿科尔奈莉娅为妻。西庇阿在公元前 52 年的最后几个月中,是庞培的同事。这种逐渐发生的摇摆现象体现在各项规定中,发生影响,这些规定不总是以反对恺撒为指向,其实,倒是在偏离在卢卡达成的协议。其中包括一项法律,它规定执政官在其结束任期 5 年之后方可接管某一行省,这是出于制止竞争职位时发生舞弊行为的考虑。这对恺撒则意味着,在他的总督职位届满时,原任执政官就要准备替换之。另外还有一部官职法,其中有这样的规定:竞职者必须亲赴罗马报到。恺撒本人为国民大会决定所批准的例外情况,这项法律没有提及。庞培看出了这一点,于是让将其补充进已经通过了的法律条文中。其实,这在法律上是无效的。对于恺撒对波河以北住民实行的政策的一个直接的攻击,是反恺撒的执政官马塞卢斯令人鞭笞一位波河北岸人,而这发生在公民身上是被禁止的。他还蓄意建议这位北岸人向自己的保护人出示鞭痕。恺撒因此调一个军团前往上意大利,以保护罗马的殖民地不受蛮人的侵犯。还有一项规定矛头指向恺撒在军事上的强大,即恺撒和庞培每人应为计划中的安息战争交出一个军团。庞培为此决定交出他公元前 53 年年初借给恺撒的那个军团。这样一来,恺撒实际上就丧失了两个军团,而庞培一军未失。恺撒在欢送自己的士兵时,送给每人 250 德拉赫马(约合 225 金马克),并马上招募了两个新的军团。然而,交出的两个军团绝没有开赴东方,或去某处港口待命,而是驻在卡普阿,以供元老院随时调遣。

但这更多地是中央外交争端的并发现象。主要外交冲突涉及的问题是,恺撒是否能把高卢指挥权保持到就任执政官位时止。这包含这样一个问题,即他应否继续保有不必亲自报名参选的特许这一罗马民族的荣誉赠品。这是具有决定意义的,因为对恺撒竞选执政官的结果,人们从不怀疑,就如同人们不怀疑这将导致恺撒的独裁一样。惟一能够防止发生这种可能的,就是述职诉讼,但这一手段只有当在做总督与作执政官之间有一段无官职期时才能使用。对恺撒来说,最重要的在于以合法途径登上权力的顶峰。在公元前 60 年代,他一如盖尤斯·格拉古,单依靠民众派试图达到这一目的,但未能成功,后来,他又置民众派于不顾,走了苏拉的路,以非常指挥权得到了真正实权,即经济权和一支忠实的军队。但他深知,暴力篡位很少能带来持久的统治,他懂得合法与传统对于建立一个由此而出的长久统治的意义。所以,他如此坚韧地参加竞选执政官的角逐,这一为取得合法的角逐,即使是在内战爆发后也未停止。但是,如果反对者们不在一开始就准备臣服,那他们就不能参与进来。他们最终迫使恺撒走上革命者之路,这对他们来说是一个成功。在决定性的法萨卢斯之战后,面对着阵亡者,恺撒自己道出了这一点:这就是他们所欲求的。在这些行为之后,如果我反倒不求助于我的军队,那我,盖尤斯·恺撒,将受到谴责。

在这一外交角逐中,恺撒投入了他从高卢获取的取之不尽的财力。他建造了华美的建筑;规划了一个自己的广场,为此在罗马努姆广场旁征用土地大兴土木;他答应为其女尤莉娅举行盛大的慰灵赛会。他对那些愿意关心他的利益的政治家,随时准备提供财政支持,这当然对那些不三不四的人、孤注一掷者和破产者具有更大的吸引力。这种情况反倒又为对手们提供了宣传的口实,说恺撒的追随者们是一些可疑之徒。西塞罗把这些人称为"幽灵群",他是这样描写恺撒的方法的:"只要他一知道某个完全负债者,或某个丧失财产者行为放荡,有匹夫之勇,便立即吸收入伙。"恺撒在这方面取得的最大成就,是他替盖尤斯·斯克里波尼乌斯·库里奥偿清了所有债务(估计达1350万金马克),从而使这位富有才华的年轻人倒向自己一伙。公元前50年,他当选民众保民官,作为一个杰出的演讲家,他巧妙而卓有成效地为恺撒的事业申张、辩护。他一再强调提出的主要要求是,庞培应与恺撒同时交出行省,因为只有这样,元老院和国民大会才能自由作出决定。这个提案得到了许多人的赞同,库里奥的这个提案,使公元前50年全年都在进行各种谈判。与之相反,贵族派则在为尽早召回恺撒而大肆活动,这些人怀疑恺撒会发动内战,像马略和苏拉那样,使生灵涂炭。在公元前50年执政官选举中,他们倾力相助贵族极端派马塞卢斯当选成功。是年年末,马塞卢斯根据自己执政官的职权,将对国家的保护,委托给了庞培,其象征则是,将一把剑郑重地授予了庞培。同时,他还要委派庞培指挥那两个原定参加安息战争的军团。公元前49年的执政官当选人,也是贵族派。与之相反,在民众保民官中,却有很多恺撒的追随者,其中就有马可·安东尼。面对马塞卢斯的行动所带来的威胁,恺撒将驻扎在上意大利的第13军团从的里雅斯特调至边界附近的拉韦纳。他的大本营就设在这里。同时他也向毗领的、驻扎在阿尔卑斯山那一侧的各军团发出了开拔令。这都是一些暂时的安全措施,因为恺撒还计划进行善意的调整。在公元前49年的第一次元老院会议上,库里奥在进入元老院时,向各位新执政官转交了一封他从拉韦纳用三天时间快马加鞭(计210公里)带到罗马的恺撒的信。恺撒准备放弃外高卢,必要时也可放弃内高卢,如果在他上任执政官之前能保有伊利里亚和两军团的话。此后几天,他则走得更远,要求指挥权只保留到执政官选举时止。在西塞罗的最后一次调解尝试中,恺撒委派的谈判人员,又把要求降低到只保有伊利里亚和一个军团。恺撒就像自己公元前59年的执政官任期结束后让自己接受元老院的调查那样,就像在经过许多天毫无结果的谈判之后才就任指挥官那样,现在他也准备在从选举至就任这段时间里放弃官方地位的豁免权。但也存在缩短这段时间和挫败攻击的手段。或许,一个正面的选举结局,已使对手们陷于恐惧,并像公元前58年初那样阻碍了他们的有力步伐。然而,所有这一切都是白费气力。对手们将所有的好意均只视作软弱的表示,他们要斗争。尽管保民官们要求在元老院宣读恺撒的信,但执政官伦图鲁斯·克鲁斯,却不让就此信展开辩论或进行表决。相反,只宣布开始新执政官上任伊始普遍进行的国事总辩论。这个总辩论作出决定:恺撒应在短期内交出军队,否则,他将被认为是国家的公敌。保民官安东尼提出否决,在元老院内外,又进行了多天的谈判。当时西塞罗提出了前述的调解建议,但由于反对者的否决而失败。于是,在1月7日,产生了"元老院最后决定",宣布戒严,并将城市置于庞培和各执政官的军事管制之下。拥护恺撒的保民官们遂逃往恺撒处,吁请保护他们的权利,矛头指向"元老院最后决定"。"元老院最后决定"是在国家处于紧急状态时的一项通用措施。元老院认为,这种紧急状态已经发生,因为有一位总督拒绝依照元老院命令卸掉指挥权。恺撒不怀疑这项决定是法律许可的,但却否认这项决定有足够的根据。

内战风云

这样,恺撒想以合法手段取得国家最高权力的所有尝试均告失败,余下的只能是革命。当形势别无选择时,他也毅然走上了这条道路,但他也一直反复尝试恢复到谈判道路上来。当然,当选执政官对他来说,是不容商讨的前提,并且反对派绝不得插手。

首先,恺撒出其不意地向意大利进军。在接到保民官出逃的消息后,他率领驻扎拉韦纳的军团越过行省边界鲁比孔河,占领里米尼。他在这里见到保民官,把他们引见给士兵,并号召士兵们加以保护,使他们免受不公待遇。士兵群情激昂,一致拥护。

越过鲁比孔河,象征从共和政体向君主政体的暴力过渡。因此,这一步骤一再撩拨着后人的想像。据说,恺撒来到河边犹豫了一阵,考虑这一切的危险性有多大。之后,他转向周围站着的人,说:我们还可以返回。但一旦跨过这座桥,那么,一切事情都得诉诸武力。据说,在他讲这段话的时候,出现了这样一幅景象:一位魁伟的美男子忽然坐于近前,并吹奏一只长笛。除牧人外,很多士兵也跑上前来听他的演奏,其中也有吹喇叭的。突然,美男子从一个吹喇叭的手中夺过喇叭,跳向河边,拼命吹出了冲锋的信号,后来便越河向对岸走去。这时恺撒说:诸神的象征和敌人的不公正在呼唤我们,走啊!大局已定。一位诗人曾描写在暴风雨之夜,在不断上涨着的河水旁,女神罗马是如何以极度的悲哀阻止恺撒和他的士兵的,在叹息和抱怨中,女神说:"你们欲往哪里?你们要把我的旗帜举向何方?如果你们作为我的公民而公理在握,那你们就不能继续前行!"这时恺撒受到震动,感到畏惧,他向罗马诸神,且向女神罗马本身恳请和祈祷,要神赐准他的行为。"我,陆地与海上的胜利者,在此。但无论我在哪里——如果我可以到哪里的话,包括现在在此——我都是您的战士。有罪的只是使我成为您的敌人的人。"以上所述,包含对真实过程的夸张。真实情况很简单,但从根本上看,又非常深刻。恺撒从拉韦纳秘密出发,跟随着他先期派出的军团而来。当他抵达鲁比孔河时,他让车马停住,沉默不语,再一次审时度势,并与朋友们磋商。但此后,他不再前思后想,而把目光投向未来,并说了一句当时在参与大胆冒险行动的人中流行的一句话:骰子本应这样掷。但他是用希腊语说这句话的。

罗马人当时的历法比较混乱。战争开始的日期公元前49年1月10日,实际上是在公元前50年晚秋的11月23日。在这里恺撒也显示出其在军事领域的独创性:他使军事行动(至少是在地中海地区)摆脱了季节的制约。内战中的两次远征都发生在冬季。这也解释了庞培为什么对之毫不在乎。他曾向元老队议员夸口说,他们无需为战争准备而担心,如果恺撒敢来,他只须跺脚就能在意大利布满士兵。他估算,冬天会给他充足的时间在意大利实行募兵,更何况拉比埃努斯对恺撒的士兵评价并不高。拉比埃努斯这时已倒向元老院。恺撒的进击是惊人的,速度也非常之快,开始时仅动用了一个军团的几个大队,在进军过程当中,他才以从高卢和国内后调来的军团增强兵力。在细长的战线上,安东尼用五个大队经阿雷佐,进攻伊特鲁里亚和罗马,与此同时,恺撒沿亚得里亚海滨道路急行军,并且还派兵插入内地,把敌人从不同的地点赶走。这一快速推进,在罗马引起了恐慌,更何况庞培又下令从城中撤出。元老院议员和官员们惊慌失措,纷纷出逃。恺撒讲了一个非常典型的事例:执政官伦图鲁斯根据元老院决定,前往国库为庞培提款,由拿钥匙的财务官陪同。他刚把内门打开,可怕的消息传来:恺撒到!执政官连一赫勒(货币单位)都来不及拿走便仓皇逃。财务官只能将金库再次关锁,随执政官而去。整个国库后被恺撒占领。

不过,恺撒暂时没去罗马,而是沿东海岸向南推进,他想以此直捣敌方的兵源地区,防止敌方顺利动员新兵,但他同时希望能与庞培建立联系,与其本人谈判。庞培正向南方赶进,对恺撒惊人的推进,他的答复是作出一项惟一正确的决定,即撤出意大利,渡海去希腊,带走尽可能多的军队。他准备从那里再着手重新占领意大利。但并非所有的人都能明了此理,本应成为恺撒在外高卢的继任人、现在却在意大利招募军队的鲁齐乌斯·多米齐乌斯,就是其中之一,他决意抵抗,并亲率32个步兵大队向科尔菲尼乌姆(阿布鲁齐山)扑来。在这里,他连同许多官员及喜好拉帮结伙者,均被恺撒包围。多米齐乌斯希望能叫庞培前来解围,使恺撒陷入两军夹击之中,但未能如愿,他被恺撒迫降。然而,并不像所有人所担心的,出现法律惩罚,恺撒将他们悉数释放,也包括各执政官。恺撒继续追剿庞培,并在布林迪西将其围堵住。但是,庞培赶在恺撒封港之前,已扬帆追赶执政官们往希腊而去。这些被释放的执政官是在被释放后重新奔 回庞培那里、并先于他渡海去希腊的。

　　在整个军事行动期间,恺撒没有放过任何一个机会,寻求以谈判取得双方平衡的想法。他希望他所取得的胜利,会使对手更愿意谈判。第一次机会,是来了两位元老院的特使,这两位特使传达元老院关于恺撒应退位的决定。恺撒向他们阐述了自己行动的理由,随之提出新的建议。庞培应回到他的行省去,二人应解散各自的军队,在意大利的军队应全部遣散。照此,解除国家的任何压力,举行自由选举,把国家的领导权重新全部交还元老院和国民大会。为了能以此为基础达成协议,他建议与庞培会见。但他得到的答复令人失望。恺撒应返回高卢,从占领的地方撤出,解散他的军队。只有这些发生之后,庞培才会去西班牙。在恺撒作出一个有约束力的允诺之前,庞培和执政官不能中止募兵。恺撒说:要求恺撒从所占地方撤出,召回他的军队,而庞培却保有行省和军团,甚至包括根本不属于他的军团,这是不公平的——不属于他的军团指的是恺撒所交出的军团——不公平的是,让恺撒解散其军队,对方却在继续募兵;庞培虽然预言赴西班牙,但却没有讲明具体期限,这样他就无须撕毁诺言便可在拉丁姆一直待到恺撒任执政官之后。他从未准备举行个人谈判,这使得一切和平希望归于破灭。恺撒的第二个尝试,是优待多米齐乌斯及其降军。所有元老院议员及其家属,所有军事保民官和骑士都被带到恺撒面前,共计50人,其中有两位执政官。他把他们保护起来,以免受到士兵们的攻击,将他们完好地释放了。多米齐乌斯搞来的并寄存在科尔菲尼乌姆银库的6百万塞斯特斯(古罗马钱币名,约合1百万金马克),都被恺撒转交给了科尔菲尼乌姆当局,以使人们不要看上去似乎认为,他对人有所克制,对金钱却没有,尽管这明显是那笔庞培给他支付军饷的公款。恺撒想通过这种仁慈对对方产生和解的影响。他在给代理人的信函中强调了这一意图,代理人将进一步传达这个意图。我非常高兴你们在信中清楚表明,你们十分赞同在科尔菲尼乌姆所发生的事。我乐意遵从你们的建议,而且非常乐意,因为我自己已作出决定,要显示仁慈,努力与庞培和解。如果可能,我愿尝试以此赢得人心,使胜利永驻,因为其他人由于残忍而不能脱离仇恨,无法使胜利长存。苏拉是惟一的例外,但他不是我的榜样。这是取得胜利的新方法,我以同情和宽宏作为保证。怎样才能办到,我已思忖再三,肯定还有发现。请诸位考虑。恺撒希望,被释放的执政官或许会准备在罗马召开一次符合规定的元老院会议,使新的谈判成为可能。因此,他向执政官伦图鲁斯秘密许下一个行省,如果他去罗马的话。但是他失望了,获释的人马上又奔向庞培。如果恺撒曾经努力与庞培取得个人联系,以使他与贵族派脱离,那么,恺撒现在则不这样做了,因为庞培的一个先锋官马吉乌斯已落入了他的手中。我俘获了庞培的一名军官,名叫努默利乌斯·马吉乌斯。当然,我按照我的原则立即将他释放了。已经有两个庞培的军官落入我手,我均将其释放。如果他们想要表示感谢,就必须对庞培施加影响,让他作我的朋友,而不是以那些一直是他的和我的激烈的反对者为友,国家陷入这种局面即归因于这些人的阴谋。然而,庞培利用马吉乌斯仅仅是为了通过谈判拖住直至最后仍不放弃自己尝试的恺撒。于是,他致信给奥庇乌斯和巴尔布斯:3月9日,我兵抵布林迪西,在城下我建起大营,庞培就在布林迪西。他把努默利乌斯·马吉乌斯派来是为了和平谈判。我用我认为合适的言语回敬。如果我还有一线希望继续调解冲突,那你们马上就会得到消息。但是谈判的意向并不妨碍他进行一些必要的军事布署。庞培坚守城中,我们的营地就在各城门之前。我们面前的工作量巨大,由于海水很深,要耗费数天。但是没有更重要的事了。从两处构成港湾的地岬起,我们开始挖筑堤坝,以迫使他要么率领布林迪西的军队尽快渡海,要么让我们封住他的出路。一天之后,庞培起锚,从围堵中逃脱。

这样,恺撒的以谈判复归正常渠道的所有尝试均告失败。但至少他的仁慈还是给人留下了印象,它毕竟促使一些元老院议员返回了罗马。恺撒这时可以寄希望于民众保民官起来召集一次元老院会议,并以这种方式重新启动国家机器。在这方面,他必须注意动员那些有影响的议员出山,尤其是像西塞罗这样的深孚众望的元老院议员。西塞罗仍留在意大利。恺撒首先向他发出一封试探性的信:我见到了我们的朋友弗尼乌斯,惟历时很短,很难进行语言交流,因为我没有时间,而且正在行军,军团就在前面。但我不能错过机会,所以给你写信,把他送到你那里,谨致谢意。尽管我早就经常这样做,但我相信,我还必须更经常地这样做。你是那样多地使我负有义务。首先我请求你,因为我马上就要抵达罗马城下,请让我在那与你会面,以使我全面考虑你的建议,你的影响,你的地位,你的帮助。一句话,请原谅我的匆忙和书信的简短。其他各事,你会从弗尼乌斯那得知。

在这封信之后和西塞罗答复之前,发生了科尔菲尼乌姆投降事件。这是恺撒仁慈政策的证明,也出乎人们意料。西塞罗在他的答复中避而不谈恺撒请他去罗马的请求,他举出他与恺撒和庞培的友谊为证,暗示这对于他来说意味着冲突,并试图促使恺撒与庞培和解。最后他谈到了科尔菲尼乌姆,由衷感谢对他的朋友伦图鲁斯的赦免,他认为这是一件个人善行。对此,恺撒写了一封复信,这封复信即雅致又急切地争取西塞罗:你那样解释我的行为,很好——因为你很了解我,对我来说,下一步是没有别的选择,只有残忍。如果我从事件本身中获得了巨大的满足,那么,你对我行动的赞同就使我太高兴了。如果我释放的那些人走掉是为了再次与我作战,那么,这与我无关,因为我只希望我还是我,他们还是他们。请你与我在罗马城下会面,以使我能全面采纳你的建议和帮助。这封带有求贤者自白的信,是我们现在掌握的关于恺撒的个人文件,它让我们看到了他所具有的魅力,这封信言辞有加,可看出直接的人格作用。在西塞罗收到此信的第二天,恺撒自己来到他那里,亲自提出自己的请求。这次对话具有决定意义。西塞罗自己对此叙述道:"我是这样说的:我对他与其说是感激,倒不如说是敬意。我坚持不去罗马。是我弄错了,我认为他是妥协。错了!他说,我这是在谈对他的看法;如果我不去,别人就会犹豫。我说:'我的处境不一样。'经过反复长时间的言来语往,恺撒说,来吧,为和平而谈。'如我所愿?'难道你认为我会给你作出规定吗?(我反对你去西班牙,反对军队渡海去希腊)(这就是说,他反对继续进行战争。)(我表示对庞培命运的婉惜。)恺撒接着说:我不希望说出这样的话。(这我已想到。但我不参与,因为要么我必须那样讲,说出我不能保持缄默的事情,如果我在场的话,要么我必须避开。)"此时,恺撒的请对事情再考虑一下的请求,只不过是了结毫无结果的谈话的客套。西塞罗最后说:"我认为,他对我并不满意。但我就是这样,我很长时间没有遇到这样的事了。"

两位当时最重要的人物的这一戏剧性会见,揭示出两位伙伴的独立性。但也让人看到,随着恺撒攫取权力,只有他的意志才有效力,共和政体已经完结。和在战场上一样,恺撒在求贤中发展到亲自出马,但他的求贤却遭到拒绝。这一对他的打击之大,我们可以以他给西塞罗的最后一封信中推知。该信是他在元老院会议后写的。这封信中,他不再争取西塞罗,而是晓以利害,达到说服的目的。政治家晓知成败、善于总结的特点,日渐清晰。但恺撒仍在尝试将无法争取到的那个人,至少促使其走向中立:尽管我相信,你不草率地干任何事,事事都小心谨慎,但面对人们的多嘴饶舌,我必须给你写信,并看在我们朋友关系的份上请求你,当现在称盘已经下降时,请你不要做出当它还在水平时你拒绝做出的那一步。你在违反我们的友谊,并听信谗言,因为现在看上去你好像没有遵循幸运原则来做决定——但这一切看来对我再好不过,对他们却非常遭;好像没在依照法律状况办事——法律状况自从你拒绝与它的意图保持一致以来,未发生过变化——相反,却好像在谴责我所干的什么事情。你再不能加害于我了,请不要那么做了,为此我看在我们友谊的份上求你。最后,对于一个优秀的男子汉、一个善良、冷静的公民来说,还有比在内乱中保持中立更重要的东西吗?一些人准备这样决定,但又不能,因为这会带来危险。你考察一下我生命的证明,听听友谊所作的判断,除了彻底的中立外,你将不会发现任何更保险和更正派的东西。但这封信也毫无结果。虽然心情沉重,西塞罗最终还是倒向了庞培的阵营。

这期间,4月1日,元老院要人会议在罗马举行,它并未给人留下什么印象。庞培宣布,执政官所在,才是罗马所在;留在罗马城,就是加入恺撒一伙。这使尚在意大利的议员们感到恐惧。并不是所有的人都来了,只有两位已前的执政官前来参加。恺撒在演辞中,再次讲了他所受到的不公和他为使双方平衡所做的努力。尔后继续说道:为了缓解冲突而举行谈判,必须向庞培派出使节。至于庞培说,向谁派出使节,就等于证明他的决定性影响,也证明派出使节的人的胆怯,他对此并不担心。这是一种软弱和虚弱想法的证明。正像他在实际行为中始终努力争第一一样,他也要在正义和公道方面走在前面。元老院同意向庞培派出使节,但由于庞培的威胁,无人敢去。此外,民众保民官梅泰卢斯试图以其否决权妨碍所有的官方行为。与他的谈判毫无结果。当他最后还反对打开国库时,恺撒不得不强迫他让路。据说恺撒说了这样的话:动武的时刻不是论法的时刻。如果你不同意我的行动,那么请走开!因为,战争不容忍异议。如果缔结了和约,我就放下武器,你可以再发表国民演讲。我讲此话实际上大大地原谅了自己。因为你就处在我的股掌之中,这里,其他所有反对我的人,也是如此。当梅泰卢斯想继续妨碍他时,他以死相威胁,并补充道:我的孩子,你或许知道,对我来说,这样说比这样做更难。国库被强行打开,恺撒取走金银近6900万金马克。

所有这些反对,激怒了恺撒,他只能将他在元老院的演讲所宣告的内容付诸实施。他请求元老院议员掌管国家领导权，并与他共同治理。如果他们由于恐惧反而回避他的话，那他将不再继续使他们讨厌，他将自行领导国家。恺撒恐怕没有在任何地方讲得如此清楚，对国家实行统治，就是他要求的基础。当他的反对者使他通过合法途径不可能完成这一天职和使命时，他走上了一个革命者的道路。他知道这意味着危险。但尽管如此，他仍要走，而且要不畏艰险地走到底。

这时又是让武力讲话。行动法则在恺撒一方，两个着眼点决定了他的行动。由于占领了意大利，他就处在内线上，他可以选择，要么出征西班牙，要么进攻巴尔干。在西班牙，有庞培整装待发的军队，由其副将阿夫拉尼乌斯和佩特罗尼乌斯指挥。在东方则是庞培和元老院，但军队尚待部署，需要时间。于是，恺撒先取向西班牙。现在我去证讨一支无首领的军队，回过头来，我再去讨伐一位无军队的首领，他对近前的人这样说。为保证东面的安全，伊利里亚的两个军团已足够应付。另外，多拉贝拉和昆图斯·霍当修斯受命筹组战船，以在海路保卫意大利，并保证在以后能接受向巴尔干运兵的任务，因为在海上庞培占有优势。但意大利在供给方面是一个接受补助地区，首都对海外粮食的依赖性很大。有鉴于此，恺撒早在元老院会议之前，就调动了军队，占领西西里、撒丁和科西嘉诸岛。但阿非利加作为粮食生产地更为重要，所以，开始占领西西里的库里奥，又从那里出发也将这行省占领。

恺撒在出发前将民事管理权交给了大法官马可·李必达，把在意大利的军事指挥权交给了安东尼。恺撒自己选择陆路前往西班牙。这时，希腊殖民地马希里亚（马赛）宣布中立，在恺撒大军到来时紧闭城门，但后来却把庞培的军官接入城中当了指挥官。恺撒立刻对其实行围攻，但为赶往西班牙，他又将封锁任务交付给副将特雷波尼乌斯。在这期间，在副将法比乌斯率领下的恺撒军团，已越过比利牛斯山，并在伊勒尔达（莱里达）附近的埃布罗河以北，与佩特罗尼乌斯和阿夫拉尼乌斯的军队遭遇。法比乌斯在等待恺撒的到来。这时，开始了一场旷日持久的阵地战。一次，恺撒的军队险遭大难：洪水冲垮了运送粮草的桥梁。听到恺撒陷入困境的消息，在罗马阿夫拉尼乌斯的家门前，举行了声援集会，一些贵族家的成员也立刻不失时机地加入庞培的阵营。然而，恺撒又一次驾御了局势，他又搭起一座新桥，而且当他的海军司令德西姆斯·布鲁土斯在马希里亚城下赢得一场海战的胜利后，埃布罗河以北的那些较大的自治市，大多都归附了恺撒。这促使阿夫拉尼乌斯和佩特罗尼乌斯朝南向庞培的地区逃避。他们离开自己的阵地，这给了恺撒一个可趁之机，恺撒紧追对方不放，并用计将其逼到一个无水之地，对方最后因饥渴而被迫投降。兵不血刃，恺撒赢得一场大胜。面对胜利在望的战役，他的士兵斗志昂扬，但恺撒不顾他们的意志，却阻止他们前进，因为对公民百姓的怜悯之情打动了他，他看到他们将会死去。这些话表明了恺撒还在争夺统治权的斗争阶段，就已开始以统治者自命了，他要对所有的罗马公民负责，包括敌对者。只要投降，几乎无抢掠之事发生。庞培的士兵中，无任何人被强迫违背个人意志，去恺撒军中服务。

在此之后，占领西班牙的其余部分，就成为易事了。部分是自愿来降的。恺撒在西班牙的追随者，受到了表彰。巴尔布斯的家乡加的斯因自愿打开城门而倍受尊敬，并因此很快得到了公民权。之后，恺撒返回意大利，仍走陆路。这是因为他得知，马希里亚在长久被围后，由于饥饿和瘟疫已无力可支，准备归顺于他，他于10月份到达那里受降。条件很苛刻，该城必须承受在经济和军事重要性方面所蒙受的巨大损失。

当恺撒尚在马希里亚时,有消息说,先期派出的第9军团在通过皮亚琴察时出现抗命不遵的情况,并要求允许在自己的国度内行抢,理由是他们对西班牙战利品太少不满。在这里,在行省,也就是说,在帝国领地,他们没有得到恺撒在敌对的外域高卢所赋予的自由。这时又出现令人放心不下的事,那支自公元前58年以来就出生入死、并参加了所有大的军事行动的部队,在遥远的地区会面临怎样的艰难困苦呢?恺撒亲自出面,采取了严厉的措施。这是自10年前在贝桑松相类似的事件发生以来的第一次。他宣布:他将根据战争法,每10人当中处决1人,余者释放。他们尽可像他们所威胁的那样投向庞培。如果这些士兵还懂得什么是纪律,他将无任欢迎。这项措施产生了效果,他们惊恐地请求恺撒允许他们继续服役。恺撒应允,但要求举出20个为首闹事者的名字,从他们当中抽签选出12人处决。这时出现这样一种情形:被抽出人当中的一个,被他的上司报称不公,上司具有那人无罪的确切证明,结果这位错误的告发者却代替那人被处决。就是在这个时候,大法官李必达任命恺撒为独裁官。这是一项罕有的、但法律上又是容许的措施。通过它,法律关系重新建立起来,因为作为独裁官的恺撒,可以举行选举。翌年公元前48年,他自己和普卜利乌斯·塞尔维利乌斯·伊扫利库斯成为执政官。此外,恺撒利用独裁权颁布了许多法律,其中一些使越来越颓败和濒于停滞的经济生活复苏。普遍的不安曾诱使人们储藏货币,致使货币流通减弱,导致地价下降。因此,债务人常用地皮支付,这又继续造成货币流通减缓,形成了一个真正的恶性循环。在这种形势下,人们自然听到一些建议,认为债务的彻底清偿是济世良方。这可能是喀提林曾经想走的经济革命之路,但恺撒却加以拒绝。新的法律规定,以地皮清偿债务时,应以战前价值为基础,利息可以扣除到一定程度。还规定了私人货币储藏的最高限额。另外一项规定使得大部分被放逐的人得以返回,首先是恺撒的追随者。那些被苏拉革出社会的公民的后裔,现在重又可以竞选公职。波河北岸住民和加的斯的居民最终获得了公民权。恺撒的这些规定又得到一项由保民官鲁布利乌斯提议的法案的补充,这项法案为波河两岸的自治市规定了一个统一的法院制度,使得在通向统一的意大利自治市组织的道路上,又迈出了一步。这样,人们关于胜利者恺撒将走马略和苏拉的血腥之路的担心,便为事实所驳倒。兵不血刃,"新宴席"在改变占有关系时没有使用暴力。

不过,公元前49年,除了胜利,也为恺撒带来了挫折,最大者莫过于库里奥在阿非利加行省的落败。他是成功地从西西里岛渡海到那里去的,可这里的朱巴,即当地努米底亚人(柏柏尔人)的国王,却站在元老院一边,转尔反对库里奥。就在恺撒取得伊勒尔达之胜不久,国王将库里奥及其军队一举消灭。阿非利加行省再次告失,并在若干年中成为贵族派的堡垒。伊利里亚的军团也遭受失败。恺撒的本来就已不怎么强大的海军,失去40艘战船。公元前49年的战斗结局是这样的:恺撒支配着意大利、高卢、西班牙、西西里、撒丁和科西嘉,庞培则占据帝国其余部分以及东方的当事人小王国。恺撒的主要兵源地区为高卢,占领高卢的意义现在才完全清楚地显示出来,它使帝国的印度日尔曼—欧洲这一半大大扩展了一番,也对庞培在东方的占领构成了一种抗衡力量。现在,恺撒依靠的是帝国的欧洲这一半,庞培依靠的则是东方的那一半,于是,未来年代中的斗争便具有了东西方冲突的性质。恺撒就是在这个意义上理解他与庞培的决定性冲突的,这可以从他对庞培的军队的描写中看出。他把这一描述放在了对出征行动的描述之前。庞培布署了9个由罗马公民组成的军团,5个来自意大利,1个老兵军团来自西利西亚……1个老兵军团来自克里特和马其顿……两个来自亚细亚,是执政官伦图鲁斯招募来的。另外,他的这些军团中还有数量很大的士兵来自色萨利、贝奥蒂亚、亚该亚和伊庇鲁斯,最后他还可以指望在西庇阿指挥下的两个来自叙利亚的军团。他的弓弩手来自克里特、雷克戴蒙、本都、叙利亚及其他一些国家,计有 3000 人,投掷手有两个大队,每大队 600 人,骑兵 7000 人。骑兵当中,德奥塔鲁斯从加拉提亚带来 600 人,阿里奥巴赞从卡帕多西亚带来 500 人,科图斯从色雷斯也提供同样数量,并将其送交其子萨达拉斯指挥。来自马其顿的有 2000人,归拉斯基波里指挥,500 人随小庞培在船队服务,还有加比尼乌斯留给国王托勒密作为禁军的高卢人和日尔曼人。庞培从奴隶和牧人中组编了 800 人。塔孔达里乌斯·卡斯托尔和多姆尼劳斯从加洛—格拉西亚提供了 300 人。科马吉尼的安条克送来 200 人,庞培大大嘉奖了他,其中大多数是骑兵护卫队。另外他还补充了达尔达纳人、贝塞尔人……马其顿人、色萨利人和其他一些人,直至人数额满。给养基地为色萨利、亚细亚、埃及、克里特和的黎波里。这段话给人的印象,好像庞培的军队主要由东方人组成。对来自帝国东方部分和来自各东方结盟小王国的辅助部队的列举篇幅更长,比对罗马军团的列举长四倍。如此多的非罗马的人名地名等加强了这一印象。但如果核算一下,得出的情况是相反的。军团中罗马公民的数量是 4 万人,几乎是东方辅助部队的 4 倍(11200 人)。这样,恺撒就清楚表明了,庞培所依靠的是帝国的非欧洲部分。恺撒深知帝国这两部分的不同,他的人口政策就是证明,后面还要专门提到。庞培的军队不仅为恺撒一人留下了这样的印象,从西塞罗的叙述中也可以得知。西塞罗对庞培与异族人有紧密联系深表不满,并批评说,庞培"率领的是反对罗马的盖塔人、亚美尼亚人和科尔基斯人的原始部落"。

恺撒开始这一远征也是在初冬。公元前 48 年 1 月 4 日(实际应为公元前 49 年10 月 26 日),他率军队的绝大部分从布林迪西出海,在伊庇鲁斯(阿尔巴尼亚)登陆。这次出其不意的行动,又获成功。尽管比布鲁斯率领的庞培的舰船控制了海域,恺撒仍得以不受阻碍地通过亚得里亚海,这时庞培恰好刚开始向海岸推进。在这样的季节,没有人预计会有这样的行动,许多沿海城市纷纷落入恺撒之手。这一有利的开端,再次促使恺撒伸出了和谈之手。庞培的被俘人员维布利乌斯·卢福斯作调解人。人们应该到罗马向元老院和国民大会请示缔和条件。这是双方的利益所在,必须得到双方的赞同。如果双方通过一个公开的誓约承担义务,在三天之内解散军队,如果他们放下武器,并遣返他们所信赖的后备部队,那么,双方就有必要对元老院和国民大会的决定感到满意。这意味着广泛地迁就对方,但恺撒作为执政官还可指望在中心广场上发挥影响。庞培尚在从容地向西运动,以赶在春季到来之前占领亚得里亚海沿岸各城。他哪里知道,恺撒已到了伊庇鲁斯。是维布利乌斯告诉他的。他禁止维布利乌斯谈和。他不愿将他的生命和返回意大利归功于恺撒。相反,他现在开始强行军,直奔恺撒。

比布鲁斯率其舰队也取得了胜利,恺撒送回接运剩余部队的运输船,被击沉 30艘。经验使比布鲁斯学乖,他现在对亚得里亚海实行严密封锁,将恺撒与他在意大利的军团分割开来。另一方面,恺撒阻止敌方舰船靠岸进港,迫使它们不得不从很远的地方获取给养和水(主要是从科孚岛)。这时比布鲁斯生出一条诡计,他要通过调解人举行停战谈判。恺撒积极响应,还希望能收到对他给庞培的提议的答复。然而不久,他无奈地看到,比布鲁斯既未被授权进行谈判,对此也无诚意,他只想通过这一计策,更容易地得到给养和水。封锁任务的艰辛重又出现,甚至出现了水手用露水止渴的事情,困难重重,比布鲁斯不久便成为了他们的牺牲品。从此以后,舰队便失去了指挥官。

在陆地,战斗首先围绕海岸最强大的要塞和主要给养供给地都拉基乌姆(都拉斯)展开。决定胜利的,不是战斗,而是行军速度。恺撒从南而来,庞培从东而来,双方都要穿过布满深沟巨壑的难行之地,二人间的这场行军竞赛,最后庞培以稍稍领先得胜而结束。于是恺撒向南回撤。几个星期中,两军在阿普苏斯河畔相互对峙,各无作为。庞培指望通过封锁和将对方与意大利隔离开来,从而消耗恺撒。恺撒则期待军队其余部分能从意大利前来。在急不可待之中,他自己试图驾一只小船渡亚得里亚海去接兵。当船长在大海和波涛面前感到恐慌时,他自我介绍说:向前,朋友,要有胆量,不要害怕! 坐你船的人是恺撒,他的运气也在同行! 但是,自然之力更加强大。最后,捎去一信,中间经过几乎三个月之久,安东尼率领其余军团才渡海前来。尽管海风使船只驶向都拉基乌姆以北很远,恺撒仍不顾庞培的所有反击,得以与安东尼会师。现在他支配有 34000 人的军队,1400 骑兵,在骑兵上他与庞培 8000 骑兵相比仍占劣势。但这样的兵力仍可以使他向东派兵,以建立安全线和筹办给养。不仅如此,此后他还有足够的力量去向庞培挑战,但庞培避而不战。一次攻占都拉基乌姆的尝试未能成功。虽然恺撒可以缓缓向庞培与城堡之间移动,但庞培控制了海域,这样就可能出现困难,但不会造成与城市和港口联系的中断。这时恺撒实施了一个大胆的计划:他开始进行为我们所知的第一场真正的阵地战。他将围攻战术转用于开阔的旷野,把敌人包围在一个方圆 54 平方公里的空间内。一座连成一气的有壁垒和战壕的野战工事,构成一个 25 公里多的半圆,从海岸边起始,穿过山岭,再至海岸边。相隔一定距离即建有堡垒,在阵地之后是突击后备队的营寨,围绕整个阵地建有一条带状通道,以便能够与阵地所有各点迅速取得联系。恺撒的士兵们引河流之水,使其改变流向,流向被围之敌。他们还通过制造给养困难,特别是水源与粮草匮乏,逼敌人就范。他们自己也在不毛之地经受饥馑之苦,但尚有足够的肉和水可用,而且身体健壮。回想过去的艰辛,他们毫不气馁,他们吃他们能得到的一切,他们最后甚至还烤制了一种替代性面包。士兵们发现了一种生长于河谷中、叫"查拉"的根类植物(海芋),将其与奶搅拌,可缓解饥馑。他们以此烤制了许多面包。倘若庞培那边的人向他们呼喊叫饿,他们就扔去这样的面包,以打消对方的希望。他们常说,他们宁愿以树皮为生,也不放过庞培。然而庞培却说,他那有野生动物,他让尽快将代用面包丢掉,不让任何人看见,不要让敌人的锐气灭了自己的威风。庞培的士兵修筑了反阵地,这样,就出现了与第一次世界大战中采用的战术相似的战方,即:突破、切断、从后备队阵地反攻,很像第一次世界大战西线战斗的情形。被包围者处境日渐困难,特别是在一次大的突破失败之后。但是,恺撒的阵地南端与海相接的地方,庞培借助自己海上的优势,最终成功地进行了包抄和突破。反攻被卡了在复杂的地形之中,于是恺撒吃了败仗。到处都是混乱、恐惧、逃窜。当恺撒抓住逃跑者的战徽并命令他们停下来时,一些人继续快马加鞭,另一些由于害怕甚至丢弃战徽,拦也拦不住。庞培踌躇着没有马上追赶,使自己就这样丧失了整个胜利。恺撒对此评断说:如果敌人真有一位懂得如何取胜的统帅,他们今天就会获胜。这样,他得以脱离敌人,顺利地撤离了阵地。其遗迹,1920 年时在当地还清晰可见。

这是恺撒的第二次失败。就像在日尔哥维亚战役之后一样,恺撒在这时也显示了他作为统帅的全部风范。他又重新迅速崛起,变撤退为新的进攻;他又向前深入敌区,像上次与拉比埃努斯会合一样,这次与已推进到色萨利的部队会合。他将这些部队调到自己这边。弹压了希腊人城市的反抗欲望,对在他到来时关闭城门的冈菲进行了严厉的惩罚。然后就是听凭饥困不堪的士兵进行劫掠,他想杀一儆百。之后,他继续向色萨利深入,庞培尾追其后。在色萨利平原,恺撒与庞培展开了法萨卢斯决战(公元前 48 年 8 月 9 日),并在野战中打败了力量双倍于己的敌人。庞培本想更长时间地避免冲突,并使人确信,时间在他一边。但是,他的贵族派的追随者们,自都拉基乌姆胜利以来不愿再干,渴望回家,而且他们把熊杀死之前,就已将熊皮瓜分。他们为未来的官职争吵,开始决定未来若干年的执政官人选,贪求恺撒党人的住宅和财产,盘算他们个人如何充分利用毫无疑问的胜利。他们不断敦促开战。恺撒已做好继续交战的准备,当庞培向他的追随者让步并提出挑战时,恺撒立刻应战。盼望的那一天终于来到,在这一天,我们不是在与饥饿和匮乏作战,而是在与人作战。恺撒更加伟大的统帅艺术和士兵的更加干练,决定了战斗。庞培想利用自己的优势,冲破恺撒的布阵,并在一翼全面展开进攻。对此,恺撒又分出一支灵活机动的后备队,在决定性时刻投入,以对付敌人进攻的一翼。此外,庞培命令他的军队原地不动以逸待劳,希冀来犯者在冲锋时必然要走双倍的距离,这会消耗他们在肉搏中的体力。但是恺撒久经阵战,自有自己的一套办法。武士们在路至一半时停下,利用这一间隙投掷投枪,这样就避免了过度紧张。恺撒说,庞培的命令是错误的。这样说,似乎是出于心理学原因:所有人都有一种可被焕发激情的潜能,它由战斗的欲望点燃。统帅们不应将其熄灭,而应使其燃起。人们自古以来就不是没有理由地这样做的,他们从四面八方吹响号角,到处响起战斗的呐喊。以此使敌人陷于惊恐,使自己人士气高昂。

恺撒在下达攻击命令之前,发表了一个简短的讲话,在这个讲话中,他号召士兵们成为他反复和平努力的见证人,他从来没有亵渎士兵们的鲜血,相反,总想为了国家而保持双方的军队。他在描述那位兵役期服满后“自愿延长服役的”盖尤斯·克拉斯蒂乌斯时,为他的士兵们竖起了一座纪念碑。去年,他在第 10 军团负责指挥第一队,他是一位特别勇敢的人。当进攻的号角鸣响后,他喊道:“跟我来,你们曾在我手下当兵的人,为你们的统帅而战,就像你们所习惯的那样。只还剩下这一场战斗了。战斗一旦打响,他将再获荣誉,我们将再得自由。”尔后他向恺撒望去,向他喊道:“我的主帅,今天我将让你感谢我,我要么活着,要么倒下!”说完,他第一个从右翼冲出,大约 120 名精选出的士兵自愿随他而去。这样的士兵和这样的统帅齐心协力,决定了战斗的胜利。庞培及时退回大营,在帐中犹豫片刻后,摘掉官衔标志,逃之夭夭。恺撒的士兵冲进大营,追击败逃的庞培人马,迫使他们投降。降者总计超过 24000 人……180 面掳获的战旗和 9 具军团鹰徽被放到恺撒近前。庞培方面死亡人数为15000 人。恺撒减员不超过 200 人,折将约 30 员,都是好样的硬汉。克拉斯蒂乌斯也在战斗中阵亡,面上正中一剑。这样他就实践了上阵前的誓言。恺撒确信,在这场战斗中,克拉斯蒂乌斯理应受到英勇战斗最高奖赏,无人能再获此殊荣。

庞培逃向爱琴海北岸,越海经莱斯沃斯岛——在这里携妻科尔奈莉娅,驶向小亚细亚南岸,再遁走塞浦路斯,又从那里去埃及寻找避难地。在抵达通往叙利亚的边界城镇培琉喜阿姆附近时,被一个曾在他手下与海盗作战的罗马人琴图里奥当着他妻子的面刺死。主谋是波提努斯,未成年的国王托勒密十四世的教师和太傅。

恺撒紧追庞培。他认为,无论庞培逃往何方都必须紧追不舍,使他不能掌握军队,东山再起。但除此之外,他还有一个强烈的兴趣,即为了和解而赢得庞培,对外同他一道治理国家。不过,叫庞培仅起一个装饰作用,这是当过去一切尝试均告败后,如果回到合法道路上来的惟一可能。恺撒的打算是认真的,这可以从庞培当着维布利乌斯的面说的对这种未来安排的担心中看出来。从这里完全可以推测,庞培的死,对恺撒来说震动极大。当他到达亚历山大里亚时,人们把庞培的被砍下的头颅和上面刻有一头前爪持剑的狮子的印章戒指置于他的面前。恺撒顿时惊惶失措,避开人头,眼泪滴到戒指上。在这里,不仅一位最伟大最优秀的罗马人被一个罗马人的叛徒为了满足一个外族人的愿望而刺杀,恺撒不仅失去了女婿和多年来一同战斗的同志,还使他的最后希望归于破灭。他的最后希望是:捐弃前嫌,以传统合法形式为起点,建立自己的统治,如同庞培所拥护的那样。戒指他作为证物送回了罗马,头颅他令葬在为此特建的一座不大的复仇女神涅墨西斯神庙之中。

恺撒沿着爱琴海北岸追赶,一直到达赫勒斯滂海峡(达达尼尔海峡)。他乘小船越过海峡时,与庞培舰队的十只舰船相遇,指挥官是鲁齐乌斯·卡西乌斯(不是后来行刺恺撒的那个卡西乌斯)。尽管对方占据优势,恺撒仍径直向其旗船驶去,要求卡西乌斯投降。卡西乌斯表示服从,这是慑于恺撒的人格所至。来到小亚细亚,恺撒访问了特洛伊地方,那是他祖先的故乡。他还抽出时间,调整亚细亚行省的关系,征收税款。在这期间,又有两个较弱的军团投诚。他率这支过得去的部队(3200人和10艘战船)驶往亚历山大里亚。他决定利用这一时机去讨要埃及在"吹笛手"时代欠下了旧债,他需要钱去支付军饷。他还估计到,庞培被害后埃及愿意归顺。所以,他不是作为军事首领,而是作为罗马官员、执政官,带侍从人员来到亚历山大里亚。但他来到时,却引起城市下层民众的不满。而当他欲作为仲裁人出面调解托勒密十四世王室兄弟姊妹与克娄巴特拉的争端时,这种不满愈加高涨。"吹笛手"托勒密的这些大孩子是按照埃及风俗同时结婚的,他们的父亲把帝国传给他们,想让他们共同治理。但13岁的托勒密只是宦官波提努斯的工具。大姐被逐出宫,带了少量部队退向叙利亚边界。她与恺撒素有通讯往来,当恺撒到达亚历山大里亚时,她令人把她用地毯包裹,偷运进宫,以赢得恺撒的支持。第二天托勒密接待宾客,发现对面站着的竟是最可恨的大姐,便向民众呼救,这时骚动者仍蜂拥而至。恺撒打开"吹笛手"的遗嘱宣读,想以此平息兄弟姊妹间的冲突,叫他们共同治理国家。年纪较小的托勒密十五世和阿西诺伊,去塞浦路斯为王,这是考虑到埃及人的民族感情,因为该岛直到10年前还属于埃及管辖。10年以来,势力雄厚的大姐掌握着实际统治权,加上她有罗马撑腰,所以,波提努斯展开了抵抗活动。他试图让恺撒离去,说以后会心怀感激之情付清债务的。但得到的只是简短的回答:埃及人是最后一批我需要听其劝告的人。于是,波提努斯召阿基拉斯率埃及军队进城。在居民的支持下,他将恺撒包围于港口附近王宫四周,封锁起来。恺撒再一次面临新的军事挑战:争夺街巷和房舍的战斗开始了。罗马人巧妙地进行防御,但真正的救援只能来自外方,更重要的是要保持与海上的联络畅通。所以,在封锁伊始,恺撒就烧毁了停泊在港口内和船坞中的所有埃及船只。大火殃及到著名的图书馆,馆内藏有古希腊的宝贵文献,在升腾而上的火焰中化为灰烬。出于同样的原因,恺撒也占领了位于大陆对面同名岛屿上的法罗斯灯塔。这个岛构成了亚历山大里亚港,灯塔控制着进港船只,它的灯标信号从很远处即清晰可见,这座有四层楼高的灯塔被认为是世界七大奇观之一。

恺撒把宫中受到监视的小托勒密和波提努斯作为人质。但他们泄露了宫中的事情,波提努斯与阿基拉斯保持有密切联系。他还多次试图在恺撒为克娄巴特拉举行的宴会上毒死恺撒。在恺撒最后要把波提努斯作为叛徒处决时,亚历山大里亚人更加怒不可遏。同样,阿西诺伊及其侍从宦官加尼米德从宫中逃逸,这也引起了新的骚乱。不过,这时很快出现了新的阴谋:加尼米德撤消了阿基拉斯的职务,接管了军事指挥权。

从海上运来了一些补给品,恺撒这时决定,从灯塔出发占领全岛,首先是法罗斯村,再占领连结岛屿和大陆的千米大堤。行动开始很顺利,但后来却遭到了重大挫折。他连同一小部分部队,被阻于大坝之上,他只好游水爬上一只船逃生。他的红色统帅氅袍成了敌人乱箭的目标,他只好弃于水中。亚历山大里亚人则把它捞起,第二天,被放在了他们在大坝上竖起的胜利标志的顶端。恺撒欲交出托勒密以进行和谈的尝试,也未能成功,但这却导致造成了未把阿西诺伊和加尼米德放在眼里的印象。

这时,从外来到的决定性援军正在接近。帕加马的米特拉达梯是罗马的同盟者,他应恺撒之召前来解围,正沿陆路向此推进。在他军中,有一支由安提帕特率领的犹太军队。安提帕特就是希律大帝的父亲,他的影响使埃及的众多犹太人支持恺撒。解围援军攻占培琉喜阿姆,并围绕尼罗河三角洲向亚历山大里亚挺进。托勒密采纳了老军官们的建议,在尼罗河上率船队迎战安提帕特。但恺撒也从亚历山大里亚出动,在城西登陆,与米特拉达梯会合。会战在亚历山大里亚以南尼罗河畔展开。罗马人开始遭到重创,但最终取得了辉煌的胜利。托勒密在逃跑时溺死于尼罗河水中,埃及人大营被突破。恺撒向亚历山大里亚进军,于公元前47年3月27日将其攻陷。于是,他开始调整国内的关系。克娄巴特拉及其第托勒密十五世,同为国王,共同监国;阿西诺伊则不得不去罗马居住。三个军团驻扎埃及,任国家的保护者,同时又是国王行为的保证人。指挥官是罗马人,一位被释放奴隶的儿子。若把这个防范极严、对供养意大利十分重要的国家,交与贵族派之手,那将意味着巨大的危险。恺撒与克娄巴特拉之间的个人关系,为埃及安全提供了又一个保证。他利用她统治这个国家。

那次著名的出游也是在这一改组期间进行的。女王偕同恺撒乘"塔拉梅格斯"号豪华船,在无数船只的护从下,溯尼罗河而上,向她的客人展现这个传奇般的古老国度的奇观。然而,恺撒在埃及的逗留,除为了调整那里的关系外,还是为着计划和准备未来的行动。不这样,不足以迅速完成这些行动。

恺撒在埃及停留约9个月之久,有时与外界断绝任何联系,这使军事和行政上出现混乱。庞培在向法萨卢斯追赶恺撒之前,曾把一部分军队留在亚得里亚海岸,卡托把他们用船带往的黎波里,以再转交庞培。当他得知庞培被害的消息后,便率领这些军团经过艰难的沙漠跋涉,来到了阿非利加行省,自库里奥失败以来,这个行省就牢固掌握在元老院派手中,贵族派在这里可以指望得到努米底亚朱巴的支持。他们也可以从这里与西班牙的庞培党人相呼应,因为在那里,恺撒做总督造成的过失,给了庞培党人新的鼓舞。庞培的岳父西庇阿也来到了阿非利加,他接管了驻扎在这里的军团的指挥权。

然而,在东方也出现了新的危险。法尔内克是本都的米特拉达梯的儿子和继任人,他认为,时值罗马内战,恺撒又在埃及遇到麻烦,这正是他恢复父亲帝业的大好时机。所以,他从克里木出发,绕黑海一路攻城掠地,侵入了小亚细亚,在尼科波利斯附近击败恺撒的副将卡尔维努斯和有盟约的加拉提亚王德奥塔鲁斯,攻占了本都和比希尼亚,随之侵入亚细亚行省。恺撒处理了埃及事务以后,不顾内部局势恶化的征兆,决定首先平息东方。公元前47年6月(4月),他率领一支不强的军团,驶离亚历山大里亚。在航行中,他根据安提帕特及其家族的意思适时地调整了犹地亚地区的关系。这样,被庞培平毁的耶路撒冷城墙又得以重新建立。在叙利亚,虽然他仅在安塔基亚待了几天,就为这座城出资兴建建筑和雕像。他在西利西亚的塔尔苏斯登岸,然后北行。在加拉提亚,德奥塔鲁斯自动投诚,他曾经为庞培而战,现在必须为恺撒提供军队。法尔内克试图通过谈判逼使恺撒缔结一项有利于己的和约。但恺撒却抓住时机,将军队集结于本都边界泽拉一带,法尔内克坚固的大营就设在那里。大营设在一座山上,他父亲的胜利标志就装点在山上。恺撒成功地诱使敌人出击,经4小时激战,法尔内克溃败,军队被逼进一处平坦谷地后被消灭。法尔内克脱逃,后在家中被人谋杀。恺撒没有摧毁米特拉达梯的胜利标志,而是将自己的标志竖立其旁。离开亚历山大里亚6周之后,在灭敌之后,恺撒才得以给罗马的一位友人写信:我来了,我看到了,我胜利了! 就是在行进途中和在战役之后,恺撒仍抓紧时间重新调整小亚细亚的各种关系。他的追随者受到嘉奖,庞培的追随者则感到了他们选择的错误。这样,帕加马的米特拉达梯——他是大米特拉达梯的一个私生子,又重占了他父亲的被法尔内克夺去的土地。德奥塔鲁斯的权力受到限制。对那些加入反对派的现在在亚细亚和希腊的贵族派的追随者,恺撒再次显示其仁政。他邀请多人去罗马,他自己也随之赶往那里,一些人欣然接受。返程路经希腊,雅典人曾加入庞培阵营,但恺撒不怀旧恨,还提醒他们想一想苏拉的赦免:难道你们总是理应得到毁灭,并把拯救总是归功于对你们先人的回忆不成?

　　公元前48年11月,恺撒再次被任命为独裁官,安东尼被任命为他的副手。他以这样的身份率领法萨卢斯的胜利者们返回了意大利,接管了领导权。罗马决定给恺撒极高的荣誉,几乎所有选举和重要的决策都延至他返回后再进行。但一如既往,国家仍然蒙受经济困难的重压。早在公元前48年,大法官采利乌斯,就曾尝试彻底消除债务,降低租金,但由于实行困难而告中断。公元前47年,西塞罗的女婿、民众保民官普卜利乌斯·多拉贝拉再次进行这一尝试,但发生了骚乱,安东尼不得不以强力恢复秩序。然而,并不只是首都的民众,连恺撒军营里的士兵们也变得不安定起来。

　　在恺撒与最后一批共和派交手之前,他必须将以上诸事处理完毕。他再次显示出了他对整体的责任意识和他的仁政。在法萨卢斯缴获的庞培通信,他传令焚毁而未阅看,以使他权作不知,免生痛苦……"他认为,对每个人的过失不闻不问,乃是最适当的原谅方式。"所有归顺他的人,除了那些已被赦免、但重又加入到敌对一方者以外,都可完全自由地返回罗马。法萨卢斯战役之后,布鲁土斯,即后来恺撒的谋杀者,立即趁机在色萨利首府拉里萨投向恺撒,恺撒马上将这些人,调至近前。公元前47年9月末,恺撒在塔伦特登陆,这时,西塞罗远道向他而来。并非不怀希望,当着众人的面,趋就对手,令他难堪。恺撒在众多侍从前面远远望他走来,即下马以礼相待,并与之亲切叙谈,一连同行了几公里之遥,因而他不必低声下气。从此以后,恺撒总是以礼相待。

在罗马，恺撒一如既往，拒绝全盘清偿债务。鉴于他自己又不得不接受巨额款项入账，所以他要大家看到，他自己将从这一措施中获取最大的利益。然而，他至少在为减轻租金而努力。恺撒再次当选公元前 46 年的执政官，他的执政官同事为李必达，早在恺撒出征西班牙时，他就在罗马支持过恺撒。

但是，最大的危险是军团的骚乱。由于长期与恺撒分开，军团纪律非常涣散，连恺撒的代表，士兵也飞石相加，甚至杀害两位议员。士兵们最后也开始向罗马进军，在玛尔斯练兵场宿营。最终解决再一次由恺撒亲自出面。他只带佩剑出现在闹事者当中。他问：想要干什么。回答是，要求退役——目的显然是要求超期服役的酬劳。这时，恺撒在回答时没有称呼他们"战友"，而称他们"公民"，并宣布他们退役。他向他们许诺，退役将会实现。但只会在他率领其他士兵出征凯旋之时。抗命士兵被慑服。造反者们哀求一同出征，并自愿十中抽一以为惩罚，最后都得到赦免。但在后来出征时，恺撒令首犯离队，或令其担任危险的差事，其他人则扣除战利品分成。

出征又于秋季开始。他将部队集结于西西里岛西端，公元前 47 年 12 月 25 日（10 月 1 日），第一批人驶离该岛，有 6 个军团，2000 名骑兵和尽可能少的辎重。暴风雨吹散了运输船队，各自先后抵达阿非利加。恺撒在行省南部登陆（相当于今天的突尼斯）。他上岸时，被绊了一下，跌倒在地。但他镇定一下将这一凶兆变为吉兆，他顺势扑向地面，喊到：我抓住了你，阿非利加！由于后面的部队渡海缓慢，导致旷日持久的阵地战，这给士兵带来了物资上的匮乏。马匹有时不得不用配上草的海藻喂养。西庇阿总是避而不战。最后，恺撒进攻重镇塔普苏斯，迫使西庇阿应战。看上去，恺撒似乎是让对方将自己包围于该城与解围部队之间的一处岬角上，实际上恺撒这样就把西庇阿逼到了一处他不能完全自如施展的地带交战。北非努米底亚国王朱巴的大象群（塔普苏斯之战是最后一场使用大象的战役）受到恺撒的轻装士兵们的刺激和驱赶，反回头来向自己的阵营冲去。恺撒士兵的愤激之情以及他们要最终结束一切征伐的愿望非常迫切，以致他们不愿再受制于人。第 10 军团的士兵不顾恺撒的命令（他想等时机更加成熟时再出击），也不理睬军官的意愿，强迫号手吹响进攻的号角。奔逃的象群突入共和派的人群，缺口使对敌人的包围成为可能。恺撒的愤激的武士将敌人斩尽杀绝，只有骑兵得以逃脱。共和派损失 5 万人，而恺撒只死 50 人，数百人受伤。之后，恺撒又去征讨卡托指挥的行省首府乌提卡。卡托在听到塔普苏斯惨败消息后，选择自杀，这样，共和政体宣告彻底完结。恺撒立刻在共和政体的坟墓上看到了这一自我牺牲的意义：这死非我所赐，卡托！因为你不要我的救助。他知道了，什么是殉道者。如果他以笔攻击了死者，那么，这正是由于他知道了卡托之死，给他的统治沾上了罪责。卡托刚死，西塞罗立即写出《卡托颂》，为死者竖起了一座文学纪念碑。"这本书显然感动了读者，这是一位伟大的语言艺术家对一个值得尊敬的人物的描述。"这使恺撒感到恼火，因为对一位由于他的原因而死去的人的颂扬，无异于是对他的控诉。所以，他著书反击，罗列了不少对卡托的贬词，题为《反卡托论》。但恺撒写此书并非出于仇恨，而是出于政治原因。对于西塞罗和卡托，恺撒下令不得有失尊重。西塞罗得到了赞誉：人们不可以将一个士兵的语汇与一个天生的演说家的语言力量相比较，因为他有充裕的时间。他几乎历数了卡托的缺如，包括他对酒的嗜好。对此，他也有一段陈述：那些遇到酒醉之人的人们，当他们向他脸上望去时，自己的脸却泛起红来。又补充说：倒可以认为，不是他们抓住了卡托，而是卡托抓住了他们。《反卡托论》与恺撒对卡托遗体的讲话，并不矛盾。对恺撒来说，具有决定性的不是个人情感，而是政治需要。政治需要要准备面对卡托之死产生的宣传效果，恺撒已有预感。卡托以自己的死，成了几个世纪中一种行为的象征：在暴君统治下，不自由，毋宁死。

就连朱巴和元老院党的其他追随者们，也都先后自杀身死。余者被捕后根据恺撒的命令处决。恺撒和他的士兵，想尽早结束罗马人之间的无休止的争斗。与此相关，对行省也进行了改组。建立了罗马公民殖民地，安置了一部分老兵；把朱巴的努米底亚王国改为新阿非利加行省。朱巴财产的一部分，转给当地的帮助过恺撒的王侯们，如毛里塔尼亚的伯库斯国王和伯古德国王。

恺撒从阿非利加前往撒丁岛，去整顿该行省的秩序。公元前 46 年 7 月 25 日，他再次回到罗马，这时他已是君临天下的帝国统治者了。通过阿非利加远征，他与共和政体的斗争已决定性地宣告结束。如果他有必要再次动武，那与恢复共和政体一事无干，而是镇压庞培诸子的反抗。也可以说，那将是恺撒与自己劲敌的后裔间的一场个人冲突。

在西班牙，尚存有不少庞培余党，当共和派当时聚集阿非利加时，这些余党与之建立起了联系。格奈乌斯·庞培亲率一支船队进入西班牙水域。塔普苏斯战役之后，塞克斯都·庞培，瓦里乌斯和拉比埃努斯来到西班牙，在那里再次形成了一个可观的庞培氏政权。恺撒派去的副将，虽然取得了海战的胜利，但在陆路并未取得多大优势。于是，在庆祝完自己的凯旋之后，恺撒不得不再次亲征。在罗马，这次又是李必达代理他的职权，他则疾速奔赴战扬（公元前 46 年 11 月），途中，他还有兴赋了一首题为《出征》的诗句描述此行。12 月初，到达西班牙，再次开始进行一场冬季战，但是敌方开始避而不战。恺撒第一次较大的胜利是攻下城堡要塞阿特瓜，它位于瓜达尔基维尔河之南。塞克斯都·庞培在科尔多瓦受到恺撒威胁前，前往解救，但未成功，恺撒将其追至蒙达（今天科尔多瓦以南的蒙蒂利亚），他在那里准备应战。当塞克斯都·庞培要从山上冲下来时，恺撒下令出击，尽管他的部队要往山上冲。战斗非常激烈。对于庞培们来说，如果失败，那将必定意味着毁灭，他们占据有利地形，顽强抵抗。恺撒不得不再次亲自上阵，以决定战局。我向来是为胜利而战，而今天却第一次为生存而战。战斗结束后，他这样说。55 岁的恺撒从马上跃下，为使每个人都能认出他来，他不披甲胄，加入到第 10 军团的第 1 列队。这是我的最后一天，对于你们来说，这是征战的最后一天。你们想让你们的统帅落入娃娃之手吗？请你们记住你们在哪里背弃了你们的主帅。他呼喊着向前冲去，就像在桑布尔河边时那样，感召着军团士兵们。敌人开始动摇。塞克斯都·庞培试图在前沿从侧翼调来增援部队，同时，拉比埃努斯也令几个步兵大队向受到恺撒骑兵威胁的大营撤防。就在恺撒尚未发觉敌人动作之时，他喊道；"他们逃跑了！"这一喊声反到激励了部下，造成敌人的误解。庞培们掉转头来，鏖战一天，最后以恺撒的彻底胜利而告结束。庞培手下战死者 3 万人，其中包括瓦里乌斯和拉比埃努斯，格奈乌斯·庞培在逃跑中丧命，他的头颅被带到恺撒近前，作为胜利的证明，恺撒令枭首示众。

西班牙各行省的其余部分，也被迅速征服。恺撒在那里停留三个月之久，整顿了那里的行政事务。抵抗的中心，如科尔多瓦和塞维利亚，受到可想而知的惩罚。西班牙各自治市的地位,被重新调整。在这方面,他们在战争中所站的立场起了某种作用。罗马公民殖民地的设置,促进了该地区的罗马化进程。在返回罗马途中,恺撒对纳博讷行省进行了改组,在这里也建立了罗马公民殖民地,用以安置老兵。该地的希腊人殖民地,通过安排罗马公民殖民地而拉丁化了。公元前45年9月初,恺撒返回罗马。

西班牙战争,仅仅是恺撒在阿非利加胜利后开始的伟大和平事业的间歇。当他从西班牙返回以后,就在一次对国民的演说中阐明了胜利的伟大意义。被占领的地区如此之大,以致国库每年将从那里得到20万阿提卡舍非尔(近1200万升)的粮食和300万磅(近1百万公斤)的油脂。此后,公元前46年8月(6月),举行大典,庆祝他对高卢、埃及、本都和阿非利加的四大胜利。这时的恺撒身着凯旋统帅的华丽服袍和罗马往昔帝王和卡皮托尔神庙山上的丘必特式的盛装,站在四驾马车之上,穿过列队欢庆胜利的军队,驶上卡皮托尔神庙山。在他身后站有奴隶一人,奴隶的喊叫声,使他忆起了一切人间事物的无常。当奴隶发出喊声时,恺撒的士兵们按照古老的凯旋仪式唱诗。他们以嘲讽恺撒的弱点取乐,并添油加醋,例如:

> 罗马人,看护好你们的女人,
> 秃头情种我们已带走。
> 你为婊子在高卢花掉你的钱,
> 新的钱你又在这里为你借得。

或:

> 恺撒征服高卢,
> 尼肯米达斯却征服了恺撒。
> 看,
> 恺撒现在可以得意洋洋,
> 因为他驯服了高卢;
> 但尼肯米达斯却不能,
> 然而他却驯服了恺撒本人。

对战败国和死伤敌人的描述,是一气呵成的。其中就有那封著名的公文中的重复句:我来了,我看到了,我胜利了。战利品数量多得惊人。仅黄金一项6.5万泰伦特(3亿多金马克)和2822金克朗就重达20414磅(近7100公斤)。在三次凯旋中,都抓一名重要俘虏,如维尔琴盖托里克斯,凯旋仪式之后立即处决,还有克娄巴特拉之妹阿西诺伊和朱巴之子。这里没有提到法萨卢斯。阿非利加战争被认为是征讨朱巴的对外战争,因此,朱巴的罗马同盟者就被视为叛逆。大的民间节日也参与到凯旋仪式中,其中也有恺撒为自己的女儿应允下的"慰灵赛会"。第四天,庆祝活动完毕之后,举行国民大会餐,摆下22000张三人桌,用餐者计66000人。食品不乏美味佳肴。军官和士兵领到战利款,士兵得5000第纳尔(古罗马银币),百人队长得1万,军事保民官得2万。恺撒还向粮食领取人兑现他在内战之初许下的诺言,每人领75第纳尔,外加25第纳尔利息。此外,每人还有10舍非尔粮食和10磅油脂。最穷的承租人,免除一年租金。

蒙达也举行了凯旋仪式(公元前45年10月初)。蒙达战役的胜利,被认为是对西班牙各部族的胜利。恺撒视庞培诸子也是叛国者,但有些人觉得,此说未免尖刻,并表达了这一看法。这次凯旋仪式不如前一年的丰盛,国民们抱怨招待不好。于是,恺撒在四天之后,又补办了一顿公众早餐。

恺撒的胜利和独裁统治的事实,通过元老院和国民大会决定给予他的荣誉而得以明确。这里仅择其要列举如下:终身独裁统治权;大将军头衔永为可承继的名号的组成部分,民众保民官的权利及在其权利长椅上的坐位权,在最高级官员享用的象牙制宝座上的永久坐位权,对礼法的监督权,对官员选荐发表有约束力建议的建议权,等等。这些荣誉均具有政治内容。此外还有:阿非利加胜利后举行 40 天感恩节庆典,扈从人数增加至 72 人。在卡皮托尔神庙山丘比特神庙内竖立恺撒雕像,但把恺撒颂为半神的铭文,恺撒却下令删除。他可以身穿凯旋统帅服出现在所有公开场合,他可以随时头戴桂冠。在竞技赛会上,他的肖像应与众神肖像并列入场。在基林努斯神庙,也就是已被置于众神之列的罗马城创建者罗慕路斯神庙,要竖立恺撒雕像,并镌刻铭文:"献给不可战胜的神"。还应在卡皮托尔神庙山上帝王和解放者布鲁图雕像旁为他立像。所有这些荣誉并非都得到了普遍的赞同,有些则由于恺撒的反对而未能兑现。但这些都可证明,从现在起,即从公元前 46 年夏起,在罗马只存在一个意志了。

屋大维

公元前44年3月15日，罗马国家的无冕之王，终身独裁官恺撒在元老院的议事厅遇刺，当他带着二十三处刀伤倒在血泊中时，内战的血雨腥风再一次逼近了。就在此时，一个年仅十九岁的青年走上了罗马政治舞台的中心，在此后的十四年时间里，他力挫群雄，终于成为罗马国家的元首。结束内战后，他励精图治，奠定了罗马国家以后二百年的和平、稳定、繁荣的基础。不仅在罗马历史上，而且在人类历史上也留下了他那深深的印记。他就是罗马帝国的缔造者，具有雄才大略的政治家和军事战略家——奥古斯都·屋大维（Augustus Octavius，公元前63—公元14）。

乘凉大树下，成名靠自己

公元前63年9月23日，屋大维出身于当时罗马的骑士家庭。他的祖父曾经营过银钱兑换业，这种职业在罗马人的心目中是低贱的，在屋大维后来的政治生涯中，其政敌还曾以此耻笑他。到他父亲的时候，他的家族已上升为贵族，他的父亲已就是元老院的元老了。他的母亲阿提娅是恺撒的姐姐优利娅的女儿。所以从姻亲上看，屋大维是恺撒的外甥孙子。屋大维四岁时，父亲去世，他的母亲改嫁马尔库斯·菲力普斯。十二岁时，外祖母优利娅去世，屋大维致悼词，这是他首次在公开场合露面。这时屋大维同恺撒的关系还说不上密切，因为恺撒还没有完全控制罗马的局势，而屋大维的继父菲力普斯在政治上是倾向于恺撒的对手庞培的，他的一家只好在政治斗争中保持中立。

公元前49年，恺撒率军渡过卢比康河后，意大利落入恺撒手中，屋大维的生活也为之一变。他常被带到罗马，并受到王子般隆重接待。十五岁时，因与恺撒的关系他被选入大祭司团。祭司团主要负责罗马宗教祭仪的正确执行。屋大维由此开始担任一些公职了。或许恺撒过于忙碌，这时无暇给屋大维以更多的关照，屋大维对恺撒也几乎没有清晰的印象。公元前47年秋天恺撒从亚历山大回到罗马，重新见到这位少年后，便常常把他留在自己身边了，甚至想带他一起去阿非利加剿灭庞培派的残余势力，但由于屋大维的健康状况欠佳而没能如愿。屋大维自幼身体就相当虚弱，缺少象恺撒那样健壮的体魄。公元前46年恺撒结束了阿非利加的战争回到罗马，对屋大维的关怀达到了无以复加的程度。在凯旋式上，屋大维同恺撒同乘一辆战车，陪伴恺撒参加献牲仪式，与恺撒一起进剧场看戏。屋大维越来越引起人们的注意。

恺撒的关照似乎也激起了屋大维对罗马政治的无限兴趣。公元前46年12月，恺撒去西班牙准备剿灭在那里的庞培派的残余势力时，正巧屋大维瘦削的身体染病不能同去。可是第二年年初，屋大维刚恢复了健康，所做的第一件事就是赶往西班牙，到恺撒身边。看来两人的缘分还是很深的。当他到达西班牙时，战争已近结束。然后他同恺撒一道去了迦太基，从迦太基他又一人回到罗马。这时他的身份已是两位骑兵长官之一了。按照罗马惯例骑兵长官是独裁官的助手。那么屋大维现在已是恺撒的助手了。另外，应恺撒的请求，元老院还把他列入贵族。

在恺撒这棵大树下,屋大维真可谓平步青云,少年得志。但是他并没有因此而忘乎所以,无论做什么事都特别小心,避免树敌过多,尽力避开阴谋与争端。所以,他总是说:"我还只是个青年,所关心的只是如何完成自己的学业,一切事情都必须等待恺撒回来后再决定。"

在频繁的接触中,恺撒似乎看到了屋大维身上的某些不足。回到罗马制订了远征帕提亚的计划后,恺撒便把屋大维送到伊利里亚的阿波罗尼亚去接受教育和军事技术的训练。可能恺撒想让屋大维在远征帕提亚时发挥更大的作用以建立军功。可是当时谁也没想到这竟成了两个人的永别。这是公元前45年秋天的事。

在阿波罗尼亚寄居了六个月之后,一天黄昏的时候,从罗马传来一则消息永远打破了这位少年平静的生活。有人告诉他,恺撒在罗马元老院议事大厅被他最心爱的人,也是当时他的部下中最有势力的人所杀害。十分震惊的屋大维不久又接到他的母亲和继父寄来的信,证实了上述事实。信中嘱咐他赶快回罗马,但一定要谨慎小心。屋大维立即召集好友商讨这一事情。阿格里帕主张立即率领拥护他的军队进攻罗马;而足智多谋的麦凯纳斯则劝屋大维先回意大利,待了解了事情的真相和整个局势后再采取进一步的行动,首先考虑的应是自身的安全。讨论一直持续到深夜。最后,屋大维采纳了麦凯纳斯等人的意见,决定先回意大利。

于是,他告别了阿波罗尼亚的军官们,渡过亚得里亚海,绕过他不甚了解的军队所驻扎的布林底西,在卢比伊踏上了意大利的土地。屋大维并没有急于赶往罗马,而是在卢比伊暂住下来以便详细了解罗马方面的情况。是啊,恺撒死后,罗马究竟发生了什么样的变化,恺撒给屋大维留下了什么,屋大维一无所知。往日靠着恺撒的声望,他在罗马曾受到王子般的欢迎,如今会怎样呢?

恺撒是古罗马杰出的政治家、军事家和文学家。少年时期便有着非凡的抱负和志向,幻想着权力和荣誉。公元前62年当选为大祭司和行政长官。行政长官任满后出任西班牙总督。在西班牙期间,恺撒为罗马攻城掠地,征服了一些部落扩大了罗马人统治的疆域,与此同时也使他自己发了大财。公元前60年,载誉回到罗马的恺撒与庞培、克拉苏结成了"三头同盟",是为罗马历史上的"前三头"。接着恺撒又竞选公元前59年的执政官。一年的执政官任满之后,恺撒又出任高卢总督。在高卢,仅用两年的时间,恺撒便吞并了整个高卢地区。这不仅提高了他的政治声望,扩大了他的政治资本,而且也使随他久经征战的十个罗马军团成了他后来夺取政权的重要依靠。正当元老院和庞培对恺撒的权力和威望感到威胁欲采取行动的时候,恺撒得到其亲信安东尼等人的及时报告,于公元前49年1月10日,率身边仅有的军队果断地越过意大利和高卢行省之间的界河卢比康河,以迅雷不及掩耳之势,打破罗马历史的惯例,率军进入意大利。庞培措手不及,1月18日率一批元老和两名执政官匆忙逃离罗马,渡海进入希腊,意大利尽入恺撒之手。稳定了罗马城和意大利的局势之后,恺撒先后出兵希腊、埃及、阿非利加和西班牙,肃清了庞培的势力,重新统一了罗马。之后,恺撒便展开了对重床叠架、支离破碎的旧制度的大刀阔斧的改革。他集执政官、监察官、保民官、大祭司长等重要职务于一身,把元老院降为咨询机构,把公民大会当作可有可无的装饰品。

恺撒是以民主派的身份进入罗马政治生活的,如今的所作所为俨然一副帝王相,罗马人能接受吗?恺撒的拥护者也在思考这一问题。公元前44年初春,罗马人开始庆祝自己传统的节日"牧人节"。为检验人心的向背,在群众集会上,恺撒的亲信安东尼突然给恺撒戴上了一顶王冠,公众一片寂静,只有寥寥掌声传来,恺撒见状佯装愤怒摘下王冠弃之地上,顿时群众的掌声响成一片。安东尼似乎认为群众并没有真正理解他的意图,于是第二次又将王冠戴在恺撒头上,当发现再度出现冷场时,恺撒二次摘冠掷于地上,群众再度热烈鼓掌。其中意思已是相当明确了,罗马人不喜欢独裁者,即使手握兵权,一身兼任多个重要官职的恺撒也改变不了这种局面。

牧人节事件使恺撒明了了办事不能操之过急,但也使他的敌人看准了时机,阴谋利用群众的这种情绪除掉恺撒。不幸终于发生了。3月15日,在其政敌安排好一切等待他的时候,恺撒却既不听人劝说,也不相信预言者的话,毅然来到元老院。当恺撒坐在他的椅子上的时候,暗藏短剑的阴谋者已站在他的周围了。一个阴谋者跑到恺撒面前,请求放回他的一个被放逐的兄弟,顺手抓住恺撒的紫袍,让他的脖子露了出来,阴谋者们蜂拥而上,凶狠地向恺撒刺来。当恺撒看到他曾信任的布鲁图也持剑向他刺来并刺伤他的大腿的时候,他失望了。他用紫袍盖住他的脸倒在老对手庞培的雕像脚下,身受二十三处重伤的恺撒躺在一片血泊之中。

布鲁图等人满心希望他们能成为罗马人心中的英雄,可事实并非如此。恺撒死后,罗马再度陷入混乱。恺撒的亲信安东尼将恺撒的公文和金钱全部运往自己家中,利用恺撒生前的威望为自己捞取政治资本。元老院站在布鲁图等阴谋者的一边,试图宣布恺撒为暴君,没收他的全部财产。安东尼则向元老们说,受惠于恺撒的罗马人和恺撒的老兵们将努力获取自己的利益,并不惜采取武力。安东尼进一步指出:"请考虑一下那些我们不容易控制的事情。从日升处到日落处,几乎所有这一切,恺撒都替我们或者用武力征服,或者以法律组织起来,或者以他的仁慈和恩惠坚定了他们对我们的归顺,难道你们愿意失去这一切吗!"安东尼的演说触动了元老们的弱点,他们确实无法接管恺撒的事业,无法保证罗马的和平。元老院最终通过了一个折衷的法令:对暗杀恺撒的案件不再追究;但是所有恺撒的法令和命令都应当批准。

正当安东尼与元老院形成对峙局面时,屋大维来到了罗马。屋大维在卢比伊便得到了恺撒遗嘱的副本和元老院的法令。恺撒在遗嘱里将他的花园赠给罗马人民,作为休息的地方;对于罗马城内当时还活着的每个罗马人,他皆赠予七十五亚狄加德拉克玛;将他姐姐的外孙屋大维过继为儿子。作为恺撒的继子,屋大维得知元老院对凶手不予追究,安东尼也没有旗帜鲜明地宣布为恺撒复仇的消息后,非常气愤,决心为继父报仇。但是,恺撒在世时,他所享受的羡慕的目光不见了,恺撒留给他的事业能否完成,现在全靠自己了。谈何容易,屋大维既无兵权,又无政治上的靠山,并且年仅十八岁。其对手,无论是老朽的元老院还是年近四十岁、资深且富有军事天才的安东尼都不把他放在眼里。他处处遭到安东尼的压制,在罗马几无容身之地。

屋大维面临着重大的人生抉择,少年时代那种无忧无虑的快活日子一去不复返了。他的健康情况也再次向他提出挑战。是进还是退?恺撒对他的影响实在是太大、太深刻了,他忘不了恺撒带给他的荣耀,更不甘心白白放弃恺撒留给他的荣誉和权利,他决心投入战斗。安东尼与元老院之间的冲突为他的崛起提供了可乘之机。

屋大维在去罗马前,首先到达他的母亲和继父的住地普提欧利,正巧共和派的领袖、政治家和著名的演说家西塞罗也在那里,屋大维到达那里的第二天便拜访了西塞罗。屋大维称西塞罗为父亲,他忧郁地谈到当时不稳的局势并谦逊地征求西塞罗的意见。西塞罗从中看到了屋大维的处境，认为屋大维可以成为他进攻安东尼的一个工具，所以他对屋大维是友好的。屋大维也感到，当前的主要对手是安东尼，因为罗马的局势是掌握在他的手中的。安东尼是当年的执政官，安东尼的两个弟弟又分别是行政长官和保民官，屋大维在罗马的举手投足都要受到安东尼的限制。因此，屋大维也感到西塞罗及其影响下的元老院是他对付安东尼在罗马打开局面的可资利用的工具。于是屋大维同共和派之间似乎已达成某种默契。

屋大维在准备同安东尼进行斗争的同时，也看到安东尼毕竟是恺撒的朋友，他身边聚集着恺撒的老兵们，如何展开斗争才能既能争取恺撒老兵们的支持又能达到打击安东尼的目的呢？权衡各方面的利害关系之后，屋大维认为必须坚持反对布鲁图等所谓"解放者"的立场，这是他作为恺撒继子的义务，是争取恺撒派支持的重要前提。经过一番深思熟虑后，屋大维动身去了罗马。

5月的第一周的周末，屋大维到达罗马。这是一个上好的天气，太阳四周出现了吉祥的日晕。罗马城暂时是一片宁静。恺撒遗嘱中作为赠款对象的人们热情地欢迎了他，期待着按遗嘱分给他们金钱。屋大维首先正式通知行政长官盖乌斯·安东尼，表示他接受过继身份，接着又在保民官路奇乌斯·安东尼为他准备的公开集会上作了一次十分克制的演说。他在演说中保证立刻从恺撒的遗产中向每一个公民支付赠款，如果必要的话，他将自己出钱举办为庆祝恺撒的胜利而规定的优利乌斯日（即现在公历的 7 月）举行的公开表演。在这一点上，屋大维颇有些恺撒的慷慨。但是，作为执政官的玛尔库斯·安东尼对屋大维所表示的一切根本不予理睬，他不仅不将恺撒的遗留现款转给屋大维，而且利用这笔钱还了自己的债务，征募了追随自己的人。此时他正忙于在康帕尼亚招募老兵和叙利亚人来组建自己的亲卫队，并将这支队伍一小批一小批地派赴罗马以影响罗马的政局。看来安东尼完全是一个不讲信义的政客。屋大维虽然得不到恺撒的现金，但他并非一无所有，他除了自己有一笔可观的财产之外，还有从他的母亲那里得到的一份支援，还有主要由土地和奴隶构成的恺撒的产业。屋大维以此为基础履行了自己的诺言。从这方面可看到屋大维参与罗马政治斗争的决心和其目光的远大。

屋大维身处罗马只几天便意识到，要使安东尼的头脑清醒过来，他必须要做到两件事：首先，他本人必须有一批武装的侍从；其次他还必须对害怕和不相信安东尼的人表示友好的态度。第一件是比较容易做到，通过花费大量的金钱和热心的宣传完全可以做到这一点。因为无论是他的名字还是他之被过继和指定为恺撒的继承人，都能够在老兵中间发挥作用。实践证明屋大维的行动是果断的。他派出代表前往马其顿军团进行宣传以表明自己的立场，自己亲自巡视康帕尼亚的老兵移民地，以恺撒的名义号召他们重服兵役。结果他竟招募到三千人。这是一个大胆的举动，因为在法律上他并没有统率军队的权力，也没有得到元老院或人民的任何相应的命令。但是恺撒在公元前 49 年的行动仿佛给屋大维以深刻的启示；在罗马拥有真理不如拥有军队。安东尼也是深谙此理的，所以他比屋大维提前招募了自己的卫队。但屋大维却比安东尼技高一筹，安东尼并没有带兵进入罗马，而屋大维于公元前 44 年 11 月 10 日则率领他的三千士兵开进罗马，并在卡斯托尔神殿举行了一次公开集会。会上屋大维详述了恺撒的丰功伟绩和安东尼对他的侮辱。出乎意料的是，许多在安东尼麾下服过役的士兵对这一演说感到恼火，愤然离去。留下来的士兵，屋大维不得不提高他们的待遇。安东尼见势也亲率自己的亲卫队和一个罗马军团兵临罗马城下,罗马的局势顿时紧张了起来,新的内战一触即发。

此时,为恺撒复仇已不是屋大维的目标了,现在首要的问题是自身的安全如何保障,屋大维首次显示了他多能善变的才能。安东尼的军队是屋大维所不能匹敌的。元老院非常清楚,屋大维毕竟是一位政治阅历不深的青年,而安东尼则已是跟随恺撒久经沙场的老将了。"两害相权取其轻",元老院对这场危机采取了支持屋大维反对安东尼的策略。当时的元老院名义上有权,而实际上实行的只能是舆论统治。因为它没有军队。所以,屋大维现在成了共和派的惟一希望,而且是非在危急时刻不能轻易动用的指望。屋大维也看到,元老院虽是恺撒的敌人,但对他只有潜在的危险。而安东尼虽属恺撒派却握有兵权,对他具有现实性的威胁。于是,屋大维在危难时刻为了自身的安全同元老贵族们结成了联盟。

这一联盟真有一点文武之道一张一弛的味道。公元前 44 年 9 月到公元前 43 年 4 月间,西塞罗充分发挥了他的演说天才,用如簧之舌对安东尼展开了无情的攻击。连续十四篇演说,将安东尼的暴戾阴险和权变奸诈揭露无遗,加上语言铿锵有声,修辞巧妙,安东尼所受到的攻击是毁灭性的。如果人们要考察演讲在历史上发挥作用的典型,西塞罗无疑是一个好例子。安东尼对西塞罗由此也产生了刻骨的仇恨。与此同时,在西塞罗的影响下,元老院于公元前 43 年 1 月授予屋大维以同行政官的统帅权和元老的称号,这样,屋大维私人征募的军队就合法化了。此时安东尼执政官的任期已满,有被排挤的危险,他便仿效恺撒的榜样,也提出执政任期届满后出任高卢总督的建议,并指使他掌握的公民大会予以通过。但是,当时的高卢总督是戴奇姆斯·布路图,在元老院的支持下拒不交出权力,安东尼不惜挑起战争。2 月份,元老院在西塞罗的影响下宣布罗马进入战争状态,并指派屋大维和两名执政官北上消灭安东尼。经过穆提纳一战,安东尼被打败退往山北高卢,与恺撒的另一大将,曾任骑兵长官的雷比达联合在一起。

安东尼在穆提纳的失败,宣告屋大维与元老院的联盟也结束了。在追击安东尼时,屋大维被排除在指挥官之外,在清理安东尼的命令的委员会中也没有他的名字,就连西塞罗对军队发表的感谢演说中,屋大维的名字也没被提到。人们不许他庆祝任何胜利,连举行小凯旋仪式也不被批准。很显然,屋大维作为元老院对付安东尼的工具,已经使用到期了。如今安东尼和雷比达都被元老院宣布为祖国的敌人。屋大维虽受托保卫意大利,但却得不到元老院的饷银,他要求担任执政官的提议也被元老院回绝,这表明安东尼失败后,屋大维成了元老院的第二个进攻目标了。现在是行动的时候了。于是,屋大维就像他的舅祖父恺撒那样,带着八个军团义无返顾地向罗马挺进。元老院终于酿成了养虎遗患的悲剧。

元老院过高估计了自己的力量,在屋大维的军队面前,任何抵抗力量都分崩瓦解了,驻守罗马的三个军团也迅速表示站在屋大维一边。整个罗马再次匍匐在军事将领的脚下,屋大维成了罗马的主人。公元前 45 年 8 月 19 日,屋大维当选为两执政官之一。接着,他用国家的收入支付了跟随他的士兵的军饷。过去由于安东尼的阻挠,他的继嗣权一直没有被批准,现在元老院正式批准了这项继嗣权。公元前 44 年 3 月的大赦令被取消,并成立了一个特别法庭宣布刺杀优利乌斯·恺撒的凶手不再受法律的保护。

屋大维的大胆举动不仅使元老院和罗马人感到震惊,而且也使安东尼不得不另眼看待这个初涉政坛的年轻人了。屋大维此时又面临一次转折。安东尼虽然战败但却拥有强大的实力,这一点仍不可忽视。在征讨安东尼期间,刺杀恺撒的布鲁图和卡西乌已取得了马其顿和叙利亚,并组建了自己的军队,形成了共和派的强大实力。如果屋大维打着为恺撒复仇的旗号孤军与布鲁图展开奋战,势必遭到安东尼的背后袭击,如果相反,他先向安东尼展开进攻,布鲁图等共和派的势力也会乘机由背后向他袭来。在这种情况下,屋大维及时改变了自己的战略,决定联合安东尼共同对付"解放者"。这一联合是有广泛基础的,并不是屋大维的一厢情愿。因为安东尼和屋大维都属恺撒派,他们军队的成员也多为恺撒的老兵,这些老兵们希望二人能够和解,并多次反映过他们的意见。于是,屋大维当选执政官后,便宣布撤消反安东尼和雷比达的命令。公元前 43 年 11 月初,屋大维与安东尼和雷比达终于在波诺尼亚坐到了一起,结成"三头联盟",是为罗马历史上的"后三头"。

　　就这样,屋大维在二十岁的时候,用十一个军团使自己成了罗马和意大利的主人,并比法定年龄早二十年当选为执政官。屋大维终于走出恺撒的荫庇,开始成长为一棵独立的大树。

侍机十三载,终胜安东尼

　　后三头之间的实力并不平衡。事实证明,只有屋大维与安东尼具有远大的政治眼光和谋略,雷比达是墙头草,摇摆于屋大维和安东尼之间。安东尼有着罗马人所钟情的优秀的军事天才,这恰巧是屋大维所缺少的,所以屋大维与安东尼之间终要有一场生死决战,但过早决战,屋大维必不占优势。由此,屋大维耐心等待了十三年,期间他首先联合安东尼消灭了共同的异己:元老院中的共和派、卡西乌和布鲁图以及赛克斯图·庞培。之后,屋大维大造和平声势,将自己宣传为和平的缔造者。在对安东尼展开正面攻击无显著成效的情况下,屋大维又从侧面向其展开了猛烈进攻,终于以讨伐安东尼的妻子埃及女王克利奥帕特拉的名义,与安东尼展开了最后的决战。

　　由于布鲁图和卡西乌掌握着罗马的东方,所以,公元前 43 年 11 月三头达成的协议只能分配罗马世界的西半部。安东尼统治高卢,屋大维控制非洲、西西里和撒丁岛,雷比达得到西班牙,意大利和罗马由三人共治。恺撒派实现了联合。

　　三头实际上带有拉帮结伙的性质,本身没有法律上的依据,他们要达到目的,至少表面上还要通过合法的手续。于是,联合起来的三头,以军事力量为后盾,每人带领自己的卫队和一个军团来到罗马,在保民官为他们召开的人民大会上宣布了他们的公告,建议授给他们为期五年的处理国务的全权。这是与前三头所不同的最重要的一方面,后三头联盟带有公开而合法的形式。

　　三头深知,他们的联盟是同是恺撒的旧部的名义促成的,他们的军队也是以跟随恺撒南征北战的老兵为基础的,所以三头在公告中将向杀害优利乌斯·恺撒的凶手进行报复作为其中最重要的一款被确定了下来。这真是一举多得,既能将恺撒的老兵和受惠于恺撒的人团结在三头的周围;又能为三头进行战争提供理由和根据;同时这又为三头提供了以战争为名敛财的借口以及借机在罗马展开打击异己活动的机会。因而三头在公告中首先指出:"……现在我们看到那些曾经阴谋陷害我们的人,那些曾经杀害恺撒的害人的恶念是不可能用仁慈平息的，因此我们宁愿先发制人，而不愿遭到他们的毒手。凡是看见了恺撒和我们所已经受到的祸害的人不要以为我们的行动是非正义的、残酷的或者过火的。"

公告发布之后，屠杀和掠夺就开始了。三头列出被剥夺公民权的人员名单，其中元老约有三百人，骑士有二千人。凡是被剥夺公民权的人皆难逃一死，其财产被没收。三头还授意人们相互揭发，并鼓励奴隶们出面揭发自己的主人。根据三头的命令，送被杀者的头颅到三头这里来的，可以得到规定的奖赏。对自由人的奖赏给予金钱，对奴隶则给予金钱和自由。在第一批牺牲者中，首当其冲的就是共和派的著名领导人、杰出的演说家西塞罗。因为安东尼没有忘记西塞罗弹劾他的那些演说，现在终于能够公报私仇了，所以西塞罗无论如何也难逃厄运了。当前去捉拿的百人团团长见到西塞罗时，西塞罗正坐着抬床走在一条小路上。西塞罗见到百人团团长便一切都明白了，他从容地将瘦瘦的脖颈伸了过去。百人团团长按照安东尼的命令割下了他的头和双手。之后这位 64 岁的老人的头又按照安东尼的命令被残忍地钉到了罗马广场的演说台上。安东尼对西塞罗的仇恨由此可见一斑。整个罗马城由此陷入一片恐慌，人人自危。这实际上是一场大规模的掠夺和财产的再分配。三头把没收得来的土地财产分配给了他们自己的亲信和部属，以换取他们的支持。同时，三头也筹足了东征共和派的战费。

在血腥的屠刀下，罗马和意大利沉默了，但反对三头的强大力量却在意大利以外集结了起来。一是希腊的布鲁图和卡西乌；一是西西里岛上的赛克斯图·庞培。

三头先将矛头指向在希腊的共和派势力。当屋大维、安东尼和雷比达组成联盟时，共和派的布鲁图和卡西乌已在罗马世界的东部纠集了一支庞大的军队，共有十几个军团，加上骑兵和弓箭手，共约八万人。他们的军队训练差，多为仓猝召集起来的雇佣军。公元前 42 年初，安东尼和屋大维率十余万人来到希腊，准备一举歼灭共和派的军队。但是，共和派以其海上优势能够从亚细亚等附近地区补充粮食给养，而安东尼和屋大维由于赛克斯图·庞培等海盗的阻挠不能从意大利、西班牙等地补给粮食，只能靠马其顿等狭小区域提供有限的补给。有鉴于此，布鲁图和卡西乌试图用饥饿战胜三头。但是，安东尼巧妙地切断了布鲁图和卡西乌与海上的联系，逼迫共和派的军队与之展开决战。同年 10 月 11 日，两军在马其顿东北部的腓力比城附近展开了两次激战。在第一次战役中，卡西乌败于安东尼之手，自认为布鲁图也必败于屋大维之手，所以兵败后便饮剑自杀了。与卡西乌的预料相反，布鲁图却击退了屋大维的进攻，取得了胜利。在第二次战役中，安东尼和屋大维合力对布鲁图形成包围之势，布鲁图最终兵败自杀。布鲁图是共和派中最得力的人物，他死后，共和派便一蹶不振了。所以史家们认为腓力比战役是罗马贵族共和制的坟墓。

安东尼和屋大维在希腊与共和派的军队浴血奋战的时候，作为公元前 42 年执政官之一的雷比达在罗马不仅毫无作为，而且证明他是一个完全不中用的人物，竟听从安东尼的妻子富尔维娅的肆无忌惮的摆布。所以有人评价道：雷比达与其说是人，还不如说是一个风标。这样，三头实际上成了安东尼和屋大维两头。

腓力比战役后，安东尼和屋大维必须完成的第一件事，就是缩编他们庞大的军队。这支军队除了他们自己的四十七个军团之外，还有被俘虏来的敌军士兵。遣散军队的行动是迅速的，人们在腓力比设立了士兵移民地。自愿继续服军役的十一个军团被保留了下来。其中六个军团归安东尼指挥,五个军团归屋大维指挥。此外,还要筹款充实国库以便消灭残余的反抗力量。其次,便是根据实力对比重新分配行省。安东尼得到帝国东部广大地区并负责对帕提亚用兵;屋大维得到帝国的西部并负责征讨盘踞在西西里和撒丁岛的赛克斯图·庞培;而雷比达则得到阿非利加行省。

　　这种势力划分是极不公平的。安东尼作为腓力比战役的事实上的英雄,获得了士兵们的高度崇敬。而屋大维在第二次腓力比战役期间便成了一个病人,这时竟虚弱到一天只能走很短的路程。这样一个疾病缠身的青年在军团士兵看来,怎么能同安东尼这样一个战功卓著、正当壮年并且事业心很强的人竞争呢?但在行省分配上,安东尼则将能够轻易征服、富庶而易于获利的东方留给自己,将需要供应粮食而又极不平静的西方交给了屋大维。对此,屋大维却完全没有不满的表示。似乎他认为,给意大利带来和平并使它完全站在自己的一方面,较之在东方取得表面上热闹的胜利要重要得多。他坚信只有靠意大利人才能把一个新的世界帝国建立起来。安东尼重视东方而轻视西方的做法无疑是本末倒置。

　　屋大维面临的问题是严峻的。直到公元前41年初,他才由东方回到罗马。当年的罗马执政官之一是安东尼的弟弟路奇乌斯,路奇乌斯同安东尼的妻子富尔维娅一起支配着罗马的局势。屋大维回到罗马,被遣散的士兵在意大利尚未解决土地问题,要分配土地给这些士兵又非易事,意大利可供分配的土地实在太少了。屋大维坚决果断地处理了这一棘手的问题。他选定了十九个城市,把这些城市的三分之一的土地用以移民。此外又进一步没收了顽抗的共和派的土地。这一做法是要冒很大风险的。但他成功地保证了士兵对他的忠诚和信任,同时使公民承担起重建国家的义务。路奇乌斯和富尔维娅面对屋大维的成功大为吃惊,他们坐不住了。二人利用分配土地过程中产生的一些人对屋大维的不满大作文章,攻击屋大维越权行事。正值此时,赛克斯图·庞培又切断了罗马的海外粮食供应线,罗马出现了食品缺乏的现象。屋大维试图与路奇乌斯和富尔维娅讲和,但路奇乌斯和富尔维娅并不予理睬,想彻底搞垮屋大维,为此他们还建立了自己的一支队伍。孰不知路奇乌斯这一武力行动反而为屋大维将自己的军团引入这场斗争提供了便利。屋大维立刻意识到战争在所难免了。他把一个军团派往布林底西以阻止庞培等人的海上入侵;给雷比达留下两个军团用以维持罗马的秩序;召回预计派往西班牙的军团交由阿格里帕指挥,以便消灭路奇乌斯的军队。路奇乌斯的行动带有很大的侥幸心理,他幻想着他哥哥在意大利的两个军团的帮助。但这两个军团的统帅并不愿冒此风险,路奇乌斯很快被围困在佩路西亚。经过整个一个秋天和一个冬天的包围,公元前40年2月底,路奇乌斯被迫投降。佩路西亚的被攻克,意大利也就尽归屋大维的控制之下了。与此同时,屋大维坐镇罗马,逐渐和元老贵族、骑士等阶层取得了谅解。

　　而在东方的安东尼,企图征服帕提亚建立军功的梦想至今还没实现。他紧步恺撒的后尘,在腓力比战役结束后,以胜利者的威仪,于公元前41年夏天在小亚细亚南边滨海的塔尔苏城召见埃及女王克列奥帕特拉。原计划向她索取一笔贡赋作为军费开支,反而被她的美色所征服,随她来到埃及的亚历山大城。安东尼与埃及女王一起度过了整整一个冬天。而他的弟弟和妻子却在屋大维包围下的佩路西亚一边看着飞舞的雪花一边盼望着他的援助。这或许由于当时的交通不便,信息不灵,致使安尔尼不能及时了解罗马发生的一切,最终导致其弟的失败。但更为重要的恐怕是他与埃及女王在逐日宴饮和寻欢作乐中已忘却了自己是一个罗马人,完全沉醉于东方帝王的奢靡生活中。再有一种可能性便是,安东尼过低估计了屋大维的能力和对他所构成的潜在威胁。

正当女东尼与埃及女王分手去叙利亚,准备募兵平定边境各保护国发生的混乱时,佩路西亚方面的消息才传来。他赶忙西去,在雅典见到了他的妻子富尔维娅。富尔维娅不断向他诉苦,但他并不理会。安东尼认为,他在意大利的两支军队足以使他与屋大维在战场上决一胜负。于是,安东尼随身带着赛克斯图·庞培和率领着海盗舰队的阿埃诺巴尔布斯启程赶往意大利。在布林底西,屋大维一派的人反对安东尼,拒绝让他登陆,因为与他同行的阿埃诺巴尔布斯是谋杀恺撒的凶手之一。安东尼只好移师北上占领西彭图姆,并命赛克斯图·庞培运用一切手段给屋大维以打击。结果庞培将屋大维为数不多的兵力赶出了撒丁岛,进而威胁意大利南部地区。正当双方剑拔弩张之时,由于富尔维娅的死亡,雷比达的调停,恺撒老兵们的反对,很快使局势缓和了下来。屋大维和安东尼再次握手言和。

公元前40年10月,三头在布林底西缔结了和约,再度瓜分帝国。屋大维取得了阿非利加之外的整个西方,阿非利加留给了雷比达,安东尼取得了从伊奥尼亚海到幼发拉底河的全部地区的统治权。为巩固三头联盟,屋大维将其姐姐屋大维娅嫁给了安东尼作继室。

三头的和解忽略了赛克斯图·庞培的势力。正当三头访问罗马,人们准备为他们举行小凯旋式时,庞培再次切断了意大利同海外的联系,导致罗马的粮食供应发生困难。罗马城内出现了混乱,甚至有人对三头的政策展开了攻击,他们指责三头为个人的势力扩张而相互战争,给罗马人民带来物质上和精神上的负担。面对强烈的反战情绪,三头只好通过谈判与庞培和解。公元前39年春天终于与庞培达成了米塞努姆协定。根据协议,赛克斯图·庞培把他的士兵撤出意大利,并保证不再干扰粮食供应。但是,只要安东尼和屋大维还继续统治帝国的行省,他仍然占有撒丁、西西里和科西嘉以及当时控制在他手中的其他岛屿。此外,他还可以占有伯罗奔尼撒;他不在罗马时可以缺席当选为执政官。庞培实际上一直渴望获得象三头那样的权力。所以,米塞努姆协定只是一个休战协定,并不可靠。但协定却满足了罗马人民的暂时的和平愿望,整个罗马为此举行了长时间的庆祝活动。庞培的女儿同屋大维娅的儿子的订婚将庆祝活动推向了高潮。

从三头当时的实力对比来看,安东尼显然占居优势,他不仅拥有庞大的罗马军团,而且在罗马也拥有众多的支持者。屋大维尚不敢轻举妄动,三头的再次和解是他所需要的,以此屋大维获得了喘息之机,他可以安静地恢复意大利的秩序了。安东尼去了东方,屋大维在罗马一方面扩展自己的势力,另一方面做着减少敌对势力的工作。这主要体现在他在婚姻问题上的良苦用心。屋大维曾经订过两次婚却没有正式结婚。直到公元前40年才与作为前三头之一的庞培的海军统帅斯克里波尼·利波的女儿,也是赛克斯图·庞培的妻子的姑母结了婚。事实证明,这是一场政治联姻,是屋大维与赛克斯图·庞培联合的产物,这一联合一旦破裂,这场婚姻也告结束。就在优利娅诞生的那天,屋大维同斯克里波尼娅离婚了。接着屋大维便与利维娅结了婚。利维娅是坚决反对恺撒的利维乌斯·杜路苏斯的女儿。她出身高贵,美丽,贤慧,当时只有十九岁。可在很小的时候,她就同一个贵族提比略·克劳狄·尼禄结了

屋大维

婚,生子提比略(即后来的罗马帝国皇帝)和杜路苏斯(在与屋大维结婚的前三天诞生)。这场婚姻既使屋大维得到了一位相伴终生的妻子,又使屋大维同罗马的显贵建立了密切的联系。这对他减少来自贵族方面的反对是大有益处的。

但是,屋大维在西方的统治所遇到的最大障碍是赛克斯图·庞培。短时间的安定之后,战争的阴影又笼罩了罗马。庞培在分配给他治理的行省伯罗奔尼撒时,由于受到安东尼的阻碍而不能征税,加上人们不承认他有着与三头同等的权利,愤而再度劫掠起运粮船来,并且袭击意大利沿岸地带。屋大维向安东尼征求意见,请求帮助,安东尼竟没有重视此事,使屋大维陷于孤军奋战的境地。屋大维从高卢调来了军队,在布林底西和普提欧利设置了两个海军据点。与此同时,又为战争大造舆论。他全文公布了米塞努姆协定,证明是由于赛克斯图·庞培的背信弃义才导致这场战争的。

这场战争开始就不顺利。双方军队的特长各异,屋大维擅长陆战,庞培擅长海战,所以人们将之比作寓言中狼和鲨鱼之间的战争。公元前 38 年,屋大维主动组织了对西西里的进攻,但由于行动过于迟缓,在库麦受到庞培的阻击,接着一场意外的风暴使屋大维的舰船损失了一半。庞培没有充分利用这一时机,结果给了屋大维以喘息之机。屋大维把阿格里帕从高卢召来,把最高统帅权交给了他。阿格里帕受权之后便迅速扩建海港,训练海军。同时,屋大维又派亲信麦凯纳斯赴希腊请求安东尼的帮助。第二年春,安东尼在屋大维娅陪伴下率舰队进入塔林顿。当时三头五年的统治期限已到,安东尼和屋大维决定将这一权力再延长五年,到公元前 33 年 12 月 31日。在塔林顿双方还保证相互帮助。之后,安东尼返回东方准备同帕提亚人作战,屋大维则继续对庞培作战。

屋大维与庞培的战争又起于公元前 36 年 7 月 1 日,由阿格里帕提出作战计划。按计划由几方面同时向西西里发动进攻:屋大维从普提欧利出击;斯塔提利乌斯·陶路斯从塔林顿出击;雷比达则从阿非利加出击。他们总计有六十个军团和一支骑兵。从兵力上来看,庞培处于劣势。但大自然格外照顾庞培,强烈的暴风把陶路斯赶了回去,屋大维和阿格里帕也损失了一半的队伍,只有雷比达登上了西西里岛并包围了利津拜乌姆。屋大维一面火速派人去修理破损的舰船,从各移民地征募更多的老兵,准备 8 月中旬再次出海,一面不得不派麦凯纳斯回罗马安抚民众,争取罗马人的信任和支持。8 月的作战计划仍出自阿格里帕之手。他试图从海上牵制庞培,让屋大维和陶路斯登陆西西里与雷比达会台。阿格里帕进展顺利,而屋大维则登陆失败且险些丧命。还是阿格里帕最后突破了庞培的封锁登上西西里岛,几路大军包围麦萨那。庞培无奈只好在海上一试自己的命运。9 月 3 日,米莱海战,庞培一败涂地,带领剩下的七十只船逃往麦萨那,接着又逃往东方投奔了安东尼,第二年被安东尼处死。

庞培之死使屋大维与雷比达之间发生了冲突。因为雷比达曾用陆军帮助屋大维在西西里同庞培作战。米莱战役后,雷比达企图把西西里留在自己手中,屋大维坚决反对,并诱使他的军队站到自己一边。雷比达被剥夺了职权,屋大维只给他一个祭司长的头衔。这样一来,屋大维便成了西方惟一的主人。

意大利不再受海盗进攻的威胁,贸易自由得到恢复,粮价回落,罗马不再有饥饿现象了。这一切大大加强了屋大维的地位。当他回到罗马时,元老们和人民,头戴花冠,出城很远来迎接他;当他到达的时候,他们护送他到神庙,之后又护送他回到家里。元老院赠予他接受全部荣誉的权利,而屋大维在元老院所通过给予他的荣誉中只接受了一个小凯旋式,每年在他胜利的日子举行庆祝典礼并将他的一座金像竖立在广场中,像上刻着"他恢复了陆地上和海上长期以来被破坏了的和平"。同时,屋大维也没有忘记他的政治统治的阶级基础。他命令各地的军团在同一个指定的日期将内战时期参加军队的奴隶一律逮捕,送往罗马。屋大维把这些奴隶交还他们的罗马或意大利主人,或这些奴隶主的继承人。他还把西西里奴隶主的奴隶也送还了。另外,他把那些没有人认领的奴隶,在他们原来逃亡的城市里处以死刑。屋大维政治统治的阶级实质在此暴露无遗了。

在"三头"仅剩"两头"的情况下,屋大维积极创造和平气氛,大造和平舆论。他迅速地肃清了罗马的盗窃劫掠活动,并建立了守夜大队维护罗马的社会治安。焚毁有关内战证据的文件,并说安东尼从帕提亚战争回来的时候,他将完全恢复宪法,因为内战已经结束了,他相信安东尼也是愿意放弃政权的。在所造声势下,罗马人民立刻推选他为终身保民官。于是,屋大维为自己争得了道义上的主动权。他深知与安东尼的战争是难免的,此举使他成了罗马和平的缔造者和维护者,一旦爆发内战,那只能是安东尼的过错了。

安东尼在东方的所作所为正好授予屋大维以发动新的内战的把柄。公元前37年,安东尼开始了酝酿已久的远征帕提亚的计划。这次出征他只能从埃及取得所需经费,安东尼由此恢复了同埃及女王克列奥帕特拉的关系。公元前36年安东尼的远征受挫,他的亚美尼亚联盟者又抛弃了他。在冬天日益临近的时候,安东尼不得不拖着沉重的心情撤军。在回军途中损失了两万多人。年底带着残余的军队重新回到叙利亚。埃及女王将他接到亚历山大度过了冬天的其余日子。在亚历山大,安东尼背着屋大维娅开始了与克列奥帕特拉的热恋。公元前35年夏天,安东尼曾计划远征亚美尼亚,但却受到逃往东方的赛克斯图·庞培的干扰,他不得不事先干掉庞培。直到公元前34年,安东尼才攻占了亚美尼亚,俘获了亚美尼亚的国王,并把出征帕提亚的失败归咎于他。亚美尼亚变成了罗马的一个行省。是年秋天,一向受罗马人崇敬的安东尼,一反罗马的惯例,在亚历山大安排了凯旋式和豪华的庆祝活动。然而更令罗马人大伤感情的是,安东尼竟发布公告,将罗马的东部世界赠送给了克列奥帕特拉的三个儿子。另外,安东尼在演讲中称恺撒里昂为众王之王,称克列奥帕特拉为众王之后。这种行为在罗马引起了强烈不满,也为屋大维向东方进攻提供了借口。

屋大维紧紧抓住安东尼的这一点开始大作文章,对安东尼进行了一系列指控。第一,安东尼没有获得有关全权便擅自占有了埃及;第二,处死赛克斯图·庞培;第三,无视屋大维娅的尊严与克列奥帕特拉结婚;第四,将罗马的土地分给了外国人,指分给了克列奥帕特拉的三个儿子;第五,将恺撒里昂宣布为恺撒的儿子,玷污了人们对优利乌斯·恺撒的怀念。屋大维并不是只抓住一点不及其余的人,他在攻击安东尼的同时,并没有忘记稳定罗马的局势,视罗马人的向背而行动。公元前33年,屋大维第二次担任执政官,他在各个边界取得的成功以及在农村进行的改革,进一步提高了他的威望。是年元老院授权让他选出一些家族升入贵族阶层和补充祭司职位。这证明元老院也站到他这方面来了。屋大维在罗马的政治统治的稳定,坚定了他与安东尼展开最后决战的信心。

此时,安东尼也看到势态发展的严重,开始准备与屋大维作最后的决战。公元前33年三头将统治权延期五年的期限临近之时,安东尼从东方派使团到罗马,一方面要求元老院批准他在埃及的所作所为,一方面通知元老院,三头的结合到公元前33年的最后一天便告结束,不再延期。两雄决战在所难免了。

不过与安东尼相比,屋大维更加坚决彻底,准备更加充分。公元前32年年初,屋大维在元老院对安东尼进行了尖锐的抨击,结果引起亲安东尼的执政官索西乌斯的反驳。屋大维立刻发现,元老院虽倾向自己,但并没有完全站在自己一方,他对安东尼的抨击致使两位执政官和三分之一的元老们跑到东方安东尼那里去了。对此,屋大维并不加以阻拦,也没有恼羞成怒而打击元老,而是及时改变了攻击安东危的策略。他认为有必要使民众对克列奥帕特拉的憎恨甚于对安东尼。曾是安东尼的热烈拥护者的普兰库斯投奔西方,为他提供了攻击克列奥帕特拉的丰富材料,为他实现这一策略上的转变提供了极大的帮助。

据普兰库斯说,克列奥帕特拉身边有罗马士兵组成的一支亲卫队,安东尼出行时竟有宦官随侍身边,安东尼本人穿着埃及人的衣服,带埃及人的武器并参加埃及人的宗教仪式。5月间,人们又得知,安东尼与屋大维娅离了婚同克列奥帕特拉正式结婚了。罗马人愤怒了,先前对安东尼的同情一下子变成了对他的断然否定。屋大维还四处派人宣传,说克列奥帕特拉会巫术,是一个"东方妖婆"。在强大的宣传攻势下,安东尼真可谓声名狼藉了。而罗马人对屋大维的崇敬却越来越加深了。当屋大维从普兰库斯处得知安东尼把一份遗嘱留在维斯塔贞女们那里时,他便设法搞到手并公之于众。这是违反宗教惯例的,但人们对安东尼的憎恨已超过了对屋大维这一做法的不满。屋大维不仅没有受到指责,反而被人们视为拯救罗马的人了。安东尼在遗嘱里肯定了恺撒里昂的合法性,给克列奥帕特拉的孩子们留下了相当可观的一笔遗产,并事先作了如下安排,即他死后将和克列奥帕特拉一道葬在亚历山大的王家陵墓里。罗马人认为,安东尼这是想把帝国的首都迁到亚历山大,是万万不能接受的。元老院在人民群众的不满声中不得不采取有力措施,取消了安东尼的军事指挥权和担任公元前31年度执政官的资格。屋大维与安东尼决战的时刻终于到来了。

公元前32年晚秋时节,屋大维在元老院全体成员在场的情况下,在玛尔斯广场的战争女神倍罗娜神殿前,举行了一次隆重的仪式,以从军祭司的身份,向克列奥帕特拉宣战。实际上是向安东尼宣战。这是屋大维慎重沉稳,在关键时刻不忘乎所以的表现。因为早在公元前36年,他已宣布内战结束了,所以在名义上他与安东尼之间的战争,只能以罗马同埃及亦即西方与东方之间战争的形式进行了。

屋大维与安东尼的这场较量,从一开始仿佛结果便已了然。早在公元前32年罗马的两名执政官和三百名元老逃到安东尼那里的时候,安东尼就应趁势进军意大利,而他却贻误了战机。如今屋大维已获得了整个西方世界的效忠,解除了后顾之忧。虽然安东尼在财政来源方面比屋大维充裕,但在其他每一方面都远不如屋大维优越。首先,屋大维拥有一支对他忠诚而且组织训练得很好的军队,指挥官又是当时最优秀的军官阿格里帕。而安东尼身边则是从罗马逃出来的一批可疑分子。安东尼在战争伊始便处于防御地位,他在希腊构筑阵地,以等待屋大维的进攻。但是,当屋大维从布林底西和塔林顿渡海去希腊时,他没作任何努力加以阻击。阿格里帕为配合屋大维在希腊登陆,对埃及的运粮船队进行了成功的袭击,并占领了安东尼在希腊的两个兵力集结地之一——地处伯罗奔尼撒西南角的美索涅。安东尼在希腊的兵力布署完全乱了阵脚。安东尼赶忙在他的军队冬营地阿克兴占住了一个坚固的阵地,同时又用他的舰船封锁了港湾。

公元前31年,夏季这时已经来临,天气越来越热。安东尼被包围在阿克兴,海上联系以及埃及的粮食供应线全被切断,食品供应越来越困难,开小差的士兵由此日益增加,对可疑分子的处决也不能禁止。此时,克列奥帕特拉又将海军舰队的指挥权接管了过来。她是别有企图的,她对安东尼与屋大维的这场战争与对安东尼与帕提亚人的战争一样,毫无兴趣,她的目的是借助罗马的军事威力确保托勒密埃及的地位不动摇。一旦战争失利,她可以和安尔尼随时从海上逃往埃及,重新补充他们的军队,保卫东方以对抗屋大维。到8月底,安东尼已按克列奥帕特拉的意图完成了备战工作。不幸的是,背叛安东尼的人将这一计划告诉了屋大维。屋大维预料到安东尼的大势已去,便产生了避免战斗使安东尼投降的念头。但阿格里帕则确信战斗是不可避免的。8月底的一些日子里,天气非常恶劣,不利海战,双方都在加紧备战。9月2日,天气转好,从海面上吹来了和缓的清风。上好的天气预示着一场恶战即将开始。双方似乎都在期待着这一天。中午时分,随着风向的改变,战斗开始了。阿格里帕先发制人,指挥着便捷的轻型船只对安东尼的由庞大的重型船只组成的舰队形成了包围夹击之势,并大造声势,很快便使安东尼兵力的核心部分出现瓦解迹象,士兵开始大规模地离去,许多人投降了。安东尼本人见势不妙,也突然离开他的旗舰,逃到克列奥帕特拉的一艘已经升起了风帆的桡船上面去。安东尼放弃了抵抗,其失败已成定局。

克列奥帕特拉的旗舰确实将他安全地带到了东方,可公元前30年夏屋大维也紧迫不舍地赶了来。安东尼在埃及的亚历山大港陷入了深思。他的最后希望破灭了,男子汉的一切品质开始在他身上消失,罗马人的进取精神也失去了踪影。驰骋疆场多年为罗马开拓疆土立下汗马功劳,曾令整个罗马崇敬的安东尼,此时却不得不与屋大维商讨协议条件了,但他已失去了作为"三头"时的权势,屋大维对他的请求回报以征讨骑兵队。安东尼毕竟是一个军人,在最后关头,仍作拼死抵抗。但是当他的士兵纷纷逃散,又得到克列奥帕特拉已死的讹传时,他彻底失望了,双手摘下头盔伏剑自杀。死时他请求埋葬在王家陵墓克列奥帕特拉的身旁。当克列奥帕特拉闻讯赶来时,他已奄奄一息,罗马的一世英雄永远安睡在埃及女王的怀中。

十四年前,屋大维从安东尼鄙夷的眼光中就发誓战胜他,今天,老对手终于一命归天了。屋大维深深地松了一口气。当克列奥帕特拉故伎重演请求饶恕时,屋大维默然以对,最后将她送回王宫并下令严加看守,接着下令处死她的两个孩子,十六岁的恺撒里昂和十四岁的安图路斯。克列奥帕特拉预见到了自己的命运,盛装打扮之后,戴上王冠,让人把她放在装着绿色无花果和一条蝮蛇的篮子里,被蝮蛇咬伤后,安然死去。她自称是太阳神的女儿,而蝮蛇是太阳神的使节,她最终被召回到自己父亲的身边。屋大维把她安葬在安东尼的身旁,实现了安东尼的遗愿。安东尼将终生的遗憾永远地留在了东方。

随着阿克兴战役的胜利,罗马国家尽归屋大维之手,又一次实现了政治上的统一。

求名事小,国泰事大

屋大维作为政治家,既没有恺撒、庞培和安东尼那样的军事指挥天才,也没有西塞罗那样的口若悬河的演讲口才,他所依靠的是冷静的头脑、优秀的组织能力以及超乎寻常的毅力。如今国家平静了,对手被彻底制服了,罗马国家再往何处去呢?这时罗马人可能沉浸在赢得了和平的欢乐之中,还来不及思考这样深远的问题,而屋大维已经在头脑中描绘未来罗马国家的蓝图了。

屋大维似乎已经意识到,历史的发展是不以个人的意志为转移的,不管他是何人。他深深地记得,恺撒是在自己权力和威望的巅峰被人刺杀的,这对他是刻骨铭心的教训。罗马人对古老的贵族共和国的政治体制有着特殊的眷恋,在罗马共和国的整个历史过程中,罗马人将其大部分的聪明才智都运用来阻止君主、帝王的出现上了,以致于当罗马国家真正需要帝王的时候,罗马人仍抱着共和制不放。屋大维必须照顾到罗马人的这一感情。对此,屋大维必须为自己未来的行动寻找适当的名义。正所谓"名不正则言不顺,言不顺则事不成"。屋大维在求名上尽量照顾到罗马人的传统感情,其原则是求名事小,国家安定事关重大,充分体现了一位政治家的胸怀和远见。

公元前 30 年最后两个月,屋大维主要在东方处理各种事务。埃及被并入罗马的版图,埃及的财宝被运回罗马,但与东方各国的边界则维持了安东尼所缔结的协定。之后,他开始启程回罗马。这已是公元前 29 年了。这年的元旦他又当选为该年度的执政官。看来他在事实上和道义上的掌权地位是巩固的。与安东尼十几年紧张的斗争,一旦放松下来,屋大维那多病的身躯便有点不支了,所以回罗马的行程非常缓慢。但他的心情并不平静,他正在全面估计所面临的形势。

首先,军队处于他的绝对控制之下,遣散工作结束后尚有二十七个军团。他的最高统帅权以及统治权是自然形成的,被西方世界所普遍承认。他已将执政官、保民官、最高统帅的大权集于一身。

其次,或许也是最重要的,他已在罗马世界赢得了巨大的个人声望。如今他的权力和地位已经够高了,在接受新的荣誉和权力的时候必须慎重,要以有利于自己未来的统治为出发点。

罗马已被他所征服,如何来实行对它的统治,对屋大维来说则是一个崭新的课题,必须从头做起。

公元前 29 年 8 月 13 日,屋大维返回罗马。罗马举行了盛大的凯旋式,凯旋门上刻着"他保存了共和国"的字样。屋大维的生日、阿克兴之战的那一天以及他进入亚历山大城的那一天都被宣布为神圣的节日。屋大维的名字和诸神的名字一道被写进了颂歌,并且在罗马历史上第三次关闭了雅努斯神殿,以示罗马和平的到来。人们分别用三天的时间举行三次凯旋式以纪念达尔玛提亚、阿克兴和埃及三次战役的胜利。罗马一片歌舞升平的景象,游行、角斗表演、戏剧表演、诗歌朗诵等娱乐活动应有尽有。一贯不好热闹的屋大维,此时不得不再次容忍人们把他无法避免的荣誉加到自己身上。

他已是罗马国家的实际首脑,但却没有名正言顺合乎法律的适当称呼。"国王"、"皇帝"之类的名称绝对不适用;"独裁官"早已证明是罗马人所不喜欢的;"统帅"这个称号听起来又过于杀气腾腾。思来想去,屋大维从故去的共和派杰出领袖西塞罗那里受到了启发,称"元首"。因为西塞罗曾把希腊著名政治家伯里克利称为"元首"。在所有罗马人心目中,伯里克利是一位理想的国务活动家的化身。屋大维于是便将

"元首"作为对自己的称呼。他采用"元首"的称呼,并不是元老院首席元老这一称号的简称,而是试图让人们将其理解为"国家的第一公民和仆人",让人感到亲切。屋大维的政治统治由此也便有了"元首制"这一称呼。

元首本人虽然在以后的统治时期,获得了多种权力和荣誉称号,但却都披着合乎共和制法律的外衣。如公元前 29 年获得的最高统帅的称号;公元前 32—23 年连续担任执政官;公元前 36 年获得的终身保民官的权力到公元前 23 年又重新被确认;公元前 13 年,雷比达死后,他所获得的大祭司职位;公元前 27 年获得的奥古斯都的称号;公元前 2 年获得的"祖国之父"的称号。这一切都使罗马人感到自然而然,感到共和制还依然存在。

屋大维并不是不喜欢荣誉和权力,而是为了他自身统治的稳定长久,对荣誉和权力做着最有利的选择。例如,公元前 22 年,台伯河泛滥,罗马城出现严重的饥荒,民众请求元首接受独裁官的大权,并威胁说,如若不然,他们就要放火把元老院的会堂烧掉。但元首坚决拒绝了这一要求。一切使人联想到君主制的称号,他都加以拒绝,但他的实际权力根本不亚于一个国王。

屋大维在获取荣誉和权力的过程中,虽然时时刻刻都在考虑着人心的向背,但却并不盲从于一般民众的意愿,上述公元前 22 年的事件是一个很好的例证。此外,在罗马国家对外政策的调整上,同样反映了他作为政治家的风范。

自古以来,罗马人就好胜心极强。公民们对胜利和战争光荣的渴望胜过一切。为庆祝胜利罗马人所表现出的智慧是世界其他民族所难以比拟的,他们为战争胜利者建立雄伟的凯旋门、举行规模宏大的凯旋式,建造纪念碑、记功柱等,无所不用其极。所以,当恺撒指挥罗马军团征服高卢,庞培率罗马军团征服了西班牙,其声望高过了富有钱财的克拉苏的时候,克拉苏为建立军功,便率军东征帕提亚。克拉苏原打算用军事胜利来换取三头政治的稳定,结果不仅没有建立军功,反而丧身沙场,给罗马人留下了永不消失的耻辱,以致于后来,恺撒和安东尼都要立志打败帕提亚为罗马人雪耻。

恺撒之所以要立志出兵帕提亚,其中原因自然有用不断建立的军功巩固其政治统治的企图。因为他深知罗马人对开拓疆土的胜利者历来都是慷慨有加的。但是,经过长期准备的恺撒,在出兵前夕被刺身亡。

"后三头"时期,罗马在西部世界的征服活动已近极限,只有东方才给罗马人提供了扩张领土建立军功的舞台,所以,安东尼在统治权力的划分中,多次挑选东方。安东尼经过多年准备,甚至不惜与埃及女王克列奥帕特拉结婚,以换取埃及在财政上的支持,结果远征帕提亚仍以失败而告终。安东尼为此耗去了他的全部精力。罗马人的传统观念对军事将领和统治者的压力由此可见一斑。

如今,屋大维实现了罗马的政治统一,按照罗马人的传统,正是展开扩张战争、建立军功的大好时机。因为与恺撒、安东尼相比,他不仅没有了政治上的后顾之忧,而且完全可以倾尽整个罗马国家的人、财、物,与帕提亚展开一场军事上针锋相对的较量。但是,从内战中走出来的屋大维,目睹了战争的残酷破坏及给罗马人带来的沉重负担,所以从公元前 36 年战胜赛克斯图·庞培的时候,他便大唱和平赞歌,这一方面是他与安东尼政治斗争的需要,一方面也是他真心愿望的表露。从罗马国家的历史发展趋势看,当时开拓疆上已居于次要地位,国家的治理和长期稳定已上升到重要的议事日程。地跨欧、亚、非三洲的罗马国家,不仅民族构成非常复杂,而且文化差异也较大,征服范围越大,这方面的矛盾也就越突出,罗马国家势必陷于分裂。屋大维高瞻远瞩,及时调整罗马国家的军事和外交政策,在这一方面,罗马人好大喜功的弊病在屋大维身上基本消失了。

首先,屋大维完成了从马略以来,罗马军队向常备军的转变。军队分为近卫军、军团和辅助军队三种。近卫军只从意大利人中间挑选,服役期为十六年,每人每年得饷银二万塞斯退斯。罗马国家的主要军事支柱是军团和辅助军队,两者各占士兵总数的一半。军团士兵服役期为二十年,辅助军队士兵服役期为二十五年。军团士兵的饷银为每人每年一万二千塞斯退斯,辅助军队的士兵多半是无偿的,服役期满退伍时往往得到公民权。只有公民才能参加军团,辅助军队的兵员主要来自帝国边远行省的非罗马人以及某些依附部族。罗马国家的军队数量为二十七——二十八个军团,士兵总数在二十五——三十万人之间。军队的大部分集中于莱茵河和多瑙河前线、埃及、叙利亚和西班牙,其目的是巩固已经扩大的边界和恢复在内战时期跌落的罗马名字的威信,并不在于拓展疆土,但这并不意味着屋大维的对外政策纯粹是消极防御式的。

其次,以巩固边界为目的,根据周边地区和国家的不同情况,采取了不同的积极外交政策,尤其是放弃了在东方用兵的传统做法,通过外交手段为罗马人挽回了荣誉。屋大维多次在罗马世界的西部和北部用兵,将莱茵河以西以南和多瑙河以南的大部分领土都划归到罗马的版图。而在东方,对付曾使克拉苏命归黄泉令罗马人蒙受奇耻大辱,又曾使安东尼多次无功而还的帕提亚王国,屋大维则不费一兵一卒,通过灵活而审慎的手段成功地予以解决了。公元前20年,帕提亚王国发生了王位继承战争,交战各方都向罗马请求支持。屋大维趁机索回了克拉苏时期兵败被俘获的罗马军旗和俘虏,幼发拉底河被定为两国的固定国界。为此,罗马举城欢腾,大庆数日。屋大维的声望大增,在其他东方藩属王国中,罗马的影响也加强了。

屋大维的尊重传统而又不拘泥于传统,不求虚名而务实的治国方针和策略,为罗马人将主要精力投入到国家建设上提供了强有力的保证,同时,也为屋大维进行广泛的内政改革创造了有利的前提。

披共和外衣,创帝国基业

公元前27年的1月13日,当屋大维感到一切都在自己的掌握之中时,便导演了一场以退为进的政治喜剧。是日,屋大维拖着久病初愈的身子,来到元老院,以其所特有的平缓的语气向元老们发表了一场演讲。他说:"我将不再领导你们……请从我手中取回自由和共和国,请接受军队和被征服的行省,并且按你们自己的意愿来治理吧。"声音虽然不大,却给元老们以极大的震动。对此毫无准备的元老们既得意又感到手足无措。得意的是他们受到了尊重,手足无措的是他们害怕再回到刚刚结束的混战中去。就在元老们满心狐疑地面面相觑之时,那些被屋大维引以为心腹的元老们出面了,把元老院里的讨论引上了屋大维所希望的轨道。最后,元老们心怀感激地赞扬屋大维放弃权力的举动,把所有的权力又重新授予了他。此外,元老院又给了屋大维以变本加厉的回报。1月18日,元老院发布命令,屋大维家中所有的门柱都要加上特殊的月桂的装饰,而且他家正门的阳台上要饰以橡树叶。过去这只有在战斗中救了同伴性命的士兵才能得到如此的荣誉标记;在元老院会堂的入口处,为了表示对屋大维的敬意而放置了一只金盾,上面刻着:"勇敢和宽厚,正义和虔诚";永远授予屋大维"奥古斯都"的称号。这就好象苏拉被尊为"幸福的",而庞培被尊力"伟大的"一样,"奥古斯都"是一种荣誉头衔。从此,屋大维便以"奥古斯都"而闻名于世了。"奥古斯都"意为神圣的、庄严的,大有后世"上天福佑的"、"权力神授的"之意。从此象征他的权势和威严已达于顶峰,不仅有帝王之权,而且还有神明之尊。屋大维此后就以奥古斯都作为帝王权力的正式名称,并开创了一个近半个世纪的奥古斯都时代。

从这场政治闹剧中,我们不难看出奥古斯都·屋大维的权变能力是极强的。他不做终身独裁官,而只要终身保民官;他不以帝王自称而以"元首"自居,创立了与帝制并无本质区别的元首制。罗马共和国就这样被他毫无声响地用帝制取而代之了,他精心构造了帝国大厦的基础。

在罗马人看来,元老院是共和制的灵魂和体现者,要以共和制为外衣,元老院必须予以保留。如果原封不动地将元老院恢复保留下来,对屋大维来说,那又是毫无意义的。所以,屋大维实行统治的一开始,便着手对元老院的彻底改造工作。公元前28年,在他第六任执政官任期内,利用刚刚获得的监察权,在全国范围内进行了一次人口调查。调查包括对每个人财产的估计。屋大维趁机将一些"不称职"、"不合格"的元老赶出了元老院,使过去一千多人的元老院仅存八百多人。对元老院类似的"清洗",在公元前18年和8年,公元4年和14年又进行了四次,把元老的人数直减到六百人。看来,屋大维并不想让元老院仅做一个共和制的装饰物,而是要把它变成实用的处理罗马内政的机构。早在公元前29年他就声明,不经他的批准,元老们不得离开意大利。公元前17年和11年,他又提高了不参加会议的元老的罚金。在此基础上,他又成立了一个类似内阁或政府委员会的机构,其成员由执政官、行政长官、营造官、保民官、监察官各一人,再加上用抽签办法选出的十五名元老组成,目的在于协助奥古斯都处理事务,同时对元老院也起着监视作用。这样,元老院这一共和国的机构保存下来了,但坐在元老院里的人却是由元首一手提拔扶植起来的新人。奥古斯都并不是在单纯地恢复共和制,而是在共和制的名义下,充实着帝制的内容。

除了元老院,人民大会也是共和制的具体体现,奥古斯都也将其保留了下来,但与元老院的命运大不相同,它越来越成为元首制的一种装饰品。在奥古斯都当政的前二十年当中,有二十一项法令是人民大会通过的,而在他当政的最后二十年当中,仅有四项法令是人民大会通过的了。罗马公民被召集起来,也仅仅是批准元首的某一法令而已。

奥古斯都的内政是在复古的旗帜下进行的。如果说对元老院和人民大会的保留是留其形而改其实的话,那么他在宗教文化和社会习俗方面的复古则有些名副其实了。

为了保证社会秩序的稳定,消除共和国末期社会动乱中所产生的思想迷惘和愤激现象,奥古斯都极力恢复传统宗教信仰和质朴保守的古老风俗,甚至罗马人当时近乎遗忘了的一些宗教文化习俗也都被他搬了出来。例如,屋大维从东方归来,罗马人热切盼望举行盛大而豪华的庆典时,他却要人们注意罗马自古以来引以为荣的质朴虔敬的传统,并带头资助各项公益事业,同时也建议同他一起发迹的友人们积极捐献。于是那些久被遗忘的失修坍塌的古老神庙又一个一个被修复了起来：维斯塔神殿、卡皮托利山上的朱比特神殿、马拉丁山上的阿波罗神殿、玛尔斯神殿、万神殿、撒图尔努斯神殿等等，都焕然一新。与此形成鲜明对比的是，马拉丁山上用大理石盖成的宏伟的阿波罗神殿旁边奥古斯都自家住宅则一仍其旧，未见大规模兴修。奥古斯都不遗余力地恢复古风、维护古老的宗教，与其在政治上搞的以退为进的把戏是一样的，是精神文化方面以保守求演进的伎俩，其根本目的无非是为他的统治抹上一层奉天承运、神灵保佑的色彩。功夫不负有心人，在罗马帝国各行省居民的眼中，奥古斯都终于成了神圣不可侵犯的君主。几乎所有的行省都建立起了罗马传统神的神庙和奥古斯都圣庙，人们每年都从行省各地汇集到省府举行隆重的祈祷仪式。奥古斯都不仅鼓励行省居民这样做，而且还在这种传统比较薄弱的高卢和日耳曼尼亚提倡这样做。在他的鼓励和倡导下，行省首府以外的许多城市也建立起了供奉他的祭坛和神庙。这种风气不可避免地传播到意大利，一批批为他而建的神庙如雨后春笋般地在意大利大小城镇中矗立了起来。在罗马城，奥古斯都曾正式要求不公开搞对他的个人崇拜，但允许下层人民在街道僻静处的小庙中向奥古斯都神献祭。于是，在许多私人家中，他的神位同家神一起享受供奉。

罗马的长期对外扩张征服和奴隶制的迅速发展，使财富日益集中于少数人之手。再加上内战时期社会的动荡，罗马社会上层的家庭危机日渐严重起来，离婚和不结婚的人数不断增加，生育率大大降低。家庭婚姻道德的沦丧成为严重的社会问题。到公元前17年，奥古斯都的元首政治已历十年，帝国全境大体安靖，人们对其恢复古风的努力也比较适应，于是他便进一步展开了一场大张旗鼓的澄清风俗的运动。其中首先应当指出的便是《反通奸的优里乌斯法》。该法授予每个家庭的男性大家长以教化大权，如出嫁妇女犯有通奸罪，父亲有权将自己的女儿处死。同样，受到侮辱的丈夫也有权杀死自己妻子的恋人。此外，法庭也公开审理此类案件。法庭一旦定罪，罪犯就要被放逐到海岸附近的小岛上去，并没收其部分财产。妇女由此还丧失了同自由人重新结婚的权利。其次便是《婚姻法》。该法将自由人同被释放奴隶的婚姻合法化了（除元老外）；禁止父亲对子女的婚姻过分干预；没有子女要受到惩罚；二十五——六十岁的男子和二十——五十岁的女子必须结婚，违犯这一条法律便失去了在遗嘱上自由授子遗产的权利；不出嫁的妇女要缴纳相当于她们财产的百分之一的税。同时，给予生育子女的父母以新的特惠。显而易见，《反通奸法》是要以严刑峻法纠正时弊，《婚姻法》则是从正面提倡罗马一贯重视的家庭古风，要求公民过正常的家庭生活。但是，由于上述法律过于苛刻，在罗马社会上层引起强烈反抗，奥古斯都不得不让步。公元9年又颁布了《帕皮乌斯和波佩乌斯法》。该法一方面缓和了前面法律所提出的各种苛酷的要求，另一方面加强了奖励生育的措施。至于这些法令的社会效果如何，我们则很难做出评价。从某些迹象来看，独身生活在当时是相当流行的。著名诗人贺拉斯和维吉尔都是终生未娶，主持通过《帕皮乌斯和波佩乌斯法》的两位执政官竟然也都是单身汉。更具有讽刺意味的是，奥古斯都本人的家庭在这方面就非常不幸。奥古斯都本人便是三次离婚的丈夫，他的亲生女儿优里娅和外甥孙女优里娅都因她们的放荡行为触犯了他的有关法律而遭终身放逐。这说明，罗马奴隶制的繁荣时期，奴隶主阶级的奢华浪费也达到了极点，仅凭奥古斯都的几纸法令，要把罗马奴隶社会拉回到理想的纯朴勤俭的古代是绝不可能的。

如前所述,奥古斯都是借复古之名,行帝制之实,"百年盛世大祭典"最能体现这方面内容。百年大祭原是远古时代流行于伊达拉里亚和罗马的一种巫术秘仪的信仰,认为隔百年或更长一个时期人类就要换种更新,出现新的太平盛世。这种信仰虽然广为人知,但谁也没有把它当真,自从共和国建立以来每百年举行一次,在正常情况下公元前 49 年应举行第五次,但由于内战正在进行所以未能如期举行。现在奥古斯都却把它抬了出来大作文章,把它当作其统治将为罗马和整个世界带来一个新时代的标志。为此,奥古斯都派专人论证百年节的确切时间和内容。论证得出结论说百年节的间隔时间是一百一十年,并且在一本预言书中找到了依据。公元前 17 年 2 月,元老院决定举行这一节日,并委托由十五人组成的祭司团来主持这件事。这十五人的祭司团又指定奥古斯都和阿格里帕为他们的代表。奥古斯都对传统的祭典仪式做了修订和扩大。这一古老节日所崇奉的主要的神是冥界之王迪斯和冥界王后普洛赛尔皮娜,现在改奉为阳光和天界之神阿波罗和狄安娜。奥古斯都一改往日的节俭古朴之风,不惜花费巨资,集中全国高官显贵,在罗马向诸神灵大祭三天。在 5 月的最后一个夜晚,节日正式开始了。这是一个满月的夜晚,深夜两点,大群人集合在玛尔斯广场,奥古斯都向命运女神献上九只羔羊和九只山羊,同时祈祷帝国太平昌盛。接着点燃了火把和圣火,整个广场顿时沉浸在一片红色的光辉里。最后是一百一十名已婚妇女向朱诺和狄安娜献上丰盛的祭品。第二天即 6 月 1 日,节日活动继续在罗马进行。奥古斯都和阿格里帕向朱比特神各献公牛一头,晚上祭生育女神,祝愿罗马人丁兴旺。6 月 2 日奥古斯都和阿格里帕在卡皮托利山上祭天后朱诺,晚上祭大地女神,祝五谷丰登。6 月 3 日是最隆重的日子,因为这一天人们是向阳光与希望之神阿波罗和狄安娜献祭。奥古斯都和阿格里帕奉献供品之后,二十七个男孩和二十七个女孩用古老祷文的语言表演了节日赞歌。当纯净的童声在轮唱中交替出现时,倾听的人们仿佛感到了古老的虔敬的复活,一个幸福的新世界即将到来了。

确实,屋大维为人们营造的并不是一个复活了的旧世界,而是一个崭新的新秩序。

首先,他确立了一套便于其统治的社会阶级新秩序。在整个帝国范围内,他注重提高罗马公民的地位和社会价值,而在罗马公民中又注重"骑士"阶层的社会地位的提高。

奥古斯都是通过控制罗马公民的人数来提高罗马公民的社会地位的。公元前 28 年奥古斯都做第一次人口调查时,罗马公民有四百零六万三千人,而到公元 14 年做最后一次人口调查时,罗马公民的人数是四百九十三万七千人。四十多年的时间罗马公民的人数仅增加了八十多万人。由此看来,奥古斯都在授予罗马公民权的问题上是相当谨慎的。在他的遗嘱中,就一再告诫自己的继承人,不要把过多的人变成罗马公民,因为对于被征服的各民族来说,罗马应占有一个特殊的地位。这与恺撒所推行的,把帝国变成一个大的罗马,所有的自由人都应当成为罗马公民的政策是大相径庭的。

罗马公民的社会地位不同,奥古斯都对不同阶层的罗马公民所采取的统治政策也是不相同的。共和国时期,罗马的贵族都是按血统延续的。奥古斯都虽然很尊重这些血统贵族,并通过联姻接近他们,但他也清楚地看到,血统贵族已在时代发展的大潮中落伍了,帝国的统治不能完全依靠他们,必须将贵族阶层的大门向外开放,吸收新人。奥古斯都为新贵族的产生开创了道路。其原则是,任何一个有钱的人都可以上升到高位,任何一个身居高位的人都可以成为贵族;无论谁,只要在国内担任高级职务,他就可以把贵族的称号传给自己的后人。在当时的罗马社会,最有可能走上贵族台阶的是骑士阶层。

　　"骑士"这一社会阶层的名称来自公元前 6 世纪。罗马王政时期第六王塞尔维·图里阿进行社会改革时,其中的一项重要内容是把一切应服役男子,不分贵族和平民一律按财产划分为五个等级,各等级的最低财产标准分别为:十万阿司,七点五万阿司,五万阿司,二点五万阿司,和一点一万阿司。每个等级按其财力筹集不同数量的百人队。其中只有第一等级提供骑兵百人队,其余四个等级只出步兵百人队。从第一等级中产生了骑士阶层。公元前 3 世纪后半叶,骑士开始由一种军队变成了一个新的骑士等级。骑士不再在骑兵中服役,而变成了供给步兵和骑兵的高级军官。与此同时,骑士有了财产资格的限制,即一百万阿司或四十万塞斯退斯。公元前 218 年,罗马颁布了克劳狄乌斯法,法律禁止元老经商,把元老作为专事土地经营的特殊阶层。骑士逐渐接管了商业、包税和一般财政事务,成了罗马的金融贵族。共和同时期,元老领有土地通过元老院和高级官职统治着国家,而骑士在金融经济方面占着统治地位,政治上则处于无权的地位。这在日常生活中也有所体现,如元老们到剧场观剧有权坐在骑士的前面;骑士穿的短外衣在胸前有窄窄的一个红道,而元老的红道则很宽。奥古斯都用法律将元老和骑士固定下来,规定元老的财产资格为一百万塞斯退斯,骑士的财产资格仍为四十万塞斯退斯。但并不是具备了财产资格的任何人都可成为元老的,元老还必须父辈与祖辈也都是元老,否则即使具备了财产资格也只能列入骑士等级。元老的孩子在上升到可以进入元老院的第一个高级职位(财务官)之前,都属于骑士等级。当时,随着帝国行政事务的日益繁杂,逐渐产生了一些新的官职,奥古斯都往往把这些官职只授予骑士,如驻埃及的最高长官、近卫军长官、消防长官等等。骑士等级也可以担任官职参与政治事务了。骑士与元老的等级开始接近,帝国的统治基础进一步扩大了。

　　罗马公民中除了作为统治者的元老和骑士,尚有无数的平民和游民无产者。奥古斯都对他们则采取软硬兼施、恩威并重的办法。他严令取缔各种未经许可的社会团体,严格限制平民的政治活动。另外,还建立了七个夜间巡逻队(守夜大队)和三个城防大队,以镇压随时出现的不测事件。以平民为主的罗马公民大会只流于形式。但在另一方面,奥古斯都仍坚持粮食发放制度,每月约有二十——三十万罗马平民得到粮食,经济拮据的公民还可以得到发放的钱款,每人所得有时多达四百塞斯退斯。罗马平民在元首的铁拳和饭碗面前成了帝国的顺民。

　　奥古斯都在明确了依靠谁的同时,也明确了打击镇压的目标,这便是奴隶。在长期的内战过程中,许多富有的家族被消灭或破产了,他们的奴隶从而也获得了自由。奥古斯都面对这种情况,为了保证罗马公民的纯洁性,对被释放奴隶进行了坚决的斗争。他规定被释放奴隶不允许加入高级等级,不允许服军役,不得与元老贵族通婚。为此,奥古斯都还曾两次颁布法律限制对奴隶的释放。公元前 2 年的一项法律规定了奴隶主在遗嘱中释放奴隶的比例。如有三——十名奴隶,可以释放的不得超过一半;十——三十名的不得超过三分之一;三十——一百名的不得超过四分之一;一百——五百名的不得超过五分之一。一百名以上的奴隶根本禁止单独用遗嘱来释放。被释放奴隶应出具其名字,以便政府查找。公元4年的一项法律对奴隶主在世时释放奴隶的权力进行了限制。据该法,只有领有奴隶二十年以上,而且对三十岁以上的奴隶,主人才有无条件释放的权力。有一个条件不具备,便要由一个特殊委员会确认释放是否必要。对被释放奴隶也有着种种限制,那些曾受过自己主人惩罚或国家政权机关惩罚的奴隶,在被释放时,不能成为罗马公民,而只能是外国臣民,不能居住在罗马周围一百英里以内的地方。

其次,奥古斯都为罗马帝国建立了一套行之有效的行政体制。

奥古斯都在他晚年所写的《自传》中曾一再说,他是"凭藉自己的影响和自己的威望"来实行统治的。其实事实并非如此,他的权力、威望、影响是以他的军权作基础的。公元前49年恺撒的举动以及他在公元前44年的实践都表明军事威力在罗马起着至关重要的作用。所以,屋大维曾拒绝过独裁官的称号,放弃过执政官的职位,却从来没有在实际上放松过对军队的控制。他把共和国时期只具有纯粹荣誉性的"大元帅"的称号变成了自己的正式名号,以表示他对军队的特殊领导关系。他通过卓越的组织、比较确定的报酬制度、严格的军纪,使所有的军人都意识到,只有奥古斯都才是真正的统帅,所有在职的军官都是他的下属。他把最重要的高级军职或者留给他的亲属,或者让文官担任,严格防止下级军官对他的权力构成潜在威胁。公元前19年以后,元首家族以外的人,无论战功如何卓著都不再授予凯旋式,而只允其佩戴凯旋者的标识。在凯旋式上也不再欢呼胜利者的名字,而改呼奥古斯都的名字。

以军权作后盾,奥古斯都将共和国的高级官吏都变成了直接或间接向他负责的行政官员。共和国的高级官吏执政官、保民官、行政长官、营造官和财务官仍旧执行他们原有的职责,但在升迁方面,奥古斯都规定,每一有雄心壮志取得高位和尊荣的人首先必须服军役,并且在担任财务官之前,必须先担任负责城市管理的低级官吏。选举高级官吏虽由人民大会负责,但奥古斯都有建议权,由此可以保证使他所喜爱的人当选。同不领薪金的共和国高级官员相反,奥古斯都的手下官员是有薪的,并且有着一定的升迁顺序。但是这些官员虽然都处在庞大的行政体制的最高层,但并不象我们今天所理解的国家官员,他形同元首个人的仆从。但不管怎样,将高级行政职位交到受过特殊训练的、职业官吏手中,这在罗马历史上还是第一次。另外,罗马帝国就是用这种办法在几百年中维持了一个正规的、有效的而且还是所费无几的行政机构。

第三,帝国庞大的常备军,有薪官吏以及市政建设,都需要一定的财力为基础,奥古斯都通过一整套财政制度的创立成功地解决了这一问题。

罗马共和国的收入并不多,财政来源主要有两个:一是在意大利征收的税金和土地的租金以及释放奴隶时征收的税金;二是从行省征收的动产和不动产的直接税、地租及关税。同时,与之相适应的,共和国的开支也并不多。因为当时既没有国家要履行的社会义务,又没有要由国家支付的债务,大多数的官员也都是在没有报酬的情况下工作的。而到了奥古斯都时代,行政管理日益复杂,领有薪金的官吏增多。随着军役期的延长,士兵的饷银也日增。财政制度的改革势在必行了。

从公元前2世纪中叶起,行省税收已是罗马国家收入的主要来源,因此,行省税收状况的好坏对元首政治的成败关系极大。于是,奥古斯都继续了恺撒时代已经开始的税制改革。首先对全国各行省实行人口财产普查,对全体居民进行细致的财产状况登记,在此基础上重新确定直接税和间接税。所有的税都直接由元首的代理人征收;包税制基本上被取消,从而堵塞了包税人与不法的行省地方官勾结,勒索行省居民、损公肥私的漏洞。其次,加强对税金的管理,设置了三个财政收支机构。一是军事金库。边界战争的频繁发生,士兵饷银和退役金的提高,旧的军事金库越来越感到不支。公元 6 年,奥古斯都设立了一个新的、特殊的军事金库,除了他从自己的财产中拨出一笔巨款放入这个金库之外,他又制订了两项新税来充实这个金库:一是遗产税,二是拍卖税。上层阶级对这一措施十分不满起而反抗,但奥古斯都威胁说,如果他们拒不支付这种税,那么就要恢复从公元前 167 年起不再征收的财产税,这才使这一措施得以推行。二是国库。国库在形式上隶属于元老院,实际上是由元首任命的长官来管理。从意大利和各行省取得的一切收入,只要军事金库不需要,全部纳入这个国库。三是元首的私人金库。它负责管理元首继承来的和通过遗赠而取得的财产。元首对国家所作的一切捐赠也由这个金库支付。

通过改革,国家税收的混乱状态基本上得到扭转,逐步形成了一套比较统一的常规化的税收制度。新的经济政策由于对行省税收数额有了相应的限制,所以也受到各行省居民的欢迎。改革是成功的,它促进了地中海世界社会经济的发展,满足了军队的物质需要,保证了国家机器的正常运转,为元首制展开各项计划提供了强大的物质基础。例如,在罗马,一个又一个的公共建筑物兴建了起来,除各大神殿外,宽大宏伟的广场、圆形剧场等也展现在了人们眼前。正值罗马大兴土木之时,卡尔腊腊大理石矿的发现,更使罗马增添了几分辉煌。无怪乎奥古斯都夸口说:"(我)把砖土的罗马变成了大理石的罗马。"

大兴土木并不是为了生活的奢侈,奥古斯都是通过这种办法,唤醒人们对古罗马的自豪感和罗马人民的荣誉感,从而使罗马人担负起管理国家的重任。

在共和制的外衣下,屋大维精心构筑了一座帝国的大厦,而他便是这座大厦里的主人。

勤政一生难为身后事

如果将罗马帝国看作是一艘航船的话,那奥古斯都就是船长,帝国的每一根神经都集中于他。他所建立的元首制,实际上就是专制君主制。与历史上其他国家的君主制相类似,君主个人才能的优劣,对国家的兴衰荣辱有着立杆见影的影响。奥古斯都优秀的组织才能和勤政作风使罗马帝国出现了以其荣誉称号命名的时代——奥古斯都时代。

奥古斯都的权力无所不及,他所经心的事自然也就无所不包了。但最能反映其创立永久帝业雄心和勤政作风的,莫过于全国道路网的建设和多次的出巡这两项。

奥古斯都为了保证对整个帝国实行有效的统治,十分注意道路网的建设。首先,他重修了从罗马通向意大利北部亚得里亚海沿岸的阿里米努姆的佛拉米亚大道,并且继续延伸,沿多瑙河的方向通向黑海,从黑海越过安那托利亚又通向叙利亚和埃及。每一个行省内部也都有一个适合于本地情况的道路网。如在高卢,按照他的指令,以里昂为中心,向外修筑了五条大道。其中的一条是沿着罗讷河到马赛,然后沿着海岸分东西两个方向行进;另一条是西南方向到达今天的波尔多;第三条是沿着塞纳河直到多佛尔海峡；第四条直通莱茵河畔的罗马军营；第五条则通过贝桑松、汝拉山和阿尔卑斯山通向意大利。奥古斯都亲自照管意大利的公路，行省的公路由他的副帅们管理。公元前 20 年，在罗马广场的北端树立了一个黄金路标，上面标有去往罗马帝国各地的路程，意味着世界上的一切道路都汇合到这里了。后来广为流传的西方谚语"条条大路通罗马"就是由此而来的。

帝王虽尊但却身系国家安危和黎民百姓的苦乐，稍有懈怠便会造成严重恶果，所以身居此位并有所作为的人，无不以勤奋从政为己任。公元前 27 年秋天，就在佛拉米亚大道重修完工之后，他便开始了多次出巡中的第一次。出巡的目的地是高卢。高卢在罗马帝国有着极其重要的战略地位。一方面高卢所缴纳的税金和埃及一样多，另一方面它还向军队提供最好的骑兵和优良的马匹。这里的市政建设是奥古斯都尤为关心的。后来，高卢成了有闲、有钱的罗马人最喜欢游历的地方，这与奥古斯都的亲临视察指导不无关系。

出巡高卢还没结束，罗马帝国的各个部分便发生了特殊的困难。马其顿各部族爆发了反抗罗马统治的起义，河北高卢的撒拉喜人也向罗马人展开了进攻，西班牙的北部也出现了令人不安的局面。权衡帝国各部分的利害关系，奥古斯都不得不先着手解决西班牙的问题。西班牙是罗马帝国在西方最古老的行省，是帝国最重要的矿产地，特别是它的银矿，在帝国占有极其重要的地位。他亲率六个军团分两支分别对西班牙的阿斯图列斯人和坎塔布里人展开了进攻。过度的紧张和劳累损害了他的健康，公元前 25 年，他不得不把作战任务留给手下军官，自己返回西班牙东北部的海滨城市塔尔腊科。事实证明西班牙的战斗是艰苦而又旷日持久的，直到公元前 19 年才由奥古斯都的杰出统帅阿格里帕通过一次战役而彻底征服。

第一次出巡到公元前 24 年才结束，奥古斯都拖着带病的身体回到罗马，健康状况不断恶化，他自己也有些担心将不久人世了。元首的继承人问题被提了出来。当时奥古斯都的继子提比略是他的妻子利维娅与前夫所生之子，与他没有血缘关系。他的外甥玛尔凯路斯是他的姐姐屋大维娅与盖乌斯·玛尔凯路斯结婚所生之子。奥古斯都选择了后者。公元前 24 年回到罗马之后，奥古斯都便宣布想指定玛尔凯路斯为继承人。元老院心领神会，很快批准玛尔凯路斯取得行政长官的坐席，并且在法定年龄前十年就准许他成为执政官的候选人。这说明奥古斯都所创立的元首制在逐渐地巩固，经受住了元首出巡的考验。

出乎意料的是，奥古斯都逐渐从死神手中摆脱了出来。大病刚愈，奥古斯都便开始了他的第二次出巡。这一次的目标是西西里。西西里一度曾是罗马的粮仓，但后来由于埃及、撒丁和阿非利加的被征服，它的地位便逐渐被取代了。岛上的耕地荒芜了，大片土地转入不住在西西里的罗马地主之手。奥古斯都此行的目的，是想恢复这里的农业经济。恢复的办法是扶植当地的小农恢复农业生产，利用国家在这里的土地再购置若干，设立七个移民地。

此次出巡的第二年，即公元前 22 年，台伯河泛滥，罗马出现饥荒，奥古斯都不得不暂时中断出巡回罗马处理灾民问题。灾民问题解决后，他从东方召回阿格里帕负责帝国首都的行政工作，之后便继续出巡，返回西西里。处理完西西里的事务之后，他又东去撒摩斯，在那里度过了公元前 21—20 年的冬天。在撒摩斯他对希腊表现出内心的情感。对雅典这座一贯站在敌对一方的城市，他不给任何关注，任其衰败下去。与此相反,对曾是优利乌斯家族移民地的科林斯则表现出极大的兴趣。冬去春来,奥古斯都继续东去踏上小亚细亚的土地。这是他战胜安东尼以后,第一次踏上这片神秘的土地。在这里他处理了帝国与东部边界国家的纠纷,其中包括从帕提亚索回罗马军旗一事。接着,奥古斯都又返回撒摩斯岛,在这里又度过了公元前20—19年的冬天。撒摩斯岛对他来说,太熟悉了。战胜安东尼处理完东方事务返回罗马时,他就路过该岛并做短暂休息,那时他创建帝国的蓝图正在酝酿当中,如今十年过去了,帝国已牢固地建立了起来,真是光阴似箭啊!

春暖花开时节,奥古斯都启程返回罗马,第二次出巡结束。罗马以其特有的方式向元首证明了他的重要性。因为该年度(公元前19年)的执政官选举出现了不好解决的问题。元首的回来,似乎带来了解决的希望。元老院和高级官吏组成的庞大代表团赶到康帕尼亚去迎接他,争相向他倾诉自己的忧虑和担心。可见元首的权力和威望在罗马是稳定的。在此后的两年里,奥古斯都一直留在罗马,为元首制的发展和完善做着大量而繁重的工作,涉及社会生活、政治生活、市政建设、军队改组各个方面。

罗马的和平并不意味着整个帝国就平安无事。阿尔卑斯山山区的居民,莱茵河对岸的日耳曼各部族的骚乱始终不断。奥古斯都在罗马庆祝完罗马共和国建立五百周年的活动后便再次动身出巡高卢。稳定边境是他此行的目的之一,而使高卢彻底罗马化则是他的主要目的。他太看重高卢行省了。因为这曾是优利乌斯·恺撒为罗马增添的新领土,是优利乌斯家族的骄傲。奥古斯都在高卢的治理是卓有成效的,甚至他的继承者当政时在经济方面的失策也未能损害高卢的经济繁荣。公元64年罗马大火后的重建,高卢行省提供了大部分的物质供应。但边境问题比较棘手,奥古斯都将这一问题委托给了他的两个继子提比略和杜路苏斯,自己于公元前13年返回罗马。

元首每次出巡归来,罗马人都要表现出空前的爱戴。罗马人对奥古斯都越来越崇拜了,他成了罗马的和平与安全的象征和保卫者。每当公众生活出现困难,人们总是向他呼吁,元首被神化了。如今元老院已发布命令,决定在玛尔斯广场修造一座祭坛,奉献给由奥古斯都所保证的和平。祭坛于公元前9年落成,这便是著名的"和平祭坛"。祭坛的设计表现了奥古斯都的思想。在其中的各种雕刻作品中,奥古斯都并不占居一个特殊的位置,而只是夹杂在其他人中间站着,使人感觉不出统治者高踞臣民之上的意味。显然,这是奥古斯都所特有的治国安邦的本领的一种具体表现。

公元前13年,奥古斯都已是五十岁的人了,权力和威望都处于巅峰,但接二连三的打击也随之到来。公元前12年他所一贯器重的阿格里帕在康帕尼亚的别墅去世。这使奥古斯都陷入深深的思念之中。这位与他同龄的伙伴,十八岁就同他在一起,共同度过了多少个春秋,没有阿格里帕的帮助,奥古斯都要打败赛克斯图·庞培和玛尔库斯·安东尼都是不可想象的。内战结束后,阿格里帕又是他在罗马和各行省恢复秩序的最得力的助手。如今去世了,奥古斯都的怀念之情可想而知。奥古斯都亲自为阿格里帕致悼辞,阿格里帕的骨灰也被安放在优利乌斯家族的陵墓里。公元前11年,屋大维娅去世。奥古斯都的这位姐姐,为了他的政治利益曾被嫁给了他的政敌安东尼,在她离开人世时,奥古斯都的内心肯定是复杂的。公元前9年,他的继子杜路苏斯在与日耳曼人作战过程中突然染病身亡。这是利维娅与其前夫的儿子,是提比略的亲弟弟,曾经为帝国边境的安宁出生入死,最终抛尸沙场。每当看到贤慧的利维娅,奥古斯都就会感到阵阵内疚。公元前 8 年,奥古斯都的另一个青年时期的伙伴麦凯纳斯也去世了。麦凯纳斯不象阿格里帕那样富有军事天才,但却是奥古斯都身边不可缺的智囊人物,在为奥古斯都求取不朽的功名上,有着特殊的贡献。因为在他身边聚集了大批的先前是共和派的科学界和文学艺术界的名士,如维吉尔、贺拉斯等著名诗人都是他家里的常客。麦凯纳斯精心研究着舆论、宣传,不遗余力地为奥古斯都歌功颂德。麦凯纳斯去世后几个星期,受他保护的诗人贺拉斯也去世了。这位诗人曾满怀深情地用诗来赞颂元首。如当奥古斯都还在高卢出巡的时候,贺拉斯用感人的词句写道:"你的国土恳求你回来,/……要知道,/如果你在这里的话,/农民就能驾着他的一套牛和平地耕种,/而凯列丝神就会给他更加丰盛的收获。/我们的船夫将不受海盗的威胁,/人民的荣誉也不会受到损害。/……当奥古斯都走近的时候,/有谁还会害怕帕提亚人、斯奇提亚人、日耳曼人或西班牙人呢?/和平温柔地降临在故土的小丘之上;/我们能以怀着感激的心情结起摇动着的葡萄蔓;/能以在晚上回到我们的家中高兴地饮自己的酒并把你歌颂为我们的神灵。"奥古斯都也曾直言相求,邀请贺拉斯担任自己的私人秘书。正是贺拉斯的诗为后人留下了"罗马和平"的感观材料。奥古斯都面对着好友、助手、亲戚们一个一个相继故去,越来越感到肩上的担子沉重了,自己毕竟不年轻了。

随着年纪的增大,元首越来越为继承人的问题发愁,始终想找一个有着优利乌斯家族血统的继承人。看来古今中外的帝王,家天下的思想大都是比较普遍的。早在公元前 24 年,元首出巡高卢和西班牙感到身体不支时,已确定如果他立即死亡,继承人的最佳人选是阿格里帕。但他内心一直希望有一个自己家族血统的人作他的继承人。所以,又确定自己的外甥玛尔凯路斯(屋大维娅之子)为继承人,而且公元前 25 年,他已安排将自己的女儿优利娅嫁给了玛尔凯路斯。为此玛尔凯路斯解除了同赛克斯图·庞培的女儿的婚约。为使罗马接受玛尔凯路斯,奥古斯都曾不惜用自身的威望和权力向公众施加影响。但是,这个年轻人在公元前 23 年年底便染病身亡(可能是伤寒病)。为使继承人具有优利乌斯家族血统,奥古斯都又于公元前 21 年将女儿优利娅嫁给了阿格里帕。当时,阿格里帕约有四十二岁,优利娅年仅十八岁。阿格里帕为此还需同屋大维娅的女儿玛尔凯拉离婚,尽管他们之间已有了孩子。优利娅为阿格里帕生了五个孩子,分别是:盖乌斯、路奇乌斯、阿格里帕·波斯图姆斯、优利娅、阿格里皮娜。虽然奥古斯都在与利维娅结婚时,即已将利维娅与前夫所生的两个儿子提比略和杜路苏斯收为继子,但由于他们没有优利乌斯家族的血统,因而始终被放在自己继承人的最后。为树立自己家族血统的继承人,公元前 17 年,奥古斯都又过继了阿格里帕与优利娅所生的盖乌斯和路奇乌斯为继子,意在培养他们为自己的继承人。公元前 12 年,阿格里帕去世,元首再次干预提比略的婚姻,令他与阿格里帕的寡妻优利娅结婚。为此,提比略被迫同前妻离婚。但是,提比略并没有因为这场婚姻而被确定为一号继承人,元首仍钟情于盖乌斯和路奇乌斯,致使他不得不于公元前 4 年隐退罗得斯岛,以使盖乌斯和路奇乌斯有展露才华的机会。不幸的事情又发生了。公元 2 年,路奇乌斯在去西班牙的途中死于马赛。盖乌斯受托在阿尔明尼亚执行一项新任务又身负重伤,在返回意大利的途中。于公元 4 年 2 月也死去了。这对年近古稀的元首来说是一次特别沉重的打击。因为他从内心里喜爱他的这两个外孙,他们是阿格里帕同优利乌斯家族的后代,元首寄予了无限的期望和厚爱。两年前,元首给盖乌斯的信是这样写的:"我眼里的光,当你远离我的时候,我无限地想念你,特别是在这样的日子里。不管你在什么地方,我都祝愿你在我六十四岁生日那天是健康和幸福的。……我曾祈求诸神,他们会使我能够把我一生的余年在一个繁荣的罗马度过。但是你得把行政事务继续领导下去,并且把我的工作成功地领导到底。"

到如今,奥古斯都的继承人中只有提比略与他的家族的关系较近了。于是,提比略从罗德斯岛回到罗马,被奥古斯都宣布为继子,取得了同执政官的统治大权和十年保民官的权力。接着提比略将其弟弟杜路苏斯的儿子日耳曼尼库斯过继为继子。这样,克劳狄乌斯家族的提比略便成了元首很有希望的继承人。

提比略回到罗马不久即被派往莱茵河地区展开对凯路斯奇人的斗争。他从莱茵河一直推进到威悉河,又跨过威悉河准备征服波希米亚。与此同时,潘诺尼亚发生了叛乱,整个伊利里亚也陷入了混乱。提比略花费了三年的时间才最终结束了这一切。为此,提比略获得了统帅的称号,他的继子日耳曼尼库斯也在法定年龄之前被授予执政官的职位。

罗马人还未来得及庆祝提比略的胜利,从日耳曼尼亚又传来了令人震惊的消息。公元 9 年 9 月,普布利乌斯,瓦鲁斯所率领的三个罗马军团在日耳曼尼亚全军覆没。这是克拉苏于公元前 53 年在美索不达米亚的卡尔莱惨败于帕提亚人以来,罗马人的第一次惨败。瓦鲁斯并不是一个真正的军人,他因同奥古斯都的外甥孙女,屋大维娅的一个孙女克劳狄娅·普尔克拉结婚而得宠。在叙利亚任长官时,极尽搜刮之能事,成为暴发户。当他来到日耳曼尼亚的时候,不考虑任何客观情况,一味照搬在叙利亚的办法,提高税收。熟悉当地情况的下级军官极力加以劝阻也无效。结果引起了当地日耳曼人的愤恨,在其不备的情况下,将他所率的三个军团诱至条托堡森林沼泽地带,一举全歼,瓦鲁斯饮剑自杀。消息传到罗马,年迈的奥古斯都感到十分懊丧。他长时间不剪头发和胡须以表示哀悼,并且每年到这一天他都要斋戒一番。他常常悲痛地大喊:"瓦鲁斯,瓦鲁斯,把我的军团还给我!"这或许含有对他错用了瓦鲁斯这样的贪财忘义之徒的一种自责吧。

危机还需提比略来挽救。他亲自到莱茵河视察日耳曼人推进的区域。他发现局势并不象所担心的那样不可收拾。在阿利索罗马军团挡住了敌人,使日耳曼人不能进入高卢。提比略并不打算收复失去的土地,只想以莱茵河为界固守罗马边防。他通过招募志愿兵和老兵,再从西班牙和伊利里亚方面调动部分军团,使莱茵河边防线的驻军由原来的五个军团增加到八个。瓦鲁斯的教训对罗马人来说是深刻的,提比略加强边防的措施是妥当的,因为罗马帝国的最后灭亡就是由北方的日耳曼人开始并完成的。

莱茵河防线巩固了,公元 12 年晚秋,提比略将军队的统帅权交给了日耳曼尼库斯,自己返回罗马。公元 13 年年初,提比略才得以在罗马庆祝自己在潘诺尼亚和日耳曼尼亚的胜利。垂暮之年的元首,将希望日益寄托在继子提比略的身上。公元 13 年,奥古斯都的全权又延长了十年,与此同时,提比略的保民官的权力也延长了。元老院制定法律,在指挥军队和治理世界帝国方面,授予提比略同他的继父相同的权力。元首必须指定继承人了,他的身体日渐虚弱,已不能再定期亲自参加元老院的会议,许多事务只能在巴拉丁山上他自己的邸宅里处理了。此时,他产生了将自己的一生加以总结作为一份政治遗嘱留给后人的愿望。这时,元老院已授权给他和提比略进行一次新的人口调查。他把紧张繁忙的调查工作尽可能都交给了提比略,而把自己的大部分时间写遗嘱。公元14年5月,人口调查顺利完成,奥古斯都的遗嘱也完成了最后一笔,送到维斯塔贞女那里保存了起来。奥古斯都深深地松了一口气。自觉将离人世的他,此时最想的是对帝国做一次最后的巡视。

提比略为了处理各种事务,不得不去伊利里亚。奥古斯都决定在提比略去布林底西的途中把他伴送到倍涅文图姆。这是元首的最后一次旅行,较前几次出巡,这是一次彻底放松的机会。元首已痛苦地感到,力量在逐渐消逝,还没有到达倍涅文图姆便在诺拉病倒了。提比略迅速赶来聆听继父的最后遗告。奥古斯都直到临终神志都是清醒的,他的朋友围立在他的床边,他开玩笑地问他们:"我在生活的喜剧里是否很好地扮演了自己的角色?如果我演得好,那就为我鼓掌吧,大家高兴地为我送行吧!"奥古斯都最终走完了他的七十七年的人生历程。这是公元14年8月19日。

正值夏季,元首的遗体只能在晚上运送,每到一地都受到地方当局的隆重接待,直到9月初才运回罗马元首的官邸。葬礼在9月的烈日下举行,整个罗马的人们似乎都来了,他们满怀敬意地给元首送行。当安放遗体的柴堆燃起熊熊火焰时,一只鹰展开翅膀飞上天空,按照古代东方的习俗,这表明死者的灵魂已经上天了。9月17日,元老院隆重地把奥古斯都崇祀为神,罗马以及帝国其他许多地方,奉祀奥古斯都的神殿也随之兴建起来。奥古斯都的灵魂得到了永生,罗马帝国也奠定了稳固的基础。

在罗马历史舞台上;面对共和国后期的政治混乱局面,奥古斯都顺应历史发展潮流,结束了内战,统一了罗马国家,并根据罗马历史的具体特点,开创性地建立了披着共和制外衣的帝制,奠定了罗马帝国长达二百多年和平、繁荣的基础。所以,奥古斯都堪称古罗马历史上一位杰出的政治家,以其创造性的智慧在罗马从共和到帝国的转变过程中起到了进步的推动历史前进的作用。

查理大帝

历史背景

西罗马帝国的最后一任皇帝去世于公元 480 年,而法兰克王国的宗教、社会和政治地理的基础是在随后的 60 年之间奠定的,这是在查理本人出现之前。克洛维的成就不但斐然,其所遗留下来的向外扩张征服的动力,也由他的继承者继续维持下去。然而,6 世纪中叶以后,法兰克人逐渐将精力转向内战方面,而从中获得利益的都是那些王公贵族。在 7 世纪的许多冲突斗争里,他们左右操纵了王国的大局。身为克洛维子孙的国王,大都沦为不受人注意的人物。他们虽然在政治上仍有存在的必要,但已经没有政治实权,仅仅依赖墨洛温王朝的血统维系着人们对他们的尊重。687 年,奥斯特拉西亚公爵,或称为东法兰克公爵,在特尔特里击溃他的对手,从此之后直到他去世的 714 年为止,掌握着王国的最高权力。他在对内对外的事务方面都有卓越的功绩,而比较重要的成就是扩大了领土范围,其版图主要位于默兹—摩泽尔地区。这位公爵就是后来的丕平二世(被误称为"埃斯塔勒的"),他是查理的曾祖父。

我们对丕平的"统治时代"所知甚少,但它显然以活跃的军事行动著称,继承他权位的儿子查理,即以此闻名于世,后来被称为"马特尔"(亦即"铁锤")。他四处征服,所以取得比较重要的成就,因为即使战利品不是土地,它也带来了财富;而财富是成为势力强大的诸侯的物质基础。查理不但与异族如萨克森人等作战,甚至于还扩张到了弗里西亚。但是,更有意义的是,他重新巩固或加强了内部的中央集权统治,而且利用击退 711 年入侵西班牙的穆斯林的机会,迅速摧毁了基督教徒所建立的西哥特王国,并开始将势力渗透到比里牛斯山以北的地区。732 年,查理在普瓦提埃赢得一场著名的战役,此役使他获得基督教守护者的地位。

但是,查理在分配主教和各地教区职务给支持者的时候,却表现得全然不像是个基督教的守护者。这些支持者通常是一些非神职的人员,而且他大规模没收教会的土地,再转而授予向自己表示臣服的附庸们,以作为获得他们忠诚地实践义务的交换条件,而这些义务通常是军事方面的事务。然而,他也确实支持由威利布罗德、卜尼法斯以及其他盎格鲁—撒克逊人所领导的传教活动。履行基督教徒的义务并不是他惟一的动机,王国内部的基督教信仰普及化能够加强统一和安定,因为基督教不只是教导人们相信,是上帝任命当权在位的人,并且要求人们服从他们的统治。至于对教外之人而言,皈依不但可以使他们比较不会轻易对信仰相同的人发动战争,而且基督教是法兰克王国的官方意识形态。身在现代的我们,早就熟悉了意识形态上的帝国主义和政治统治之间的亲密关系。对查理而言,这些传教士是他自己以及法兰克王国的权力代理人。但是,他们还是另外一个权威的代理人:教皇。卜尼法斯和他的同伴以教皇所授予的权力工作,他们不时仰赖罗马当局的帮助,而且满心崇敬地效忠于圣彼得以及继任他的历任教皇,尤其典型的是格列高利一世(604 年去世),被盎格鲁—撒克逊人尊奉为英格兰的使徒。丕平三世(绰号"矮子")和他的弟弟于 741 年继承父亲的权位，按照墨洛温王朝国王的惯例，要将王国分家。之后，这些传教士所传播的罗马教廷的影响力变得更为深厚，因为他们都是信仰很虔诚的统治者，而激励王国的宗教改革活动，又是以卜尼法斯为其精神的领袖。对罗马教廷愈来愈虔敬的态度，很明确地表现在这些僧侣于747年发表的宣言里，丕平的兄弟当年逊位出家的时候，他们向圣彼得以及他的神职人员宣示臣服。

这种"罗马化"的现象非常重要，是促使教廷作出一个重大决定的先决条件。教廷从此放弃了整个帝国，一心一意地经营西方，而这一决定对帝国的未来也有难以估计的莫大影响。长久以来，教廷与帝国的皇帝陷入无法调解的意识形态斗争之中。这些争执，虽然通常潜伏不彰，但也不时爆发成为激烈的冲突。教皇的意识形态的发展，可以追溯到第4世纪末和第5世纪，他主张：第一，耶稣基督建立他的教会的时候，曾经将统治教会的权力授予圣彼得，而这个说法的根据是《马太福音》第16章第18到19节中所提到的"捆绑"和"释放"等司法用语；第二，耶稣基督也承诺，圣彼得所有的决定都会自动获得上帝的认可；第三，由于教皇继承了圣彼得的职务，所以不论他们个人品格如何的不堪，都对教会——亦即整个基督教的群体——拥有相同的权威。如果我们不能够了解这些宣示的威严和重要性，也就无从理解教廷的历史了。

然而，罗马是帝国管辖治理下的一个城市。虽然一般通俗的看法认为，罗马帝国在公元第5世纪时就灭亡了，但是实际情况并非如此；在第6世纪的时候，罗马帝国重建了对西方的统治权，而西方正是当年目睹其覆亡的地方。特尔特里战役爆发的时候，罗马帝国皇帝的首都是在君士坦丁堡，帝国的这一时期，通常被称作拜占庭。但是，它仍然拥有相当多的意大利领土：西西里岛，意大利半岛的部分南部、东北部地区，包括总督、主教所驻扎的拉韦纳，还有罗马公国。帝国的皇帝坚信自己的职位是来自于上帝的恩赐，而且具有绝对的治理能力。就帝国的福祉而言，最重要的事务莫过于确信不要激怒了上帝，所以他们显然有裁决与处理宗教信仰问题的义务。宗教的问题因此而显得太重要了，不能够全部都交给教会来担任。简而言之，教皇要确保对教会拥有至高无上的权威，而教会包含了帝国的皇帝；而帝国的皇帝要确保他们对臣民拥有至高无上的权威，而所谓臣民，包括了教皇本人。

公元700年之前，许多事情证明了皇帝一心想扩张其权威的决心，如果形势需要，甚至会不惜动用武力。有许多证据显示，教廷无法期望帝国当局服从教皇的看法，而教皇对于无法行使上帝所给予的权力，表现出明显的痛苦、难堪和挫折感。然而，教皇一筹莫展，无处寻求援助。教廷不能自行其是，它至少得担心那些占据了意大利大部分领土、虎视眈眈（教皇认为如此）注视着罗马的伦巴底人。法兰克王国的发展之所以非常重要，因为它开启了一项逃避所谓"拜占庭囚禁"的可能途径。促使教皇毫不迟疑就走上这条道路的环境相当复杂，在此处无法详细加以分析考察，但是很关键的事是皇帝利奥三世（717至741年间在位）所发起的破除圣像崇拜的思想运动。教皇格列高利二世（715至731年间在位）挺身反对，他批评破除圣像崇拜是异端的思想，否定利奥三世有权对这种问题发表意见，并且警告皇帝，西方已经有为护卫圣彼得和宗教图像而作战的准备。当争执持续进行的时候，利奥褫夺了教皇的部分司法权，而且进一步给予教廷致命的一击：没收它在意大利南部和西西里的领地。随经济压力而来的是军事武力的威胁。在这个节骨眼上，伦巴底人似乎显得更具敌意了。教皇格列高利三世（731至741年间在位）为了抵御他们，在739年向铁锤查理求助,并且向他表达了脱离帝国的意愿。

查理没有作出反应,然而这些事件是指向剧烈变动的 8 世纪 50 年代的路标。有三个问题在此特别值得注意。首先,墨洛温王朝的国王希尔德里克三世在 751 年退位,查理的父亲丕平三世践祚为国王。这一步发展本身虽然非常重要,但需要先获得教皇的认可,以作为赢得法兰克人尊敬的有力证明,而教皇扎加利(741 至 752 年在位)"以教皇的权威,下令丕平应该成为国王"。教皇介入国君即位的事情,在过去并无前例,而将擦油的膏礼和地位的晋升连成一气,对法兰克人而言,亦属空前之事。其主要的目的,在于使没有墨洛温王族血统之神圣力量的丕平,能够获得他自己所独有而且更强大的神圣力量,也就是上帝的恩宠。第二,随着教皇在 753 年首次越过阿尔卑斯山后,教皇和法兰克王国之间形成了同盟的关系,距离教皇的最后一次君士坦丁堡之旅,时间仅相隔 43 年。教皇司提反二世(751 至 757 年间在位)的这次旅行,正好遇上不久之前伦巴底人攻陷拉韦纳的事情,伦巴底人并且取得拜占庭帝国在意大利东北部的大部分领土,他们对罗马城的威胁因此更加严重。754 年,丕平在法兰西亚许下承诺,要从伦巴底人手中收复这些失去的土地,而且要将它们移交给教皇。几乎可以确定的是,他是被"君士坦丁的奉献"所说服,并作了这项承诺。"君士坦丁的奉献"是一个著名的伪造文件,在几个世纪以后才被揭发出来。它声称帝国的第一个基督徒皇帝君士坦丁(死于 337 年),将意大利和帝国的西半部授予教皇西尔维斯特(死于 335 年)。司提反二世为了报答丕平,下令禁止从任何其他家族里面选出国王,并且为丕平再次举行膏礼,也为他的两个儿子涂抹圣油,使他们以后能够就任王位,进而授予他们父子 3 人"罗马贵族"的头衔,以显示他们担任教廷的武力保护者的角色。第三,755 年和 756 年的战役,使伦巴底国王投降臣服。"丕平与五城联盟征服了拉韦纳和它所管辖的所有土地,并且将它转交给圣彼得。"由于经济的力量强大,教皇国于是成立。建立此国家的是一位法兰克人,他由于得到一位教皇的支持而当上国王,听从另外一位教皇的命令而战斗,他大部分的行为也侵犯到帝国的利益,而教皇素来是帝国统治者的臣子。

不论查理是出生于传统所认为的 742 年——本书假设这是正确的日子,抑或是某些人所主张的 747 年,他的童年时代几乎是没有什么太平的日子。摆在丕平眼前的还有 8 世纪 60 年代的征讨大业,他以残酷的手段和几乎是连年不断的战役,征服了独立自主已很久的阿基坦。敌军的领袖魏法尔在 768 年的战役中阵亡,而所有的抵抗几乎都遭到瓦解。但是,凯旋归来的丕平却一病不起。他抵达圣丹尼斯的时候,在死前即立下了遗嘱的条文,交待依照惯例划分遗产。丕平与其他许多能干的父亲一样,其成就或多或少被自己异常杰出的儿子的光芒所掩盖。公元 768 年的 10 月 9 日,当查理的弟弟卡洛曼在苏瓦松即位的时候,查理也在努瓦永登基为王;历史上最著名的统治时代之一于是展开了。

查理时代的早期

查理与卡洛曼(768—771)

由两人分享统治权力的年代一般来说是一段黑暗的时期。查理和他弟弟的关系虽然明明白白地是互相敌视的，但是他们为了情势的需要，都应教皇的要求，派遣教士参加了 769 年 4 月在罗马举行的一场会议。然而，同一年在阿基坦发生的事情，显示存在于双方关系中的裂痕已经非常明显了。查理在当地指挥他担任国王以后的第一次战役，讨伐胡那德所领导的叛乱。胡那德可能是魏法尔的儿子。查理的军队人数虽然少，但是已经足够在春天将叛乱弭平。胡那德虽然逃到了加斯科涅，查理所率领的一支更庞大的部队则进驻到多尔多涅河，造成大举入侵的威胁，外加上在当地新建立一座堡垒，以及在加龙河对岸举行一次示威活动，迫使加斯科涅的领袖交出这位难民，接受并承认查理的领主权力。从这个事件的插曲里，我们可以看到使查理成为杰出的成功的军事领袖的部分特点：当机立断、反应迅速、大胆主动；拥有使问题获得有利结果的决心；能够聚集起足够的力量以达到他的目的；发出威胁和提出要求时非常强硬；了解要塞堡垒的重要性。

虽然当时的一项可靠的资料说，在王国一分为二的时候，卡洛曼获得部分阿基坦的土地，但是他在这个时候并没有加入作战。在查理第一次出征后，两兄弟在阿基坦会面，然而卡洛曼突然仓促回家。年鉴修订者和艾因哈德都要我们相信一件事：他曾经承诺要协助查理，但却因为听信"谗言"而未能履行诺言。以责怪臣下的方法来维护统治者的名声，是人们素来熟悉的一个方式，但是这次可能是事实。他所统治的阿基坦领土或许一直平静无事，而他的王公贵族不愿意为了他人而甘冒挑起麻烦的危险。但是，德国的学者马丁·林则尔却提出一个假说，他认为卡洛曼没有加入作战，是因为查理在 769 年占领了他所统治的阿基坦的领土。这个论点虽然无法证实是否正确，却能够解释何以年鉴修订者会在短短的 6 行记载中两度声明：阿基坦在王国分家之初就归属查理。家族内部似乎有一些不可告人的丑事秘密，而年鉴修订者想要竭力掩人耳目。

随后而来的协商调停维持得很短，而所有的证据都一再显示，丕平的遗孀贝尔特拉达似乎是从中安排协商的人。但是，她并非一般人心目中公平而慈爱的调解人，她显然是以其长子的支持者的身份，于 770 年游历到巴伐利亚以及意大利，而此行的结果是在查理、伦巴底国王德西德流斯和巴伐利亚国王塔西罗之间，形成了某种三边协定。塔西罗当时已经是德西德流斯的女婿，而查理在这个时候也成了德西德流斯的另外一个女婿。从丕平三世和塔西罗之间的嫌隙、丕平对伦巴底人的作战，以及查理日后对这两位伙伴的处置方式看来，在某些人认为，这个协定，似乎反映了查理对他的政治敏感度，但仍然没有相当的把握。其实不然，它正好证明了他的政治手法很敏锐。协定对付的目标显然是卡洛曼，他是这三方面当前潜在的敌人。刚开始的时候，教皇司提反三世（768 至 772 年在位）对法兰克人与"最污秽恶臭"的伦巴底人联姻的事大感震惊，甚至扬言威胁要开除查理的教籍。但是，教皇在获得一些领土和其他特权后，态度转趋于缓和。这时被孤立的卡洛曼，只能够向罗马城内的德西德流斯的敌人寻求支援了。在 771 年大斋节期间，爆发了一场通常被视为是支持法兰克王国的叛乱，其实就是这批人的杰作。他们在一群支持卡洛曼的法兰克人的帮助下起事，叛乱在德西德流斯的军队面前溃败，教皇因此大大称赞颂扬了这位国王，而他一直是教廷由来已久的仇家。

查理对弟弟的最终意图究竟是什么，我们只能够诉诸猜测了。不论查理的意图到底为何，卡洛曼在 771 年 12 月去世，他的王国和平地转移到查理手中。卡洛曼的遗孀带着孤儿幼子,和几位贵族逃到了意大利;不管查理的伦巴底妻子下场究竟如何,此时她已经没有利用的价值了,当卡洛曼去世的消息刚抵达的时候,她可能已被迫收拾家当行李了。有人会觉得她是做了一项正确的决定。查理从来不是心狠手辣的人,而是一位热爱家庭的人。然而,他也是那个时代的一名政治家,明白必须随时保持警惕,在镇压有威胁的势力时,也毫不留情。在 792 年,当一个私生子阴谋造反时,查理表现出身为父亲对子女的溺爱,但溺爱的程度仅仅是将他监禁在修道院中,同时处决了他的主要支持者。卡洛曼的子女后来落入了伯父的手中,至于他们的命运,我们都不得而知。

甘肖夫在一篇讨论查理统治时期的分期问题的文章中,将第一个决定性的分水岭置于 771 年,无疑十分正确。卡洛曼的去世使查理能够将视野扩充到更远的地方,而随着统治整个法兰克王国而来的权力扩张,让他能够有足够的资源,一手握着宝剑,另一手握着十字架,朝着更远大的目标迈进。精力和果断,是他成功的其余因素。在卡洛曼去世后 8 个月时,这个统治政权闻名于世的扩张大业已经蓄势待发了。

萨克森与意大利(772—777)

查理的第一项事业,也是他最伟大的成就,就是征服萨克森。萨克森人是个古老的问题了,他们历经了好几代的相对平静的时光后,在公元第 8 世纪时复兴,这与威斯特伐利亚人于 700 年前后占领了利伯河与莱茵河之间的土地有关,他们因此成为法兰克人的直接近邻。威斯特伐利亚人是构成萨克森人的 4 个集团中的一个成员,其他还有居住在易北河下游两岸的安格拉利亚人和伊斯特伐利亚人,以及被称为"北方人"的诺德留第人。和查理关系最密切的是前面的 3 个集团,他们又被称作南萨克森人。萨克森人处于十分孤独的状态,他们没有任何持久的中央权威,这个特点使得他们很难和别人打交道,并且也说明了为什么他们常常不能够信守约定。边界上大部分是有待开辟的土地,给予他们大肆抢劫的机会,而抢劫的行动在某些地区经常发生。查理的祖先常常征讨他们,以进行惩罚和掠夺。丕平在 758 年强迫他们进贡;在第 6 世纪的时候,要求的是 500 头牛;而现在,进贡的数字则订在 300 匹马。这反映了骑兵的地位愈来愈重要。查理决定征服他们的主要理由,是要一举铲除长久以来的危险,赢得声望,获得财富和土地以奖励他的部下,而且也是要取悦上帝,为崇拜异教的萨克森人带来正确的信仰,拯救他们的灵魂。至于将统一日耳曼民族的理想强加在他身上,是一个违反历史事实的幻想。

年鉴修订者对 775 年记载的史实,虽然不断寻找理由,宣称征服的行动在当时才开始,但是征服行动的目标无疑很早就确定了。艾因哈德指出,法兰克人所以发动战争,是因为他们已经下定决心,不再以纯粹的报复为满足。一些证据也明白显示,在772 年的时候,国王率领了一支强大的部队,目的在于归化异教徒,为了这个目的,他随军带领了许多神职人员。查理首先突袭爱瑞斯堡,当地是通往重要的战略要地,一直被德国的学者称呼为威悉要塞的堡垒。攻击爱瑞斯堡,显然不是为实行掠夺而选择软柿子。查理似乎还在当地留下一支部队驻防,并且从此地继续挺进,到达萨克森人崇拜祭祀的偶像伊尔明索的所在地,夷平了它的神殿,并饱掠金银财宝而去。这般亵渎神明的行为,自然会挑起敌人报复的行动,如果机会存在的话;进行这种侮辱的行为,必须要有彻底征服对方,以及让他们改信基督教的准备。查理在撤退大军之前,将势力深入到达威悉河,并在那里接受人质。

　　勿庸置疑,查理在 773 年的时候,已经决意要将他对付萨克森人的计划向前推进一步,但大局环境却别有发展。当年稍早的时候,教皇哈德良一世(772 至 795 年在位)派遣一位特使到来,要求查理援助抵抗德西德流斯,因为他不仅没有履行领土协议的安排,事实上还侵占了一些教皇的领地,而且要求哈德良一世为卡洛曼的儿子们举行膏礼,使他们即位为国王。德西德流斯相信,教皇所举行的仪式,能够使卡洛曼的儿子们在要求继承权的时候,获得无上的权威,并且成为对付查理的宝贵武器。为自己女儿断绝关系的事情而冒火的程度,似乎远远及不上趁机加强自身地位的动机来得重要。哈德良传记的作者宣称,德西德流斯想要统治整个意大利,但是他显然不是这样雄心勃勃的征服者。当他在 773 年向罗马进军的时候,开除教籍的威胁就足以让他打道回府。查理当时正忙着处理萨克森人的问题,不愿介入此事。而且,他也不能确定,到底应该相信哈德良还是相信德西德流斯,因为德西德流斯的使节宣称,他已经满足教皇所有的要求了。即使被派去调查真相的法兰克王国巡按特使回报说,德西德流斯确实占领了那些有争议的领土,而且拒绝放弃它们,查理仍旧希望能够避免冲突,并愿意提供一大笔款项,要求伦巴底的国王交出土地。德西德流斯拒绝了这项提议,因为他心里明白,查理的提议显示了他不愿意开战。但是,他这次却没有料想到,查理竟然敢暂时放下萨克森人的问题,率领部队南下。

　　查理按照他一向最喜爱的策略,将军队分开赶赴战场,然而两支部队都在阿尔卑斯山南部的峡谷遇到阻碍。查理两度提出和平解决的方案,但是都遭到拒绝。一支部队最后顺利通过了山区,绕到德西德流斯的后方,德西德流斯仓皇撤退,回到首都。伦巴底人将自己关在城里,等待敌人在作战季节结束时,自动打道回府;而当时已经是 9 月了。然而,拥有过人的毅力,是查理最大的优点之一,他不愿意玩这种游戏,而决定停留下来,在冬天继续进行包围。我们对此后几个月的军事行动几乎一无所知,只知道查理带领军队到达维罗纳,而卡洛曼的遗孀和儿子们在那里投降。774 年 6 月,帕维亚终于陷落,"伦巴底人从意大利各城来到这里,向伟大的国王查理以及法兰克人表示臣服"。

　　表面的情况虽然如此,但是这并不表示伦巴底人已经变成法兰克王国的臣民。伦巴底王国继续保有其地位,只是查理已经取代德西德流斯的位子,所以他现在正式的头衔是:"查理,根据上帝的恩宠,担任法兰克人与伦巴底人的国王,以及罗马的贵族。"在 781 年的时候,伦巴底人的自尊心获得更进一步的满足,查理的儿子丕平,在意大利接受教皇哈德良的膏礼,成为伦巴底的国王(这是我们所知道的第一次法兰克人的加冕典礼)。法兰克人虽然逐渐迁入,但是伦巴底的制度和社会结构几乎完整地保留下来。简而言之,这个王国大体和以前一样继续存在下去,只是国王换人而已。北部的伦巴底人消极地接受了这个情势,只知道有一次叛变发生;来自意大利中部,势力强大的斯波莱托公国的威胁也没有实现;而南方的贝内文托公国则不然。

　　对查理而言,接收伦巴底王国是他一生最得意的一刻,但他也身不由己地卷入复杂诡谲的意大利政局之中。教皇、帝国的皇帝、地方上有权有势的统治者,他们为了权位和利益,在那儿不停地相互明争暗斗。若没有和罗马更亲密的接触,查理在 800 年加冕,是难以想象的事情,而他新近获得的地位,也使他在拜占庭眼中,成为一个重要的人物。不论是要讨好或者反对他,势必都得把他当作对手看待。我们也不要忽略了这次征服行动所具有的更广泛的历史意义,774 年是一个重要历史时刻的开端,来自北方的列强此后不断介入意大利,几百年来控制并左右了意大利的历史,而且形成了这个国家的现状。

征服南方的收获,要在北方付出代价。公元 774 年,萨克森人四处蹂躏,深入到达黑森;人们都相信,他们没有焚毁卜尼法斯在弗里茨拉的教堂,以报复摧毁伊尔明索神殿的行动,实在是上帝施行的一项奇迹。查理返回的时间太晚,只能够派一些部队进入萨克森,进行掠夺与骚扰,但是他在 775 年率领一支大军渡过莱茵河。这次征战是一大胜利:法兰克人突袭了西堡西面的堡垒,再度占领爱瑞斯堡,并且加强了当地的防御工事;还赢得一场正面的会战,迫使伊斯特伐利亚人、安格拉利亚人和威斯特伐利亚人先后投降。但是,查理在 776 年初因事必须南行,在回归的时候,听说萨克森人又重新武装:爱瑞斯堡失守,驻扎在西堡的军队也受到攻击。此次,萨克森人的军事力量不容忽视,他们在这两个要塞地区都布置了围城的器械。

查理所率领的另外一支大军迅速出现,使萨克森人大为震惊,数以千计的萨克森人结集在利伯河发源地附近的利伯斯普林格投降,而且答应改变信仰,成为基督教徒。当地曾经是伊尔明索神殿的所在地,如果说刻意选择此地,是为了强调法兰克人所信奉的神祇至高无上的地位,一点也不会令人意外。他也在利伯河上建立了一座新的城堡,并且用自己的名字命名,称之为卡尔斯堡(Karlsburg),后来的投降与受洗的典礼都在那里举行,而且决定于 777 年,在附近的帕德本举行他的臣民大会。这项决定显示他对萨克森西部地方的控制已经很稳固了,通往帕德本的道路显然非常安全。这条路线似乎肯定就是经由多特蒙德到莱茵河的古道,而且沿路可能都受一系列由国王亲信的臣子所控制的产业的保护。选择帕德本的目的很明白是要向萨克森人明白宣示:他现在控制了这个地方,用强力的方式展现他的实力,以博得人们的敬畏,而这实力更因为西班牙的穆斯林外族统治者的出现更显得重要。结果令人十分满意,几乎所有被召唤的萨克森人都出席了大会,并且迫不及待地重新宣誓效忠,同时也有进一步的受洗仪式。

776 年到 777 年的事件被视为划时代的大事。一位编年史家深受感动,他回顾说:此事发生的时候,上距格列高利一世去世已有 172 年。他显然认为国王完成了教皇想要使萨克森人归化的任务。另外一位编年史家,则将他和施洗者约翰相提并论;一位诗人甚至将此事比拟为耶稣基督再度莅临以解救世人。这次胜利对查理本人也有重大的影响。他虽然是个精明老练的军人与政治家,但是信仰也非常虔诚,他深信自己作战的时候,是以上帝忠诚子民的身份披甲上阵的,并且坚信尘世间一切事物的命运,都取决于上帝的决定。从他目前的非凡成就看来,除了是上帝对忠诚于他的战士的努力感到欣慰喜悦外,难道还可能会有其他的结论吗?还有什么事情能够比确信得到上帝的支持更令人喜悦的呢?但是,最激烈的冲击犹在前方。

西班牙与战后的余波(778—781)

查理的西班牙之役,一般认为是他与参加帕德本大会的穆斯林之间所达成共识的结果。其中的两个人因为某些家族因素,仇恨西班牙的穆斯林统治者,亦即科尔多瓦的国王。第三位是伊本·艾尔阿拉比,当时担任巴塞罗那的总督,或许同时也是赫罗纳的总督,他自己和他所统治的城市都向查理投降,显然也对西班牙的穆斯林统治者很不满。然而,查理当时根本没有考虑要翻越比里牛斯山作战。他计划在 778 年到罗马过复活节,请教皇为他新生的儿子卡洛曼授洗礼(哈德良在 781 年为他施洗时,改名为丕平)。教皇对他没有按照原订计划出现颇为失望,一直要到 5 月份,他才收到一份查理的报告,说穆斯林准备入侵,而他将要带军作战。换言之,这场征战其实有先发制人的意味,虽然也一定有其他的动机,例如,想要获得更多的领土,以及救援西班牙的基督徒。一般都相信,查理入侵西班牙的时候,他预计伊本·艾尔阿拉比会予以支援,但是证据却指出,后者抛弃向查理效忠的誓言(日后一位巴塞罗那的总督,在 799 年宣誓效忠,然后也在两年内决定抛弃誓言),态度转变为敌对。

大批的部队参与了这次战役。查理经由一条西边的路线进入西班牙,攻击潘普洛纳。潘普洛纳投降后,查理从韦斯卡总督阿布·塔赫手中接受人质,而阿布·塔赫可能也是潘普洛纳的总督。第二支部队则经由巴塞罗那进军,两军在萨拉戈萨会合。我们已经无从知悉当地战事的发展,但是几乎可以确定,这座城市没有被攻陷。7 月底的时候,查理带着被系上手铐脚镣的阿布·塔赫回师返乡(其实,阿布·塔赫在路上被自己的儿子救了出去),并且摧毁了潘普洛纳的城墙,使它无法再反叛。没有迹象显示这次撤退是出于被迫,抑或是提早进行。虽然这场战役的目的在于先发制人,亦没有证据显示它是一场失败的战役,但它并来就此落幕。当国王安然抵达加斯科涅的时候,殿后保护辎重的卫队却没有如此幸运。8 月 15 日,他们在比里牛斯山西部的某个地方——几乎可以确定是在龙塞瓦列斯——遭到巴斯克人的伏击而全军覆灭。所有的证据,包括编年史家对此事保持沉默,都显示出这是一次损失惨重的灾难。年鉴修订者列举了好几位被杀身亡的大人物姓名,艾因哈德指出了 3 位,其中包括著名的《罗兰之歌》的英雄。"天文学家"则更过分,干脆省略他们的名字不提,"因为他们早已经众所周知了"。基督徒难民匆匆离开西班牙,而查理终其一生,未曾再踏上这块土地。

在比里牛斯山所发生的悲剧,并非是国王所需要面对的所有问题。当他一抵达欧克塞尔,就得知萨克森人又再度叛变了。卡尔斯堡已经被摧毁,萨克森人正在大肆蹂躏莱茵河地区,犯下许多残酷的暴行。发生在 777 年的让人欣喜异常的事情才过后不久,这次叛乱,无疑是一个严重可怕的打击。西班牙的灾难已经显示了上帝的不悦,这件事情除了更加证明上帝的小悦之外,难道还能够有其他的解释吗?他在阿基坦以及意大利的成就是否也将要不保呢?甘肖夫将 778 至 779 年的时间形容为危机的年代;不论当时的状况是否真的那么危急,我们有理由相信,查理的确认为如此。

他的反应必然还是以政治和军事的措施为主。他派遣一支部队对抗萨克森人的掠夺,在他们撤退时赶将上去,将他们打败。779 年时,查理自己率军在萨克森作战,迫使他们全面投降。当他在 780 年再度挥军北上的时候,并没有遇到什么足以值得一提的抵抗,而他继续挥军向东推进,首度到达了易北河。诺德留第人与住在河对岸的斯拉夫人都投降臣服,并且受洗成为基督教徒,查理并且在当地建立了一个传教组织。在阿基坦方面,大约是在 778 年的时候,他就已经预先采取了防范措施,在当地安置了一些法兰克伯爵、修道院长以及诸侯。在 781 年的时候,为了满足当地人的荣誉心和地域情感,他为阿基坦人扶立了一位自己的国王,就如同他为伦巴底人扶立国王一样。"天文学家"喜孜孜地告诉我们,在阿基坦出生的当时只有 3 岁的路易,如何与丕平一样,由哈德良施行膏礼,随后加冕即位。他又如何躺在自己的木制小活动床里,被带到卢瓦尔,小床盛满各种微型武器。然后被送上一匹骏马,行过了接受他的王国的仪式。此外,查理在781年征讨意大利的时候,也亲临米兰大主教为他的一位女儿施洗的典礼,大主教并且成为她的教父。这个举动不仅让他和意大利北部最重要的神职人员建立了精神上的亲密关系,目的也是要满足伦巴底人的舆论要求。更早在779年的时候,斯波莱托的公爵不远千里来到法兰西亚,回去的时候满载礼物而归;查理似乎对他的忠诚颇感担心。

　　然而,如果上帝的愤怒未曾缓和,一切政治和军事的行动都将是徒劳的。778年9月到779年5月之间,查理似乎很少离开他早年在默兹河上的住所埃斯塔勒,而所有的事情似乎都在显示,这一段期间,他一直在思索、讨论,自己怎么会让上帝感到失望,以及要如何才能够重新获得上帝的支持。身为一个基督徒君主所包含的义务,已经被人们详细讨论说明数世纪之久;流行于查理时代的看法,也已经成立许久了,而且一直未曾遭到质疑。他可能从小就受到这些看法的影响,但是一直到现在,这些看法或许才不再是一些陈腔旧调,并且牢牢地抓住他的心思,对未来的结果也有深远的影响。在778年以前,查理是基督徒的战士与君主,此后他仍然肩负这个角色,但同时也逐渐更想成为基督教的改革者与教育家,努力试图建立一个公正和谐而秩序井然的社会,使人们能够服从上帝以及上帝所任命的官员的命令而生活。他最终的目标是要根据基督教的理想,转变整个社会,换句话说,希望能够达到意识形态的“革新”或者“再生”(以今天的话来说),足以与20世纪的一些社会所希望进行的改变相提并论。

　　第一次明白体现这种新精神的,是由779年3月的廷议通过的一系列的措施,它们被记录在现存的统治时期的第二部律令之中。里面,虽然也提到了正义与道德,但是特别强调秩序、制度和权威的观念。文书开头关于教会事务的文献明白揭示了这些主题:教士僧侣必须服从主教的权威,主教应该服从各地区大主教的权威;主教必须经由任命获得职位;主教不得接受来自其他教区的教士僧侣;主教有权处置每个人都必须缴纳的什一税,并且处罚一些触犯性行为规范的人;修道院的修士必须遵守院方的管理规范,女修道院的院长得常驻在院。其他的条款显示将重大罪犯逮捕归案加以严处的决心,以确保法庭的正义,并铲除私人械斗与复仇等查理所认为的与秩序井然的社会不相容的行为。至于禁止边界外的地方贩卖奴隶的行为,以及禁止集体诅咒的规定,则有道德方面的意义。埃斯塔勒律令无疑被视为极其重要的文件,因为日后的律令经常提到它,显然档案的复本被保留了下来。对我们而言,它也非常重要,不仅是因为它让我们一窥当时的制度等诸多事物,它也显示了778年的危机刚过以后,查理心中的目标与他专心努力所想要完成的事情。

继续扩张时期

萨克森(782—785)

　　萨克森的形势在780年时显然很平静,这种情况维持到781年,巩固统治的时机似乎已经成熟了。查理在782年的利伯斯普林格大会举行时,依照其他一般地区也推行的地方政府单位的情况,将当地划分成郡县,并且任命一些萨克森伯爵。他返回法兰西亚不久,命令萨克森人参加战役,以征讨入侵图林根和萨克森的斯拉夫人。然而,就在这节骨眼上,萨克森人"又在威特金特的怂恿唆使下"发生了叛变。

关于威特金特其人,已经有许多狂热崇拜的传说和记载,那些出于 20 世纪 30 年代德国历史学家之手的作品,尤其是如此。当时,有些人显然认为他是元首希特勒的前身。我们在此也要向林则尔致敬,因为他当时泼了那些人一盆冷水,说全部有关于威特金特的记载加在一起,也不会超过一张四开纸的四分之一的分量。我们只知道威特金特是个异教徒,他担任威斯特伐利亚的领袖,并未出席 777 年与 782 年的两次人民大会,而且两度煽动萨克森人叛变。这些事情发生后,以及在 777 年,他向丹麦人寻求庇护,而后来在 785 年投降并受洗(事后他即消失了踪影)。毫无疑问,在 778 年至 785 年之间,他是萨克森反抗军的领袖,而且在初期表现得颇为杰出。此外,他几乎没有遗留下任何值得一提的事迹,甚至无法肯定他是否曾经在战场上带领萨克森人作战。萨克森之役产生了一些充满罕见的想象力的其他论点,有些历史学家甚至觉得可以根本不提血洗凡尔登的事情。有一种解释不断持续出现,认为萨克森人对查理的反应是以阶级为基础的,贵族出于自私自利的理由而偏向支持他,其他人则为土地与自由而英勇地奋战(威特金特打破了阶级的界线,与他们共同奋斗)。这种看法相当高明,足以支持某些广泛流传的偏见,很容易理解其魅力之所在。但是,这个论点很难成立,不仅是因为贵族的势力庞大,如果没有他们的参与,抵抗的行动很难能够持续那么久,更别提如果他们反对抵抗的情形了。但是,的确有不少重要的萨克森人支持查理。

威特金特的怂恿唆使不能成为 782 年的这场叛乱的充分理由。或许是引进了郡县制度,当地人预见到未来的统治会进一步加强,从而感到紧张。但是,最具挑衅性的,可能是在律令中,那些关于萨克森的 34 项恶名昭彰的条文。它的年代并未得到确定,许多历史学家倾向于 777 年或 785 年。它的规定预设了郡县制度的框架。当时似乎稳定下来的局面,鼓舞了查理在 782 年建立郡县,也说明为什么律令会在当时颁布。它激起许多以历史研究的外衣包裹起来的愤怒,例如,哈尔芬指责它是"无与伦比的惨酷"以及"恐怖的统治"。但是,我们很难理解为什么有如此的看法。这部律令的确残酷,但萨克森人的"民族"法也很残酷。它继续使用暴力,认可的死刑罪非比寻常地多。此外,这部律令残酷的地方,并不是针对全体的萨克森人,它的对象是信奉异教的萨克森人。在 11 项明确规定死刑的条款中,只有 3 项是处理触犯世俗、公众秩序的问题;其他的条款是关于卫护基督教的大义或者是根绝异教信仰的问题。所以,死亡所威胁者,是放火或抢劫教堂、杀死神职人员、在四旬斋期间吃肉(除非有必要,但是神父必须调查清楚)、吃人肉、焚烧尸体、拒绝受洗、以人为祭祀的牺牲,或者是积极或消极地支持仇视基督徒的异教信仰的人。但是,另外一项考虑精细的条款规定,如果犯了这些罪行的人,在还没有被侦察出来时,就向神父忏悔,而且确实悔悟,则死罪可免。其他的措施还包括要求萨克森人为教堂提供土地、奴隶、缴纳财产税以及什一税,定期上教堂等等,同样明白显示查理要将萨克森建成纯粹基督教地区的决心。

不能容忍信仰的多样化与其相关的行为,伤害了现代西方人的感情,但是历史学家不会在未正视问题或者消除愤怒和寻求了解之前,就妄下评论,因为这种准则贯穿了欧洲史的大部分时期,而且并未完全在现代世界中根除。其实,在自信拥有基督教真理的更早期社会,他们对不信神的人所持的态度,与在意识形态上采取极权形式的社会对异己分子所持的态度,两者之间极为类似。查理可能认为自己如果不竭力促进基督教,打击异教信仰,则会触怒神圣的上帝,不能完成他对上帝、萨克森人以及其他臣民的义务,因为他们的福祉完全仰赖上帝的慈爱。从查理的观点而言,萨克森人如果接受了信仰以及信仰的要求,就无须害怕律令中的规定,因为它提供了秩序、文明教化以及价值无限的未来灵魂解救,所以它是非常慈善而且有益的。但是,许多萨克森人并不以为然,这是毫不奇怪的。

编年史家告诉我们 782 年叛军如何在荀特尔山脉,与原来要前去对抗斯拉夫人的奥斯特里西亚人相遇,而且虽然已经有两位重要的法兰克人阵亡,形势仍在持续恶化。如果事情就如此结束,唯有老天才知道学者们将会如何评断查理。根据年鉴修订者所揭露的事实是,由于几位一心追求荣耀的指挥官和一支纪律不良的骑兵出击,法兰克人几乎是被屠杀到最后一人,阵亡的人之中有国王的管家、侍卫长、其他 4 位伯爵以及 20 位贵族。查理的反应迅速而且恐怖,他以一支仓促成军的部队挺进萨克森,从萨克森人的领袖手中接过 4500 人的叛军——这个数字毫无疑问,而且在凡尔登,一天之内将他们通通处死。或许是情绪及处心积虑所至,促成了如此极端的行动。如果这次大屠杀发泄了他对萨克森人顽固的背信行为的愤怒、对损失老战友的悲伤心情,以及报复的欲望,那么它还有除去一大部分反对势力的好处,而且,他或许认为,可以藉此威吓残存者,使他们永远臣服。

如果他真的这么想,那可就大错特错了;这次大屠杀可能激起萨克森人更强烈的抵抗。无论事实如何,叛军在 783 年的时候,人数多得足以和查理打了两次堂堂正正的对阵仗。虽然他们两仗都损失惨重,让查理一路蹂躏到易北河,但是叛军在次年依旧支配着萨克森地区。查理再度蹂躏了更远、更广大的地区,法兰克人在战场上再度获胜,然而反抗依然持续下去。查理做了一个前所未有的决定,在萨克森过冬。他和众将领从爱瑞斯堡率领突击队,四处掠夺抢劫,攻占防御工事,取得道路的控制权。这些战术很成功,在 785 年的夏天来临前,当地终于被镇压平定下来,威特金特的投降确定了最后的胜利。785 年的年底,查理在法兰西亚的阿提格尼,担任威特金特洗礼时的教父。国王使萨克森人信奉或者再信奉基督教的工作,有非常深远的影响,在 777 年,一位作家说他让人想起了格列高利一世,而教皇哈德良下令整个基督教世界朗诵 3 天的祷文。

编年史家说"当时全萨克森都被征服了",从这一句简洁的话中,我们可以感觉到颇有道理的满意之情。它终于被镇压下来,而且情况维持了 7 年之久,查理在这期间投身一个新的行动舞台——东南地区,首先是对付塔西罗,其次是阿瓦尔人。

塔西罗

塔西罗生于 741 年,出身于巴伐利亚的世袭公爵家庭,当时的巴伐利亚比现在的巴伐利亚大很多,包括了萨尔斯堡以东的现代奥地利。这个公国过去在名义上属于法兰克王国,实际上常常处于独立自主的状态。但是,塔西罗的舅父丕平三世决定要在当地重新建立某种程度的中央集权的权威,于是在 749 年将塔西罗册封为公爵。在 757 年,塔西罗成年的时候,参加了贡比涅大会,并且在那里行礼成为家臣,在圣丹尼斯、圣马丁以及其他法兰克圣徒的遗骨前,立下各种终生效忠丕平和他的儿子的誓言。丕平或许还应加上少量的巴伐利亚的圣徒。然而,塔西罗在763年的一次战役中背弃丕平,并且公开宣誓弃绝身为家臣的服从义务。丕平由于与魏法尔长期对抗,无法报复,而塔西罗似乎和魏法尔有同盟关系,但是他最幸运的是丕平恰好在当时过世。768年划分王国领土的时候,巴伐利亚不在划分之列,显示它实际上处于独立的状态。

一般都认定查理一开始就想要推翻塔西罗,以完成父亲所遗留下来的事业,但是由于忙着处理其他的事情,而且塔西罗公爵的势力不小,所以只好长期等待。有一些零零星星的信息显示,他对双方的关系(不管用的字眼是什么)颇为满意,达10年之久,在768年以后更是如此,这些年都没有对立的迹象。上面已经提到过770年双方接触的情形;大约也在同时,一名修道院的院长史图姆以查理的特使身份,晋见塔西罗。根据史图姆的传记作者说,"在双方之间建立了许多年的友谊"。如果哈德良知道查理会生气,他可能就不会在772年为塔西罗的儿子狄奥多洗礼;我们知道巴伐利亚人参与了查理的征讨西班牙的战争,查理军队的组成部分中,也有巴伐利亚人。巴伐利亚的重要人物主要看查理的态度行事,并不意味他们或者他本人对公爵持敌对的态度;查理在每个臣属王国都有自己的人马,他的儿子们也有各自的人马。而且,塔西罗推行以修道院为基础的强有力宗教政策,支持传教与宗教会议的活动,或者是在772年战胜卡兰塔尼亚的斯拉夫人,以及因此而赢得的声望,并不会威胁或触犯到查理。

然而在781年,查理和教皇派遣一位共同的使节,强迫塔西罗举行宣誓礼;而公爵也出现在沃尔姆斯,重新宣誓与臣服,保证未来继续顺从。一份巴伐利亚的史料指出,一支庞大的公国代表团早先要前往罗马,而查理拒绝让所有成员通过,使塔西罗非常不悦。这份资料还说,查理担心公爵的目的是要超越他的力量,而当时塔西罗的确在串通勾结萨克森人、斯拉夫人,以及阿瓦尔人等国王的敌人,由于教皇的介入调解,战争才得以避免,也因此而有沃尔姆斯的会议和"永久的和平"。塔西罗看起来似乎是蓄意找麻烦的一方,但是查理所以坚持要塔西罗重新举行宣誓典礼,或许是因为在778到779年之间虔诚反省的结果。

无论事实怎样,781年发生的一连串事情,显然不足以让我们相信查理真的想要消灭塔西罗。其实,数十年前由巴伐利亚分离出去的领土,或许当时已经恢复了。同等重要的是,公爵对被召去执行更严格的服从礼,明确地表示出的不悦之情,比起查理的挑衅意图来,也许更有可能是造成敌对的原因。提到相关的事件,我们只听说有提洛尔山的战斗,是查理在意大利的指挥官所发动的,他相信塔西罗和威特金特共谋,并且准备于785年,在波尔札诺赢得对巴伐利亚的最终胜利。787年,塔西罗的代表在罗马要求教皇从中调解国王和公爵之间的关系,而查理向哈德良保证自己一直在追求和平,而且提议立即解决纷争,却遭到这些代表拒绝,理由是他们不能够全权代表塔西罗。哈德良的反应很激烈,表示查理并未提出新的要求,如果公爵打破过去的承诺,教皇会开除他和他支持者的教籍。教皇要求公爵一切事情都得服从查理,还警告说如果发生流血冲突,他得负全责。塔西罗照单接受,但是他没有出席787年的沃尔姆斯会议。当查理指示他要履行教皇与正义的要求,在他面前出现的时候,塔西罗对此命令嗤之以鼻。

国王现在决定显示强大的武力。他带领一支部队前进到奥格斯堡附近,命令另外一支部队前去多瑙河上的佛林,第三支部队到波尔札诺。根据编年史家的说法,巴伐利亚人知道查理是正义的一方;不论事实究竟如何,塔西罗不战而降,并且前来晋见国王。随后发生最令人惊讶的事情,他并没有被废除职位;他交出公国,但随即收回。要求举行的投降仪式,显然是要公开宣布他是由国王任命的公爵,并不是出于世袭的权力。塔西罗亲自向国王行家臣礼,承认自己所犯下的罪恶和不当的行为,重新宣誓,并且送出人质,包括狄奥多在内。即使有这些事情以及即将发生的事情,认为查理没有废除塔西罗,是因为他觉得实力不足,仍然是非常错误的看法;国王所要的是塔西罗的忠诚,而非他的倒台。

查理并没有得到。塔西罗在788年参加英格尔海姆大会,他发现自己被控违背忠诚,生命受到考验。明确的指控罪名包括串通阿瓦尔人、谋杀国王家臣、鼓动人们对国王发伪誓、而且自己也对国王发伪誓;所有的罪名都成立,而在场的人,包括法兰克人、巴伐利亚人、伦巴底人、萨克森人以及其他人士,都"提起他以前所犯的罪行,以及他如何在战争中背弃国王丕平",一致宣布他应该被处死。塔西罗可能在这时表示忏悔,以求减轻刑罚,而他也获得减刑;因为慈悲是基督徒国王的美德,何况他又是查理的亲戚。这位前任的公爵被解送到一所修道院,在794年的时候,又被牵出来亮相,在参加法兰克福宗教会议的代表面前恳求宽恕他过去的罪行,并且正式放弃他的家族在巴伐利亚的权利和财产。对于一个重视名誉的骄傲王朝,这是受尽羞辱的结局。对塔西罗指控的罪名,有时候被认为是捏造出来的,但是这种判断并没有受到证据的支持,非常难以相信。查理在787年的处理方式很温和,而且《法兰克王国年鉴》记载说,塔西罗是煽动阿瓦尔人在788年侵袭意大利和巴伐利亚的主谋,也与捏造的说法直接相抵触。

阿瓦尔人(788—797)

阿瓦尔人本来是一支亚洲民族,他们大约在公元570年移居到班诺尼亚地区(大抵而言,包括今天的匈牙利西部和奥地利东部),其势力在随后的数十年之间达到顶峰,他们以及众多的斯拉夫人附庸,对整个巴尔干肆意进行前所未有的劫掠蹂躏,在该地造成莫大的恐惧(斯拉夫人有一项专才,是用刀剑刺穿人的肛门)。但是阿瓦尔人在626年偷袭君士坦丁堡的行动中失败,导致其帝国分崩离析,此后又因忙于处理内部事务而无暇他顾。塔西罗似乎和这个东边的邻邦维持大抵友好的关系,在提洛尔的冲突发生时,甚至与他们结为同盟。促成他们合作的真正的原因可能是他们有共同的敌人,而非立场真正一致。查理和君士坦丁堡的关系在787年到788年之间瓦解,拜占庭帝国的部队在788年底大举入侵意大利南部地区。塔西罗、阿瓦尔人以及拜占庭人极有可能携手合作,而《法兰克王国年鉴》似乎也肯定这个说法。他们还拥有塔西罗的伦巴底妻子丽特　嘉,她是一个坏到骨子里头的女人。这么推测是颇有一些道理的:她有仇恨查理的十分充分的理由,查理不但休掉她的妹妹,还将她的父亲逐出王位。她的另外一个姊姊阿德　嘉,是贝内文托公爵的遗孀,也要求帝国当局出兵介入。她的兄长阿德尔奇斯是拜占庭的军事计划里面的一个主要人物。而且,伦巴底人和阿瓦尔人素来维持友好的关系。

但是,阿瓦尔人出师不利,当他们大举增援回到战场的时候,又再一次被击溃。查理在788年底到达瑞根斯堡,组织安排在边境抵御他们的工作,而且可能也是在这个时候,他任命了前妻希尔德嘉德的兄弟格洛德为巴伐利亚的总督。但是,他似乎不愿意主动攻击阿瓦利人,也不愿意将他们逼到绝境而引来危险。因为789年的时候,他在易北河以东征战,迫使威尔齐德的斯拉夫人暂时投降;这一支斯拉夫人和斯拉夫的阿博德利人一样,一直敌视法兰克人及其盟友,所以酿成了这一次的攻击行动。790年则不太寻常,查理完全没有外出征战,但是与阿瓦利人的矛盾冲突已经迫在眉睫了,问题只是在边境的什么地方爆发而已。虽然没有史料明白说出当时的过程,但双方的协商显然未能达成结果。早在790年的时候,阿瓦利人几乎已经下定决心,要使用武力表达他们的立场了。不论实际的过程到底如何,查理在790年,派遣他最庞大的部队到达巴伐利亚,以便抵御阿瓦利人。791年,他取得主动攻击的地位,目的是要报复"令人无法忍受的滔天巨恶,他们侵犯了神圣的教会和信奉基督的子民"。

这次战役的基督教气氛确实非常浓厚,必须被放在查理近来所面对的危机背景中来观察了解。巴伐利亚—阿瓦利—贝内文托—东罗马帝国组成的同盟,在787年到788年间所构成的威胁,是随着785到786年的重大阴谋活动而产生的。我们不难想象,这些事情能够激起怎样的想法,一如查理的第二部重大律令改革——埃斯塔勒律令,是被778年的危机所激发而来的,这次则产生了789年的《大诰》。这部篇幅长且极重要的文件非常强调神职人员必须服从遵守教会的法规,其实它的大部分条文都是以被称为《狄奥尼西—哈德良》的教会法规集所收录的文字为基础。这部法规集是查理在774年由意大利带回的,但是查理的律令触及到更深更广的内涵,几乎等于是基督徒原则的一项宣示,以和平、平等、和谐等原则,作为转化社会的基础。这部律令反映了查理信仰的虔诚与热诚,对异教徒阿瓦利人的征战亦然,它必定是被视为一场圣战。9月初的三天里,扎营在恩斯河边境的部队,专心朗诵连祷文、做弥撒、吟唱诗篇。其他的部队则空腹行军;查理自己厉行断食以获得精神的支持。查理写给妻子法斯特拉达的信里面,详细说明了自己如何努力求取上帝的协助,以安然度过横陈在前的危难,同时也要求家人要有同样的作为。没有人在读到这封信以后,会不相信他的虔诚信仰所具有的力量和一片赤诚。就查理的个人风格而言,这封信寻常得令人有些迷惑——他向妻子和几个钟爱的女儿表达深情的问候,说自己处境安全而且身体健康,并且有些奇怪,为什么从瑞根斯堡以后就没有收到家书。信里面也告诉我们,一支从意大利来的部队,在8月底攻击阿瓦利人,而且重创了阿瓦利人。阿瓦利人随后军心涣散,可能是查理继续向他们的领土进军时,他们没有坚守阵地作战的一个原因。他们虽然在多瑙河上有船只,河两岸还有一支军队,却放弃了戍守的阵地而溃逃。查理遇到的抵抗很小,一直抵达拉巴才回头,获得为数庞大的战利品和一些俘房,要不是几乎所有的数千匹马都因鼠疫而死亡,这次征战便是全面的胜利。

这或许也说明了为什么792年并没有征讨阿瓦利人的原因。查理留在巴伐利亚,无疑是要监督法兰克人在当地统治的扩张工作,亦即从恩斯河到维也纳之间的地区,并且为793年的一次重要出击行动作预先策划。他显然认为阿瓦利人与萨克森人和萨拉森人一样,仍然是一支不可忽视的势力。但是,主动攻击的行动后来必须取消,他没有在班诺尼亚地方的政治舞台上继续扮演直接的角色,因为直接介入已非必要了,阿瓦利"国"已经四分五裂了。内战造成了可汗与朱古这两位最高首领死亡,他们无疑应为791年的失败备受指责。而在795到796之间,另外一个势力庞大的统治者图顿,带领了大批的随从人员抵达亚琛,代表自己和他所统治的人民向查理投降,并且受洗为基督徒。弗留利的公爵艾里克派遣部队,在 795 年进入多瑙河和蒂萨河之间,攻陷了可汗一向驻扎的土造大宫殿,劫掠当地累积几代的宝物。这时没有听说他曾经遇到任何抵抗行动,而这项功绩使阿尔昆深受感动。艾里克将他所掠夺而来的宝物送给查理,而查理以真命国君和领主的身份,将这批宝物广泛分配给各地的教会和忠诚的信徒。许多宝物被送到罗马,部分到达麦西亚的奥法,其他的统治者可能也获得部分的宝物。到了 796 年,当部分阿瓦尔人越过蒂萨河逃窜时,新任的可汗向丕平投降。丕平命令自己的军队毁坏可汗的宫殿,掠夺了剩下的宝物,并且送给查理处置。就当时的战争而言,掠夺战利品并非发意外之财,它其实是战争的一个直接目的,因此历史材料不断提到掠夺战利品的事情。但是,艾因哈德宣称,有史以来,从来没有一场战役像对阿瓦尔人的战役一样,让法兰克人发了如此大的财。

艾因哈德或许是考虑到这个因素,他认为对阿瓦尔人的战役,是查理所进行的战争中,其重要性仅次于对萨克森人的战役。就军事的角度而言,791 年以后的战争很难被视为战争。而且,即使是在 791 年当年的战役里头,在我们看来,查理的征讨行动简直是像是一种游行漫步了。在 797 年、798 至 799 年(当时巴伐利亚的总督格洛德被杀),以及 802 到 803 年之间,阿瓦尔人还制造了一些问题。然而,我们对这些问题所知甚少,问题似乎并不严重。的确,阿瓦尔人很快就需要寻求查理的保护,以对抗周围的斯拉夫人。如果法兰克人想将他们直接统治的地方扩张到上述以外的地区,会引起一些更大的麻烦。幸好事实并非如此,东部的各个区域虽然臣服于查理,但仍然受到当地君主的统治。阿尔昆想到萨克森人的例子,坚持必须以说服的方式来改变当地人的信仰,不能采取武力的手段来达到这个目的。但是,他和其他人对这件事情虽然兴趣浓厚,在当地却没有进行重要的传教活动。在往东更加边陲的地方,形成了一个真空的地区,另外一支亚洲民族马札尔人,在第 9 世纪的时候迁移进入上述地区,他们给西欧地区所带来的烦恼,并不下于阿瓦尔人对东欧所造成的惊扰。

萨克森(792—804)

威悉河附近情势逆转,是迫使查理取消在 793 年征讨阿瓦尔人计划的主要原因。萨克森人发动了攻击,并且歼灭了一支开拔前往班诺尼亚地区的部队。萨克森地区似乎一直很平静,在 786 年到 791 年间,没有什么事情显示在当地的统治出了问题。在此期间,萨克森人派兵参与了好几次战役,并且也出席了几次大会。但是,由于他们期待阿瓦尔人会大举报复法兰克人,并且受到异教信仰的鼓舞,一个小规模的叛变早在 792 年已经爆发,有些教堂被毁,一些教士被杀。斯拉夫人和弗里西亚人也起而反抗,萨克森叛军并且派遣使节与阿瓦尔人接触。查理无疑考虑到两面作战会引起许多问题,没有立刻对威悉河的灾难采取对策。793 年的秋天,他专心致力于在阿尔特木尔河与瑞德尼兹河之间开挖出一条可以航行的运河,这令人想起多瑙河和美因河(这条河注入莱茵河)之间的人工水道。这项规模浩大的工程,动用了从各地征召而来的数以千计的劳力,涉及到许多参与其事者的交通运输、粮食供应等问题,明白显示出身为国君的查理所具有的统治力量。这项工程如果得以完成,它所带来的实际效益必然非常庞大,但是一如拿破仑时代的结果,当地的地质环境使计划遭到挫败。

这项工程还在进行的时候,传来了萨克森的问题已经扩大成全面叛变的消息。

有人或许会猜测,经济萧条,加上饥荒以及什一税的负担,可能是构成全面叛变的原因之一。随着792年的收成失败后,饥荒问题震惊了法兰克王国,而且问题蔓延各地,灾情非常严重。查理一如既往,以宗教的手法应付问题,但是他也下令给予灾民实际的援助,并且规定谷物价格的上限。至于在什一税方面,阿尔昆已经从8世纪90年代一个萨克森人的哀叹中,明白指出问题有多么严重,而在饥荒期间,这项义务只有显得更加沉重。

一直要到794年的秋天,法兰克福的宗教大会结束以后,查理才采取军事行动。然而,结果令人满意,因为当查理和他的义子所率领的两支部队在帕德本附近会师的时候,叛军就不战而降了。国王在俘虏重新宣誓效忠以后,很宽大地释放了他们。这种处置方式或许可以如此解释:他对他们所处的经济困难甚感怜悯。另外,也可以这么解释:他认为宽大为怀的做法,比较能赢得这些人的忠诚。然而,萨克森人并没有参与795年计划中的一场战役,结果,这场战役变成针对他们而发的了。和平投降的萨克森人加入国王的部队,他们在听到诺德留第人杀了前往支援的附庸阿博德利人的国王时,大肆蹂躏了那些桀骜不驯的萨克森人。最后,除了北萨克森人以外,所有的叛军都臣服投降。查理履行当初的承诺,保留了他们的性命,但是带走许多人作为人质。据一份史料的说法,人质的数目是投降人数的三分之一。另外一份史料则说,人质总共是7070人。虽然反抗的活动零零星星持续到797年,但795年却是明白代表了南萨克森人长期而有效的斗争年代结束。威斯特伐利亚人、伊斯特伐利亚人、安格拉利亚人都派人出席了797年10月在亚琛举行的一项会议,签署同意第二部萨克森律令内所规定的统治方法。第二部萨克森律令的规定常被人认为比第一部律令的内容条件优厚。除了在少部分案例上,处罚真的更加和缓外,它所涵盖的领域,其实并不相同。没有任何的条文显示它全面废除了以前的规定,包括什一税的项目在内。然而,这部律令的语气绝对比以前和缓。查理和他所率领的军队虽然留在萨克森过冬,但是南萨克森的种种问题,至此终于宣告结束了。

相对而言,促使北萨克森人臣服,才算问题真正开始,原始的历史资料在此以前几乎都没有提到这个问题。796和797两年间,查理停留在威悉河下游和易北河下游之间的维摩第亚地区消磨时间,烧杀和捕捉俘虏,以便法兰克人能够迁入。维摩第亚终于臣服,但是诺德留第人在798年越过易北河,他们杀了国王的使节以及从丹麦返回的大使,然后又再度叛变。查理利用一心想要复仇的阿博德利人,对付并且打败了诺德留第人,杀死了3000名敌军。剩余的诺德留第人生还者投降,并且宣誓臣服。查理自己则亲自赶到维摩第亚,结果带走了1600人为人质。799年,当地数次驱逐人口,空出土地授予向国王忠心臣服的世俗和教会的臣子。抵抗行动显然持续进行,因为一支部队(又是萨克森人!)在802年掠夺了易北河流域的北部地区。两年以后,由795年开始施行的人口驱逐政策,被推展到极端的地步,查理亲自监督军队,进行驱逐维摩第亚地方和易北河对岸所有人口的行动,并且将易北河对岸的土地授予阿博德利人。根据艾因哈德的说法,被驱离的人口中,光是男子就有一万人。再也没有其他的解决方法像这样一劳永逸的了。

艾因哈德谈到对萨克森人的战争时,认为它长达33年,是有些误导人的嫌疑。其实,在772到804年之间,至少有10年期间,双方并没有战斗的证据,而且也不太可能从事作战。而且,查理其实是和分属于不同集团的萨克森人,进行一连串的个别战争——如果我们可以用"战争"一词来指称一个国王和他随时想要叛变的臣子之间的敌意的话。不管怎样，对萨克森人的斗争，无疑构成了查理政权的军事活动的主要基调，而且它具有莫大的历史意义。简而言之，如果查理没有将萨克森合并到法兰克王国的版图内，德国不可能以一个政治实体的姿态出现。

要叙述查理统治的前半段时期，一定得提及征战所扮演的核心角色地位，国王的成就具有永恒的意义，它塑造了直到今日的法国、意大利，以及德国的历史发展。但是，还有一些问题需要讨论，不但因为它们本身非常重要，也因为它们能够帮助我们了解 8 世纪 90 年代的历史问题，这时很自然就要遇到的焦点主题：帝位的问题。现在，让我们开始讨论这个问题。

查理、罗马与君士坦丁堡

查理与罗马教廷(768—781)

我们在前面提到西欧人对罗马的尊敬态度，以及查理本人信仰的虔诚心理。或许会有人认为查理是一个对教皇言听计从的忠实奴仆，其实完全不是如此。虽然他拥有强烈而坚定的宗教情怀，却仍然是一个道地西方政治传统中的人物。他认为自己是上帝所任命委派的统治者，上帝赋予他统治臣民的神圣权力，而且必须为政府施政的错误向上帝负责——这是多么令人敬畏的责任！无可置疑，如果决策使他所负责的社会将精力用于别的事务，无异等于放弃他的责任，而且可能会使他的灵魂永劫不复。我们要强调一个事实：在当时的观念里，没有"教会"和"国家"是分立自主的机构的想法。查理任命主教，制订教职人员必须遵行的义务，规定修道院生活的原则时，这些所作所为只是在行使他对构成基督教社会的"僧"与"俗"两种团体的人民的权威罢了。当时的历任教皇都没有向他挑战的权威，虽然他们以圣彼得的名义，强调自己拥有天国的钥匙，取悦自己者，可以获得无限的尘世和天国的福祉，以此不断向查理提出许多的要求。查理崇敬彼得这位圣徒，大体而言，他对教皇也很敬重，尤其是对哈德良有非常真挚的情感，而且认为自己有保护教皇的义务。但是，他一直都根据自己的判断来行事，而他的判断也常常和教皇的看法相左。

早在 770 年，查理不顾司提反三世要开除他的教籍的威胁，这时他已经表明了他的态度。但是，哈德良请求他协助对抗德西德流斯时，他立刻有响应的行动，并且在 774 年复活节，首度访问罗马，而终其一生，他共 4 次拜访了罗马。当时，他未经宣布就贸然来访，哈德良虽然以接待总主教的荣典大礼予以款待，显然也感觉到忧心忡忡。在双方立誓以后，查理才得以入城。在他离开以前，哈德良的疑虑就已经烟消云散，因为这次访问的结果是将意大利献给圣彼得。这个文件被称为"查理的奉献"，师法了丕平在 754 年的奉献文件，他以国王与法兰克人领袖的身分在圣彼得大教堂签署了这个文件(还留了一份副本在这位圣徒的遗体上)，并且宣誓信守誓约。这份文件日后产生很大的争议，它并没有被保存下来。直接提到它内容的资料，仅仅出现在哈德良传记中的一页问题重重的记载里。部分历史学家认定这是作伪的人士后来假造掺入的内容。查理怎么可能在神清气朗的情况下，宣誓将大片土地交给别人呢？更何况这些土地包括了斯波莱托、贝内文托以及帝国治理下的伊斯特里亚和威尼斯等省分呢？而且，如果他果然曾经如此宣誓，就他信仰的虔诚的程度和对作伪证的痛恨而论，他怎么可能不极力去完成他所立下的允诺呢？

这些问题恐怕很难找到简单的答案，但是认为文件是出于伪造的论点，现在已经公认不能成立了。毫无疑问，确实有所谓奉献一事，哈德良在774年以后的早期书信里面，就不时要求查理彻底实践他的承诺。就哈德良的观点而言，奉献的内容包括了斯波莱托以及以前就属于教皇所管辖的拉韦纳、艾米利亚、潘塔波利斯等意大利东北地区，而且并未排除一些更广大的区域。解开这个疑团的答案，或许不在于《哈德良传》的记载，而在于它所未记载的内容。当时可能立下了一些条件，比如说这份礼物的基础，可能是建立在对当时的局势不很精确的了解上，或者这份奉献的内容可能是要理清国王所统治的版图以及在此版图内教会领地间的界线。换言之，就是要划清私有领土以及政府公有领土间的界线。对于这个问题，学者当前根本没有共识。

查理获得伦巴底的王位以后，哈德良甚至不能够在德西德流斯所占领的土地上行使权力，因为拉韦纳的大主教利奥宣称自己获得查理的授权，进占了部分城市，而且继续保有它们，直到他在777年去世为止。哈德良虽然一再提出要求，并且公开抨击利奥的行为，查理却始终没有介入调解，而且他也没有交出斯波莱托。其实，斯波莱托人在773年秋天，已经宣誓向圣彼得效忠。但是，哈德良自己亲自任命的公爵希尔德布兰德，在776年1月以前，就承认了查理的领主地位。查理本来计划在775年的秋天访问罗马，而哈德良也准备要求他彻底兑现承诺。但是，此次访问后来未能成行。更糟糕的是，查理派出代表自己的使节，竟然先抵达斯波莱托，然后到了贝内文托，最后才出现在罗马，并且要求哈德良宽恕希尔德布兰德有失忠心的冒犯行为。这件事情使教皇非常恼火，他提醒查理，斯波莱托早已奉献给圣彼得。

哈德良在776年年初写信给查理，信中再度提到兑现奉献诺言的要求，而且说他发现有人对教皇以及查理进行一项阴谋。根据他的说法，贝内文托、斯波莱托、弗留利，以及齐乌希等地方的公爵——教皇以前就不时指斥前面三人是阴谋分子——计划要和一支希腊的军队联合起来，在776年的3月份袭击罗马，并且俘虏教皇，让阿德尔奇斯复辟，登上伦巴底的王位。阿德尔奇斯是德西德流斯的儿子，和他父亲共同担任伦巴底的国王，后来逃到君士坦丁堡。一般认为这项阴谋是哈德良捏造的，这似乎有些一厢情愿。其实，弗留利的罗德高在775年年底，已经率先叛变了。查理的反应十分迅速，第二年年初，他进军意大利，处决罗德高，并且再度夺回叛乱的那些城市。他推行军事行动迅捷，已经足以说明为什么这次阴谋会半途而废。虽然拜占庭的皇帝君士坦丁五世在775年的9月去世，可能也是阴谋生变的原因之一。

查理在776年没有去罗马，778年的一次计划访问，后来也未能成行。哈德良非常失望，写了一封很著名的信，信中虽然还要求查理兑现他奉献的承诺外，并且要求恢复原先属于教皇所有，但在过去被人占领的教会产业，随信并附上一些证明文件。哈德良显然得到一个结论：要在意大利扩充教皇在公众事务方面的权威，已经不太可能了，所以专心关注于私有土地权利的获得，或许更有收获。不久以后，哈德良为了对付贝内文托人和拜占庭的西西里总督以及特拉西纳城所共同策划的阴谋，意图在名义上属于拜占庭统治的那不勒斯公国，煽动他的臣民叛乱，他做了一件教皇史上空前的事情：御驾亲征，迫使特拉西纳城投降归顺，为"圣彼得、陛下您以及我们服务"，他向查理如此说道。这座城市很快又被那不勒斯夺回去，他们获得贝内文托人以及希腊人的支援,而哈德良方面则向查理求援。他认为,贝内文托的阿利其斯常常和西西里的总督互通音讯,他们只要一等到阿德尔奇斯来临,立刻就要攻击教皇,并且通过攻击教皇的行动来打击查理。在这一连串的事件插曲里面,哈德良的目标无一成功。他不能重新获得已经失去的意大利南部的教会产业(为了这些产业,他愿意拿特拉西纳城作为交换的条件),而且也不能让查理卷入当地的事务。毫无疑问,如果查理来淌这场浑水,一定对教皇有利。但是,我们实在没有理由认为所谓的拜占庭和贝内文托相勾结的阴谋,纯粹是哈德良捏造出来的。其实,拜占庭帝国在 781 年的 2 月份,委派了一位新的西西里总督,可能就是要平息查理的抗议。

罗马、君士坦丁堡与贝内文托(781—788)

君士坦丁堡在这个时候希望能与法兰克人和亲。这样的提议通常和帝国宗教政策的改变有关系。虽然遭到西罗马人不断的谴责,但在君士坦丁五世统治期间(741 至 775 年),破除圣像崇拜仍然是东罗马的正统宗教思想。但是,到了利奥四世(775 至 780 年间在位)的时候,不少迹象显示破除圣像崇拜已经有回潮转向的趋势。令人敬畏的伊林娜在丈夫于 780 年 9 月份去世以后,开始担任她 10 岁儿子君士坦丁六世的摄政王。她是一位极为尊崇圣像的女人,所以在她主政期间,破除圣像崇拜的思想几乎完全退潮。在 784 年以前,伊林娜准备召集一次宗教大会,正式推翻破除圣像崇拜的思想。第一次会议在 786 年举行,虽然被反对派的军人所破坏,但 787 年秋天,会议又在尼西亚重新召开,教皇也派了几名代表出席。会议自然宣告崇拜圣像为正统的宗教思想,在宗教教义上,君士坦丁堡再度和罗马统一。虽然哈德良也趁机提出要求,希望帝国恢复利奥三世当政期间教皇所丧失的权利和教会财产,但是他的要求没有结果。

然而,反破除圣像崇拜的思想,为什么会被视为促成 781 年和亲政策的一个因素呢?这似乎令人很难理解。它显然不是促使君士坦丁五世向丕平三世提出类似结亲提议的原因,而且时间和距离的因素,似乎都显示利奥四世才可能是提议和亲的人,而并非伊林娜。或许君士坦丁堡当局真正关心的问题是:第一,捍卫帝国在西方所拥有的众多领土,而帝国的统治者对这些领土的命运关心的程度要大于许多历史学家所认为的那样。第二,在该地区获得一个盟友,如果那里出现威胁到帝国政府的势力时,能够有同盟起来协助对付。就查理这方面而言,与帝国结盟,也可以带来一些政治上的利益,例如,摆脱阿德尔奇斯的威胁,并且能够让意大利南部的局势更为安全稳定。但是,声望才是一个真正命运攸关的重大问题。我们可能会很轻易忘记一个事实:加洛林王朝当时建立才只有 30 年时间,而查理本人出身于贵族家庭,他并没有皇族的血统。

君士坦丁六世和查理的女儿罗楚德都亲自参加了订婚大典,整个仪式的完成则是在 781 年的复活节,由查理和帝国大使共同在罗马举行。伊林娜对破除圣像崇拜思想所坚持的态度,其背后的真正动机,到了这个时候可谓是昭然若揭。查理不会让自己的女儿和宗教上的分离分子成婚,而在君士坦丁堡方面,也很有可能承认接受意大利的现状。全面考虑当时的大势发展,这种假设应该能够成立。在哈德良方面,他取消了帝国的纪年方式,以教皇的纪年办法取而代之(第一次施行这种办法是在 781 年,虽然当时未必和这件事有关),并且后来开始发行自己的货币。除了发生一些其他的事件外,查理在781年访问罗马期间,也和哈德良达成部分领土的协议。哈德良不但确认他对目前所占领的土地拥有所有权,又被授予罗马附近的萨宾纳(查理虽然派了皇家使节出面,斯波莱托人还是很不情愿交出这块土地),而且获得一些财政上的权利,显然是用以换取他对托斯卡纳人以及斯波莱托人所宣称的权利。

查理下一次访问罗马,是在787年。他取道经过贝内文托公爵的领地,决心要让它臣服。查理在783年的时候,下令逮捕了南温森柔的修道院院长,并且以不忠的罪名加以起诉,以便明白昭告贝内文托人,必须严肃对待他们对查理所立下的忠诚誓言的问题。但是,贝内文托由于地处遥远,使得公爵阿利奇斯能够拥有许多的自由,他甚至于自称"亲王"。他在780年攻击拜占庭治理下的阿马尔菲,或许因此促使查理对他采取武力攻击的行动;查理现在是帝国的同盟了。阿利奇斯提出抗议,宣称自己一向保持顺从。但是,哈德良和法兰克的领袖都劝查理不要予以理会,所以查理进军到卡普阿,而阿利奇斯则撤退到拥有重重防御工事的萨勒诺。或许查理真的如编年史家所说的那样,希望能够避免使这块土地成为一片焦土;或许他考虑得更为仔细,不要让自己的部队在漫长的南征行动中,处在疾病与其他危险的威胁之下。不论实际情况到底为何,他接受了人质、新的效忠誓约,并且要求公爵进贡,然后开始撤军。阿利奇斯也必须付出部分领土为代价,因为查理将卡普阿等几个公国管辖的城市,以及教皇过去在当地所持有的一些教会财产,授予了哈德良。但是教皇始终没有得到这些城市和产业,他所得到的是在同一时间达成协议的托斯卡纳城市,包括了维泰博和奥尔维亚托等地。

查理在787年访问罗马,还怀有其他的目的:与帝国大使会面。会议后来在卡普阿举行,帝国使节原先是要来迎接罗楚德的,结果却空手而回。历史学家一般都认为,查理没有将女儿送来,等于是宣告取消婚约以及同盟的关系。其实,没有任何的原始资料显示他有这样的想法。他可能坚持要等到破除圣像崇拜的思想正式宣告废除为止。查理在8世纪80年代中期,曾经派了好几位大使到东罗马帝国去,而且他还有其他的消息情报来源,所以很明白当时的形势发展。一般认为他会做出上述决定的,这是因为反破除圣像崇拜的宗教会议召开时,伊林娜没有邀请他或者他的神职人员出席,这使得他非常气恼。但是,这种说法非常可疑。愤怒是很难消化的一种情绪,而且会议的邀请函早在785年就已经送出了。根据当时拜占庭的一位编年史家狄欧法内斯的说法,破坏婚约的人是伊林娜,但是事情等到788年才发生。没有什么现存的理由合理到足以推翻这条证据,而事情发生的时间,也显示伊林娜破坏和亲的决定,并不是直接针对查理没有送罗楚德来的。

促使伊林娜做出这一决定的原因,主要还是有领土上的野心。查理一离开卡普阿,阿利奇斯马上就派遣使节到君士坦丁堡,宣布他愿意接受帝国的统治,而交换的条件是要获得那不勒斯公国的土地以及军事援助。贝内文托实在是一份很诱人的财富,而阿利奇斯所提供的条件开辟了一条康庄大道。伊林娜的使节依照阿利奇斯的请求,离开君士坦丁堡,赶去与他所派出的贵族会合,而他的舅子阿德尔奇斯也应他的请求,亲自出席了这次会议。伊林娜的使节还带了一项消息:阿德尔奇斯会率领一支部队,迅速前往屈维索或者拉韦纳。换句话说,伊林娜已经以和平手段处理了宗教的问题,现在她有精神来思考征服意大利北部的事情了。由于形势显得颇为有利,所以他们也安排了巴伐利亚人和阿瓦尔人加入支援的行动。

拜占庭帝国特使最后在 788 年的 1 月抵达贝内文托,他们发现阿利奇斯以及他的长子都已经死了。但是,他的遗孀阿德 嘉和贝内文托的领袖都向他们担保:他们已经要求查理任命阿利奇斯的次子格利莫尔德担任公爵,而格利莫尔德目前在查理那边当人质,他就位以后,一定会继续实现他父亲所做的承诺。教皇所写的几封信,以及派驻在贝内文托的皇家视察使的报告,使得查理警觉到变节的传闻已经甚嚣尘上了。而且,他们阴谋计划逮捕当地的皇家视察使,要将他处决。哈德良揭发贝内文托和拜占庭当局的阴谋以后,请求查理不要任命格利莫尔德为公爵。查理当时无疑已经知道塔西罗也变节了,他因此陷入非常两难的困境里。但是,在最后的关头,当 788 年 5 月,阿德尔奇斯的部队登陆以后,查理决定让格利莫尔德即位。他盘算了一番,猜测格利莫尔德应该会保持忠诚,而且如果他不这么决定,那些心怀愤恨的贝内文托人势必也会起来对抗自己。结果,他赢了这场豪赌。帝国的军队在 788 年的年底开始进攻,格利莫尔德所率领的贝内文托人,希尔德布兰德所率领的斯波莱托人,与维尼吉斯所带领的法兰克人并肩作战(维尼吉斯后来在 789 年,继承了希尔德布兰德的位子),他们在卡拉布利亚击败了帝国军队。这次战役是非常重要的大事,根据年鉴修订者的说法,"无数的"敌人被杀,还有"为数众多"的敌人被俘虏。当时的一封书信说到这件事情时,显现出少有的平静语气,并提供了不是很准确的数字:帝国的部队有 4000 人阵亡,1000 人被俘虏。

虽然这场战争在 788 年开始,而正式结束的时间是在查理去世以后。帝国的军队却一直要等到 800 年以后,才能够再度侵扰西方,而查理早就占领了伊斯特里亚。但是,丕平在 8 世纪 90 年代初期,曾经两度进攻贝内文托的领地,行动的目的几乎可以确定是要对付帝国的同盟,因为格利莫尔德马上就打破他就任时所答应的条件。他不仅娶了君士坦丁六世的小姨子为妻,而且当君士坦丁六世在 795 年休妻的时候,格利莫尔德也将他的小姨子休掉。这些事情非常明确地显示他和拜占庭当局站在同一条阵线上。他后来又再度受到攻击。

然而,与伊林娜的决裂所造成的后果,远比这些无关紧要的战争严重,因为它是在神学上以及意识形态上攻击君士坦丁堡的先决条件,而且有理由被视为查理于 800 年最终登上帝位的开端。

公元 800 年的加冕

《加洛林书》与加洛林文艺复兴

这次攻击的直接目标是尼西亚宗教会议。会议所得到的教义判决内容到底如何,唯有经过罗马当局送来的一份很糟糕的翻译,才为外界所知。特别值得一提的是,在希腊文里,谈及"尊敬"圣像的时候,它很谨慎地与"崇拜"分别开来,因为"崇拜"这个字眼是专门用于上帝的。在拉丁文里,只用了"崇敬"一个字眼而已。类似这样的错误,使得公开抨击教义判决的结论变得比较容易。但是,这次攻击并不是以它们的内容为口实,而发动攻击的是通常被人称为《加洛林书》的一部著作。它是一部篇幅很长的作品,完成的时间大约是 792 年,执笔的作者可能是狄奥多尔夫,他后来成为奥尔良的主教。但是,这部作品是用查理的名义写成的,显然他曾经参与写作的工作。作品本身言词尖刻而轻蔑,有时甚至于破口谩骂,除了攻讦787年的会议外,早先在754年举行的破除圣像崇拜的会议,也在它的抨击之列。它引经据典,主张圣像既不应该被毁,也不应该被人尊敬或崇拜;圣像真正的角色应该是装饰的作用以及引导人的信仰。它也讨论到其他的神学以及意识形态的问题,其中意义尤其重大的是,它驳斥所谓"帝王崇拜"的论证,并且将查理的作为与伊林娜以及君士坦丁六世的行径对比区分一番。伊林娜以及君士坦丁六世的行径傲慢,因为他们宣称自己是"神圣的",而谦卑的国王却认为自己只是上帝的仆人,他的政府只是实现上帝意志的机构而已。《加洛林书》虽然承认罗马在信仰的问题上拥有最高的地位,而且在769年所举行的罗马宗教会议上,法兰克的神职人员也已经公开宣布支持圣像崇拜。但是,《加洛林书》却也用自己的神学观点,明目张胆地否定了罗马的优越地位。哈德良收到一份草稿后,曾经挺身为尼西亚会议辩护(虽然他也同时提议,如果君士坦丁六世不能答应教皇的一些要求,教皇将会开除他的教籍)。然而,查理不为所动。教皇的代表后来参加794年在法兰克福举行的一次宗教会议,他们接受了大会对尼西亚会议的谴责决议。哈德良为了图一时之便,牺牲了正直的美德。但是,问题也因此在彼此心照不宣的情况下,得以平息下来。

在这里简略地评论一下所谓的"加洛林的文艺复兴",或许是个恰当的时机。它是在查理统治时期萌芽发展的一股思想生命,因此得到这样的名称。《加洛林书》证明了一件事情:阿尔卑斯山以北的学术,已经有非常先进而且自信的特征了。我们或许可以断言,这部作品虽然最后是出于一个人的手笔,但是必定有许多能力高强的思想家参与其事。他们在写作过程中,互相交流彼此的看法,进行密集的辩论,并且尝试从各种角度批判这部作品的论点。查理统治下的法兰克地区,经历了一次空前未有的活跃的学术活动,而国王自己正是造成这种思想活跃现象的人物。他个人对学问所具有的热诚和追求,在艾因哈德以及盎格鲁—撒克逊人阿尔昆的书信中,尤其表现得明明白白。艾因哈德和盎格鲁—撒克逊人阿尔昆,是他召集在身边的世界级学者中最为知名的两位。查理同时也极力推动教育。在第8世纪末所颁布的律令《论教育书》,宣布各地的主教和修道院必须负起责任,教育"上帝赋予学习能力的人"。789年所颁布的《大诰》,命令每一所修道院以及主教的教区要提供学校。另外,还有一些相关的指示,包括802年由奥尔良的主教狄奥尔多夫所发出的指令,要求他所管辖下的神职人员设立免费的地方学校。但是,我们得谨慎小心,不要过分夸大实际上遗留下来的成果。毕竟命令是一回事,能不能彻底实行则又是另外一回事;况且,一个毁灭破坏的时代不久就要降临了。即使如此,中古时代中期辉煌的思想成就,仍然是奠定在查理的教育成就的基础上的。同样重要的是,查理所建立的声望,确立了贤明的君主和支持思想活动间的互惠关系,对欧洲的思想生命有着莫大的贡献。

查理为什么要支持思想活动呢?最重要的原因是,他想要根据基督教的教义,重新塑造整个社会,而要实现这个目标,知识是先决条件,诚如《论教育书》所说的:"行善固然比知善好,但是知善先于行善。"认为查理想要树立一个钦定的《圣经》权威版本的古老说法,虽然已经被推翻了,但毫无疑问的是,当时确实有一套学术工作的合作管理制度。或许我们应该这么说,当时的知识阶层只是在对意识形态改革的气候作出反应。在此一改革中,他们是不可或缺的人物,因为只有他们才能够解开基督教知识的奥秘,而这些知识是改革的基础。在查理统治的时代,僧侣们努力地抄写蕴藏着基督教真理的宝库,而众多的学者则专事写作,以解释这些真理,或者阐扬它们的实际结果和意义。

当时,最重要的真理宝库,自然是《圣经》了。它被视为上帝引导世人的教科书,而且指引的范围,并非局限于道德和精神的领域。它是人类一切公私领域生活的规范,只要阅读的人有信仰以及知识,一切的智慧都已经记载在《圣经》里头。正因为如此,《圣经》的抄本非常多。根据已故的沃尔特·乌尔曼的说法:"相对而言,在欧洲历史上的其他时代,从来没有像查理统治时期的最后 20 年那样,在那么短的时间内,《圣经》如此频繁地被人抄写和传播。"因为相同的原因,学者们非常注意拉丁文是否正确,因为上帝所讲的一字一句,都不容许被人为的错误所污染,也不能够遭受误解。然而,还有好些著作也是基督教知识的来源以及基督徒生活的指南:一些神父的著作,例如奥古斯丁的《上帝之城》,就是查理自己最喜爱的作品;教会法的总集,例如《狄奥尼西—哈德良》;圣本笃所订立的《修道院清规》,是查理在 787 年从卡西诺所获得的;以及其他著作,等等。

关于加洛林文艺复兴的问题,还有许多事情值得讨论,上面的解说只是轻描淡写地提了几句而已,而且主要是根据乌尔曼的解释,但是已经极能传达它的精髓了。

查理地位的晋升

在第 8 世纪 90 年代的初期,首次可以见到我们或许可以称之为查理称王称帝的一些征兆,而这个发展无疑因为他和君士坦丁堡当局的争执而加快了速度。《加洛林书》对意识形态问题的慎密讨论,显示东方所实行的帝制很不合理,而且它还肯定了查理心目中所认为的真正基督徒君主的意义。这两件事情加在一起,对他的心理产生很明显的冲击影响,提高了他的自信心,去除了他心中仅有的疑虑,让他不再相信君士坦丁堡的统治者拥有更高的权威,也使他不再有自惭形秽的想法。查理授权写作《加洛林书》,充分证明了他开始看重自己的地位。这部作品谴责并且羞辱了过去公认是基督教世界的最高世俗统治者,还斥责由拜占庭帝国当局和教皇所认可核准的宗教会议所得到的对教义的判决,而且公然违抗教皇的忠告,肯定和支持一个受到反对的立场。查理与其他的皇帝一样,都在扮演真正的教义守护者,而且他在组织写作《加洛林书》时,自称"法兰克人的国王,根据上帝的意志以及主的扶持,统治高卢各地、日耳曼地区、意大利以及它们邻近的各省地区",言语中明明白白有一股帝王的气势。

初期的帝王气焰具体表现在亚琛城新建的宫殿。新建的工作似乎在 790 年开始,在 794 年以前,已经颇具规模了。查理在那儿庆祝圣诞节,以后一直用它作为自己冬天的住所。建筑的灵感来源,引起学者的议论纷纷,特别是教堂的部分,但是各方的论点实在是太专业化了,甚至于无法在此处简略加以说明。总之,他所模仿的帝王可能是谁,这个问题并不是那么重要,重要的是,亚琛被建成查理固定的首都,就像君士坦丁堡(自然是极堂皇之能事)在 450 年之前成为君士坦丁大帝的首都一样。事实也是如此,就如同那座伟大的东方都会被誉为"第二个罗马"一样,亚琛在 799 年的一首诗里面,也被冠上同样的名称。

然而,来自北方的原始材料并没有将查理比拟为君士坦丁,虽然他们对基督教信仰的普遍贡献,使这种比喻显得很自然。这或许是因为第 8 世纪末期的人们所了解的君士坦丁,是那位提出"君士坦丁的奉献"的皇帝,而如此的比喻可能会引起一些令人难堪的含意。哈德良在778年所写的一封信,证明了这种看法。他在信中要求查理履行奉献的内容,而且要效法君士坦丁的作为,将罗马教会着实大大地揄扬了一番:"所有听到这些话的人都会如此宣言传颂:'主呀! 保佑我们的君王! 当我们呼唤时,请您聆听! 看呀! 一位新的君士坦丁,在上帝的统御下,他是最崇信基督的帝王。他现在已经兴起了,上帝要经由他赐予圣洁的圣彼得所有的福祉!'"这段文字虽然赫赫有名,表达的方式却缺乏技巧谋略,哈德良从此不再引用君士坦丁为依据。但是,在8世纪90年代将要结束的时候,因为教皇利奥三世(795至816年间在位)的关系,君士坦丁的大名再度和查理连在一起。在拉特兰教堂的一幅马赛克镶画里面,耶稣基督将一串钥匙交给圣彼得,将一面旗帜交给君士坦丁。另外一幅镶画里,圣彼得将一件大披肩交付给利奥,而且也给了查理一面旗帜。这幅画所蕴含的意义,现在无法在此加以探究。但是,查理被拿来与君士坦丁相提并论的事实则很明显。

穆斯林所统治的托莱多地区的大主教埃里潘德,在一封792年所写的信件中提到这位皇帝。但是,他的目的却是要警告查理,不要步君士坦丁的后尘,堕落到异端信仰的陷阱里而不自知。埃里潘德以及乌尔格尔(位于法兰克人所统治的西班牙地区)的菲力克斯,是所谓"基督嗣子说"的带头支持者。这种教义,在当时的西班牙广泛流行,它主张耶稣基督就其人性的一面而言,是被人所收养的,因此在这方面不是真正的上帝之子。基督嗣子说所以会引起我们的兴趣,是因为查理对它的反应:他在792年下令,将菲力克斯递解到瑞根斯堡,并且召开一次主教会议,将他所主张的教义斥为异端邪说。这个决定看起来就像是个皇帝的作为。菲力克斯后来被送到罗马,再度公开声明收回他的思想,而教皇随后的谴责,只不过是再度确认查理先前的决定而已。在上述的整个争论的过程中——争论后来持续进行,因为菲力克斯不久又重蹈异端思想——查理始终都是决定大局的人物。

在794年所举行的法兰克福宗教会议上,基督嗣子说是排在议程里的第一个问题。显而易见,查理想要将这次宗教大会,当作西方与尼西亚会议一别苗头的盛事。教皇的代表出席了这次大会,查理所统治的各个区域的神职人员也参与其事,甚至统治区以外,也派有代表参加,他们都和世俗人士一起开会。法兰克福宗教会议所议决的法规,后来被收入一部律令中。这是他统治期间,继埃斯塔勒律令及《大诰》之后,第三部重要的大改革律令。埃斯塔勒律令以及《大诰》都是在历经一段困顿后所颁布的,法兰克福律令亦然:792到793年是一段多事之秋的日子。这期间,有篡位的阴谋、饥荒的天灾、阿瓦尔人入侵的警报、萨克森的叛乱,还有萨拉森人的侵袭。虽然处理了塔西罗的问题,并且有些重要的社会经济措施,但这部律令大部分的规定还是关于教会法、修道院生活以及相关领域的问题。但是,驳斥基督嗣子论的内容,占据了律令的首页;其次是驳斥787年的宗教会议所得到的上述关于圣像的决议;它语焉不详地规定说,圣像应该像三位一体的象征一样被人尊崇。这部律令明白指出东、西方的区别,而且传达一个明确的信息:西方自有其异端的思想,而且它是个很严重的问题。尽管如此,在查理的领导下,西方能够坚定团结,信守宗教的正统立场,共同驳斥异端的思想;东方如何能够与此相比呢!? 毫无疑义,查理在法兰克福的会议上,不但开启辩论的头绪,并且总揽辩论的结果,是蓄意将自己装扮成西方实际的皇帝。

来自罗马方面的进一步证据也很重要。利奥三世在795年的年底,通知查理自己已经当选教皇的消息,并且送给查理一面罗马城的旗帜,还要求派遣一位特使前来接受罗马人民表示效忠的宣誓。由于依照一般的惯例,旗帜是世俗权威的象征,所以整个事情看来似乎是利奥要将统治罗马的世俗权力交给查理,而且从 789 年开始,所有国王的臣民都应该立誓效忠。假若事情果然如此,那么利奥的马赛克镶画所描绘的查理,其作用可能等于以前展示在罗马城内的帝王画像,它代表未能亲临该地的统治者的权威——惟一不同的地方是,利奥也出现在这幅镶画的画面里。这或许表示共同统治,而利奥后来的所作所为,似乎也暗示着这种情况。从 798 年开始,他把官方文件的时间纪录,都同时标上教皇的纪年,以及查理获得意大利的年代。在 800 年以前,不论查理是否曾经在帝国的故都行使统治权,或者利奥是否认为他对罗马有统治权,他在教训利奥举止应该要合宜,断定他们各自的职务责任时,明确地表现出帝王的权威风范;他的职责是以武力捍卫教会,并且运用与信仰有关的知识,从内部强化教会的力量;而利奥的工作是:祷告。

由于篇幅的限制,以下势必不能够交代一些很值得审视的课题:查理如何学习模仿拜占庭的法院制度;他与其他统治者的关系,包括与穆斯林领袖哈里发的关系;他愈来愈爱使用"正统"等帝王的用语;罗伯特·福尔茨认为,查理不时被人称为大卫王,"似乎是要表示:上帝已经抛弃了新的扫罗(指拜占庭的皇帝)",以及当时人使用"帝国的疆土"一词称呼查理统治的领域,特别是阿尔昆的用法(这个字眼看起来意义似乎很明确,其实并不然;因为 imperium 除了有一般"帝国"的意思外,也有"领域"的含义)。

所有的证据加在一起,让人不得不认为:查理在 8 世纪 90 年代经历了一个重新装扮为帝王的过程。他取得皇帝头衔的可能性,在结束之前没有经过认真考虑,似乎不太能够令人理解,尤其是从 797 年 8 月开始,伊林娜弄瞎了自己的儿子,使他不能担任皇帝,从而开始自己执政。女人担任皇帝是前所未有的事情,也被人认为不恰当;而 800 年在罗马发生的事情也是如此。

800 年的加冕

查理在 800 年的圣诞节登上帝位。很少有历史事件会受到如此深入彻底的研究,以及会引起如此多的争论;各式各样的论点充斥,多得甚至无法在此一一例举,更遑论要抓住它们的要点了。因此,对于这些问题以及它们所引发的各种解释,本书在以下的内容中并不作面面俱到的探讨,而是笔者依据几个事件所引发的问题,提出自己必然有些教条化的判断。

799 年的 4 月 25 日,教皇利奥的坐骑通过罗马城的时候,突然遭到两名教廷重要官员的袭击,教皇利奥沦为阶下囚,其中一名官员是哈德良的侄子。敌对仇视的迹象在早先已经出现了,许多贵族都牵涉进这项阴谋的策划,但是他们的政治动机并不明显,除了对利奥荒唐的行为感到愤怒外,似乎没有别的更深层的原因了;而利奥的生活之荒诞不经,也确有其事。他们曾经几次企图挖掉利奥的眼睛,割掉他的舌头,毁容,使他丧失担任教皇的资格。但是,由于一些很难臆测的原因,这些计划都失败了(然而,大家都相信,这些人的计划曾经得手,但是上帝的奇迹又恢复了教皇的感官能力)。遭到拘禁的教皇,不久被人在暗中解救出来,由维尼吉斯公爵送到斯波莱托,然后再由那里被护送到北方,于当年 7 月与查理在帕德本会面。查理原先是想要去罗马的，但是最后决定继续进行征讨萨克森人的计划。

当时一位宫廷文士写了一首标题为《帕德本史诗》的迷人诗歌，它提及利奥接受招待的情形，很明白显示出查理的帝王观念：亚琛是"未来的罗马"；而国王是"欧洲之父"、"顶峰"、"灯塔"、"世界的首脑"、"大卫王"，甚至是"奥古斯都"。当时的情境无疑对促使他想登基为皇帝的情绪有着很强烈的影响，阿尔昆在799年7月所写的一封信，则以更高傲的方式表达了这种情绪：查理是世界上拥有最高权势的三个人中的一员，教皇的命运已经众所周知，帝国的皇帝也被逐下皇位；当今唯有他一人能够以基督的律法，担负"基督教世界人民的统治者"的责任，他的权力、智慧、威严，远远超越其他人，而教会的救赎完全仰赖于此。

一大堆控诉教皇买卖教廷职务、滥立伪誓、与人通奸的罪名，随着利奥到达帕德本，引起一阵骚动，有些人认为他不应该复职。但是，我们认为，复职本来就是意料中的结论，问题在于如何平息这些指控。诚如阿尔昆所指出的事实，教会法禁止审判教皇，有些人甚至于认为，即使要求教皇立誓自称无罪，也是某种形式的审判。最后采取一个变通的解决方法，由教皇自己主动（从理论上而言）立誓宣称无罪；利奥一定是在10月份离开帕德本以前，就已经同意接受这个权宜的办法，他由皇家视察使护送返回罗马。经过简短的审问，带头的那些阴谋分子遭到逮捕，随后被递解到查理那儿，他在800年又带着这批人回到罗马。很显然，查理对罗马人已经拥有司法权了，或者他已经准备对他们行使司法权了。虽然赫尔德曼有一个非常著名的理论，认为要在罗马建立最高的司法权，查理必须先登基成为皇帝。但是，我们没有什么道理认为他登基以后可以审判这些人，就意味着他在登基以前不能够审判他们。

根据一份大约一个世纪以后的史料《那不勒斯诸主教行宜》记载，在帕德本的时候，还作了另外一项决定：利奥承诺要以帝王的皇冠头衔为查理加冕。其实，一些非常有力的间接证据让我们相信，查理登基为皇帝的事情，在帕德本就已经达成协议了。第一，他等了一年多才前去罗马，而查阅编年史书对800年初事件的各种记载，找不到任何急迫的事情足以让他延迟行程：一条记载说他继续出巡各地；另一条说他游历了自己的产业以及圣徒的埋骨之所；第三条竟然说他去钓鱼了！我们知道，他去了圣立库耶拜访昂吉尔贝尔，去图尔拜访了阿尔昆，在奥尔良造访了狄奥尔多夫，这些都是他信任已久的人物，而且他的儿子都在图尔与他相聚。当时，的确还有一些比较实际的工作在进行：他在英吉利海峡上创立了一支舰队，以对付斯堪的纳维亚的海盗，又组织海岸上的防御工作；而且接受威多伯爵于799年所收服的布雷顿人的正式投降。即使他一直在筹划眼前的事务，还是不得不让人留下他在消磨时间的印象。如果登基帝位的事情在帕德本就已经达成协议了，当时显然也决定了那千载难逢的戏剧性的时刻：还有什么时候会比基督的生日更适合查理的帝国的"重生"呢（查理以前都在复活节访问罗马）？还有哪一年会比世纪初的那一年更加合适呢？还有怎样的组合，能够胜过这伟大的节日与新世纪开始的一年相结合，并对当时的人们与后世的子孙产生更大影响呢？阿尔昆是知道这些安排的，所以他用尽心思想出最合适的礼物，在圣诞日呈献给"大卫王"，以颂扬"帝王权力的荣光"。礼物结果是他在公元800年以前，耗尽一生精力所修订的《圣经》，以及信中向皇帝致敬的各种歌颂之词。

其次，当查理在11月23日抵达罗马郊外的时候，利奥在城外12英里的地方迎接他。按照以前的惯例，教廷是在城外一英里的里程碑处迎接帝国的总督，查理在

774年就是如此被接待的。教皇亲自出面迎接的情况只有一种，就是皇帝来访的时候，会在城外6英里的地方迎接。因此，我们可以这么说，查理所受到的款待，已经超过接待皇帝的大礼了，而且这是一个公开的迎接仪式，其所暗示的意义，已经不言而喻了。

　　第三个很有意义的证据是《洛尔施大事纪》，它指出查理在圣诞节前不久，就已经公开答应接受帝号。抵达罗马一个星期后，他在圣彼得大教堂召开一次会议，调查处理种种对利奥的控诉。指控利奥的人到场了，但国王认为他们的动机不良，将他们羁押在狱；而且没有人愿意审判教皇。所以，12月23日，利奥登上讲道坛，手里拿着福音书立下誓言。利奥的宣誓结束后，参与这次会议的人——包括罗马人和法兰克人，神职人员和世俗人员——都要求查理接受皇帝的名号，而他"极其谦逊地"答应接受他们的请求。显然，他事前就知道这项提议，但这提议不太可能是在他抵达罗马以后才提出来的，4个星期实在不足以好好考虑这么重大的问题，尤其是如何面对君士坦丁堡的后果。《洛尔施大事纪》为这次会议的请求找了一些理由：首先，"希腊人现在没有皇帝……，他们现在被女人统治。"其次，查理因为上帝的赐予而拥有罗马，"这是帝国的历代皇帝一向驻跸的所在"，以及其他"遍布在意大利、高卢和日耳曼"的一切皇帝的住所。不言自明：查理被视为君士坦丁六世的继任人，而君士坦丁六世是最近一位延续了奥古斯都以下一脉相承的统治者。由于西方现在又被一位皇帝所统治，帝国也将随之恢复，帝王的封号也因此找到一个充分的理由："复兴罗马帝国"。但是，查理接受了皇帝的称号以后，自然就等于宣称对现在的帝国拥有统治权，换言之，对拜占庭有统治的权力。虽然一个帝国底下，同时有两位皇帝统治的情形，在过去有不少的先例，这次的会议却判定东方没有皇帝。然而，实际上由伊林娜仍掌握着无上的权力。因此，麻烦是不可避免的。

　　第四，有一些蛛丝马迹显示查理曾经预先准备了一些措施，以期待这件事情的发生。西西里的总督为什么会派使节到帕德本呢？除了是要探听他未来的态度外，我们怀疑是否能找到更合理的解释了。名义上属于帝国统治的巴利阿里诸岛，其实在799年就转而向查理表示效忠了。如果说耶路撒冷大主教的使节在799年年底前来晋见，是一件令人感到意外的事情。那么，查理随后所派遣的前往东方的特使，竟然能够在800年的12月23日当天回到罗马，而与他们一同抵达的，还有带着圣地的钥匙以及耶路撒冷城钥匙与旗帜的大主教代表，真是凑巧得离谱了。整个事情看起来像是个精心设计的舞台，可以大肆宣扬其影响力：连基督教在东方的领袖，信仰中最神圣的城市（虽然受一位哈里发统治），都宣布支持查理了。此外，查理动身前往意大利的时候，他命令丕平向贝内文托开战，在801至802年间，又重新下达这项命令。下达这项攻击命令，不仅因为贝内文托当时几乎确定是拜占庭的盟友，占领该地也是前进攻击西西里的先决条件，而那里是拜占庭在西方势力的中心所在。狄奥法内斯明白地指出，直到802年他转而向伊林娜求婚为止（当然只是有名无实的表面文章），查理确实一直想要攻击西西里。要是她接受联姻的计划，东西方势必即将统一，或许此事促成了她在802年的退位，尼斯福鲁斯一世受到拥戴而即位。

　　就算上面所提到的事情可能都是实情，但认为查理在圣诞节当天进入圣彼得教堂时，并不知道有个拥立自己登上帝位的仪式在等着他，仍然是绝对不能成立的说法。这里只再指出一点：查理被众人拥立为皇帝，仪式过程经过精心安排设计。那些拥立他的人，在事前必定曾经预演过一番，法兰克人不可能会被蒙在鼓里。除了艾因哈德的说法外，没有任何资料可以支持甚至暗示说查理对这件事非常意外。他写道："这时他才接受皇帝以及奥古斯都的名号。刚开始的时候，整个事情使他感到非常厌恶，甚至于相当坚定地说，如果他在事前知道教皇的企图，当天根本不会踏进教堂，虽然那是个重大的节日。"

艾因哈德的说法应该怎么解释呢？有一个论点认为，他不喜欢的只是获得皇帝封号的方式。就制度而言，只要经过拥戴的仪式，就可以成为皇帝，加冕的仪式通常会随后举行。但是，严格说来，它不是必要的手续。查理经由拥戴而登上皇帝的位子，这也是为什么称他为"加冕即位的皇帝"是个错误的说法，至少，称之为"皇位加冕"，是容易引起误解的说法。然而，他确实是先经过加冕的仪式，然后才被拥戴即位的。有人主张说，利奥蓄意把一般正常的程序颠倒过来，目的是要助长一个观念：皇帝是经由教皇的加冕而产生的（这个观念也很快被接受）。所以，查理会对教皇的这项行为十分不悦，这不但解释了艾因哈德对当时情况的报道，也反映了为什么他后来不再返回罗马，而且在 813 年的时候，由自己替路易加冕。这个论点颇有价值，尤其是关于利奥的目的这部分，但是有一些缺点，不能够解释一些具体的事情。例如，在800 年以前，查理和利奥常常合作无间；更重要的是，这项说法不能够说明艾因哈德的报道。这个说法承认查理已经预料到接受皇帝封号的事情，而根据艾因哈德的说法，这恰好是他讨厌的封号。这里不再讨论其他各种的解释了，目前最有可能成立的解释是，艾因哈德仅提供一个文学以及道德的陈词滥调而已。中世纪的人们认为谦卑是各阶层的统治者都应该具备的首要美德，所以拥有权势的人在被授予职位的时候，通常会按照惯例推辞一番（现在新当选的英国下议院的议长，也要做出不愿接受新职位的样子，正是这种态度遗留下来的痕迹），艾因哈德只是要读者注意他的英雄有多么谦逊而已。

查理在 801 年的复活节过后不久，以皇帝的身份离开罗马，5 月 29 日，在雷诺颁布现存最早的一份使用正式头衔的公文："查理，最安详的奥古斯都，由上帝所加冕任命，是统治罗马帝国的伟大太平皇帝，且以上帝的怜悯，担任法兰克人与伦巴底人的君主。"在提到各地人民的时候，国王的身份还没有被取消掉，但是整个领土疆域的皇帝身份也一并出现。"罗马人的皇帝"的头衔，不但显得碍手碍脚，而且容易触怒大部分的臣民，因为所谓"罗马人"，对西方人而言，主要指该城的居民；所以"统治罗马帝国"成为表达真正的帝王血统之所在的惯用语。一如他的印信以及帝国的钱币一样——前者可能模仿君士坦丁的大纪念章，而后者显然是以君士坦丁的钱币为基础——他的头衔不但与所谓"不情愿即位的皇帝"的观念格格不入，也与某些历史家在加冕以后所看到的"态度冷淡的皇帝"完全不合。

做皇帝的岁月

查理与皇位

皇帝的位子并没有为查理带来或增加具体的权力，但这不表示它只是一个毫无实际用处的空洞虚名。担任国王时代所要担负的责任，也没有因为加了帝号而有什么区别。800 年以后,并没有什么惊天动地的改变。但是,登基引发他着手加强帝国时代以前就很明显的改革主题。改革的目标一直没变,仍然是:秩序、正义、虔诚、和平、和谐,每个目标都是以基督教的用语来表达,而每个目标都传达了上帝的意志。但是,现在他以更加坚定的心情来追求这些目标,因为他意识到伟大先驱的成就、"帝国"一词在传统上所蕴含的巍峨崇高的原则,以及上帝对自己的期望。查理现在毫不怀疑,上帝赋予他无上的尊荣,就是希望能够伸张大义。而且,他想到自己年华老去,要实现目标,时间也更加紧迫了。800 年的时候,查理已经快 60 岁了,他能够更加努力侍奉上帝的日子愈来愈少了。

这些考虑说明了查理从罗马回来后着手进行的重大改革事业。早在 801 年的 11月,他就在亚琛召开一次宗教会议,审查神职人员的行为。但是,真正的起点是另外一次亚琛会议,会议在 802 年 3 月举行,会后派遣一些视察使,到他统治的所有领地去负责司法审判工作。这些视察使中有一些主教、修道院院长、公爵、伯爵。皇帝为穷人的利益着想,不挑选地位较低的宫廷家臣担任这项工作,因为他们比较容易收受贿赂。这些视察使随身带着书面的指示备忘录,备忘录的内容是查理的帝国政府发布的一份宣言中的内容,而这份宣言也因此被甘肖夫称为"纲领式"的律令。如果《大诰》是查理最严肃的律令,那么这份纲领式的律令是理想最为高远的一部了。它的内容虽然涵盖广泛,整个性质却具有明显的宗教特色。它担忧触犯道德的问题会愈来愈严重,而且总共有 15 项条款专门讨论神职人员,其主题是神职人员的等级制度、秩序及纪律。或许很独特的是,有些迹象显示,查理本人亲自介入这部律令的写作,如律令以第一人称的口气,猛烈抨击乱伦、鸡奸及谋杀的行为。这些条文显示他心怀恐惧,认为上帝对他的审判取决于臣民的所作所为,甚至好几次明白地指出这个道理。

有两项特征尤其值得注意。第一,忠诚问题的范围扩大了。这些被派遣出去的视察使,都重新向身为皇帝的查理宣誓效忠,而且他们得公开向人们解释,所谓的忠诚,不仅不能仇恨皇帝,而且有义务揭发别人对他的仇恨。忠诚还包含了不能破坏教堂,伤害寡妇、孤儿以及陌生人,不可以在暗中干扰司法程序,不能违背他的意志或阻挠其意志的运作推行,以及其他更多的项目。人们应该竭尽所能,以真心面对上帝,这也是忠诚的一项义务。律令这么明白地解释说:因为查理虽然"不能够提供每个人必要的照顾与惩罚",但是他要为臣民的精神福祉负责。把忠诚的观念推展到包含宗教义务和公众职务的范围,在政治思想史上有非常重要的意义。

第二,对确保司法审判能否维持公正与一贯的关注,充斥在律令的各个部分。人民有权在"国民"法之下生活,但视察使必须呈报不公正的条款让查理修订。视察使无法纠正的不公平审判,也必须以书面的方式呈报给他。绝对不容许有暗中破坏法律的行为;伯爵以及其他官员都应该以忠实的助手来为司法审判服务,作伪证是"最严重的罪行",要予以严厉的处置。许多的罪行保留给查理自己的法庭处理。最重要的是,法官必须根据成文的法律审判,不得随心所欲地下判决;这一点最能够说明查理厌恶独断专行。

秩序也是 10 月份在亚琛举行的另外一次会议的主题,在这次会议上,从事世俗工作的神职人员、修道院的僧侣及没有神职的人员分开集会。会议对第一种人宣读阐释《狄奥尼西—哈德良》,对第二种人宣读解释圣本笃的修道院清规。然后,皇帝下旨,要求每一个团体的成员都得遵守适用于他们的规范,而所有的人都必须追随教会的长老。非神职人员的会议有法律专家参加，他们的任务是讨论法律问题。802 年派遣出去的视察使，其中一项任务就是要求每一个自由人向统治他的"国民"法宣誓。10 月份的会议宣读解释了这些"国民"法，必要的修正以文字纪录下来，而皇帝再次下旨宣示，法官必须遵守成文的法律。查理在这里再三强调关心成文法，显示他将以前一些尚未形诸文字的法律纪录下来，或许是罗马帝国的传统引起这种对立法的重视态度，因为皇帝是立法人员的最高模范。

此处不可能将帝国时代的其他法律条文做很简要的叙述，包括最后一部大改革律令——808 年年初的蒂永维尔律令。必须要说明的是，这些法令始终坚持上面所提到的主题，而查理心目中的正义与秩序井然的基督教社会始终召唤着他，直到最后。他的崇高的理想并没有被注定不能实现的命运所动摇。

然而，806 年的决定又应该如何解释呢？就在这一年，一种新的帝国钱币开始使用，查理划分他所统治的疆土版图，准备死后传给他的三个儿子。有些历史学家认为这项决定证明了他对皇帝的封号，抱着一股厌恶、漠然、无动于衷或者幻灭的心情。这个看法似乎颇有些道理。相关的文件《析产书》，划定了三个王国的疆界，而且对帝王封号的问题始终不置一词，让人们很容易想到：这一结论，这反映了传统的法兰克人分家析产的思维方式，压倒了帝国的大一统观念。真相其实更微妙复杂。对于罗马人和比较早期的法兰克人而言，划分国土并不意味着他们排斥一个在上拱立的单一政治实体，虽然有两个或者两个以上的皇帝或国王，分别独立统治自己的帝国或王国，整个帝国或整个法兰克王国仍然继续存在下去。这不仅仅是制度上的幻想而已，分析一下《析产书》，会发现罗马帝国时代的人以及法兰克的先人，引导着我们去面对一个"分与合观念的学术辩证关系"（用福尔茨的话来说）。一般通常解释为"帝国"的字，在拉丁文是"imperium"，而通指王国的字眼是"regnum"。和"regnum"比起来，"imperium"很少被使用。但是，这没有很大的意义，因为"regnum"确实的意思是"被统治的区域"，所以它能够包含"imperium"的意义。《析产书》的目的，是要避免查理的儿子们在未来或者当时会处于敌对的状况，所以把"完整的疆土领域"划分开来，但是"完整的"观念并没有因此消失。"王国……是个单一的完整个体，但是其中有三个王国。在现代的政治语言中，没有一个名词可以贴切描述这种结构"（再用福尔茨的话来说）。查理预期会怎样处理皇帝的封号呢？这是一个只能诉诸想象的问题，但是他认为利奥应该会以一如既往的作风，批准认可他的安排。教皇的介入并不表示这些安排是在排斥帝王的观念。

与对君士坦丁堡的战争爆发时的情况相比，查理非常重视自己身为皇帝的地位。有些历史学家看到这点，因而认为他下定决心要强迫东方承认他的皇位，所以不惜一战。虽然他的身分地位在和议的时候，自然成为一个讨论的话题，但是没有证据显示，他认为若没有东方的承认，自己的头衔会有所缺憾，或者需要用战争来保有此一头衔。一直要等到 806 年，敌对已久的双方才爆发了"热战"，原因是查理响应威尼斯以及达尔马提亚两地领袖的提议，擅自夺取当地的统治权，而它们在名义上是属于拜占庭的领土。806 到 807 年之间，拜占庭皇帝尼斯福鲁斯派遣一支舰队，收复了上述两个区域，在 808 年停火的协议终止后，又派了一支舰队到那里。虽然威尼斯的几个公爵曾经一度从中作梗——他们背叛了两个皇帝，注定要损失惨重——但他已经着手寻求和平，在 810 年派遣一位使节到达亚琛。威尼斯当时又落入法兰克人的控制，但是查理决定将它还给尼斯福鲁斯，并且交出其中一个立场摇摆不定的公爵。由于一些大大小小的原因，和议正式批准的时间拖延到815年。但是812年的时候，米海尔一世(811至813年在位)的特使在收到亚琛条约的文件时，欢呼拥戴查理为皇帝；这是500年来，君士坦丁堡第一次承认另外一个皇帝。整个事情给人的印象是：查理被骗卷入这次冲突，他很高兴能够带着一些外交利益脱身而出。他写信给米海尔的时候，很巧妙地避免提到自己的正式头衔，尊称对方为"皇帝与奥古斯都"，而这正是他对自己的称呼。

衰　落

　　尽管有上面提到的事情，甘肖夫还是称呼帝国的时代是个"衰落"的时期。他的判断似乎有误。就军事而言，没有明显的衰落迹象。战功彪炳的时代确实已经成为过去，但是没有对外扩张，很难说是衰落的必然结果。何况，法兰克人在西班牙还有一些领土的收获。778年的灾难结束后，法兰克人还一直对西班牙保持兴趣，格罗纳在785年接受了法兰克人的权威。大约在790的时候，一次成功的征讨使他们抵达卡塔卢尼亚的海岸。萨拉森人认为查理被阿瓦尔人的顽强抵抗所牵制而无暇分身，因此致使那波的郊区遭到劫掠，当地的部队也遭受重大的挫败；所以萨拉森人在793年的侵袭，结果刺激了法兰克人采取更猛烈凶暴的措施。在这过程中所发生的事实，现在已经很难予以重建了，但是在814年以前，法兰克人似乎已经紧紧掌握住直到巴塞罗那的区域了。巴塞罗那是在801年取得的，他们还控制了由此向西的一些地区，包括在806年归顺臣服的潘普洛纳，进而能够对更远的南方行使松散的统治。其间虽然遇到过一些挫折失败，但这绝不是微不足道的成就。

　　在地中海，对抗来自西班牙——有时候是非洲——入侵者的战争，也并非徒劳无功。摩尔人在798年攻击巴利阿里诸岛，迫使他们自愿向查理投降，而摩尔人在799年回来的时候，查理的军队打了一场很重要的胜仗。摩尔人后来还继续攻击一些地区，特别是科西嘉和萨丁尼亚，直到813年为止。他们还蹂躏了尼斯以及托斯卡纳的契维塔韦基亚。由于这种敌对状态的性质使然，查理的部下不可能获得重大的防御性胜利，而地中海的其他事务有时候也会有些麻烦。然而，资料显示查理的部下并不只是处于被动的守势。与其他战役的情况一样，海军的力量也在这次冲突里扮演重要的角色。律令及其他的资料都显示，查理很明了舰队的价值，而且有必要防御其他势力的舰队。虽然这个问题还没有被恰如其分地详细研究，但很显然，"一般认为法兰克人忽视海运以及海岸的防卫的看法，并不是来自查理晚年时代的证据"（布鲁夫的说法）。

　　海军的力量是与丹麦人的国王哥多弗里德发生冲突的一个因素，这场冲突是在彻底解决萨克森人问题后开始的，当时已经进入帝国时代。我们若考虑到查理攻击异教徒的纪录，丹麦人在过去和现在一直援助萨克森的难民，就不难了解为什么哥多弗里德要那么紧张兮兮地于804年，将自己的军队结集在萨克森的边境了。而且他惊慌失措，不敢参加一次计划好与查理的会谈。查理把阿博德利人安置在易北河以北，目的或许就是要安抚他。事实上，一直要等到808年，哥多弗里德才诉诸武力攻击阿博德利人，而阿博德利人当时得对付他们的老敌手威尔齐德人。他虽然打赢了这场仗，损失却也相当惨重。但是，法兰克人在攻击他在易北河对岸的斯拉夫同盟时，也是搞得元气大伤，查理后来决定在河岸上建立两个堡垒作为反应。哥多弗里德知道这项行动的严重性，也在面对日德兰半岛的咽喉地带建立防御的屏障，称之为"丹麦工事"。809年的一次和平会议失败，是战事升级的前兆。当法兰克人进入易北河的北岸，在斯多尔河上建立要塞的时候，阿博德利人的领袖色拉斯可则在萨克森人的援助下，进攻威尔齐德人以及其他丹麦人的同盟。结果，出师未捷，色拉斯可却遭到暗杀而身亡。810年，哥多弗里德则派遣一支舰队进攻弗里西亚地区作为回敬，获得显著的成果，而且威胁到萨克森。查理这时候已将近70岁了，但他还是御驾亲征，带了一支大军进入萨克森，并且利用海军的支援，等候进行预计的攻击行动。但是，这项攻击行动未曾施行，因为色拉斯可的下场命运也降临在哥多弗里德身上。新任的国王立刻决定和议，但他不久也死去，丹麦人的王国陷入内战状态，一直到查理去世，内争都未能解决。在北方的这个区域，也不太能够看到"衰落"的迹象。

其他的战役也表现出类似的活力，而且不乏成功的事例。其中最著名的是在805年与806年间的战役，斯拉夫人大举进攻波希米亚地区，可能是一位阿瓦尔亲王抱怨斯拉夫人骚扰，并且要求重新安排垦殖的区域，而查理在805年年初，批准重新安排垦殖地的要求。阿瓦尔人和斯拉夫人的争执，使查理得以在811年派遣一支部队进入班诺尼亚地区，另外一支部队去驱逐易北河对岸的斯拉夫人，第三支部队去教训一再叛变的布雷顿人；而这些部队都达到了预定的目标。第二年，威尔齐德人被迫臣服，而贝内文托的公爵以重礼进贡。在他统治时期结束时，查理的权威势力扩张所及，范围从大西洋到匈牙利，从北海到罗马以南，从埃布罗河到易北河以外的地区。他的继承人当然会接收了许多的对外问题，版图如此广大，怎么可能没有问题呢？但是，皇帝在自己晚年的时候，还是处理得非常令人满意。

以内政为根据，主张有所谓"衰落"的讲法，相对而言不那么容易被驳倒，但是这里要更快速地处理这个问题。大体而言，这种说法的根据是查理常常回头抨击臣民不能够达到他的要求。律令再三重复批评与命令，查理不断派遣特使出去视察各地，这些不就是有堕落的明证吗？这种解释可能没错，但是把这种现象，当作查理的决心、毅力和他觉得时间紧迫的证据，似乎更说得通。例如，后来的律令不断地批评各地的伯爵贪污腐化，但是这并不表示问题在早先就很普遍了，而且一些以前没有被提到的缺点出现了，也不能够证明新的问题愈来愈多。其实，我们或许可以说，这证明了查理拥有严密的心思和无穷的精力，努力要找出在社会中令他讨厌的一切事物，而予以根除。

总而言之，甘肖夫主张查理的晚年是一个衰落期的看法，有别于他素来的风格，似乎有些失于判断。

结　局

查理的次子丕平死于810年，长子的名字也叫做查理，死于811年。他愈来愈倚重他们，而两个儿子都报以忠诚（查理的成功，与他和子女的相处极为良好有关，这是不容忽视的因素）。留下来的只有路易，而查理在813年的9月，在亚琛，当着高官显贵的面为他加冕，使之成为共同掌权的皇帝，做法类似拜占庭的皇帝，有时候会为他们的指定继承人加冕。根据特冈的说法，他已经立下遗嘱，而把以后的时间投入祷告、赈济贫民、修订《福音书》以及其他的作品，据艾因哈德的说法是——打猎。总之，没有一项活动占据了他所有的时间。第二年年初，查理因受感染而发烧，而节食对病情没有帮助,随后并发了胸膜炎;1月28日,"以高贵的风范壮大了法兰克王国,而且是统治繁荣达47年之久的伟大、正统的皇帝"——他的墓志铭如此贴切地说——崩逝于他所钟爱的亚琛。

任何简要的叙述都不足以恰如其分地涵盖查理多彩多姿的一生活动,更别说要一一细说其伟大的成就以及对历史的影响了。欧洲的重心由以前的地中海转移到北方,是从他的时代开始的,而且直到今日,局面更是如此。他所缔造的版图,大概与我们所了解的"拉丁基督教世界"重合,而且也塑造了这个观念。虽然它没有以一个政治实体的形态维持很久,但是它的存在使日后的欧洲人,得以回顾过去有一段多数人都知道统一为何物的时代。而这种对过去统一局面的记忆,其中或多或少是他所遗留下的共同传统,再加上查理所享有的崇高声望,是造成统一的理想能够在西欧人之间具有持续力量的一个非常有力的因素。欧洲经济共同体的血管里,流动着遥远的加洛林王朝的血液。对于中古时代或者近代初期的历史略有粗浅知识的人,都能够了解查理所重建的独特西方皇帝制度对日后历史发展的重要性。不论是好还是坏,几个世纪以来的皇帝(几乎清一色是日耳曼人),不时地介入意大利以及教廷的事务,这可以说是查理在774年占领伦巴底王国,以及在800年夺得帝位的最终结果。如果查理没有征服并使萨克森人归化,并且吸收了巴伐利亚,德国不可能独自成为一个政治整体。我们也有理由说从查理对阿瓦尔与斯拉夫的战争中,可以窥见所谓"东进"政策的起源之一;尤其是萨克森人披上了法兰克的外衣,并在查理的强迫之下,接受了基督教,斯拉夫人亦然。这种压力持续到第10世纪。再往西边,查理以很有效率的方法,巩固了他父亲在阿基坦的成就。虽然当地在以后的好几个世纪里,仍然保持其独立的身分地位,但是它从未拒绝向法兰西的国王表示正式臣服。以巴塞罗那为中心的比里牛斯山以南的领土,继续存在下去,使日后被称为卡塔卢尼亚的地区,染上永远而独特的性格,而且在基督教徒重新征服西班牙的过程中,扮演相当吃重的角色。同时,查理与穆斯林的冲突,在日后的几个世纪内,也被视为十字军的榜样。

然而,查理不仅只是一位伟大的战士与征服者,上面所提到的他在文化教育方面的努力以及在培植思想活动方面,都证明了他有着精力旺盛的热情,想要建立一个真正的基督教社会。和谐、秩序及正义,是他所颁布的律令的一贯主题。他以莫大的热诚来追求这些理想,因为他相信上帝赋予他统治的权力,就是要他负起实现这些理想的责任。虽然他的政权历经某些重要的制度发展,例如,在法院里面设立复审制度,以及更广泛而且定期地派遣视察使,作为中央政府直接的代表,以监督地方官员的表现。但是,在行政与统治的机构上,他并没有进行戏剧性的重大改革。查理曾经因此受到批评,但是由于当时一般的交通,教育的水准状态以及当时不仅只是以货币为基础的经济体系,都使我们很难期待他有更大的作为。不论如何,查理对后世的冲击影响,并不是经由某些特定的改革措施产生的,而是经由他注入其政权内的精神动力,与他所遗留下来的伟大基督教的教育家、学术活动的赞助人、法律制订者、正义的先锋的声望而发生作用的。虽然他所代表的理想,以及统治者应该为人民的精神和物质的福祉负责的观念,都不是前所未有的新颖见解。但是,由于他的名望,这些理想和观念都确实能够被赋予了新的力量,而强有力地存活在西方政治思想的主流传统中。他的思想观念方面的遗产,并不下于他在开拓领土方面的成就,同样塑造了未来欧洲的面貌。

附录：主要战役与其他大事

萨克森与北方

772　第一次萨克森之役；摧毁伊尔明索的神殿。

774　萨克森人攻击赫斯。

775　萨克森人投降。

776　查理迫使萨克森人再度投降；建立卡尔斯堡。

777　帕德本大会。

778　萨克森人攻击莱茵河地区。

779　萨克森人投降。

780　查理到达易北河。

782　建立郡县制度；第一部萨克森律令？法兰克人在荀特尔挫败；凡尔登大屠杀。

783　萨克森之役。

784　萨克森之役持续进行，查理在当地度过冬季。

785　萨克森人投降；威特金特受洗。

789　对威尔齐德人作战。

792　萨克森叛变。

793　萨克森叛变全面扩大。

794　萨克森之役。

795　萨克森之役；诺德留第人杀死阿博德利国王；开始驱逐出境的行动。

796　维摩第亚之役。

797　维摩第亚之役。

798　维摩第亚之役；阿博德利人击败诺德留第人；第二部萨克森律令。

799　大规模驱逐出境的行动。

804　驱逐所有的诺德留第人出境；与丹麦人哥多弗里德对抗冲突。

808　丹麦人与威尔齐德人攻击阿博德利人；法兰克人攻击丹麦人的斯拉夫同盟。

809　阿博德利人攻击威尔齐德人；法兰克人推进至易北河以北。

810　丹麦人攻击弗里西亚，并且威胁到萨克森；哥多弗里德去世。其他地区

769　阿基坦之役。

770　与伦巴底公主结婚。

773　伦巴底之役。

774　帕维亚陷落；查理成为伦巴底国王。

776　弭平弗留利的罗德高的叛变。

778　西班牙之役。

781　塔西罗再度立下誓约；与拜占庭联姻结盟。

785　巴伐利亚人在波尔札诺战胜；格罗纳接受法兰克人的统治。

787　贝内文托之役；塔西罗被迫投降。

788　与拜占庭的婚姻同盟关系瓦解；格利莫尔德成为贝内文托公爵；塔西罗遭

到罢黜;阿瓦尔人攻击巴伐利亚与意大利受挫;拜占庭兵败卡拉布利亚。

791　阿瓦尔之役。

792　驼子丕平阴谋造反。

793　萨拉森人攻击塞提马尼亚。

795　劫掠阿瓦尔克汗的大本营。

796　再度劫掠阿瓦尔克汗的大本营。

799　巴利阿里人接受法兰克人的统治。

801　攻陷巴塞罗那。

805　波希米亚之役。

806　波希米亚之役;潘波纳接受法兰克人的权威;与拜占庭作战。

其他大事

768　查理和卡洛曼即位为王;教皇司提反三世即位(772 年去世)。

771　卡洛曼去世。

772　教皇哈德良一世即位(795 年去世)。

774　首次访问罗马;"查理的奉献"。

775　罗马帝国皇帝君士坦丁五世去世;利奥四世即位。

779　埃斯塔勒律令。

780　利奥四世去世;伊林娜担任君士坦丁六世的摄政。

781　第二次访问罗马;在意大利与阿基坦建立附属王国。

787　第三次访问罗马;尼西亚会议。

789　《大诰》。

790　开始重建亚琛城?

792　瑞根斯堡谴责"基督嗣子论";《加洛林书》?

793　大饥荒;尝试建立莱茵河到多瑙河的运河。

794　法兰克福宗教会议。

795　教皇利奥三世即位(816 年去世)。

797　伊林娜弄瞎君士坦丁六世。

799　罗马人 4 月时攻击利奥三世;利奥 7 月到达帕德本见查理;利奥 11 月复位。

800　查理在 11 月抵达罗马。12 月举行会议。12 月 23 日,会议要求查理成为皇帝,耶路撒冷的使节也在当天抵达罗马。12 月 25 日,查理由利奥加冕,正式成为皇帝。

802　3 月举行亚琛改革会议,颁布"纲领式"律令;10 月举行另外一次亚琛会议。

806　蒂永维尔律令;帝国时代的钱币开始启用;《析产书》。

810　次子丕平去世。

811　长子查理去世。

812　拜占庭使节正式承认查理为皇帝。

813　路易成为共治的皇帝。

814　1 月 28 日,查理去世。

亚历山大

马其顿的背景

亚历山大在公元前 336 年所继承的马其顿王国,是希腊世界的异类。作为一个地区性国家,它比较类似南邻的塞萨利,而不像雅典、斯巴达或底比斯那样以城邦为中心。但是,它中央集权的程度,即使是塞萨利也难望其项背,由拥有专制权力的君主所统治,就像是荷马史诗中巴昔琉斯统治形态的重现。

马其顿在强大的中央集权体制下,渐渐征服了周边的地区与民族。在腓力二世(公元前 359—336)在位期间,它已取得对北方培欧尼亚与西方林西斯地区的控制权,这些地区就是所谓的北马其顿。腓力的征服活动也将马其顿的领土向东推展,越过了斯特莱蒙河到奈斯托斯河(他在这个地区建了菲力比城),甚至还越过色雷斯地区的罗多彼山脉,并在此建立了腓力波利斯城。这些征服行动,使他完全掌握了色雷斯的金矿及斯特莱蒙地区的林场,从而使彰显他父子两朝特色的权力与野心,有了大幅增长的可能。

在一篇据说是亚历山大在公元前 324 年欧皮斯暴动期间对其部队所作的著名演说中,综述了时人对这些成就的看法:

> 当腓力接管你们的时候,你们野蛮而贫穷。你们大多以毛皮蔽身,在山中放牧着稀少的牲畜,并且要为了它们与伊利瑞亚人、特利巴利人及邻近的色雷斯人进行惨烈的战斗。他给你们衣服穿,让你们不再赤身露体。他将你们从山上带到平原,让你们与邻近的蛮族作战,使你们的救赎不再寄托于地利,而是你们自己的勇气。他使你们成为城市的居民,并以良法善俗来管理你们的生活。

他接着又提到贸易的扩张、矿藏的保全与腓力对希腊的征服。

一般都认为亚历山大夸大其辞——假使这篇演说的内容是真实的话。因为在腓力之前,马其顿已经有了城市,而且就像我们即将看到的,也已经有了文化。而这些文句所反映的是南方希腊人的看法,即马其顿人是一个质朴的、落后的民族——甚至是"巴巴人""巴巴人"这个字眼的使用需要加以解释。希腊人用这个词汇来描述不说希腊语的民族,因为这些民族的语言(在他们听起来)就像是"巴—巴"的怪声。但是,马其顿人究竟是不是希腊人呢?

学术界对该问题的意见仍然相当分歧,而且缺乏直接的证据。反对马其顿人等同于希腊人,是上述希腊人的偏见,这充分充斥于狄莫西尼斯对腓力征服行动的抨击中。但狄莫西尼斯自诩为雅典自由的捍卫者,实别有用心。另一份证据是亚历山大在审理菲罗塔斯谋反案时对他所作的指控:他不以"马其顿语"应对,而不断地卖弄希腊语。据说,亚历山大曾至少一次以"马其顿语"向他的部队发表演说。

那些支持马其顿人是希腊人说法的学者,并不把这看成是马其顿语个别存在的证据,而只不过是在特定的条件下使用方言而已,就好像在一个主要由苏格兰人组成的英国军团中说苏格兰语一样。

对马其顿人是希腊人的说法有利的论据,来自于我们对马其顿语的认识:不管是地名、月份名还是人名,毫无例外地具有希腊语的字根和形式。这显示他们不只是把希腊语当作一种混合方言,而是把它当作母语来使用(虽然还是有一些当地的腔调,例如把腓力念成俾力普)。马其顿人自己的传说,将皇室系谱追溯到宙斯之子马其顿的儿子亚吉斯,且说建立新王朝的特曼尼人,乃是公元前 6 世纪时从希腊阿各斯地区迁来的移民,该王朝的开国君主名叫坡狄卡斯。这个传说成为马其顿人文化认同最重要的部分。它使亚历山大一世(死于公元前 452 年)可以参与奥林匹克运动会(这是只有真正的希腊人才能参加的盛会);它也反映在阿科雷亚斯(死于公元前 399 年)的政策中,他将幼里披底斯从雅典请到自己的朝廷来,幼里披底斯在这里写下《酒神》及一出名为《阿科雷亚斯》的亡佚剧作(苏格拉底也曾受邀,但并未成行)。正是因为有这样的背景,腓力才能请到亚里士多德来担任其子的老师——在此之前,亚里士多德一直在特洛亚特,辅佐阿塔诺斯国王赫米亚斯当一个柏拉图式的"哲王",而亚历山大在其成长过程中,也才会对荷马与荷马时代的世界如此向往,每晚睡觉时都要将《伊里亚特》放在他的枕下。

马其顿人在种族上的确是希腊人,他们和希腊人之间的关系也许并不像不列颠人和苏格兰人那样,而是类似日耳曼人与奥地利人的关系;但在马其顿的例子中,这只是造成两者合并的次要因素,因为腓力所要吞并的,并不只是爱琴海北部,还包括希腊大陆的各个城邦。

亚历山大出生时,马其顿在其父统治下正逐渐形成一股国际性的势力。公元前 359 年,腓力 24 岁即位。他在即位后的首项行动,就是重新整顿军队——这支军队就是亚历山大所继承并藉以征服半个亚洲的军队。这支军队的主体是重装步兵方阵,每个士兵都配备着极长的矛,这种长矛称为萨利沙。萨利沙大约有 5.5 米长,当士兵们以 10 人左右的纵队行进时,他们水平地拿着,以使敌人在足以挥剑之前,就先形成一道倾斜的矛墙迎接敌人。其他的单位也参与其中,特别是骑兵与盾牌手。腓力也善用投石机所提供的机会,而这将对亚历山大的许多成就产生重大的影响。

由于拥有这支训练有素的劲旅,腓力很快就征服北方地区,还囊括了曾为雅典属地的安菲波利斯。之后,他将注意力转到希腊本土,一开始便拿下塞萨利与福基斯北部地区。他对希腊的战略计划,因为狄莫西尼斯的多次讲演而永垂千古。在这些讲演中,狄莫西尼斯向他的雅典同胞警示了腓力的最终企图;但其他的雅典人则倾向采取姑息政策,较年长的作家伊索克拉底斯就在腓力身上看到希望——他将会带领一支希腊十字军,让公元前 5 世纪初毁灭性地入侵希腊的波斯人血债血偿。伊索克拉底斯在公元前 346 年的《致腓力书》中,就宣扬这个观念,这也许只是与腓力的最终野心不谋而合,而不是为他提供了一个从未想过的想法。在这个时候,波斯王阿尔塔薛西斯也察觉腓力的计划,并开始备战,大量招募希腊雇佣兵。345 年年底,大军占领西顿后,继续前往征服由涅克塔涅布法老为首的民族主义政权所统治的埃及,最后涅克塔涅布流亡,埃及投降,而腓力则权宜性地与波斯签订了互不侵犯条约(公元前 343 年)。

当时亚历山大 13 岁。他出生于公元前 356 年,是腓力的第三位妻子奥林匹娅斯所生。腓力有许多妻子,全都是政治婚姻;奥林匹娅斯是伊庇鲁斯的纽普托利马斯之女。她第一个产下子嗣,且在腓力陆续娶了其他两名妻子后,小心翼翼地护卫着亚历山大的继承权。腓力的最后一个妻子,克莉奥帕德拉,是阿塔拉斯的亲戚,她和腓力可能是对恩爱夫妻;但在适当时机,奥林匹娅斯铲除了她与她的婴儿卡拉努斯——亚历山大的可能对手。奥林匹娅斯就是这样一个强悍、可怕的女人,而亚历山大终其一生一直对她十分敬畏。

腓力与奥林匹娅斯初识于萨摩色雷斯正在举行神秘仪式的大神殿中。奥林匹娅斯似乎信奉着一些拜蛇与弄蛇的特殊信仰,于是就产生了许多关于亚历山大身世的传说。例如说他其实根本不是腓力的儿子,而是奥林匹娅斯与蛇交媾的结果。这个传说利用了将蛇视为阿蒙转世的观念而影响越来越扩大。这种神圣降生的观念,经《亚历山大传奇》的作者之手而大功告成。故事中说,亚历山大实际上是从埃及逃亡到马其顿的涅克塔涅布法老之子。涅克塔涅布借着传达阿蒙选中奥林匹娅斯为妻的神意,说服奥林匹娅斯与他同枕。他在夜间潜入她的闺房,头上绑着一对公羊角,背上披着紫斗篷,与她发生关系。

《传奇》将这当作腓力怀疑亚历山大合法性的一个理由,而其他的史料也清楚地呈现他对这个年轻小伙子的猜疑,或许也包括对奥林匹娅斯野心的疑忌。但他还是将他带大,并施以储君所需的教育。他将当时一流的学者亚里士多德从阿塔诺斯请到佩拉来担任他的老师,接着又将这个学堂迁移到更边远的地方,即贝洛伊(维利亚)附近的米达斯花园。其他的学生包括数名出身良好的马其顿青年:阿明特之子赫菲斯提昂,他一直是亚历山大最亲密的朋友;安提培特之子卡散德、拉加斯之子托勒密都是未来的君王;以及佩拉的马西亚斯,他后来写了一本关于亚历山大的书。普鲁塔克(他曾看过亚历山大的信件)告诉我们,除了阅读荷马的诗句(希腊教育的基础课程)之外,亚里士多德还教亚历山大伦理学和政治学,"以及那些哲学家们通常不会在正常教学过程中教授,而只以口头传授给特定受教者的神秘之学"。这可能只是想象,但普鲁塔克也告诉我们:"我相信,亚里士多德比任何人都还要用心地培养亚历山大对医术及哲学的兴趣。"普鲁塔克想要生动地描绘出一个和他自己一样具有哲学兴趣的年轻人的形象。的确,亚历山大带着随行的科学家来到亚洲,或多或少就是因为亚里士多德所灌输给他的学问的缘故。亚里士多德写了两篇作品,即《君道》和《上亚历山大论殖民地疏》,现在都失传,它们显然都是针对未来君王的需求而作,尤其是后者,似乎反映了亚里士多德的殖民观,即认为蛮族国家就像小牛一样,需要借助文明人(如希腊人)之手,才能超越他人——这个观念正好与马其顿朝廷中征服亚洲的思潮不谋而合。埃伦伯格认为这些观念影响了亚历山大在统治被征服者时的实际措施,但证据却显示,就像我们即将看到的,虽然他深爱着希腊文化,但希腊人对其他民族的统治却是细枝末节,甚至马其顿的支配权也因为他任用本土总督而缓和多了。

亚历山大的第二位老师是莱奥尼达斯,是他母亲的亲戚。莱奥尼达斯使亚历山大拥有了强大的朝廷,但他之所以名留青史,主要是因为亚历山大在第一次远征后对他开了一个玩笑。莱奥尼达斯曾吩咐他的学生,在征服生产乳香的土地之前,别去沾染它;于是当他完成大业时,亚历山大送了他大量的乳香。

亚历山大在求学期间得到了他的名驹布西法拉,陪着他一路到印度。这个故事由普鲁塔克叙述,而《亚历山大传奇》更把它当作展现小王子卓越能力的例证。一匹非常难以驾御的马被当成礼物送给腓力(更夸张的版本说它还吃人肉),每个人都对它非常畏惧,但亚历山大发现这只动物其实是在蹬踩自己的影子,于是他把它牵离太阳底下,安抚它,最后骑上了它。这段逸事展现了他在管理人民和禽兽上无可置疑的能力,而且可以完成他人无法完成的事。

亚历山大的相貌很醒目,虽然不像各种雕像所展现的那样出奇的英俊。就像拿破仑一样,他其实相当矮。根据《亚历山大传奇》的记载,他的眼睛有不同的颜色。这个讯息,与大多数雕像所刻画相当具有特色的转头望着天空的神色,已经被当作"扭头歪颈"的表现方式,这是一种头部姿势,可以弥补一只眼睛的呆滞。于是,一个缺陷在艺术上却成为表现王权的象征。

腓力在公元前338年展开征服希腊的最后行动。坚守希腊最后防线的雅典和底比斯在恰罗尼亚战役中被击败(8月),这是导致希腊自由告终的大事。当时18岁的亚历山大,统领左翼的骑兵,在战役中作了决定性的一击。战后,希腊联盟(系沿用公元前480年为抵抗波斯人所建立的联盟的名称),又称为科林斯联盟,在腓力的领导下成立——这以一种较温和的方式来宣示腓力现在已经控制了希腊。公元前337年秋天,科林斯会议批准了组成波斯远征军的计划,翌年春天,腓力的将领帕曼纽(公元前400—327)和阿塔拉斯(公元前390—334;腓力之妻克莉奥帕德拉的叔叔)被派到小亚细亚执行初期的工作。帕曼纽是腓力最优秀的将领——腓力曾对他说:"雅典人每年选举10位将军,但我只找到了一位将军——帕曼纽。"在腓力之后,他继续效忠亚历山大,直到他在公元前330年去职为止。在远征军出发后不久,波斯王阿尔塔薛西斯就死了,由大流士三世继位。

万事似乎都照着腓力的计划顺利进行,但他的家庭中却产生一些紧张关系。如前所述,腓力在公元前338年娶了尤莉蒂斯的克莉奥帕德拉——这个举动使奥林匹娅斯陷入疯狂的嫉妒情绪中,而这也使亚历山大和他的父亲在婚宴上发生激烈的争执,这在大量饮用烈酒的马其顿节庆中是很平常的。克莉奥帕德拉的叔叔阿塔拉斯要求聚会的群众同声祈祷:"腓力与克莉奥帕德拉能够产下一位合法的继承人。"亚历山大咒骂攻击这种对其合法性的蔑视行为,向他丢了杯子。腓力拔剑指着他的儿子,但却在他能作出任何伤害之前就趴倒在桌子上了。之后,亚历山大马上前往伊利瑞亚,而奥林匹娅斯则到伊庇鲁斯去。他们是否在之后的事件中扮演任何角色,永远不得而知,但两人的确都处在不安的境地,尤其是克莉奥帕德拉在公元前336年产下一子之后更加明显。博斯沃思指出这些事件有宫廷政争的含义,也有明显的个人嫉妒因素:克莉奥帕德拉,出身于一个古老的马其顿家族,代表南马其顿的精英群体;而奥林匹娅斯,一个伊庇鲁斯人,则是一个外族。这就可以解释亚历山大的合法性为什么会受到怀疑,以及奥林匹娅斯为什么要回到支持者所在的伊庇鲁斯的原因。这个时期,显然因为腓力继承人问题而呈现剑拔弩张的分裂现象,而其间不受注意的插曲,即卡瑞亚君主皮索达露斯提议将女儿嫁给亚历山大有智力障碍的异母弟弟阿尔希杜斯,也在这些事件的纠葛中占了一席之地,虽然它实际的重要性已无从评估。

然而,亚历山大很快再度得宠,至少在佩拉的地位是如此。在前往亚洲的时刻,腓力需要巩固后方的马其顿地区,于是亚历山大从伊利瑞亚被召回来当摄政。在这看起来像是讲和的动作中,腓力将奥林匹娅斯所生的女儿克丽奥帕德拉(有别于他的妻子克莉奥帕德拉)许配给伊庇鲁斯王,他的名字也叫亚历山大(莫洛家的亚历山大),同时也是她的舅舅。这项婚约藉着建立腓力家与伊庇鲁斯王之间的独立关系,进一步使奥林匹娅斯的地位岌岌可危了。马其顿的首都埃盖(今维吉那)为此举行了盛大的庆祝活动,贺客来自全希腊。庆典的第二天是竞技活动,地点在埃盖的剧场,腓力以简单的仪仗进入剧场,穿着白色的斗篷,随侍的人员一边是他的儿子亚历山大,另一边是女婿亚历山大,护卫们则奉命在稍远地方随行。当他停下来接受群众的喝彩时,护卫中的一个成员,保萨尼阿斯,冲向前来行刺腓力,保萨尼阿斯很快就被抓到,并被成群的贵族刺死,但腓力却已当场身亡。

保萨尼阿斯的动机是很明白的(狄奥多拉斯对事发经过的报告,还有沙泰路斯,当时一本谈及腓力的书籍的作者,都是资料来源)。他一直是腓力的情人,但腓力移情别恋爱上另一个年轻小伙子。保萨尼阿斯又曾经在腓力的岳父阿塔拉斯安排下惨遭被轮奸的奇耻大辱,但腓力却置身事外,于是怒火中烧的保萨尼阿斯,开始筹划谋杀的行动。这个动机,虽然是千真万确的,但对解释凶手何以采取如此公开且无所遁逃的行动,却一点也不充分。人们常常怀疑这个故事是一个"官方版本",在这个行刺案背后还隐藏更多不为人知的事——如波斯人的阴谋或奥林匹娅斯和亚历山大的参与。另一个可能是由林西斯的亚历山大所策划的政治阴谋,为的是要除掉克莉奥帕德拉的子嗣,并保障亚历山大在卡拉努斯长大前的继承权。当然,林西斯家族在谋杀案后备受隆宠。野史更流传着奥林匹娅斯在保萨尼阿斯被钉在绞刑架上示众的尸身上戴上一顶金冠,而她在每年的案发纪念日,都会在案发地点洒下奠酒。现在真相如何已不得而知了,但奥林匹娅斯的家庭的确得到利益,因为亚历山大马上成为无可置疑的君王。而波斯却没有因为冲突对象由腓力变成亚历山大而得到半点好处,因为波斯远征军则以更快的速度前进。

腓力被以国君之礼下葬。假如曼诺利斯•安卓尼可斯在 1977 年到 1978 年间在维吉那(埃盖)发现的坟墓的确是腓力的,我们便确切知道了他所躺卧的地方,是在一道绘着珀尔塞福涅降入冥府情景的石膏墙后。一些墓葬品,包括不等长的护胫甲(腓力是瘸子),及左眼有一道大切口的头骨(腓力有一只眼瞎了),都显示墓主是腓力。但许多考古学者认为这个坟墓应是一个较晚的马其顿王的,也许是阿尔希杜斯的。因为墓中所发现的腓力和亚历山大的象牙肖像,看起来就是要从后见之明的角度,凸现他们之间继承关系是理所当然的。

政权的巩固

亚历山大即位后的第一要务是确保王位。不管他自己在腓力遇刺案中扮演何种角色,还是有其他人想借腓力之死而获取王位。所以尽管人们欢呼这位年轻人登上宝座,他还是展开铲除可能政敌的行动。普鲁塔克说这时"整个马其顿都注意着伊若帕斯的儿子们"。其中之一,是林西斯的亚历山大,他是安提培特的女婿,他迅速向亚历山大大帝宣誓效忠,因此得以活命。但他的两个兄弟则立刻被处死。林西斯家族年纪最小的亚哈百欧斯的两个儿子,在亚历山大的亚洲远征军中执掌兵符,又根据阿里安一些说法,其中较年轻的纽普托利马斯,变节投向大流士,但狄奥多拉斯却说了一个不同的故事。公元前 334 年冬天,林西斯的亚历山大被人举发与大流士勾结谋反而被捕下狱;在公元前 330 年菲罗塔斯叛乱案结束后被处决。两家的确没有丧失半点交情。

较年轻的林西斯家成员被处决,不是因为他们构成直接的威胁,而是因为他们可能会支持较强大的争位者——坡狄卡斯的儿子阿明塔斯。阿明塔斯本身就像是王位争夺者,并在这一年被处决,而且也许还更早。

　　腓力两个最忠诚的将领,帕曼纽与阿塔拉斯,当时在小亚细亚指挥作乱,虽然亚历山大一再疏远帕曼纽,但他终其一生似乎一直对君王十分忠诚。阿塔拉斯(娶了帕曼纽的女儿)则大不相同。他在腓力死后便与雅典人勾结谋反,但帕曼纽并不愿配合他的计划,而阿塔拉斯还来不及悬崖勒马,就被亚历山大派来的密使赫卡塔亚斯杀了。婴孩卡拉努斯则在稍后才被处决;在公元前335年的上半年,当亚历山大正在伊瑞里亚作战时,他命令他的母亲处死这个男孩。但奥林匹娅斯所做的逾越了她所接到的指令,她残酷地杀了卡拉努斯和他的妹妹;而他们的母亲克莉奥帕德拉不是被杀就是上吊了。亚历山大至此成为王室惟一的代表,除了他有些心智障碍的异母兄弟腓力·阿尔希杜斯(腓力的侍女菲林娜之子)以外。

　　亚历山大所面临的第二要务和希腊城邦有关。他们对腓力死讯的反应是在边界作战。在雅典,狄莫西尼斯投票同意授予暗杀腓力的刺客一顶金冠,并与阿塔拉斯通信(如上所述),企图推翻亚历山大。亚历山大的谋士,其中以安提培特(亚历山大在亚里士多德的学校中的同学卡散德之父)为首辅,劝他要小心,但亚历山大马上向希腊南部进军。在发现腾伯谷已由塞萨利守军驻防后,亚历山大并没有停下来谈判,而是越过欧萨山脉,将全军带到面海的峭壁上。结果塞萨利人承认失败,并选举亚历山大为领袖,承认马其顿的统治权。这是亚历山大首次展现其惊人能力,他以出奇不意的军事部署达到目的。

　　在佛西斯的同盟大会很快承认他对希腊的领导权。底比斯、雅典、麦加拉也都平静地接受,只有斯巴达委婉地坚持"他们古老的传统,不准他们侍奉外邦领袖",但他们也不像在找麻烦。亚历山大对希腊的进军到科林斯为止,他在那里成为希腊同盟以及反波斯之战的领袖,但在他回马其顿之前发生了两件有趣且重要的事。

　　第一件事是他遇到犬儒哲学家第欧根尼。犬儒学者不以一般人的标准来安身立命,他们不要床和餐具,而以"遵循自然"的生活为目标。第欧根尼几乎是裸体住在科林斯的一个桶子里,据说他习惯在大白天提灯在街上徘徊"找好人"。传说他为了证明某个论点而生吃章鱼,结果却窒息死亡。犬儒学者以苏格拉底为榜样而在政治上扮演异议者,他们喜欢尖酸刻薄的词语,以及妥帖的双关语。有些学者曾经猜想他们可能受到像亚历山大后来在太克西拉所遇见的那种印度苦行者的影响。也许并非如此,但其中实有相似点,就像它和20世纪60年代的嬉皮士运动也有若干相似一样。亚历山大对普世权力的热情与他的好奇心,是他们难以想象的。一次如此痛快的会面"必须发生"。这件史事可能出自对犬儒哲学很有兴趣的欧奈西克瑞塔斯(见第6章),即使这个有趣的事件就像许多学者所说的是纯属虚构,它已经成为有关亚历山大的传说中,流传最久的一个,同时也是两种生活模式对照的象征。

　　好奇心将亚历山大引导到第欧根尼面前,他看着第欧根尼,但对方一语不发。最后亚历山大问第欧根尼是否想要向伟大的君王请求些恩典,第欧根尼说:"是的,请你站旁边一点,你挡住了我的阳光。"亚历山大深受感动,他说:"如果我不是亚历山大,我就要当第欧根尼。"

　　第二件可以反映亚历山大性格,事件发生在之后不久他在德尔斐参观神坛时。

他到的时候是在冬天(11月底),传说那时阿波罗神已被送去和希佩博雷安人欢宴,而神谕也不再进行,但亚历山大是不可以被拒绝的。他将一个女祭司拉进神庙内要求降下一道神谕。她也在地上挣扎,边喘息地说:"年轻人,没有人能抗拒你。"亚历山大把这当成一个十分满意的神谕,他送了神庙一份礼物,然后就回到马其顿。这段轶事展现了亚历山大将其一生功业与神明的支持及认可结合的重要性。但和前一个故事一样,这个故事也几乎可以确定是虚构的:其来源可能是克利塔朱斯。

在回到马其顿后,一个新的军事行动正等待着他:一连串叛乱事件的镇压,最初是以保加利亚多瑙河南岸为基地的色雷斯人和特利巴利人,接着是多瑙河北岸的盖塔人,最后则是据有现在的阿尔巴尼亚地区的伊利瑞亚人。靠着战略与效率,而非强大的军力,亚历山大打败了所有的对手,特利巴利国王向马其顿俯首称臣,其他民族也随即效法。

亚历山大离开西北部给了希腊城邦发展新反抗势力的机会。狄莫西尼斯散播了一个谣言——甚至还编造出了一个血迹斑斑的信差——说亚历山大已被特利巴利人杀了。更紧急的是,波斯王已经送金子给雅典人支持反抗亚历山大的行动。他并针对帕曼纽在小亚细亚的活动加紧行动,派了他最精干的将领,希腊雇佣兵罗德斯岛的迈农,迫使帕曼纽从特洛亚特占领区撤军。此外,底比斯也在狄莫西尼斯的谣言鼓舞下,起而公开叛乱。

亚历山大在两星期内就兵临底比斯城下,当时城内并非处于人心思和的情况下,底比斯城的领袖决定为自由而抗战到底。他们的前锋们高声呼唤着所有愿意"拥护大王和底比斯解放希腊人"的人加入他们行列。亚历山大的回应是彻底摧毁这座城市。经过城垣前的激烈战斗后,一座边门被打开,亚历山大的军队长驱直入,掠夺、奸淫、烧杀。在战争结束时,有6000个底比斯人死亡,3万人下狱,亚历山大召开了希腊同盟的会议以决定底比斯的命运。可以想见的,他们不会对他的提议有所争论。除了神庙与死于120多年前的希腊诗人品达的故居之外,整个底比斯城被夷为平地,而残存的居民,除了僧侣与知名的马其顿支持者之外,则被发卖为奴。

雅典于是陷入恐慌,议会中争论着到底应该抵抗还是投降,亚历山大要求10位将军投降,但演说家德马狄斯派了一个使臣到佩拉,成功地使亚历山大大帝取消了这道命令(但亚历山大坚持放逐10人当中的卡瑞狄莫斯,而他马上逃亡到波斯)。雅典人就和其他希腊城邦一样,遵照亚历山大大帝的指示,但他们从来就不曾欢迎他的政权。

在平息希腊人的抵抗行动以后,亚历山大将全部精力转向发动攻打波斯的十字军,这曾是他的父亲的野心,同时也将曾为他一生主要的活动。但是,他为什么要这么做呢?

小亚细亚之战

波斯帝国——或希腊人所称的米提斯帝国——是由波西斯(伊朗南部)王居鲁士大帝在公元前559年占领米地亚(哈马丹附近伊朗西北部山区)所建立。在公元前540年代,居鲁士取得小亚细亚地区,包括利地亚王国与爱琴海岸(爱奥尼亚)的希腊城邦在内的控制权。公元前529年,居鲁士之子冈比西斯继位,更将埃及收入版图。

在冈比西斯的继承者大流士(公元前521—486)漫长的在位期间,由于爱奥尼亚的希腊人在公元前499年发动了一次不成功的叛变,使版图扩张事业因而中断。雅典人与埃雷特利亚人对这场叛变的参与,导致一场与希腊的战争。在这场战争中,波斯人在马拉松战役中被希腊联军彻底打败(公元前490年秋天)。不过,当大流士的儿子薛西斯即位以后,他便重新拟定征服希腊的计划。希腊人也再次在一连串的战役中击溃波斯军,在海路有萨拉米斯战役(公元前480年),以及后米的米卡尔战役(公元前479年);在陆路则有普拉提亚之战(公元前479年),在这次战役中,底比斯的立场是站在波斯这一边。但是波斯在公元前480年袭击雅典并烧毁卫城神庙的行为,却是永难忘怀的耻辱,而抵抗波斯人,也就成为希腊认同的决定性因素。即使是在150年后,爱奥尼亚希腊人被波斯"奴役"仍是大陆希腊人心中的痛楚。所以希腊人的意见总是支持组织一支十字军来对抗这个宿敌。这便是马其顿人取得希腊领导权以及希腊人予以认同的这些主要原因,而这个王国也分享了这份野心。

大流士的帝国疆域广大,不只包括今日的伊朗全境,还包括整个小亚细亚,从扎格罗斯到海洋的整个黎凡特地区,还有埃及。在东方,它统一了阿富汗,并染指印度河河谷;同时还包括了中亚的一部分,至少远达奥克苏斯河。这样广大的领土自然不是臣服于一个中央集权的体制之下。行政系统是掌握在称为省长的地方统治者的手中,更往东方的地区则是处于忠于波斯的地方王公统治之下。虽然领土庞大,帝国借着高效率的交通制度而维持统一,其枢纽是从萨迪斯到苏撒的御道,每隔一段距离就设一个驿站,以供递信之用。帝国仪式性的首都是波斯波利斯,而居鲁士大帝就葬在附近的帕沙加达;但朝廷大多数的时间则驻在底格里斯河和幼发拉底河合流处的巴比伦城(接近巴格达),在酷热的夏季,则迁到米地亚的山城埃克巴塔纳(即哈马丹)。

亚历山大可能继承了他的父亲解放小亚细亚希腊人的有限目标——而这正是帕曼纽和阿塔拉斯在特洛亚特进行的事业(不管希腊人是否愿意被解放)。亚历山大和腓力一定都了解到,地理的因素使希腊军队无法永久控制爱琴海。一旦有以陆地为基础的势力决定占有这个地区(如同20世纪20年代的鄂塔图克土耳其人,希腊的海上势力根本无力抵挡。所以他们的目标很快就转变为打败波斯国王以取得其西部领地的永久统治权。由于亚历山大每战皆捷,其野心也越来越大;但在他出发时,他最低限度的目标,就是迫使大流士无条件地承认希腊人对他选择征服的土地具有主权。

战斗在公元前334年春天展开。亚历山大的军队由3万名步兵和5千名骑兵组成;但他还保留了相当数量的步兵及大约1500名骑兵,以维护希腊和马其顿的安全。他同时也拥有一支由120艘战舰和一些补给船所组成的舰队。安提培特留下来担任马其顿的摄政,及希腊同盟的代理领袖。

大军在20天后抵达赫勒斯滂(达达尼尔)海峡,并开始渡海到亚洲。这是一次耗费时日的行动,帕曼纽负责管理此事,而亚历山大则改走一条具有高度宣传价值与宗教意义的迂回路线。首先他向"普罗太劳西斯"的坟墓献祭,他们是特洛伊战争中第一批登陆的希腊人,同时也是第一批死难的人。然后,亚历山大越过加利波利海峡,在他登陆的时候,他将矛重重地投掷在亚洲的土地上,他宣称所有的疆土将会是"以矛赢得",他立下祭坛,并向特洛伊前进。他受到当地希腊人欢迎,并向被指为希腊英雄阿基利斯和埃阿斯的坟墓献祭,然后和他的朋友赫菲斯提昂绕着阿基利斯和帕特卢克拉斯的坟墓进行了一场赛跑,阿基利斯和帕特卢克拉斯在生前是形影不离的好友,就像亚历山大和赫菲斯提昂现在一样。根据《亚历山大传奇》的说法,有一位当地诗人写了一首关于亚历山大的诗,内容超过荷马对阿基利斯的赞颂。亚历山大刻薄地回应道:"我宁愿是荷马笔下的忒尔西忒斯,也不要是你诗中的阿伽门农。"这一连串的事件不只显示亚历山大对荷马诗作的欣赏——甚至是着迷,也显示他的复仇不只是要讨回波斯占领爱奥尼亚所失去的颜面,还要讨回在特洛伊战争中所蒙受的羞辱,这是希腊人与亚洲人首次发生冲突的战争。他在雅典娜神庙中,将自己的盔甲献给雅典娜,而穿上一件据说是特洛伊战争时代传下的盔甲,此后他一直把它当作护身符般的穿着。

渡过赫勒斯滂海峡的工作完成后,大军小心向前行进,而波斯高层则在西面100公里外的泽雷亚讨论下一步的行动。波斯军队虽然有强大的、大约2万名强壮的骑兵,但步兵则较弱;其中最优秀的可能是希腊雇佣兵(数量约有2万名)。波斯军中的希腊雇佣兵统帅迈农,主张焦土政策,摧毁亚历山大大军前方所有补给来源;但当地的省长则反对这项建议。最后大军推进到格拉尼卡斯河河畔驻扎,亚历山大便在这里与波斯军打了第一场战役。

史料对当时所发生的事实有不同的记载。最支持亚历山大的材料指出他进行了一项不可能的行动。波斯军队集结在陡峭、泥泞、湿滑的岸上。阿里安与普鲁塔克描述,在黄昏时分,亚历山大发动了一次正面攻击,渡过河流,登上河岸,穿过波斯的防线而得到胜利。但狄奥多拉斯则说这是一次拂晓奇袭,大军向下游移动到一处浅滩,从侧翼包围了波斯军,以迅雷不及掩耳之势俘虏了他们。有趣的是,这正是阿里安所说帕曼纽建议的奇袭方式。假如亚历山大循前往当地首府的路线走,他应该会被引到一个较容易攻下的要塞。我们怀疑赞颂的传统可能使亚历山大的行为变得更英勇,并以帕曼纽的懦弱来对比亚历山大的果敢。那些将阿里安的记载奉为圭臬的人,通常认为狄奥多拉斯是不可靠的,其实他的作品中保存了比较可靠的记录。

决定性的一战在于英勇地摧毁敌人的骑兵队,而亚历山大也亲身参与其中。他与死神擦身而过,所幸王家骑兵队的队长克雷塔斯救了一命,克雷塔斯在攻击者准备给亚历山大致命的一击时,砍断了他的手臂。在击溃波斯人的骑兵后,马其顿骑兵轻易地包围了波斯人和佣兵。屠杀的规模很大,8名波斯将领被杀,生还的波斯高级统帅阿西提斯则自杀了。亚历山大赢得战役,而小亚细亚也在他面前展开。

他如秋风扫落叶般地拿下爱奥尼亚海岸,经由一条内陆便道,到达利地亚行省的首府萨地斯。总督米瑟瑞尼斯在亚历山大兵临城下前便投降了,因此亚历山大能够得到城中所贮存的财富。腓力已使马其顿前所未有地富裕起来;但像亚历山大这样的远征,需要特别的资源,而战利品的取得是这个时期重要的战略因素,就好像保有财富对行省补给制度的重要性一样。该省的省长斯皮色瑞达提斯由帕曼纽的兄弟阿散德取而代之;亚历山大并任命了一个新的总督鲍散尼亚,以及财政官尼西亚斯。

以弗所、马格尼西亚和特拉利斯等城市都毫无抵抗地迎接亚历山大,"解放希腊人"的口号使一直是由寡头控制的城市重新开始民主化。这项政策与希腊本土的方式相反,在希腊,亲马其顿的寡头反被拥立为城市的统治者;但两者都是由忠于马其顿,并以马其顿为保护者的新统治阶级组成。对波斯的贡赋被废止,城市承诺从此之后向新统治者纳"献金",一些比较精明的人可能已能分辨这与贡赋的差异。战区中所有的城市也都建立起军营。

到底这些城市有没有成为希腊同盟（科林斯同盟）的一员，引起许多争论。事实上双方都没有证据。一个更重要的问题是，这些城市的"解放"有什么意义。对德罗伊森而言，就像巴迪安所指出的，亚历山大是原始的俾斯麦，在帝国中建立了像汉堡这样的"自由的帝国城市"。威尔肯和柏夫则认为这些城市成为联盟的一部分——"献金"就是它们尽军事义务的方式。塔恩采取特别的看法，认为这些城市都是完全自由且自主的，这是一种公然与已知事实相对立的诠释，阿斯彭杜斯对自由的代价犹豫不决后所获得的遭遇，便是明显的例证。亚历山大在首领们改变心意前，已经准备要进行围城（然后将献金提高一倍）。就像巴迪安所总结的，城市自由与否的条件是它们是否服从亚历山大。希腊城市与像萨地斯这样的非希腊城市，都受到相同的待遇，且行政事务大多没有改变。它们的法律也像阿里安所说的"被保存下来"。在亚历山大的心中还有更重要的工作要作，而服从就是他所要求的一切。博斯沃思采取比巴迪安更宽容的观点来看亚历山大的行为，例如他对普里尼城的处置就相当"宽大为怀"，但这不过是因为没有动武罢了。

　　亚历山大想要为他的造访以弗所留下永久的纪念，下令重建阿提米斯神庙，根据传说，它是在亚历山大降生的那晚，被一个想要名留青史的疯子希罗史垂特斯烧成灰烬（他成功了）。但是以弗所以外交辞令"神不当赐给别人神庙"，拒绝了他的提议。亚历山大在被迫解放的普里尼城有比较好的运气，他捐助兴建新的雅典娜波里亚斯神庙，而且他的功德还被记录在一块大的碑刻上（现在收藏在大英博物馆中）。

　　米利都也不愿解放，而希望能够保持中立地位，但亚历山大的围城器械很快就使他们改变心意。这一次没有任何波斯军队的活动，而只有迈农的军队从海路袭击亚历山大。亚历山大的小舰队击败了每一支来袭的军队，因此迈农的出现显然毫无影响。这似乎是亚历山大之所以决定不靠舰队，并解散舰队的原因。维持舰队的费用昂贵，而且是由忠诚程度堪虑的希腊人来驾驶。这个决定使他必须占领所有东地中海的港口，以确保后方的安全，而这也是他正在进行的工作。不过，不靠舰队的决定则终将证明是短视的作法。

　　亚历山大前进到卡瑞亚。迈农旗下的波斯人已经重新在其首府哈里卡纳索斯集结，这里是由一位卡瑞亚王公统治。其合法的女王阿达，被她的兄弟皮克索达拉斯驱逐；不过他刚刚过世，现在统治权则落入他的女婿波斯人欧戎托巴提斯手中。亚历山大的"解放"策略使亚历山大到阿达所在的阿林达要塞请求她的协助，而她也收亚历山大为养子。其他的卡瑞亚城市在亚历山大经过欧罗木斯，来到海岸地区，从西北方接近哈里卡纳索斯的城墙与卫城时，都张开双手欢迎他。亚历山大在等待运补给船将围城器具运来时，延迟了一点时间。器具运到后，城墙很快就被摧毁。许多守军被杀。虽然迈农和欧戎托巴提斯仍然掌握着卫城的控制权，但他们在当天晚上，烧了残存的建筑物，然后撤出这座城市。亚历山大摧毁了这座城市，复立阿达为女王，并建立一支庞大的防卫部队。他认为这样应该可以安全地向前迈进了，不过迈农的势力仍然很大。

　　下一个阶段的目标，是要建立对小亚细亚南岸的控制，并歼灭敌军所有的力量。但帕曼纽还是被派到萨地斯同安那托利亚中部的民族作战。在公元前334年到333年的仲冬，亚历山大在发西利斯度过，这时帕曼纽送来了一份奇怪的情报。帕曼纽俘虏了一个名叫西西尼斯的波斯人，他把一封大流士的信带给林西斯的亚历山大（当时正在帕曼纽的部队中服务),以 1000 泰伦的价钱要他谋杀亚历山大国王。当西西尼斯将他的故事告诉亚历山大后,亚历山大并不确定是否应该相信。它是否可能只是帕曼纽消除可能对手的阴谋?或者它是真的?亚历山大后来宣称奥林匹娅斯曾经写信警告他注意林西斯家族的行动。亚历山大采取了预防措施,逮捕这个和他同名的人,并严加看管,但他一直到公元前 330 年底,才因牵连到所谓的菲罗塔斯叛乱案而被处死。

在处理了这个问题之后,亚历山大沿着海岸行进,进入潘菲里亚。部队沿着一条由前锋特地开辟的道路,越过了克莱马斯山,但亚历山大和他的随员则沿着海岸旅行。海水拍打着峭壁,覆盖了狭窄的通道,往北吹的风则为国王清理出道路。史家卡里西尼斯把这个事件看作是它们臣服于新主人的表示。

这个地区其他的城市——太米萨斯、阿斯潘达斯、佩尔格、塞尔吉、萨加拉苏斯——很快就被征服,亚历山大现在准备越过山脉到戈尔迪乌姆与帕曼纽会合。他必须通过凯莱奈,这是御道的一段,并且必须保持它的安全。但是这座城市易守难攻,而且也准备好面对围城的状况。亚历山大急于前进,于是他留下一个将军,独眼安提哥纳,负责该地区的防守事宜,自己走过 130 英里的路程,在公元前 333 年抵达戈尔迪乌姆,而这座城市马上就投降了。帕曼纽的部队大约在 4 月时抵达,马其顿军队再次会合。

不过,西方传来不好的消息。迈农重新占领了许多爱琴海岛屿,并且可能已经在计划经由攸卑亚直接入侵希腊。亚历山大被迫建立一支新的舰队——这是他曾经想要减省下来的花费——并派遣指挥官回希腊战场。

在戈尔迪乌姆的时候,他得到了一次作宣传战的好机会。在传说中的福瑞吉亚王国的高地亚斯王宫里,有一辆从头到尾都被山茱萸绳结捆住的战车,但却找不到绳结的头在什么地方。有一个古老的传说,也许是为这个场合发明的,说什么人能够解开这个结,就可以成为全亚洲之王。亚历山大想了一下,就以他惯有的冲动来撇开小困难,他用剑斩断了这个结。卡里西尼斯马上就欢呼这项成就将是神圣力量为本次战役所作的保证。

更进一步展现上天眷顾的当然是迈农在这时突然因病暴毙。结果使大流士无心进行欧洲的战事。波斯人仍然控制爱琴海,但波斯人现在的策略则是要在陆上歼灭亚历山大,而这也是一种适合亚历山大的战法。

当大流士在巴比伦等待新军的到来时,亚历山大则加紧通过安那托利亚高原以进入西里西亚。他通过了只有微弱抵抗的西里西亚关,在公元前 333 年 9 月 3 日抵达塔尔苏斯,他最后的 55 公里路程,是在一天之内走完的。由于酷热与疲累,他跳入西德纳斯河游泳,但随即就生病了。高烧以及随之而来的抽筋与寒冷,使国王在床上躺了几个星期。他的私人医生菲力普准备了一些药,准备要帮他退烧,但帕曼纽捎来的信息却指出菲力普计划要毒害亚历山大。亚历山大读了这封信,并把它交给菲力普看,然后喝了那碗药。很幸运的,虽然药力一开始时很猛烈,但却发挥了人们想要的结果,亚历山大也因此逃脱了鬼门关。奇怪的是帕曼纽在这个怪异的事件中,究竟有什么目的。

在这之前,大流士已经集结了一支大军——根据阿里安的说法,这支大军人数有 60 万,令人难以置信,其中包括 3 万名希腊雇佣兵,而且正从巴比伦向北行进,王室的财宝与宫中的妃嫔，包括大流士的母亲妻女都随军而行。行李辎重（虽然不是王室的妇女）则安全地留在大马士革，大军在索契扎营，离依斯康德伦湾只有一小段距离，但以阿马努斯山区分隔开来。

在亚历山大逐渐康复期间，军队的进展相当缓慢。他现在向东移动到依萨斯。依萨斯靠近依斯康德伦湾头，控制着海洋与延伸到叙利亚的阿马纳斯山脉间狭窄海岸平原的入口。由于不确定大流士的位置——就像大流士也不知道亚历山大的位置一样——马其顿国王快速向前移动到一个名叫米瑞安德拉斯的地方，其地接近"叙利亚关"。他把受伤患病的都留在依萨斯，很清楚，亚历山大（如果不是帕曼纽）预见通过叙利亚关后攻击来自南部。事实上，大流士横扫阿马纳斯山脉以北的地区，并来到依萨斯的营帐。他在那里俘虏了就医的士兵，在切断他们的双手并用树脂腐蚀他们的残肢后，便把他们送回去向亚历山大报告波斯军的强大。波斯军现在从北方来到亚历山大的后面。

才刚抵达米瑞安德拉斯的大军必须回头面对突然出现的敌军。大流士的军队以依萨斯南方不远的品那拉斯河畔为基地。在平原上有许多河流，一条相关的河流可能是库鲁凯河，位于平原狭窄部分的北方 15 公里处。所以就像在格拉尼库斯一样，两军隔水相望。这对马其顿方阵而言是一场灾难，因为在渡河的时候部队会分散混乱，而且必须与波斯的希腊雇佣兵进行肉搏战，萨利沙长矛也变得英雄无用武之地。在另一方面，平原的狭小意味波斯在人数上的优势与骑兵都不能发挥效用。亚历山大终于找到大流士，并且以杀之而后快的决心追赶着他——这也是庞贝城牧神之家中著名的马赛克所描绘的时刻。但是，大流士亲手驾着自己的战车，很快逃跑了。波斯骑兵也跟着大流士一同撤退，钻进了他背后的步兵中。这时马其顿的方阵重新组成，并把雇佣兵们逼到河里。很快整个波斯军队就溃散了。但夜晚的降临使亚历山大的士兵无法追到大流士。

马其顿人很快就控制了波斯军营，掳获了价值连城的家具、金质的餐具，和 3000泰伦的黄金及宫中的妃嫔。亚历山大在大流士的浴缸中洗了个澡——一个廷臣向他指出，这个浴缸现在已是"亚历山大的浴缸"了——他又坐在一张高级的长椅上用餐，以嘲讽的口气说："这才是个国王的样子。"根据希罗多德的说法，斯巴达摄政波萨尼亚斯在 150 年前进入马多尼亚斯的营帐时，也说过同样的话。这到底是亚历山大说的，还是我们的史料来源普鲁塔克，抑或是他的史料来源克利塔朱斯，援引了这位早期作者的话语？

大流士的女人受到近似骑士精神的对待，并且一直得到她们在侍奉大流士时所得到的待遇与注意。她们当然是价值连城的俘虏，但亚历山大似乎不想让她们因此而受到痛苦和羞辱。就像后来的发展那样，大流士对他而言是一个政治与军事的对手，但却不因此成为他个人的敌人而受到贬抑。

依萨斯之战的结果是，亚历山大对他打败波斯军的能力感到无比自信，但他尚未赢得这场战争。1 万名雇佣兵已经出发再次作战，国王自己也还健在，且势力在壮大之中；东方各省也仍在为他提供补给，而且当征服者越靠近时，他的势力就越强大。亚历山大无法确定大流士跑到哪里去了，在这个时候，他惟一的选择就是继续前进，直到另一场遭遇战展开，便可以得到答案。此后差不多要经过两年的时间，第三场也是决定性的战役，才终于展开。

阿蒙之子

　　当亚历山大在公元前 333 年穿过西里西亚时,就不再是希腊人的解放者了。他已经越过了希腊人的疆域;从波斯人的角度来看,他从今以后就是一个夺位者。这时候,成为波斯帝国君主的念头,也开始在亚历山大的心中酝酿,虽然挥军前进仍是他的第一要务。他必须迫使大流士承认他对占领区的权威,而且在进军到地中海东岸之前,一直都还不能拥有海岸地区。此外,埃及也必须纳入版图,但在埃及所发生的一切,并非全都有直接的军事意义。公元前 332—331 年冬天,参拜阿蒙神坛可能是出于宣传,也可能是基于信仰,或许可能基于冒险。不管基于何者,它都使我们注意到亚历山大的心理以及他对同时代人的影响。

　　从依萨斯南下的路途中没有遇到什么问题。亚历山大将西里西亚和叙利亚交给两位同伴,这些同伴被遴选出来作为国王的密友,依照荷马时代的风格,担任国王的顾问、战事参谋,以及在必要的时候担任军事将领(当时他们的人数是有限的,但当他在公元前 324 年在苏撒结婚时,他们有 92 名。这些优秀的同伴一定有别于骑兵队,后者是陆军的一个分支,自然更加庞大)。帕曼纽被派去镇守大马士革以及对付波斯的辎重队。岛国阿拉达斯又名阿瓦得也投降了。在马拉萨斯(又名安利特),大流士派来使节提出订约和返还女眷的请求。但是,条约已经不能满足亚历山大大帝了,他傲慢地回答说,他要报复自古以来一直侵犯希腊的波斯人,并成为“亚洲之王”,并告诉大流士,如果他想要交涉的话,就应当亲自前来。

　　　想想你的母亲、妻子和小孩与你的将来,当你来的时候,你就会得到她们。你会拥有所有你说服我给你的东西,而将来你送我东西的时候,就把它送到亚洲之王这里来,千万不要企图和我平起平坐,而是要像你领土中的诸侯一样告诉我你需要什么;否则我就会把你当成为非作歹者处置。假如你仍坚持王号,固守抵抗的话,千万不要想逃跑,因为我会追着你到天涯海角。

　　比布拉斯和西顿都投降了。可以预见,古腓尼基的港口,岛屿城市提尔,也会有相同的动作。亚历山大开始要求参与在公元前 332 年 2 月举行的迈尔卡斯的祭典——希腊人把他当作海格立斯。提尔人拒绝让亚历山大入城,并建议他在大陆上的老提尔城献祭,如此提尔就能保持独立状态,允许国王进城主持宗教仪式就等于承认了他的王权。他们只准备与希腊人结盟,但亚历山大坚持要他们臣服。他派去交涉和平协定的使者被提尔人杀了并丢出城外,从此以后,只有完全征服才能满足亚历山大。

　　征服提尔城就战略上来说并没有必要(虽然提尔人的舰队很强大):在大陆上安置一个要塞就可以达到目的,然而长达 6 个月的围城,虽然彰显了他作为战术和围城高手的地位,但人们还是怀疑一开始就决定采取全面包围的战术,是否太过激烈了。

　　亚历山大再一次对自己没有一支舰队感到遗憾。提尔城位于距海岸半英里处的小岛上,而两地中间的水道有 20 英尺深,在没有船的情况下,他要怎样才能将撞墙槌和部队运到接近城墙的地方?他的办法是建立一条从大陆到城墙底下的堤道。老提尔城提供石块;木材则从黎巴嫩山坡上运来,堤防开始一步步的往前推进,提尔人马上用弓箭和投石器攻击建造者,亚历山大则建一道防护墙来保护他们。提尔人又派火船来进攻,烧掉亚历山大许多的弩炮,但他又建立新要塞和弩炮。可是他还是需要船,很幸运的,依萨斯的战报使大量的腓尼基与小部分的波斯舰队叛逃,亚历山大很快拥有一支超过100艘船的舰队,并且很快地就包围了提尔城面海的一面。这些军队以撞墙槌攻击城墙,而堤上的炮队则在东面炮击。当围城逐渐趋于猛烈,提尔人发明了新的武器,例如把大锅的沙石烧到红热,然后倒向想要爬上城墙的敌军。最后决战在7月30日展开,亚历山大的部队杀入城中,他们为半年来所遭受的痛苦而进行的报复,和当初摧毁底比斯一样残暴。国王被赦免,而3万名俘虏则被发卖为奴,2000名守军被钉上十字架处死。(至少克休斯这么说;治史态度较严谨的阿里安,虽然同意被降为奴的人数,但却没有提到凌迟处死的部分。)亚历山大终于能够在迈尔卡斯神庙完成献祭。

这次行动的致胜关键,是亚历山大部队的后勤补给。他定期地派粮秣队到邻近的乡间;而犹太史家约瑟法斯告诉我们,耶路撒冷的大祭司曾经接到要求协助供应物资的信息。这位其他史料上不曾提及的使臣,成为一个绘声绘色的犹太传说的基础,照传说,亚历山大的确曾经到过耶路撒冷。根据这个传说,先知耶利米曾显灵给亚历山大,向他简要描绘了他将在那里看到的一切。亚历山大抵达的时候,大祭司们与所有的随员都聚集在史可帕斯山欢迎他。亚历山大跪下来向大祭司致敬的举动让随员们十分惊讶。当旁观者问他,他解释说他并不是向会司致敬,而是向祭司所代表的惟一真神致敬。犹太人又带来《但以理书》,并将第8章中人们认为适用于亚历山大的预言读给他听。这个故事之所以被当成乡野传奇,是因为《但以理书》一直要到亚历山大死后的200年才被写下来,但它对当时与后来人对这位君王的看法产生了重要的影响。虽然他纵兵掠夺黎凡特,但他一直还是犹太传说中的英雄。也许这样的传说在某种程度上反应了亚历山大自己对宗教的看法。就像我们即将看到的,这些看法在他在黎凡特的这几年中逐渐开始产生影响。

根据阿里安的说法,在围攻提尔城期间,大流士派来新使节,表示愿意以一万泰伦来赎回女眷,并割让幼发拉底河以西的领土,同时还将他的女儿嫁给亚历山大,以巩固两位国王的同盟关系。帕曼纽告诉亚历山大,他愿意在这样的条件下停战而不愿再冒险。……亚历山大则告诉帕曼纽,如果他是帕曼纽的话,他也会这么做,但就因为他是亚历山大,所以他会做出他实际上所做的回应:即大流士所提出的一切,如果他想要的话,早就都是他的了。

这段插曲所提出的问题,与其他史家描述的亚历山大从埃及凯旋时所发生的情况相当类似,那是在公元前331年夏天,高伽米拉战役展开前不久——只不过这些史家们所记载的赎款是3万泰伦。大多数近代的权威学者接受后一个年代;而汉蒙德则坚持阿里安说法的特殊价值,在《王家日志》一文中,他相信在这紧要关头会有信件的往来。他指出假设这些信件是快速往来的一部分,(马拉萨斯:公元前333年底,提尔城:公元前332年中)会比假设它们相隔一年之久来得合理。但有人也许会假设,大流士是有感于战争即将发生才再次遣使发信,他也许希望,当亚历山大的目标转向埃及,那他的问题就解决了。这个问题无法确切地回答,而且显而易见,对问题的解释总是同通盘考虑密切相关。在这种情况下,汉蒙德对阿里安的评价,以及他在《王家日志》一文中的信念,决定了他对这个故事的证据的评价,而博斯沃思与汉弥尔顿则以相同的价值来评估这些史料来源,而后将多数的一方视为主要的史料来源。

提尔城陷落的消息,使黎凡特其他海岸城邦望风而降。只有加沙负隅顽抗,经过另一次围城才将之击败。在作战期间,亚历山大的肩膀受了严重的箭伤而大量失血,当他蹒跚地回到战场时,他的腿又被投石器投出的石块打断。两个月后,这座城市被攻下,他的复仇方式是屠杀1万名守军,并把妇孺发卖为奴。加沙国王巴提斯,一个肥胖而娘娘腔的人,被以阿基利斯对赫克特的尸身进行残忍报复的方式赐死:一条绑住巴提斯脚踝的绳索,将巴提斯活生生地拖在一辆战车后面绕行全城,直到死亡为止。这个故事出自库丘斯。一个稍有不同的版本出自赫哲夏斯,而不见于普鲁塔克或阿里安的著作中。汉蒙德认为应出自克利塔朱斯,因为其中强调与阿基利斯的关联,博斯沃思也同意这个看法。普鲁塔克与阿里安(不像库丘斯那样吹毛求疵)倾向于描绘亚历山大较光辉的形象,所以这则可怕的故事,的确有可能是真的。

此后,亚历山大快速出兵埃及,新近才受到波斯统治者重税之苦的埃及人,把他当作解放者,张开双臂来欢迎他,公元前332年11月,他(可能)就在孟斐斯加冕为法老。只有《亚历山大传奇》曾经提及一次加冕,但它可能没有正式的仪式;亚历山大被简单地宣告为王室血脉的最新传人,并被授予王室的头衔与花饰。《亚历山大传奇》根据这个传说指出亚历山大大帝实际上是最后一位法老涅克塔涅布之子,据说亚历山大看到了一个巨大的玄武岩制的涅克塔涅布雕像,上面写着:"逃走的国王将回到埃及,不再是一个老人而是一个青年,且将降服我们的敌人波斯。"就像高地亚斯王宫里的绳结传说一样,像这样的铭文都是为了现实需要而仓促设计的。因为《亚历山大传奇》中带有许多源自埃及的符号,它可能完整地保留下此次造访的原版传说。

这时被拥为神王及法老继承人的亚历山大,在建立这样伟大的功业后,一定开始想知道自己是不是超乎凡人的神灵(以古代世界的词汇来说)。人类有神性的说法才刚开始流行:斯巴达将军来山得(死于公元前395年)是第一个被当作神来崇拜的人(在萨摩斯),但亚历山大在后来所建立的模式,才成为以下几世纪统治者的模范。在这里,我们看到他的第一个"不死的暗示"(借自彼得·格林所用的一个非常适切的章标题中的片语)可以想见的,这些考虑促使他决定到离孟斐斯300英里、位于利比亚沙漠中的锡瓦,去参拜阿蒙神庙。

阿蒙是一个长着羊角的男性神祇,希腊人将他当作宙斯,早在公元前5世纪时,就有一些希腊城邦开始祭拜他,但他主要还是一个埃及的神祇。亚历山大的降生传说指出奥林匹娅斯所生的是阿蒙的儿子,而不是腓力的。亚历山大想要发掘有关他的血统的真相(阿里安、库丘斯、贾斯廷),他想要超越柏修斯和海格立斯的成就(斯特拉波、阿里安)。阿里安更指出,亚历山大想问阿蒙在远征过程中应该祭拜哪位神祇。可想而知的,亚历山大希望在展开下一步计划之前先得到神谕的认可,这个计划就是以自己的名字建立一座城市,作为埃及的行政中心。阿里安和普鲁塔克都将亚历山大港的建立时间置于远征锡瓦之前,但库丘斯、狄奥多拉斯及《亚历山大传奇》则认为在此之后,虽然没有任何明显的因果关系。

锡瓦之行首次向我们展现亚历山大的"欲望"(希腊字为pothos),而这成为阿里安之后的叙事主题(阿里安已经用了"欲望"这个字,当时亚历山大抱着渡过多瑙河的"欲望",库丘斯也经常提到"欲望"这个词汇,不过用的是拉丁字)。这个字眼似乎蕴含着一种罗曼蒂克的想望,一种想要"超越"的欲望,它也和"祈求"一词有语源上的关系。在这种情况下,它的欲望也就有了宗教的层面。这个词汇在开拓东方的过程中一再出现,不可否认的是,远征军必须因此而暂时休兵。

锡瓦朝圣之行成为亚历山大史家定型化的叙述片段。他们说这是一段直接穿越沙漠的旅程,甚至暗示说还穿越了盖塔拉洼地。但实际上亚历山大必然是沿着海岸道路走到马特鲁港口(帕利东尼姆),然后从这里进入陆地。根据卡里西尼斯的说法,大多数人回忆,导引这支队伍的是一群乌鸦(这并不是没有可能,因为人们可以通过鸟儿来找寻绿洲中的水源);托勒密更进一步说,这群人是由两条会说话的蛇引领。狄奥多拉斯对这个绿洲作了生动的描述,它的长宽大约有 50 斯塔德,其中有一神奇的太阳泉,白天泉水很凉,晚上才温暖起来。"神像被翡翠和其他宝石覆盖着,他以相当特殊的方式来回答那些来求神谕的人。他被放在一艘金船上,由 80 个祭司扛在肩上,他们由神明引领而非按自己的意识行进。"

亚历山大和高级祭司之间实际的交谈内容,有许多非常不同的记载。普鲁塔克、狄奥多拉斯、贾斯廷和库丘斯都依循克利塔朱斯的说法。卡里西尼斯指出亚历山大大帝被尊为宙斯之子。普鲁塔克和普及本都说亚历山大被尊为阿蒙之子,而作为法老他已正式成为阿蒙之子。假如亚历山大没有在孟斐斯加冕,这样的称号一定会使他感到意外,而且会使他深深思索自己的神圣地位。

这个故事提出了一个有关亚历山大自己和神之间关系的大问题。对希腊人(及马其顿人)来说,阿蒙就是宙斯的别名。从此,亚历山大阿蒙的信仰成为他的特色,他定期向他献祭,并希望可以葬身在他的神庙内。他是否真的把自己当成他的儿子?他对于侮辱"圣父阿蒙"的行为,往往有愤怒的反应,而菲罗塔斯对亚历山大行为的不满也就在这里;克雷塔斯则因为嘲弄亚历山大的这个行为而被杀;欧皮斯的暴动者讽刺亚历山大的神圣血缘,结果导致许多人被处决。波斯华慈指出,他的愤怒是因拒绝否认他的父亲腓力而起,而且他主张双重血统(包括神仙与凡人),就像海格立斯与狄索库利等英雄一样。根据伊菲普斯的说法,亚历山大在公元前 324 年加冕为阿蒙之子。虽然他有可能真的把自己看成阿蒙之子。(假如他从来没有给人们任何藉口,人们怎么会一直嘲弄他?而且假如他不是很认真的看待这个问题,他又怎么会在乎人们的嘲弄呢?)但结果证据却是矛盾的。在讨论亚历山大的神格化时,我们将再次面对这个问题。

除了上述的问题之外,狄奥多拉斯说亚历山大还问他是否会统治整个地球,而且得到了肯定的答案。所有史料公认的最后一个问题是,所有谋杀亚历山大父亲腓力的凶手是否都已伏法,而他又再次得到正面的答案,这减轻了亚历山大担心可能挂一漏万的忧虑,或许也消除了他对母亲可能参与其事的怀疑。

亚历山大一行人从锡瓦由原路穿过沙漠,然后沿着海岸道路回到马瑞提斯湖。《亚历山大传奇》中则藉由叙说帕利东尼姆得名经过的故事(一个弓箭手把箭瞄准一只母鹿,结果箭却射到非常离谱的地方去),平淡地描述帕利东尼姆之行。在经过塔佛西里昂岬后不久,他便找到他想要建立城市的地点。这座城市的样子像马其顿式的军用外衣,采用棋盘式的设计,由建筑家狄诺切尔主持其事。亚历山大用大麦来标出城墙的位置,结果许多小鸟飞下来叼走谷物——这幅景象从最初被看作是一个坏兆头,直到官方预言家阿瑞斯坦德冲入海滩,宣示这是象征这座城市将成为母亲,为大量的民众提供丰富的资源,情况才有所改观。这座城市的官方完工日期是公元前 331 年 4 月 7 日。《亚历山大传奇》详细记录了该城街巷的设计。遗憾的是,从建立在它之上的新亚历山大城中,已看不到任何原始城市的规划,但最近在接近港口的海中则发现了法罗斯灯塔这一宏伟建筑的碎片。(法罗斯灯塔实际上是由托勒密所建,但后来的传说则将其归功于亚历山大。)

亚历山大港是第一座由亚历山大建立的城市。《亚历山大传奇》与其他的史料列出了20多个名为亚历山大的城市,普鲁塔克则说数量其实超过70个。弗雷泽最新的研究则指出,其中许多是亚历山大以后的塞琉古王朝所建,但却以他为名;其他的则是新建的。只有中亚的一些城市的确是由亚历山大所建。除此之外,埃及的亚历山大港是惟一一个曾将"民族性"与一个人名(用亚历山大之××的形式)结合在一起的城市。

城市的建立主要在于向长期征战的部队提供补给。这样一个城市将作为该地区的行政与经济中心。它形成一个由本地人和希腊、马其顿定居者组成的"杂居区",它有城墙防护,可能还有一支守备队。而且,可能也会有希腊人的消遣设施,如体育场及剧场等。亚历山大港是一座非常成功的建筑,并且成为古代世界最伟大的城市之一(而这对现代产生了影响)。

现在,亚历山大将埃及置诸脑后,返回提尔城。在埃及之行期间,大流士一直在集结军队准备展开第三次全面战争。盟军的主体是柏萨斯省长领导的巴克特里亚人,而新的军备则是一支拥有两百辆镰刀战车的部队。在亚历山大深入波斯帝国的时候,他一定已经知道等着他到来的是些什么了。

从希腊捎来了更令人烦恼的消息,即斯巴达国王阿吉斯密谋造反。幸好雅典拒绝贡献船只,但许多岛屿都起而叛乱,阿吉斯并已取得克里特岛。亚历山大派了一支海军,由安福特拉斯统率,前往处理此事;他他越往东走,希腊的事物对他就越来越不重要。所有的一切都可以,也必须留给安提培特来处理。事实上,阿吉斯的叛变在公元前331年深秋就被敉平;但亚历山大对西边小国的忽略,在他的事业结束前,便使希腊城邦陷入相当悲惨的境地。

公元前331年初夏,亚历山大在萨普萨卡斯(这是一个一直没有得到确定的地点)越过幼发拉底河,进入属于波斯的领土,战事于是再度展开。

征服波斯

亚历山大的大军在公元前331年盛夏(可能是在7月中旬)渡过幼发拉底河。亚历山大的目标是巴比伦,但他是怎样到那里的呢?一个可能是沿幼发拉底河直下,穿越夏季温度达摄氏四十几度、又干燥、又缺粮的美索不达米亚平原。有些迹象显示这是大流士想要他走的道路。马扎亚斯省长越过幼发拉底河以接近亚历山大的大军,然后一面撤退,一面焚烧他所经过的地方,使亚历山大的进军越来越困难。格林指出大流士预计亚历山大会重施小居鲁士的故伎。小居鲁士沿幼发拉底河而下,在公元前401年抵达巴比伦,并在库纳克萨战役赢得胜利,可是却在作战时阵亡。假如真是如此,马扎亚斯的行动就使这样的移动更加困难。但是亚历山大却往北、往东移动,绕过亚美尼亚山脉,抵达摩苏尔附近的底格里斯河。这段只有500公里长的旅程,原先可能只要两星期就完成,却耗了他几星期的时间。当他抵达的时候,发生了月全食,阿里安告诉我们,这使他献祭日月大地,预言家阿瑞斯坦德则将这次月食诠释为对亚历山大有利的神谕。

在此同时,大流士即使无意迫使亚历山大走这条路,但也知道了亚历山大的行进方向,并把军队迁到阿柏拉城附近的一个名叫高伽米拉(骆驼舍)的地方。令人不可置信的是,在亚历山大渡过底格里斯河时,他居然没有阻止,这是因为在这9月时节,涉水是很容易的,他要保存庞大骑兵队的实力,在他所选择的战场上和亚历山大决一死战。第三次,亚历山大必须在敌军所选择的战场上作战,而且是波斯军理想的战场——一个具有足够坡度的宽广平原,可供骑兵与战车尽情驰骋。大流士的骑兵数量以5比1之多优于亚历山大,虽然亚历山大的总兵力现在已有4万7千名,其中7千名是骑兵。

通行本的作者们认为大流士此时提出了第二次修约要求,因为他听到妻子刚刚在俘虏营中去世,但亚历山大拒绝帕曼纽所作的接受条件并返回马其顿的劝告。

帕曼纽当时的建议是,在这样的优势兵力下,取胜的惟一途径就是出其不意地发动夜袭。但亚历山大的反应是他"不想偷取胜利"。在完成作战规划后,他预期战事将会以他的方式进行,因此睡得很安稳。两军交战的日子是9月30日或10月1日。史料记录了战事进行中的一些细节——根据阿瑞斯托布拉斯的记载,波斯的"战场敕令"事后落入亚历山大之手,但实际上究竟如何已无法得到确切的答案,就是在当时也不可能知道,因为在这片沙漠平原上交战的军队扬起了漫天风沙。

波斯人已经选择了他们的位置。亚历山大的目标则是要使敌军的骑兵离开中央地带,使他自己的军队可以从该虚弱处长驱直入。他在适当的时机完成了这个目标,并不只是因为数量庞大的波斯军队移动不易,也是因为他们的带刀战车无法接近厚实的萨利沙方阵。在一个适当的时机,同伴骑兵队(并不是国王的精英同伴)冲入中心地带,破坏大流士与副统领柏萨斯之间的连结,然后,就像在依萨斯的情况一样,大流士转身逃走了。亚历山大开始一路追击,但却因为必须援助被重击的左翼部队,不得不停止。但抵抗行动很快就瓦解了,土地成为亚历山大所有,他并收到4000泰伦的波斯贡赋。而大流士则再次逃亡。

亚历山大现在可以理所当然地称他自己是波斯帝国的统治者,但他还是得找到大流士,并正式罢黜他。但是他并不需要马上做这件事。前往巴比伦之路在他面前敞开,在10月结束以前,他已经收到马扎亚斯的降书,并在僧侣们的赞颂中穿过伊丝塔关。从此以后,他所制定的控制政策,有的是自然地延续他过去所使用的办法,另外一些则有越来越"东方化"的趋势。马扎亚斯被任命为巴比伦省长,因为他现在效忠的是亚历山大,而不是大流士——虽然亚历山大另外还指派了一个独立的马其顿财政官与卫队司令,就像在萨提斯一样。在其他许多被征服的城市中,亚历山大都让原有的统治者或省长留任,但现在则要从波斯贵族中或他所征服的人群中,任命或选择一个新的省长,而这些人又是必须要征服的。很明显,亚历山大正逐渐把自己变成波斯王,而将他的马其顿根源抛在脑后。在离希腊世界这么远的地方,习俗又是如此的不同,一个像样的君王在巴比伦和伊朗的作为必须和马其顿的"王中之王"不同。这在将来会成为一个问题。不过军队仍是马其顿人,并由马其顿长官统领。财权也大都由马其顿人掌握。在巴比伦,哈帕拉斯很快的就从马扎亚斯手上取得铸币厂的控制权。但马其顿人似乎并没有完全学会说波斯话;在提到有这项能力的人时,被任命为波西斯省长的朴塞斯塔斯经常被提到。我们知道有一两个希腊人可以说波斯话

（如劳梅登），但并不是普遍现象。同时，亚历山大对巴比伦人的宗教也产生相当大的兴趣，并定期地去咨询卡尔达亚祭司。

在巴比伦待了一个月以后，亚历山大就到苏撒去了，这是波斯帝国的陪都，位于波斯湾附近的一个闷热的平原上。他在公元前 331 年 12 月中抵达，而苏撒省长阿布莱提斯毫无抵抗地欢迎他到来，并接受他的任命，同时任命马其顿人为军事长官。苏撒的财富并不仅仅只有阿布莱提斯马上献给亚历山大的 4、5 万泰伦的金块和银块，以及 9000 泰伦的金币；还有薛西斯从希腊掳获的大量战利品，包括僭主哈摩第亚斯和阿瑞斯托吉唐的雕像（现在它们平安地回到雅典的国家博物馆）。

国宝的收回与送回希腊，在一定程度上证明了要波斯人偿还过去的血债，仍是希腊和马其顿军队军事远征的部分目的。他们在似乎无止境的前进中开始觉醒，而亚历山大为了抑制不满，也开始进行彻底的军队改组，所有以领地为基础的群体都被打散，升迁现在纯粹是论功行赏，而不看年资。接着，在公元前 329 年春天，骑兵队也以类似的方式，重组成称为希帕契的新单位。狄奥多拉斯指出，这次重组的主要目的是要提高军队的忠诚度，至于提高效率，则是次要的事。

因为以莫须有的罪名被大流士判了死罪的米地亚省长欧西达提斯在苏撒被人发现，因为亚历山大释放了他，并重新任命他为米地亚省长，所以他感恩戴德，忠心耿耿。但是，这份忠诚似乎已经有所动摇，在公元前 329 年，他的职位由阿特罗巴提斯接任。在更东边的地区，同样的原则也运用在其他的省长身上。

大约在 1 月开始的时候，亚历山大从苏撒穿越隘口到波斯波利斯附近的平原，那是波斯人仪式性的都城，反抗行动来自一个名叫攸克西亚人的山地部落——他们一向习惯向过往行人收取费用，以及波西斯省长新招募的军队。但当这些人一被制服，波斯波利斯的省长提利达提斯就想要投降了，福拉索提斯被指定为波西斯的新省长，但这里也还是有一支强大的军队驻守。波斯波利斯庞大的财富——野史中估计为 12 万泰伦——被收在一起，大量送到苏撒，虽然留下了一些作为军队继续前进之用。据希罗多德说，城中的珍宝，包括波斯王著名的"金藤"在内，没有一样被留在波斯波利斯中。

在接近这座城市时，亚历山大碰到了一支希腊人的代表团，这些人是一群雇佣兵——总数有 800 人左右，他们在某一不确定的战役中被俘，他们被残忍地削掉耳朵和鼻子，或剁断双手，并且在前额刺字。这是"解放希腊人"的又一章。亚历山大愿意将他们全部遣送回国，但他们说不愿以这么丑陋的形貌回到故乡，而宁愿取得一笔必要的救助金，在他们渐渐熟悉的这个地方，以务农为生。

现在亚历山大驻扎在帝国的冬都以度过冬季。他参观帕萨伽代及居鲁士大帝的陵墓，但为什么他停留这么久呢？这可能是因为他在等待阿基斯之乱敉平的消息。而且很明显的，他觉得没有必要急着追击大流士，但格林提出了一个很有意思的论点——他想要在波斯波利斯待到 4 月新年祭典开始时，以行使国王在这波斯人一年中最重要的事件上的责任。

我们必须承认，现有史料中并没有提到他对这项庆典的兴趣（除了《亚历山大传奇》以外）。事实上，亚历山大一直待到 5 月，一个盛大的庆典在那时举行，在庆典上喝掉大量的醇酒（酒是马其顿贵族主要的社会聚合剂）。到了晚上，波斯波利斯的仪式大厅整个烧起来，木梁烧得一根不剩，仍然竖立的石柱则因为那晚的高热而裂开。

这到底是政策性的行动,还是酒醉后的暴行? 克利塔朱斯的传说(库丘斯、狄欧多拉斯和普鲁塔克记述的依据)认为祸首是希腊妓女赛斯,她煽动国王采取毁灭性的报复。即使这场火有一点政策行动的涵义,不管从赢取波斯人的角度还是从子孙的角度来思考,它显然都是错误的(就是阿里安也这么认为)。

　　这时传来大流士落脚在埃克巴塔纳(哈马丹)地区的消息。这是展开追击并解决谁能统治波斯这一棘手问题的好时机。从希腊来的援军已经抵达,而相信大流士这时也正在组织新部队,一场更激烈的战争将在伊朗北部展开。但是在到达埃克巴塔纳时,亚历山大遇见了一个叛逃的波斯人。他告诉亚历山大,大流士的新部队并没有出现,他们现在正经由里海关撤回巴克特里亚,这条位于厄尔布尔士山脉和北方盐质沙漠之间的通道,通往帕西尼省东方的领土。

　　亚历山大并没有加紧追击,反而留在埃克巴塔纳重整部队。在认识到远征波斯的行动已经有效结束后,亚历山大遣散了希腊同盟的部队,他在薪水之外,还慷慨赏赐他们 1 泰伦的奖金。同时,他也给他们机会成为远征冒险的士兵,继续进行接下来的远征行动,起始的赏赐是 3 泰伦。很明显的,远征正逐渐进入新的阶段——为征服、开拓与发现而征服。亚历山大的欲望逐渐成形。

　　另一个明显的改变,是决定将现年 70 岁的帕曼纽留在埃克巴塔纳当军事指挥官。他的工作是平定里海地区的部落,但他的权力已不如以往。不过,他的儿子菲罗塔斯和尼卡诺仍在亚历山大的领导阶层中保有一席之地。

　　在这个时期,亚历山大的高级将领中有一些新人。他们是:和亚历山大一起到里海关,死在希达斯皮斯的科那斯;亚历山大忠实的老朋友,从依萨斯之役起就开始发挥非正式但重要的影响力的赫菲斯提昂;现在才初次受命的利昂那塔斯;在公元前330 年波斯关之役与亚历山大并肩作战的坡狄卡斯;经常与赫菲斯提昂唱反调、忠贞爱国的马其顿人克拉特拉斯。其中,有些(赫菲斯提昂、利昂那塔斯和坡狄卡斯)是被指派为亚历山大正式护卫的职务,其他与他们同时接受该项职务的是托勒密(史家,未来的埃及国王)、米尼斯和朴塞斯塔斯。托勒密与亚历山大是竹马交情的好友,行踪飘忽的哈帕拉斯(他现在可能被安置在巴比伦)与后来从印度领军回巴比伦的尼阿卡斯也是。护卫们对亚历山大个人的效忠程度超过对马其顿的忠诚;即将在故事中扮演更重要角色的佩吉斯(由马其顿贵族青年组成,他们也负责亚历山大的护卫工作)也是如此。

　　在追击大流士的第一阶段中,据说亚历山大在 7 月的暑气里,从哈马丹到拉格斯有 2 百里,走了 11 天的时间。在此之前,大流士已经通过里海关,正在前往后来成为安息帝国首都的和棱城的路上。但是,在行进的过程中,两名对持续撤退失去耐性的贵族,柏萨斯(巴克特里亚[相当于现在的阿富汗北部]省长)和那巴赞斯(波斯首相),废黜了大流士。他们给大流士戴上黄金脚镣,把他放在战车上。柏萨斯自立为王,号为阿太薛西斯四世。一群叛逃者跑来见亚历山大,告诉他一条捷径以加快追击的速度。亚历山大终于来到可以掌握波斯军的范围中,波斯军看到亚历山大军队所扬起的沙尘,催促大流士上马和他们一起逃跑。但根据库丘斯的说法,大流士"宣布神明已来为他复仇,他要求亚历山大的保护,拒绝与叛徒一路"。柏萨斯和他的部众马上用矛刺穿大流士,把他丢在车上等死,让拉车的牲口决定要把他带到哪里去。最后他们掉到一个水塘,亚历山大的部属就在这里俘虏了这个垂死的国王。

除了阿里安以外，所有的史料都把新旧波斯王最后的会面写成动人的故事（阿里安则坚持大流士在遇到亚历山大之前已经死亡）。库丘斯的记载有一大段空白；而普鲁塔克、贾斯廷和《亚历山大传奇》都说亚历山大在他的敌人倒下后潸然泪下，而大流士则将他当作可敬的继承者，将国家赐予他。这样的说法符合亚历山大的宣传，而谁最有资格统治帝国这个问题也已经无庸置疑。至于柏萨斯则只是个篡位者，亚历山大已借着征服的权利赢得王位。

当时是 7 月底，但亚历山大没有浪费一点时间，马上出发追击已在巴克特里亚建立朝廷的柏萨斯，经过快一年的时间，柏萨斯才投降。

他一开始就进军赫卡尼亚的首府扎德拉卡塔（沙利），在此接受包括阿塔巴扎斯在内的一群波斯贵族的投降，并接到一封那巴赞斯的信，要求先给一张安全通行证以顺利叛逃。1500 名左右的希腊雇佣兵也提出一些条件，但亚历山大坚持要这些罪人无条件投降。其他传说中的高级访客是阿马宗女王莎里翠斯，这是一个传说中的女战士种族，她们的居地通常被定在黑海东南角德摩顿河河畔。所有的普及本作者和斯特拉波（引用克利塔朱斯的话说，她是为了要有一个亚历山大的孩子而来）都收入了这个故事，它使我们注意到亚历山大的幕僚的地理观，以及克利塔朱斯创造神话的能力。但是，后者却因为赖希马朱斯而完全否定，他在听到克利塔朱斯朗诵他对莎里翠斯与亚历山大 13 天幽会过程的记录时，问了一句："当时我在哪里？"

地理上的混淆显示里海附近的地方已经和黑海附近的混淆。东方的世界在当时的地理学者看来，是由形成托罗斯、高加索和兴都库什的一连串东西向山脉划分开来。兴都库什山通常被当成高加索山，人们不知道里海是海，而是把它当作北海的一个海湾。于是整个中亚地区扭挤在一起。人们认为印度是东方的尽头，而且面向东海。亚里士多德认为站在兴都库什山的顶端就可以看见海洋。人们并不知道印度的大小，也不知道中国的存在。这些地区的地理知识，因为几乎没有人研究，所以一直到古典时代结束时都还非常模糊，看一眼坡廷格尔古地图就会明白。也许亚历山大的幕僚对远东的印象就像中古时代的穆迪地图一样，乃以地中海为中心，而在"高加索"和里海关之外，就是奇种异族和野兽。从这里就是神奇之地的开始。亚历山大的御用作家，如欧奈西克瑞塔斯，就对他们在远东所看到的事物作了相当严谨的记录，但这些很快就被纳入寰宇搜奇式的观点中，后来更进一步构成了《亚历山大传奇》。当亚历山大的传说逐渐基督教化，人们很容易就把他的远征行动放在一张以耶路撒冷为中心的地图上，并想象他经过神奇之地，走向海洋另一边的人间天堂。古代地理知识的混淆，对于亚历山大在中古时代的英雄形象的建立，有很大的影响。

在这个阶段的远征行动中，亚历山大个人的习惯与统治方式有明显的转变。其中一个早期的征兆是那巴赞斯带了大量贵重礼物前来，尤其是带了一位名叫巴哥亚斯的美貌娈童（关于此人的存在，惟一的根据是库丘斯书中的一段，而玛丽雷诺则为这个人写了一部完整的小说。对亚历山大搞"同性恋"的证据感到惊讶的塔恩，则试图证明巴哥亚斯只是"逍遥派"哲学家虚构出来中伤亚历山大的人物，其实根本不存在）。但是，巴迪安 1958 年彻底推翻了塔恩的推理，并认为争论娈童存在与否毫无必要。虽然亚历山大许多年来一直有情妇，但同性之间的关系对希腊与马其顿贵族而言，也是同样重要的。他和赫菲斯提昂之间的友谊一直都很亲密，但巴哥亚斯所代表的性放纵，显示他个性上的新发展。现在的亚历山大不会拒绝任何东西，现代人把他看作"被宠坏的小孩",而古代人则说这是因为太多的"幸运"所带来的人性"堕落"。对亚历山大来说,实在不难相信神是站在他这一边的,而且他是无敌甚至是全能的。

这种想法伴随着日渐提高的偏执倾向以及对完全效忠的要求而发展。他也发现在波斯人民面前,他必须有不同的作为来塑造适当的形象。东方的服饰、妾侍,使用两种印章——一个是他自己的,一个是大流士的,以及所有从征将领都穿上波斯服装,这些都使他成为一个东方君王,而这也使他逐渐与以朴素为傲的马其顿人和希腊人疏离。亚历山大越来越寂寞了。

亚历山大到巴克特里亚的路程在地图上看起来非常迂回,但是直接进军巴克特里亚根本不可能,因为这必须穿过卡拉库姆沙漠。所以,亚历山大绕道南行,从和椟城到赫拉特和坎大哈。如此一来,他就可以沿着低地走到喀布尔。在南北贯穿兴都库什山的通道中,这里是最窄的地方。在他通过赫拉特后,之前和平投降的当地省长萨提巴赞斯却叛变了,因此亚历山大必须回师平乱。为了表明乱事完全平定,亚历山大以另一个波斯人,阿萨米斯,来接替萨提巴赞斯,而且还建了一座新的城市——阿瑞亚的亚历山大城——作为控制疆土的中心。接着德兰吉亚省长巴散提斯又起而叛变,亚历山大又必须再度回师伊朗、阿富汗的沙漠边缘地带,巴散提斯逃往印度河流域,但当地人则将他绑送给亚历山大处置。不久,萨提巴赞斯又回来了,而且还在其他各省省长的支持下进攻阿瑞亚,但亚历山大这时正在前往巴克特里亚途中,因此收搭萨提巴赞斯的任务就交给他的将领埃瑞吉亚斯来负责,并且要阿塔巴扎斯来协助他。公元前 329 年夏天,萨提巴赞斯的首级被送到巴克特里亚给亚历山大。

但是,在亚历山大离开德兰吉亚首府费拉达之前,公元前 330 年秋天,他在位期间最严重的一场政治危机已然展开。

所谓的菲罗塔斯谋反案,以阿瑞斯托布拉斯和托勒密的记录为基础的阿里安,只作了非常简要的叙述(他们说这次变乱早在埃及之行时即已开始酝酿),但库丘斯却作了长篇大论的叙述,而且还收录了宫廷演说的内容。后者成为经典性的处理方式,并且成为各种有关亚历山大的论著的根据,如中古时期日耳曼人凡·艾姆斯的《亚历山大》、丹尼尔在 1605 年所著的《菲罗塔斯的悲剧》,以及拉蒂根有关亚历山大的剧本《探险记》。无疑,这是因为这些赤裸裸地展现了独裁与异议的两难困境,以及在一个永远无法探知真相的独裁政体中的怀疑与不信任气氛。我们当然不可能知道真相,虽然这个事件可以合理地被看成巴迪安后来所谓"恐怖时代"的前奏。史料(主要是库丘斯和阿里安)告诉我们以下的故事。

故事是从一个名叫塞巴林那斯的青年男子开始。这个青年男子的爱人戴那斯加入反抗亚历山大的计划。塞巴林那斯可能并没有参与,而且马上向菲罗塔斯报告,他当时刚参加了病死在西德兰吉亚的哥哥尼卜诺的葬礼,正在回费拉达的途中。菲罗塔斯答应他通知亚历山大,但他显然没有把这项控诉看得很严重。日子一天天地过去,他一直没有向亚历山大提这件事。塞巴林那斯越来越担心,并再次向一个宫廷侍从报告。这个人很慎重地对待塞巴林那斯,并直接带他去见当时正在洗澡的亚历山大。亚历山大对菲罗塔斯的知情不报非常生气。他要人直接把戴那斯带来见他。但戴那斯一被逮捕就自杀了,因此无法回答亚历山大要问的问题:"我到底犯了什么大错,让你认为菲罗塔斯比我更适合统治国家?"亚历山大先入为主地认为菲罗塔斯是这个谋反案的共犯,所以他才会这样一手遮天;或者他有藉口可以使自己不再是那个总是阻碍他的野心发展的家庭中的一员。菲罗塔斯在任何状况下都不很受欢迎：他傲慢无礼，又经常对亚历山大的自我荣耀举动表示作尖酸的批评，因此招来许多非议。

菲罗塔斯马上就与另一个名叫塞巴林那斯的一起被逮捕。亚历山大召开了一次会议来进行这桩谋反案的判决。菲罗塔斯为自己辩护，而亚历山大则取笑他拒绝说"马其顿语"——这是一个令人莫明其妙的指控，它可能是指菲罗塔斯高傲的态度与拒绝和部队同甘苦的行为。结论虽然早就出来了，但还是需要自白。菲罗塔斯被带去拷打，他马上就如所预期地认罪，但还是不免一顿苦刑。在绝望之余，他对负责其事的克拉特拉斯大吼："告诉我你想要我说的一切。"在进一步的拷打之后，他不经心地指出他的父亲（帕曼纽）握有重兵和钱粮，而这是菲罗塔斯想要成功所必须的，他并且说他想要在年迈的父亲死前展开计划，否则他就无法掌握这些资源了。但是，他始终坚持说，他的父亲没有参与这项计划。

在这次"自白"后，另一位被告德米特里亚斯被带进来，他声明愿意受刑以证明自己的无辜。但菲罗塔斯现在则对卡利斯说："你要让德米特里亚斯说谎，让我再受折磨吗？"卡利斯到目前为止都还没有嫌疑，但他现在则自白说他与德料特里亚斯一起筹划其事。

叛乱者立即被带出去处死——根据库丘斯的说法，他们被用石头打死，这是马其顿的传统中惩罚叛变者的方式，阿里安则说他们是被标枪射死。虽然没有人以任何方式牵扯出帕曼纽，但马其顿的传统必须连带杀死叛变者的亲属。亚历山大派出使节波利达马斯，由克连德伴随，带了一封他自己的信以及一封声称为菲罗塔斯所写的信，到埃克巴塔拉去。当这个老人打开他的儿子的信，克连德就把他刺死。

在塔恩所描绘的故事中，亚历山大自始至终无可指责。巴迪安在1960年时则指出菲罗塔斯的谋反案，应该像普鲁塔克所说的，是反菲罗塔斯的阴谋。其他的一些大臣，包括克拉特拉斯在内，都有理由希望除去一位有力的对手。亚历山大自己，在巴迪安看来，很想"从帕曼纽家族与其党羽的把持中脱身"。当帕曼纽在埃克巴塔拉脱队，反菲罗塔斯的计划就开始成熟，同时也成为用来除掉这个老人的计划。

最终的评判是不可能的。事实无疑有许多层次，而对密谋的参与也有不同的层次。可能是真的有一种计划，而且可能菲罗塔斯也的确参与其中；但看起来始终忠心耿耿的帕曼纽似乎没有。想要提高他的神权统治的亚历山大，无法分别其中的差异，或者并不关心其中的差异。他需要的是绝对的忠诚与支持，而且会不计一切地得到它。

对亚历山大来说，完成波斯的征服还有一件事要做，即抓住柏萨斯。这位省长已经撤退到巴克特里亚的阿尔诺斯来等着亚历山大，而亚历山大现在则从费拉达进军康达哈尔。然后，亚历山大从一条长80英里左右、又高又结冰的通道往东穿过兴都库什山，从侧翼包围柏萨斯。柏萨斯则退到索格地亚纳地区，这是奥克苏斯河的草原地带，就是今日乌兹别克斯坦和塔吉克斯坦交界处。亚历山大占领阿尔诺斯（塔什克尔干），以及扎瑞亚斯帕古城，又名为巴克特拉城，即巴克特利亚首都。在进军奥克苏斯的过程中，大军在越过一座让许多人长了冻疮的高山后，又穿过了一个炽热的沙漠，最后许多亚历山大的老兵及塞萨利的部队，坚持要复员回国。渡过奥克苏斯河的行动花了5天才完成，因为惟一的渡河方式，就是用帐篷做浮具，而他们也没有遇到任何的反抗。

当亚历山大的大军已然渡河的消息传到索格地亚纳,当地的省长斯皮塔米尼斯认为再抵抗也于事无补。他的部下将柏萨斯抓起来,并送信给亚历山大,表示要把柏萨斯送过去。托勒密奉派去了解更多的细节,并发现柏萨斯在一个偏远的村庄中被重兵看管。他下令剥去柏萨斯的衣物,将他单独绑在一根桩子上,放在亚历山大会经过的路上。当亚历山大看到他,便公开地审问他为什么杀害自己的君王。他的背叛是不能被饶恕的,翌年(公元前329年)他又被送到扎瑞亚斯帕受审。他被判处波斯阿黑门尼德王朝的磔刑(他的耳鼻被切除),不久之后,他在埃克巴塔纳被处决(史料中有钉死和肢解等不同的说法)。

《亚历山大传奇》在这里加入了一条亚历山大发给所有波斯城市的赦令,承诺沿袭以前的捐税和宗教信仰。虽然没有可靠的史料提供类似的陈述,这个故事强调,亚历山大现在已无可置疑地成为波斯帝国的君王、阿黑门尼德王朝的继承者。在伊朗各省仍继续指派波斯人当省长;而在巴克特里亚和索格地亚纳等边荒地区,则设立希腊马其顿军事殖民地作为治理样板。值得注意的是,亚历山大在东方所使用的钱币,并没有沿用他在西方所使用的雅典式四分币(Atticstandardtetradrachms)。事实上,我们对波斯的亚历山大钱币一无所知,所以他所有的钱币应该一直是大流克式的,以强调前朝政权的延续。

现在,亚历山大开始向更北的马拉堪达即撒马尔罕行进。无疑,他并不完全相信斯皮塔米尼斯的降服,而他这样做是对的,因为在受邀于扎瑞亚斯帕召开联席会议的同时,斯皮塔米尼斯便开始围攻马拉堪达,并谋害了扎瑞亚斯帕的守备部队。猛烈的报复使得亚历山大能够重新收复这些城市,而且他还推进到他所到过的最北边,即雅克萨提斯河附近。他在这里建了一座城市——艾斯恰特亚历山大城(最远的亚历山大城),后来则成为柯真城。

这是他在奥克苏斯河北部所建7座城市网络中的第一座(根据库丘斯的说法则是6座)。这是一座五脏俱全的希腊城市,有体育场,也有剧场。这些未命名的城市似乎没有存在多久,而且可能只不过是军队的营哨。亚历山大在巴克特里亚和索格地亚纳所建的几座城市有艾尔亚奈的亚历山大城、马吉安那的亚历山大城、雷姆巴基亚的亚历山大城、艾拉恰西亚的亚历山大城,以及高加索的亚历山大城(靠近贝格雷姆)。艾卡嫩城(也许就是欧西安那的亚历山大城)可能是另外一座。这些城市都位于奥克苏斯河南部,并且可能都是建立在既有的阿黑门尼德堡垒上,而且可能具有便利贸易交通的功能。他们并不像塔恩所认为的那样,是希腊文明的前哨,虽然他们可能偶尔有这样的功能,就好像巴克特里亚艺术后来的发展所显示的那样。

斯皮塔米尼斯退入草原,在那里他不会那么快被追到。直到公元前328年年底,入冬以后,游牧为生的马萨盖塔人,听说亚历山大将要再次进入草原攻打他们,便决定杀了斯皮塔米尼斯,并把他的首级献给亚历山大。

在这段期间,虽然大军在马拉堪达扎营,但却充满紧张气氛。有一些时间经过大规模的打猎活动消磨掉了,就像博斯沃思所说的,"几代以来不受纷扰的野兽被大量屠杀"。这场打猎活动因为亚历山大单手杀了一只狮子而闻名。根据库丘斯的说法,有超过4000只动物被猎杀——这是对马斯顿贵族的娱乐活动所作的一个有趣的注脚。

通过一件更重要的事情，我们会再一次有趣地观察到马其顿人的习惯。德罗皮第斯之子克雷塔斯接替老迈的阿塔巴扎斯新任巴克特里亚省长。在赴任前夕，一场盛大的酒会在马拉堪达举行。酒会的时间很长。一些谄媚者开始将亚历山大比做宙斯之子卡斯特尔与波吕丢克斯，而且说"其他人都不能和他相比，即使是海格立斯亦然"。这些阿谀奉承的话触动了克雷塔斯率直的勇气：

> 有一次他曾明确地说，他对亚历山大转而采取蛮邦之仪，以及信赖小人感到难过；而现在在酒精的刺激下，他不会再让那些小人们表现出对神圣力量的不敬，或者对古代英雄事迹的蔑视，以帮亚历山大一个微不足道的小忙。在他看来，亚历山大的功业并没有他们所说的那么伟大惊人；而这也不是亚历山大独力完成的，它们大部分是属于马其顿人的成就。这些话深深伤害了亚历山大。

阿里安接下来写出他自己对这段话的反驳：廷臣应该知道如何三缄其口，但克雷塔斯现在却滔滔不绝。而且，他还开始吹嘘自己在格拉尼卡斯救了亚历山大一命的功劳，直到最后亚历山大叫禁卫军将他带走为止。没有人听他的命令，接下来所发生的事，在不同的记录中有不同的记载。结果是亚历山大抢过一枝矛，也许是从守卫手上拿的，直接刺进克雷塔斯的胸部，立刻把他杀了。

亚历山大非常后悔，几乎要用同一枝矛自杀，但是被劝阻下来，接着他回到房内休息，一连几天茶饭不思，哭喊着克雷塔斯与曾经抚育过他的海伦尼斯的名字。这次，荷马式的哀悼过程，因为一位造访朝廷的哲学家阿那克萨卡斯的奉承之语而结束。他劝亚历山大跳出哀伤，因为国王所做的都是对的，所以亚历山大根本不应内疚。假如这个说法是正确的，则就像古代史家所说的那样，国王的道德操守一定又更降低了。

亚柏德拉的阿那克萨卡斯似乎一直是另一位亚历山大朝廷中的哲学家，官方史家奥林沙斯的卡里西尼斯的死对头。也许他们在哲学上有所冲突——卡里西尼斯是亚里士多德的侄子，注定是亚里士多德学派，而阿那克萨卡斯则可能是怀疑论者。同时，在生活习性上，他们也有不同：阿那克萨卡斯相当奢华，卡里西尼斯则崇尚简朴。在此事件后，两人更是形同水火。他跟卡里西尼斯之间的冲突，因为亚历山大越来越接受波斯的生活方式、服装与仪式而达到顶点，特别是他对服从礼的坚持。这个行为的真正内涵引起许多讨论。这个希腊字的意思是"鼓起嘴亲吻的样子"，它一直被比拟作波斯人对君王或神祇表示敬意的方式，官员们身体轻微前倾，十指碰触嘴唇。但是，同样的字眼似乎从希罗多德以后就一直被用来表现臣民对君王的五体投地。这样一种行为对希腊人来说是没有尊严，而且令人憎恨的。他们只在描述祈祷者对神的态度时才会用这个字，自由人不应在其他人面前自贬身份。

这个习俗与承认亚历山大是神密切相关，就像我们已经看到的那样，这在谄媚者中是很平常的话题。阿那克萨卡斯在一个场合中，深入地讨论了这个问题。他指出：

> 毫无疑问，当亚历山大离他们而去后，他们把他尊奉为神。更恰当的应当是，他们应在他生前给予他应得到的崇敬，而并非在他死后，那时所有的荣耀都一文不值了。

在阿里安的记录中，这个提法引起卡里西尼斯的长篇大论，他指出要希腊人做出这种只适用于野蛮人的服从行为是很可恶的。他的演说取悦了马其顿人，但在场的波斯人据说很欣喜地接受服从礼的作法。在另一个场合中,亚历山大将一个喜爱的酒杯轮流传送给每一个出席的人,要求他们在喝了酒之后,向他行服从礼,然后亚历山大亲吻他。所有的同伴成员都行礼如仪,但当酒杯传到卡里西尼斯时,他却没有行服从礼。人们向亚历山大指出他这项缺失,因此亚历山大拒绝亲吻他。卡里西尼斯说:"很好,这下子我可以因为一吻而远离那些更贫贱的人。"

卡里西尼斯的不肯妥协,自然会降低他在亚历山大跟前的地位,而且使他卷入佩吉斯谋反案。佩吉斯都是马其顿贵族的子嗣,他们在国王身边,护卫他就寝,替他照顾马匹。据说,有一个名叫赫摩劳斯的佩吉斯,曾经因为在打猎时所发生的一件事而心生怨怼,当时赫摩劳斯在亚历山大前面打到了一只熊,亚历山大则下令鞭打他,因为他侵犯了他的特权(这个故事在历史写作中是个很普通的故事,6 个世纪以后,有一个史家也以相同的动机来解释帕迈拉的奥德拿撒的谋杀案)这项侮辱似乎已足以促使赫摩劳斯和他的朋友一起计划在亚历山大睡觉时杀了他,但结果却是失败的,因为当晚亚历山大喝酒喝到天亮。第二天,在他宿醉已醒之后,他知道了这项计划,并把所有人都抓起来拷问。根据阿瑞斯托布拉斯的说法,这些人所供出的人中有一个是卡里西尼斯;但阿里安则认为亚历山大一直想除去卡里西尼斯。佩吉斯们被处决,而卡里西尼斯的命运则有各种不同的说法。托勒密说他被拷打并吊死,但内廷大臣阿瑞斯托布拉斯与却尔斯则记载,他被囚禁在笼子里,跟着军队行进,直到病入膏肓,满身虱子,才在公元前 325 年初死在印度。这位哲学家的命运,是与亚历山大作"哲学对抗"的基本材料,而这也是斯多葛学派与其他罗马时代哲学家作品的特色:塞内加称它为"亚历山大永远的耻辱"。

这些不愉快的事件结束了亚历山大在中亚的停留时期,公元前 327 年春天,大军开始向印度迈进。

远征印度

亚历山大想征服印度已有一段时间了,而他的欲望至此已完全付诸实施。当时的地理观念使他相信,印度是到环绕的海洋前最后的一片陆地,所以进攻印度就是征服希腊以东最后一块土地(西征则是下一步)。这个计划在亚历山大接见奥克苏斯河畔科拉斯米亚国王发拉斯马尼斯的使臣时开始成形(他的名字后来和《致哈德良书》连在一起,这封信中描述印度和远东地区的各种令人难以置信的野兽)。发拉斯马尼斯承诺在中亚地区提供协助,而亚历山大同时也接见了太克西拉王太克西里斯的使臣。他们都看到了协助亚历山大出征所能得到的好处。

神话也是他考虑的因素之一。亚历山大有意识地模仿希腊的神祇、英雄,以及像居鲁士大帝这样的先贤。狄奥尼索斯被认为是来自印度,但却使自己成为希腊的神祇,他有豹和侍女作他的扈从,戴着葡萄和常春藤做成的花环;亚历山大将循着神的足迹回到他的源头。海格立斯也是如此。最后,传说中的亚述女王塞米拉米斯,一直是他模仿的对象。她是惟一一个曾经征服印度与中亚的西方君主(亚格西亚),亚历山大就是要模仿她。正是因为她的先例,才使亚历山大穿过伊朗南部的吉德罗西亚沙漠,从而产生了一些亚历山大也像她一样征服了埃塞俄比亚的传说。

随行的科学家已预先为这场远征作了准备。地理研究早已展开(我们已经看到了它的正确程度),民族学者和自然史学者已经准备好要面对像公元前 5 世纪时的作家提西业斯所描述的各种千奇百怪的野兽、植物和各种景象,包括巨大的印度棕榈树、流着蜂蜜的河流、狗头人、反足人,以及有三排牙齿的猛兽。就算在远征过程中他们并没有看到这些东西,那些把它们写下来的人还是会说他们的确看到了。比顿就提到了反足人;克利塔朱斯也不忘将历史和奇闻轶事结合。而这些故事中最神奇的部分都写进了《亚历山大传奇》中或者被收入其中的《亚历山大致亚里士多德信》中。但将印度描述得最为有趣的莫过于欧奈西克瑞塔斯,他将有关印度榕树与长毛树枝的讯息,和穆西卡那斯王国的乌托邦生活结合在一起,并在太克西拉对一些印度苦行僧做了非常重要的访谈(后面将再详述)。

　　亚历山大集结了所需的军力,而在公元前 327 年春天,他的第一件工作就是征服索格地亚山寨,结束衰微的索格地亚纳。该国的统治者欧克西亚提斯嘲讽马其顿人说,除非找到有翅膀的士兵,否则根本没有办法征服它。但是,亚历山大则号召一些山地志愿兵,在绳索和铁制岩钉的协助下,一支特遣队在夜里登上高地。索格地亚人马上投降,而他们完全的顺服不只表现为在欧克西亚提斯协助安排科瑞尼斯山寨的投降,同时也表现为他们马上安排亚历山大与欧克西亚提斯之女罗克塞妮结婚。

　　假如亚历山大想要把王国传给子嗣,婚姻则是很重要的。虽然从公元前 333 年起,亚历山大已经有一个希腊情人巴西妮(她以前是罗德斯岛的迈农妻子),但具有王朝含义的婚姻则一直没有列入他的计划中。大流士的妻子因为难产而死的记载,因为发生的时间不能确定,所以无法判定孩子的父亲是谁。有些材料认为此事与大流士的第二次遣使同时,就像我们已经看到的,阿里安将它记录为公元前 332 年春天,她被俘的 4、5 个月后。假如依照通行本撰述所言,则是在公元前 331 年夏天,则可推论父亲就必然是亚历山大。

　　与罗克塞妮结婚对于马斯顿人后防的巩固,有政治上的意义,但在此同时,也许当亚历山大开始要进入没有人曾经进入的土地,而且还可能从此一去不回——他又怎能知道呢? 这时,他便会想要有一个继承人。假使真是如此,继承人就是刻不容缓的事了。

　　在公元前 327 年春天穿过兴都库什山的大军可能已经有 12 万之多,包括各种从军人员,而塔恩估计其中有超过 3 万名的骑兵。

　　这个时候的马其顿人不会超过 1500 人,包括 2000 名骑兵在内。其余的是希腊与其他各地的冒险士兵,这支军队在 10 天之内经萨朗隘口穿过兴都库什山(而不是他先前所走的那条巴米扬的路线,这条路线比较难走),到达他前次远征时所建立的城市——在喀布尔北方的高加索亚历山大城。从这里有一条笔直的低地道路直接通往东方,经过开伯尔隘口进入维多利亚时代人所知道的"西北边境"山区,然后进入印度平原。

　　在喀布尔河谷,亚历山大已经在"印度"的范围内了,经过事先安排,他在这里接见了一个太克西拉王所派来的使臣。太克西拉接近现在的拉瓦尔品第,它是此地最古老且最特别的城市之一,在阿黑门尼德王朝之前,甚至是一个"大学城",同时它也是著名的文法学者帕尼尼和政治科学家高提亚的故乡。它的统治者安比,又名太克西里斯,希望亚历山大协助他对付领土位于希达斯皮斯河(即杰赫勒姆)南部的敌国君主坡拉斯,因此马上和他结盟。

赫菲斯提昂,带着大批的军队和补给,在安比的向导下,进入印度河流域。这时,亚历山大则带了一支军队沿恰斯配斯河谷(即库纳河)进入史瓦特,以完成该地区的征服。这是一场艰苦的战役,该地区行进困难,而且阿富汗—巴基斯坦边境的各个部落又都是凶猛的战士。亚历山大以暴力的手段来减少城市,在其中之一(马萨伽)屠杀了7000人——普鲁塔克将这看成是他一生戎马中最大的污点。

　　在这个区域中的某处,一位使臣来到亚历山大面前要求他特别照顾当地的神圣性。就像阿里安所描述的那样,一个名叫阿卡菲斯的酋长,跟随着30名支持者,来到亚历山大的营帐,并宣布奈萨这个地方是狄奥尼索斯所建的:

> 当狄奥尼索斯征服了印度人,要回到希腊海边的时候,就以不适合继续服役的士兵——这些人也都是她的信众,建立了这座城市,来向子孙们纪念她的到来和胜利,就像你们建立高加索山的亚历山大城及埃及的另一座亚历山大城一样,因为你们已经建立或者还会陆续建立许多其他的城市,证明你们的成就已经超越了狄奥尼索斯。

　　这个故事可能是虚构的,但至少希腊人愿意相信这个地方和狄奥尼索斯有特殊的关连,因为这是他们在这里所发现,惟一一个出产生长狄奥尼索斯的神圣植物常春藤的地方。而且,当地人可以将自己的神,也许是湿婆,视为狄奥尼索斯在当地的化身。

　　很遗憾,我们无法知道这个重要的地方在哪里。根据库丘斯的说法,它在恰斯配斯河西方森林地带的高山上,他在叙述亚历山大抵达马萨伽之前提到了这个地方。阿里安则把奈萨置于"科芬(即喀布尔)和印度河之间",所以可能是在白沙瓦地区。现代学者又有不同的看法。例如格林和福克斯都将它置于吉德拉尔附近,博斯沃思则认为它离贾拉拉巴德不远。要找出答案惟一的办法,就是发起一次寻找常春藤的远征;另一个线索是吊在树上的香柏棺木,部队在晚上往往不小心把它烧起来,福克斯描述,在努里斯坦的卡佛族中就可以看见这样的棺材,他们把死者放在里面陈列出来。

　　这个故事的重要性在于强调亚历山大的神圣任务,以及他作为狄奥尼索斯继承者的角色。他在这个方面的自我表现,使他在马萨伽之役负伤时得到另外的鼓励;一位旁观者引用了一段荷马的话:"灵液,就像从受祝福的神祇身上流出。"亚历山大会说那是血而不是灵液,但这样的观点已经形成了。另一个神圣的野心,是降服阿尔诺斯山寨,那是连海格立斯(可能是当地传说中克里希纳都无法征服的地方。这个大断层由伟大的探险家史坦因确定为皮尔沙尔,它位于印度河的一个转弯处,高于河面5000英尺。亚历山大现在已经与赫菲斯提昂非常接近,可以重新建立联系,并提供援助。亚历山大带着投石器登上了面对城墙的乌拉沙尔,这里约有8000英尺高,建成一道斜坡以便登上石矶——这里也是守军投降的地方。军事上的优势巧妙的配合其他超乎常人的表现或"超越海格立斯的成就",亚历山大于是可以在后方安定的情况下前进(虽然马萨伽阿萨西尼亚在这年发动叛乱)。

　　在公元前326年春天,亚历山大进军至印度河地区。在这里,他受到安比的欢迎,举行了一场盛大的游行护送大军进入太克西拉。在发现不需为维持地位而打仗之后,远征军在太克西拉待了3个月,而这为亚历山大阵营中的研究者提供了绝佳的机会来进行调查。有一群人引起了欧奈西克瑞塔斯的兴趣,即希腊人称为 gymnosophistae 或"裸体哲学家"的苦行僧。后来的作者们也对这些人有很浓厚的兴趣,其中有些人称他们为婆罗门。《亚历山大传奇》在将他们与印度河下游的婆罗门区别开来的过程中,产生相当多的混淆,那些婆罗门在 7 个月后的反亚历山大运动中,扮演煽动者的角色。

阿瑞斯托布拉斯(就像斯特拉波所记录的)说"他在太克西拉看到两位诡辩学者,他们都是婆罗门;年长的一位已剃去头发,而年轻的则留着长发;而他们都有门徒追随"。斯特拉波也说欧奈西克瑞塔斯被派去和这些"哲学家"们会谈。要进行这样的对话,他不只是通过一个翻译,而是通过 13 个翻译进行(如他所言,这就像从泥浆中淘出清水来),他发现苦行者的观念和他自己所属的犬儒学派有一些明显的相似之处。缺乏最基本文明的犬儒生活方式与亚历山大的宫廷生活形成强烈对照,阿里安在叙述这段故事时,将这件事与以前亚历山大在科林斯与狄奥吉尼斯的会面放在一起。不可避免的,当亚历山大亲自和他们谈话时,故事更达到高潮;阿里安说,他们告诉他以下的话:

> 亚历山大国王,每个人在这片大地上所能拥有的就是脚下踩的这块地;
> 而你,虽然是和其他人一样的人,但却毫不止息地、放肆僭越地横扫你自己
> 所有的土地之外的广大区域,而不在你自己的或其他人的土地上停留下来。
> 你很快也会面临死亡,到那时候你所拥有的也不过就是一块葬身之地。

这次会面成为哲学家们所撰写的故事;一个更精致的版本出现在普鲁塔克和《亚历山大传奇》中,而各种毫无根据的对话版本则早在公元前 100 年时已四处流传,就像出土纸草纸中所显示的一样。这个故事可能是亚历山大所有故事中最能引起共鸣的,而且在中世纪还一直被重新改写;最新的版本是 1683 年所出版的一部英文畅销故事书。

这群苦行僧的领袖名叫丹达米斯(这个字的意思可能和梵文中一个婆罗门职衔有关);在他们之中还有一位名叫卡兰那斯的,他被骗入亚历山大的远征军中,成为一位用来展示的哲学家。当他在波斯染病时,他写下自己观察到的奇闻轶事,并以坐在柴上自焚的方式自杀——这个行动在后来与印度哲学家产生密切的关联,甚至还蔚然成风,成为路西恩在《旅行者的一生》一书中所嘲讽的现象。

由于被这些事情缠住,而且得到来自阿比萨瑞斯(太克西拉西北的王国)的使团的再三保证,亚历山大推迟了行动,没有渡过印度河以对付他在旁遮普最危险的敌人坡拉斯("包拉伐斯的国君"),坡拉斯的领土位于希达斯皮斯(真纳河)和阿塞西尼斯河之间。当他在 6 月开拔起程时,季风雨已经开始。史料上说他在两天之内从太克西拉走了 110 英里来到真纳城下,可能是在哈南普尔。旁遮普 5 条河流的河道在相隔几个世纪中已经有了非常大的变化,真正渡河处与战场已经很难确定。坡拉斯的部队排列在真纳河的对岸,约有 3、4 千名骑兵和 5 万名步兵。除了战车以外,还有许多战象——这对马其顿军来说是从未面对过的挑战(虽然安比已经送了亚历山大一些大象)。

当亚历山大面对正要渡河的印度军队时,他的主要目标就是尽可能的扰乱敌军。他花了几个晚上在不同的地点发动突击和在河岸上下游放火;据说他还曾经换上和普通军官相同的服装,使敌军无法确定司令部所在的位置。最后他选定了一个渡河口,在上游的 17 英里处,那里有一座岛屿能为运输船提供很好的掩护。部队主力在

暗夜及大雷雨的掩护下渡河,在此过程中有许多人被雷打中。他要求驻守基地的克拉特拉斯要等到所有的印度上都已加入上游的战斗之后才能渡河。

坡拉斯的战车在泥地中显然是没有作用的,但战象却是马其顿人可怕的阻碍。《亚历山大传奇》编造了一个令人难以置信的故事(这在中古时代的手稿中是很受欢迎的故事),描述亚历山大如何组成一道铜制战士的防线,这些铜人被烧到红热,当大象用鼻子卷起它们时,就会哀嚎地退走。实际上,惟一的办法就是不断用矛与箭攻击;即使在这种情况下,许多马其顿部队还是被踩死在大象的脚下。坡拉斯的儿子就是在这场战役中战死的,而马其顿人则渐渐地包围了印度军队,直到肩膀受伤的坡拉斯坐在大象背上退出战场〔亚历山大在战胜后立刻发行钱币——也许是在苏撒(史都华)或巴比伦(波斯华慈)所铸——其图样画着一个马其顿骑士拿着矛厚颜无耻地刺向撤退象群的后方〕。坡拉斯被俘,而且被带到亚历山大面前。亚历山大以一段很有名的对话,问坡拉斯希望受到什么样的待遇,"用对待一个君王的方式"是坡拉斯尊贵的答复。这次会面值得纪念,所有的记载都显示,坡拉斯是一个非常高大的人,几乎有七英尺高;亚历山大的高度则不超过他下方的肋骨。亚历山大没有罢黜他,反而承认他是原先领地的统治者,不过现在是马其顿国王的臣子——这并不是什么自由统治的政策,而是亚历山大对行政管理感到不耐,因为这可能会使他不能专注于征战。

伴随亚历山大四处征战的座骑布西法拉斯也在这场战役中战死,因此亚历山大建立了一座以这匹马的名字命名的城市——布西法拉斯,同时还建了另一座名为尼卡亚(胜利城)的城市,并在此举行盛大的运动会以庆祝胜利。亚历山大已经在准备继续行进,印度其他的地方正在向他招手。他很快地穿过阿塞西尼斯河(即杰纳布河)和希德拉欧提斯河(即拉维河),抵达拉合尔地区。除了在桑加拉地区(可能就是现在的桑加拉)有短暂的围城战外,当地人毫无抵抗地投降了。狄奥多拉斯说:"他想要到达印度的边境,并征服所有的人民,然后沿河而下,直到海洋。"阿里安让亚历山大在抵达希法西斯河(即比亚斯河)之前,对官兵发表一篇伟大的演说。在演说中,亚历山大不断提到狄奥尼索斯和海格立斯的相似之处,并强调完成整个印度的征服工作是维持征服地安全必要的事。

> 假如有人想要知道战斗的中止地在哪里,他应该知道从我们的面前到恒河和东海,已经没剩多少土地。这片海洋,我向你们保证,将会纳入赫卡尼亚海,因为这片大海环绕了整个陆地。我将向马其顿人和盟友们展现,印度湾(阿拉伯海)会与波斯湾合而为一,而赫卡尼亚海也会与印度湾合而为一。我们的船队将从波斯湾环绕利比亚及直布罗陀海峡,从直布罗陀海峡到整个利比亚都会变成我们的领土,就好像整个亚洲实际上都变成我们的一样。

阿里安书中这篇演讲的史料来源不得而知,而且可能就像许多古代史家的演讲辞一样,其实是作者自己创作的,但似乎还是反映了亚历山大的意图,以及他对仍要继续游历的世界的地理认识。一位当地的统治者告诉亚历山大,到恒河只要12天的行军,布仑特在一篇文章中尖锐地批评这个说法"无知"。但实际上,从希法西斯河到恒河上游,的确只有两百英里的路程。恒河本身流经1500英里才入海则是另一回事!

对亚历山大大军中的军官来说,这些计划实在够多了。连绵不断的季风雨使他们疲惫不堪——他们怎能知道雨是不是会停？征服波斯的任务已然完成（阿里门尼德政权从未延伸到希法西斯河以外），而且他们对亚洲的主权也已经建立，他们发现亚历山大持续不断的野心难以理解，他的需求也是不合理的。他们起而叛变，军官和部队都拒绝继续前进。

亚历山大使用了阿基利斯的策略，回到自己的营帐生闷气。三天之后，他仍然在里面，而部队也没有改变心意的迹象。亚历山大决定建立 12 个一系列的祭坛来标志出征服地的界限，并且开始班师回故乡。根据菲洛斯特拉托斯在《阿波罗尼乌斯的一生》中所说，这些祭坛是为阿蒙、海格立斯、雅典娜、宙斯、萨摩色雷斯的卡比利、印度河、赫利欧斯（太阳）与阿波罗所建。这种奇怪的集合并不被其他作者认可，但这些祭坛在古代地图中经常出现，所以我们可以根据它们在较晚近的古代坡廷格尔古地图中的模样来加以探讨（标志着"usquequoAlexander"和"hicAlexanderresponsumacce-pit"——根据我们从《亚历山大传奇》中得知的传说，上天告诫亚历山大不要再往前征伐）。而中古时代的穆迪地图，脱胎于为恺撒编制的阿格里巴世界地图，也有类似的作法。

亚历山大开始回师希德拉欧提斯河，并准备踏上回乡的旅程，这将超越之前所有人的成就，包括塞米拉密斯在内。他的计划是要顺印度河直下，然后经由印度洋回到伊朗的心脏地带。在开始的时候，阿里安告诉我们，亚历山大相信南方所有的土地是连续的，是一块广大的南方大陆，而且印度河是直接流入尼罗河的：

> 他已经在印度河中看到过鳄鱼，这在尼罗河以外的其他河流中是没有的。他也发现长在阿塞西尼斯河畔的豆子，和埃及所生产的一样。他更听说阿塞西尼斯河流入印度河，他认为他已经发现了尼罗河的源头。

阿里安说，亚历山大在给母亲的信中写了这些，但在收集到更正确的讯息后，他把这一段从信中删掉了。这封信后来怎样，并不清楚，但似乎意味着档案馆中有一份副本。在普鲁塔克用以找出有关亚历山大远征讯息的信件中，并没有提到这封信（普鲁塔克对地理不是很感兴趣），而它也和《亚历山大传奇》中所收录的几封令人惊奇的、虚构的、向奥林匹娅斯描述旅程的信件没有什么关系，虽然有人猜想它可能会有一些影响。在后来的旅程中所发生的一些事件，的确可以在《亚历山大传奇》的传说中看到一些回应，同时也对其他虚构的作品有所影响。在班师的时候，亚历山大的地理资讯是正确的。

大军回到真纳后，因为得到援军，数量大为增加，并增加了 2 万 5 千件新到的铠甲；破旧的装备则放火烧掉。部队在公元前 326 年 11 月出发，沿阿塞西尼斯河而下，直到它与印度河交汇处。克拉特拉斯的部队沿右岸行军，赫菲斯提昂的部队则沿左岸而行。这趟旅行开始的时候并不顺利，因为他们遭遇两支原住民的剧烈抵抗，即马利亚和欧克西德拉卡。这些人就是马拉瓦人和克舒德拉卡人，他们和其他的一些族群也曾出现在印度史诗《摩诃婆罗多》中。征服马利亚城的战役，是亚历山大一生中最戏剧化的事件。事前的预兆对他不利，而军士们也迟疑不前。亚历山大抢下一个登墙梯，并迅速爬上去，翻过城墙，跳进守军之中厮杀。其他三个马其顿人很快地加入进来，但这时亚历山大已被逼到一棵树下。在马其顿大军攻破城池之前，亚历山大已因胸口受了箭伤而倒下。他的伙伴们为他挡住排山倒海而来的印度军队，最后他终于活着回到营帐。拔出箭头的手术使他大量失血，亚历山大因而晕了过去。在一个星期当中,他一直徘徊在死亡边缘,但他强壮的体格,使他撑过了危险期。这是他死亡的可能性第一次变得那么实在,但同时也显示他的权威,以及显示出他在这场远征中的不可或缺性并没有丝毫损伤。

这个故事在各种史料中有令人好奇的、可引为鉴戒的矛盾。到底那天是谁和亚历山大在一起?阿里安说一共有三个人:朴塞斯塔斯、利昂那塔斯和阿布瑞亚斯,笔者也采取这个看法。普鲁塔克只提到两个(也许没有把默默无闻的阿布瑞亚斯算进去),克利塔朱斯则说托勒密和提马真尼斯也在他身边。不过,可以确定的是托勒密并不在场,因为假如他在场,他一定会在自己的记录中提到,而这份记录正是阿里安所根据的史料。克利塔朱斯写下这段错误记录的动机是什么呢?他的写作目的常被认为是在用夸张的成就来赞美亚历山大,但这件事却并不符合这个形式——这警告我们不要太肯定地将一个故事的特定版本归诸任何一个作者。但是,克利塔朱斯的确表示出他对托勒密的好感,而且绝对是出自奉承这位赞助他、提拔他的国王的意图。这个故事也可以看成是托勒密后来"救主"头衔的人为解释。

马利亚投降后,克舒德拉卡人毫无抵抗地投降了。部队继续航行,亚历山大躺在甲板上的一条躺椅上,他的船走在其他船的前面,"如此一来,划桨的鼓声才不会打断他的静养"。

经过 5 个月的旅行以及持续的作战,大军终于来到位于印度河三角洲顶端的帕塔拉(公元前 325 年 7 月)。克拉特拉斯当时已经走陆路抵达卡曼尼亚(伊朗的克尔曼省),以等待路线较迂回的其余部队。他接受夏克尔附近地区的国王穆西卡那斯的称臣纳贡,并平定了以辛迪马那接近辛迪的色宛为首都和散巴斯所指挥的山地部落,以及由一群既是婆罗门又是当地统治者的谋士策动的叛乱。接着穆西卡那斯又起而叛乱,但被残酷镇压下去了。在《亚历山大传奇》的记录中,这些婆罗门逐渐和欧克西德拉卡及太克西拉的婆罗门,或裸体诡辩学者,混淆在一起。但是,这并不是这次战役所引起的惟一一段虚构的故事。曾经奉派访问太克西拉诡辩学者的欧奈西克瑞塔斯,在此发现另一个哲学发展的机会,就像斯特拉波告诉我们的那样:

> 他详细地描述着、赞扬着穆西卡那斯这个国家,其他的印度人也与他们有类似的一些特征,例如他们长寿,他们之中有人可以活到 130 岁。……他们简单的生活方式,他们的健康……。他们另一个特色就是斯巴达式的共餐制……,以及他们虽然有金矿银矿,却不使用金银,……除了医药以外,他们并不太研究学问,至于其他的一些学问如军事等等,则被视为是一种罪恶;他们没有诉讼制度,但杀人罪和伤害罪除外,因为要避免成为这些罪行的受害者,并不是人力所能达到的,但协议的条件却是每个个人都可以掌握的。

简言之,这个地方是诡辩学派的乌托邦。但是,欧奈西克瑞塔斯并不是惟一在这个地区发现乌托邦的人。一位名叫阿摩梅特斯的作家,写了一部《阿塔克利史》,描述该地区的另一群人,这实际上是一种哲学上的乌托邦。在公元前 3 世纪初,构筑乌托邦的风气十分盛行,而通常都采取虚构的游记形式来描写,这种特殊的文章种类是亚历山大划时代远征的另一个出人预料的产物。

在帕塔拉(海得拉巴)以南,还有更多的惊奇在等待着大军的来到。现在正吹着猛烈的西南季风,行进路线难以行走,而这时印度河也开始有潮水的涨落,习惯于地中海风平浪静的马其顿人,在发现他们的船只会突然搁浅在泥岸上时,十分惊慌。他们开始不安地揣测:他们可能是碰上传说中所说的巨大螃蟹或者是其他可怕的动物了。当潮水涌来,他们的船突然再浮起来,他们这时候更是惊慌失措。同一时期(公元前325年夏末),印度省长起而叛乱(巴克特里亚和索格地亚纳在公元前326年年底时已经开始叛乱)。这场叛乱的领袖是森德拉科塔斯,他很快就以孔雀帝国的创建者乾德拉古普拉的称号闻名,已被认为对亚历山大俯首称臣的坡拉斯也起而响应他的行动。在亚历山大离开"印度"境内之前,"印度"已经逐渐从他的掌握中挣脱,而亚历山大这时一心一意所关注的只有未来。

远征军在此分成两股,尼阿卡斯带着舰队沿印度洋岸航行,亚历山大则带着陆军,穿越海岸地带的不毛之地吉特路里亚沙漠,并通过了巴基斯坦和伊朗边界。他的主要理由是要模仿传说中的塞米拉密斯女王,传说中她征服了印度,然后经由这条路线回到巴比伦。然而,一旦野心凌驾于理性之上,他卓越的智慧就毫无用武之地。虽然这次行军刚开始时很顺利,但找水很快就成为不可能的差事,而且大军也无法向他们行经地区仅有的原住民身上取得粮食,一个希腊人称之为食鱼者的部落,仍然生活在石器时代,他们穿着鲨鱼皮,用鲸鱼骨盖房子。进入更内陆的地方,虽然有枣椰树,但一直吃这些食物使大家都生了病,而其他的植物则都是有毒的。由于这个地区灼人的炎热,以及食物的缺乏,部队在抵达卡曼尼亚前的60天里,有大约6万人在途中毙命。

这次行军是亚历山大英雄作为的极端展现,不同的作者会采取不同的观点来探讨他的业绩。一个士兵发现了一座咸水的小池塘,用头盔舀了一些献给亚历山大。但是亚历山大拒绝享有特权,因为全军将士和他一样需要。他把水倒进沙里,树立了一个坚忍不拔的模范。最后,在瓜德尔,大军选择了一条通往普拉(即伊朗沙赫尔)的内路道路,这条道路最后到达苏撒。接下来的旅程进行得较为舒坦,许多作者告诉我们,亚历山大把这次行军当作一支喧闹的酒神祭游行。

> 他命令沿途的村庄撒满花朵、花环,在房子的大门口,则摆上一碗碗的酒,以及特殊大小的容器……。他的密友和王家成员走在前面,头上戴着各种花朵编成的花环,听着笛子的音符,与七弦琴的乐音……,国王和与他畅饮的同伴们,坐在载着金子做成的碗和大杯子的马车上。大军就以这个方式,进行了7天的醉酒行进。假使那些被征服的民族有胆子起来挑战这些骚动的酒徒,这将会是一场简单的战役。……但决定事物名声和评价的,其实是命运女神,她甚至将不名誉的军事行动,转化为光荣的成就!

只有一小部分的军队在卡曼尼亚和克拉特拉斯会合。

和尼阿卡斯一起在12月到苏撒的官兵,情况也好不到哪里去,这是亚历山大第一次在军需安排上犯了严重的错误。尼阿卡斯也有他的故事要说——举例来说,他们的船在一个小岛上搁浅停靠,只是当这个小岛游开时,才发现它原来是一条鲸鱼。奇怪的是,完全相同的故事也发生在航海者辛巴达与圣伯兰登的身上,更别说孟潮生男爵。

抵达卡曼尼亚表示已离开野蛮世界,回到现实世界,而亚历山大还有许多事等着他去做。

亚历山大在巴比伦

亚历山大回到帝国中心的伊朗地区之后,重新面对在远征印度期间延宕许久(如果他没有遗忘的话)的管理和统治问题。当他仍在普拉的时候,他已经听说欧瑞提斯省长阿波罗法尼斯有问题,因此马上罢免他,而克拉特拉斯也平定了一场发生在普拉北方不远的叛乱。卡曼尼亚省长阿斯塔培应邀参加大军班师庆典,但他的死刑却成了欢宴中的一项娱乐。之后,又有一些人被相继处决,包括马其顿将领克连德、西塔西斯,他们被控在米地亚倒行逆施。此后不久,亚历山大抵达波斯波利斯,他处决了纵兵抢掠居鲁士之墓的省长欧西尼斯,并以曾在马利亚城之役救他一命、忠心耿耿的朴塞斯塔斯代之。根据狄奥多拉斯的说法,朴塞斯塔斯是惟一一个可以穿波斯服装的省长,这显示与当地住民结合是很重要的。这些地区是无法以打败坡拉斯王国那样的方式来征服的。

这些对倒行逆施者的惩处行动,似乎震动了亚历山大最久任的行政官员,巴比伦财政官哈帕拉斯。在公元前 324 年春天,他弃职回希腊。这并不是他第一次在危机时刻潜逃,同时也是我们观察其人很好的切入点。

哈帕拉斯早年就追随亚历山大,由于一些疾病的因素,使他不适合当兵,但他从公元前 336 年起,就成为亚历山大帝国的财政大臣。在依萨斯之战前(公元前 333 年11 月),他第一次弃职而到希腊旅行。阿里安隐约告诉我们,他一直和一个名叫陶瑞斯卡斯的冒险者往来,而学者也一直怀疑这次弃官出走的真正原因。格林和福克斯认为他可能一直担任某种间谍任务;波斯华慈则指出,他认为假如亚历山大真的因为在西德纳斯河游泳所得的那场热病而死,对哈帕拉斯来说,马其顿或许是一个比西里西亚安全的地方。最明显的原因,则是哈帕拉斯在公元前 331 年重新被任命时,他曾侵占公款的案子已不再被列入考虑。沃辛顿则指出,这两件事并非不能同时存在。我们知道亚历山大"原谅"了他的潜逃——而且,就像诺克拉提斯的克利欧米尼斯的案子一样——在他自己的利益仍受保护的情况下,亚历山大并不太担心盗用公款的事。

事后,哈帕拉斯在公元前 331 年回任,此后不久,大约是在公元前 330 年,他被调到巴比伦。他在这里全权处理帝国财政,以及亚历山大征伐过程中所得到的战利品,并管理帝国铸币事务(黎凡特和西里西亚用的是舍克尔,伊朗用的则是大流克。他贪污的可能性很大,而且,哈帕拉斯起初将他的闲暇投入园艺工作,他引进希腊植物来装饰王家花园,除了不耐热的常春藤以外,各种植物都欣欣向荣。接着,他也开始进口昂贵的雅典侍女,琵西欧尼斯以及在她死后取代她的另一个雅典女子葛利西拉。

他似乎也可能在没有通知亚历山大的情况下铸币。至少他正把赌注押在亚历山大的崩逝上,甚至可能已经在筹划叛乱行动,或至少是在打算把自己树立为巴比伦王。

早在前往印度途中,关于哈帕拉斯的活动状况的消息就已经传到军中。当时上演了一出名为《亚根》的讽刺剧——有人说该剧作者是亚历山大;其中有许多对哈帕拉斯、"巴比伦皇后"葛利西拉和雅典人的讽刺。当亚历山大制裁各地省长的消息传开,哈帕拉斯便感到极大的威胁,马上弃职潜逃。他直接前往雅典,虽然他在以前的几年中捐赠了大量的谷物和祭品,雅典人却是很冷淡地接待他。

雅典人也必须下赌注。哈帕拉斯被看管着,而他所带的 700 泰伦则被存在卫城里。他很快便逃了出去,并重新加入他在克里特的雇佣兵队伍中,但他在那里被一个部下杀了,于是亚历山大最神秘的伙伴的一生宣告结束。

他的命运,与亚历山大在公元前 324 年 2、3 月抵达苏撒后与希腊本土之间关系的重要发展,有着错综复杂的关系,但亚历山大在抵达苏撒后的第一波行动也相当重要。幸存的波斯皇族妇女在远征印度期间被留在这里;现在正是为她们找丈夫的时候。亚历山大所做的远过于此。他为自己和其他 91 名大臣安排了一场婚礼,娶了波斯贵族女子为妻。他自己则娶了两个妻子:大流士和阿塔萨西斯·欧卡斯的女儿。许多婚姻似乎都没有维持太久,而且显然都是被迫结合的,但他们展现出帝国统治阶层外观上的重要改变。在此同时,3 万名曾经受过马其顿军事训练的伊朗青年也抵达苏撒。亚历山大开始称他们为他的"继承人"。这两个群体地位的擢升,显示亚历山大不再将他的王国看成马其顿王国。经过适当训练的波斯人即将扮演重要的角色,而任命波斯人并不会有风险;因为马其顿人会管住他们。

塔恩根据这些事件建立了一个理论,认为亚历山大形成而且相信"四海之内皆兄弟"或"人类一体"的观念,这个观念后来又由斯多葛学派的哲学家芝诺加以发展,并影响了普鲁塔克对亚历山大的看法。塔恩的观念具有很大的影响力,但巴迪安则彻底否定了这项说法。塔恩所提出的直接证据,只是阿里安描述婚礼后几周在欧皮斯举行的一场宴会时写的一句话:

> (亚历山大)让所有的马其顿人围着他坐,接下来是波斯人,然后是其他民族的贵族。他和身边的人一起喝酒,也一起献祭。典礼由希腊占卜者与祆教僧侣一同展开仪式。亚历山大做了许多祷告,特别是祈求马其顿人和波斯人应该像同伴一样和睦相处。

亚历山大的这一祈祷,与塔恩的观点所依据的宙斯为全人类共同之父的哲学信仰是相违背的。事实上,婚礼所建构的立场已很清楚地表明,马其顿人与波斯人应该一起统治,但却没有提到其他民族也可以加入。埃伦柏格发展出一种和塔恩稍略有些不同的看法,他将这种"融合政策"看成是亚历山大进一步发展了世界希腊化事业。事实上,融合和希腊化看起来是冲突的,埃伦柏格注意到亚里士多德对亚历山大行为的可能影响。但我们所知道的一篇亚里士多德对亚历山大的建议书,是教他将外族当成希腊人的奴隶——这很明显地与亚历山大在此所做的不同。我们不知道亚里士多德在《论君道》及《上亚历山大论殖民地疏》中写了些什么。但令人惊讶的是,在亚历山大晚年却突然开始采用亚里士多德式的做法,他已经有 10 年多的时间没有见过亚里士多德了,虽然也许曾经与他通信。比较合情合理的诠释,是将这次怪异而盛大的婚礼看成是一次为了确保可靠的帝国统治阶层而举行的务实行动,虽然它是失败的。

当朝廷仍驻在苏撒时,由海路直下阿拉伯湾占领阿拉伯的计划便已经展开。但巴比伦则是亚历山大最先到达的预定地,因为远征就是要从那里开始。巴比伦是他的财富所在,也是帝国实际的中心。下一步的行动则是要移师到底格里斯河转弯处,接近今日巴格达所在的欧皮斯。这次当他在面对老兵问题时,希腊本土的事务又再度与之纠结在一起。

事件发生在次序并不清楚,但以下的次序似乎是最合乎逻辑的。在公元前 324

年夏天,亚历山大宣布以优厚的退职金遣散大约1万名超过服役年限的老兵。士兵们将这看作是对其战功的侮辱而感到不满,并发生了几近暴动的骚乱。在骚乱中他们责怪亚历山大解散他们大多数,在接下来的征程中,只和"他的父亲阿蒙"单独进行。亚历山大很生气,他派军官渗透入群众中,13名带头者被逮捕,随即被处死。根据阿里安的记载,他对目瞪口呆的群众们演说,历数马其顿人从他与"他的父亲腓力"身上所得到的各种利益,"他给你们衣服穿,……他将你们从山上带到平原,……使你们成为城市的居民,以良法善俗来管理你们的生活"。而且,他说马其顿人仍是帝国的统治者,他们从远征中得到大量的财富,而他自己也和他们一起度过所有难关险阻。接着,他满腔愤慨的回到营帐中。

在这件事情发生后,愤怒的亚历山大建立了一支以马其顿式名称来命名的新波斯军队,并任命了一群波斯将领,以取代现有的马其顿将领。他称这些波斯人为他的亲人,并与国王相互亲吻。马其顿人现在全被吓住了,他们让步了,并且抱怨说他们从未获准亲吻国王。于是,亚历山大安排了前述的那次宴会,在宴会上希腊人、波斯人和其他民族的人们坐在一起,表示所有人同为一体。军人退伍的危机就这样消除了。克拉特拉斯奉命带领退伍军人们回希腊——此外一个值得注意的现象是——他解除了安提培特的留守指挥权,并收回马其顿的统治权。

这一连串的事件在许多方面产生影响。第一,调侃亚历山大是"阿蒙之子",指出了他想把自己塑造成神明的问题,这将在不久之后引起争议。第二,12年来一直为亚历山大统治希腊的安提培特突然被解职,在马其顿一直不能被接受;而一点也不值得惊讶的是,在亚历山大死后所传开的流言说,安提培特为了先发制人,所以参与了谋杀的行动。

最直接的一个影响,是另外1万名退伍军人回到希腊。在卡尔马尼亚时,亚历山大为了防范进一步的地方性叛乱,下令遣散所有地方部队的雇佣兵。除此之外,安提培特在希腊城市中所建立的傀儡政权也使许多反对者四处流亡。亚历山大的铁腕政策产生巴迪安所总结的灾难性的效应:

借着他个人的行动——他对驻守波斯的雇佣兵的处理方式,对希腊傀儡政权的整顿,以及最后将地方部队遣散——这些政策导致恐怖时代的到来;亚历山大制造了前所未有而且显然无法解决的社会问题,这同时又转变为前所未有的政治与社会问题:大量受过优良军事训练,却是一穷二白的人们,随时可以为想要利用他们的领袖所罗致。在亚历山大短暂的在位期间,从来没有出现过这样明显的政治失败,螺旋状发展的恐怖主义到公元前324年达到了顶点。

亚历山大对这个情况的回应,是发布流亡令。这个命令在公元前324年的奥林匹克运动会(7月底到8月初)时宣布,有2万名流放者到场聆听。根据狄奥多拉斯的说法,他也是惟一引述该段命令的作者,其内容如下:亚历山大国王致希腊各城市的流亡者。我们并非造成你们流亡的原因,而是受诅咒的你们的救星,我们将是让你们回到故乡的原因。为此,我们已经写信给安提培特,假如任何城市不收留你们,他将会强迫它们做到收留你们。

这道命令注定是要造成各城市中的社会与政治动乱的,许多城市因此处在非常艰难的困境中。大量的诉讼与争执自不可免。在这个情况下,雅典不愿与嫌犯哈帕拉斯往来是很自然的：这个亚历山大政府叛徒的来到，简直就是置他们于死地。

这道命令最大的问题就是其合法基础的问题。亚历山大并不是希腊国王；自由的城市并不是他帝国的一部分。他并没有发表这样一道命令的政治权力。那么，它要如何被贯彻？他所采取的办法是要求这些希腊城市把他当成神明来崇拜。这个要求也在奥林匹克大会上宣布，并使希腊政治人物说出许多讽刺的名言。斯巴达人达密斯说："嗯，如果他想当神，就让他当神吧。"雅典的狄莫西尼斯终于也承认，不管怎样，亚历山大都能成为宙斯的儿子，如果他想要的话，他也可以变成波塞冬的儿子。雅典演说家希佩里德斯较不幽默地埋怨说，希腊人被迫将统治者奉祀为神，将仆役尊崇为英雄。这里所指的是亚历山大和赫菲斯提昂（这段话被记下来，在亚历山大死时雅典反抗马其顿的时候希佩里德斯被捕，安提培特在处决他之前，还把他的舌头割下）。

这些笑话展现了这道命令颁布后在政治生活上所带来的转变。在此之前，没有人在有生之年成为神明，虽然可以举出两个可疑的例子：斯巴达将领来山得在公元前4世纪初曾在萨摩斯岛接受过某种神格的崇拜，稍晚，叙拉古的狄翁也曾被奉为叙拉古之神。在亚历山大之后，就形成了接受神圣的尊荣成为希腊化诸王的惯例。罗马皇帝也采用了这个习惯。当奥古斯都追赠恺撒为神明之后，他自己也发现在有生之年成为东方希腊人的一个神明，是很方便的。这个现象已由普莱斯作了非常好的诠释，他认为这不只是政治性的宣示，在希腊的自由城市中，帝国统治者要在他们的生活中取得任何一种权威性，就是要取得神这样的超人地位。实际上，一个皇帝的权力和地位是超越任何一个国王或城市议会的。同样的解释也适用于亚历山大。有些人现在就把他当成神明来对待。阿里安说巴比伦的使节"是以神圣使者的仪节"晋见亚历山大的。神圣使者这字眼在此是很模糊的：它所指的可以是使节们相信自己肩负着神圣的任务，也可以指他们的行为——从外人的角度看来——就像是晋见神明一样。语言上的争论可以支持任何一方，但笔者倾向后一种诠释，使节们并不真的相信亚历山大是神，但观察者却被他们神圣而卑屈的行为所震撼。

这样的诠释回避了亚历山大是否真的相信自己神圣性的问题，但这的确是需要考虑的问题。亚历山大是可能具有神圣性的。第一，他可能是神的儿子。卡里西尼斯似乎是第一个将亚历山大当作宙斯之子的人，但亚历山大一直不愿这样宣布。（惟一的例外是在普鲁塔克的《亚历山大传》中所述。根据卡里西尼斯的说法：亚历山大以荷马时代的方式将他的系谱追溯到宙斯，借此来激励塞萨利人。但是，这个说法其实是非历史的。）就像我们所看到的（第五章）那样，亚历山大可能真的把自己看成阿蒙之子。当然，一个英雄就像海格立斯一样，可以同时是神也是凡人的儿子，而且可以在死后成为神明。

认为亚历山大已经相信自己是神的说法，都和他与阿蒙的关系有关。第一，作为一个法老，他当然是埃及的神明。即使他从来没有正式加冕，他在神庙绘画中都被描绘为法老。第二，因为他接受阿蒙神谕的命令说，只有赫菲斯提昂可以被尊为英雄，他一定已经相信阿蒙认可他的神格地位，否则他便不会接受人们所赋予他的神格尊荣。亚历山大这时的心理是不可理解的，但他似乎开始相信他自己的神圣性。在晚年，他的确也在雅典和一些小亚细亚的城市中接受膜拜。

最后一个奇怪的证据是亚里士多德在《政治学》中的一段话，他在这里讨论"好国王"的品质：

> 人们可以说这样一个人是坚定不移的。没有人能统治这样一个人，因为这就像统治宙斯一样……剩下的事就是，当这样一个人出现的时候，人们应该要很乐意地服从他。

在塔恩看来，这段话直指亚历山大。他主要的根据在于亚里士多德的谈话从前句中的复数人转为单一人："这样一个人"。这样的论证是很软弱无力的，而埃伦柏格也推翻了这个看法，虽然塔恩后来所提出的辩解相当具有说服力。但是这应该只是亚里士多德对亚历山大的看法，而不是亚历山大自己的看法。

公元前324年夏天所发生的最后一件大事，发生在朝廷从欧皮斯迁到扎格洛斯山脉中较寒冷的埃克巴塔纳（哈马丹）时。一场盛大的庆典在此举行，人们每晚都喝得醉醺醺的。在庆典期间，亚历山大的密友赫菲斯提昂病死了。阿里安告诉我们，他的病只拖了7天。其他的史料也同样简短，而库尔提乌斯书中相关的一部分则散佚了。关于他的死讯，我们所拥有更进一步的资料，来自伊菲普斯一部题为《亚历山大与赫菲斯提昂之死》的亡佚作品中的一些引文。这些引文全收录在阿忒那奥斯的《饕客列传》一书中，这是一位对饮食习惯很有兴趣的作家，对过量与奢侈的饮食常持批判的态度，因此他理所当然地援引伊菲普斯的文句，作为将亚历山大与赫菲斯提昂的死因归咎于饮酒过量的证据。普鲁塔克则简单地告诉我们他得了热病，但却不遵照医生的指示而吃了一整碗的鸟肉和大量的酒，因此不久就死了。

亚历山大的悲伤是英雄式的。就像阿基利斯对帕特洛克罗斯一样，沮丧的国王日以继夜地哀悼他的朋友。阿里安甚至相信亚历山大"可能"剪下头发来覆盖尸体，虽然他拒绝接受亚历山大摧毁埃克巴塔纳的阿斯克利皮亚斯（医疗之神）神庙的记载，甚至绝口不提亚历山大将赫菲斯提昂的医生钉死之事（这个故事出自普鲁塔克）。赫菲斯提昂的尸身作了防腐处理后送到巴比伦，并在第二年春天被放在花了1万泰伦准备的巨大柴堆上焚烧。根据狄奥多拉斯的记载它所涵盖的面积有600乘200米之大：

> 第一层是以密集排列的帆船，帆船的船首都是黄金做的，……每艘船上载着两名4肘尺高的跪姿弓箭手，（在甲板上）则有5肘尺高的武装男子，在他们中间则是毛毯做成的红色旗帜。

> 第二层是15肘尺高的火炬；第三层是一座描绘狩猎情景的雕塑；第四层则是以黄金制成的人面马身像；第五层一连串狮子与牛只的雕塑，也是以黄金做成的。在这些之上，是一层马其顿与波斯的武器。

> 在最顶端则是站立的女海妖，她们中间是空的，可以藏下几个唱歌以哀悼死者的人。整座柴堆有130多肘尺高。

在此必须要说的是，这个结构体可能从未完成，虽然狄奥多拉斯说得活灵活现。它是亚历山大死后马其顿议会否决的"最后计划"中的一部分（见后）。在筹备这项大工程时，亚历山大就像以前提过的，派使者到锡瓦的阿蒙神庙求取神谕，询问是否应该将赫菲斯提昂奉祀为神。在公元前323年传回的答案却有不同的说法。阿里安说："阿蒙谕示将赫菲斯提昂谥为英雄才是合法的。"（普鲁塔克也这么说）狄奥多拉斯则说阿蒙的回答同意尊他为神。贾斯廷同意此说，而路西德在他的《论不可信之谣言》中说，亚历山大为他建立神庙，立下誓约，并且向他献祭。人们对这些宣示一定会有所怀疑，而亚历山大则促使这些宣示能顺利进行。我们知道他的埃及总督克利欧米尼斯，虽然是个贪赃枉法的首领，却因为他为赫菲斯提昂建立了英雄祭坛，并以他的名字作为商业契约前言中的见证者，而得到亚历山大公开的原谅。这可能是路西德头脑中的想法。阿里安则非常不同意亚历山大只因为不法者奉承了他个人的偏爱者，就完全原谅贪赃罪行的做法。

公元前 324 年到 323 年的冬天，亚历山大攻打一个伊朗山地部落，在科萨亚人中度过。公元前 323 年初，朝廷出发前往巴比伦。亚历山大在巴比伦接见了从世界各地来的使节。利比亚人送来王冠，其他来访的民族包括凯尔特、伊比利亚人、西徐亚人和埃塞俄比亚人。一些意大利民族——布鲁提亚人、伊特拉斯坎人与卢卡尼亚人——都派来代表，虽然流于想象，但阿里安坚持，其中有罗马来的使臣，甚至迦太基也派来了使臣。这些遣使活动的目的并不明显，而且可能各不相同。希腊城市遣使问候，并可能希望表现出对去年夏天所发敕令的顺服。至于他们是否献上神圣的尊荣则不大清楚。其他的民族则似乎明了亚历山大已经完成东征工作，从而预先防止他攻击自己的领土。很重要的一点是，阿拉伯没有派使者来；亚历山大似乎把这个缺席行为当作发动远征的绝佳理由。军队再度重组起来，在马其顿方阵中集合了大量波斯步兵，而舰队也开始进行出发前的操演。

据说奥古斯都皇帝对亚历山大在征服偌大帝国却不愿善加治理感到惊讶。事实上，亚历山大觉得无聊，他想要再度迁徙，除此之外，他急于离开巴比伦，因为在抵达这里之前，他已经从巴比伦的卡尔达亚祭司那里，听到许多令人沮丧的预言。他遵从他们所坚持的意见，不从西边入城（这是自然的方向），而是从东边入城，因此必须走比较难走且迂回的路线。希腊祭司为坏兆头所做的献祭，更加深了他的不安，他想起卡兰那斯在登上准备自焚的柴坛时所说的话，他将在巴比伦再次与亚历山大会面（亦即死亡）。在他停留在巴比伦期间，发生了许多奇怪的预兆。有一次，一个巴比伦因犯逃脱，并登上了亚历山大的王位，安稳地坐着，并把王冠戴在头上。另外一次则是当亚历山大在底格里斯河航行时，他的遮阳帽飞掉了，一个水手潜到水里捡起它，在他游回来的时候，顺手将帽子戴在自己头上，安全地将帽子送回。第一个故事正如格林所指出的，可能和巴比伦人在新年庆典中作弄国王的仪式有关；但不论如何，这两种行为都构成藐视君王之罪，水手所领受的，不只是奖赏，还因为他触霉头的举动受了一顿鞭打。阿里安说，大多数的史家记载说亚历山大实际上把他杀了，但具有权威性的阿瑞斯托布拉斯的说法则比较温和。后来的进一步发挥把水手转化为后来的国王塞琉古，他对王位的主张，就源自这个预兆。《亚历山大传奇》则增加了一个半人半兽小孩出生的故事，其中只有野兽的一半呈现生命的迹象，这被卡尔达亚人解释为国王即将死亡的预兆。

5 月 29 日，就在从锡瓦回来的使臣抵达不久之后，亚历山大举行了一次宴会。在宴会中，亚历山大病倒了。虽然经常洗澡、祷祀，并在河畔的天棚下休息，但他的体温还是与日俱增。几天之后，部队坚持要列队走过他的病榻向他道别。几个亚历山大的军官睡在塞拉皮斯神庙中（这个过程称为孵化〔incubation〕，试图以做梦的方式知道如果把亚历山大带到神庙来，会不会比较好，但他们所得到的回答则是最好让他留在原来所在的地方。之后不久，公元前 323 年 6 月 10 日，亚历山大就死了。

阿里安对这一连串的事件指证历历，包括列队行进、神庙中的孵化仪式，以及《王家日志》。对于这份已经亡佚的文件的真实性,一直有许多争论;在公元前 3 世纪奥林沙斯的史垂提斯曾经在上面作了注解,但这同样也已亡佚。大多数的近代学者则追随皮尔逊的看法,认为这是后来的伪作,他们主要是指出书中提到的塞拉皮斯,一直要到亚历山大城的托勒密一世时代才成为被尊奉的神祇,而且他不太可能会在巴比伦有神坛,这是《王家日志》为后来作品的明证(有一些学者更认为连史垂提斯都是假造的)。没有任何迹象显示《王家日志》涵盖的期间包括公元前 324 年 6 月以前。汉蒙德则回归威尔肯的看法,坚称《王家日志》是涵盖亚历山大王朝的真实文件;所有的马其顿王都持有这样的日志;它也是托勒密和阿瑞斯托布拉斯所写历史的基本史料来源;而且在原件存在的情况下,要伪造这么长的一份文件,是不得要领的工作,而且也不会赢得人们的信服。王家书记攸米尼斯则是这份官方文件的作者。汉蒙德的说法一直没有被接受,博斯沃思提出新的说法,他指出这份文件是真的——成于攸米尼斯之手——但并不是官方的文件。他认为文件提到塞拉皮斯不见得就代表它是一份后世伪造的文件,当时塞拉皮斯崇拜那样发达,完全有可能被同化为巴比伦神贝尔马杜克,而塞拉皮斯可能早就被当成相当于这位巴比伦神的希腊神了。他指出这份文件是亚历山大死后宣传战的一部分,是为了对抗各种怀疑亚历山大被毒杀的说法。因此攸米尼斯(他后来在坡狄卡斯的摄政政府中任职)的作品,实是那些确实继承亚历山大权利的人借以提高其要求的工具。这是一系列精细而引人入胜的论证,但因为还有许多重要问题,所以还不能得出一个确定的答案。

　　总之,在现有关于亚历山大之死的记录里,阿里安的记录是最清楚的。亚历山大的死因从它一发生开始,就很自然地引起史家的讨论。这个故事显示,就像赫菲斯提昂一样,饮酒过量是最主要的原因。另一个可能是亚历山大在底格里斯丛林中得了疟疾而死(赫菲斯提昂可能也是因为在欧皮斯停留而染病)。他的身体无疑因为无数的伤口与艰苦的作战而衰弱,他在巴比伦感到的绝望,可能也是染病的征兆。

　　但是,他的死亡也不可避免地会让人将之归咎于毒药的效力。在所有的史料中都提到这个故事,而在《亚历山大传奇》中将它精致化,在《亚历山大之死揭秘》一书中又有更进一步的发展(这是一部最早不会超过公元 4 世纪的拉丁文作品,但它使用了较早的材料。在这个版本中,安提培特是主嫌,他害怕亚历山大,又憎恨奥林匹娅斯,因此找机会除掉他。他借其子卡散德之手送上毒药,当时卡散德带着希腊使者到巴比伦,在第一次晋见国王时还被吓了一大跳。所以,他此后见了国王的塑像都会发抖。据说,毒药是由卡散德的哥哥艾欧拉斯负责施放,他是一个斟酒人。根据《亚历山大传奇》的记载,亚历山大痛苦得想要跳河自尽,但被追出去的罗克塞妮救了下来。这两项细节阿里安都曾提过,而毒药的故事通常所有的史家都会讨论(虽然在库丘斯的书中,关于实际描述死亡过程的部分已经亡佚)。狄奥多拉斯指出这个版本的流行是公元前 287 年卡散德死后的事;可能是出自卡地亚的希罗尼穆斯。他的史书,从亚历山大之死写到大约公元前 263 年。在公元前 317 年,奥林匹娅斯帮助坡利坡康从卡散德之手夺回马其顿的控制权,并以之作为亚历山大复仇的理由,将卡散德的哥哥尼卡诺处死,并掘起艾欧拉斯的坟墓。这就是毒死说的证据,但比较起来,亚历山大自然死亡的可能性还是较大。

　　他的死亡产生了严重的问题。他的帝国马上就分裂了。巴克特里亚的希腊殖民者所发动的一场政变,在那里建立了一个独立的王国。希腊人也马上起来反抗安提培特：他们的起义导致拉米亚战争，这场战事持续到公元前 323 年到 322 年冬天。最大的问题是继承权的问题。亚历山大死时没有继承人，虽然当时罗克塞妮怀孕了，并在公元前 323 年产下一子。他被称为亚历山大四世，并与亚历山大有智力障碍的异母弟腓力三世阿尔希杜斯共同摄政；但权力明显旁落。亚历山大没有作任何继承的准备，而他的遗言更是不可思议地毫无用处：

> 最后，当他对生命失望时，他褪下戒指并把他交给坡狄卡斯（他在赫菲斯提昂死后接替他成为副统帅）。他的友伴们问："您要把王国留给谁？"他回答："给最强壮的人。"他又说，而这也是他最后的遗言，所有领军的友伴都要进行一场盛大的比武来表示对其葬礼的敬意。

实际上，坡狄卡斯取得了巴比伦的统治权，而安提培特则取得马其顿。克拉特拉斯在马其顿也拥有或多或少的权力（虽然他没有把安提培特逐出），但在公元前 321 年就死了。坡狄卡斯处决了 30 多个反抗他的马其顿人，以及为了阿尔希杜斯而预谋政变的迈立杰人，并派皮松去平定巴克特里亚的叛乱。国王的书记，负责管理国家文件的攸米尼斯（希腊人），也与坡狄卡斯同生共死。坡狄卡斯也成为两位国王的监护人，后来这个位置被坡利坡康所夺。公元前 317 年，阿尔希杜斯的妻子向坡利坡康挑衅，他们夫妇随即就死了。卡散德接替安提培特统治马其顿。托勒密则成为埃及的主人，并打败坡狄卡斯的入侵（公元前 321 年），坡狄卡斯在战场上被杀。对立双方曾在特里帕拉迪瑟斯作了一次暂时的安排，但并未持续多久。小亚细亚省长安提贡那斯自立，为亚洲之主，到公元前 306 年，亚洲已经分裂。其中，幼发拉底河以西的土地归安提贡那斯所有（由莱西马卡斯统治的色雷斯除外），以东各省则是塞琉古王国。理论上，继位战争在公元前 301 年的伊普瑟斯战役就已结束，但世界帝国却再也没有统合起来。

这些事件为亚历山大死后不久所流传的许多有问题的文件提供了时代背景，最著名的就是他的"遗嘱"与"最后计划"。"遗嘱"保存在《亚历山大传奇》中。它是以向罗德斯岛人民演说的方式呈现，这与它的起源背道而驰，最初它是对罗德斯岛人在亚历山大死后驱逐马其顿军营这一事件表示支持的宣传文件。它也包含更多关于各个将领瓜分帝国的细节：克拉特拉斯在马其顿，托勒密在埃及，坡狄卡斯与安提贡那斯在亚洲，莱西马卡斯在色雷斯以及东方各省的配置状况。同时，它也指定阿尔希杜斯以及罗塞克妮的孩子，如果是男孩的话，就一起成为共主。令人惊讶的安排是将伊利里亚分配给何奇亚斯。赫克尔曾对该文件作过细密的分析，认为它是由坡利坡康周围的人所撰作，并且偏好坡利坡康与之结盟的坡狄卡斯派。而身世成谜的何奇亚斯则被推测为"遗嘱"的作者。

亚历山大的"最后计划"引起更大的问题。

> 克拉特拉斯接到国王要求他加以执行的敕令，但在亚历山大死后，对继承者们来说，最好是不要推行这些计划。

第一项是完成赫菲斯提昂的柴坛；但备忘录中还要求建造 1000 艘战舰以供征伐迦太基；沿利比亚海岸建一条道路到直布罗陀海峡；在提洛、德尔斐、多多那和伊利姆，以及马其顿的狄姆、安菲波利斯和西尔努斯建立神庙；并建立大量的城市，及"将亚洲人口移殖到欧洲，而将欧洲人口移殖到亚洲，借由通婚与家庭的纽带，使不同的群体成为统一的群体与友好的亲戚"。同时，还要为腓力建一座能和埃及金字塔相媲美的坟墓。

塔恩认为这些计划除了独立提出的伊利姆神庙与赫菲斯提昂柴坛之外，都不是虚构的。晚近的学者，如斯卡克麦尔、巴迪安和博斯沃思，则回到威尔肯的看法上来，一直在讨论着这些"最后计划"的真实性。作为亚历山大弥留时期的心理展现，这些计划看起来完全不像是子虚乌有的。

民族迁徙这一点，被上个世纪的德国学者用来支持亚历山大希望征服世界的看法。塔恩虽然相信亚历山大有四海之内皆兄弟的观念，但却反对这个从他的信念可以推出的必然结果。但可以想见的，这样的想法至少会对亚历山大个人的野心发生共鸣，而且在此之前的亚述人和波斯人也已经进行了这样的工作。其他各点也许被歪曲了，但勿需加以否定。塔恩认为亚历山大不会想要建军用道路，因为首先建造这种道路的是罗马人，但这是一个特别苍白无力的论证，而且一路征伐到直布罗陀海峡的确符合征服世界的野心。

问题是，假如"计划"是真的，它们是如何展现出来的呢？塔恩认为狄奥多拉斯把坡狄卡斯所准备的确保否决"计划"的假文件，和给克拉特拉斯关于他到马其顿后的真实而有限的命令弄混了。巴迪安则指出，坡狄卡斯除了希望废除这些堂皇的计划之外，也想要阻止克拉特拉斯到马其顿：据说他将发给克拉特拉斯的命令也纳入到计划中，让议会加以否决。

"最后计划"揭示了亚历山大的野心；但坡狄卡斯展现它们的方式，则让我们看到亚历山大死后权力斗争的状况。

我们可以从坡狄卡斯暂时取得亚历山大的权力，以及放弃亚历山大进一步征服世界的野心来结束这个故事，马其顿帝国从此也进入一个新的分裂的局面。

亚历山大的遗体马上成为你争我夺的目标，并且成为权力的象征。人们准备了一辆大灵车，运载着经过防腐处理的遗体缓慢穿过亚洲，送到历代马其顿国王在埃盖的埋葬地（库丘斯说亚历山大遗言表示要葬在锡瓦，但并未实现）。它很快就被已在埃及建立势力的托勒密劫走，送往孟斐斯。最后它在亚历山大港下葬。罗马皇帝们去参观他的坟墓，就像亚历山大从前在特洛伊参观阿奇基斯的坟墓一样。就像《亚历山大传奇》中塞拉皮斯的预言所说的：

> 你将在此生活
>
> 无论是生前或死后
>
> 你所建立的城市将是你的长眠之地

结　论

本书一开始就指出，亚历山大的事业是一股在西地中海和近东地区传播希腊文明的动力，而他的成就则是罗马帝国、基督教及其他西方文明生根的基础。笔者希望，本书中的叙述和分析已经展现出这种超乎亚历山大想象的宏大局面，而且它与亚历山大个人的目标与野心也大不相同。现在正是将这些线索加以综合，并将那些目标和志向与其实际作为合而观之的时候。

前面一章谈到亚历山大的"最后计划"。在这个假设下，今日的许多学者都描述了亚历山大的真实计划，我们可以推论出亚历山大的夸耀狂日益提高。至少在某种程度上，他逐渐相信自己的宣传，即他是阿蒙神的儿子，而且他自己也可能具有神性。在坚强的自信心护卫下（而且不管在哪一个阶段，他都不曾失去信心），他在实现他的目的时，手段越来越残忍。不忠会立刻受罚，但贪污与挪用公款，在忠诚度不容置疑的情况下，则只是偶尔被制裁。投机与灵活性，使亚历山大失去印度的速度，就像征服它的速度一样快，当印度不再对他的地位产生直接的威胁，亚历山大便弃之不理了。巴比伦和伊朗成为帝国的中心，但这个帝国又是怎样的呢？

他从来就不喜欢行政管理，一个显著的例子是奥古斯都发现，亚历山大在管理他所打下的大帝国时所做的事情出人意料地少。他在最后几个月中的精神状态似乎一直非常奇怪；除了他的夸耀狂以外，他可能也已经染上后来致他于死的病症，并且不断感到痛苦的绝望。在他的自我形象中惟一一项有价值的活动，就是进一步征服。进攻阿拉伯的战备已经就绪了，而且我们没有理由不相信他已经在筹划西征——意大利、迦太基，也许还会更远。至少意大利人与迦太基人都这么相信。

从后见之明的角度来看，一个纯粹靠快速的军事征服所建立的帝国是无法统合的。亚历山大希望省长们对他忠诚，但却对建立制度化政府的工作不感兴趣，而且希腊地区实际上也被抛诸脑后。不可避免，这样一个帝国将在这位强人离去后就瓦解了。除此之外，他没有指定继承人，又加速了这种不可避免的瓦解。即使他曾经想过他的死亡将导致其成就的消失：明显的证据是他评论说他的继位者将围绕他的葬礼展开激烈的斗争，并且在他临死前的宴会上说要把王国留给"最强壮者"。在继位战争到公元前301年伊普瑟斯之战的混乱日子里，以及接下来几个非常别具特色的希腊化王朝的发展，都使世界从亚历山大的世界向完全不同的境地发展。

不过，它仍是一个说希腊语的世界。除此之外，所有的国王都将亚历山大奉为始祖，所有的钱币都有他的图像。有个传说（《塞琉古传奇》，见弗拉瑟所著）将塞琉古当作神明指定的亚历山大继承者：因为他曾经下水拾起亚历山大被吹落的王冠，并且戴上它。埃及的托勒密则以手上所拥有的亚历山大遗体，作为权力合法性的来源。

马其顿在这些大帝国中则经常被忽略。让我们先来看看亚历山大留了些什么给故土。在一篇令人兴奋的题为《亚历山大大帝与马其顿的衰亡》的文章中，博斯沃思引领我们注意到亚历山大的征服对马其顿人力资源的灾难性影响。除了最初主要是由马其顿人组成的远征军之外，陆续还有好几波的援军，所以到欧皮斯事件发生之前，陆军中还有1万8千名马其顿人—比原来的远征军还要多。博斯沃思估计，在11年的远征过程中，可能有多达4万人从马其顿出发加入了亚历山大军队。许多人都战死沙场上，更多的人则驻防在远如巴克特里亚的殖民地中，只有极少数的人曾经回到故乡。马其顿的人口必然不可避免地减少；在这种情况下，无怪乎亚历山大要将大批受过马其顿式训练的波斯青年组织起来。这不是文化融合，而只是一种充实兵源的办法。没有什么能比这更清楚地指出亚历山大行为的武断——如果不说是残酷的话。马其顿在亚历山大满足自己野心的过程中被忽略了，而他留给继位者的又是一个庞大而衰弱的王国。所以，值得注意的是：马其顿在公元前2世纪初被罗马军队所消灭之前，可以再度成为地中海地区的军事强权的。

假如我们将目光从马其顿转向更宽广的世界，我们将会看到，虽然亚历山大并没有基于任何无私的、哲学的动机去进行文化的融合，但他的行动的确造成文化融合的效果。这是以不同的速度、不同的程度发生在帝国不同的地区。希腊因为它强大的文化传统,受帝国的影响最小。城邦在马其顿人的宗主权之下,仍继续以他们原来的方式存在,虽然它们必须习惯于崇仰它们的"皇族朋友"。小亚细亚的希腊城邦大致也是如此,他们在安提贡那斯与之后的莱西马卡斯相当微弱的统治下,都还继续作为"独立城市"。一些城市显著繁荣起来,特别是帕加马,它发展出能与亚历山大港相匹敌的文学与艺术文化。当帕加马最后一位阿塔利德国王将王国献给罗马时,小亚细亚其余地区的命运也已经被决定了。

更往东边,以叙利亚为中心的塞琉古王国,证明是相当具有持久性的,虽然一直与托勒密的埃及在两国交界的犹太——巴勒斯坦地区有领土战争。塞琉古继承了伊朗大部分地区,但对幼发拉底河以西的土地有较大的影响力,建立了许多城市,通常以自己的名字(塞琉西亚)、家人的名字(阿帕梅亚)或马其顿城市(埃德萨、欧罗普斯、贝后伊)来命名;但他可能把许多城市都叫做亚历山大,所以造成后世史家对其难以分别。

托勒密的埃及是继承者的王国中最著名,且国祚最长久的,它保持一脉相承,直到公元前31年奥古斯都征服安东尼和克丽奥佩脱拉(最后一个托勒密女王)为止。亚历山大港大体上是在托勒密二世的赞助下,才成为文学与艺术的中心。亚历山大图书馆是世界上最大的图书馆,并资助了一群作为文艺复兴中心的学者馆员。犹太文学也在亚历山大港取得发展,《犹太圣经》被翻译成希腊文,许多其他的犹太作家,以埃及为基地,以希腊文写作历史、哲学或诗歌。这就展现出自亚历山大东征以降,第一次真正的文化融合,虽然希腊文接受犹太文的程度远不如犹太文接受希腊文的程度。埃及史家曼尼索也用希腊文写作,巴比伦史家贝洛索斯亦然。就像我们所看到的,将亚历山大的传说带到中古时代的《亚历山大传奇》,主要也是在亚历山大港写成的。

巴克特里亚的希腊王国,是亚历山大的遗产中,国祚较短,但却有剧烈变动的政权。巴克特里亚的部落社会,比帝国其他地区遭受着更多的震荡。这个地区建立了许多城市,驻军构成了统治精英,土生土长的王公和省长,权力而非常小。并不是所有的希腊人与马其顿人都乐意见到这种现象;在接到亚历山大的死讯时,有一大群人决定开拔回乡。坡狄卡斯以屠杀的方式来劝阻,那些留下来的人发展出他们自己的希腊文明。

巴克特里亚王国,在公元前3世纪中叶脱离塞琉古王国,这段历史,只能从零散的证据与精美的硬币中得知。它的矿藏使它在狄奥多特斯国王与其继承者时期大为繁荣,它也试图染指中亚及佛甘那。公元前187年,德米特里亚斯国王效仿亚历山大发动进攻印度的战争。巴克特里亚最显赫的国王是迈南德(公元前2世纪中叶),他统治了北印度的部分地区,而且也相当热中文化活动。这个时期的一项重要的遗迹是一篇很长的佛教教义书《米林达之问》。米林达就是希腊文中的迈南德国王,这部作品的内部是他向一位圣贤所问的问题,其解答则是完整而明显的佛教教义。

在希腊风格与当地的佛教传统融合的过程中,发展出犍陀罗的宗教艺术的形式。在这里,佛陀的故事与上帝的各种沉思的姿态,第一次被一起呈现在雕刻中;而这种风格明显地借鉴古典希腊艺术的人文的、自然风格。比例、姿势和表情都是希腊的,虽然是运用在北印度不同相貌的人身上。这些无疑都是出自希腊人或受过希腊训练的艺术家,这是希腊文明在次大陆上最明显的见证。

这个王国在公元 1 世纪中叶灭亡,但它为 19 世纪宣称是亚历山大大帝子孙的王公提供了深厚的基础(这个信仰是基普林的故事《真命天子》中的主要架构,这是说一个英国士兵向当地人冒称是亚历山大的后世)。

最后,我们必须转而探讨亚历山大在哲学和文学方面的影响。我们已经提到欧奈西克瑞塔斯的作品,以及亚历山大与太克西拉的"裸体哲学家"会面故事的发展。这个故事为亚历山大在诡辩哲学的传统中奠定稳固的基础。在故事中,亚历山大成为一个有些同情他们的人物,一个真理和简朴的追求者;而在另一个与亚历山大有关的犬儒学派的伟大故事中,即他与该学派的"始祖"第欧根尼的会面,则被描写成一个无药可救的暴君。

其他哲学学派也喜欢将亚历山大当作一个典范。在塔恩的作品的影响下,人们常以逍遥学派的哲学观来看待亚历山大,这种看法源自逍遥学派(这个学派是因为他们在进行哲学讨论时,往往都在逍遥宫走来走去而得名)创始者亚里士多德的侄子卡里西尼斯充满敌意的作品。不过,后来的学者则说明亚历山大的哲学观并非如此单一。

斯多葛(这个学派是因为他们在走廊或门廊举行讨论而得名)学派也对亚历山大很有兴趣。它主要表现在西塞罗、塞内加等罗马作家的作品中,他们引用了许多现在已经亡佚的希腊作品(以西塞罗为例,他就传袭波塞多尼奥斯〔大约在公元前 135—51 年〕的学问)。在此我们同样无法指出这些作者所代表的单一"看法";但他们都强调亚历山大是一个暴君,他被他的骄傲——甚至是他的贪婪——所役使,并因为好运而腐化。于是,崇拜亚历山大的普鲁塔克,写了篇论文《论亚历山大的运气》来探讨这样的诠释。我们也必须留心,就是所有亚历山大史家中最伟大、也最权威的阿里安,本身也是一位斯多葛哲学家,而且是许多哲学作品的作者。

这种将亚历山大视作极端行为的"理想"范例的哲学关注,使他的声名从古代一直保存到基督教时代。但一些基督教作家因为在哲学上反对亚历山大,将他视为典范性的邪恶角色,他们主要是发展斯多葛学派对其性格的反对,不过,另一种写法则可以被视为一种圣徒传。这种写法可以以《亚历山大传奇》为代表,这部作品确定是在亚历山大港写作(因为它强调渲染了亚历山大港建城神话),而其写作时间恐怕也不会超过亚历山大死后的一个世纪。它吸收了许多既有的亚历山大传说——有关其征服过程的书信体小说,对他所造访的异域土地的描述,以及他死后所发生的宣传战中的文件,他所建城市的总表,以及不断扩张的传奇故事目录——来加以叙述。在此后的几个世纪中,该作品的叙述一再被重述(且不说中古及现代希腊文的版本,就是古希腊文的版本就有 5 种,还有 4 种拉丁文版本),而且被翻译成 37 种东西语言(从叙利亚语、亚美尼亚语、埃塞俄比亚语与希伯来语——5 个版本——到古塞尔维亚语、冰岛语和爱尔兰语),将亚历山大的声名带到欧洲与中东的每一种文化中。书中真正迷人的地方,就是亚历山大千变万化的形象:他象征着主流文化的关注与焦虑,并成为每个作者想要呈现的那一种人。就以这样的方式而言,亚历山大的名声和影响已经超越了本书所概括的其卓越历史成就。

彼得大帝

自古英雄出少年

1672年5月30日,莫斯科钟声长鸣,经久不止。这钟声是从莫斯科各教堂、修道院传扬而出的。悠扬的钟鸣声向全俄罗斯宣告彼得降世来到人间。

17世纪初叶,罗曼诺夫家族成为俄国皇室。皇室的第二代沙皇是阿列克塞·米哈伊洛维奇。阿列克塞的妻子曾为他生五子。然而,世事沧桑,祸不单行,三个儿子在幼年即夭折襁褓,幸存的两子费多尔和伊万,不是体弱多病,就是智力迟钝,这样的皇位继承人怎能使雄心勃勃的阿列克塞沙皇称心如意呢?万般无奈之中阿列克塞只好春风再度,娶纳雷什金家族的女儿纳塔利娅·基里洛夫娜为妻。纳塔利娅果然没有辜负沙皇的衷心厚爱与希冀,婚后不久就为夫君产生一婴,这就是健壮、漂亮的男孩彼得。虽然当时还没有一个人敢称这孩子为彼得大帝,但被召来占卜的占星先生们却一致预言他的前途不可限量。

健壮、漂亮的王子降世来到人间,使老沙皇喜出望外,愁颜顿减,连续在皇宫里举行了整整一个月的宴会,用整桶整桶的美酒招待来宾,又用释放罪囚和减免债务的方式来向万能的上帝致谢,同时向全国宣布:"给所有在职的官吏,特别是皇后家族的官吏都加薪晋级。"

皇位后继有人,老沙皇兴奋异常,整个莫斯科也沉浸在一片喜气洋洋的氛围之中。但彼得的出世,同时也引起了宫中一些人的猜疑,他们认为上了年纪而又体弱多病的沙皇不可能是彼得的父亲。在彼得的一生中,他自己也一直被这种猜疑之心所折磨。有一次,在宴会上,他指着沙皇的私生子伊凡·穆西纳·普希金伯爵嚷道:"这位至少知道他是我父亲的儿子。但是我呢,我却不清楚,我究竟是谁的儿子!"说着,他扑向被认为是纳塔利娅情夫的斯杰什涅夫,醉醺醺地喊道:"告诉我实情,你是我父亲吗?"斯杰什涅夫回答说,他不知该怎样说好,当时不光是他一个人。听到这话,彼得用手捂着脸,摇摇晃晃地走了出去。事实上据同时代的人反映,纳塔利娅皇后有许多情夫,但没有证据证明彼得的生父不是沙皇。沙皇本人也从未对此产生过任何怀疑。

得之不易必珍惜,千般恩爱集一身。作为皇家后代,幼年的彼得得到了精心的照料。成群的保姆,无数的奴仆,整天随侍身旁。而老沙皇本人对他更是百般宠爱。自小结实健康的小彼得长着卷曲的栗色头发,有一双又黑又亮的大眼睛,丰满的面颊粉嘟嘟的,着实令人疼爱。他爱玩爱闹,行动思维敏捷,对周围的一切都充满新鲜感。丰裕、多彩的生活在这位小王子面前展开的是一种童幻的世界。然而无忧无虑的他并不能预料到围绕着自己的将是一场多么残酷无情的皇位之争。

小彼得无忧无虑地生活了四年,皇父阿列克塞便晏驾归天。彼得的异母哥哥费多尔登上了皇位,实权操纵在费多尔母亲的娘家——米洛斯拉夫斯基家族手中。纳塔利娅的娘家纳雷什金家族的权势则一落千丈,就连纳塔利娅的监护人、前首席大臣马特维耶夫也被监禁于乡下。然而费多尔自幼身体羸弱,福薄命浅,只在皇位上坐了六年便撒手人寰,命赴黄泉。

当费多尔在 1682 年 4 月 27 日凌晨 4 时咽下最后一口气时,克里姆林宫敲响了丧钟。由于他没有儿子,也没有指定继承人。这样就围绕两个有资格继承皇位的伊万和彼得形成了两个针锋相对的集团。一个是想拥立伊万的米洛斯拉夫斯基家族,核心人物是伊万的姐姐索菲娅公主,她本人也暗中觊觎皇位。另一个是拥立彼得的纳雷什金家族。表面上看优势在伊万一边,然而在总主教和贵族的支持下,就在宫厅前的空阔的台阶上,彼得被立为沙皇。这时他只有十岁,尚为幼童,自难主理朝政,只好由母亲纳塔利娅摄政。缺乏政治经验和掌国能力的纳塔利娅,又将她的监护人马特维耶夫大臣召回辅政。

彼得被立为沙皇,引起了米洛斯拉夫斯基家族的不满。彼得的同父异母姐姐索菲娅是这一派强有力的人物,她主张拥立伊万为沙皇,并暗中策划阴谋,利用莫斯科射击军发动宫廷政变。

射击军是伊凡四世在 16 世纪创建的军队,是俄国最早装备火器的常备军。在彼得父亲、老沙皇在位时,射击军实际上是拥有特权的御林军,他们不用担任城市勤务,也免交贸易税。费多尔当政后,这些特权被剥夺,并且由于勤务加重,他们过去靠手工业和贸易所得的收入也大为减少。军官们克扣军饷,骄横放纵,下层士兵倍受欺压而深为不满。索菲娅为了利用射击军,便把他们的怒火引向自己的政敌纳雷什金家族,并煽动说,他们的一切不幸都是纳雷什金家族一手造成的。继而又制造舆论说费多尔是被纳雷什金家族给毒死的,妄图蛊惑人心,为发动政变创造条件。

1682 年 5 月 15 日,在索菲娅集团策划下,射击军手执斧头、长枪,举旗冲入克里姆林宫声言要杀死谋害费多尔的凶手。纳塔利娅知道事态严重,便拉了伊万和彼得,走到宫门口,想制止射击军作乱。但这并没有使士兵们善罢甘休。血腥的屠杀开始了:射击军的长官多尔戈鲁基公爵死在乱枪之下,特权贵族马特维耶夫也被杀死。接着,射击军冲进宫中,杀死了彼得的两个舅舅和另外一些领主,纳雷什金家族及亲信被疯狂的射击军残杀殆尽。年幼的彼得目睹了这场屠杀,虽然血淋淋的景象使不了解事件真相的他惊恐万状,然而暴力的恐怖情景给他留下了终生难忘的印象,又使他不知不觉地对暴力产生了好奇,人遭受痛苦和发疯的场面对他形成了一种莫名其妙的力量。自此以后,这种魔力暗中影响了他的一生,每当他遇到危急关头,在恐怖之余往往采取极端手段。

5 月政变的结果是 26 日召开了缙绅会议。(由特权贵族的杜马、高级僧侣的至圣宗教会议和内阁各主要政厅官员组成的会议)迫于索菲娅集团及射击军的压力,索菲娅的亲弟弟白痴伊万被宣布为第一沙皇,而彼得为第二沙皇。克里姆林宫里安置了两个宝座,遇有事情,两位沙皇一起入座,共掌朝纲。

伊万虽是已届弱冠之年,满了二十岁,但却天生痴呆,浑浑噩噩,全然不明事理。彼得小他十岁,顽皮幼童,主理朝政乃强人所难。于是他的异母姐姐、长公主索菲娅便做了女摄政,两位沙皇成了摆设。6 月 25 日,在圣母升天大教堂里举行了两个沙皇加冕的奇特仪式。在宝座上并肩而坐的一个是头脑不清醒的病人,一个则是受惊的孩子。彼得的身体显得比他的实际年龄高得多,他神情忧郁而严峻,面部肌肉神经性痉挛使他的头不时晃动。据说这是他亲眼目睹射击军对人施用酷刑时受惊吓所致。

有时,他会在深夜惊醒大声呼喊。坐在他身旁的伊万则瘪着嘴,神情恍惚。索菲娅望着两个人,得意非凡,她清楚地知道,从此将是她索菲娅的天下。

长公主索菲娅虽系女流,却非善良之辈。她主理朝政不久,便生出异心,欲做俄罗斯女皇。那痴呆的伊万自是于他无碍。但是彼得自童稚之时便天资聪颖,人小志大,令索菲娅常感忌惮。于是她将尚在总角之年的彼得和他那孀居的母后赶至京城莫斯科的郊外,住在一座距克里姆林宫七公里的名叫普列奥布拉任斯基的村中。

彼得年幼,也不解索菲娅之意,乐呵呵地离开了对他冷眼相待的皇姐,随母到村中居住,反觉更加自在。在村中,他一面读书、一面在余暇时与一群小伙伴嬉戏。小小年纪的彼得,最喜欢对阵交锋之戏。他在嬉戏之中常显王者之风,竟不觉间成为众小儿的首领。彼得投注大量的时间建设自己的"军队",他和小伙伴们修筑小土堡,然后在他的牵领下"童子军"向着小土堡发动猛烈的进攻,他们喊叫着,擂响战鼓,挥舞木制的刀枪,并且发射木制的炮弹,一切都进行得井然有序,煞有介事。彼得从一名普通的鼓手做起,然后一步步"高升",直到后来,在他的战场上,他手持烟斗,镇定自若地指挥着这些"冲锋陷阵"的娃娃兵们。随着时间的推移,彼得竟把这群无组织无纪律的"游戏兵"编成普列奥布拉任斯基兵团和谢苗诺夫兵团,等到彼得成年独揽大权的时候,这两支儿时的兵团竟成了他的嫡系亲兵。

在建立了属于自己的军团之后,彼得不满意自己的部队缺乏正式的武器装备,于是他从克里姆林宫里的军械库里取来军装、武器、炸药、铅砂、锦旗等,用真枪真炮代替了假枪假炮,并使这支"少年杂牌军"统着深绿色的衣服。

彼得年事稍长后,又非常喜欢与外国侨民交往。从西方侨民口中,他闻得世间有大海,人可泛舟海上,通向各地。又闻得西方有人讲求科学,彼得便也向他们学得了许多数学知识。自那时起,彼得就对航海和造船有着难以抑制的浓厚兴趣。他在货棚里发现了一只破旧的英船,他让人把它修复起来,为了能更熟练地驾驶这只船,彼得把它开到宽阔的佩利雅斯拉夫沃湖上。在船上,彼得狂热地学习航海知识。习惯于坚实陆地的他,对在水面上滑行感到一种无法形容的幸福。柔和的海风,摆动的船帆,浪涛冲击船身溅起的浪花以及潮润的气息。这一切都使他欣喜若狂,一股不可抗拒的力量吸引着他走向越来越广阔的天地。从这时起,他就产生了建立强大海军的梦想。

彼得崇尚西方,虚心向外侨请教,并为自己的童子兵团请来了洋教官,接受严格的军事训练。这样到他十七岁时,"游戏兵"已成为有很好战斗力的真正兵团了,而彼得自己也已成长为一个精明干练、雷厉风行的强壮的小伙子。

彼得这种孩子游戏似的所作所为很被贵族们看不起。他们认为彼得整天与士兵、平民滚在一起,降低了地位,失了身份,而索菲娅更加相信,她的异母弟弟胸无大志,不足为虑。

但是,看着儿子种种荒唐行为,做母亲的却甚为不安。纳塔利娅决定让彼得成婚,以使他老成持重一些。1689年初,十七岁的彼得被安排成亲,娶了贵族之女叶芙多金·洛甫辛娜为妻,彼得由不得自家作主,只好听从别人摆布。但他对这门亲事却甚为不满,更不喜爱这个妻子。他认为,沙皇结婚只不过是一种令人讨厌但又必需经过的礼仪。新婚刚过,彼得便扔下皇妃新娘,重又跑到佩列雅斯拉夫尔湖去玩他的航海去了。尽管叶芙多金性情温顺,总是称彼得为"我的幸福","我的心肝","我的明灯"，"我的小宝贝"，并顺从地迎合彼得的需要，但她始终没有得到彼得的钟爱，是以成亲数年，终无伉俪之情。

彼得既结秦晋，即可算作成年。他的异母姐姐，当朝摄政的索菲娅却坐卧不安。她原本就将彼得视为眼中钉，于他的一举一动甚是关注，从未放过。初时，见他终日操演行军打仗之戏，又见童子兵团的小伙伴逐日长大，一个个体态魁伟，身形矫健，还练成一身本领，功夫了得，那小沙皇彼得尤显威武英俊，眸子里常射出逼人光芒。在唇上留出两撇短须后，益发露出他气度不凡，不怒自威。索菲娅见状，不由心中暗想："悔不该当初一念之仁，未将他除掉。不料这小鬼头如今竟长成这般堂堂仪表，令人望而生畏。现在又已成亲，下一步自然是要回宫亲政，我这摄政岂不要立即卸职？那充当俄罗斯女皇之事，自更不必去想。我多年苦心孤诣，原只为了那一天！莫不成叫我空自辛苦，白白将大权交给这个冤家对头？绝不能如此便当，便宜了这小子!"她紧锁双眉，沉思良久，忽然猛一抬头，目射凶光，咬牙切齿地暗自定下决断：一不做，二不休。莫若去买通射击军发动宫廷骚动，一举将彼得及他的童子军趁乱杀死在林子里。如此虽显有些狠毒，却可一了百了，遂了心愿。

于是索菲娅召来射击军首领沙克洛维蒂，暗授机宜，指使他策划政变。

尘风未动蝉先觉，暗算无常死不知。索菲娅心肠狠毒，不料她这条毒计竟走漏了风声。事先为彼得所知悉，彼得随着年事增长，已然对索菲娅有了戒心，此时闻知她竟起了杀人的念头，怒满心怀，但他却不动声色，悄悄将两个兵团的童子军召来，说明此事之原委，布下了阵仗，待射击军出动时，彼得立即发号施令，童子军倏地从阵地攻出，如同蛟龙出海一般，迅捷勇猛，射击军原认为此举机密，无人知晓，是以行进中全无防备。忽见大队少年直似猛虎下山般地扑了过来，一时竟慌了手脚，急忙出手招架，打了几个回合，便败阵而逃。

索菲娅知道败局已定，忙派大主教前去讲和。然而，失道寡助，大主教却阵前反戈。无奈之中，索菲娅只得亲自出城迎请彼得回宫执政，但行至半路，被彼得命回宫中，让她交出沙克洛雅蒂。索菲娅只得照办不误。1689年10月6日，大获全胜的彼得以一位沙皇的身份返回莫斯科，处死了叛军首领沙克洛雅蒂，并把射击军调离莫斯科，流放跟随索菲娅的死硬分子。对索菲娅，彼得念她亦是罗曼诺夫皇室的金枝玉叶，并未严惩，只是将她关进了诺沃捷淮奇修道院。

这样，英雄少年彼得扫平索菲娅之乱，执掌了朝纲。

微服出访寻师道

1689年彼得亲政。登上了权利顶峰的沙皇彼得，仍很难抑制住自己的少年狂热和激情。他热衷的是军事游戏，欢宴狂饮和调情说爱，而不是政治。一有机会他就逃出宫殿，或者漫游街头，或者指挥队伍游戏，或者跑到佩列雅斯拉夫沃湖去开船。他把国家大事交给母亲纳塔利娅掌管。

彼得不仅喜好纵酒后的放荡欢乐生活，还喜欢喧哗热闹、灯火辉煌的场面，迷醉于模拟式的战争。彼得曾提出有必要使俄罗斯人民习惯于炸药的气味和响声。每当放烟火时，他总是高兴的象孩子一样，手里挥舞着大棍，东跑西颠，一会儿斥责态度不认真的炮手，一会得意地放声大笑。像在其它场合一样，彼得也经常随意行事，以致有时发生恶性事故。但危险更大的是那种战争游戏。沙皇彼得命令在牙乌兹河畔修筑了一座微型城市，起名叫普列斯堡，里面有小城堡、兵营、法院、行政机关，还有简易码头，专门供军事娱乐时用。队伍分两个阵营，军官由外国人担任，士官是俄罗斯人，而彼得仅同意自己充当一名普通的战士。游戏时，大炮轰鸣，榴弹横飞，枪声不断。1690年6月2日的一次游戏时彼得面部被烧伤。1691年10月，在一次混战中，彼得的好友伊万·多尔戈鲁基亲王被击毙。而1694年10月进行的双方各有两万人参加的大规模战争游戏，使八十多人受伤，二十四人死亡。

与此同时，彼得不满足于陆地上的强大力量，还渴望在海上拥有同样的实力。彼得命令荷兰籍工匠卡尔斯藤带人到佩列雅斯拉夫沃湖畔建造一支小船队。在工地附近，人们首先仓促地建起了木制结构的教堂和一座同工头住房一样简陋的二层小楼房。所不同的是这座房子在进门的地方刻有一个双头雌鹰，鹰头上有镀金的木制王冠。这是沙皇作为木匠不时来隐居的住所。他喜爱木工活，也喜爱和技术娴熟的粗犷的人们接触。他身穿工人服，挥汗如雨。有时，几个酒肉朋友会带上几马车的大桶葡萄酒、啤酒，再加上几名轻佻的女人。这就意味着休息。之后，彼得便又投入到木工活里。

随着时间的推移，佩列雅斯拉夫沃湖在彼得眼里已太渺小，似乎仅仅是一个池塘，他渴望名副其实的大海，他要到海上去。纳塔利娅担心儿子轻率从事，竭尽全力恳求他放弃出外旅行。而他坚持非走不可。但最后他答应母亲不乘船出海，只在岸上眺望在海里转向的船只。1693年7月，他带着一百名随从又出发了。他的目的是濒临北极圈海域的阿尔汉格尔斯克港。这是在国土上惟一能使他感受到大海气息的港口。辽阔的大海，汹涌的海浪和远方的晨雾，还有匆忙的水手和码头上堆积的来自欧洲的各种商品，这一切使彼得按捺不住激动的心情，他对母亲的许诺早被抛到九霄云外。他穿上了水手服，登上了圣彼得号游艇，向着深海驶去。他站在舵手旁，幻想着有一天，俄国的船员也能在这只能看到外国船的无垠的海洋上游弋。一回到岸上，他便立即决定创建一支海军。先由当地工人制造第一艘规模较小的船，接着又向荷兰订购了两艘装有四十门大炮的三桅战舰。

纳塔利娅得悉儿子乘船出海的行为甚为担心，她写信祈求儿子返回莫斯科，彼得只好遗憾地返回京城。

纳塔利娅已经病倒，彼得极为不安。在他看来，母亲是世界上惟一不是出于私利而真正爱他的人。虽经精心治疗，纳塔利娅终因医治无效于1694年1月25日故去。彼得悲痛至极。然而仅仅过了三天，彼得便和欢快的朋友一起吃饭，他需要用美酒、嘈杂和笑脸来驱散内心的忧伤、郁闷和消沉。他又重抖精神，投入他所酷爱的航海事业。

当彼得得知在荷兰订购的战舰将于7月抵达阿尔汉格尔斯克时，他带领随从于5月8日乘22艘大型平底船从佩列雅斯拉夫沃湖来到阿尔汉格尔斯克。在等候战舰的日子里，彼得带领几名亲信乘圣彼得号到苏洛维茨基岛的修道院。在茫茫大海中突然刮起一场猛烈异常的风暴。船在巨浪的冲击下，许多接头处开始出现裂痕，船上的人绝望了，水手们觉得已无法逃脱沉没的命运，开始祈祷上帝。彼得的亲信也哭作一团。彼得做了忏悔后走上舵位亲自掌舵周围的混乱使他更为镇静自如。根据舵手的建议，彼得成功的把船驶进乌恩斯基港，死里逃生。回到陆地后，彼得亲手制做了一个三米高的十字架，并特意用荷兰文刻上"彼得船长刻于 1694 年夏"的文字。然后独自把它扛到登陆地点竖起来。

订购的战舰出现在海面上，彼得欣喜若狂，他被荷兰征服了，他甚至决定俄国也要采用荷兰的横排红、白、蓝三色旗，只不过颠倒了三者的排列。同时他为新兴的海军颁发了各级军衔和官职，任命了一批海军上将、中将、准将和战舰指挥，而他自己则和在陆军里担任投弹手一样保留了普通舰长的职务。

尽管彼得忙于陆地和海上军事演习，沉溺于纵酒作乐。但随着母后的去世，彼得逐步面向现实，极欲大展鸿图，振兴俄国，而他面临的却是一个封闭落后的俄国。

彼得刚掌权时，俄国虽已是世界上领土最大的国家，但与西欧诸国相比，却极为落后。当时西欧的荷兰、英国已经走上了资本主义发展道路，法国也正值"太阳王"路易十四在位，臻于在鼎盛之时。西欧的农奴制度，早在 13 至 15 世纪之时便已全然瓦解，而俄国却正在盛行。皇室、教会、贵族皆有为数众多的农奴。有的大贵族竟拥有农奴四万之众。全国九十三万农户之中，约近九十万户农奴。俄国的工业异常落后。彼得当政时全国手工工场寥若晨星，仅有三十几家。即便如此，在工场中的劳作之人还都是农奴。就以熔铁冶金之业而论，俄国建成第一座熔铁炉，竟比西欧迟缓了二百年之久。当时俄国的陆军的装备只有三刃刺刀、燧火枪和榴弹，生铁、枪支弹药、甚至纸张都要从西欧进口。全国到处充满了中世纪的野蛮和愚昧气息，绝大多数是文盲，专家、教师、军官甚至炮手都要到西欧去聘请。

俄国落伍的原因是多方面的，有其历史上发展起步较晚之因，也与其地理位置闭塞有关。1584 年，俄国虽也修建了阿尔罕格尔斯克港，但因地处北边高寒区内，冬季封冻，须中止通航，并且是距离西欧太过遥远。若能在波罗的海及黑海寻得出海口岸，于俄国实为莫大幸事。但波罗的海全部沿岸由瑞典占有，而黑海沿岸则在土耳其手中，俄国边境均未及于海边。彼得深知：与海外隔绝，便无望使落伍的俄国迎头赶上成为强国。

对航行着迷已久的彼得不愿作一个闭关自守的封建君主，立志要让自己的国家成为拥有海疆的强国。年轻的沙皇便开始了实现他的宏伟计划的第一步——远征亚速。

1695 年 1 月，彼得放弃游戏活动亲自率领了三万俄军分成两路，一路取道莫斯科河、奥卡河、伏尔加河，另一路沿顿河南下，进攻土耳其，准备夺取俄国从顿河到黑海的必经要道。兵临亚速城后，俄军从陆上三面包围了亚速要塞。彼得亲自参战，既做统帅，又是炮手，自称"炮手彼得"。但是，由于当时俄国没有舰队，不能从海上封锁亚速，加上军队训练不够，劳师远征，给养不足，指挥又不得力，战争进行的很不顺利。而土耳其凭借强大的海军，不断从海路输送援军和军事物资。

俄军久攻不克，只得溃败而返。第一次远征失利，并没有阻止彼得南侵的欲望。为了再次攻克亚速。彼得总结教训，重新整编了部队，聘用外国军事顾问，扩充新兵，并动员全国捐物造船，建立庞大海军。1696 年 1 月，伊万沙皇病逝，彼得成了惟一的沙皇。他在处理完丧事后便在顿河沃龙涅什建立了造船厂，亲自参加劳动，设计图纸，搬运材料，对于逃跑的民工，严惩不息。经过了一个冬天，建成了一支拥有三十艘战船，很多运输船和几百只轻快兵船的海军舰队。

1696 年 5 月，彼得再次挥师南下，向亚速发起了第二次进攻。俄军从陆、海两路同时包围，土耳其守军因外无增援，被迫于 7 月投降求和。这一战俄军胜得极为勉强。俄国虽然占领了亚速，但从亚速海通达黑海的刻赤海峡仍为土耳其所控制，所以彼得向南夺取黑海出海口的目标还是未能实现。

彼得见再战无益，在加固亚速工事之后，便留下一支八千人的守军，回师京城。路上他要求臣下在莫斯科修建凯旋门迎接胜利而归的军队。为了等凯旋门建好，彼得沿途视察了一些工厂。9 月 30 日，彼得率领军队踏入了莫斯科。欢迎的盛况是空前的。一种纯世俗的典礼代替宗教仪式。骑兵和步兵蜿蜒几公里。使莫斯科人最为惊奇的是教皇大公佐托夫坐在马车里为游行队伍开道。沙皇彼得身穿粗布制服，肩扛下级军官用的短标枪，头戴插着白羽毛的帽子，徒步走在他手下将军所坐马车后面。而陆军总司令舍英和海军上将勒富尔特成了享受特殊的主角。

接下来是大规模的犒赏和饮宴。在这祝捷声中，彼得没有陶醉，他知道占领亚速，只是使俄国开始走向海洋，离成为海上强国还相去甚远。他的目标是争取黑海的出海口，争取海峡的使用权。要达到目的只有加速海军建设。

海军要有称职的军官，造船要有专家，而这两种人才俄国都很缺乏。于是彼得做出了一惊人之举：以流放国外做为完成学业的措施，派人出国学习海军。三十五名出身名门的贵族被指定移居国外，这其中有二十三人已取得爵位，一些人已在家。他们必须服从沙皇的命令，丢下妻子儿女，只许带一个随从，自费到意大利、英国、荷兰学习使俄国成为欧洲最强大的国家所需要的一切。彼得规定，只有拿到了老师的合格证书，他们才能被批准返回俄国。如谁提前回国，将被没收全部家产。

那时，彼得与皇后虽已生有一子，但两情不睦，终难和好。于是彼得便与她离异，并将她送进了修道院。料理了这桩事后，彼得便又开始实施实现他的宏伟计划的下一步工作，那就是出访欧洲，向先进的资本主义国家学习。

彼得天资聪慧，胸怀大志。他默察世情，深知若要富强，唯有效法西欧。因此，彼得于 1697 年决定派出二百五十人的大型使团去西欧访问。彼得决定此行的任务是学习西欧文化知识和科学技术，造就俄国自己的人才，招聘外国专家学者和技术人员，到俄国传播知识。同时，寻求组织反土耳其同盟。

为了亲自了解西欧，从来就喜欢身体力行的彼得决定同使团一起前往。宫廷大臣纷纷劝阻："陛下，为了您的安全还是不去为好。再说，您去了，使团只能在上层活动，接触不到下层，学不到人家的技术。"

"作为君主，落后于自己的臣属，会使我感到非常惭愧，"彼得一世说："我要以一个普通成员的身份出访。"

于是，彼得一世也更换了姓名，以下士水手彼得·米哈依洛夫的名义编入了其中的一个小队。启程前，他特意刻了一枚写着"我是一个寻师问道的学生"的玉玺，以表示自己博采众长，为我所用的决心。

彼得一行先是到了瑞典的海滨要塞里加。在那里，彼得详为察看并将船舰、工事、火器装备等一一记下。彼得此举引起了当地守军的猜疑，被令立即离去。

接着，彼得率使团来到普鲁士。在这里，他集中精力系统地学习造炮技术，普鲁士城防总工程师向他颁发了写着"彼得·米哈依洛夫知识丰富成绩优异，是发射炮火的能手"的合格证书。

随后，彼得一行又前往荷兰。荷兰是十七世纪的世界商业强国，尤其是造船业，享有世界声誉。彼得先是在荷兰萨尔丹的一家造船厂当木匠,学造船。一位名叫雅科夫·诺门的荷兰人这样在日记里描绘他:"此人身高七尺,气度不凡,衣服上沾着焦油,鬈发潮乎乎地粘在额前,斧头一搁,扛起巨木,健步如飞。这是一个驯顺的工人,干起活来心灵手巧,手脚勤快,常帮别人搬运。工作完成,就走进码头的一间小酒馆,要一杯啤酒,抽着烟斗,跟粗野的工人们高高兴兴地聊天……"在这里彼得做了两个月的木匠,由于被人认出便又转到阿姆斯特丹的一家最大的船舶制造厂——东印度公司造船厂当学徒。学徒期间,彼得买了一套木工工具和留学生一起亲手建造了"彼得·保罗号"三桅巡洋舰。教他造船的老师发给他一张毕业证书,上面写着:"彼得·米哈依洛夫是一个勤奋、聪明、手艺精细的木工,学会了造船和绘画设计。"

离开荷兰后,彼得率使团又来到了英国。在英国,泰晤士河旖旎的风光,伦敦迷人的歌舞,都难以引起他的兴趣。每到一处,彼得都仔细观察、询问,勤奋钻研,想方设法弄到机器图样和模型。在伦敦,他还访问了英国皇家协会、格林威治天文台和高等学府,参观军火厂、海军演习场所,旁听议会辩论,研究了英国的国家制度。同时他还访问了许多专家学者、文化人士,聘请了其中的一些人到俄国传业解惑。

接着,彼得又率使团到维也纳,谋求奥地利与俄国结盟,去打土耳其。只因双方各执己见,未能如意。那时已是 1689 年 7 月。彼得正欲启程前往威尼斯,忽闻长公主索菲娅又勾结大贵族,说动射击军谋反。彼得甚是震怒,立即起驾回銮。行至波兰时,又有奏章报来,道是叛事已然平息。此时彼得意外发现,波兰、丹麦两国正与瑞典交恶,双方在波罗的海沿岸争夺地盘。他灵机一动,立即想到:"朕两番攻打土耳其,也未夺得出海口。那奥地利又不肯援手,只恐再打无益。既是此时波兰、丹麦已与瑞典敌对起来,何不趁此机会也去攻打瑞典,改在波罗的海夺取个靠海地段?又何须死盯住黑海!如在北边得势,再徐图黑海,那时量土耳其也已不是朕的对手了。"想罢便暂留当地,与波兰谈判。波兰正与瑞典对敌,见此送上门来的帮手,遂一拍即合,言定联手进攻瑞典。

1698 年 6 月 28 日,彼得学得一身技艺,又与波兰订下反瑞之约,志得意满地回到国内。此次微服出访西欧,历时一年半之久。彼得似是饮下了醍醐琼浆一般,深深省悟,俄国确实比西欧太落后了,他决计兴利除弊,效法西欧,实现他对内对外的宏图大业。

内修明政外用兵

微服出访西欧,使彼得更加成熟。他决心兴利除弊,富国强兵,与西欧列强并列于世间。他曾向亲信指出他的改革分三个阶段进行,每一阶段为七年,1700 年至 1707 年为积蓄阶段;1707 年至 1714 年为荣跃兴盛阶段;1714 年至 1721 年为建立良好秩序的阶段。彼得深知若要革新,必须铲除肘腋之患,即极为守旧的大贵族及时常作乱的射击军。

1689 年平叛之后,为防止事变再起,射击军多被遣往边远地区。在彼得出国访问时,他们因受不住西部边境艰苦的边防生活,在索菲娅策动下,于 1698 年 6 月 6 日,组织了一支二千多人的队伍,擅自离开驻地,向莫斯科进发,企图恢复旧有的秩序,维护射击军原有的特权,请索菲娅重新当政,甚至暗中谋划要在彼得回国后对他进行谋杀。这次骚动得到了一部分旧贵族和顽固的僧侣势力的支持,气焰嚣张。

当时正在国外考察的彼得获悉这一密报,连忙写信给他在国内的亲信罗莫丹诺夫斯基,要他不必跟射击军讲慈悲。"对于这场大火(指射击军叛乱),除了扑灭,不会有其他的办法。"并且决定立即中止在国外的考察和外交工作启程回国,以采取果断措施,全力对付这场兵变。

在国内的彼得的正规军先已镇压了这次叛乱,当场处死了五十六个为首分子,逮捕并放逐了一千九百五十六名叛乱分子。但由于结案匆忙,彼得对这次审讯很不满意。对彼得来说,射击军始终是他的眼中钉、肉中刺。他不会忘记十岁那年射击军在克里姆林宫的作乱,杀死了他的两个舅舅,自己失去了宝座,也不会忘记十七岁时在索菲娅的指示下,射击军又企图杀死他。残酷的往事汇集在脑海,促使他采取了更残酷的手段。

1698 年 8 月 25 日,彼得悄然回到莫斯科,他没有进驻克里姆林宫,而是径直来到奥布拉任斯基村,走进了自己的那座老屋。他要在这个安全、寂静的老屋中使自己想出一个万全之策来对付自己的敌人。

射击军所制造的一次次政变事变,使他清楚地认识到,射击军是一支靠不住的危险武装,消灭射击军也即等于斩去了索菲娅的手足,从此便可以搬掉自己的一大路障,于是彼得任命了一个由特权贵族组成的委员会,由无情的罗莫丹诺夫斯基主持,对罪犯进行审判。为此,准备了十四间刑室,对被关押的一千七百一十四名罪犯开始了严酷的审讯。对拒绝回答或不承认事实的射击军动用了拷问架、火烧、鞭苔、钳烙等各种酷刑,刑讯室里一片哀嚎,天长日久,连刽子手都对用刑感到厌倦,只有彼得不知疲劳。他亲自提问,破口大骂,殴打那些几乎已连话讲不出的受审者。

审讯结果,1698 年 9 月 30 日二百零一人被处以极刑。10 月 11 日另一批射击手被送上断头台。五个月内,除了十四——二十岁的兵士免一死,判处流放外,其余均被彼得以"聚众密谋"、"犯上作乱"的罪名判处死刑,共计七百九十九人。凡图谋干政,惑乱朝纲的大贵族,亦皆被他一一枭首正典。彼得还下令,尸体在处决地点示众五个月。克里姆林宫的周围,遍地是被斩首的无头尸,尽管天气寒冷,但仍散发出熏人的臭气。长时间示众之后,尸体被装上马车分别送到其它各省,堆积在广场上以"教化"人民。之后,便被集体埋进土坑里。

处决结束后,射击军的十六个团被解散,人员被送到远离莫斯科的地方,不经允许,严禁自行迁居,并永远不准在军中服役。被处决者的遗孀和孩子也被命令必须离开京城,不得向他们提供庇护和工作。

至于索菲娅,彼得曾亲自审讯过,只是未用刑而已。但由于没有找到她犯罪的证据,彼得只好强迫她在诺沃杰维奇修道院里出家。她被免去全部头衔,关在修行的单人小房间里,改名苏珊嬷嬷。从此以后,索菲娅再也未能重入尘寰,终至老死院中。

在解除肘腋之患的同时,彼得开始了他使俄国全面"欧化"的工作。

彼得心思缜密,细腻周至,气度恢宏。但行起事来却是直率豪爽,没遮没拦,不拘小节。1689 年 8 月 25 日,彼得自西欧返抵莫斯科。第二天,他在皇宫接见大臣,当众人跪在地上向他叩头时,彼得忙说:"下跪是旧的仪式,大家快起来。"并宣布,从今以后不准下跪,只要向他鞠躬致敬就行。这样,在俄罗斯流行了几百年的下跪仪式就被彼得废止了。接着,他拿起准备好的剪刀,叫贵族们把头伸过来,他亲自动手帮他们将大胡子剪掉。他一边剪一边说："多脏的长胡子，不卫生！以后不准留胡须。谁留胡子就要交纳"胡子税"。对胡须的崇拜是从东正教开始的。教会认为这种"上帝赐予的饰物"是俄罗斯人的标志。俄国人喜留长髯，连鬓络腮，直垂胸前。浓密宽厚的胡须被认为是威严、端正的象征。而在彼得看来，胡须代表偏见、迷信和黑暗的过去。他要拉着他的人民向前走，寻找西方的光明，他把剪掉胡须视为改革的象征，当然彼得无法亲自去掉老百姓的胡子，于是他发布命令，除神职人员外，所有人禁止蓄须。如果想保留胡子，就要根据其社会地位高低纳税，地位高的贵族每年交一百卢布，听差三十卢布，农民则每次进城需交半戈比。

　　脸上没有了胡须，身上却仍是拜占庭式的东方长袍，彼得又把剪刀转向服装。当时，俄国的服装一般都是肥大而无腰身，衣令高竖，衣袖宽大，帽子更是高得出奇，彼得早就厌恶这种臃肿呆板的服装。特别是在大使团里参加隆重活动时，俄国人的服装常常引起看热闹人的冷嘲热讽。在外国工地上干活他也意识到，一个年轻活跃的民族，必须穿上不妨碍活动的衣服，在一次宴会上，像剪胡须一样，彼得亲自拿起剪刀去剪贵族们的袖子，他边剪边说，长袖子碍事，到处闯祸，不是蹭到汤里，就是碰倒杯子，剪下来的袖头足够做双靴子。

　　1700年1月4日，彼得下了一道命令，规定莫斯科和其它城市官吏都要着匈牙利式服装，外面的长服不得长于吊袜带衔接处，内衣要短于外衣等等。8月20日，他又规定除神职人员、车马夫和种地农民外，不论男女都要穿匈牙利或法国式服装。对于穷苦人他允许把现有衣服穿完，延期五年执行。第二年，他对新式服装又做了进一步规定，对男子的上衣长裤、长靴、皮鞋、帽子、大衣以及女子的裙子、皮鞋、帽子等等都提出了明确要求。彼得看着那些很不习惯新的服饰打扮的人们的尴尬举止，常常大笑不已。但他相信，随着时间的推移，俄国人也会象英国人、法国人一样具有文雅的举止。

　　改革俄罗斯的习俗始终是彼得的强烈愿望。他在剃去了男人的长须，迫使男女豪无例外地穿上西式服装之后，又建立"大跳舞会"制度。1718年，他在给警察署长的信中写道："大跳舞"会一词系来自法文，很难找到恰当的译法。这是一种自由的聚会，人们来到一起，不仅是为了消遣，而且是为了谈正事，人们可以互相交谈，交流情况。在有关这项活动的条文中硬性规定："大跳舞"会每周在达官贵人的府邸举行三次，时间从下午四点到晚上十点。主人不需对来客上前表示欢迎，也不需要陪客或送客。他只需要提供座位、灯光、纸牌、棋类和饮料。条文还规定：聚会地点要有一间舞厅，一间下棋的房间，一间抽烟聊天的房间，一间供妇女使用的房间，让她们能玩捉迷藏或其他社会上流行的无害游戏。通常在这种聚会中，最主要的活动是跳舞，由于俄国尚未流行欧洲的跳舞花样，沙皇象在别的领域一样，自告奋勇向全国做示范。他站在男舞伴的前列，带头迈开舞步，别人则是以崇敬的态度跟在后面模仿他的动作。刚开始时，长期幽居深闺的贵族妇女，对这些喧哗的聚会很反感，他们很不情感地模仿巴黎或维也纳的漂亮女性装束，可又学得不伦不类。但所有的不适很快随着时间的推移而消失。"大跳舞会"逐渐发展为一种轻快活泼的娱乐活动，然而也丧失原有的风雅高尚的特点。譬如，人们设计了一种舞姿迫使女舞伴接受男舞伴嘴对嘴的亲吻，一些妇女再也不会羞羞答答，而是狂饮掺有伏加特的葡萄酒、醉醺醺的放声大笑。

　　彼得还注意培养俄国人的文明举止。他命人把法国有关教养礼貌的书《青春年鉴》译成俄文,该书敦促人们不要把痰吐在房子中间而是吐在一旁,不用手去抠鼻子,不要用刀子剔牙……。然则彼得本人却并没遵守这些。他不仅同他的战友狂饮无度,还要求外国使节和他一样暴饮暴食。一次丹麦使节儒埃尔为逃避给他的一杯伏加特,竟躲到支撑船桅的索架下面。但是,沙皇彼得还是手举大酒杯,追寻而来,强迫他一饮而尽。

割须剪袍、生活习俗"欧化"表现出彼得崇拜西方,扫荡俄罗斯民族封闭保守思想的强大决心。

彼得越众超群,一直心念打通出海之事,在生活习俗"欧化"的同时,又进行了军事改革。

军事改革是彼得改革的起点,也是重点。在一系列的对外战争中,彼得深感需要一支很大的中央集权下的国家军队。但当时国内缺少正规部队,那种由贵族带着领地上的农奴出征组成的近于古代军事采邑式的老部队,缺乏训练。令彼得头痛的射击军则因士兵们兼营手工业、商业,素质不纯。除了参与政变,在国际战场上不能起到多少作用。而彼得一手带出的军队虽然较正规,但由于军官多是外国人,并不热衷于为俄皇卖命,也越来越靠不住。为此,彼得首先考虑兵源问题,他废除雇佣兵和贵族兵制,改行征兵制。1705年,他在"二月敕令"中明确规定:一般农户、工商户、第二十户到三十户须送壮丁一名入伍。所征兵士分作步兵、骑兵、炮兵、工兵四个兵种。彼得在位时共征兵五十三次,解决了兵源短缺问题。新兵仿照西欧步兵的模样,穿暗绿色军装,戴三角形军帽,在莫斯科附近接受军训。仅仅三个月的功夫,就组成了一支三万二千人的军队。

在军中将佐的遴选上,彼得废去世代簪缨的旧习,不再看重贵族身份,而是以军功为据。陆军元帅缅什科夫,是个勇冠当世又知兵善用的将才,但在从军之前,却曾是赶车的脚夫,后又在莫斯科近郊以贩肉饼为生。彼得还十分注意从军事院校中选拔俄籍军官。到彼得晚年俄国已基本由本国军官控制。

在一则《彼得和水兵》的寓言里,生动地描写了"一群枢密官和一个水兵同时把一只鹅分成六等份,结果,没有一个枢密官能够分成,而普通的士兵分成了。彼得痛骂枢密官愚蠢无能,而把普通水兵提升为将军,让他指挥好几个师。"这则寓言显然是在为彼得用人制度改革制造舆论。

为打造火器,改善武器装备,彼得大力发展冶金工业,并敕令建起炮场、兵工场。他在位期间,造出火枪、手枪三十万支,大炮三千五百余门。

于陆军之外,彼得还甚为重视海军的建设与发展。此前,俄国既乏良港,海军之事自也不须提起。彼得则常对左右言道:"为君王者,若只有陆军,那便是独臂之人,既又陆军,又有海军,方可称为双手俱全者。"于是他先建亚速军队,又建波罗的海舰队。在位期间,俄国造船场打造出双桅、三桅战船数百条,平底船数以千计。其中巨型战舰可装炮近百门。

为了培养军事人才,彼得兴办了炮兵、军工、陆军、海军、军医等各种类军校,培养出众多身手了得的有用之才。另外,彼得还选派了许多优秀学生出国学习军事。

彼得建军迅猛,耗资巨万,国库不堪负荷,为此彼得独辟蹊径,下令每三座教堂献出一口铜钟,用来熔铸兵器。还命教会按每拥有八千户农奴便须集资建一条战船计算,为国家筹金造船。贵族则按每万户农奴造一条计算。

军事改革后的俄国拥有正规陆军一百三十个团，二十万人，海军战舰四十八艘，水兵两万八千人，成为欧洲军事强国。

彼得执政初期的俄国，国家机构臃肿、腐败，官吏互相扯皮、推诿。要根除这种毒瘤，令官府和臣僚俯首贴耳，这就迫切需要建立中央集权。

圣彼得堡开始只是作为防御瑞典人而建的军事要塞，但到了 1704 年秋，彼得萌生了将彼得堡改为国家首都的念头。9 月 28 日，他写信给缅希科夫说，他希望下月二三号出发前往首都，并在信封上加了注解，指出"首都"即"彼得堡"。

尽管这里气候十分恶劣，但在彼得看来这里是他的天堂，他痛恨历代沙皇久居的莫斯科，痛恨那里的大陆性气候和古风旧习。他要面向海洋，在彼得心里彼得堡就是通向欧洲的门户，它象征着俄国海上霸主的地位，它将使彼得的名字流芳百世，成为他统治的象征。

在城市建设初期，没有明确的规划，完全凭彼得心血来潮的想法随时改变。

城市的建设者更是在极端恶劣的条件下工作。1704 年，彼得命令各省省督，每年提供四万劳动力。这些工人没白没黑拼命地干活，吃住都很糟。一旦有开小差的，抓住回来后便割去鼻子，多变的气候、疾病和沉重的劳动夺去了许多人的生命。为了替自己的事业辩解，彼得提出，建筑的艺术和战争的艺术一样，要打胜仗就必定要损失相当数量的士兵，要建筑一个城市，也必定要损失相当数量的工人。据估计在这座城市建设中约有十万多人死亡。

1704 年 2 月，彼得找来了意大利建筑师多门尼戈·特列齐尼。彼得堡周围不产石头，为此，彼得下令国内其他地方一律禁止使用石头。彼得还亲自对工程进行监督，他从一个工地跑到另一个工地，手里习惯提着一根粗短木棒，以便用来敲打偷懒的人。不知疲劳的特列齐尼设计建设了教堂、修道院、各部办公楼、参议院、会议厅，等等。一座美丽壮观的城市逐渐展露出来。

然而，此时它还是无人居住的空荡的外壳。1706 年，彼得命令海军大元帅戈罗万在圣彼得堡定居。1708 年，彼得坚决要自己的妹妹和两个同父异母的姐妹、两位嫠居的太后、高级官吏和几名富商迁过来。不久，三百五十家贵族被勒令到这里定居。1713 年，宫廷、枢密院和外交使团都迁到彼得堡。圣彼得堡被定为首都。第二年新首都人口达到三万四千五百多人。十年以后，人口达到七万人。为了赚钱，外国的手工商业者和商人陆续来到这里。但是，无论是被迫迁到这里的，还是自愿而来的，那对这水上城市抱怨不已，他们怨恨冬天的暴风雪、夏天的蚊子、秋天的洪水。但是对于彼得来说，新首都不仅满足了他的审美观，而且满足了他的政治需要，他感到无限欣慰。

彼得雄心勃勃，执政后对一向干预朝政的贵族杜马（即俄国议会）甚是嫌恶，一些大政并不与之计议。杜马中贵族共百余人，参议朝政已垂二百余年。此时他们倒也知趣，眼见已然失宠，其中大部便不再去杜马聚首议事。这正中彼得下怀，他于 1711 年建立了参政院，由九人组成，作为中央权力机关，负责国家的司法和行政，取代了贵族杜马。1718 年，彼得又在参政院下设行政、外交、陆军、海军、财政、司法、工商、矿务等十二个部。

在改革中央行政机构的同时，彼得对地方行政也做了大规模的调整。1699 年彼得下令在莫斯科成立市政院，在其他地方建立自治署，由各地商人选举代表参加。市政院和自治署同时作为收税机构,向商人征收间接税、直接税,以增加国库收入。1720 年,他又在新首都彼得堡建立了市政总局,在其他各城市设立市政局。为了巩固地方各行政机构,1708 年彼得将全国分为八个州,各州成立参议会。1713 年——1714 年又增设了三个州。1719 年再次实行地方行政改革,将全国划分为五十个省,省下属若干个区。省长直接从属于中央最高当局。这样,彼得就在全国建立了比较统一的地方行政系统,加强了对各地的集中领导。

对于官吏的选拔,彼得一世一改过去按门第出身、论资排辈的贵族世袭传统制度,于 1722 年公布了"职官等级表",将文武官员分成十四个等级。一切官员,不分出身,都先从最低级递升。每级官吏的选用都要以才能高低、知识的水平和贡献大小为标准。这样,就使一批饱食终日,很不称职的旧贵族丢掉了官职,而让一批虽然出身低微,但有真才实学的、精明能干的人受到提拔和重用。实际上,以彼得的性格和一贯作为,这种不拘一格、量材录用的作法,在 1722 年前就早已付诸实践。如:风琴演奏师的儿子、童年时代放过猪的雅古任斯基当上了政府的第一任检察长;曾经做过商店伙计的犹太人沙菲洛夫被提拔为副外交大臣;就连农奴出身的阿·阿库尔巴托夫也因向沙皇提了征收印花税的建议而被提升为阿尔罕格尔斯克的副省长。这些人都先后获得了贵族封号,在彼得改革和对外作战中发挥了非常重要的作用。

彼得还废除了贵族封号的世袭制,并在 1714 年仿照西欧的长子继承制颁布了《长子继承令》,规定贵族的全部不动产只能由一个儿来继承,其余无地产的子弟必须靠服公务、经商、或从事其他行业,凭自己的才学,亲手劳动来挣得面包。贵族子弟必须上学学习算术、外语、成绩差的将被剥夺其贵族的全部特权,甚至不允许他们结婚。未在军队中当过普通士兵的贵族不能允任军官。按彼得自己的说法,就是"应把官职赐给干实务的人,而不应赐给炫耀门第的无赖和寄生虫。"

彼得为了改变教士与沙皇分庭抗礼的状况,巩固和加强自己的统治地位,对宗教也进行了一些改革。1700 年 12 月,反对彼得改革的大主教阿德里安去世。彼得为了避免再次扶植起与自己争权的劲敌,没有指定大主教继承人,而是任命了梁赞地区的区蒂安主教担任大主教圣座临时守护者。责任是负责日常的事务工作,而所有的修道院由一个委员会来领导,主持该委员会的则是一名非神职人员。这样一来,教会受到了很大的限制和削弱。

1701 年,彼得下令——由地方官员来管理修道院领地。1721 年,彼得又颁布了宗教事务管理条例,废除主教制,建立了宗教部,由国家管理宗教事务,宗教官吏必须效忠于皇上,执行沙皇的命令。这样,就使教权服从于政权了。

中央集权的建立,巩固了彼得的专制统治,提高了行政效率,同时也促进了文化事业的改革。

彼得清楚地意识到雄厚的物质基础是增强国家实力的依据,因此他非常重视经济发展,尤其是注意工商业的发展。

首先,他鼓励工场手工业的发展,采取各种优惠政策大力支持商人在工业上投资,让兴办工厂的人获得贷款,津贴甚至免税权和垄断权。同时,允许外国人在俄国开办工厂,高薪招聘外国技术人员,兴办官办工场,在政府的扶植下发展起来以后,再以拍卖的方式转为私营。由于当时俄国盛行农奴制,自由劳动少,为了解决工厂发展所必需的大量劳动力,彼得先是采用强制征用办法,把大量皇家农奴拨给工厂。在

1721年他又颁布法令,规定企业主可以大量购买农奴,直至整村购买,这种"领有"农民,人身完全依附于工厂,他们除了在工厂做工,还得种地。到彼得去世前,俄国手工工场已由原来的二十一个发展到近二百四十个。其中以冶金、纺织和造船业发展最快,除土拉、利比茨克、长希拉等冶金工厂外,还在乌拉尔开办了十一个炼铁厂和炼钢厂、建立了俄国第一个冶金工业基地。随着冶金工业的发展,生铁产量大幅度提高。1700年生铁产量只有十五万普特,到1725年增加到八十一万五千普特,不仅能够满足本国需要,还能向国外输出,而乌拉尔生产的铁,其质量比当时欧洲以产铁著名的瑞典的铁质量还要高。此外,呢绒、麻布、皮革、造纸等产品也增加了好几倍。

在发展国内贸易方面,彼得征召了数以万计的农奴开凿运河、建设通商口岸,发展集市贸易和对外贸易,为全俄市场的形成与积累外资提供方便。为保护本国经济,对外实行高关税政策。奖励输出,限制输入。1714年,彼得发布指示:"凡国内能生产的产品,一律提高关税率,"以便保护本国工业发展,防止外国商品的竞争。这样,到彼得执政末期,俄国每年输出额达四百二十万卢布,而输入额只有二百一十万卢布。为了增加政府财政收入,对内实行重税政策,推行"按丁纳税"的人头税,严格要求"国无游民"。为此进行了人口调查,为各类农奴制定了纳税额。同时也规定了烟、酒、盐的高额间接税。在为商人给予各种经济实惠的同时,又采取地方城市自治制度来提高商人的地位。还在城市里把市民分为正规市民和贱民两种。商人、艺术家、手工业者、医生都属于正规市民。在正规市民中选举市长,管理城市工商业,这就保护了大工商业者的利益。通过改革,俄国工商业发展显著,而工商业的发展,为彼得的对外侵略扩张,提供了雄厚的经济基础。

在西欧的游历考察,彼得意识到培养自己国家专门人才的重要。而在军事、经济等一系列改革的推行中,他更敏觉出一切都离不开知识,离不开人才。因此他特别注意发展文化教育事业。在国内,他建立了算术学校、造船学校、航海学校、炮兵学校、医护学校、工程技术学校、矿业学校以及海军学院等。对外则派遣一批又一批的留学生到西欧学习西方的政治、军事、经济、科技和文化艺术。有时他们学成归来,彼得还要亲自出题考考他们出外的收获。彼得剥夺了贵族的许多特权,规定贵族子弟在十岁到十五岁之间必须上学接受学校教育。由于宗教方面实行了改革,教权对人们的束缚被摆脱,人们也逐渐开始追求真理,尊重科学。

在彼得之前,俄国沿用旧历,称为"创世历"。俄历是遵循拜占庭传统的,它规定九月一日为一年之始。据说这是上帝在耶稣诞生前5508年创造世界的日子。也就是说,对俄国人来说,彼得生于7180年(即1672年)。1699年12月20日,在该世纪即将结束之际,彼得发布敕谕,命令以欧历为准,一月一日为每年之始。1700年11月1日,他命令所有人要用松枝和敕柏作为门前的装饰。全体居民必须在当日参加教堂的弥撒庆祝仪式,仪式结束后,必须相互贺新年。他还要求拥有枪枝的人鸣枪以示祝贺。然而这种人为的喜悦并没有引起莫斯科人内心共鸣,有些人低声问难道上帝是在严冬时创造的人类吗?当然尽管有许多不满,却没有人敢公开反对。这样,俄国在历法上与西方相吻合,消除了影响国际交往的弊端。

俄国过去通用的字母是旧式教会的斯拉夫体文字,十分繁杂,难以推广使用。彼得将之简化,规定从1708年开始,全部采用新字体印刷书籍,这种文体使用方便,一直沿用至今。

1702 年，彼得创办了第一份俄文报纸——《新闻报》，并亲任主编，主要刊登政治新闻和军事消息。新建的印刷所使用了民间使用的俄文字母，以区别于教会保留的斯拉夫——塞尔维亚古老字母。同时着手编写算术课本，编撰字典。

此外，彼得还下令把西方许多科技著作译成俄文，出版了许多通俗读物。1724年又诏令新都彼得堡设立科学院。

1702 年，彼得在莫斯科建造了第一座向公众开放的剧院，又从法国引进了芭蕾舞。后来，又在彼得堡建成了俄国第一座博物馆和公共图书馆。

彼得的改革促进了经济发展，加强了军事力量，巩固了贵族地主和商人的国家，为沙俄的进一步侵略扩张创造了物质条件。俄国民主主义者别林斯基等人称赏他的改革，说它是"革命的"，认为彼得是俄国最伟大的爱国者。但是，彼得没有也不可能废除农奴制，正如马克思所指出的：彼得大帝是用野蛮制服了俄国的野蛮。

彼得改革是在极端落后的农奴制条件下靠残酷剥削农奴来进行的。他公开提出"金钱是战争的命脉"，他巧立名目，横征暴敛，连农民留胡须、洗澡、抽烟、造烟囱、开窗子等都必须纳税。在短短的四年之内，彼得曾把赋税增加了四倍。1678 年到 1710年全国人口减少了百分之六点六，俄罗斯帝国的强盛完全是建立在农奴的尸骨堆上的。因此，在彼得改革后，俄国既没有建立起资本主义大工业，也没有发展成为象西欧那样的资本主义国家，俄国仍然是一个落后于西欧的封建农奴制国家。

彼得大力改革，破旧布新，引起了固守祖制的贵族、僧侣的强烈反对。他们既将种种新政视为异端邪思，更难容忍任用新人，褫夺他们的旧日权力。这些前朝遗老、守旧贵族选中皇太子阿列克塞为他们的首脑。阿列克塞也许诺他们，日后一旦继位为沙皇，便取消改革，恢复旧制。阿列克塞是彼得与叶芙多金·洛普辛娜的孩子。阿列克塞的母亲叶芙多金尽管美貌多情，但彼得并不爱她。在他眼里，她是个目光短浅、知识浅薄的人。1698 年秋，彼得从西欧考察归来，因获悉叶芙多金同反动保守势力有密切联系，妄图阻止自己的改革，便与之离异，把她逐出宫门，关进了苏兹达尔修道院，迫其剃度为尼。阿列克塞因生母遭贬，自动便与父皇有嫌隙。后来父亲又娶了新欢——女奴叶卡特林娜，更加加剧了他们父子之间的间隔。阿列克塞从小在母亲身边长大，同父亲没有感情，又深受洛普辛娜家族的教会高级教士那些敌视彼得的保守势力的影响，沾染了旧贵族的一切恶习，好逸恶劳，爱慕虚荣，纵欲无度，不思进取。因此，彼得不喜欢这个儿子。但因长子继承制，彼得还是把他立为皇太子，准备自己百年之后由阿列克塞继位。是以彼得也常予开导，叫他熟稔改革之事，将来也好承此大业。然而阿列克塞对父皇衔恨日久，又受那班守旧派怂恿，竟不听父言，一意孤行。为了调教皇太子，彼得规劝他说："如果把我的劝告当成耳旁风，不按我的愿望行事，那么，我将不承认你是我的儿子。"在俄瑞战争中，彼得一世特意派阿列克塞负责加强莫斯科防御工事的工作，并派他参加大规模进军行动，彼得外出时则让他处理国务。1709 年又派他出国到德累斯顿学习，但阿列克塞已不可调教。他不爱学习，也厌恶工作，把彼得交给他的事情干得一塌糊涂，有时干脆和父亲对着干。彼得难以容忍皇太子的行径，有一次写信训斥他说："你要想随心所欲不三不四地混下去是不行的。你要么改弦易辙，悬崖勒马，真正使自己成为够格的继承人，要么就去当僧侣。"面对父亲的最后通牒，阿列克塞冥顽不化，经与密友相商，决计韬光养晦，佯称已无继承皇位之意，情愿跳出三界外，不在五行中，出家去当个牧师。但暗地里，却与那些拥护自己反对彼得改革的顽固派结成"太子帮",妄图发动兵变,推翻彼得,自己登上皇位。

1716 年 9 月 26 日,阿列克塞偷偷逃往维也纳,想请奥皇援手,助他谋夺皇位。彼得闻报大怒,遂于 1718 年 1 月 31 日派遣心腹外交大臣彼·阿·托尔斯泰前去奥国商谈。奥皇虽然与阿列克塞是连襟,但他不想与强硬的彼得和日益强大起来的俄国决裂而酿成战争。外交大臣彼·阿·阿尔斯基又面见了阿列克塞,将彼得手谕交与他手。阿列克塞展开一看,不由吓出一身冷汗。只见上面写道:"汝若不即行返国,定将以叛逆论罪。"阿列克塞已知奥国无意助他,只得提心吊胆回到国内。彼得亲自审过这个逆子之后,便命建立最高法庭依法审判皇太子。法庭在彼得授意下,于 1718 年 6 月 24 日以篡位罪叛处阿列克塞死刑。6 月 26 日,阿列克塞因经受不住严刑拷打的折磨,未等死刑执行先已死在狱中。阿列克塞的同党皆被判为列刑、流放与监禁。众贵族见皇上法禁森严,太子犯法亦遭处死,遂无人再敢言反对改革之事。

6 月 30 日,彼得为阿列克塞举行了葬礼。沙皇走到棺木前,弯腰亲吻了儿子冰冷的嘴唇。直起身子时,眼睛充满了泪水。尽管如此,他毫无悔恨之意。他深信邪恶已经根除。几个月之后,他曾对贵族们说过这样一段话:"你们看到我惩处一个虚伪和心怀叵测到难以想象程度的不孝之子的罪行。我希望通过此举,能使我所从事的庞大事业——使俄罗斯民族永世强大和威震天下以及我属下各个地区繁荣昌盛的庞大事业得到保证。……如果我不按我的方式进行清理和整顿,那么这庞大的事业就会在我死去的当年遭到颠覆。

彼得在实行国内改革的同时,大加对外侵略扩张,他狂妄地宣称:"在征服世界方面,俄国缺少的只是士气。"他执政的三十年中,年年都进行侵略战争,几乎所有的邻国都遭到过沙俄的侵略。彼得一世叫嚣:"水域——这就是俄国所需要的。"为夺取波罗的海的出海口,沙俄同瑞典进行了长达二十一年的"北方战争",为夺取黑海的出海口,沙俄两次同土耳其作战,占领了亚速要塞。彼得还对中亚、外高加索和西亚进行扩张,并企图南下远征印度,夺取印度洋的不冻港;同时进一步扩大对中国和东北亚的侵略;彼得甚至策划把侵略势力伸向北美和非洲。彼得所进行的一系列对外侵略战争,以"北方战争"为规模最大,时间最长,影响及意义最深远,因为这场战争使俄国"锯开了通往西欧的门户"。

凶悍好战,是俄罗斯民族的天性,对外实行领土扩张则是历代统治者的传统政策。彼得非但不例外,反而有过之而无不及。

彼得进攻瑞典夺取波罗的海的出海口的野心蓄谋已久。当时的瑞典是北欧强国,占有波罗的海沿芬兰湾、涅瓦河口一带的地区,阻断了俄国同西欧往来的重要捷径。彼得深知波罗的海出海口的重要性,因此不惜投入全部精力部署这场战争。首先他把目光放在瑞典的两个邻敌丹麦、波兰身上,反瑞典同盟没有这两国是不行的,因此早在出访西欧期间,彼得即开始争取丹麦和波兰国王的萨克森选帝侯奥古斯特二世,1698 年同丹麦鉴订反瑞条约,与奥古斯特也在达成了口头协议的基础上,于 1699 年 11 月正式结成了反瑞同盟。在这些工作即将完成之时,彼得一世也对土耳其还有些不放心,为保证日后战争顺利进行不受土耳其干扰,1699 年 8 月他亲率十艘俄国自己制造的军舰为俄国使者护航,前往土耳其谈判缔结和约。舰队到达君士坦丁堡后,他另坐船返国,土耳其没有料到俄国军舰已有如此规模,在惊诧与惶恐中很快便在 1700 年 7 月鉴订了俄土和约。

1700 年初,当彼得还在等待君士坦丁堡的和约时,波兰和丹麦已急不可待地向瑞典开战了。瑞典国王查理十二,时年才只有十八岁,血气方刚,踌躇满志,毅勇过人,号称"小狮子"。他亲自带领舰队在丹麦登陆,迅速包围了丹麦首都哥本哈根,迫使丹麦退出反瑞同盟。奥古斯特二世进军里加失利,连连呼吁俄国支援。1700 年 8 月,俄土条约一鉴订,彼得便向瑞典宣战。有趣的是,宣战的借口是报复当年里加城对他——一个名叫彼得·米哈伊洛夫木匠的冷遇。他亲率四万大军、无数的战车、粮草、浩浩荡荡开赴前线。9 月包围了瑞典要塞纳尔瓦。纳尔瓦的瑞典守军只有八千人,远不如俄军,但他们训练有素,富有作战经验,城堡坚固,炮坚刃利,加之查理十二颇有指挥才能,因此俄军屡屡失利,炮击纳尔瓦要塞两星期但毫无结果。正在此时,查理十二又利用彼得到诺夫哥罗德督促粮草不在军中之机,发起了进攻。在暴风雪的掩护下,瑞军直插俄军中心,将俄军截成两段,各个击破。彼得的部下除了亲兵普列奥希拉任斯基和谢缅诺夫两个兵团秩序井然,进退有度,其余的都望风披靡,不堪一击。骑兵部队在泗渡纳尔瓦河时,有一千人溺死于水中,步兵急窜向两座桥上,但桥身因载重过度而坍塌,那些彼得用重金请来的外国军官纷纷在阵前投降事敌。至于虚张声势、狂妄一时的俄国贵族们更是只顾逃命,德·克罗亚亲王就是第一个出来投降的人。无人指挥的俄国败迹累累,损失惨重:六千人阵亡,一百三十五门大炮全部成为瑞典人的战胜品,只几个小时就几乎全军覆没。凯旋而归的查利十二为了讥讽彼得一世,特制了一种徽章;一面画的是彼得站在纳尔瓦射击的大炮旁边,题为"彼得站着取暖",另一面画着彼得战败后痛哭流涕率领俄军遭逃的情景,题为"一败涂地,哭声哀哀。"在重创俄军之后,查理十二又率军进入波兰,控制了大片波兰领土。又进入萨克森,占领其首都得累斯顿,迫使奥古斯特鉴订和约。在进行了彻底修整之后,查理十二这才于 1707 年 8 月向俄军进攻。

纳尔瓦之役惨败,并没有使彼得气馁,反而促使他更加发奋图强。他认为,这次失败是一个很好的教训,可以将俄国人的懒惰之风一扫而光,督促人们不分昼夜地去勤学苦练。他清楚地认识到俄军的弊病:没有作战经验却自以为是,没有指挥才能却狂妄自大。彼得迅速地改组了军队,撤换军官,征招新兵,加强训练;为了弥补大炮的损失,他下令从三个教堂里征收一个教堂的铜钟来铸炮,一年后,铸成新炮三百门,又购置军火,扩大舰队,搜刮百姓,积聚钱财,在短时期内,俄军便恢复了元气,重新投入了战场。

1701 年,彼得趁查理十二进攻波兰之机,再次向瑞典发动进攻,占领了诺特堡。1703 年攻占了宁斯干茨堡。1704 年二战纳尔瓦获胜,总算为四年前的惨败雪了耻。接着他又攻下了大都,占领了爱沙尼亚、拉脱维亚大部分地区。

攻占了涅瓦河口地区以后,彼得在宁斯干茨堡为自己和亲信造了几座临时居住的小木屋之后,彼得下令在叶尼萨利岛口建立彼得——保罗要塞。不久后这里便成了俄国新都彼得堡。

但是查理十二毕竟不是等闲之辈,到 1705 年底反将俄军包围起来。1706 年初,怯懦的奥古斯特二世见俄军被围,自忖复位无望,竟与瑞典谈判,声言愿弃去王位,退出与俄联盟。至此,丹麦、波兰均已退出,只有俄国一家与瑞典对敌。彼得闻报,急命俄军自波兰撤回。

1707 年夏,查理十二率重兵向俄国杀来,他先行攻打的是那时属于波兰的白俄罗斯。1708年春夏之际,查理十二已攻下白俄罗斯首府明斯克。依照原先的谋划:他应在等待另一支瑞典军辎重队前来会合,再去改打斯摩棱斯克与莫斯科。但是他年轻气盛,不耐久等,竟自行引兵向斯摩棱斯克攻去。彼得见瑞军士气正旺,便避其锋芒,诱敌深入,事先却将前面路上的众多村庄尽行烧毁,迁走了居民。查理十二一路上未遇阻挡,认为是俄军胆怯,不能应战;数日之后忽然发现,所部军马竟是在一片焦土之中,不由慌了起来,他后悔自己性急,未等辎重部队前来会合,如今到哪里去寻得粮草弹药?他沉吟良久,倏地想到,那乌克兰素有"粮仓"之称,何不引军前往就食?于是拔转马头开向乌克兰。

这时,彼得却安排人马进入白俄罗斯,去拦截瑞典的辎重队。1708年9月,俄军与辎重队相遇,当即激战起来。瑞典将士措手不及,乱了阵脚。在伤亡八千余人之后,终至败下阵来,落荒而逃。所携大炮及八千车辎重,悉数落入俄军手中。彼得大喜,查理十二却是断了后援。

1709年6月,俄军与瑞典军队在斯摩棱斯克以南、乌克兰境内的波尔塔瓦,展开了大决战。27日凌晨,瑞典军趁夜黑之时出动,向俄军扑了过去。不料俄军早有准备,散布在四周的俄军工事将瑞典军步兵用火枪逼住,打得他们前仰后翻,饮弹毙命者不计其数。缅什科夫率领的骑兵也将瑞典骑兵杀得节节败退。查理十二也中弹受伤,命人用担架抬着他指挥。战场的另一面,彼得骑在马上,来回奔驰,发布各种号令。他的帽子被子弹打穿了,另一颗子弹射中他的胸部,但被胸前佩带的十字架奇迹般挡住了,第三颗子弹则打入了马鞍,但他全然不顾。上午10时许,查理十二闻知手下败将彼得竟恁地张狂,将瑞典波罗的海东岸的属地悉数侵吞而去,气得浑身发抖。无奈他身陷波兰,一时也无暇北顾。在占领几处地方后,俄国陆军元帅缅什科夫公爵又率一支俄军攻来。俄军冲出,两军兵士展开了肉博战和白刃战。瑞典军虽然骁勇,俄军却也身手不凡,更兼人员众多又占得地利。查理十二决计猛攻敌军正中,将其左右两翼切断,胜则歼敌,败则突围。此时彼得也亲自披挂上阵,率领一支精兵将敌军打得溃不成军。在瑞典军已成败象之时,俄军一发炮弹打来,恰将担架上的查理十二震落地下,登时昏死过去。瑞典众将士见状大惊,急忙收兵,败阵而去。

波尔塔瓦一战瑞典损兵折将近一万二千人,俄军死伤仅四千余人。另两路瑞典军也战败归降。查理十二带领不多的随从仓皇逃至土耳其境内。俄国大获全胜,丹麦为复仇雪耻,重行对瑞典宣战。奥古斯特二世也再次登上波兰王位。俄波丹同盟重新建立起来,普鲁士也趁机加入进来。1710年,彼得又将波罗的海东岸各地重新占为己有。

在以后的几年中,俄瑞继续交战;1714年、1720年,俄瑞两国进行汉古特和克琅加姆两次大海战,瑞典皆败,俄国夺取了里加湾和芬兰湾,并攻占了赫尔辛福斯,以及更多的出海口。

1721年8月30日,战败的瑞典被迫在芬兰尼斯塔德城与俄国签订了《尼斯塔德和约》,俄国从瑞典手里正式夺得了芬兰湾、里加湾、部分卡罗利阿、爱沙尼亚和拉脱维亚等波罗的海沿岸的大部分领土。至此,闻名史册的"北方大战"偃旗息鼓,俄国终于夺得出海口,彼得也夙愿以偿。

惊世骇俗帝国梦

彼得打败瑞典，赢得北方大战胜利，打通了波罗的海上的多处出海口，为俄国立下了不朽奇功，因而受到贵族的感激和赞扬。1721年10月俄国参政院尊称彼得为"全俄罗斯的大帝"和"祖国之父"。从此，俄国国号正式改为俄罗斯帝国。彼得称帝以后，愈加豪气勃发，幻想实现其惊世骇俗帝国梦。

1722——1723年，彼得发动了侵略波斯的战争，企图占领高加索，南下中亚，争夺西亚和印度，以取得出入印度洋的通路，但是遭到土耳其人的阻挡。1723年两国签订了和约，俄国吞并了包括杰尔宾特和巴库在内的里加海西岸和阿斯托巴德在内的里海南岸地区。

在中亚，彼得在1716年即派遣贝科维奇——切尔卡斯率领一支军队远征希瓦，妄图让希瓦和布哈拉臣服于俄国，但被希瓦汗击败。

彼得的野心并不仅仅局限于此，同时他还在觊觎东方。早在17世纪俄国殖民者就已向西伯利亚扩张。在17世纪80年代俄国曾侵入我国东北黑龙江流域，最后以1689年的《尼布楚条约》告一段落。1697,年俄国侵占了堪察加半岛，1713年又侵入了千岛群岛，俄军还向我国叶尔羌地区进发，并在雅美谢夫湖强行筑堡，被我准噶尔军队消灭。彼得仍试图染指我黑龙江流域，直到晚年，还野心勃勃表示要亲自出马，取道黑龙江流域，直抵中国万里长城。

彼得妄图建立一个从波罗的海到太平洋，从北冰洋到印度洋，将中亚、南亚尽数包揽，在东亚伸足中国长城脚下的大俄罗斯帝国。然而，由于当时俄国并未强大到这一程度，这一伟大的迷梦才做不久便随彼得的早逝而夭折了。

垂暮之年的彼得是孤独的，狂欢纵饮，淫荡奢靡的生活与多年的军旅生涯一起摧残了他的身体。52岁那年，他开始感到头痛发热，可还照常吃喝玩乐，不加节制，致使病情迅速恶化，不但得了肾结石，而且原来传染的性病复杂化了，膀胱已发生坏疽，因尿潴瘤而叫痛不已。

在病情的折磨下，他性情变得更加孤僻，双目变得暗淡无光。他常常一连几个小时枯坐在窗前，凝视着什么也没有的地方。而这时候，他更多地考虑的是把自己身后的政权交给谁。

皇太子阿列克塞早已被他处死，叶卡特琳娜生的儿子小彼得聪明可爱，却只有四岁便夭折了。尽管他处处留情，播下的皇种不少，但他再没有名正言顺的嫡传儿子了。阿列克塞的儿子，也就是他的孙子，这时才9岁。彼得对他很疼爱，觉得他禀赋超群，但究竟他能否承担大业，长大执政后，是跟阿列克塞一样，还是更象彼得大帝？彼得拿不准，也不放心。两个女儿，长女安娜已经成为霍斯丁公爵的未婚妻，小女伊丽莎白不满15岁，彼得也不愿把政权交给她们。最后，亲属中只有叶卡特琳娜了。尽管彼得知道她并不具备自己的治国经验，但她能把他的左右当成自己的亲信，依靠他们的辅佐，至少她还可以使俄国象彼得所期望的那样继续发展。所以彼得开始决定为叶卡特琳娜加冕。为了制造舆论，他在其1723年颁布的上谕中极力称道她的功绩：是沙皇坚定不移的助手，随他转战各地，历尽艰辛。1724年3月，在首都莫斯科，举行了盛大的加冕典礼。女皇叶卡特琳娜穿着重达一面五十普特，由四名大臣擎着的礼袍,跪倒在彼得面前,接受由盛装的彼得献上的价值一百五十万卢布的王冠。女皇流着眼泪想亲吻彼得的双膝。彼得将她扶起,然后亲自把象征王位的地球仪递给她。但是,作为王权标志的权杖,他却留在自己手中。

这期间,彼得一直坚持接受矿泉水治疗,但无多大起色,而且他不时参加一些宴会,又带病出巡。11月底,他回到彼得堡就病倒了。

在彼得堡,彼得得悉自己的妻子——刚刚被封为女皇的叶卡特琳娜已经开始滥用自己的职权,谋取酬金,放贷国外,更为严重的是有人说她常与情夫——威廉·蒙斯幽会。威廉·蒙斯是沙皇的旧情人安娜·蒙斯的弟弟,长得英俊潇洒。彼得可以允许自己有无数的情妇,但绝不能容忍背叛自己的女人。他立即开始了审讯工作,给威廉·蒙斯定了一个捏造好的罪名,在11月16日把他送上了断头台。但却没有给叶卡特琳娜具体的惩罚,只是用了一个大酒精罐盛了威廉·蒙斯的头颅一连几天放在她的卧室内。

经过了这件事,彼得更加沉闷,郁狂。与皇后相对之时,几乎不说话,不在一起用餐,也不在一起居住。夫妻反目的结果加速了他生命末日的到来。1725年1月中旬,由于尿毒症急剧恶化,彼得痛苦不堪,整天不停地叫喊,不停地呻吟。1725年1月27日下午,他在长时间的昏迷之后苏醒过来,让人们取来写字板,艰难地写了几个字。焦虑的叶卡特琳娜看到上面写的是"把一切交给……"。刚写到这,笔便滑出了沙皇手指,他没有能继续写下去。过了片刻,他苏醒过来,把女儿安娜叫到床前,用手示意他要口叙余下的部分,但人们听到彼得嘴里只是发出咕噜的声音,无法理解他说的是什么。他本想用生前指定继承人的办法来确定在他逝世后由谁统治俄国,从而显示自己具有无限的权威。然而他却无力这样做了。1月28日早晨,叱咤风云一生的彼得大帝走到了生命的终点,终年五十二岁。这个安息在有天盖床上的巨人,嘴唇紧闭着,微凸发青的眼皮合拢在一起,一双勤劳的大手,从此一劳永逸地交叠在胸前。这个使劳动人民倍受折磨的独裁者,这个创造巨大财富的改革家,这个使敌人惶惧不安的军事家,终于走完了他轰轰烈烈的人生之旅。当天,叶卡特琳娜登上了皇位。她宣布把彼得的遗体停放40天,到3月8日,在彼得保罗大教堂为彼得举行了隆重的葬礼。下葬时,费奥凡·普罗科波维奇发表了一篇至今为人传诵的悼词,当中既表达了失去先王之恸,又为前沙皇所立下的丰功伟绩而歌功颂德。因而予人以深刻印象:

> "悠悠昊天,哀我黎民。
> 何所见斯? 失此明主。
> 何所为斯? 葬王于土。
> 先王见背,民莫不谷,
> 王国庶定,矢其文德。
> 先王之民,有拳有勇;
> 先王之邦,令闻不已。
> 威扬海外,敌人丧胆。
> 嗟我沙皇,尽瘁安国,
> 励精图治,既明且哲。"

一代英主溘然长逝了。回首往事，彼得体格健壮，精力充沛，两米来高的个头，象是个不知疲倦的"铁人"。

彼得是个秉性怪异的人，在他身上集合着各种绝然对立矛盾：时而急躁时而冷静；时而残暴无情时而慈悲为怀；时而阴沉古怪时而开朗豪爽……

在青年时代，他隐姓埋名跟随使团前往欧洲，象一个普通工人一样干活；在作战时，他常常亲临前线，每天总要骑着马，到一处处防御工事去巡视，脸给火药弄得乌黑，也不去洗，"在大炮的隆隆声中，他就地在炮车底下一躺，打这么一小时的盹"；为了改造俄国，他更是凡事身体力行，只要不外出打仗他就到各处巡视、出访，坐着一辆只有一个随从的马车走家串户视问。

彼得不喜欢过安逸舒适的生活，不爱住高大宽敞的宫殿，却喜欢小木屋，睡又窄又硬的床铺，使用简陋坚固的旧家具。他一向衣着朴素，甚至往往衣冠不整：帽子没饰带；粗布衣，线纹清晰可见，背心不整洁；打补丁的袜子，后跟磨损的鞋子……因为忙于工作，中饭往往拖到午后，往常随意地在大臣、将军或随便什么人家里用餐，他以粗茶淡饭为满足：白菜汤，黑面包，烤肉和腌黄瓜……他不吃鱼，也不吃甜食，但没有一天不喝酒。"我是一个军人，只要有面包和水，我就心满意足了。"这是彼得对人们邀请他赴宴时常说的话。他的进食举止很不雅观，即使在国宴上，他也用手指抓饭吃，菜汁满脸满嘴都是，用衣袖去抹。他宁肯结交一些工厂主一流的人物，也不愿同贵族们那华贵的上流人物交往、娱乐，他认为自己参加皇室舞宴无非是为寻欢作乐，徒然浪费时间而已，同那些磨坊主在一起，倒可以谈些正经事。在俄国查理德城人们立了一座这样的纪念碑，上写："彼得大帝和泥瓦匠们曾在此劳动"，足以说明其所好。

在日常生活中，彼得常以自己是一个名叫彼得·米哈伊洛夫的普通人自居，到他被"晋升"为海军少将、海军中将时，他要人们不要把他当成皇帝，而把他当成正式领有海军军衔的人，称他为"海军少将先生"、"海军中将先生。"每逢军舰下水，他对上级军官都表示尊敬。对他了解的军官和士兵常委以重任，"彼得敢于把自己的生命托付给他们之中的任何一个人。"他给自己的近臣们写信，常常不拘礼节地称呼"大王""陛下"，或象亲密朋友般地直呼爱称，诙谐、随便、亲昵。彼得一世的这些怪异的举动跟他的身份是多么地格格不入，他习惯于完全听凭自己的意愿办事，一意孤行。他在领兵出征时完全把自己当成一个士兵，恭顺地服从司令官的命令。见了戈洛温将军，他恭敬地摘下帽子，问候："海军上将先生，您好！"戈洛温威风凛凛地回答："你好，彼得·阿列克塞也维奇师傅。""海军上将先生，船准备下水了，我们要不要把撑柱打掉?""上帝保佑，动手好了。"此时的彼得象一个普普通通的木匠，一个出身低微的人。但有时候，他的待人接物中的友好表示，往往令人吃惊，难以接受。曾经有过这样一段记载：有一天，沙皇突然抱住赫尔施坦公爵的头，摘掉其假发，从头额到脖颈，大力亲吻一番，甚至还"嘴对嘴，牙碰牙地同他接吻。"

更多的时候，彼得是一个暴戾无情的君主。在反对野蛮势力，即在反对社会上的因循守旧势力和宫廷内部的宗族敌对势力时，所使用的手段是野蛮的，有时甚至是极其残忍的。他强迫领主、贵族们剪胡子、戴假发、吸烟草、喝咖啡、穿外国服装，并要妇女们社交、跳舞，作法粗暴，常闹得人心惶惶，许多领主巴不得彼得出国远行。那样，就不必再强迫他抽烟、剃胡子，或是要他穿那种裹到膝盖的白长袜，戴那种直垂到肚脐的、用女人头发制成的假发套，旋转蹦跳了。而在他处决射击军，手段之野蛮、方式之专断、残忍，更是旷古未有，骇人听闻。在日常生活中，沙皇心血来潮，往往不分青红皂白，把某个亲信揍上一顿，然后晚上又请他吃饭——算是给被伤害人的一种宽慰。费多尔·格罗万大臣在一次宴会上因不习惯醋的味道，拒绝吃凉拌生菜，沙皇命人把他捆绑起来，往他嘴里灌醋，直至他被呛得半死不活，口吐鲜血方止。

在访问哥本哈根时，彼得曾看上了一具漂亮的木乃伊，想据为己有，但丹麦国王回绝了他的请求，他当即奔回博物馆，挖去木乃伊的鼻子，破坏木乃伊其他部分，然后对馆长说："现在你可以保留它。"

在沙皇的各种不负责的恶作剧中，他曾命人敲警钟逗乐，为侏儒小丑们着迷，甚至亲自拿着解剖刀观看自己感兴趣的尸体。

沙皇的多重性格搞得连近侍也不心安，但他就靠着这样那样的怪癖推行政策，治理国家。

同其他一切封建帝王一样，彼得一世的生活照例是放荡不羁，奢靡浮华的。

彼得一世的举止粗俗无礼，在他眼里，女人只是一种玩物，是满足他欲望的工具。他对女人既无尊重之意，也无敬佩之心，更淡不上真情实感。在国外，他与女演员列蒂西亚·克罗斯有过短暂恋史。在国内，他与自己的好友勒富尔的情妇安娜·蒙斯厮混，又毫无顾忌地霸占自己的侄女——麦克林堡公爵夫人，并当着外国公使的面，边听奏报边寻欢作乐。

在放逐了自己的第一个妻子之后，他又娶了出身卑贱的叶卡特琳娜，并封她为皇后。她原是一位牧师的养女，被俄国军官俘虏占有后成为舍列米捷夫的情妇。当这位指挥官厌倦之后又被让给了缅什科夫。在 1702 年 7 月，彼得在营地里那批忙忙碌碌的女仆中看上了这个年轻女人。她那结实的身躯，健壮的体格和既欢快又安详的性格吸引了彼得。他对缅什科夫说："我要把她带走。"命令自己的这位好友娶漂亮的达莉亚为妻，自己则一心一意地跟着叶卡特琳娜，常让她随自己出征。而叶卡特琳娜也确实能投君主所好。她为彼得生儿育女，随彼得南征北战。1708 年，彼得在出征前曾有这样的手谕："如遭不幸，请将存于缅什科夫家中的 3000 卢布赠给叶卡特琳娜母女。"足见彼得对她的宠幸之情。

但尽管如此，这并不妨碍彼得找更多的情妇。彼得可以很自然地追逐宫廷贵妇或女仆，甚至在叶卡特琳娜的宫院里开怀取乐，同那些有姿色的轻佻女性调情、纵酒，直到老死之前，他都在伟大的改革和战争之余过着这样荒唐无度的帝王生活。

彼得作为一个传奇式的人物，他给俄国乃至世界留下了非同寻常的履迹。在他三十多年的执政时期，他以自己才艺出众的治国之道，运筹帷幄的运兵之术，改写了俄国的历史。马克思称彼得是"现代俄罗斯政策的创立者"。

彼得意志坚强，他敢于面对现实，想方设法摆脱俄国落后状况，他亲力亲为，进行大胆尝试。同其他封建君主一样。彼得也是一个杀人不眨眼的刽子手。为了夺取出海口，他将千百万农奴当作炮灰；为了保住王位，他将千百个人头丢进坟墓。

彼得对政敌的镇压极其严厉而残酷。1689 年，其姐索菲亚发动政变，彼得粉碎政变后将索菲亚关入修道院。他处死参加政变射击军成员 799 人，还把其中 195 名叛乱者的尸体，吊在他姐姐索菲亚的窗子前面，从心理上、精神上对她进行严酷的摧残和折磨。

彼得的儿子阿列克塞不满其父的某些"改革"措施，逃往国外。彼得大为恼火，花巨资从维也纳将王太子引渡回国,并设特别法庭对他进行公开审判,最后以叛国罪加阴谋破坏改革罪将他判处死刑,囚死狱中。

彼得实行独裁统治,在他颁布的《军人手册》中说:"沙皇陛下是专制君主,世界上没有一个人的事他不该管。俄罗斯的统治者是独裁君主,他的行为不对世上任何人负责。"

作为"现代俄罗斯政策的创立者",彼得首先是一个改革者,一个改变国家落后面貌,使俄罗斯跻身西方先进国家之林的伟大改革者。他宵衣旰食、勤于政务,鼓励发展工商业,改革政治制度、文化教育甚至生活习俗,使人们摆脱保守落后思想的束缚。改革增强了俄国的经济和军事实力,初步改变了俄国的落后面貌,使俄国开始摆脱对西欧的经济依赖,有利于资本主义因素在封建农奴制内部缓慢发展,推动了俄国历史的前进。改革所起的作用是积极的,产生的影响是巨大的。但是作为一个封建帝王,彼得是封建农奴制统治阶级的代表,他的改革不能不具有历史的阶级的局限性。最主要的,改革非但没有触动农奴制,反而加重了广大劳动人民的负担。

彼得还是一个野心勃勃的领土扩张者。他毕生致力于夺取出海口的征战,与土耳其、瑞典进行前后几十年的战争,又参与向波斯、希瓦,乃至中国的军事侵略,但他并不认为战争是自己的志向,他说:"打仗不是为了保卫祖国,而是为了个人荣誉,为了独霸天下,这种人算什么大英雄!"累年征战慨而慷。俄国在北方战争和其他一系列战争中的胜利,夺取了波罗的海出海口和沿岸大片土地,打开了通向"欧洲的窗户",实现了历代沙皇的梦想。

长年的战争需要军费,改革需要资金。彼得拚命地从人民身上搜刮、榨取。在他统治期间,税收多如牛毛,无奇不有:除烟、酒、盐、养蜂、洗澡、安烟囱、买棺材、磨刀斧需要上税以外,还有一项是按眼睛的颜色收税。长灰眼睛的人征四戈比,长黑眼睛的人征六戈比。彼得残酷的剥削与压迫引起广大农奴的强烈不满,所以在彼得统治期间,人民起义风起云涌,此伏彼起。

彼得纵横捭阖,雄才大略,惊世骇俗,冠绝宇内。他的名字将永载史册,他的功绩泽被后世。俄国伟大诗人普希金称赞彼得为"让俄罗斯腾空而起"的人,同时又说他是"又用铁笼头将它拽住"的人。

俾斯麦

青年俾斯麦
(1815～1847 年)

俾斯麦的家族起源于一个古老的阿特马克姓氏的贵族阶层。在奥托·冯·俾斯麦之前,这个家族中从未出现过一个有影响的男人。俾斯麦的父亲费迪南德是一个普通的、没有影响的乡村贵族,他曾在普鲁士的军队中做过军官。1806 年,他与出身市民家庭的威赫米娜·梦肯结婚。梦肯的父亲是枢密院成员,在政治上与施坦恩男爵十分接近。与这个粗鲁的乡村贵族不同,梦肯受过良好的教育,对家庭很有影响。她的雄心是把儿子教育成一个有作为的人。

俾斯麦于 1815 年 4 月 1 日出生,也就是在拿破仑一世最终被打败的那一年。他首先在柏林上小学,然后到腓特烈·威廉高级中学读书。

1832 年,俾斯麦作为一名大学生来到格廷根学习法律。在大学期间,他只上了历史学家和国家法学家黑仑教授的课,他的关于欧洲国家体系的学说对俾斯麦后来的发展有着强烈的影响。年轻的俾斯麦还加入了汉诺威大学生联合会,他对格廷根这所当时著名的大学城所提供的学习机会并没有充分利用,而是完全沉浸于大学生活的乐趣之中,并留下了许多大学生恶作剧的逸闻趣事。

在学习上,俾斯麦只局限于对付国家考试。但在当时,国家考试的内容要比今天少得多。1835 年,他通过了国家考试。在他的答卷中,我们很难了解到他个人的思想。他的答卷更多的是回答老师提出的问题,很少体现出考生个人内心的兴趣。

以后的几年,俾斯麦是在柏林和亚琛的法院度过的。他的目标是成为外交官。对他来说,走另外一条路,比如成为一名军官是不堪设想的。在法院工作期间,他反对任何官僚主义的束缚和固定工作时间的形式主义。他无法忍受上司的领导。

1838 年,俾斯麦决定放弃这种官僚主义的工作和作为国家公务人员所受的束缚。这个决定是慢慢形成的,也没有得到父母的同意。俾斯麦相信,即使真的成为政府官吏或大臣,也不是件幸福的事。

此后,俾斯麦作为一名庄园主生活了许多年,并且在此期间开始博览群书,其刻苦精神令人惊讶,这在思想理论上为他今后的发展奠定了基础。这段研究工作后来被他不情愿的兵役而打断。在这些年里,他做了许多旅行,过着一种轻松的、充满变化的生活。邻居们称他为"了不起的俾斯麦"。他的庄园主生活通过广泛地猎取大量的历史、哲学和伟大诗人的作品而得到了充实。他首先喜欢莎士比亚和拜伦的作品,对歌德却没有什么兴趣。那些在世界面前能够不流露出憎恨的诗句,令他感到惊讶。他还读了当时极端主义哲学家施特劳斯、费尔巴哈和布鲁诺·包尔的著作,尽管他不能全部理解。

虽然可以读书和旅行,但这种乡村生活并不能完全满足他内心的渴求。与一群虔诚的宗教教徒,特别是与约翰娜·冯·普特卡玛的相识给他的内心生活带来了转折。他一个朋友的未婚妻玛丽·冯·塔登是约翰娜的好朋友,她一直想劝说对教会事务极为不敬的俾斯麦皈依宗教。直到她后来患不治之症而故去,才使俾斯麦的信仰发生了变化,他开始信仰新教和基督教,但与教会并没有密切的联系。俾斯麦的新教和基督教的基本观点一直影响到他后来作为政治家和国务活动家的思想,同时,又与他的订婚和结婚密切相关。因此"基督教的国务活动家"一词的主要含义并不多。

玛丽·冯·塔登促使俾斯麦同约翰娜·冯·普特卡玛走到了一起。在她去世后不久,1846年,俾斯麦给冯·普特卡玛先生写了一封后来常常被提到的求婚信。为了让未来的岳父很好地了解他、信任他,不对他的生活历程产生怀疑,他坦率地讲了自己宗教思想的发展变化。在这封求婚信中,俾斯麦始终注意站在接收者的角度去考虑问题,他的诚实和外交官的灵活融合在一起。毫无疑问,这封求婚信的基本思想是出于真正的忏悔。

1847年7月,俾斯麦与约翰娜正式结婚。他在自己的兄弟面前称约翰娜是一个少有的、具有罕见的贵族精神和品质的女人。约翰娜不想对俾斯麦有任何政治上的影响。也正因如此,俾斯麦在约翰娜这里找到了他生活的伴侣,她对他的整个生命给予了帮助和补充。

改革之年
(1847～1851年)

在举行婚礼之前的几周,俾斯麦开始了他的政治生涯。1847年,他被骑士组织选为普鲁士联合邦议会的议员。1847年的联合邦议会是德国历史上第一个真正重要的议会。温和的自由派在议会中具有决定性的影响。代表国王的权力和大地主贵族利益的政治右翼组织相对来说是少数派。俾斯麦属于后者。令他失望的是,他只是作为候补成员被任命的。

在此之前,俾斯麦已经在一个常务组织中担任护堤官的工作。这位后来的议会蔑视者就是这样通过议会活动而进入到政治生活之中的。他当时完全站在坚持社会等级制的保守派的一边。俾斯麦在报纸上发表的第一篇文章就是《为贵族利益辩护》。他对贵族庄园主在骑马纵狗狩猎时损害了农民财产的问题上,与自由派的要求相反,主张保持领主的裁判权,但他也反对专制主义的观点。俾斯麦与腓特烈·威廉四世的密友利波德·冯·格拉赫建立了密切的关系。格拉赫是基督教——等级制——保守主义的代表,他拒绝国家的权力。

俾斯麦在联合邦议会中是极右派的追随者和党派的积极活动分子。

俾斯麦因在议会中发表了一次奇特的演讲而成为著名的人物。在这次演讲中,他向当时会议上丝毫没有涉及到的一个问题发起了进攻:1813年普鲁士人民对外族的统治进行斗争的原因,是为了拥有一部自己的宪法。这个演讲在议会上引起了一场轩然大波。演讲表现了俾斯麦那充满力度和激情的斗争性格和面对任何进攻毫不动摇的平静风度。当他的演讲被长时间打断时,他从容地从兜儿里掏出一张报纸读了起来。连他保守派的朋友们也为俾斯麦那么轻而易举地解决了别人提出的疑问而惊讶。俾斯麦的演说使他成为闻名的反对自由主义和宪法的极端分子。他的讲话表现了他对当时政治关系对自由派的愤怒所引起的斗争激情。

到1848年,他的这种倾向当然变得更加明显了。从1848年到1849年,他的演说更是充满了令他的反对派不可忽视的狂热斗争精神。当时人们很难想像俾斯麦后来的那种与犀利并存的自控力。在一次关于犹太人的讨论中,他以一种充满自信的骄傲承认,他从小就学会了偏见。他信奉基督教国家的思想,并感觉到当时那普遍反对犹太人的斗争主要原因在于宗教信仰方面。一个犹太人,当他具有了基督教思想之后,那他就不是犹太人了。他的这种观点已经超过了当时的基督教思想。在埃尔富特的国会中,曾使他感到不愉快的是,他在一个犹太人的议会主席的身旁担任书记员。这个犹太人议会主席是西蒙,他后来在俾斯麦的帝国中成为帝国法院的第一任院长。

在1848年的改革之年,俾斯麦是为普鲁士国家和国王而战的最忠诚的战士。他想把农民武装起来,向柏林进军。他为国王的软弱感到吃惊。他将自己完全投身于普鲁士保守派的理想之中。后来,他参与过一首诗歌的传播,在1848年3月21日的事件发生时,普鲁士军官在波茨坦曾高唱过它。毫无疑问,这首重要的诗歌也体现了俾斯麦当时的思想:

"一个呼唤飞入忠诚的心灵:

你们不再是普鲁士,你们应该是德意志……

这里结束了,你的辉煌的历史,

一个国王消失了,但不是通过战争。"

国王对俾斯麦当时的行为讲过:"如果需要用刺刀来管理,只好使用他。"

革命运动之后,俾斯麦成为格拉赫兄弟组成的"宫廷党"成员。令他痛苦的是,他没有进入普鲁士的国民议会。直到1849年初,他被选入普鲁士议会下议院。后来,他又成为埃尔富特国会的成员并多次被选为普鲁士下议院的成员。在此期间,他发表了关于奥尔米茨条约的著名演说。这个演说之成功,代表了他作为议员的政治活动的最高点。当时他企图利用一切可能对王权和贵族的特权进行宣传鼓动。他参与了《十字报》的创建。同时还参加了"保护私有财产和促进各阶层幸福协会"。这个协会又被称为"容克议会"。当时对俾斯麦来说,普鲁士的内部政治问题是首要的事情。当德意志问题在法兰克福举行的皇帝选举中成为普鲁士内部政治的一个内容时,这对俾斯麦才变得重要起来。

他尽全力反对自由主义和民主的追求。他认为,1848年大革命是建立在民众意志之上的,民众意志已经或多或少地实现了。每个人都能在民众中找到令他中意的东西,找到完全适合他的主观愿望并为他自己的观点赢得支持的东西。当然对民众意见的蔑视并没有妨碍他去组织社会舆论的支持。他极力为大庄园主的利益辩护,并且称税收政策是没收充公的一种方式。他把选举称为赌博游戏,并激烈批评所有的议会组织。他为处决布鲁姆做了强有力的辩护。另一方面,他的大量言论表明,他从来没有把他贵族同僚们的政治才能放在眼里。在普鲁士缺少一个像英国那样从事政治的阶层。他像许多贵族一样反对专制主义,反对腓特烈·威廉一世的话:"我建立的统治权力像一个青铜铸成的山峰。"他认为,革命的原因在于大城市里的国家官员和受过教育的中产阶级。他一直反对下层社会的愿望和要求。他认为立宪形式会付出极大代价。他反对民事婚姻(即非宗教婚姻),在这一点上,他受施达尔的影响很深。同时,施达尔的国家法学也对腓特烈·威廉四世产生了深刻的影响。

对国内政策的立场也决定了俾斯麦对法兰克福国民议会的德意志方案的态度。他之所以反对这个方案并不是因为他不同意这个方案中的对内政策,从他那普鲁士的保守的立场来看,他当时根本就不想有一个德意志问题的解决方案。当普鲁士的力量受到严重削弱的时候,他曾有过一些关于民族政治的言论,但当事态的发展使他对普鲁士又充满希望的时候,那些刚刚出现的思想也就随之消失了。现在他只是为了普鲁士作为强国的地位,同时在内政上反对革命运动而斗争。在他看来,保罗教堂的计划威胁了普鲁士、普鲁士的地位及普鲁士的政治特点。

当法兰克福的皇帝选举导致在柏林发生冲突时,他才着手接触德意志问题。当时,与所谓的德意志诡计相反,他一再强调他的真正普鲁士传统:我们是普鲁士人,我们愿永做普鲁士人。对与当时政治运动关系密切的石勒苏益格和荷尔斯泰因两地的归属问题,俾斯麦不是从民族政策的角度加以考虑。他认为这两个地区民众的斗争是反抗他们合法的统治者——丹麦国王的暴动起义。

俾斯麦坚决反对普鲁士国王接受法兰克福国民议会的皇帝选举。1849 年,他认为普鲁士应该继续是普鲁士,只有这样,才有可能在德国建立法令和秩序。

1850 年 12 月 3 日,俾斯麦为 11 月签订的奥尔米茨条约进行辩护。在这个条约中,普鲁士放弃了它的联合体政策,在俄国的压力下与奥地利和解。这意味着普鲁士政策的一次沉重的失败。尽管如此,俾斯麦在众议院发表的著名演说中,为这个条约做了出色、机智的辩护。也许他当时还没有完全意识到这个条约意味着在政治力量上普鲁士国家的失败。后来他认为,当时他感到普鲁士军队的发展壮大不是为了战争。但是,造成俾斯麦这种观点的真正原因在于,当时他完全站在对内团结一致来反对由黑红黄三色标志的民主。进而,他运用一切可能性来维护和平。当拉多维茨被解职时,他表示热烈庆祝。在写给妻子的信中,他把德意志的诡计和对奥地利的愤怒相提并论。

但是,所有这些观点还都淹没于平时的内政论战之中。普鲁士的荣誉在于制止与民主派的任何耻辱性的联系。奥地利和普鲁士是德国同等的保护者。当时,俾斯麦相信这两个国家具有真正同等的权力,赞成牺牲小的德意志邦国来换取它的实现。作为奥地利人的朋友的俾斯麦不久作为联邦议会的特使来到法兰克福。在 1849 年他就已经把家产变卖了,搬到了柏林。那么也就是说,在革命运动的风暴中,他已放弃了乡村贵族的身份。

出使法兰克福、彼得堡和巴黎
(1851~1862 年)

1851 年,俾斯麦成为普鲁士在法兰克福联邦议院的特使。

在对内政策的观点上,与 1848 年相比,俾斯麦并没有发生任何变化。直到 1852 年,他一直是普鲁士众议院的议员,并且一如既往坚决而富有个性地作斗争。

当俾斯麦来到法兰克福时,抱着奥地利和普鲁士拥有同等权力的信息。因此,在开始时,俾斯麦感到很幸福,他在写给格拉赫的信中说,他像上帝一样生活在法兰克福。

对这位新的联邦议院的特使来说,最重要的问题当然是对待奥地利的立场。在1848 年之前,奥地利避免在联邦议会中与德意志的第二强国发生冲突。尽管在梅特涅时期奥地利具有明显的优势。俾斯麦在他刚到任时就前往约翰内斯山的宫殿拜访了这位奥地利过去的首相,与他达成了共识。梅特涅也评论了他的接替者施瓦茨贝格那种过分强调奥地利优势的做法。1848 年事件和皇帝选举之后,奥地利的政治家们把普鲁士看作竞争对手,很显然想把普鲁士压到第二的位置上去。不久,俾斯麦评论在联邦议会中用毫无顾忌的多数票统治的方法,认为这会损害联邦制度。他认为,奥地利不想承认他过去所相信的普鲁士的平等权力。俾斯麦在法兰克福做出的第一个努力就是要维护这个平等的权力。为此,他使用各种手段来斗争,以至于俄国代表说,俾斯麦采用的是大学生的方法。俾斯麦在法兰克福的同僚们认为,这个年轻普鲁士代表生硬的举止行为,表明他缺少作为外交官所应受的教育。俾斯麦有时采用十分极端的方法向奥地利使节团主席图恩伯爵强调,普鲁士与奥地利一样拥有这种平等的权力。

俾斯麦当时不想也不准备与奥地利关系破裂。他指责奥地利的对内政策应对目前的状况负责。但是,不久他发现,联邦已成为普鲁士的障碍,于是他倾向于推行一种新的联邦政策。在他写给妹妹的信中说,海涅著名的歌曲:"该死的联邦,你病魔缠身",不久将会成为德国的国歌。他认为,在大自然所给予的地理范围之内,普鲁士的要求应通过分别签订不同的条约来实现。他向格拉赫讲述了与奥地利的分歧并指出,普鲁士把联邦这驾马车向前拉,而奥地利则向后拉,因此,这驾马车迟早要散架。当然,他自己尽一切可能促使它前进。在讨论新闻法规时,俾斯麦实现了在对联邦事务作出批评的情况下,当事者不再受到惩罚的目标。他自我嘲笑道,在这个问题上,他热心于新闻自由。他批评所有德意志国家的那种口口声声为了德国,但实际上讲的都是其自己利益的自私政策。后来,他作为帝国的首相对滥用"欧洲"概念的行为进行了几乎相似的评论。俾斯麦始终十分坦率地承认,他只代表自己国家的利益。这一点,他也用来要求别人。

在法兰克福期间,俾斯麦的写作能力,从公文到私人信函,得到很大发展。从俾斯麦的对手、奥地利代表的报告中我们得知,他在那里讲的内容与他向普鲁士国内汇报的并不总是完全一致。他的立场完全诚实和真实,正是他的开诚布公,震慑住了他的对手们。

在法兰克福期间,由于他所强调的普鲁士的立场得不到腓特烈·威廉四世的理解,处于与普鲁士国王难以沟通的困境之中。由此他也明白,在这个国王手下,他当不上外交大臣。

在克里米亚半岛战争期间,大多数联邦成员国的代表都站在俾斯麦所推行的政策一边,没有使自己的国家因为奥地利而卷入这场战争。

当然,对俾斯麦来说,目的是使俄国和奥地利的关系变得疏远。它们之间的密切关系在克里米亚战争之前压制了普鲁士的地位。俾斯麦希望奥地利与俄国的对立变得更加尖锐。这是后来在德意志帝国创立时期俾斯麦政治成就的一个前提。在克里米亚战争期间,俾斯麦尽一切努力,使普鲁士没有加入到与俄国对抗的行列之中。

与此相关,对腓特烈·威廉四世软弱的、凭着感觉的政策,他一再提出告诫。这样,他与当时奥地利执政者的对立同时也就进一步激化了。当战争结束后,普鲁士没有被邀请参加巴黎和谈会议时,俾斯麦感到十分不满。确切地说,俾斯麦当时不想出现战争,他尤其知道,在腓特烈·威廉四世的领导之下,这是不可能的。但是很明显他已做好了思想上的准备,为了解决德国二元论问题,一场战争是不可避免的。他所讲的对德意志二元论的调整与那些曲解相反,不是指要消除它。在写给格拉赫的另一封信中,他要求建立一个德意志势力范围的界线、一个地理的或政治的分界线。一场战争至少可以使普鲁士和奥地利之间的关系变得明确。

现在俾斯麦已从奥地利的朋友变为哈布斯堡的绝对敌人,并且他已不指望在奥地利出现一个新的对内政策,从而带来局势的变化。在这种情况下,俾斯麦也想到与法国拿破仑三世建立联系。那种认为普鲁士和法国绝不可以和好的观点削弱了普鲁士的地位。俾斯麦曾两次从法兰克福去巴黎拜访了拿破仑三世,并与他进行了交谈。俾斯麦的印象是,这位伟大的拿破仑的侄子比当时人们所说的要善良和缺少魅力。

俾斯麦与拿破仑三世的接触导致了他与格拉赫之间就内政原则问题进行一场有名的争论。对格拉赫来说,拿破仑三世是革命原则的代表者,与他谈判是与魔鬼打交道。与这位老朋友的看法相反,俾斯麦认为,国家对内政策的观念不应影响到外交政策问题。他对法国的兴趣仅在于法国对普鲁士的状况有所反应。对于指责他是拿破仑分子,他驳斥道:他是普鲁士人,他的外交政策的理想就是毫无偏见地对外国的爱与恨做出独立的判断。拿破仑不是革命惟一的代表者,在世界各地都有根植于革命土壤的存在物。

在这场争论中,俾斯麦决不想与格拉赫本人断绝关系。在写给格拉赫的信中他说,如果向他讲明道理的话,他愿意放弃他的错误。但在格拉赫看来,俾斯麦当然决不愿意这么做。他在法兰克福的行为和给柏林提出的建议变得越来越激烈了。他拒绝与奥地利进行任何形式的、即使是战术上的合作。一位奥地利的代表称俾斯麦的讲话"十分蹩脚并且令人难以置信"。俾斯麦的奥地利对手雷希贝格伯爵在 1862 年说:"如果俾斯麦先生受过全面的外交官教育的话,那他将是德国最优秀的政治家,即使不是第一名。他很有勇气、立场坚定、志向远大、充满热情,但没有能力把一个确定的思想、一种成见、一个政党的观念祭祀给任何一个更高秩序的基本原则。他不具有实践政治家的精神,他是一个纯粹语义意义上的政党成员。"很明显,雷希贝格认为,俾斯麦不再愿意服从于保守主义政府政治的更高要求。后来俾斯麦的另一个对手、普罗卡什在法兰克福更加尖刻地说:"假如即使一个天使从天而降,若不带有普鲁士的标志,他也不会容许;相反,若是魔鬼,如果他帮助普鲁士得到一个德国的村庄,那他也会把手伸过去,尽管带着蔑视。"普罗卡什十分清楚地感到俾斯麦行为所具有的普鲁士的基本性格。俾斯麦对自己的观点从未否认,并且强烈反对用一套谎言来相互欺骗的行为,不是讲自己的利益,而是每个人大谈所谓对德国的献身精神。

克里米亚半岛战争结束之后,在外交环境中,奥地利变得相当孤立。正如俾斯麦得意地断定的那样,神圣同盟消失了。当然普鲁士的行动由于腓特烈·威廉四世的病情受到牵制,到 1858 年摄政制建立之后,才给后来的国王威廉政治上的决定权。摄政王首先准备对内政进行调整。摄政王对俾斯麦并不怎么感兴趣,而他的夫人奥古丝丹 1848 年以来就一直憎恨俾斯麦。1858 年,摄政王所公布的普鲁士用道德来征服德国的纲领很明显与俾斯麦在法兰克福的主张相对立。尽管如此,俾斯麦一再试图用他的政治目标来对柏林发生影响。他指出,普鲁士可以通过自由主义的行为实现奥地利不可能达到的目的。奥地利会阻止普鲁士以自由主义的行为而成为最受德国喜欢的国家。但普鲁士只需用很少的力量,就能在这个地区超过奥地利。

1858 年 3 月底,俾斯麦呈递给王太子威廉一篇内容详尽的纪念文章。这篇文章的题目是《俾斯麦献给君主的小册子》。他要求制定一个完全独立的普鲁士政策,主张用代表普鲁士利益的自由主义的机构来反对奥地利和联邦。

由于摄政王希望与奥地利保持良好的关系,所以俾斯麦的这些建议在柏林没有什么影响。自从新的外交部组成之后,俾斯麦在柏林的位置也失去了保证。他在法兰克福的表现使得奥地利和其他中等大小的联邦成员国家对他憎恨无比。他的策略在一定程度上与摄政王用道德来征服德国的意图相反。当时,俾斯麦在其他德意志国家的代表中是最不受欢迎的。最终,在奥地利驻柏林的外交官的影响下,这位不受欢迎的联邦议会的特使被招了回去,并且在形式上让人感到,这是俾斯麦自己在政策上的失败导致的。虽然他又被任命为普鲁士的公使派往彼得堡,但他自己认为这是被打入涅瓦河畔的冷宫。所有这一切都是背着俾斯麦进行的。

俾斯麦于 1859 年 3 月底来到彼得堡,首先,这个城市给他留下很好的印象。在彼得堡的皇帝家里他受到友好的接待,但他在彼得堡的工作后来因为一场持续较长的疾病而中断。他离开彼得堡几乎有一年之久,尤其是当他被柏林确定为首相候选人之后。

在彼得堡工作的最初几个月,与克里米亚战争时期近似,俾斯麦努力阻止普鲁士的干预从而出现有利于奥地利的局面。

1862 年 3 月,俾斯麦被从彼得堡招回,但国王威廉还是一直不能决定是否任命俾斯麦为首相。到了 1862 年 4 月,他被调往巴黎,作为大使一直呆到 1862 年 9 月。

俾斯麦于 1862 年 9 月 23 日被任命为首相和临时国务大臣。正式任命是在 10 月 8 日。就任命王后的死敌为首相之事,国王对王后多少表示了歉意。他在给王后的信中说,"他是在祈祷和严肃的考核之后"才做出这个决定的。

随着这个任命,俾斯麦也就开始了在巴博斯山对国王的效忠。谁也没预料到,它给国王和他的新首相之间带来了近三十年的合作共事。同样难以预料的是,这个被广大公众仍以其 1848 年的行为加以评判的"容克",相对来说在较短时间内就完成了德国的统一运动。人们最初的普遍印象是,一个俾斯麦的政府不会存在很长时间。对这一点,俾斯麦在写给妻子的信中自己也这么认为。在社会中对任命他为首相的消极反应是可以想像的。人们担心这将是一个没有财政预算的政府;一个挥着军刀对外发动战争的统治者;一个可怜的、没有创造力的模仿者。此外,在外交政策上他与他的保守派朋友们及国王也存在着分歧。只是在 1864 年石勒苏益格—荷尔斯泰因问题上取得成功之后,才使越来越多的人相信,俾斯麦的政府不是一个短短的插曲。国外的外交官们当然很早就相信,那个法兰克福时的普鲁士特使是一个卓越的政治家。

宪法之争
(1862～1864 年)

俾斯麦是在普鲁士内外政治处于最严峻的时刻接管对国家的领导的。他绝不想把对宪法的争执再尖锐化。这一点,他在执政后的前几个星期里一再强调,对议员们他也采取了迎合的态度。作为和好的标志,他举起了一枝橄榄枝,这是那位俄国亲王奥洛夫的夫人与他告别时送给他的礼物。他觉得以此可以减少一些同情,因为各个方面都相信他崇尚武力政策。即使他的那些能够被议员们理解的讲话,也没有给他们留下什么印象,因为双方是按照完全不同的政治思想准则出发的。没有人相信,他支持在德国建立民众代议制,即国会。人们指责他想通过外部的矛盾来克服内部的困难。

新首相与议员们的第一次见面是在财政预算委员会的会议上,但这绝不是一个给议员们留下较好印象的合适机会。他在会议上谈到和解,但他说,法律问题可以成为权力问题。德国看到的不是普鲁士的自由主义,而是它的力量。普鲁士按照维也纳条约建立的边疆不利于一个健全的国家生活;这个伟大的时间问题不是通过演说和多数人的投票来决定——这是 1848 年和 1849 年的严重错误——而是要通过铁和血来解决。铁和血这句话,大都被错误地引用为"血和铁",一再被片面地用来评价俾斯麦,尽管意大利的加富尔也说过类似的话。与此同时进行的自由主义的论战中较少涉及这句话,而是关系到俾斯麦演说中的内政问题。一位自由派主要人物认为,民族的铁和血是为一个重视宪法的政府效力的。特赖奇克,后来德意志帝国历史学的开创者,把俾斯麦称为用铁和血来吹牛的浅薄容克。

对俾斯麦在预算委员会上的表现,罗恩称之为"精神世界的游览",很明显并没有令当时正处于巴登宫廷的自由主义影响之中的国王感到激动。当时国王正在巴登经受着路易十六问题的折磨。国王提到,人们将首先砍下俾斯麦的头颅,然后是他自己的。俾斯麦回答说:我们能否死得更体面一些? 我自己是在为我国的事业和陛下而奋斗。与此同时,您却用自己的鲜血来确认上帝恩赐的王家权力。俾斯麦认为,以此他极为成功地把握住了国王那军人的荣誉感。正是因为如此,俾斯麦需要在内政方针上更加坚定。他这时主张宪法漏洞理论,也就是说,如果预算被通过的话,政府就处于一个紧急自卫的状态,因为在国王、参议院和众议院之间不能达成一致的意见,但国家的生活不能处于停滞,那么掌握权力的人就必须去使用这个权力。与此同时,俾斯麦一再尖刻地批评那些站在反对党一边的政府官员们。他加强了与议会多数派的斗争,对那些议员们他只有嘲笑和蔑视了。他忘记了他被任命为首相之前所持的观点,即内政方面的矛盾在原则上无关紧要。他有时认为,欧洲的革命在各个国家是团结在一起的。

在议会的辩论会中阿尔文斯勒本议定起到了特殊的作用。在这个协定中,俄国和普鲁士彼此同意,在镇压波兰起义方面互相帮助。对于同情波兰的普鲁士自由派来说,这个协定是错误外交政策的一个说明。俾斯麦则嘲笑议员们,认为他们对外交事务一无所知。后来议院和首相之间一再发生矛盾冲突,而实际上,俾斯麦把这种矛盾冲突有意识地、但毫无必要地尖锐化了。

1863 年 6 月 1 日的《新闻法》——当然,它只是临时性的,将这种矛盾冲突推向了高潮。根据这个法令,任何不受欢迎的报纸都可能被禁止,从而阻止了新闻报道的自由。这种做法绝不可能达到其目的,尤其对社会舆论的压制也只能是十分有限的,因为那些不准在普鲁士出版的内容,会出现在其他德意志的报纸和杂志上。普鲁士在德国的形象由此受到极大的损害。因此,王太子腓特烈·威廉在一次讲话中抨击了作为他父亲的顾问的这种新闻政策,从而引起社会广泛的注意。普鲁士内政的这种状态也对"民族联合会"产生了影响,"民族联合会"一直是普鲁士在德国发挥领导作用的机构。

当时,奥地利的政策以为可以充分利用普鲁士内政表现出来的弱点。俾斯麦多次强调,内部矛盾没有削弱普鲁士在外交上的政治势力。有时,他以相当锋利的口气来反击奥地利。他主张,普鲁士必须争取在德国北部的统治地位。他在与奥地利大使谈话时说,奥地利应该把它的重点转移到匈牙利国家去。那样的话,奥地利就会成为普鲁士的一个十分宝贵的盟友。另一方面,我们将把奥地利在意大利及东方的切身利益当作我们自身的利益来看待,无条件地给予支持。普鲁士和奥地利联合在一起强大无比,在承认普鲁士具有同等权力的情况下,两个大国推行共同的外交政策。这是俾斯麦早已有的基本思想。另一方面他强调,对于兄弟之间的战争,这样的废话我不感兴趣,而且我认为只有赤裸裸的追求利益的政策。

在维也纳,人们想利用普鲁士的内政危机来进行一次反击。1862年,在法兰克福举行的"大德意志会议"上组成了一个"德意志改革协会",试图按照哈布斯堡的政策来扩大德国反对普鲁士的势力。这与实际上的大德意志目的毫无关系。同样,德意志中等国家的改革项目,因它们在维尔茨堡聚会而被称之为"维尔茨堡的各国政府"也是这个意图。它们向德意志联邦提出召开使节团代表大会的建议。俾斯麦当时就准备利用这些国家的意图,促进成立一个德国议会。

奥地利政府号召在法兰克福举行一次"王侯大会",讨论联邦改革问题。这样就出现了一个新的情况。维也纳的政治家们当然十分清楚,只有普鲁士的统治者参加这个会议,它才有可能取得实际成果。国王威廉在1863年8月初正在巴登的加施泰因进行温泉疗养。奥地利皇帝弗朗茨·约瑟夫想在他去巴登的加施泰因拜访普鲁士国王时给他多少来点突然袭击。当"王侯大会"在法兰克福开始时,国王威廉正在巴登·巴登,俾斯麦也赶到这里。

除了国王威廉之外,所有德意志的王侯们都来到了法兰克福。他们决定,派萨克森国王约翰去巴登·巴登,邀请国王威廉来参加会议。这件事给国王威廉留下很深的印象:"二十五位在位的君主,一位国王当信使!"在巴登·巴登,俾斯麦和他的国王为是否出席这个会议发生了激烈的争论。俾斯麦在当时还绝不想与奥地利发生冲突。他认为奥地利的做法是为了表明其过去所拥有的作为领袖的要求。他知道,在国王威廉不参加会议的情况下,诸侯会议就只能是一无所获。经过一番使国王和俾斯麦都筋疲力尽的讨论之后,俾斯麦终于说服了国王,拒绝了萨克森国王约翰的邀请。

与此同时,发生了一件可以说明俾斯麦政治态度的事,虽然它没有带来实际的结果。这就是俾斯麦与当时成员还较少的全德工人联合会的创立者菲汀南德·拉赛尔的会谈。这是德国的政治家第一次与社会主义工人运动的接触,因此它十分富有影响。虽然在当时手工业者的人数还少于自由主义进步党的成员,首先是比舒尔兹—德利兹史和他的同志要少。按照自由党人的原则,劳动阶层的穷困要靠"自我帮助和受教育"来解决,但是这实际上并不能帮助他们。

拉赛尔想通过建立全德工人联合会结束资产阶级对工人的控制和影响。这一点在宪法之争的时期只会受到俾斯麦的欢迎。此外,在其他国家,保守势力在与自由主义的资产阶级对立的同时,都在试图与当时被称为下层社会的阶层建立联系,自由主义的资产阶级的影响是建立在一个有利于富有阶层的选举权基础之上的。扩大选举权的范围,似乎也有利于保守派的利益。

尽管拉赛尔是这次会面的倡议者,但俾斯麦也认为这次接触很有意义。与对资产阶级自由派的态度相反,他欢迎拉赛尔提出的建立普遍选举权的建议。俾斯麦当时考虑到的是把选举权扩展到农民,而拉赛尔则想到的是工人随着人数的增加所带来的影响。但在某些社会政治的想法上俾斯麦和拉赛尔有一致的地方。与自由派的观点相反,俾斯麦主张国家有权干预雇主和工人的关系。针对官僚主义者对此表示怀疑,俾斯麦说,国家可以干预,但这并没有使俾斯麦成为社会主义者。他在任何时候对这些社会问题都是"从上向下"看。尽管如此,与自由派拒绝国家的社会政策的态度相反,如果普鲁士政府的社会政策观点的开始和俾斯麦同拉赛尔当时的接触都能发挥作用的话,那么将会很有意义。

石勒苏益格—荷尔斯泰因危机的爆发和创建帝国的政策使俾斯麦不可能继续沿循这个方向而发展。尽管有宪法之争,俾斯麦在这个问题上对自由主义的资产阶级进行了说服工作。确切地说,俾斯麦的这种态度包含有许多战略考虑,但在本质上是对国家权力意义的基本信念。在这一点上,他与自由派的理解是不一样的。当不断增加的工人阶层的群众力量加入到国家政治生活中的问题日益迫切时,与那些强大的西方国家相反,要在片刻之间解决"单一民族国家"的问题,那对德国的发展将是十分可怕的事情。

当时普鲁士对内政策上的对立进一步加剧。俾斯麦对各州的州委会发难,要求多少增强选举的作用。但是尽管如此,各州委会并没有给议会结构带来变化,而议会直到 1865 年,几乎数年之久没有召开会议。

1863 年 11 月,哥本哈根通过了丹麦宪法,这促使石勒苏益格—荷尔斯泰因问题公开爆发。这个问题在 1848 年曾产生过很大的影响。在那个革命的年代,把这两个公国从丹麦人手里解放出来曾是民族与自由运动的伟大外交政策的目标。随着丹麦国王弗雷德里克七世的去逝,1863 年底,在石勒苏益格—荷尔斯泰因施行哪种继承法的问题变得激化起来。在 1852 年伦敦协议中,包括奥地利和普鲁士在内的几个大国商定,丹麦的整个国家置于国王柯里斯蒂安九世的统治之下,但又规定了两个公国的特殊地位,其中荷尔斯泰因属于德意志联邦。当丹麦想把石勒苏益格划入其国家宪法之下时,德意志联邦提出抗议。由于俾斯麦聪明的外交策略,丹麦没有得到欧洲大国们的支持。俾斯麦使用的政治战术是,首先利用伦敦协议作为依据,把丹麦推上非法行事的位置上。俾斯麦当时一再反对,在处理这个事情上去追随大众化的幽灵。但是面对公众,他的立场有些难堪,因为人们知道他在 1848 年时的态度。此外,俾斯麦从一开始就反对在石勒苏益格—荷尔斯泰因建立一个在奥古斯腾堡公爵统治下的新的国家,就像德国的民族运动与德意志联邦以少有的一致所要求的那样。还是在 1863 年年底,费里德里希·冯·奥古斯腾堡公爵接管了公国政府。一场在这个地区从未出现过的支持公国的解放和支持奥古斯腾堡的宣传鼓动爆发了。这种局势的进一步发展完全取决于两个德意志大国的态度。当时不得不孤军奋战的俾斯麦后来把他对石勒苏益格—荷尔斯泰因问题的解决看作他最伟大的外交成就。

1863 年年底,奥地利和普鲁士要求丹麦放弃全国宪法,否则的话,是对德意志联邦的不尊重。当丹麦拒绝了最后通牒之后,1864 年奥地利和普鲁士发动了战争。丹麦在这场战争中无望得到其他国家外交上的支持。在石勒苏益格—荷尔斯泰因问题上,俾斯麦事实上成功地实现了德意志两个强国共同对付丹麦。由此而出现了非同寻常的局面,即奥地利和普鲁士共同对付中等国家和联邦议会。这表明,如果两个德意志大国一致行动的话,那德意志联邦就毫无作用了。俾斯麦当时一再把民族运动称之为"革命"的运动,认为德国是一张由革命的各种因素组成的网。尤为关键的是,俾斯麦反对奥古斯腾堡,但是国王支持后者,因此俾斯麦必须首先利用他和充分地使用他。

普鲁士和奥地利军队对丹麦的进攻轻而易举地获得了胜利。4月18日攻克在军事上实际没有什么意义的杜波勒城堡带来很大的影响,也加强了俾斯麦的地位。最后,丹麦表示停战和谈。丹麦放弃对石勒苏益格、荷尔斯泰因及劳恩堡的所有权利要求,把它们交给两个强国。德意志联邦被排斥在谈判之外。俾斯麦反对《北德汇报》对这个成果发表激情洋溢的评论,胜利者没有理由去保护或挑起怨恨。这是俾斯麦作为胜利者的态度,在后来的和平协议中他也是努力这么做的。

1864年10月30日的维也纳和平协议确定了临时的和平。石勒苏益格和荷尔斯泰因两个公国被夺了回来,德国民族和自由运动的一个古老的目标实现了,但它是通过"战争首相"来实现的。作为这场战争的结果,民族运动迅速瓦解了,并且一部分自由党的领导人怀疑他们对俾斯麦尖刻的批评是否正确。一部分自由派分子感到,俾斯麦的确是一位艺术高超的政治家。在政治生活中就是这样,成功常常带来立场的转变。两个公国的解放大大加强了俾斯麦在国内外的地位。国王威廉原则上不同意他的首相的政策,现在感到,他与俾斯麦已紧密地联系在一起。只有到了这个时刻,俾斯麦的地位才得到最终的保证。

在这期间,俾斯麦一再指出,如果奥地利和普鲁士这两个德意志大国联合在一起的话,那它们就代表了德国。为此,俾斯麦明确强调,两个大国的这种共同政策绝不是出于以前曾属于德意志帝国的这个意识,而只是出于普鲁士的利益。

虽然是站在完全不同的政治水准上,但这主要还是就奥尔米茨协议所做的演说中的观点,即对二元论的要求是,在反对革命运动的斗争中建立一个和平的双元统治。当然前提乃是普鲁士拥有在北部德国的统治地位。

与奥地利决战及起因
(1865～1866年)

得到石勒苏益格和荷尔斯泰因两个公国是两个德意志大国团结一致的标志。正如俾斯麦一再讲的,他要维护在反对民主和革命运动的问题上这两个强大的保守主义力量的团结一致。正是在这个时期,他对民主派和民族运动以及内政上所有的反对力量进行了特别尖锐的批评。在普鲁士议会里也加强了对议员的斗争,反对议会的讲演自由。俾斯麦有时语义双关地引用普鲁士庄园雇工法规。按照这个法规,如果雇工因为失礼的行为引起他主人发怒,那雇工就因此得不到法律的保护。

在与奥地利的关系又变得紧张之后,内政方面的斗争也强化了。与奥地利共同占有这两个公国的权宜之计带来了双方关系的紧张。与维也纳想建立一个独立的联邦国家的政策相反,柏林却越来越想把这两个公国兼并或让它们与普鲁士建立起间接的依赖关系。

对石勒苏益格和荷尔斯泰因问题的争执给普奥两国的关系造成严重的影响。尽管如此,俾斯麦在1865年2月还认为,与奥地利的联盟还没有得到充分的利用。俾斯麦不想为了得到这两个公国而进行一场战争。在与此事无关的情况下,他预料到与哈布斯堡君主发生矛盾冲突的可能性,并试图为此做准备,但这并不是说,他想一定要通过战争的方式来进行。俾斯麦一再强调两个德意志大国的合作对维护君主制原则的必要性。

1865 年 5 月，普鲁士枢密院鉴于石勒苏益格和荷尔斯泰因争端的恶化，讨论了战争与和平的问题。当时与俾斯麦主张让步妥协相反，国王威廉倾向于一个更强硬的政策。俾斯麦在巴黎探寻了一下法国的态度，但没有得到法国皇帝的允诺。俾斯麦也试图与巴伐利亚建立联系，同样没有取得成果。当时，俾斯麦保证，普鲁士不想作为德国的惟一统治者，巴伐利亚是普鲁士的天然联邦伙伴。俾斯麦后来多次谈到，巴伐利亚会成为南部德国第一军事强国的可能性。

奥地利内政上发生的一次变化使俾斯麦的希望又一次得以复活。在维也纳组成了一个保守派的——联邦主义的政府，这会使两国间的合作变得简单容易。这一点对俾斯麦来说并不具有决定性作用，但对他肯定有不小的影响，因为正是在 1865 年的夏季，他大谈奥地利和普鲁士共同领导德国。此外，俾斯麦吃不准意大利和法国的态度，这当然也起到了一定的作用。在这种情况下，1865 年达成了加斯坦因协议，这是两个德意志大国最后一次达成一致。两个公国的问题被明确确定下来，奥地利管理荷尔斯泰因，普鲁士管理石勒苏益格，此外，普鲁士还得到对基尔和伦德斯堡的临时权力，同样，劳恩堡也给了它。国王威廉对加斯坦因协议十分高兴。为了感谢俾斯麦所获得的这些成就，国王提升他为伯爵，这对俾斯麦来说是无所谓的。同样，他对后来被提升为侯爵也是如此。

加斯坦因条约不仅仅是一个插曲，通过这个条约推迟了争夺德国统治权的斗争。毫无疑问，与奥地利的冲突，俾斯麦不是蓄谋已久。以前通常的那种以 1871 年的结果来评价俾斯麦早期政治的做法至少是十分片面的。历史和政治的发展很少沿着一条直线进行，像俾斯麦这样的伟大政治家也只能在极少的情况下预见到，他所引导的国家会达到哪些目标。这正是俾斯麦一再强调的，政治家顶多能做到在历史中抓到上帝大衣的衣角。俾斯麦试图要解决人们小心翼翼地所讲的德意志问题。十分明显，直到 1865 年，他的目标的重点仍是在北部德国——新教地区。但是 1865 年的争执越来越清楚地告诉他，把一个肯定要遭到胡浮堡皇宫反对的普鲁士的权力政策与两个国家在内政上的共同性联系在一起是多么的艰难。

俾斯麦在 1865 年 11 月的讲话中宣布，尽管第一条道路对普鲁士更好些，但如果奥地利拒绝的话，那普鲁士将追求一种没有奥地利和反对奥地利的独立的强权政治，就是在这个讲话中他还没有想到要建立一个小德意志的国家。但很清楚，俾斯麦这时开始考虑到发生一场战争的可能性，尤其在石勒苏益格和荷尔斯泰因问题的困难不断增长的情况下。

现在俾斯麦越来越重视为进行一场战争冲突做好外交方面的准备。首先他与拿破仑三世举行了协商，和意大利的磋商也在进行。1866 年 4 月，他与意大利签订了一个条约。根据这个条约，如果普鲁士在三个月之内与奥地利开战的话，新成立的意大利王国在奥地利和普鲁士发生战争的情况下应该站在普鲁士一边，与普鲁士并肩作战。在条约中没有写明普鲁士必须开战的义务，但它给俾斯麦的政策规定了一个限期，当然，这也可以只作为向奥地利施加压力的手段来运用。在与意大利签订了这个条约之后，普鲁士在联邦议院中提出一个联邦改革方案，其中规定公众拥有普选权和要求在普鲁士与巴伐利亚之间对联邦军队的最高指挥权进行分配。

促使国王迈出决定性的一步对俾斯麦来说乃是件不容易的事,尤其王后、王太子和许多重要人物反对他的政策。与1859年时一样,哈布斯堡的政策使它的对手的工作变得容易了。1866年3月,奥地利就已经开始进行备战并且表示,除此之外,要给非普鲁士的联邦伙伴国家提出战争动员的请求。这一切对俾斯麦来说更容易在国王那里把奥地利作为进攻者来对待。当然,在此期间加布伦茨兄弟又进行了一次战争调解,但没有取得成效。意大利开始准备备战。奥地利在4月装备了它的南方军队,到4月底北方军队也武装起来。这使俾斯麦有可能最终赢得国王的支持,准备战争。5月初,普鲁士下达了战争动员令。

俾斯麦首先要了解联邦伙伴和法国拿破仑三世的态度。就法国皇帝而言,他正希望普鲁士和奥地利进行一场战争。他希望,在经历一场旷日持久的战争之后,他将得到一个仲裁法官的角色。他向普鲁士提出了领土要求,而俾斯麦则采取了妥协的态度,但没有做出承诺。俾斯麦后来认为,当时他对法国皇帝所做的就好像是他自己倾向于偏离品德的准绳,而不是普鲁士国王本人。无论如何,1866年4月底,俾斯麦指示,准备把萨尔布吕肯的矿山从国有改造为私有。普鲁士与法国未能达成一个协议,奥地利也未能实现与法国的合作,尽管奥地利答应把威尼西亚割让给法国。奥地利与法国签署的一个条约规定,扩大萨克森、维腾贝格和巴伐利亚以及把普鲁士莱茵省建立成一个独立的国家。奥地利还想把石勒苏益格夺回来,但是,奥地利没有得到法国肯定的承诺,就像德国对法国所做的一样。

在与巴伐利亚谈判时,俾斯麦准备支持巴伐利亚在德国南部的领导地位。前提当然是巴伐利亚承认普鲁士在德国北部的统治地位。在战争爆发之前,俾斯麦准备与巴伐利亚取得更加广泛的一致。但是,巴伐利亚与其他德国南部国家一样,站在奥地利一边,萨克森对此很明确,在战争情况下将为奥地利而战。德国北部许多较小的城邦当然肯定站在普鲁士一边,只有汉诺威和库黑森的态度不明确。俾斯麦不想消灭这两个国家,但他要求它们保持中立,在普鲁士向奥地利发动进攻时,它们不在背后袭击普鲁士,但这遭到汉诺威和库黑森的拒绝。当这种破裂在联邦议会公开化之后,普鲁士的军队攻占了这两个国家。1866年6月14日,联邦议会接受了巴伐利亚提出的调解申请。按照这个申请,四个军团的军队将被动员起来。普鲁士驻联邦议会的大使发表声明,根据俾斯麦的指示,解除了联邦条约。

在国内政治方面,对"好战的首相"不必抱有什么幻想,这成为普遍性的观点。俾斯麦成立一个德意志议会的承诺没有被认真地对待。在城市维尔腾贝格的一份宣传品上写道:"全德意志在嘲笑",但俾斯麦确实准备召开一次国民会议,并向奥地利人指出黑红黄颜色的意义。他相信,通过建立一个议会机构,能削弱一下各地方势力。当战争开始时,正是极端民主派站在普鲁士的战争政策一边。卡尔·马克思当时在给恩格斯的信中提到拉赛尔:"他可以杀死老鼠,对犹太人来说这是怎么样的损失!现在俾斯麦让他发挥作用。"与此同时,在与匈牙利、捷克和塞尔维亚的谈判中,俾斯麦准备使用民族革命的武器来反对奥地利这个皇帝统治的国家。

对俾斯麦的全部方案和他的成功具有十分重要的意义的是,毛奇,一个杰出的军事领袖,站在了他的一边。实际上,当时毛奇第一次领导作战。他制订的作战方案使速战速决成为可能。现代化的技术手段,如电报和铁路第一次被运用到作战之中。与毛奇对胜利确信不疑相反,尽管他绝没有轻率地看待局面和他的奥地利对手,贝内德克决不相信会取得胜利。当普鲁士在德国北部占领了汉诺威和库黑森时,奥地利把它最优秀的指挥官阿尔布莱希特大公爵派往意大利战场,打败了意大利的军队。与普鲁士战斗的主战场是波希米亚,在那里奥地利和萨克森的军队集结在一起。在发生了个别的激烈战斗之后,奥地利的军队在柯尼希格莱茨摆开了阵势。按照毛奇的作战方案,三支分开进攻的普鲁士军队应该在这里与奥地利的主力相遇。由于王太子腓特烈·威廉率领的军队在经过激战后很晚才能开始进攻,另外两支普鲁士的军队在总攻时间上有些犹豫,因此,王太子率领的军队的出现,决定了这场战役的胜利,导致奥地利军队致命性的失败。由此,也决定了整个战争和俾斯麦政策的胜利。一位副官当时曾对俾斯麦说:"阁下,您现在是一位伟人了,如果王太子来得太晚,那您就是一个最可恶的恶魔。"这句话道出了一个真谛,即从结果出发做出判断的危险性。

对俾斯麦来说,在柯尼希格莱茨之后才开始了他最伟大的政治抱负。奥地利在7月2日就已经呼吁法国进行调解,并且把威尼吉亚割让给法国。在巴黎,人们首先庆祝法国政策的胜利,然后,很快就开始把奥地利的失败作为自己的失败来理解。普鲁士迅速取得胜利打破了拿破仑三世的希望,即以一种仲裁法官的身份来为法国赢得领土。拿破仑三世摇摆不定,撤销了已经发布的部分战争动员。如果在巴黎主战派占了上风的话,那么普鲁士就陷入十分困难的局面之中。因为当时在德国南部的战争尚未结束,普鲁士军队的主力在向奥地利推进。与突然变得好斗的意大利人相反,俾斯麦决定接受法国的调解。但他的这一决定在普鲁士的总指挥部遭到激烈的反对,因为国王和一部分将领们想向维也纳进军。俾斯麦和包括毛奇在内其他人当然明白,对付两条战线的战争风险性太大。

在事态的发展上,就和平条件问题与巴黎的谈判比与维也纳的谈判还要重要。在法国军事干预的危险完全发生之前,俾斯麦排除了自己阵营中的干扰,实现了他自己最重要的政治目标,与奥地利达成和平。这是他最重大的外交成就。在这方面,他智谋多端地战胜了法国皇帝。在一个重要命令中,他要求首先把萨克森、汉诺威和库黑森吞并。把德国北部的小邦全部兼并,而不是瓜分它们。这个想法是俾斯麦在7月才产生的。由于奥地利和法国决定支持萨克森的存在,俾斯麦放弃了对萨克森的要求,按照俾斯麦的观点,萨克森应该是德意志联邦解散后新组成的北德联邦的一部分。

俾斯麦通过对空间上的限制使普鲁士在德国北部的权力得到加强。与南部地区未来的关系留给未来去解决。普鲁士大使在巴黎与拿破仑三世的谈判达成协议,普鲁士在德国北部的实力通过拥有四百万居民而得到加强。这意味着除了得到石勒苏益格和荷尔斯泰因之外,再兼并汉诺威、黑森、拿骚和法兰克福。此外,还规定了一个更加多而又分散化的南德联邦。俾斯麦知道南部各邦彼此间的对立,所以他认为它们丝毫构不成危险。

尽管与法国达成了这样的协议,当法国的特使贝内德蒂半夜出现在普鲁士的总指挥部,带来法国皇帝的领土要求时,俾斯麦无论如何是不高兴的。他努力在贝内德蒂来到之前与奥地利实现停火和临时和平。为此,他必须说服国王,但遭到国王强烈的反对,因而发生了激烈的争论。国王想进军维也纳,充分利用已取得的胜利。他对外交政策的危险性做了错误的估计。

国王威廉不仅对外交政策方面的困难做了错误的认识,而且依据内政上的合法性原则反对消灭各君主制国家的企图。确实,俾斯麦的想法具有革命的性质。与1848年的革命运动没有触及所有德意志的王权相反,俾斯麦想现在消灭这些古老的合法王朝。与俄国的沙皇和保守势力一样,威廉一世不无缘由地感到,这是一次革命的行为。国王想削弱和缩小这些国家,但不是消灭它们,他并且认为,战争的主要责任者,特别是奥地利和萨克森不应该没有领土上的损失。与此相反,俾斯麦主张,政治的任务不应是履行法院的职责。他也考虑到了1815年之后分解萨克森的糟糕教训。

俾斯麦最初未能说服他的国王,处于一种受怀疑的状态。这时,他的老对手太子腓特烈·威廉帮助了他。太子也主张首相的观点。在这种情况下,国王最终放弃了自己的意见,并对他的儿子说:"你用未来的名义发誓。"虽然如此,国王仍是很生气,正如俾斯麦后来尖刻的说法,国王感到,在敌人面前被自己的首相弃之不顾。

7月26日的临时条约,其主要内容在1866年8月布拉格和约中被最后确定下来,给普鲁士带来了拿破仑三世所同意的在德国北部的扩展,由此,普鲁士的势力得到了十分显著的加强。这样,普鲁士的领土由于位于其中的汉诺威和库黑森所造成的分离才被消除。萨克森必须是北德联邦的成员。奥地利放弃德意志联邦的重建。对奥地利没有割让领土的要求,南部德国各邦也没有领土的损失。俾斯麦主要是要实现,对各敌对国考虑到各方面关系分别加以对待。只是对古老的帝国城市法兰克福普鲁士,以非同一般的方式进行占领,对此俾斯麦本人只能承担很小的责任。在与南部德国各邦签署的条约中规定,黑森—达姆施达德的美茵河北部的地区必须加入北德联邦。

与英国对德国发生的一切当时毫不感兴趣相反,俄国沙皇表示了严重关注。俾斯麦最终打消了他的顾虑。相反,法国皇帝的态度造成了相当大的困难。他现在又重新提出对莱茵河左岸的要求,要求对普鲁士伟大的成果进行平衡性补偿。俾斯麦成功地及时完成了临时和平条约,同时,充分利用法国的要求,以实现与巴伐利亚、维腾贝格和巴登的"保护与防御联盟"。这个联盟规定,在发生战争的情况下,普鲁士国王是最高统帅。这意味着,针对法国提出的新的要求而建立了一个安全保障系统。

当法国的威胁达到顶峰时,俾斯麦决定,在紧急情况下使用人民运动的手段。与忍受这种危险相比,他想宁愿发动革命运动。当战争结束的时候,与一些保守派的大臣们相反,俾斯麦决定解决在普鲁士存在的宪法分歧问题。在普鲁士议会的开幕式上,国王在演说中请求议会接受未经批准的支出,也就是"追认批准"。同议会和解,与俾斯麦试图在普法关系十分紧张的情况下为了实现普鲁士的政策而使用自由主义运动的手段有关。俾斯麦想在紧急情况下,颁布1849的年帝国宪法,当然,他不是不加改变地完全接受这部宪法。同时他也不是在没有保障的情况下接受男性的普遍选举权,首先,他反对秘密选举。

然而,所有的这些考虑都变得多余了,因为俾斯麦在与拿破仑三世谈判时成功地驳回了法国对德国的领土要求。他只是并无约束力地答应,普鲁士将帮助法国得到比利时。法国特使十分愚蠢,把一个他自己手写的条约草案交给了俾斯麦,结果这个草案在1870年被登在英国一份很有影响的报纸上。俾斯麦拒绝了法国的要求,建立了一个"保护和防御联盟"。尽管如此,正处于形成阶段的北德联邦由于与法国的紧张关系受到很大压力。为了使战败的敌人不永远为敌,在缔结和约时俾斯麦给了奥地利一定的照顾。

哈布斯堡王朝从德国的退出使北德联邦最终成为可能,并为后来打开了通往建立小德意志国家的道路。当然,这对德意志的整体构成也产生了不利的影响,德意志的地位在哈布斯堡国家被大大削弱了。不能忽视的是,这种发展趋向早在 1866 年之前就已经开始出现了。事实表明,俾斯麦的和平二元论的政策是行不通的。这个政策之所以夭折尤其在于,哈布斯堡不想承认普鲁士作为竞争对手具有平等的权力,维也纳不同意一个与腓特烈二世时代的传统相联结的普鲁士政策的存在。俾斯麦并不是蓄谋已久、有准备地要同奥地利发生一场战争。但是,这场战争已是不可避免了。特别自从腓特烈大王以来在普鲁士政府首脑中第一次出现了一位有意识地推行普鲁士强国政策的人。1866 年的决定实现了普鲁士的大国地位。同时,这个决定意味着在德意志的土地上新教力量得到了极大的加强。

俾斯麦在战争爆发之前就曾指出,普鲁士对联邦改革的建议不是已包容了一切,彻底地解决不是一次就能达到的。毫无疑问,俾斯麦在 1866 年已经想到加强同德国南部各邦的关系。他根据政治情况和听众所做的各种讲话或多或少地充满了乐观的情调。俾斯麦还没有形成要建立一个小德意志单一民族国家的牢固信念。一位黑森的自由主义者认为,"眼下他特别注意的是一个扩大的普鲁士。"

首先,俾斯麦着重于一个共同的外交政策和军事力量上的均衡。此外,关税同盟的重新建立会保证经济的一体化。与此同时,俾斯麦警告那种过分的要求,因为他了解地方主义的抵触力量。北德联邦的紧密关系可以满足于军事安全上的需要。相对于德国南部而言,民族共同体就足以是一个准确的表述。与北德联邦相比,与南部国家可以以建立一种松散的、较自由的关系为目标。他当时绝没有想到,建立一个完全融合在一起的单一民族的国家。俾斯麦同样清楚地感到,与南部国家结成共同体,正如他以前所告诫的,是过急地寻求一个彻底和明确的解决德意志问题的表现。从根本上讲,1870 年的德法战争才迅速导致美茵河界线的消除。在这个方面,拿破仑三世在某种意义上证明,是想成为恶魔的力量创造了好的东西。

对内政治的立场也促使俾斯麦首先协调在德国北部的各种关系。与北德的自由主义者达成理解要比与南德人容易得多。1864 年以来局势的发展导致了自由主义统一运动的崩溃。大部分自由主义者相信,俾斯麦的成功似乎实现了他们自己的目标。他们感到,自己过去的观点是错误的,并且忘记了,虽然与俾斯麦完全对立,没有自由主义者的准备工作,俾斯麦在这种形式上的成功是不可能实现的。民族运动的领袖之一米克尔认为,"理想的时代已经过去了,德国的统一从梦想的世界降临到现实的散文诗般的世界,政治家们今天很少被别人问起,期望值之外是什么。"他的这个表述没有看到,真正的理想政治必须总是与真正的现实政治相互补充,而且放弃真正的理想,这在后来的德意志帝国中的进一步发展成为十分可怕的事情。

1866 年的战争结果也对各政党的力量进行了重新改造,这在当时意味着后来的社会主义和天主教民众党派的形成。温和的自由党人在 1867 年结合形成了民族自由党,直到 70 年代末对普鲁士内政的发展具有相当大的影响。俾斯麦对他的同僚们指出,他过去保守派的朋友们与他的政策和 1866 年的行动完全站在对立的立场上,他们的正统观念是与普鲁士的——地方主义的怀疑联系在一起的。由于俾斯麦外交上的成功也加强了保守派和君主制的力量,这种力量得到国王的有力支持。普鲁士军队的努力和贵族阶层在 1867 年及 1871 年以后也很有影响。当然尽管与自由派在战术上的合作俾斯麦也没有放弃君主制的——保守主义的信念。俾斯麦对普鲁士和君主制传统力量的信仰没有任何动摇。尽管这种"自上而始的革命","旧的"力量由于 1866 年被加强了,特别是由于俾斯麦获得了显著的成果。直到这场战争爆发之前,俾斯麦是德国最被厌恶的人。可现在他成为伟人,成为被各方面公认的人物,这也正是过去的对手所期望的人物,他将促进他们的政治目标的实现。

北德联邦
(1867~1870 年)

1866 年战争结束以后,俾斯麦面临着一大堆任务要去完成。这当中每一项都足以使他投入自己的全部政治力量:兼并的实施、北德联邦宪法的完成、关税联盟问题的解决及卢森堡危机的处理。这些问题相互交织在一起。此外还有,俾斯麦在战争结束后患了病,最长时达数月之久不在柏林。

他首先做出了有关实施兼并的一些重要决定。俾斯麦试图尽可能地减少由于国家的变化给民众带来的影响。只是在汉诺威出现了较大的困难,威尔夫的追随者几十年间还有一定的影响。与必须成为北德联邦成员的萨克森在签署和平条约时也出现了一定的困难。对俾斯麦来说,尽管他准备在具体细节上采取迎合的态度,但萨克森纳入联邦是理所当然的事。黑森—达姆施达德北部地区成为北德联邦的一部分,俾斯麦的态度也是如此。

在北德联邦的宪法中规定了平等的、直接的普选权,这成为 1867 年 2 月北德帝国议会选举的基础。俾斯麦有时把普选权称之为 1848 年遗产的一部分,并且认为它十分完美。他认为普鲁士的三个等级选举法是十分简陋的选举法。但直到他下台,他从未想要改变它。这个选举法从 1876 年以来日益表明代表保守派的利益。俾斯麦也不是毫无保留地接受这种普选法,他有时想到拿破仑三世政府候选人的办法。俾斯麦主要反对政府官员参选和秘密选举。秘密选举有悖于日尔曼人血液的优秀品质。当然,更重要的是,秘密选举的实施会进一步减少政府对选举的影响。在这一点上,由于自由派的反对他未能实现。与此相反,他对议员们的补贴费的异议则获得支持。放弃补贴费首先至少意味着只有富有阶层的成员才能当选。

俾斯麦当时之所以支持一个由普选而形成的帝国议会,因为他认为,帝国议会和自由派的努力是地方主义要求的对抗力量。他当时多次威胁各个北德联邦的成员国,要用民族运动的潮流来对付它们。他的这种观点的形成是由于拿破仑三世企图干涉,从而造成紧张的外交气氛。法国皇帝一再试图得到普鲁士胜利的赔款,以此来消除他内政上的危机。在法国掀起了复仇的要求,拿破仑三世开始认识到,尽管俾斯麦所做的毫无约束力的承诺,但在割让德国土地和夺取比利时问题上不会得到他的真正帮助。法国的要求最后集中在对卢森堡的兼并上。俾斯麦多次表示,他将接受法国兼并本属于德意志联邦的卢森堡。卢森堡城曾是德意志联邦的要塞,1866 年之后还驻有普鲁士的军队。拿破仑三世通过与荷兰——荷兰的国王是卢森堡领土的所有者——谈判实现荷兰把卢森堡卖给法国。如果在不伤害德意志民族情感的情况下,俾斯麦或许会容忍法国兼并卢森堡,但俾斯麦指责法国人,由于他们过分地张扬,把事情搞糟了。

　　俾斯麦认为,对为了保证普鲁士在德国的地位而割让一块德意志的领土,他不能公开表示支持。当法国与荷兰的谈判在德国引起民族激愤时,俾斯麦决定不同意法国兼并卢森堡。在回答一位自由派议员就卢森堡问题提出的质问时,他明确指出,他将不容许对德意志领土的侵犯。鉴于俾斯麦的这种态度,荷兰人撤销了与法国达成的协议。可以想像和理解,法国皇帝的失望之感有多么大,并由此激发了法国社会反对普鲁士政策的情绪,激发了在卢森堡问题上推行不同政策的纠纷,以致出现了进行战争的危险。俾斯麦准备为此做出妥协,不想与法国进行一场"先发制人的战争"。1867年5月,在伦敦举行的一次国际会议上达成一项协议,普鲁士撤回在卢森堡的驻军,英国要保证要塞的中立性。普鲁士国王威廉在表示不情愿之后,还是接受了这个协议。拿破仑三世也认为,普鲁士的做法是放弃了已到手的既得利益。

　　俾斯麦利用卢森堡危机加强了与德国南部国家的联系,同时也与奥地利形成较好的关系。尽管德国南部各国表示有条件地站在普鲁士政策一边,俾斯麦还是公开了与南部国家建立的保护和防御联盟的内容。俾斯麦首先试图保持与巴伐利亚尽可能良好的关系,同时改善北德联邦与奥地利的关系。但是,当巴伐利亚作为调解人举行旨在改善维也纳和柏林关系的谈判时却遭到维也纳的完全拒绝。如果把在卢森堡危机时与奥地利的谈判称之为俾斯麦一生中大德意志思想的"近日点"的话,那么它的实际意义不能与现实相吻合。在不考虑战略形势的情况下,俾斯麦在任何时候都把哈布斯堡王朝看作一个欧洲的大国,大德意志思想在此根本没有什么作用。他当时在对待德国南部国家的关系上也是这种看法,不要过于草率行事,南部国家必须自觉自愿地与北部结合在一起,即使这个过程需要三十年的时间。

　　在卢森堡危机时期,北德意志联邦的宪法也诞生了,它的主要内容后来写进1871年德意志帝国的宪法。当时起草了好几个草案,那种俾斯麦在几个小时之内口授了宪法草案的传说早已成为无稽之谈。俾斯麦一开始就十分明白,宪法必须在实际上保证普鲁士国家对德国北部的绝对支配权,但在形式上,他要考虑到联邦成员们的感受程度如何。与后来创立帝国时一样,俾斯麦想到的主要还是事情本身而不是形式。为了使目标容易实现,他想尽可能地依照过去德意志联邦的形式办事。

　　在形式上,北德意志联邦的宪法给议会规定了很少的权力。财政预算权十分有限,并且尽可能地切断了议会对军事方面的影响。最早,俾斯麦想赋予联邦首相相对而言较少的权力,但后来,俾斯麦决定自己担任联邦首相的职务。自由派要求联邦首相要对议会负责。

　　联邦制的因素不能掩盖这个宪法草案中霸权主义的特征。因此,几乎所有必须属于北德联邦的各个小国都很吃惊,这也就毫不奇怪了。其中反应最为激烈的是汉堡。谈判的结果几乎是在专制的形势下进行的,虽然表面上是自觉自愿的。俾斯麦尽其全部谈判艺术也未能阻止,谈判的伙伴们十分清楚地感觉到,在联邦宪法的后面,普鲁士的霸权主义有多么大。

　　俾斯麦的普鲁士同僚们对这个宪法草案也并不怎么高兴。他们的反对是与普鲁士代表者特有的担忧联系在一起的,即普鲁士机构的特殊性会通过这种新的发展变化受到干扰。他们认为,俾斯麦摧毁了普鲁士国家,而俾斯麦自己则一再强调,在没有肯定得到他的普鲁士同僚们的支持的情况下,联邦首相不能凌驾其上。

在1867年2月的北德意志联邦议会选举中,温和派组织主要是民族自由党获得绝对多数的席位。他们强烈要求取消莱茵河界线,并要求对北德地区的天主教势力采取坚决的措施。当时许多自由党人指责俾斯麦没有充分利用战争获胜的有利情况。

在北德帝国议会的协商中,自由党按照他们的观点对北德联邦的宪法进行了重要的修改,这样,帝国议会的地位得到加强。在军事问题上,议会具有一定的批准权。但是,建立一个对议会负责的联邦政府机构的要求未能实现。最后,宪法规定了联邦首相要在文件上连署签名,虽然这并不是表明作为一个议会政府意义上所具有的责任,但它大大改变了议会的地位。俾斯麦由此而成为联邦首相,后来又成为下设惟一的一个部长的帝国首相,这与普鲁士政府的集体负责体制完全相反。

俾斯麦与北德帝国议会在一些重要问题上所做的妥协,是与卢森堡危机期间的外交局面密不可分的。俾斯麦多次告诫议员们,德意志问题的解决不要因为意见分歧而拖延。

俾斯麦在这个时期多次把普鲁士——北德意志与德意志等同使用,这当然并不意味要强调1867年所形成的状态的临时性。1869年在就海军问题发生争论时,他写信给他的朋友罗恩:国王在哪种形式下统治德国对我来说从不是特别重要;我把上帝给我的全部力量都投入到国王统治国家的事实之中。毫无疑问,我们的君主是德意志海军的最高统帅。他和罗恩两人都是北德人,但他希望,他们的儿子们将来在一支王家——德意志舰队和王家——德意志军队中效力。

根据1867年的谈判,北德联邦和德国南部国家之间的关税联盟改为能代表南北方共同性的组织。德意志关税联盟应该由一个关税联邦委员会和一个关税议会来代表。1868年德国南部对关税议会的选举当然令人痛苦地感到失望,特别是在巴伐利亚和符腾堡反对普鲁士的教会和极端民主主义组织获胜。俾斯麦认为这是一次对普鲁士的反击,其中天主教会的宣传鼓动起了很大的作用。天主教力量开始进行政治上的组织工作,不久俾斯麦就与中央党的领袖、过去汉诺威的首相温得霍斯特处于对立状态。俾斯麦同这位天主教政治家的紧张关系可以从他所做的评价中得知:为了爱情他有他的妻子,而有温得霍斯特只是为了憎恨。

1867年,在对南部国家的关系上,受关税联盟选举结果的影响,俾斯麦的那种乐观主义态度明显地变得十分谨慎起来。他一再强调,普鲁士的政策是要避免任何一种压力。南德国家必须自由地决定加入北德联邦。在后来的几年里,来自南部地方主义的声音愈喊愈烈。美茵河界线的危险性表现得十分清楚。同时证明,与一般的见解相反,经济的共同体不是无条件地导致政治共同体,如俾斯麦有时认为的那样,美茵河界线不仅是一个透气的篱笆,而且从长久来看,是一个完全危险的分水岭。

俾斯麦在讲话中也一再向巴黎指出,不允许对南德各国进行渗透。因此,他反对巴登政府的企图,并且也反对自由派把巴登接纳进北德联邦。但另一方面,他努力用一切手段尽可能友好地塑造与慕尼黑的关系。

在对德国南部的关系上,俾斯麦有两个不同的目标,一是长久的,一是近期的。他多次强调地方主义形成的条件性。人既不能无视过去的历史,也不能创造未来。这一切表明了俾斯麦的基本信念,人不能创造历史,人只有等待历史发展的能力。他低估了美茵河界线可能成为一个持久疆界的危险性。法国1870年所实施的政策才又一次推动了德意志问题的发展。

德法战争

（1870～1871 年）

德法战争的起因与德国的政治问题相距甚远。当时，西班牙王位出现了空缺，在有可能成为新的国王的人物中，普鲁士王室的天主教支系霍亨索伦——西格马林家族的王子利奥波德就是其中极有希望的一位。俾斯麦在没有告知国王的情况下，在马德里为利奥波德成为西班牙国王做了准备工作，主张由他来接受西班牙王位。而这一切只有在普鲁士国王作为霍亨索伦家族的首领同意的情况下才有可能实现，可是国王本人对这件事持怀疑的态度。俾斯麦则认为，一位他的国王远亲登上西班牙的王位会对普鲁士——德意志的政策有某种支持。在这个问题上，俾斯麦对在 19 世纪下半叶王朝间的这种相互联系的作用作了过高的估计。

霍亨索伦家族的西班牙王位候选人是这新的历史中最有争议的事件之一。尽管人们对此看法不一，但有一点确切无疑无可争辩，就是俾斯麦在当时远比他后来所描述的要更加积极地支持这位王位候选人。对此，他向外界解释道，候选人问题不属于普鲁士官方的事务。但是十分清楚，对法国来说，一个霍亨索伦家族的成员在马德里登上王位绝不是一件高兴的事。然而，俾斯麦万万没有预料到，这个事件会引发起法国的战争欲望，导致一场战争。

对俾斯麦所做的一切，只有在了解了整个政治局势的情况下，人们才能够理解。正如我们前面所提到的，奥地利和匈牙利，法国和意大利之间的谈判只使各国的君主交换了信函。尽管如此，这个谈判带来了现实的危险。在协议草案中，计划把德国分为许多部分。当奥地利的主战派领袖阿尔伯莱希特大公爵访问巴黎时，与法国讨论了对德国南部的进攻方案。西班牙国王候选人问题是俾斯麦针对上述这种情况采取的对策之一，但它导致了战争的爆发。

对西班牙王位候选人的过早公布招致在法国出现了狂热和声势浩大的舆论宣传。柏林的外交部根据俾斯麦的一个指示解释道，北德联邦和普鲁士与这整个事件没有关系，这是作为霍亨索伦家族首领的国王个人的事情。这在形式上是最合适不过的解释。

俾斯麦最初低估了法国人激愤的强度。实际上，法国出现的这种情况是可以理解的。在过去的几年里，法国人在政治上表现出一次又一次的软弱。法国由于对俾斯麦的策略不能理解，最后派贝内德蒂到埃姆斯，拜访正在那里休养的国王威廉。法国议会威胁俾斯麦，法国不能容忍外来的势力将一个他们自己的王子立在卡尔五世的王位上。由于俾斯麦已经解释说，这只关系到国王家族内部的事务，因此法国人要求，必须让国王一个人呆在埃姆斯。在没有顾问的情况下，国王威廉一世处理得不是很漂亮。为了避免战争，最后卡尔·安东·冯·霍亨索伦—西格玛林根为他的儿子放弃了候选人资格。国王威廉写信给王后说，一块石头落了地。他通知法国特使贝内德蒂，放弃西班牙王位的候选人。国王的做法与俾斯麦的意见完全相反。俾斯麦不无理由地认为，这么做使整个事件显得似乎普鲁士国王是迫于法国的威胁才变得软弱。俾斯麦认为这是一个民族的耻辱，削弱了普鲁士在德国和欧洲的地位。俾斯麦感到十分沮丧，并准备引退。确切地说，这是俾斯麦把候选人问题作为国王家族内部事务计谋的失败。

但法国方面的过分强硬使俾斯麦有可能从这种政治妥协中解脱出来。虽然普鲁士放弃了王位候选人，但在巴黎，这时极端派占了上风。他们要求贝内德蒂，必须要求国王威廉承诺，在将来也不会同意一个霍亨索伦家族的王子作为西班牙国王的候选人。国王威廉命令他的一位副官通知贝内德蒂，他同意在这次放弃候选人，但在这个事情上他不能接受更多的要求。

国王威廉把这件事从埃姆斯用电报通知了他的首相。当时，俾斯麦正与罗恩和毛特在一起。国王听从了俾斯麦的决定，把这个情况公之于众。在没有改变这事件原意的情况下，俾斯麦对这封埃姆斯的电报稿进行了删节和加工。至少，在一种新的形式下，比对贝内德蒂新的要求的拒绝显得更加有力。毛特这样来称赞对电报的编辑加工："原来听起来就像投降信号的号声，现在则犹如回答挑战的嘹亮号角。"

俾斯麦当然知道，用这样的形式来公布这个电报会导致与法国的战争。由于对埃姆斯谈话的这种展示，在德国，人们对贝内德蒂在散步的林阴道上对老国王的污辱感到愤怒。通过这个电报，俾斯麦从政治挫折中摆脱出来。如果这封电报常常被称为"伪造"，那么这只是有条件的正确。就是在今天，这也是通行的习惯，政治性的公告按照政治目的进行重新组织和删节，以得到加强。在这种情况下，伪造和删节的界线融合在一起，很难分清。这封电报在法国的反应是，巴黎决定进行战争。就是没有这封电报，法国政治家的恼怒也会导致战争爆发。无论如何，西班牙王位候选人问题顶多是这场战争的一个借口。根本原因是，法国想阻止德国在政治上的统一。

正如经常所信奉的，对手就是进攻者，于是双方开始进行战争。巴黎想的是要削弱普鲁士，把它划分成许多个德意志小国。法国人相信，德国南部国家将不会参战。实际上，慕尼黑的"爱国党"最初也持这种观点。但在民族运动的压力下，慕尼黑也承认联邦状态的存在。当7月19日法国在柏林向普鲁士递交宣战书时，德国南部各国已经决定，参战反对法国。法国对奥地利和意大利参战的希望未能实现。在这一点上，俄国发挥了作用。如果奥地利不保持中立的话，俄国表示将采取相应的行动，而德国军队迅速取得了战争的胜利，这使遏制奥地利和意大利的参战欲望成为多余的考虑。英国保证中立，这一点从一开始就已毫无问题。在战争开始时，俾斯麦让在《时报》上刊登了法国大使1866年交给他的兼并比利时的方案。为了稳住奥地利和俄国，俾斯麦还十分明确地表示，奥一匈王朝不会受到侵犯和毁灭。

德法战争进行的第一个星期与1866年的情形很近似，战争的胜负很快就明朗了。由于法国军队进攻的迟缓，法国的战争计划遭到失败。由毛特率领的德意志军队在美茨和色当同法国军队进行激战，实现了对法国军队毁灭性的打击。拿破仑三世成为普鲁士国王的战俘。

9月4日巴黎的皇权被推翻了，但是新的共和国政府把毫无希望的战争又进行了数月之久，主要是组成了人民军，它给德国军队以重大的创伤。在德意志的历史意识中，对1870年8月和9月的伟大战役完全记忆犹新，而在法国的历史上则为法国人民军的战斗而骄傲。从整体上讲，法国只有得到外国的支持，才能获得胜利。尽管遇到一些困难，俾斯麦高超的外交艺术实现了对它的阻止。在这几个月里，俾斯麦对事态的发展不是没有担忧。他和其他一些人针对许多王侯们主张授予他铁十字勋章进行了激烈的批评和斥责，因为许多战斗的士兵最终战死在沙场。当他被授予铁十字勋章时,他因此感到惭愧。

在 1870～1871 年的战争期间,俾斯麦和总参谋部发生了尖锐的矛盾。俾斯麦抱怨,军事首领们没有向他这个政治上的领导者通报战斗的情况。事实上,总参谋部鉴于 1866 年的情况试图阻止政治家对军事作战的干预,并对克劳塞维茨的学说——战争是政治以另一种方式的继续,作了极为片面、绝非克劳塞维茨原意的解释。他们特别是在炮击巴黎城的问题上发生了争执。总参谋部反对轰击法国的首都,而俾斯麦则支持采用更强烈的军事进攻。总参谋长毛特与巴黎的国防委员会举行了谈判,但这毫无疑问超越了他的军事指挥权力,造成他与俾斯麦间的矛盾冲突达到了顶点。最后,国王威廉做出了支持首相的决定,命令要把战斗的进展情况通报俾斯麦。威廉一世做了他的孙子在 1914 年之前和在第一次世界大战期间未能做成的事情;在政治和军事部门之间发生矛盾冲突时他作为政治的决策者做出决定。

1871 年 1 月底,巴黎投降。法兰西共和国被迫决定停战。在德意志军队的占领下,法国举行国民议会的选举。由于法国人民军的长期抵抗,确保了法兰西共和国免遭过快投降的指责。尽管如此,在国民议会的选举中,君主制组织获胜,这给后来法国内部关系的稳定性带来很大的困难。

德国的胜利促使法国在意大利的占领军从罗马撤离。罗马这时成为意大利的首都,意大利的统一得益于德国的军事力量。当时,俄国公布了 1856 年条约的内容,由此引发了发生一场国际危机的危险和中立国家对德—法冲突进行干预的危险。尽管色当战役以后英国对德国的态度变得异常起来,俾斯麦最终还是消除了这种危险。

在没有其他欧洲大国的干扰下,俾斯麦与新的法国政府进行了和平谈判。作为战胜法国的收获是,法国的阿尔萨斯和洛特林根的一部分割让给北德帝国,成为帝国的阿尔萨斯—洛特林根地区。在色当战役之后,德国公众的舆论普遍认为,这么做对胜利国来说是理所应当的,是必须的。对于这个要求,俾斯麦在此之前也基本同意。但是与公众舆论相反,他不是依据这个地区曾属于过去的德意志帝国。俾斯麦认为这个理由过于书生气而拒绝。他首先是从战略的角度来考虑的,只有这样,才能保护德国南部免受法国的进攻。

俾斯麦从一开始就强调,要了整个德国而得到阿尔萨斯,不是为了某一个别的国家。他甚至对帝国接受较多讲法语的居民感到有些疑虑,因此,在得到麦茨时他主要是顾及到普鲁士将军们的意见。

在与战败国法国谈判时,俾斯麦尽可能地避免对其给予没有必要的耻辱。后来人们一再认为,正是割让土地造成了德法关系在 1871 年以后不可避免的对立。对此,俾斯麦一再并且有根据地指出,即使没有割让土地,因为战败,法国也会感到十分痛苦。还有,普鲁士向法国要求的 50 亿法郎的赔款在当时似乎是一笔非常高的款项,但是法国相对来说能很快支付完毕。和平协议最终于 1871 年 5 月在法兰克福签字。在协议中规定,法国人在贝尔富特城堡要塞地区的边界得到一些扩展,德国得到了后来洛特林根的铁矿地区的一部分作为补偿。实际上,当时人们对铁矿的经济价值还没有完全认识到,对此起决定性因素的是国王及皇帝威廉的愿望,他想把在麦茨周围战场上士兵们的坟墓归属于德国的国土之内。和平协议条款还规定,法国东北地区的一部分将由德国军队临时占领,直到战争赔款全部支付完毕为止。在所有这些谈判时,俾斯麦尽力掌握好分寸尺度。

美茵河界线的消失和小德意志国家的创立是这场德法战争最主要的成果。1月18日,皇帝威廉在法国凡尔赛宫颁布诏书,决定建立德意志帝国。在这场战争开始时,俾斯麦对德意志问题持十分谨慎的态度。直到1870年底,他才说,人们在等待巴伐利亚的建议。他的策略是,使其他德意志国家,特别是巴伐利亚到凡尔赛来,并且对外表现出至少是它们自愿加入到德意志帝国之中。相对于战争开始之时,在取得伟大的胜利以后,对民族运动的追求也在德国南部国家得到加强,作为战争胜利的成果建立一个统一的小德意志国家,这已成为社会舆论的一致看法。

俾斯麦使用各种手段,试图启发巴伐利亚来提出这样的倡议。为了制造出巴伐利亚的自觉自愿,他又对其施加各种压力。对此,一位巴伐利亚的历史学家非常正确地说,俾斯麦做法的基本旋律是:"你不自愿地服从,那我就要使用武力。"实际上,巴伐利亚处于一种被强迫的状态。但巴伐利亚方面却把这实际情况反过来说,由于俾斯麦是联邦主义者,慕尼黑政府反对公众的力量而跑到俾斯麦的保护之下。慕尼黑在开始时所要求的特权,在外交政策方面,巴伐利亚与其他国家共同来领导,最终未能实现。它没有考虑到,所有地方自治主义的特权都与联邦主义的基本原则相抵触,这个基本原则是所有参加者拥有同等权力的前提。

俾斯麦从一开始就坚持认为,他与德国南部国家谈判的基础是北德联邦的联邦宪法,在谈判中他的这个原则基本得以实施。实际上,在事情的进一步发展中,俾斯麦与四个南部国家分别就其加入联邦问题进行了单独的谈判。在斯图加特和慕尼黑之间,历史上遗留下来的相互猜忌使俾斯麦的策略容易实现。在1870年11月底,与南部国家的谈判就已基本结束,地方主义的特权、特别是巴伐利亚所得到的特权,实际上在政治上并没有什么意义,对事情的进一步发展几乎没有影响。

为了满足巴伐利亚在外交政策上的同等参与权的要求,在联邦议会中设立了一个由巴伐利亚担任主席的外交政策常务委员会,但这个委员会并没有什么意义,因为普鲁士没有参加。巴伐利亚的原首相、后来的帝国首相冯·霍亨洛赫不无理由地说:"我必须承认,对我来说,在条约中给与巴伐利亚的权力的价值令人充满怀疑。我真想祝愿,在依照联邦主义的原则构成的德意志共同体中,巴伐利亚参与共同事务的管理在各个方面都明确地保留下去,与此相比,对地方自治主义的保障,个别机构的保留和巴伐利亚政府特有的一小部分立法权只具有较为次要的意义。"

实际上,这里的特别权力关系到新的德意志宪法中有关地方自治的内容,与真正的联邦主义无关。此外,与后来的魏玛宪法相比,相对于俾斯麦时期帝国的权力,德国南部各国的权力地位,特别是巴伐利亚的权力地位比较软弱。在魏玛时期,俾斯麦帝国宪法的基本点,即普鲁士的霸权,已经消失了。

针对自由党对特殊权力的各种指责,俾斯麦指出,未来将带来变化,事实上的共同体将发挥其作用。实际上,俾斯麦对能实现巴伐利亚在表面上的自觉自愿就已十分满意了。这是他的政治智慧。他认为,在政治上这个未用武力而实现的结局比过分地使用强迫的措施要幸运得多。当然这并没有改变这个事实,即这里讲的不是真正的自觉自愿。当时,正如有些讲话所证明的,对于这一点没有比慕尼黑更清楚不过的了。出于策略上的考虑,俾斯麦后来在写给巴伐利亚国王的信中大谈联邦主义的观点。

俾斯麦在与德国南部各国进行谈判的头几个星期中就已经商定,国王威廉做为将要创立的新的德意志联邦的主席应该接受皇帝的称号。俾斯麦从一开始就努力阻止由北德帝国议会提出皇帝的称号。国王威廉对帝国议会派来的一个代表团来到凡尔赛感到十分生气，尤其是代表团的团长是西姆逊，他以前曾在 1849 年 1 月以制定宪法的国民议会的名义请求腓烈特·威廉四世接受由议会进行的皇帝选举。俾斯麦虽然想与议员们尽可能地处好关系，但他也决不想让北德联邦对此进行过多的干预。而国王周围的人则根本就不想与议员们建立什么友好的关系，他们认为：这帮家伙到这里干什么来了！

　　俾斯麦主要做了巴伐利亚的工作，国王路德维希要以王侯们的名义提出国王威廉接受皇帝的称号。最终，在巴伐利亚首相同意的情况下，通过巴伐利亚国王的侍从长官霍尔施泰因给国王路德维希发了一封信，信中十分巧妙地使国王路德维希感觉到，他要向普鲁士国王提出接受皇帝称号这个问题，与此同时，俾斯麦也交给了霍尔施泰因伯爵一封信的草稿，国王路德维希应该按照这个草稿给国王威廉写信。这封信的基本思想，也就是实际上德意志各王室家族都拥有的意识是：德意志皇帝是他们的同胞，普鲁士国王是他们的邻居；德意志皇帝的称号只是表明，皇帝的权力是德意志王侯们和各家族自愿地将其权力转移给他的。巴伐利亚国王拖延了很久才在俾斯麦起草的信上签了名并发了出去。为了促使巴伐利亚国王这么做，俾斯麦同意给他一笔酬金。

　　当国王路德维希的信来到凡尔赛时，没有人比国王威廉更感到吃惊了。但如果他知道，是他自己的首相起草了这封信，那他会更为惊讶。国王威廉也是保护地方自治主义而反对建立帝国。他把皇帝的称号看作是"性格少校"，这在当时是一个上尉将要得到少校头衔时的叫法。威廉一世认为，随着皇帝的称号，他必须交出普鲁士国王的位置。直到帝国宣告成立他一直反对接受皇帝的称号，他想最多被称为德国的皇帝。俾斯麦本人认为，从根本上讲，用什么称号是无关紧要的事，有一次他十分明确地说，称号问题对他来说是无所谓的。与自由党人的看法一样，他并不看重社会阶层的差异，没有考虑到中世纪的皇帝传统。但他认为，相对于那些单个的国家，在德意志联邦主席的位置上，皇帝的称号更适合些。

　　对俾斯麦来说，帝国的概念并没有什么实际的意义。选择帝国的叫法——就像在 1849 年那样，俾斯麦对每个强大的国家都使用这个称呼，这在很大程度上只是出于目的性的原因。俾斯麦对这类事情的象征力量看得并不重要，这也表现在他对国旗颜色的态度上。1866 年由黑红黄三色构成的国旗变得不可能之后，黑白红被选择，它被认为更符合目的性。对此，俾斯麦认为，这只是次要问题。他认为，谁对这样的问题感到惊讶，谁就是不成熟。颜色的组合对他来说完全无所谓。

　　当俾斯麦就称号问题与他的国王争执不休时，"皇帝和帝国"的表述却已被写入了宪法，并且规定，德意志联邦的主席要使用"德意志皇帝"的称号。俾斯麦想避免对这个表述作任何的修改变化，尤其是这种变化会引起北德联邦中的其他变化的要求。自由党人非常反对巴伐利亚的特殊权力，但是最终还是接受了条约。一位自由党领袖说："姑娘十分丑，但她也必须出嫁。"

　　根据条约，宪法要在 1871 年 1 月 1 日生效，但巴伐利亚的下院还没有批准。最后，人们的意见在凡尔赛达成一致，举行皇帝宣誓就职仪式，不再等巴伐利亚。1 月18 日被定为皇帝登基日。正是在 1701 年的这一天，布兰登堡的选帝侯成为普鲁士的国王,因此,很久以来这一天已成为普鲁士的功勋节。对普鲁士王家宫廷来说,这次特有的气氛是,内政部邀请人们来到凡尔赛的"玻璃大厅"来庆祝这个节日。与节日庆祝连在一起,举行帝国宣告成立的仪式,这样,帝国成立仪式就似乎成为功勋节的一部分。

普鲁士国王在到庆典举行前的最后时刻仍坚持反对接受"德意志皇帝"的称号。他命令巴登大公使用"德国的皇帝"的叫法。巴登大公是当时在场的德国王侯中最年长的一位,按规定他要代表王侯们向新的皇帝表示祝贺。但最终,巴登大公没有使用"德国的皇帝",而是用了皇帝威廉的称呼。这引起威廉的气愤。在庆典结束之后接受元帅们的问候时,他没有理睬俾斯麦。当然,到了晚上,这种不愉快就已经消失了。

1月18日在法国王宫凡尔赛玻璃大厅举行的庆典仪式带有一种炫耀武力的风格。尽管如此,这位新的皇帝在一篇由俾斯麦撰写和修改的宣言中以非同寻常的词句接受了皇帝的荣誉:自觉地履行自己的义务,"捍卫和平,依靠本民族的力量捍卫德国的独立。但是,上帝把皇帝赐与我们和我们的后代,不是为了征服战争,而是为了建立在民族幸福、自由与文明之上的和平。这在任何时候都比德意志帝国本身更重要。"

在这几个星期里,俾斯麦一再评论参加庆典的人,尤其是德意志王侯们的态度。他的健康状况很不好,情绪变得极易发怒。在帝国宣告成立的几天之后,他写信给他的妻子:……这次皇帝的诞生十分艰难,各位国王们在这种时候有着古怪的欲望,就像女人们生孩子之前一样,但她们给这世界奉献的正是她们不能再保留的东西。我作为助产士多次想把自己变成一枚炸弹,并且爆炸,把整个建筑变成一片废墟。重要的事很少来找我,而那些不必要的事令我痛苦不堪。

皇帝的庆典不是完全像安东·冯·维尔纳的著名油画所再现的那样,完全充满了光明的格调,而是伴随着一系列的紧张和艰难。伟大的历史事件对于同时代人和当时的参与者来说,很少是在如后人观察中所试图发现的那种和谐的情调中发生,但这绝没有削弱这事件的伟大性以及俾斯麦的成就。尽管德意志帝国断送在其后来继承者的政策之中,俾斯麦的伟大成就也不会因此而被低估。正是在今天,我们生活在一个被分裂开来的德国,我们必须强调,建立一个民族国家是德意志人民的权力。追究这分裂的原因,人们不禁要问道,当时成立德意志帝国有些晚了,也许太晚了。

1871年4月,新选出来的德意志帝国议会用1871年4月16日生效的帝国宪法代替了与德国南部国家签订的条约。这个帝国宪法的主要内容是1867年产生的北德联邦的宪法,基本上是后者的一个扩充。宪法中新的内容当然是使用了"皇帝和帝国"的称号。行使帝国权力的是补充了德国南部代表的联邦委员会,不是皇帝本人。在联邦委员会中,普鲁士并不具有多数票。

尽管如此,这个联邦委员会后来成为普鲁士统治德意志帝国的机构。不久就表明,宪法的实际作用与宪法的形式不相符。尽管帝国有联邦形式,但是由于皇帝的尊严与普鲁士国王本人的联系,尤其是帝国首相与普鲁士首相的联系,从而造成了帝国的霸权特性。俾斯麦成为帝国惟一的大臣。当随着事情的发展,慢慢地形成帝国各部门权力的强迫性分工时,各部门的领导只是国务秘书,而不是大臣。在俾斯麦任帝国首相期间,没有任何一位联邦成员国的首相试图在帝国重要问题上发挥某种影响。就是在联邦委员会中也极少出现对立的情况。

帝国的职责主要包括经济和外交领域,真正的管理工作仍属于每个国家的事务。这当然增强了普鲁士的地位,它拥有对大约三分之二的帝国领土的管理权。帝国首相是联邦委员会的主席,当然,俾斯麦被任命担任这个职务。他慢慢地建立了在德布吕克领导下的帝国首相府。除了联邦议会还有帝国议会,它与北德帝国议会一样是按照平等、直接和秘密的原则普选而形成的。

由此,1871年的宪法也包含了一定的民主成分,尤其随着中央党和社会民主党作为新的民众性政党的迅速发展。由于居民人数的增长,选举区域的划分很快就被超过了,同时第二次投票的选举体制只能有限地反映民众的意见,这使帝国议会的民主作用受到限制。更为重要的是,除了帝国议会之外,每个成员国家的议院都是通过限制大多数人的选举权产生的,首先在普鲁士,它的议会是通过被俾斯麦十分厌恶的三个等级制的选举权产生的。

在普鲁士议会中,这时保守党占了多数,它在上议院也占统治地位。议会构成上的这种不同对俾斯麦意味着拥有一种帮助的手段,他相信由此可以很好地进行统治。这一切丝毫没有改变这个事实,不仅在这种关系中帝国宪法创造了一个复杂的、被王太子称之为人为的混乱的官僚机构,而且这个机构,正像当时曾对俾斯麦极为崇拜的特赖奇克认为的那样,过分地受到俾斯麦个人的影响。当1890年俾斯麦被撤职后威廉二世认为,他可以是他自己的首相的时候,这种关系中的真正困难才暴露出来。

新建立的、在很大程度上是用强权的手段建立的帝国面临的最主要的问题是,它能否实现把新的德意志国家与广大民众联结在一起。作为反对力量出现了中央党和社会民主党。更重要的是,主要在普鲁士东部和军队中,旧的普鲁士——保守主义的因素具有决定性的影响。问题在于,尽管俾斯麦具有现实主义的态度,但是作为保守主义者和当权者他是否感到,在内容上对表面上建立起来的帝国进行补充。那样的话,他必须与保守的贵族阶层进行激烈的斗争。但是,他面对新的迅速成长的民众力量的态度不久就表明,他也无法超越过去的联系和界限而有所作为。

新建立的德意志帝国只是一个"被扩大了的普鲁士",这不仅仅对国王和皇帝威廉来说是这样,就是对俾斯麦也是如此。作为德意志帝国的首相,俾斯麦首先是普鲁士的政治家。普鲁士的霸权地位对他来说是理所当然的事,这同样是普鲁士和新教——君主制的存在基础。面对新的民众力量以及经济生活中新的发展,俾斯麦要把这些与新的帝国结合在一起,这更加重了他的困难。

过去俾斯麦曾认为,德意志几百年历史留下来的问题不是一个人和一代人能够解决的。这个深刻的认识在1871年以后,俾斯麦和许多同时代人在很大程度上忘记了。而反对建立帝国的人则发展变化成为或多或少的教条主义的反对党。一位著名的历史学家认为,所有愿望的内容都以一种奇异的方式得到满足,"在我的生活中从哪里还要对未来的生活增加一种新的内容呢?"相信所有问题都已被解决了,这成为1871年以后几十年内的基本观点,也是俾斯麦的基本观点。

俾斯麦的政治是外交政治,并且在这方面完全可以有理由说首先是维护现状的政治;德意志帝国已令他十分满足。但相对新的民众力量和一些重要的改良来说,这完全只是一种消极的政策,也并非完全正确。因此在俾斯麦的领导下,在德国的生活中发展出一种两面性。进步的现代力量与贵族的、农业社会的保守派处于一种非常强烈的不和谐之中,而保守派就其在数量上和真正的政治作用相比,对德意志的政治生活保持有较大的影响。

俾斯麦认为，一个小德意志国家的形式对德意志帝国是十分理想的。自由派也不再想与奥地利的德意志人建立联系。以前自由派和民主派主张的大德意志思想，现在只有在天主教的阵营中才能找到代表者。对俾斯麦个人来说，对于普鲁士——小德意志区域上的限制是不可放弃的。他一再强调，无意与奥地利的德意志人统一在一起和消除哈布斯堡王朝。俾斯麦想以此来消除外国存在的恐惧心理，即德意志帝国在完成其创建时期的战争之后将会追求进一步的扩张。

俾斯麦原则上认为，有必要保留奥地利—匈牙利的君主制。他还生活在保持五个欧洲大国体制的传统之中。因此，他从未想过贬低或消除这些大国中的某一个。对他来说，哈布斯堡王朝首先是欧洲的大国，而在那里生活着大量德国人的事实，对他来说，只有次要的作用。他坚信，通过奥地利各国来扩大普鲁士——德意志国家，将意味着力量的削弱。在这个问题上，内政动机和宗教动机也起了一定的作用。按照俾斯麦的观点，天主教因素的加强将只会加强反对普鲁士的力量。德国不要求奥地利各民族来进山朝圣。

一如既往，在俾斯麦那里，外交政治总是与内政联系在一起。因此，不可能把他的全部政策置于常被误解的"现实政治"的口号之下。把他的普鲁士——小德意志政策解释为根本解决"整个德意志"问题的途径也同样是不可能的。

俾斯麦想与哈布斯堡国家建立外交上的联系，民族方面的结合对他只有有限的作用。他始终强调，在石勒苏益格和洛德林根的非德意志民族意味着内政上的复杂化。另一方面，至少直到文化斗争的开始，他一直认为大量波兰农民是普鲁士最忠实的追随者。因此，俾斯麦只是一个有条件的单一民族国家的支持者，无论如何，不是欧洲人所理解的单一民族国家的概念。俾斯麦从历史形成的国家的观点出发，并且从一开始捍卫的只是一个有限的目标。这有一定的风险性，但也是获得成功的前提。

外交政策
（1871~1888 年）

对于在欧洲中部一个强大的普鲁士——德意志国家的形成，外国在理解上产生了相当大的疑虑。在某种程度上，俄国的态度促成了俾斯麦的成功，那俄国现在对自己边境旁出现的一个强大的邻国也几乎难以感到高兴。而其他欧洲大国已经习惯于在德意志区域内的软弱无力，因而决不乐意在没有任何补偿的情况下来接受这个新的事实。当然，至少法国人同意，现在德意志帝国在欧洲大陆上具有领导地位。

无论如何，德国的外交政策必须在一开始就考虑到，这个新的帝国并不是处于一片欢呼之中，俾斯麦时刻担心敌对联盟的形成。此外，小德意志的基础相对来说比较薄弱，就是在与奥地利结合在一起的德意志联邦时期也从未形成一个真正牢固的基础。

当德意志帝国形成时，邻国已经开始迅速成为世界性的强国。德国人当时没有把这当作一个问题来对待，就是俾斯麦自己也没有感到要进行一次新的世界政治的发展。他知道，这刚刚建立的国家绝不会十分稳定，因此在 1871 年之后，他推行一种明确的和平政策，拒绝任何扩张行为。这绝不是如有些人所认为的因为俾斯麦的衰老。这是他外交智慧的体现。他十分清楚，年轻的德意志帝国最需要的是在欧洲大陆上的安全保障,世界经济的计划和殖民地的计划不能危及到这个基础。

从这个观点出发,1871年以后俾斯麦推行了一种把灵活性和鲜明的个性有意识地结合在一起的外交政策。维护德意志帝国和欧洲的和平,这是他在其后几十年内的愿望。俾斯麦首先是一个"铁血首相",是一个只知道暴力手段的人,与这种直到今天在外国广为流行的看法相反(这其中德国人不是没有责任),所有欧洲的外交官们都认为,俾斯麦的外交政策是和平的保证。

俾斯麦在外交政策方面拒绝了民族主义的目标和手段。在1871年以前和平谈判时,尽管战败者在理解上完全是另一种情况,他也极力主张提出完全适度的要求。他始终认为,战争不是一个伟大国家的外交政策。他相信,有必要建立一个欧洲国家的体系。在这一点上,对他来说,欧洲大国间的对立与合作是理所当然的事情。

1871年以后,俾斯麦的外交政策认为与法国的对立已成事实,因此,首要任务就是要阻止法国找到联盟的伙伴。这当然就严重妨碍了德国联盟政策的自由性。也许俾斯麦是正确的,如果他认为法国外交政策的主要目的就是要消除1870～1871年的结果。但不能把法国的外交政策简单地理解为复仇的公式。

俾斯麦努力尽可能地减轻与这个对手的对立。由1870～1871年战争所带来问题的解决方法,相对来说比较容易实现。俾斯麦力求排除所有不必要的对抗。他拒绝了德国支持法国重建君主制的主张。他认为,一个共和制的法国比一个君主制的国家有较小的危险性。和平条约中规定的战争赔款,法国很快就支付完了,因此在1873年的秋天,德国军队结束了对法国的占领。

一个要阻止法国复仇的德国外交政策必须要首先使法国找不到联盟的伙伴。因此,必须避免在莱茵河问题上的对立同欧洲列强在近东的争夺相互联系起来。自从17世纪以来"为了莱茵河的斗争"和在巴尔干半岛的争夺,对欧洲的全部政治有着决定性的影响。1871年之前,俄国与奥地利自从克里米亚战争以来一直处于尖锐对立的状态,这减轻了俾斯麦政策的压力。但是,在帝国建立之后,彼得堡和维也纳之间的对立成为俾斯麦联盟政策的最大困难,特别是1866年以后,哈布斯堡在意大利和德国失去了势力范围的基础,它的政策重心只有向巴尔干半岛转移。

同以前一样,与俄国的联合是俾斯麦外交政策的基础,但他力求把哈布斯堡也拉入到德—俄友好同盟中来。对俾斯麦来说,英国作为可能的联盟伙伴是最后才考虑的事情。因为他认为,与一个议会性政府结成坚强牢固的联盟是不可能的。从长远考虑,俾斯麦准备与奥匈合作。通过1872年三位皇帝的会谈和1873年10月三位皇帝结成的同盟关系,俾斯麦成功地实现了强大的君主政体国家与传统国家的和睦友好。尽管困难重重,但它直到1890年仍是德意志外交政策的基石。这个外交政策体系恢复了梅特涅时代的结盟,它的存在也是出于内政方面的考虑,虽然不是像当时奥地利首相那样十分片面。俾斯麦只将有限的内政方面的愿望转移到外交关系的构成上。但这些强大的君主政体国家的合作对他来说正是他所希望的和十分自然的事情。当然俄国和奥匈在巴尔干半岛的对立从一开始就干扰了这种关系。在这个问题上,俾斯麦通过强调德意志帝国在东南欧洲毫无利益要求来平衡这种关系。为巴尔干半岛不值得损失一兵一卒。

1875年,俾斯麦发表了一篇题为《战争在望》的文章。他认为有必要告诫法国,不要进行军备扩张。这导致了第一次外交危机,德法关系成为全世界关注的热点。

俄国首相哥尔查科夫来到柏林并声称,他挽救了和平。为此俾斯麦感到很痛苦,因为他不想与法国发生战争。当然,军队已经准备进行一场预防性战争,但同过去一样,遭到俾斯麦的拒绝。另一方面,1875年的危机表明,法国已不再处于孤立状态。

在后来的几年里,巴尔干半岛的争端给外交局势带来了严重后果。在俄国与英国之间的冲突中,俄国沙皇向普鲁士提出,普鲁士要答谢俄国在帝国建立时期的支持,期望德意志帝国采取支持俄国的明确态度,而俾斯麦这边则强调,德意志帝国希望奥—匈王朝继续存在下去。

俄国人在对土耳其的战争中获得重大胜利。在圣斯特法诺的和平条约中,俄国人迫使土耳其接受几乎使其退出巴尔干半岛的条件,从而使巴尔干国家得到极大的加强。针对这种情况,奥地利匈牙利和英国提出了抗议,欧洲的和平受到严重的损害。最后惟一的办法是,为了维护和平而在柏林召开一次国际会议。俾斯麦不乐意接受这个解决办法,尤其是他必须接受这个会议的领导工作。

柏林会议是德意志帝国的地位和俾斯麦地位的顶峰,他面对其他国家的政治家表现出其政治的权威。俾斯麦讲德意志帝国不想作为仲裁法官,而是接受一个诚实的掮客的角色。他小心翼翼和聪明地引导着会议,但却无法阻止德意志帝国外交困境的增大。让所有参加者都满意,"诚实的掮客"的角色也极少能扮演得如此之好。俾斯麦在会议上对俄国的要求采取了这样的态度,只要不会因此而爆发战争,他就尽可能地给予支持。但俄国人最终未能赢得他们在圣斯特法诺条约中自以为已经得到的东西。彼得堡把这归咎于德意志帝国,认为这是德国首相的反俄态度所致。

最后,这种情绪在1879年俄国沙皇给皇帝威廉的一封极不寻常的私人信中得到充分体现,在信中沙皇对德意志帝国进行了严厉的责难。这封所谓"打耳光的信"似乎向俾斯麦表明,对德—俄关系的调整已很有必要。俾斯麦当时决定,进一步加强与奥匈的联盟关系。为此,他首先与匈牙利外交大臣进行了磋商。

这个与奥—匈建立联盟的计划于1879年10月7日完成。结果导致了俾斯麦与他的君主之间最后的一次严重的矛盾冲突,最终给双方都带来极大痛苦。德意志皇帝并没看重俄国人的这种不友好的行为。他过高估计了彼得堡和柏林之间过去的友谊,认为背着沙皇与奥—匈结成联盟是对这种友谊的不忠实行为。最后,在政府各个部门的支持下,俾斯麦强迫他的君主接受与奥地利结成的联盟,并且他还以辞职进行威胁。皇帝也考虑要引退:"俾斯麦比我更不可缺少。"

最后皇帝要求,把情况通报给俄国沙皇。对此俾斯麦与维也纳达成了一致,同意这样做。其实这也正是他的基本意图。俾斯麦从一开始就打算利用与奥地利—匈牙利的新关系,重新恢复与俄国的友好合作。

为了得到皇帝的同意,俾斯麦在与他的君主发生的最后一次严重矛盾冲突中,使用了各种战术手段。在此他有时也提到大德意志的主题,回忆起在德意志联邦时旧的共同体。但是,正如他自己后来所讲的,这一切都只是战术上的辅助手段。1879年与奥匈的联盟,对俾斯麦来说,只是国家与国家间的联盟,这与大德意志或中欧问题丝毫没有关系。首先在这个联盟中不是在奥地利—匈牙利和俄国之间进行选择。对俾斯麦来说,它只是个要返回过去三皇联盟的路径。俾斯麦很快就实现了这个目标。他对他的助手拉多维茨说:对我的维也纳政策,我有最好的依据。我知道,如果我们把奥地利人搞定的话,那俄国人就要来拜访我们了。

1879 年的联盟只是俾斯麦面临 80 年代日益增长的困难所要建立的联盟系统中的一部分。在这里他始终坚决反对片面地支持俄国的要求或奥一匈的要求。后来把1879 年的联盟理解为"尼伯龙根的忠诚"是腓特烈时代的一个发明,对联盟的这种解释给德意志帝国带来了极大的危险。之所以会是这样,套用俾斯麦的说法,是因为德意志的政策后来被维也纳用"缰绳"套住了脖子。对俾斯麦来说,与奥一匈的联盟依旧置于三个强大王朝的关系之中。假如在他那个时代有必要在彼得堡和维也纳之间进行选择的话,很有可能他选择彼得堡。俾斯麦多次指出,国际政治是一个不断变化的因素,因此条约只有与它的签订者的利益相适应时,它才存在。到了 1888 年俾斯麦还这样说,在克思滕州讲德语或者斯拉夫语,对他来说是无所谓的事。重要的是,奥地利—匈牙利的军队继续保持一致。

　　正如我们看到的,对俾斯麦来说,与奥匈结盟是为了重新实现三皇联盟。它于1881 年缔结并于 1884 年重新续订。俾斯麦从来未对意大利人和它的军队给予高度重视,但他表示祝贺。通过 1882 年德—奥匈—意三家缔结联盟,奥匈在与俄国发生冲突的情况下可以无后顾之忧了。意大利人在缔结三国联盟时明确表示,意大利绝不会站到一个反对英国的组织一边。这在当时英国舰队控制着地中海的情况下,完全可以理解。1883 年,三国联盟通过与罗马尼亚的一个条约得到补充。西班牙在一段时期内也与德意志帝国保持着十分密切的关系。这样,除了法国之外,德意志帝国与所有欧洲的大国直接或间接地联系在一起。

　　在 80 年代中期,德意志帝国的外交局势由于世界政局而处于轻松的阶段。法国与英国在埃及的争夺,俄国与英国在近东和亚洲的对立,还有法国和意大利在突尼斯问题上的对抗,这些问题给德意志帝国的外交政策创造了有利的条件。在这样的局面中,德法关系在一些时候也变得相对友好起来。一定程度上为了转移一下法国的注意力,俾斯麦对法国的殖民地扩张给予了支持,但这并不是为使法国修正其对德意志帝国的态度。当几十年以后,在摩洛哥问题上德意志帝国成为法国殖民地政策的对手时,法国的殖民地政策才受到别人的欢迎。与法国的对立始终是德国外交政策的基本立脚点。

　　为了创立德国的殖民地,俾斯麦充分利用了 80 年代中期世界政治的紧张状态。德国的殖民地政策主要局限在 1884 年和 1885 年这两年。殖民地政策使德国有时与英国的关系变得紧张。在这个问题上,俾斯麦好几次对伦敦的政治家发表了尖锐的讲话。就另一方面来看,英国几乎没有给德意志帝国殖民政策的实施造成什么困难,因为对英国来说,德国的殖民政策对它并不具有威胁的力量。

　　在此之前,俾斯麦曾拒绝任何对殖民地政策的追求,并且在 1888 年底他还解释说,他天生就不是殖民主义者。当第一批殖民地在西南非洲的喀麦隆和多哥建立时,俾斯麦认为,这主要关系到新的销售市场。大约在同一时期,在南太平洋岛屿建立殖民地时与西班牙发生了冲突,俾斯麦决定请教皇进行仲裁。

　　1885 年底,当外交政治局势又变得紧张时,俾斯麦没有继续推行殖民地政策。他认为,没有必要为了殖民地而与英国这个世界帝国弄得关系紧张。当然,在德意志帝国国内推行殖民地政策的呼声增强了,尤其是 1882 年成立的殖民地联合会对此进行了宣传鼓动。德意志殖民地联合会是第一个超越党派的"民族组织",它后来由于进行民族主义的宣传给德国的外交政策造成了很大的困难。与这种做法相反,俾斯麦始终冷静和明确地避免与其他国家出现过于紧张的关系。特别当他意识到,德国势力范围的重点是在欧洲时,就更不能因为在世界上的扩张而受到干扰。正是由于有这样的认识,他对德国的整体情况能做出完全正确的判断。尽管如此,德国占有的殖民地的绝大部分并不是通过后来威廉二世所谓的"世界政治"所取得的,而是俾斯麦充分利用 1884～1885 年有利的外交环境的结果。

1885 年,在巴尔干出现了新的纠纷。这清楚地表明,柏林会议上做出的规定不是永久性的解决办法。俾斯麦的主要目标是,在巴尔干新的矛盾中阻止一场欧洲战争的爆发,化解俄国与奥匈的对立。他阻止了德国公主要把自己的女儿嫁给后来被推翻的保加利亚君主的想法。他不想刺激俄国。另一方面,奥匈在巴尔干问题上坚持十分强硬的态度。当时俾斯麦十分明确地强调,德意志帝国不会为东方问题而参与一场战争,在谈判中不会受奥匈单方面的影响。在一次议会演说中,当他听说维也纳的气氛已经平静下来时评论道:这比他们再折腾要好。

俾斯麦的这种态度与几十年后德国政策受维也纳支配的那种情况处于十分明显的对立。正如以前对待俄国一样,现在处理对奥匈的关系时,他努力做到这种联盟不被联邦的同僚们作为扩张的伙伴来加以利用。俾斯麦不想同意哈布斯堡在巴尔干的行为,尤其他对哈布斯堡国家内部状况和其军事力量的衰弱越来越担心。另一方面,俾斯麦担心,在俄国新闻媒介中出现的反德宣传会得以实现,虽然在俄国官方政策中还没有呈现出这样的倾向。

与此同时,德意志帝国与法国之间的关系又一次恶化。由于法国军事部长布朗热的民族主义态度,1887 年,德法之间出现了严重的纠纷,但很快就被解决了。可它清楚地表明法德关系十分紧张。

1887 年底,俾斯麦成功地实现了他的计划,在英国、奥匈和意大利之间签署了一个地中海条约,这就是所谓的《地中海协议》。在这个协议中,大量岛屿归属到三国联盟一边。另一方面,事态也越来越清楚地表明,1887 年到期的 1884 年的三皇联盟不会再重新延续,奥匈和俄国的紧张关系变得更加严重。在这种情况下,1887 年 6 月,德意志帝国与俄国签订了《再保险条约》,德国和俄国通过这个条约保证了相互友好的中立地位。德国对俄国在巴尔干半岛历史上形成的权力表示承认,特别是承认俄国对保加利亚具有绝对的支配权。在一个绝对秘密的补充条款中规定,假如俄国自己接管对进入黑海入口权的保护的话,那德国将给予支持。

在缔结了这个条约之后,俄国人知道了 1879 年德国与奥匈签订的条约的全部内容。德国公布了它。在签署了《再保险条约》之后,俾斯麦强调,他预料弗朗茨·约瑟夫皇帝同意他的做法。1890 年以后的事实表明,奥匈十分支持《再保险条约》的延续。因此,如果把《再保险条约》总是理解为对维也纳政策的不忠诚是过于简单化了。确切地说,通过这个条约清楚地表明,俾斯麦联盟政策的外交方法变得越来越复杂化。俾斯麦相信,正是通过不同条约相互间的关系来保证维护和平和排除两个阵营间发生战争的一切危险性。

他在签订了这个《再保险条约》之后马上说:皇帝的政策迄今为止的目标是维护和平。如果俄国人破坏了和平,我们就支持奥地利。如果奥地利破坏了和平,按照与俄国的条约,我们则保持中立。因此,就这一点而言,我们的秘密条约系统是对和平行为的一个奖赏。因此,他坚决反对改变与奥匈建立联盟关系的前提条件,并且反对军事部门企图通过对奥匈军事义务作预先规定来鼓励一种进攻性政策的做法。如果奥匈受到俄国的进攻,德国才与奥匈进入联盟状态。俾斯麦坚决反对外交使团中的武官利用其直接向皇帝通报情况的权力企图影响德国的外交政策。他始终不渝地与军队干预政治方向的行为作斗争。

另一方面,俾斯麦忧虑地看到,俄国的反德气氛变得日益浓重。他力求在战争爆发之前从军事上做好充分的准备。他竭力描述经过一场大战之后战败者所面临的严重局势。老皇帝威廉逝世前不久,在一次著名的外交政策讲演中,俾斯麦指出了处于各大国之间的德意志帝国的危险性。这次讲演的战略意图是警告俄国的反德势力。讲演中有这样一句话:我们德国人敬畏上帝,但除此之外,什么都不怕。在讲过这句话之后,为了减轻这句话的强度,他马上又补充说:让我们热爱和维护和平就是对上帝的敬畏。这句一再被别人引用的话是出自一篇充满忧虑的讲演。在这讲演之后,当这句话马上出现在杯子、领带和拖鞋上时,俾斯麦对此并没有感到高兴。实际上对这句话的滥用是一个清楚的信号,他同时代的人们根本没有理解俾斯麦外交政策的内容。

俾斯麦对出现一个强大的反德同盟和帝国本身状态的担忧依旧存在。也正是如此,他的外交政策才充满了力度,同时又很谨慎小心、十分灵活,总要考虑到外交政策中的各种关系。有人提出疑问,他所创造的具有高度艺术性的联盟体系是否能长久维持下去。对于这种倒退的问题,俾斯麦从未给予明确的回答。事实是,直到他下台,俾斯麦做到了阻止法国与俄国的合作。俄国在1890年还准备续订《再保险条约》。正是由于这个条约没有被续订,才开始了俄国与法国的合作,由此导致外交政治局势发生了根本性的变化。

从外交档案中也可以清楚地看到,在俾斯麦下台之后,他那伟大的、包容了欧洲各种政治关系的方案,马上被一个在外交政策上只见树木、不见森林的指导思想所替代。准确地说,俾斯麦的外交政策不是没有缺点,但就整体而言,凭借他的外交政治艺术和能力可以阻止在他下台以后所出现的德意志帝国长达二十五年之久所处的孤立状态。1890年,除了法国之外,德意志帝国直接或间接地与所有欧洲大国有着联盟的关系。与俾斯麦观点相对立的"尼伯龙根的忠诚"的政策使得德意志帝国在1914年只与奥匈和土耳其在第一次世界大战中结为一体。正是1890年和1914年德意志帝国外交局面的相互对照说明了俾斯麦外交政策的成就。

内政建设
(1871~1888年)

与外交政策相反,俾斯麦1871年以后的全部对内政策则受到批评。但有些被称为错误的看法认为,1871年以后俾斯麦在内政方面也有建树,这也不是没有道理的。起决定性作用的是俾斯麦保守主义的基本观点与帝国宪法的立宪或半立宪性质处于一定程度的矛盾之中,同议会和党派的合作与他的独断嗜好自相矛盾。经济和社会关系的急剧变化让他感到十分陌生,同时一系列他所不了解的对抗力量影响着内政方面的决策。此外,他本人的健康状况、他常常数月之久远离柏林的生活,对他的决策也起到干扰的作用。他住在瓦尔青、基辛根和加施泰因,但大多数时间则住在他的领地弗里德里希斯鲁,这是他1871年晋升为侯爵时皇帝赠予的。与以前不同,俾斯麦越来越抱怨自己的健康状况,并抱怨皇帝给工作带来的困难。1872年他写信给罗恩:国王作为马鞍上的骑士几乎不知道,他是怎么把我这样一匹听话的马骑坏的。

有时在外国代表们面前,他也使用类似的表述,这也表达了他对皇帝的忠诚和他与皇帝密切的关系。健康状况导致俾斯麦过于激动和敏感,而他则把这归结于工作的繁重和责任重大。其实,他自己对他的健康状况不是没有责任。他睡到中午,然后把夜晚作为白天。来访的客人们对他那无节制的饮食深感惊讶。从1883年起,施文宁格接受对他的治疗,他的身体状况才有了好转。他这时每天一早起床,开始习惯在饮食上有一定的节制。尽管他自己觉得吃得已是很少了,但实际上还是太多。我早晨一块煎牛肉饼,下午一块煎羊排,不允许吃别的。后来仍是这同样的东西,只是顺序变来变去。

在帝国和普鲁士的最高层组织机构不能正常运转的情况下,俾斯麦个人的困难就更大了。俾斯麦是帝国惟一的主管部长,这种情况在1878年通过职务代理法规之后也没有什么变化。同样,当帝国各主管部门慢慢成为一个由国务秘书而不是大臣领导的新的管理负责机构时,他的工作也没减少多少。在普鲁士还保留了令俾斯麦一直抱怨的集体负责的原则。1873年俾斯麦把首相职务临时交给了军事部长罗恩,但很快就发现,帝国首相的职位与普鲁士首相的分离不能适合帝国宪法的结构。当然,俾斯麦经常长时间不在柏林,这给政府的工作带来了困难。外国的外交官们在商讨重要问题时总是到他休假的地方去拜访他,但在内政决策方面采取这种办法则受到很大的限制。

在1871年以后的岁月里,一部分在北德联邦时已经开始的内政建设,在议会中的大党民族自由党的积极参与下继续进行,相继开始了货币向金币过渡,建立帝国银行和在莱比锡设立帝国法院。在司法事务方面,新的法规也开始受到自由党的强大影响。直到1900年民法典生效时,制定新的法律的工作才全部结束。在俾斯麦最初没怎么关注的经济政策问题上,自由党的主张也得以贯彻实施。当然,自由主义的经济政策不久也显示出其消极的方面,被称为"十亿元的恩赐"的高额法国战争赔款实际上只起到了很少的积极作用。70年代经济的高速发展与不健康的新的创业、投机和腐化堕落联结在一起,这使俾斯麦着手对自由主义经济政策进行审查。

1876年帝国首相府的领导德尔在吕克辞职,从而对经济政策产生很大的影响。在此之前,俾斯麦与民族自由党就军队在和平时期的现有兵力问题发生了激烈的争论。他想永远保留现有兵力,对民族自由党的立场进行了尖锐的批评。他期待着他们无条件地接受他的主张。最后双方达成一致协议,在和平时期把现有兵力保持七年。

按照自由主义的思想,70年代初在普鲁士也进行了改革,特别是按照1872年对县级政府的规定,要取消庄园主的权力。这个措施遭到普鲁士上议院的强烈反对。这样,俾斯麦与过去保守派的朋友们发生了尖锐的矛盾,这强迫他与自由党进行更多的合作。保守派势力因而对俾斯麦个人以很不光彩的方式进行了攻击。令俾斯麦感到痛苦的是,他的许多老朋友声明支持《十字报》对他的攻击。后来,保守派的态度慢慢地才有了转变。

70年代最重要的内政斗争是所谓"文化斗争",这个名字来源于议员及著名医生菲肖夫的一次讲演。在这场斗争中,俾斯麦和自由党进行合作。这个"文化斗争"的叫法反映了自由派的观点,但并不是俾斯麦的观点,他认为他反对中央党和天主教会的斗争不是着眼于文化的角度。

俾斯麦在帝国创立时期和德法战争时期曾想试图与教皇建立友好关系,对梵蒂冈的宗教会议他也持一种谨慎的态度。与此相反,他从中央党成立之始就与其进行了坚决斗争。中央党的领导者是他的老对手温德·霍斯特。中央党所代表的天主教宗教的要求肯定要遭到帝国首相的反对。俾斯麦最初试图把与中央党的对立和与天主教会的对立区别对待,但不久表明,这种可能性很小。于是,与中央党的纠纷成为一场对天主教会和它的组织的无情斗争。对此,俾斯麦一再指出,这种对立关系到国家权力和神职统治这个十分古老的矛盾。

这场文化斗争主要是两种力量的碰撞。天主教会和中央党不能面对由新教领导的新的德意志帝国而袖手旁观。不管中央党的态度如何,俾斯麦也已经做好了进攻的准备,他感到中央党的建立本来就是一种敌意的行为。他认为与天主教政治运动的对立也与波兰问题有关,并且也对天主教的大国联合在一起来反对普鲁士——德意志国家颇为担心。中央党和威尔夫派势力的联系又促使了俾斯麦敌意的加强。

在帝国立法方面颁布了对天主教耶稣会的禁令。一般来说,文化斗争主要在普鲁士,是利用普鲁士的立法来进行的。这项工作由新的文化大臣法尔克负责。即便后来俾斯麦把他自己的责任全推给法尔克,这也不能掩饰他曾利用一切手段与天主教会进行过斗争,并且他亲自挑选出来的法尔克也一再庇护保守派和宫廷势力的反对力量。后来在俾斯麦《回忆与思考》中说:错误使我清醒地看到诚实但笨拙的普鲁士警察的形象。他们穿着马刺,拿着长穗军刀,跟在十分敏捷的神父后面穿过后门和睡房。这个描述足以证明,俾斯麦对这场斗争失败的原因直到后来也没有认清。在文化斗争与中央党的矛盾冲突中,他所遇到的是受广大民众支持的一种世界观的力量,这不是使用立法手段和警察能消除的。正因如此,1873 年的五月法令和进一步摧毁教会存在的企图都未能发挥实际的作用。俾斯麦以非同寻常的热情投入到反对天主教教士、特别是反对主教们的斗争之中。他宣称,国家正处于自卫状态,并指斥新教教会缺乏正确的斗争精神。他不理解,为什么不仅国王、而且新教教会也不愿意跟随他那极端主义的斗争措施,反对设立民事婚姻机构和户籍登记处。1872 年 5 月,俾斯麦在帝国议会中说:您不用担心,我们不会去卡诺莎,肉体不去、灵魂也不去。

这句引人注目的话表明,俾斯麦把 1077 年卡诺莎事件片面地理解为只是国家权力的一次失败,这再一次验证了一个古老的经验,即在政治生活中不要作预言。后来撤销在文化斗争中颁布的法律虽不意味着国家对天主教教会的屈服,尽管如此,但人们当时并不是没有理由地认为,俾斯麦在某种意义上还是到卡诺莎去了。一次对俾斯麦的刺杀事件把这充满激情的愤怒推向了高潮。虽然作案人与中央党没有任何关系,俾斯麦指责中央党应对这个事件负责。在帝国议会上的一次争吵中,一位中央党的领袖"呸"了俾斯麦一声,俾斯麦回击道:呸是一种厌恶的表达;是鄙视。先生们,您们不要认为这种感觉离我很远;为了把它说出来,我只是太有礼貌了。

事实很快表明,国家对教会的斗争措施没有起到什么作用。在 1874 年的帝国议会选举中,中央党获得的选票比 1871 年增加了一倍。在新教皇利奥十三世的调解下,70 年代中期,国家对教会的斗争,所谓"五月法令"的大部分内容被或多或少地被放弃了。在这一点上,俾斯麦认为不能在公众面前表现出国家的屈服。他希望中央党将四分五裂。但是这种情况并没有出现。结果正是威胁天主教信仰的文化斗争加强了中央党的地位。从 70 年代中期开始,在几十年里,中央党在德国政治生活中具有决定性的作用。就国家所采取的措施而言,保留下来的有国家的学校监委会、户籍登记处和民事婚姻,这些机构虽然在我们今天看来是理所当然的,但在当时,不仅遭到国王的反对,而且也遭到新教教会的反对。这说明,国家在这场斗争中也取得了一些成果。但就整体而言,文化斗争意味着国家政策的一个失败,并加强了原本作为斗争对象的中央党的力量。

文化斗争的撤销是与俾斯麦在国内政策和经济政策上的整体转变联系在一起的。1876 年 10 月,国王在议会演讲时宣布了新的关税政策。同时俾斯麦试图让民族自由党领袖鲁道夫·冯·贝宁森担任大臣,这实际上可能会导致自由党的分裂。当国王威廉从别人那儿听到这个消息时很不高兴。贝宁森提出了前提条件,即只有民族自由党另外两位领袖也被任命为大臣时他才接受这个职务。这个要求遭到俾斯麦的坚决拒绝。这样,俾斯麦与民族自由党的合作就走到了尽头。

为了熟悉迄今为止不甚了解的经济和关税问题,俾斯麦从 1877 年底开始了十个月的休假。他准备与自由经济政策决裂,从而与自由党进行了多次激烈的争论。就在新的经济政策实施之前,俾斯麦开始以 1878 年才通过的《反社会主义者法令》来反对社会民主党。这样,在文化斗争之后,马上又开始了一场新的对内政治斗争。这再一次表明,俾斯麦能够对付过时的市民阶层和贵族的绅士党派,但相对于现代民众政党却缺乏适宜的策略。在这方面他犯了政治上的和心理上的双重错误。

俾斯麦在 1871 年就曾警告那些对社会主义的追求,并错误地认为,巴黎公社起义与社会主义运动没有什么关系。他之所以反对社会主义是源于这样的认识:群众力量的出现肯定要对国家有所损害。他依照这个理论在资产阶级的阶层中找到了支持,他们很久以来就对这个"红色的幽灵"感到恐惧。与海因里希·冯·特赖奇克相反,俾斯麦承认国家负有社会义务,但他一再指责,社会民主力量对经济上较为富有的同胞怀有贪欲和忌妒。他没有注意到,民众力量的反击,无论是天主教,还是迅速增长的工业劳动阶层,都对新建立的德意志帝国意味着严重的威胁。

对社会民主党的迫害在 70 年代初就已经开始了,但实质性的斗争措施是在文化斗争的高潮过去之后和对老皇帝威廉两次行刺事件之后才开始执行。第一次行刺之后,在没有证据的情况下,俾斯麦认为社会民主党要对此事件负责,把一个仓促制定的、不完备的反社会民主党的法律草案提交给帝国议会,由于中央党和民族自由党反对这样一个戒严法,结果遭到议会的拒绝。当老皇帝第二次遭到刺杀并受重伤之后,俾斯麦马上说:现在我们解散议会,然后他才询问皇帝的身体状况。俾斯麦在社会中十分片面地利用这次刺杀事件,并把斗争的矛头指向民族自由党。

帝国议会被解散了。在新的选举中,民族自由党损失了一些席位。在刺杀事件的影响下,民族自由党撤回了对《戒严法》的不同意见,并同意制定一个比较完备的《反社会主义者法令》。但它认为,这个法令只在有限的时期内有效。直到俾斯麦下台,这个法令多次被重新加以修订。根据这个法令,所有社会民主党的协会和组织都被解散,社会民主党的报纸受到压制。在这种情况下,社会民主党不可能再进行公开的组织和宣传工作,于是开始创立一个更富有影响的秘密组织。《反社会主义者法令》未能阻止支持社会民主党选票的增加。在俾斯麦下台前 1890 年举行的大选中,社会民主党获得了一百四十万张选票,成为得票最多的政党。中央党得到的票数位于第二。文化斗争和《反社会主义者法令》加强了俾斯麦对手的力量,过去的经验——禁止政策与危险联系在一起——再一次得到证明。俾斯麦在对内斗争方面一再表现出与他的外交政策相反的特点:不知道该适可而止。俾斯麦一再以最激烈的言辞评论社会民主党、中央党和左翼自由党的领导者,他对那种内政方面的对立或多或少地从个人的角度加以解释,并把这种对立归结为他们对国家的敌视。

最初,俾斯麦曾在一定程度上准备与各政党合作,这当然绝不是在议会党团的意义上进行。在帝国建立之后的二十年的时间内,他对政党的态度变得十分清楚,对政党的批判越来越尖锐,并想把它们从任何真正的责任中排挤出去。他多次表示,他以前把帝国议会作为一个整体因素的希望落空了。与过去观点相反,各王朝构成了帝国的支柱。议院没有统治权,只有监督权。君主和非议会机构拥有真正的政府权力。他指出议会党派联盟思想的狭窄性,认为年轻人、特别是受过教育的年轻人期望的是一种另外的情形。他把党派联盟的狭窄性理解为小邦分治主义的继续也不是完全没有道理。但他完全错误地认为,只能战术性地利用各政党来进行相互斗争,并且顶多利用它们作为达到目的的工具,因此,不能把政党培植成担当真正政治责任的组织。有时他让人们注意乌兰特在法兰克福国民大会的讲话:一个没有一滴民主之油的德意志皇帝是不可想像的。俾斯麦反对由这一滴滴的油汇成一桶油。越来越清楚,俾斯麦最后感到与议会和政党的合作只是一种负担。

在德意志帝国议会中所进行的重要辩论,完全表现出其议已具有相当的水准以及反对党所具有的真正责任感。在这几十年的德国议会中出现了许多有影响的人物。俾斯麦本人的讲演具有很高的品味,虽然有时也表现出疲倦之神态。他的讲话总是铿锵有力,有时尖锐无比,有时则充满幽默,二者相辅相成。在 80 年代期间,他越来越不愿意真地进行辩论。他模仿反对党大谈革命的和共和制的目标,但这绝不是其实际的意思。他认为,人民的价值乃是对国王的忠诚。

由于经济政策的转变,在国内政治上的对立更加尖锐了。1879 年 5 月,在一次很长的演说中,俾斯麦对新的经济和关税法规作了说明。他以充足的理由指出,对关税保护和自由贸易之间的理论争吵是多余的,但他要求保护国内的经济以反对外国的竞争。他要求对钢铁工业和农业实施关税保护。自由党议员拉斯克曾指责俾斯麦的政策只单方面地有利于财产拥有者。对此俾斯麦回答说,拉斯克推行的是无产者的财政政策,他自己却属于书本上说的绅士:他们不种地、不收获、不祈祷、不织布,但穿着衣服——我不想说,他们穿着什么衣服,但无论如何穿着。当时他一再表现出了对贫穷阶层的某种忽视。

在当时的德国经济状况下采取关税保护政策是否必要?这个问题引起人们的争论。对一些工业领域有必要给予一定的保护,但对农业也进行保护,实际上这种必要性很小。关税政策给国内政治带来了很大变化。与自由党相反,中央党在温德霍斯特的领导下开始利用政府的关税方案与俾斯麦靠拢,但中央党决不准备在对方毫无妥协的情况下给予支持。俾斯麦想通过关税立法来增加帝国的财政收入,这也是相对各成员国而言的。在这个问题上,中央党实现了所谓的弗朗根施坦恩的附加条款。按照这个条款,帝国要把新税收的增加额转让给各成员国,而各成员国为此向帝国交纳登记费。帝国财政收入的合理增加由此而变得复杂化了。在这个问题上,俾斯麦必须屈从于在帝国议会中起决定性作用的中央党,因此他有利于帝国的铁路国有化的方案也未能实现。与此相反,由于汉堡的商人们认为,关税同盟会给城市的经济带来损失,因此,俾斯麦与汉堡当局进行了相当激烈的争论,最终把关税联盟扩展到了汉堡和不来梅。当关税的相互联合在1888年最终实现时,"专家们"的那种担忧并没有出现,两个大城市的经济通过与德国关税地区的连接而得到促进与发展。

政党政治的发展对俾斯麦的对内政策不是很有利。在普鲁士的议院中,由于实行三个等级的选举制度,保守派一直占有统治地位。但在帝国议会中,让俾斯麦能够信任的政党的影响却越来越微弱。社会民主党由于间接选举和选区区域的划分对构成多数派还没有什么影响,而中央党则以大约一百个席位具有很强大的作用。它有时支持俾斯麦的政策,但就整体而言,它站在反对党的位置上。更重要的是,自1867年以来,一直支持俾斯麦政策的民族自由党在就《反社会主义者法令》和新的经济政策发生争论之后已四分五裂了,形成了许多团体,其中左翼自由派反对俾斯麦的政策。米克尔成为民族自由党的领导者;随着海德堡声明的发布,1884年代表富有的资产阶级和自由主义阶层、保守派和大地主贵族利益的历史开始结束它的俾斯麦时代。

这种变化使俾斯麦在帝国议会面前的处境变得越来越艰难。俾斯麦与德意志——自由思想派和他们的领袖奥根·黑希特进行了特别激烈的斗争。在辩论中他一再强调诡辩的危险性,并且指出,他自己不是演说家。这一点只是部分正确;尽管首相有时结结巴巴用极高的声音讲话,但他几乎总是在没有讲稿的情况下对政治作精彩的论述,并且在生动和比喻方面有着无穷的创造力。俾斯麦越来越倾向于排斥帝国议会的作用和否定政党的权力。他有时认为,政党已经过时了,陈旧了,将会消亡,应通过经济组织来代替。这种预言当然只是在这种意义上实现了,即与俾斯麦的期望相比,政党的存在更多地与物质利益的因素联系在一起。

尽管存在艰难的内政关系和帝国议会中强大的反对力量,80年代,俾斯麦在社会领域的立法方面创造了一个伟大的并且对外国也具有示范意义的成就。在这项工作中他最重要的合作者是荷尔曼·瓦格纳和特奥多·洛曼。他在1881年11月17日的一个皇帝公告中,提出了一个社会政治计划。这个关于社会保障法的最初草案在1881年年初就已提交给了帝国议会,但被搁置于议会辩论之中。在这个草案中说:"国家要比以往更加关心它那需要帮助的成员,这不仅是应该渗透到国家各个机构中的人道主义和基督教的义务,而且是国家赡养政策的任务。这个政策必须实现的目标是,要在人口最多、同时受教育最少的无产者阶层也建立起这样的观念,即国家不纯粹是一种必要的,而且也是一个行善的机构。"这只是对从基督教传统中发展起来的现代国家思想的一种进一步发展,也正是在这个意义上,在俾斯麦的社会政策中引入了社会主义的因素。除了事故保险之外,皇帝的公告宣布了对疾病、养老和伤残的保险。

俾斯麦在提交《反社会主义者法令》时就说过,这个措施必须通过减轻劳动阶层的苦难的法律来补充。他相信借此就可以消除社会民主党领袖对广大工人阶级的影响。很显然,俾斯麦的社会政策只局限在国家的保险政策上。因此,他反对禁止星期天工作。他认为这是干预工人的自由。他也反对对妇女和儿童的劳动加以限制。在就这些问题的议会辩论中,俾斯麦一再热衷于从他自己有切身体验的农业经济关系出发来进行辩解。他过高地估计了农业和庄园主的作用,甚至认为,在普鲁士不容许让没有务过农的人做首相。尽管社会保障法律具有多方面意义,但也体现了俾斯麦立场的局限性,即他不了解在大城市中的工人阶级的状况。他不理解,尽管有了《社会保障法》,为什么工人大众与以前一样仍选择社会民主党。《社会保障法》之所以对他们不能发生作用,原因在于工人阶级已受到《反社会主义者法令》的消极影响,他们感到《社会保障法》只是施舍的一种方式。尽管俾斯麦对社会政策采取这种态度,但他决不准备承认工人阶级在政治上的平等权力。

这丝毫没有影响生病保险、事故保险、养老保险和残疾保险这些重要法律的社会立法的作用。这些社会政治措施遭到一部分官僚,特别是自由党的反对。一位自由派领袖认为,俾斯麦走上了通往社会主义的道路。俾斯麦自己一再强调,国家有义务干预社会政治问题,并且指出这是讲求实际的基督教精神。当然,他有时谈到国家社会主义的必要性,这自然要引起别人的误解。尽管有自由党的攻击和俾斯麦偶尔做过这样的表述,不能把这些重要的社会立法说成社会主义。国家的社会保障政策还远不是社会主义。当然承认所有社会阶层具有平等权力的政治观点属于社会主义的范畴,但就这一点,俾斯麦从他的大前提出发是绝不会做到的。社会各阶层富有责任感地平等地参与政治事务对他来说是不可想像的事。

尽管有这种局限性,80年代的社会立法仍是一项了不起的成就。广大劳动阶层第一次得到养老、疾病和事故的保障。然而,由于后来俾斯麦在养老政策上的僵化态度,使这种社会立法未能继续下去。这同时也表现出他对威廉二世社会政治观点的抵制态度,他感到那是为了讨大众的喜欢。此外,俾斯麦也感到很失望,尽管有这些措施,社会民主党得到的选票仍一再增加。与过去一样,他仍主张1881年11月皇帝公告中的观点,另一方面,他对社会政治措施的抵触情绪也在日益加强,以至于没有进行保险立法。在这个问题上,虽然大部分社会舆论这时要求继续推进社会保障政策,他有时却接受他的自由党对手的反对论据。

自从文化斗争以来,在关于波兰问题的争论中,俾斯麦的态度变得越来越强硬起来。1886年普鲁士议会通过了一个针对在普鲁士—波兰地区波兰大庄园主的《移民法》,但最初这个法令并没有被使用。文化斗争开始之后,俾斯麦不仅像以前那样仇恨波兰的贵族,而且也仇视波兰的农民。在帝国议会和普鲁士议会中,波兰的议会党团总是支持中央党,由此更加深了俾斯麦的敌对情绪。

1887年,国内的政治形势又开始了新的变化。俾斯麦利用暂时出现的外交上的威胁在国内为争取扩充军队而斗争,同时也是为了在议会中得到比过去更多的支持。政府向议会要求增加军事力量。帝国议会,包括中央党和自由思想党准备接受这个要求。温德霍斯特说,议会准备批准所要增加的每个士兵和每一分钱,但批准的有效期限又成为争论的焦点。俾斯麦要求七年延续一次,而议会中的反对党只想批准三年。在争论中,俾斯麦的态度十分强硬,令人想起过去斗争时期的情形。当帝国议会没有通过七年的要求时,他解散了议会。在1887年2月的选举中,保守党、自由保守党和民族自由党结成联盟,由此第一次形成了作为"资产阶级"和"民族主义"阶层的联盟,把内政方面的反对派视为非民族主义的和富有者的敌人进行斗争。俾斯麦为这个政治组织的形成做了准备工作。由于实行间接选举,这个联盟的三个政党在1887年的选举中获得多数席位。实际上,反对这个联盟的票数比它们得到的票数要多。这样,新的议会批准了扩军的要求。对俾斯麦来说,这次选举结果十分重要。因为这时皇帝威廉年事已高,随时都有更换政府的可能性。现在俾斯麦觉得有议会多数派的支持,并且就是在当时还是皇太子的腓特烈·威廉执政的情况下也会支持他。但后来的事实是,在俾斯麦下台时,组成这个联盟的政党首先不准备支持他。

在 80 年代,皇帝威廉对俾斯麦的内外政策给予了毫无保留的支持。与宫廷势力的矛盾也就变得次要了。在帝国议会和私人信件中,俾斯麦多次抱怨自己的健康状况。在整体上,俾斯麦对这几年表示十分满意。他表示,他不能违背皇帝的意愿而放弃工作,如果他比皇帝活得长,他想让余生在乡间度过。在另一方面是皇太子,如果我活到他执政时,他就是我的国王。如果他认为需要我的效劳,并且这样要求我,不对我提出有损国家、王朝和我个人荣誉的行为,按照我的思想方式,对这样一个人,我不能拒绝把我生命的最后一部分献给工作。俾斯麦设想,在政权转换的情况下仍保持他的全部职位。

被迫下台

1888 年 3 月 9 日,皇帝威廉一世去逝。俾斯麦在帝国议会作了一次十分悲痛的悼念讲话,以表达他对皇帝和国王的深厚感情。政权过渡所遇到的情况是人们几年前没有预料到的。过去的皇太子腓特烈·威廉被称为腓特烈三世继承皇位,但他当时已病入膏肓。这意味着,他的执政期肯定十分短暂。在这种情况下,举国上下马上又要拥戴王子威廉这个"新太阳",这令人难以高兴。面对这样一种局面,腓特烈三世不可能想撤换首相。即使他作为一个健康者登上皇位,尽管他的妻子对俾斯麦很敌视,但把他与俾斯麦分开的可能性也不大。虽然他在对内政治上与俾斯麦对立,但还是有些东西把他与俾斯麦联系在一起。此外,他绝不是一个强大的、目标明确的人。他对自由主义的理解与自由党并不完全一致。因此,那种认为从皇帝威廉一世到皇帝威廉二世的很快过渡跨越了一代人的讲法多少有些误导。皇帝腓特烈三世如果身体健康,也许他的自由主义观点也只能极为有限地实现。当然,他在他执政的短暂时间内根本不可能做这些事情。

1888 年 6 月 15 日,腓特烈三世结束了他九十九天的皇帝生涯。威廉二世成为皇帝和国王。社会和俾斯麦本人都认为,他的首相职位将会继续下去。过去作为王子的威廉曾在他父亲面前多次旗帜鲜明、有时甚至失礼地表达他对帝国创立者俾斯麦的支持。俾斯麦最初对年轻的王子十分器重,但他很快就指责王位继承者所受的政治教育。俾斯麦试图改变他只受波茨坦统治者影响的状况,他被安排在外交部工作一段时间,通过这段工作使这未来的统治者有可能对国家的政治生活有所了解。当时的皇太子腓特烈·威廉反对这么做,他认为威廉王子"缺乏成熟"和有"骄傲自负的恶习"。

在威廉一世的晚年,威廉王子和首相之间就已开始发生矛盾冲突。原因是王子参加了宫廷牧师施特克尔的宣传活动。施特克尔创建了一个反对闪米特人的政党,由此与俾斯麦在外交政策方面形成分歧。俾斯麦作为施特克尔运动的反对者认为,未来王位的继承者参加这样的宣传是完全不合适的。

当王子威廉从俾斯麦儿子赫尔伯特那里得知首相对他有所顾虑时,就参加施特克尔的工作。他给俾斯麦写了一封机敏但有些幼稚的信,并在信中保证说:"我宁愿把自己一块一块地拆了,也不会做出使您感到困难或令您不愉快的事情。"在这封信的结尾还谈到:"这里有一双手和一把剑做好了准备,它们的主人清楚地知道,腓特烈大王是他的祖先,他打过的仗比我们现在要多三倍。"大约在此同时,也就是他的祖父和父亲都还在世时,威廉王子给他将来的合作伙伴——帝国的王侯们写了一封要在各外交使节备案的公告,并在给俾斯麦的信中又就此事加以说明:对他来说驯服和支配这些王侯很容易,由此他们会听话,"因为必须使他们听话"。

首相为此亲自执笔写了一封很长的回信,表述了他的看法。当然,俾斯麦在收到威廉的信后居然对这位将来的皇帝还抱有幻想,这确实令人惊讶。他建议王子,看过信后马上烧掉。他告诫王子,要注意那些只是为了讨好主人的人。针对王子提到腓特烈大王是他祖先,他请求王子不仅要做军队的统帅,还应该成为政治家。尽管威廉在回信中的观点似乎有些转变,但他反对对他的观点依旧持怀疑态度的人,"如果我将来必须发号施令,那些人就要倒霉。"

这些1888年初的信件往来对我们研究两个人的历史,同时也对回答下面的问题很重要:是否俾斯麦的帝国一定要不可避免地走向衰落,或是否德国的最后一位皇帝在很大程度上要对此负责了。这些信清楚地表明了老皇帝和皇位继承者在待人处事上的区别。王子不合适的行为在某种程度上可以用年轻无知来解释,但不能因此而得到原谅。在继承皇位之前,威廉二世以他天生就是要成为伟大人物的信念弥补了他的弱点。路易十四虽然作为政治家远远胜过德意志最后的皇帝,但他当时在宫廷事务中仍保留了一位很能干的顾问。威廉二世则缺少这种宽宏大度和自我否定的精神。威廉二世周围的人用这样的话唆使他:假如腓特烈大王旁边有一个俾斯麦的话,那腓特烈大王绝不会成为大王。在政权交替之前威廉曾表示,他还需要俾斯麦几年,但统一的领导权则在君主手中。此外,在1888年之前,在外交政策和对俄关系上,他与俾斯麦已经有很大的分歧。

继位之后的工作,最初一切正常。俾斯麦对此很放心,因为腓特烈三世执政带来的困难很快就过去了。与以前一样,俾斯麦大多数时间远离柏林,通过儿子赫尔伯特与皇帝保持联系。这给反对他的人创造了便利条件。谙练世故的俾斯麦在对待皇帝的问题上显然犯了错误。此外,另一个错误的做法是反对公开皇帝腓特烈的部分日记。这首先表现为在外交政策上与皇帝的对立。当时,瓦尔德泽主张对俄国进行一场防御性战争。此外,他在对内政策上也与皇帝背道而驰。为了让俾斯麦四面楚歌,进而置他于死地,与瓦尔德泽十分密切的施特克尔建议采取这样的策略:对外,皇帝仍维护俾斯麦作为帝国创立者的首相地位,而私下已决定,在尽可能不给他自己的地位和社会影响造成损失的情况下,尽快地解除俾斯麦的职务。

社会政策成为这场斗争冲突的爆发点。在社会政策方面,俾斯麦的态度日益僵硬。当1889年在威斯特法伦爆发矿山工人罢工时,俾斯麦的态度明显倾向于雇主的利益,而皇帝则片面地和卖弄性地表示支持工人。几个被俾斯麦不无理由地认为是"理想主义者"的人给皇帝出谋划策。皇帝一再强调他是穷人的国王。国王讨好大众的做法加强了俾斯麦的对抗性,他感到威廉二世的社会政策观点并不是真实的。事实上,在俾斯麦下台之后,皇帝的做法在很大程度上与他在1889~1890年间对俾斯麦所持的态度相反。与此同时,又发生了关于《反社会主义者法令》的争论。俾斯麦反对在议会就这个法令的延长问题做出表决之前,由政府对其进行削弱。1889 年 1 月 25 日,在反对党和保守党的支持下议会做出决定,不再延长这个法律的有效性。

在此前一天,皇帝与首相在枢密院发生了公开的争论。俾斯麦在丝毫不明白皇帝的意图的情况下,被仓促地招回到柏林。威廉二世紧急召开枢密院会议,他想在腓特烈大王的诞辰纪念日这一天通过《劳动者保护法》的草案。在事先未与他的咨询顾问们交换意见的情况下,皇帝在枢密院会议上提出了这个草案。尽管大臣们对这件事感到惊讶,俾斯麦最初仍准备对皇帝的这个社会政策计划做出让步。在以后的几个星期内,他的态度则有些摇摆不定。他的儿子比尔说,那个斩钉截铁的老人不见了。令他犹豫不决的原因是,皇帝的社会政策的部分是正确的;但他要求星期天不工作和限制妇女、儿童的工作时间,这些在俾斯麦看来是对劳动者自由的干预。尽管如此,首相表示愿意起草皇帝在 1890 年 2 月 4 日发表的公告。公告中的允诺,从社会政策上看是合理的,这些允诺又很模糊不清和不确切。虽然俾斯麦起草了这个公告,但它在公布时却没有宪法所规定的首相联署签名。这无疑向社会表明,在这个问题上皇帝和首相存在着对立。

各政党对这些事情似乎并不了解,但皇帝和首相之间的危机已是众所周知。在皇帝讨大众喜欢的时候,如果当时俾斯麦也能在政党和社会舆论中找到支持的话,那对他将会十分重要。但在俾斯麦下台前后,所有政党都或多或少地反对他。这当中有些人是因为对俾斯麦的观点不理解,主要是他们只看到了内政方面,但不了解俾斯麦在外交方面的作用。对这种情况,俾斯麦自己有不可推卸的责任。他一再有意识地使议员们远离外交政策方面的问题。保守党反对俾斯麦的倾向很快就变得十分明确了。《十字报》的团体和施特克尔领导下的基督教——社会党一再向俾斯麦发起进攻。与此相反,人数较少、势力单薄的自由保守党则对俾斯麦给予无条件的支持。民族自由党的一部分也站在皇帝一边。这样,议会中联盟的各政党就都不再支持俾斯麦了。

1890 年 2 月 20 日,帝国议会进行了新的选举,社会民主党与 1887 年相比获得的选票增加了一倍,联盟的各政党在选举中失败,在 3 月 1 日的间接选举之后,成为议会中绝望的少数派。中央党再一次具有决定性作用,与保守党和左派构成议会中的多数派。

在公布了皇帝公告之后的几天内,俾斯麦考虑想辞去他在普鲁士的职务,返回到外交领域这个老舞台上来。他本想在帝国议会选举那天宣布他的辞职。然而,这种部分辞职几乎是不可能实现的,在这种情况下,他只好放弃了这个打算,为维护他的全部权力而开始斗争。帝国议会选举的不利结果使他与皇帝彼此互不可缺少,就像以前在宪法之争时与国王威廉的关系一样。当时俾斯麦制定了一个反对议会的斗争方案。皇帝表现出合作的态度并表示:"不能让步。"但很快表明,皇帝并不准备共同来推行令他担心不受大众欢迎的政策。皇帝的态度越来越受到俾斯麦的反对者,特别是保守党的影响。俾斯麦准备放弃《反社会主义者法令》,但在解决办法上却遇到了困难,对此皇帝当然十分扫兴。皇帝在 1890 年 3 月 5 日发表讲话,其中提到,他想为下层等级的幸福而工作。"那些在这项工作上与我对立的人,我要打垮他们。"很明显这是指向俾斯麦的,并且世人也是这么理解的。

这时,俾斯麦开始为维护他的权力而斗争。这个以前在宪法之争时期曾挽救了王权的帝国首相,现在试图在与王权占有者的斗争中来捍卫他自己的地位。他首先想保持对大臣们的全部影响。依据 1852 年制定的一个内阁指令,不允许大臣们在没有通报首相的情况下直接对君主报告。皇帝现在要求取消这个内阁法令,认为它尽管在工作上是合理的,但它的重新延续在目前情况下缺少必要性。俾斯麦拒绝执行这个命令,这就成为关系破裂的表面原因。

除此之外,也还在另一些问题上与皇帝之间也发生了冲突。俾斯麦在帝国议会选举之后与中央党就建立一个保守党——教会多数派联盟的可能性进行了协商。3月12日,他与温德霍斯特举行了一次会谈。由于温德霍斯特对社会民主党日益增长的影响十分担忧,他认为只有俾斯麦有足够的权威进一步撤销与文化斗争有关的法律。因此他准备与俾斯麦合作。然而他告辞俾斯麦之后感到,他离开的是一位伟人行将入墓的政治病榻。这件事本身多少有点悲剧色彩,当大多数人离开作为政治家的俾斯麦的时候,正是这个他最仇视的对手还试图支持他。

保守党不同意这个建议,这样建立一个保守派——教会多数派的思想失去了意义。俾斯麦的和解政策被视为软弱无能而受到一位保守党历史学家的进攻,认为这是用空洞词句的熠熠光芒来掩盖无所事事。极端保守派以标题"皇帝万福"来庆祝皇帝"打垮对立者"的讲话。大部分民族自由党成员疏远了俾斯麦,米克尔着手支持瓦尔德泽作为首相的工作。巴登大公也反对俾斯麦。

皇帝对俾斯麦和温德霍斯特的会谈很愤怒。如果他不想与帝国议会进行斗争的话,他这么做并不怎么正确。3月15日早晨,皇帝来到俾斯麦的住处,他不顾俾斯麦的起居习惯,提前叫醒了他。皇帝指责俾斯麦在未经他批准的情况下接待温德霍斯特,并斥责了犹太人和耶稣教会。俾斯麦解释道,他有权接待任何一位议员。皇帝要求,首相进行这样的谈话必须得到他的批准;并要求撤销 1852 年的内阁指令。俾斯麦这时提出了辞职。在皇帝的这次拜访中,在处理与俄国的关系上也存在着一定的分歧。威廉二世错误地认为,俾斯麦没有向他通报有关俄国的全部情况,他认为俄国已构成了严重的威胁。

被解职前最后几天的争论只是为了这个问题:谁能把责任推给对方。当皇帝向俾斯麦要辞职申请书时,他才写了它。申请书是 8 月 18 日完成的,俾斯麦在申请书中首先谈到了在外交政策上的意见分歧,进而强调了与俄国保持良好关系的必要性,他这时肯定,皇帝不再需要他效力了,因此准备辞职。在被解职后的几天里,俾斯麦偶尔流露出对这一现实几乎难以置信的态度。他的辞职申请书是一篇十分了不起的国家文献,它以各种方式说明,君主的行为缺乏道理。

皇帝不允许公开这个告别书,并且不顾俾斯麦的坚决反对授予他劳恩堡大公的称号。这时皇帝表面上做出一副对俾斯麦的离去怀有极大挽惜之情的样子,好像解职的原因是健康状况和俾斯麦本人的愿望。几乎所有的政治派别都为这位富有现代感和热衷于改革的皇帝而庆祝。皇帝迫不及待地等待着俾斯麦的辞职申请书。当它递上来后,他马上高兴地批准了。他这时说:"祝猎运亨通。"他给巴登大公发了电报:"我十分悲痛,就好像我又一次失去了我的祖父似的。但是,必须承受上帝的安排,即使因此而毁灭。国家这艘船上的守望官的职位落到了我的肩上。航线依旧,开足马力向前。"这句话既不诚实又不聪明,至少皇帝这里所宣扬的开足马力与俾斯麦明智和小心谨慎的航线不协调。令人惊讶的是,对俾斯麦下台的后果,国外比德意志帝国国家本身认识得更清楚。在国外的一些首都,人们担心俾斯麦的消失会给欧洲和平带来一种危险。一份英国报纸上登了这样一幅画,标题是:《领港员下船》。

当俾斯麦进入老年之后,距离结束首相生涯已为期不远了。并不是俾斯麦被解职的事情本身,而是为使他下台所使用的方法手段对他而言是灾难性的,这对威廉二世时期德国的发展颇有些不幸的前兆。导致解除俾斯麦职务的事情都不是重大的事务性争论,根本原因是皇帝个人推动了这桩事情的进展。工作上的对立只是一种推托。参与解除俾斯麦职务的瓦尔德泽伯爵和巴登大公认为,皇帝几个星期来只是在演一场喜剧,以便用一种让外界可以接受的形式来解除俾斯麦的职务。

后来人们认为,威廉二世所推行的世界政治仍必须遵循俾斯麦那只限于欧洲大陆的外交政策。当时实际上根本谈不上什么世界政治,只是到了90年代末,所谓世界政治才发挥作用。外交政策上对立的原因在于对奥地利—匈牙利关系的不同判断和皇帝倾向支持对俄国进行一场防御性战争。主要是缺少一个新的外交政策方案。威廉二世用他自己的瞬间感觉代替了应该是明确的,但同时多样化的外交政策。经常被提到的代沟问题只起了十分有限的作用。正是皇帝所属的,1871年以后长大的较年轻的一代,他们是在对俾斯麦的崇拜胜过其父亲和祖父之中成长起来的。1890年与俾斯麦争论或将俾斯麦置之不理的那些人,几乎所有支持这个决定的重要人物,除了皇帝之外,都属于老一代人。

俾斯麦在对内政策、主要在社会政策方面态度有些僵滞。但1890年以后,这个方面的个别措施仍保留了下去。与俾斯麦相比,威廉二世在与社会民主党的斗争中更缺乏耐心。皇帝曾指责俾斯麦与温德霍斯特的会谈,当温德霍斯特不久去逝后,皇帝对他进行了热烈的赞颂,对此俾斯麦有理由做出评论。

不久之后,皇帝说,俾斯麦计划进行政变,所以他必须解除他的职务。在德国历史的研究中也常常提到俾斯麦有这样的计划。确切地说,俾斯麦在个别讲话中表现出了这个方向,但在时间上无法证明他准备进行一次政变,要解散帝国,并且通过王侯们利用另外一种选举权再建立一个帝国。对选举权问题俾斯麦没有给予过高的重视,他也能对付结构上并不有利的帝国议会。依据宪法议会的权力地位绝不是很强大。制定一个在议会中的斗争方案的计划只会导致激烈的内政方面的斗争,但这并不意味着俾斯麦计划或准备政变。最多这只是还在俾斯麦箭囊中的一支利箭。努力与温德霍斯特和中央党取得和解一致,这清楚地指明了与政变计划不同的另一个方向。

就对外政策来看,俾斯麦的解职无疑是一个不幸。在内政方面,如果威廉二世有可能推行一种新的对内政策,那俾斯麦的解职才有积极的作用。实际上围绕俾斯麦解职的斗争充满了阴谋和非事务性,这对进一步的发展是不祥的预兆。在俾斯麦解职之后表现得特别清楚,德意志帝国的宪法在很大程度上与俾斯麦个人联系在一起,在影响力较小的继承者的领导下宪法失去了作用,这一切有多么的危险。在解除俾斯麦职务之后没有进行宪法改革,对此不是俾斯麦而是威廉二世和他的顾问们负有责任。皇帝根本没有想改造帝国宪法,因为他相信,他是他自己的首相,能完全替代俾斯麦。

如果把俾斯麦的外交政策称为一个卓越的成就,而对他的对内政策进行批评,这显然是一种分裂。法国历史在黎塞留那里以近似的方式得到处理的事实当然没有给人以权力,把俾斯麦彼此相互制约的内外交政策完全割裂开来。我们一再指出,"现实政策"的表述多么容易导致误解。俾斯麦外交政策的立场受到他自己保守主义和君主制世界观的多么大的影响。这具体表现为,他相信一个法国的共和制国家不具备作为联盟的能力,他还认为与英国这样的议会执政的国家也不能结为联盟。尽管他政治观点上有各种原则上的局限性,但在外交政治的力量较量时他几乎总做出正确的判断,并且首先认识到对手的意图。这一点他在对内政策上很少能做到。同样,在对内政策上,他缺乏掌握分寸的能力,而这种能力在他的外交政策上则表现得十分清楚。他用审视外交关系中外交力量对比的近似目光来看待自己人民中的各种政治力量和组织。正是因为如此,他未能实现在对内政策方面彻底完成帝国的建设。

有人认为,俾斯麦宁愿更多地顺从于自由主义的和民主的潮流。但这种判断是错误的,如果不同时考虑到俾斯麦把单一民族国家引导为在小德意志范围内创立帝国的事实。追求单一民族国家的目的是要控制住广大民众。从俾斯麦的前提出发,他虽然在这方面迈出了第一步,但没有迈出第二步。在俾斯麦的政治词汇表里绝对没有那些后来带来严重灾难的口号,如与帝国的敌人相对立的维护国家和民族的政党这样的表述。在这方面,1890 年以后的发展表明,德意志帝国并没有毁灭于被俾斯麦称之为帝国的敌人的力量上,而是毁灭于一种不明智的和不现实的外交政策,准确来说,它并不想导致战争,但它使帝国陷于一种灾难性的外交局势之中。

解职之后

俾斯麦作为帝国首相曾一再说,只是出于义务感他才继续留在政府中,他渴望的是在农村生活。当他现在被解除职务之后生活在瓦尔青和弗里德里希斯鲁他所热爱的农村及森林之中时,他却一再产生无所事事的该死感觉。没有了肩负国家责任的工作,他多次提到,森林中的寂静是令人多么满足。但尽管如此,1890 年以后的几年对他来说在内心上是不满足的。这完全可以理解。另一方面,这些年也没有可称为不愉快的事情。采访的客人经常报道俾斯麦有良好的气色和情绪。特别是在弗里德里希斯鲁出现了连政府所在地柏林几乎都没有的大量来访者。许多代表团来向过去的帝国首相表示敬意。对有些拜访者来说,俾斯麦是"日耳曼的传奇英雄"。与他的内心状况相比,这个称呼更适于他的外表。

在 1895 年俾斯麦八十寿辰时代表团的数量达到高峰。在大量致辞中,过去的帝国首相受到赞颂,许多致辞是我们今天看起来很拙劣的诗歌。俾斯麦用或长或短的讲话回答了所有代表团。他多次表示,这么多来客和赞颂表达了德国人民对他的成就的感谢,他为此感到十分幸福。他多次谦逊地说,他自己是一个伟大时代惟一还活着的人,因此,他现在作为惟一的人来接受这种感谢。俾斯麦一再强调,1871 年建立的帝国将继续存在下去,有一次他在大学生面前说,他们将到 1950 年还为皇帝和帝国而举杯庆祝。但在私下的讲话里他常常很悲观地谈到帝国的未来和未来的危险。有一次他说,有可能,上帝给德国安排好第二次分裂的时间和在此基础上而出现的一次新的光荣时代的可能性,但这与我们不再有任何关系。

俾斯麦从未真的想到再返回到他的职位中去。但他一再强调,他不放弃作为个人对政治问题发表看法的权利。他对政治问题的意见大都以文章形式刊登在《汉堡新闻》报上,这些文章是俾斯麦间接或直接写的。他多次说,政治吞噬了他的其他爱好。1890 年以后,在他所有讲话中都没有离开现实问题,但也涉及到过去的政治问题。民族自由党 1891 年给了他一个帝国议会议员的席位,但他从未去参加帝国议会的会议。

他在解除职务以后的最初几年,有一部分时间用来写他伟大的回忆录:《思考与回忆》。最初的书名是《回忆与思考》。这部宏大的回忆录的完成主要是他过去的助手洛塔尔·布赫尔的功劳。他不仅收集了材料,而且总是能够理解和推动俾斯麦对未来作品每一部分的口述。由于俾斯麦不乐意对事情进行较详细深入的历史性描述,这使得工作的进展十分艰难。俾斯麦在口述时总是跳跃性地进行,并且十分武断,不总是喜欢受别人的影响。写作工作于 1892 年结束,在俾斯麦去逝后,霍尔斯特·科尔做了最后完稿的准备工作。在俾斯麦去逝后不久,回忆录的第一部分分两册出版了。涉及到解职的部分按照俾斯麦的意愿要在威廉二世过世后出版。但实际上是当王朝帝国被推翻以后才作为第三部出版。尽管俾斯麦对最后的德国皇帝进行了那么多的批评,但在公开场合对君主进行强烈的指责时他仍是顾虑重重。第一部分的时间包括到 1890 年,没有结论性的评述,主要围绕着与俾斯麦有关的问题和人物。回忆录表现出俾斯麦卓越的语言能力。所有对过去的介绍都常常与出色的政治思考联系在一起。在对自己过去的描述中也力求对 1871 年之前几十年里发生的事情加以说明。第二部分,确切地说,第三册是关于解职,包括对 1890 年事件的激烈抨击,特别对皇帝本人。在这里也表明,俾斯麦没有认清他所有的对手,过高地估计了他一再批评的国务秘书伯蒂歇尔的敌对性。虽然在对解除职务的描述中充满了激情和仇恨,但这一部分在整体上是真实和诚实的。

在解除职务后的最初几年里,俾斯麦在对政府的批评上保持了谨慎。因此,政府的做法很不寻常:政府在他被解职后不久就指示德国的外交使节,俾斯麦不再有权以政府官员的身份发表意见。其实这么做纯粹多余和无济于事。当 1892 年俾斯麦为了参加他儿子的婚礼到维也纳来时,他与政府的冲突达到高潮。奥地利皇帝弗朗茨·约瑟夫原本同意接见俾斯麦一次,但威廉二世通过一封相当无礼的信阻止了这次接见。此外,德意志帝国的首相还禁止德国驻维也纳的大使出席这个婚礼。这个事件当然使俾斯麦十分痛苦。在往返的旅行中他一再受到热烈的欢迎。在返回的路上,他以前所未有的口气讲到君主制统治的片面性。

在解职以后,俾斯麦一再强调他与威廉一世的密切关系并回忆起那个时代。他完全避免对威廉二世个人的批评。威廉二世在解除他职务时送给他一幅皇帝本人的画像,俾斯麦把它放在弗里德里希斯鲁的一个令人瞩目的位置上。1894 年初,在二者的关系上出现了某种程度的和解,至少在外界看来是这样。俾斯麦受到皇帝的接见,在接见中谈了一些无关紧要的事情。后来皇帝又到弗里德里希斯鲁来拜访。对于 1894 年底皇帝最后一次拜访弗里德里希斯鲁,他的随从蒂尔皮茨给我们写道:"侯爵试图谈论一些有关我们与法国关系等政治问题的话题,但让我感到十分遗憾的是,皇帝不进入这样的谈话,而是把话题引到在皇家宴会时经常出现的名人逸事的闲聊中去。如果俾斯麦开始谈论政治,那皇帝总是避免注意俾斯麦所讲的话。毛奇(侍从副官)对我悄声说:'真糟糕',我们感到在这样一位人物面前缺乏尊敬。所以,俾斯麦在谈到一个与什么有关联的话题时说出了一句令我们震惊的预言:'殿下,只要您有军官团,您当然可能准许您自己做任何事情;要是不再是这种情况了,那事情会完全是另一个样子。'"

1894年底,俾斯麦的夫人在瓦尔青去逝,这给他的生活带来了很大的变化。他为失去妻子感到极大的震动,这对他的健康状况产生了不利影响。他在写给妹妹的信中说:留给我的是与约翰娜的一切,与她的通信,她每天提出的愉快问题,带着对她的感谢之情我回顾了我们四十八年的共同经历。现在一切都是荒芜和枯竭;感觉是不公正的,但我已无能为力。我责备我自己对这么多的爱与支持的麻木不仁,就像我在人民中因为我的成就而得到那么多的爱与支持一样。我对这最后4年感到很高兴,因为她也感到高兴,即使对上上下下的对手们十分愤恨。但是今天这火焰在我的心中熄灭了,假如上帝还赐予我生命的话,但愿这不是永远的熄灭。但是到昨天为止过去的三个星期里,在荒芜的感觉上还未长出新鲜的青草。

在老俾斯麦大量的讲话中表现得很清楚,他在为自己的成就而骄傲时始终十分谦逊。俾斯麦1893年曾评论道:虚荣是建立在一个人能力上的抵押资金。要想知道究竟现在有多少真正的资本,必须要先把它拿走。俾斯麦个人完全没有虚荣。在晚年他也决不为谈起自己的缺陷,比如作为大学生时的不勤奋而感到害怕。在他所有的讲话中,他大都讲得很简单、朴实和富有责任感,尽管面对那么多的赞扬他也决不把自己作为"享有权力的人"。

在对过去历史的谈话中,俾斯麦多次重复这样的观点:个人创造不了历史,个人不能改变时代的潮流。对帝国创建问题他多次说,在民族问题上,由于获得普鲁士国王和军队的支持最后才得以实现。1866年战争的结局是上帝的评判。谈到与法国的对立时俾斯麦认为,日尔曼的精神是热爱和平,不是热衷于战争。在这里,日尔曼精神不是在后来所理解的意义上的滥用。俾斯麦一直主张与部分斯拉夫的混合对德意志来说是有利的。有时他说道,王权的形象在1862年已接近于零度,是他挽救了它。在评论外交局势时,他为与奥匈结成的联盟辩护,但他也强调与俄国关系的作用。1896年俾斯麦在《汉堡新闻》上非同寻常地公布了与俄国签署的《再保险条约》的内容。尽管他对外交政策方面新的路线进行批评,但他承认,它保证了和平的发展。各君主制国家在相互斗争中失去了许多,相对于革命运动而言,在这种相互斗争中它们失去的要比得到的多许多。俾斯麦仍然保留了他对君主制信仰的忠诚,这一点在他的晚年更加引人注意。他对每个王侯,即使最没有什么影响的王侯成员都持有高度的尊敬。这正是他信仰的体现。当然,他多次强调,他也许太过分地加强了皇帝的权力,议会和新闻机构应该对政府的行为有修正的制约。他通过拒绝议会对他八十岁生日的祝福加强了对议会政党的批评。他特别反对社会民主党,认为他们是强盗和扒手,应该把他们排除在国家之外。他谈到所有劳动阶层之间团结的必要性,一再重复他的观点,即政党政治的时代结束了。同以前一样,他强烈批评官僚主义。有时他认为,政府职员的增加会导致在没有工作的情况下职员们给自己制造工作。针对联邦有关农业的规定他建议选举农民利益的代表者,反对那些对种地一无所知的人。

从1896年开始,由于健康原因,俾斯麦很少接见客人和发表讲话。在最后几年里的激烈争论中,他的讲话都比较片面,尽管如此,就整体而言,被解除职务的帝国首相的政治和个人形象仍给人留下深刻和十分出色的印象。1898年6月30日俾斯麦在弗里德里希斯鲁在他女儿兰曹伯爵夫人的照料下去逝。死亡使他免遭由于衰老而将带来的所有痛苦的折磨。按照他的遗愿,也许是为了与皇帝的计划相反,他被安葬在萨克森的森林中。

威廉二世命令在《帝国公报》上刊登了一个公告,表达全国的哀悼和敬佩。对"伟大首相在皇帝威廉领导之下所创造的伟大业迹"要维护、发展,并且在必要时用生命来保卫。皇帝的这个讲法是对俾斯麦的误解,德国人民忍受了这种误解所造成的痛苦,并且直到今天还忍受着,其中部分原因是用"铁血首相"的错误形象来反对魔鬼的形象而造成的。尽管发行了各种俾斯麦的纪念画像、建立俾斯麦纪念碑和出版俾斯麦的讲演集,但德国人民和其政治家们未能培养起真正的俾斯麦传统。在 1914 年前后,人们以他那由创造国家的力量来维持的讲话为依据,过多地同他片面的对内政策的立场联系在一起。

他的这个观点只是在有限的范围内是正确的。在帝国建立之后几十年里,俾斯麦伟大的外交成就几乎没有被德国民族和它的政治家们所理解。这一点随着 1890 年与俄国的《再保险条约》的不再续签,随着"尼伯龙根的忠诚"的观点,以及认为俾斯麦外交政策是对权力的追求就已经开始了。当把战舰"潘特儿"派往摩洛哥阿加迪尔时,一位民族自由党政治家认为,这是俾斯麦式的政策。这是对这位帝国创立者的彻底误解。

在俾斯麦的政策和他的天性中,确切地说,不缺少那种与崇高的、贵族式的品格相对立的暴力的特征。与这种强硬和自信的性格相对应是他那种特别是讨妻子和孩子们喜欢的特性,当然对待他的同事们则十分有限。

如果人们在他的生活和作品中看到他内心的庞大与紧张,那么会清楚地感到他的这种政治家的性格。必须清楚的是,伟大的政治家也与他所不能摆脱的、造就他的时代联系在一起。俾斯麦因循守旧的特性也表现在一些小事上,比如他在晚年仍拒绝在他办公室里安装电话。

德意志民族国家的建立具有划时代的伟大意义,尽管后来德国处于分裂,但这一点仍继续发挥着作用。帝国的统一和德意志政治生活的一致性在第一次世界大战以后恰好是落到了与俾斯麦政治上对立的国内政治势力的肩上。如果在俾斯麦的政策中对这种形式下的结局没有预想到的话,那么创立德意志民族国家也依然发挥着历史性的作用。没有 1871 年德意志帝国的建立,可能就不会想到德国的重新统一。在德国的历史上有过一些错误的发展,在俾斯麦时代也不可能避免。即使人们认识和承认这些错误和阴暗面,也不可能抹去这数百年的历史,不可能与普鲁士——德意志的发展相反而与查理大帝的亚琛联结在一起,就像有人今天所试图做的那样。

如果现在柏林作为德国统一的象征,那么尽管在德国的发展中有过各种沉重的事情和发生了各种悲剧,今天的这个结果仍包含了对俾斯麦和他的事业的承认。

拿破仑

科西嘉的孩子

伟人的命运是无法预测的。1769 年,谁会想到,一个在这一年,在科西嘉出生的孩子,会有一天在法国建立一个帝国呢? 会和他的兄弟们平分欧洲的御座呢? 1794 年,谁会想到,一个年轻人,一个压根没有法国血统的年轻人,会在 1800 年统治整个法国呢? 1810 年,谁能料想到,这颗闪烁的星星五年以后又会熄灭呢? 1816 年,谁又能想到,六年流放生活奏响的合音会在整个世纪发出巨大的回声呢? 当时谁想过,法国人对这个曾带领他们经历了二十年的战争、经历了胜利和失败的人的怀念是这样的忠诚? 谁又想过,他的生活会成为历史上最闪光的一个传说?

当拿破仑 1769 年 8 月 15 日出生时,刚好是科西嘉岛属于法国的第一个年头。1768 年,热那亚将这个被森林和山脉覆满了的美丽的海岛卖给了法国。以自己民族为自豪的科西嘉人此起彼伏的起义最终拖垮了意大利占领者,1755 年在保利的领导下举行暴动,赶走了热那亚人,建立了独立的国家。1768 年,热那亚国王将实际已经不存在的对科西嘉的管辖权卖给了法国国王路易十五。而法国国王的许多顾问们却反对买下这个岛屿。如果国王听从了大臣们的意见,还会有拿破仑的出现吗? 或者是海岛在科西嘉起义运动的领袖——保利政府的领导之下宣布独立,当地居民满足于氏族政治生活;或者当英国人成为海上的霸主时,海岛被非常保守的英国人占领。海岛笼罩在成排的草莓树、葡萄园和橄榄林下人们过着平淡而幸福的生活。

夏尔-波拿巴当时是岛上的名流之一。他出身于意大利的一个低等贵族家庭。他的祖先起源于意大利的托斯卡那。在科西嘉岛上,他的生活并不宽裕,依赖于一片不肥沃的,中等规模的农田。同时他还担任公证人和法院的书记员,从而有一分不固定的收入。他的两个做神父、有钱的叔叔一直支持当地的氏族制度,其中一位是阿亚克修(在科西嘉岛上)的大副主祭。当夏尔-波拿巴十八岁的时候,这位漂亮、勇敢的年轻人和当地一位高级官员十四岁的女儿结婚了。她就是后来拿破仑的母亲列蒂契娅-波拿巴。她的一生一直以教养、荣誉和来自科西嘉人的天生的尊严为典范。由于她深深的懂得什么叫痛苦,因此当她后来过上富裕的生活以后,仍十分节俭。她沉静、迷人和热情的性格受到司汤达的称颂。他把她比喻成意大利文艺复兴时期的女英雄和普鲁塔克式的妇女。当保利狂热地主张独立,反对外来侵略的时候,法国人几乎是强占的科西嘉岛。夏尔-波拿巴在他年轻、漂亮的妻子的陪伴下,忠诚地和这位英雄一起作战。当保利失败并离开科西嘉后,他才向法国指挥官申请一份回阿亚克修老家的通行证,因为他的妻子 8 月份将要在那里分娩。传说,列蒂契娅还没来得及走进卧室,就在客厅里那带有古典图案的地毯上生下了她的第二个儿子拿破仑。在她的十三个孩子中,只存活下来了八个,他们是约瑟夫、拿破仑、吕西安、埃利茨、跑易、波利娜、卡罗利娜和热罗姆。

为了养活这样大的家庭,夏尔-波拿巴必须工作,必须和已占领科西嘉岛的法国人达成谅解,搞好关系。他加入了法兰西党,但是他却教育他的孩子们记住伟大保利和自由的科西嘉。保利是拿破仑生活中的第一个典范。他觉得保利是那样的了不起,还不足三十岁就领导了科西嘉的革命。他不断地摘录着普鲁塔克的作品,并近于疯狂地崇拜着他。列蒂契娅-波拿巴的性格和美貌吸引了一位法国将军的注意,他用意大利的方式向她献殷勤。由于他的帮助,夏尔-波拿巴得到了科西嘉贵族的赏识,1779年被作为科西嘉的特使派遣到法国的宫廷。这位法国将军的一个外甥是里昂的大主教,被委托分配皇帝的奖金。因此,波拿巴家族获得了三份奖学金:长子约瑟夫去一所天主教学校,拿破仑去布里埃纳的军事学校,一个女儿到一所王室的住宿学校。九岁的拿破仑就是这样被他的父亲带到了法国。这在当时看来不过是一件很普通的事情,但它却成为拿破仑一生的一个转折点。当年的拿破仑是什么样的呢?他不过是一个小个子的科西嘉毛头小男孩,聪明、爱争论、常常沉醉于海岛荒野的香味之中,没有受过教育,讲满口科西嘉土语,不会说任何一种外语。

"拿破仑的性格是在布里埃纳的军校时通过一次又一次大的考验而形成的。在这里,对陌生的外国人的敌对态度,造就了他的骄傲、狂热,同时又有些羞怯的性格特征。"(——Bainville)由于他在说他的名字时总带着浓浓的科西嘉口音,将拿破仑(Napoleon)说成"拿破仑内"(Napoleone),因此,同学们称他为"麦杆鼻子"。他总是给人以一种阴郁、敏感的印象,并且对任何游戏都不感兴趣。他的同学都是有教养家庭的孩子。但他总是把这些法国人看作是他的家乡科西嘉的侵略者和镇压者。他的性格就是这样逐渐地形成了。在一次军事演习中,他显示了自己建筑堡垒的才能。通过和法国人的交往,他也慢慢地学会使自己适应了他们对他的偏见。他将成为十八世纪一个不寻常的男人并且开始叛逆宗教而接受伏尔泰和世俗的启蒙哲学思想。他是一个出色的学生吗?不,他不过是一个学习中等的学生。他的数学成绩不错,他对历史和地理着了魔似的。但他拒绝学习拉丁文。法文的错误也令人心惊。一位老师在评价他的风格时说:"孕育着火山爆发的花岗岩。"

五年之后,拿破仑才和他的家人团聚。但家里的情况并不令人乐观。夏尔-波拿巴仍然还是经济拮据。约瑟夫毕业后不想成为神甫。吕西安现在也已超过上军校的年龄了,但是两个弟弟又不能同时得到奖学金。拿破仑在军校也并不出类拔萃。军校的教师们不知该让拿破仑在海军还是在陆军方面发展。最后还是拿破仑优异的数学成绩起到了决定性的作用:他被炮兵学校录取了。那是1784年。

现在我们或许可以在这座由加布里埃尔设计的,直到今天仍令人惊叹的美丽建筑里找到年轻的科西嘉小伙子拿破仑。这里云集的都是统治巴黎和整个法国的贵族富家子弟。在这里,拿破仑找到了许多亲密的朋友,并保持了下去。在后来的生涯中,他曾给予他们许多的帮助。除此之外,这段学生生活没有留下更多的有价值的东西。德语老师认为他有一个愚蠢的脑袋,而数学老师则给予了他很高的评价。1785年,他通过毕业考试后,成为炮兵。在当时三十六个空位置中,他获得了第十二个,被授予海军二等上尉。司汤达报道说,当时老师在拿破仑的名字旁注明:"科西嘉人,如果遇到有利的环境,这个年轻人将前途无量。"

也就在同一年,三十九岁的夏尔-波拿巴因患胃癌丢下了列蒂契娅和孩子们离开了人世。家境变得更加窘迫、艰辛。幸运的是,当时拿破仑在军校只剩下一门毕业考试就可以拿到军饷了。当拿破仑刚过完十六岁生日的第十五天,他将成为一名军官。这对他来说是一个不寻常的成就。虽然当时他的考试成绩并不是十分出类拔萃的,但他自己却很满意。这位讲满口家乡土语的科西嘉小伙子已顺利地走过了一条长长的道路,当上了国王军队的海军上尉。他希望他的驻防地在法国南部,离科西嘉近一点:他想去瓦朗斯。当时有一条规定,未来的军官必须先在炮兵连服役三个月。在这里,他学习做一名普通的士兵。1786 年,他终于穿上了军官制服,佩戴上了肩章。然后他准备怎么样呢?还需要做什么呢?首先是赚钱,帮助他的家庭。如果有可能,回到科西嘉,在那里为在政治和军事上的发展寻找机会。他一直是保利神话的疯狂崇拜者。他甚至梦想撰写科西嘉的历史。内心的渴望使这位海军上尉几乎成为一名文学家。他在瓦朗斯图书馆搜集资料,对军事图书几乎不感兴趣,却狼吞虎咽地"吞食"政治书籍,如卢梭等。在这些古纸堆中寻找着解放科西嘉的真理。他埋头写作,做着文学家的美梦。他终于盼来了一个假期,带着满满的一箱书回到了他的海岛。这些书都是名家之作。他认真反复地阅读,并大声地朗读,有的甚至倒背如流。在军团里,他只学过很少的战争艺术。除了数学、海军知识和普鲁塔克之外,他几乎没有掌握更多的东西。但是,他却具备一种才能:"他用令人难以置信的速度迅速地捕捉到一种新的思想。"(司汤达语)并使所有的问题迎刃而解,或许还没有人能做到这一点。

　　他在阿亚克修又见到了令他钦佩的母亲。她非常不幸,过着贫困的生活。已是身着军服并享有一定威望的拿破仑决心承担起抚养家庭的义务,在法国为他的家庭找到一条出路。他前往巴黎,得到了一次谒见,却没有什么结果。但他却得到一次意外的收获。在罗亚尔宫殿的走廊上,他遇到了一位年轻、迷人的姑娘。但她和他一样都显得十分的羞怯。拿破仑尝试着和她打招呼。拿破仑觉得她简直是卢梭道德学说的典范,但他还是同意和她一起回家。这是他的第一次体验,不是出于爱,而是和一个女人的经历。他把这段故事写在纸上,真实又不乏才气。他回到了科西嘉,几乎不能再和这个海岛分开。他在那里可以单独安静地生活,因此他不断延长他的假期,前后停留了有十二个月之久。1788 年 6 月初,他忧伤地回到了军团。这次上司没有再把他派到瓦朗斯城,而是到奥松小城。他住在一个非常简陋的房间里。他当时带着他的小弟弟吕西安一起生活,弟弟就睡在他旁边的一个垫子上。那是一段令人难忘的日子。他的指挥官是一位具有独特指挥艺术思想的人,他让他读吉贝尔。吉贝尔作为现代战争理论的创始人而闻名。制胜的关键在于用所有可能的力量去出击,以闪电般的进攻获得到意想不到的效应。这些后来被人们称为拿破仑战术的战略,其实早被吉贝尔详尽地描写过。波拿巴上尉从中吸取了其精华。

　　他工作精力之旺盛是无止境的。他贪婪地吸吮着所有的知识。他相信,这些知识有一天会用得上。他研究柏拉图的"国家"学说和佛林得到西·格鲁斯的历史著作。一次,他被关禁闭,偶然在禁闭室里发现一本查士丁尼法典汇编,书的内容在他的记忆中留下了非常深的印象。多年之后拿破仑已成为皇帝,一次他在国务会议上随口引用罗马法典,令在场所有人惊叹不已。他被关禁闭时,正值 1789 年法国大革命。当时到处席卷着革命的风暴,勃艮第省同样如此。无论在哪里,波拿巴上尉发出的命令是一定要被执行的。在一家修道院,波拿巴将四五个起义的僧侣关进了修道院的秘密地下室里,镇压了这场起义。无论什么时候,只要他愿意,他就以暴力进行威胁。他决不会犹豫,去施行他的暴力。就像歌德所说,与不公正相比,拿破仑更憎恨无秩序。这场革命不是拿破仑所期待的革命。当时令这位"偶然的法国人",这位国王的士兵所关注的是:怎样能使这场伟大的运动与科西嘉岛的解放联合起来?他不过是这场革命的旁观者。革命给他带来的好处是,他能够请假回科西嘉岛。从1789年9月到1791年1月,从1791年10月到1792年4月,从1792年10月到1793年6月,他一直留在海岛上。在此期间,他被卷入到一场当地的纠纷之中。在阿亚斯修的一场骚乱中,他扮演了一个十分危险的角色:这位科西嘉的忠诚者却被当地人当作外地人对待,他的名字被从骨干分子的名单中划去了。这样,他只有将前途寄希望于法国了,他可以在那里或许在社会上,或许在经济上找到一个位置。他赶紧前往巴黎。他的一些科西嘉朋友是国民会议中的议员,他们帮他找到了一个上尉的位置。8月10日,当头戴红色的蓓蕾帽的路易十六在窗前走过时,拿破仑喊道:"这个笨蛋!"(1792年8月10日,君主王朝被推翻,路易十六走到窗前向人群低头认罪。——译者注)他认为最好的办法是向人群开枪射击。这位二十三岁的年轻人对革命理想主义的信仰彻底破灭了,他轻蔑地称以前他崇拜的哲学家为愚蠢的"理论家"。他不再对空洞的理论教条感兴趣,而只相信行动。法国的混乱状态使他对故乡科西嘉岛又萌发了新的希望:国王的下台会不会使他的海岛重新获得自由呢?恰好在这个时候,接受国王奖学金支持的圣西尔女子住宿学校关闭了。拿破仑只好送他的妹妹伊丽莎回家。这给他重返海岛又提供了一个机会。

当拿破仑兄弟姐妹到他们的小弟弟吕西安住地土仑旅行时,在码头遇到了一群充满敌意的人骂他们是"贵族",因为当时小妹妹的帽子上系了一根黑色的带子。拿破仑立即撕下了带子,将它扔进了水里。应该指出的是,当时法国和其他欧洲国家处于战争之中,但这并没有阻止法国军官波拿巴上尉登上开往阿亚斯修的船。因为这场战争不是他的战争。1793年常胜的法国军队击退敌人的入侵,并且占领了比利时,萨沃伊和尼斯。法国政府当时对属于萨沃伊家族的一个贫瘠的岛撒丁岛垂涎欲滴,并想兼并这个岛屿。这个计划应由法国军队来执行,由科西嘉志愿军来协助。波拿巴是法国军官又是科西嘉人的特殊身份给他带来了一个好机会。他用了很多计谋,终于赢得了科西嘉志愿军一等上尉的头衔。他作为指挥官带领由两门大炮,一门迫击炮组成的炮兵连开始了远征。这是他的第一次远征,但这第一次远征并不顺利。在法国和科西嘉军队之间存在着很大的分歧。科西嘉人的指挥官之一是保利的堂兄弟。保利曾偷偷地建议,应设法使这场计划落空。这个阴谋终于变成了现实。为这场小小的战役倾注了全部心血的波拿巴成功地登上了圣斯坦法诺岛,并灵活地指挥了战斗。但是,他的水手们叛变了,保利的堂兄由于保利的秘密暗示投降了。波拿巴必须按捺住内心的愤怒,丢下他的三门大炮,登上甲板返航。回到法国后,这位年轻的军官做了件令人不解的事情。一方面,他在反对这种可耻行为的抗议书上签字;但同时他又私下给叛变者写了一封友好的信。他到底是怎么想的呢?

在科西嘉岛,保利宣布与波拿巴家族势不两立。这位对法国的仇恨与日俱增的科西嘉的老首领不再信任这个背叛的家族。他的做法也并不是完全不对,十八岁的吕西安在土仑雅各宾俱乐部指控保利是英国间谍特务。巴黎为此十分愤怒,下令逮捕保利。从而保利党发动了一场反对波拿巴的愤怒的政治运动。他们谴责波拿巴家族拿国王的奖学金,和法国将军作朋友。他们诅咒吕西安对他们的起诉。拿破仑捎信给他的母亲说:"时刻准备离开家乡,这块土地已经不再是我们的土地。列蒂契娅在阿亚斯修的房子还没被焚毁之前及时地离开了那里。她带着她的几个小一点的孩子慌乱地逃到岸边。约瑟夫和拿破仑冒着生命危险避开拥护保利的农民的监视来接应她,把她带上了一艘法国船。全家先逃往卡尔维,1793 年转到土伦,然后又迁往马赛。

　　这一时期,波拿巴家的生活十分贫困。这个大家庭生活不是一个上尉的军饷和法国给科西嘉难民的微薄的补助金所能保障的。但是,列蒂契娅并没有失去她的勇气,她有金子般的儿子。她和马赛的桌布商克拉里交上了朋友。约瑟夫和桌布商的女儿马丽一尤丽结了婚。她有一天将成为西班牙的王后。当时拿破仑很想和桌布商的第二个女儿德西雷结婚。但是克拉里认为,家里有一个波拿巴就足够了。德西雷后来成为瑞典王后。其实克拉里当时拒绝波拿巴的第二个儿子是一个错误。但有谁能准确地预测到不寻常的历史命运呢? 一般来说,一个二十四岁的年轻人应该已经初露飞黄腾达的前兆,但拿破仑当时还是一个没有稳定位置的上尉,并且看起来前途暗然。

　　他把他最好的年华徒劳地为科西嘉的梦想消耗了。但他的阿雅斯修和撒丁岛的历险将他从对科西嘉的希望和革命的梦想中拯救了出来。他将所有的理想;所有的形而上学和乡土观念都抛弃了。他不再相信人类的良知。他认为,驱动人类的力量只有恐惧、利己主义的和虚荣心。在此时,他只有为革命服务,因为他找不到其他想做的事情。开始时他做过许多低等工作。在尼斯他给大炮烧炉子,为了让通红的炮弹射向英国的船队。在阿维尼翁(位于法国)他为驻意大利的军队非常干练地组织辎重队。他在军队中的前景仍不景气。

　　当时法国南部掀起了一场反对国民会议的斗争。马赛城站在吉仑特派一边。波拿巴上尉根据这一形势写了一篇思想深刻又十分风趣的谈话录。在这个谈话中,他向马赛人的联邦主义者指出,国民会议必将胜利,因为他们拥有最好的和惟一的军队。如果马赛的居民发动起义,马赛城将会毁于一旦。谈话论述得非常精辟透彻,对于国民会议的成员是一个出色的宣传,人们把它当成教材去阅读。国民会议的一位成员是科西嘉人,波拿巴的朋友,并和波拿巴并肩与保利斗争过。他建议任命他的同乡为营指挥官,“一个精明能干的、炮兵连的惟一的上尉应该学会有策略地思考”,并派遣他参加围攻土伦的战斗。

　　这个城市终于发生了暴乱,并呼吁英国的帮助。当时的形势对革命党人是十分危险的。因为在里昂升起了保皇党人的白色的旗子,同时在外省也孕育着一场大规模的内战。英国人、西班牙人和撒丁岛人在土伦组织起一支军队,进军罗讷它尔和皮蒙特的部队及里昂的反叛者汇合。在这种情况下,国民会议派遣卡尔托将军包围并要夺回土伦。这位将军有勇无谋,因此他要想弄明白年轻炮手的战略战术是徒劳的。他们的方案是:将军火集中的厄吉利特海湾而不是市区。

　　年轻上尉用他的足智多谋战胜了将军。这场战斗非常明确地证实了波拿巴的军事天才:对所有的事深思熟虑、有备无患。他像一个普通的游客一样到了土伦,却马上考察了码头,寻找合适的布置炮兵连的地点。他认为,从厄吉利特海湾海岸的山上向停泊在海湾的战舰射出发红的炮弹,从而可以强迫他们退守在码头上。如果卡尔托还是不理解,就只好让他的继任体会波拿巴这一果断和强硬有力的战略思想了。所有发生的一切,都和波拿巴事先预见的一样。炮兵出身的波拿巴令世人为之震惊。

他被提拔为旅级的将军。同时还提升了支持这一决定的还有另外两位委员会的委员,他们是年轻的罗伯斯庇尔和巴拉斯。

波拿巴将军

谁也不会相信,这第一次成功是一个伟大军事家光辉生涯的前奏曲。在恐怖统治期间,许多人命运多舛,很快被提拔为将军,又会很快被降职。波拿巴得到了罗伯斯庇尔的重视,但罗伯斯庇尔和他的追随者的这种重视又能维持多久呢?1794年3月,他被任命为驻扎在意大利的炮兵部队的指挥官。作为一支庞大部队的领导人,一个重要的任务是弄清这个国家的地理特征。后来,波拿巴在这里训练出一支最出色的军队。无论是负责总指挥的司令官们还是国民会议的代表们,都十分信服这个小个子将军。尽管他看起来是这样的年轻和削瘦,但他身上的那种严厉和冷峻的气质却不得不让人肃然起敬。不久的一次军事行动又为他提供了一个巨大的机会。三年来,巴黎在盲目地碰着运气,没想到,仅几个月之后,一切突然又都有条不紊地重新建立起来了。当后来热月九日巴黎的恐怖统治宣布结束时,波拿巴筹备的这次军事行动为他打开了通往皮蒙特的大道。当时,罗伯斯庇尔和他的追随者们被赶下了台,年轻的将军在他的朋友的命令下被抓了起来。在革命时期,友谊已不再是牢不可破的。波拿巴后来被释放,但仍然处于可疑分子之列。1795年,巴黎命令他从意大利前沿回来,将他安置到旺代省的军队里。他拒绝了。对于这个当时并没有其他晋升机会的男人来说,这是需要很大的勇气的。他为什么拒绝呢? 一方面是他不想当步兵,他说,这不是我的武器;另一方面他为用一场大规模的战争(在意大利)去换一场小的战斗而感到愤怒。还有一个重要原因是,他不想和法国人作战。其他的将军如克里伯或者奥什虽然这样做了,但是他们是法国人而不是科西嘉人。但是最根本的原因是,波拿巴要保持他的独立性。他认为自己已经有足够强大的力量去征服一切。但是同时他必须依靠什么来生存。他的哥哥约瑟夫送给他一些钱,他的中士朱诺和他一起分享这点微薄的收入。朱诺梦想和美丽的波利娜-波拿巴结婚。但是波拿巴却给他泄气:你什么都没有,她也一穷二白,加在一起呢? 零!

1795年的9月对于波拿巴来说是非常黑暗的。大臣们对他的拒绝非常恼火。他穿着破旧的制服在等候室里等待,只是偶尔有人请他为意大利前沿的战斗出谋划策。他奔波于那些只知道围着军饷打转转的腐化堕落的军队中,必须再经受一次苦涩的失望。为了高升,他虽然曾经在土伦和尼斯拍打了几下翅膀,但现在又重新落到土地上。他听说土耳其的苏丹向法国请求炮兵军官,便急忙去报名。伟大的土耳其人付的军饷很高,同时这个东方国家又是一千零一夜的故乡。但一个偶然的因素留下了他:军队的地形测量部门需要他,这样他错过了去东方的机会。与此同时一个阴险的福利委员会代表又公开了罗伯斯庇尔将军的档案,并把他的名字从军队的名单上划掉了。这一切都显着波拿巴的穷途末路,但在实际上,一个从未有过的幸运却正在等待着他。假如他当年去为苏丹服务,他的一生将在那里度过,他将是一个帕夏,而永远不可能成为一个皇帝。

二十一天之后国民会议需要一位能干的将军:热月党人清除了恐怖分子,并协助巴拉斯、泰林和他们的朋友们掌握了政权。为了维护政权,他们必须改革政体,建立新的宪法,建立了一个五人执政内阁和两个国民会议(五百人院和元老院——译者注)。但是他们想不惜一切代价避免让在巴黎很有影响的保皇等右派再次当权。新的执政者是国王的谋杀者。他们结束了红色的恐怖统治,但是他们并不打算建立一个需要阐明理由的白色恐怖统治。由于并没有迹象表明,即将举行的大选对保皇党不利,因此他们建立了一个安全附加条款。新会议的三分之二必须从旧的国民会议中选出。但这个轻率的措施却引起了强烈的抗议。如果对热月党负责的右派势力攻击国民会议,那么谁会保卫它呢?它已经因为罗伯斯庇尔而臭名远扬,从而失去了"红蓓蕾帽"的支持。它只有一个避难处:军队。皮西格鲁和梅努将军授命交替保护国民会议。巴黎把三分之二的附加条款作为民族的耻辱加以反对。葡月12日的晚上(1795年10月4日),梅努和暴乱者进行了谈判。他们赢了吗?

如果暴乱者获胜,就意味着国民会议的失败。新的执政者明白这个道理,并且决定奋起捍卫新生政权。他们撤掉了梅努,重新任命了自热月党以来被誉为卓越的战士、身佩长剑的巴拉斯为巴黎部队的总司令。但是他是一位有勇少谋的军人。为了做好工作,他的战场上还需要一位专家辅佐自己。巴拉斯偶然想到了一个小个子将军,他的勇气曾在土仑围剿战中令人吃惊,但现在却身处逆境。巴拉斯向国民会议请求任命波拿巴作副手。国民会议为此很害怕,甚至反复询问波拿巴的身世。"波拿巴是谁?"士兵们问,"他是谁?"人们谈论着他那衣着不整的穿着;谈论着他那长时间不理的、打缕的头发,特别是他那无穷的能量。"到处都在谈论他"蒂博在他的回忆录中说,"他的威严征服了所有的人,他用他的威严来颁布命令,人们出于对他的惊叹和崇拜而信赖他。"

国民会议只有八千的军队,而暴乱者则有三万人。拿破仑设立一个指挥中心,并占据了中心周围易于防守的位置,而叛乱者却把他们的阵地一分为二。为了袭击炮兵基地,叛乱者派遣了一个营的兵力。但是,拿破仑早已抢在他们前面赶到了。他命令一位叫缪拉的骑兵连连长带领三百个骑兵出击。当叛乱者进入到大炮的射程之内,他用猛烈的、摧毁性的炮火轰击圣-罗赫教堂门口台阶上集聚的叛乱者的队伍。叛乱者留下了二百至四百具尸体。对其他地方,这种残酷的流血事件同样是惨不忍睹的。波拿巴解放和拯救了国民会议。这是出于政治信仰?确切地说,不是!假如当时暴乱者将他推为领袖,那他只能让他的国民会议代表们飞上天空。他只不过抓住了一个使自己大显身手的机会。从此,他便作为"葡月将军"而著称,并以果断坚毅而闻名于世。巴拉斯又把他重新任命到他原来的级别上,授予他巴黎卫戍总司令。现在他终于跃上了马鞍。

从现在开始,他感到自己成为一支军队的真正的统帅。这种大街上的战斗,这种警察局行政长官的差事并不是他的专长。出于工作需要,他常常和五人执政内阁成员和军事事务专员卡尔诺在一起。他们谈起意大利的情况,但从那里并没有捷报传来。同时,督政府迈出了危险的一步,吞并了比利时,从而与英国为敌。打几场胜仗成为迫在眉睫的事情。如果我在那里,波拿巴说,会马上把奥地利干掉。"他们将会逃跑。"年轻的将军卡尔诺非同寻常地判断到。作为一个二十六岁的最高指挥官在意大利战场指挥战斗,这对他来说曾是一个美丽的梦想。

这是一个应该成为现实的梦想。巴拉斯也支持这位小将军。把他们联系在一起的不仅仅是土仑和热月党,还有风姿优雅、善于交际的克里奥耳人——约瑟芬·博阿尔内。她的丈夫博阿尔内将军在恐怖统治时期被送上了断头台。当时她三十二岁并有两个孩子:奥坦丝和欧仁。后来拿破仑讲述道,欧仁曾经到他这里来,请求他能保存他父亲的剑,拿破仑答应了他的请求。他称赞了拿破仑将军的宽宏大度和优良品德,同时向母亲约瑟芬表示,有一天会感谢英雄所做的一切的。实际上,波拿巴肯定在巴拉斯那里多次遇见过约瑟芬,当时她是巴拉斯的情人。

在约瑟芬的家里,拿破仑很快就成为一名可信赖的朋友,两个人热烈地相爱了。但是到此为止,拿破仑并不是一个讨女人们宠爱的男人。而约瑟芬则深爱着艺术,有着丰富的爱情经验。她没有钱,却有着一个价值连城的关系网。巴拉斯催促年轻的将军和她尽快地结婚。她是不是隐瞒了她的年龄?她当时不是比他大六岁吗?这个婚姻能带来什么呢?通过约瑟芬波拿巴不仅仅赢得了老的执政者的喜欢,而且还赢得了新当政者的大有益处的友谊。她会使拿破仑的形象更加光彩。婚礼举行了,巴拉斯赠给拿破仑的婚礼礼物是——意大利战场的总指挥官。

这是波拿巴已经追求了很久的。但是等待他的任务并不是那么简单。当这位新的总司令在1796年3月27日来到尼斯时,他的士兵只不足四万人。但敌方奥地利和皮蒙特(意大利北部)的兵力却达八万人。由于供给中断,法国士兵生活在令人难以置信地艰苦环境之中。他们没有靴子、衣服,也没有食物。他们只能自卫,因为他们不能冲锋进军。新指挥官的到来"对他们的现状进行了一场彻底的革命"。(司汤达语)正在意大利服役的将军奥热罗、马塞纳和贝蒂埃为这样一位小个子出现在他们的面前而十分恼火。他们以对共和国的赤诚而自居,对这个新的上司傲慢无礼。因为他——这棵小嫩苗——是这样的其貌不扬。头发又长又蓬乱,用一个胡乱打着结的法国三色旗做腰带,讲话带着浓厚的科西嘉口音。

但是在第一次集会中,波拿巴就意识到他应该驯服他们。他的动作、目光和声音,这一切都使他和这些年长的大胡须拉开了距离。和老将军们在一起,他严厉并少言寡语,但他知道该怎样给予士兵们以希望。士兵们,你们没有衣穿,营养是这样的糟糕。我将把你们带到地球上最富饶的地方。富裕的乡村和大的城市即将在你们的手中,在那里你们将找到你们的尊严、荣誉和财富。这是一个罗马式的呼吁,一个读过普鲁塔克和李维的人的讲演。但如果他不想丢面子的话,他必须实现他的诺言。他是否有一个作战计划?此时在办公室里已经做好了一个计划,波拿巴首先要按照这个计划去行动。

要知道,当时拿破仑在指挥一支庞大的军队方面还是初出茅庐,几乎没有什么经验。但是他擅长迅速地掌握并即兴发挥。在此他的性格的天性起了很大的作用。闻名世界对他来说算不了什么,他的个性本身就是一个对付一切疑难问题的有利武器。一个不自信的领袖往往会担心暴露他的无知。他不是这样。他相信,他会马上知道得比别人更多。他具有一种能够汲取一切和记住一切的理解力。他掌握了丰富的知识财富,读了很多的书。正是由于他拥有了丰富的地理和历史知识,才使他在意大利这样一个各个方面情况都十分复杂的国家轻易地找到通往胜利的道路。他研究了这个王朝和教会国家,他本人就具有着意大利人的思维方式。最终他明白,要抓住和充分利用每一次胜利和每一次有利的时机。

在刚开始的两周,他遵循吉贝尔的基本原则:瞄准一个最强点并攻克它。这使他有可能对敌方不同的军队进行各个击破,从而打开了通往皮蒙特的道路,并与维克多

·亚马德国王(皮蒙特国王)签署停战协议。是谁给了年轻的将军权利,用法国的名义进行谈判?没有人。但与他命运相关的法国政府十分虚弱。它需要钱和成功。他马上会给巴黎可怜的政府送去凯旋的旗帜、成车的金子和华美的艺术品。什么样的政府会拒绝这样丰厚的礼物呢?督政府为了拿破仑将委员会专员萨利塞解了职。波拿巴深知政府的这一弱点并成功地利用了它。他就是这样挤进了高层的政治和重大战略决策之中。奥地利任命一位很有威望的老将军博利厄。但是他应该怎样对付一个置古典军事规则而不顾、经常制造骇人听闻的冒险事件、所向无敌的年轻的科西嘉魔鬼呢?这个布满高山深谷的国家是出奇制胜的理想地域,为波拿巴将军的天才添上了翅膀。5月10号,洛迪之战的胜利使他获得了全军的信赖。他冒着生命的危险亲自冲向了前线。就在那一天,他第一次体会到,命运赋予他一个伟大的使命。后来他告诉拉斯·卡塞斯,他感到在土仑之战和热月革命之后距离一个更高的境界还十分遥远。但是洛迪战役后,他领悟到,他的目标是没有边界的。他对古尔戈说:当我被风带向远方时,我看到世界在我的下面逃走。

波拿巴现在是米兰和富饶的伦巴第的统治者。在拿破仑的威逼下,所有其他的意大利国家都希望与他和谈。当时拿破仑军队的是怎样呢?对那些年轻军官对胜利的狂喜,司汤达做了最精彩的描写:他们常常中有惟一的一双鞋,每三个人拥有一条长裤。他们互相借用,去参加那些美丽热情的女人们在宫殿为他们举行的招待会。部分意大利贵族们对共和国的军队态度十分冷淡,但广大意大利民众却为从奥地利的占领中解放出来而感到十二分的高兴。波拿巴的策略还是要赢得教会的支持。他的一位意大利的亲戚是大教堂的老主持,拿破仑拜访了他。这件事可能会让令督政府非常不快,但它反对一位常胜将军又会怎样呢?当有人向他建议,由克尔曼和他共同指挥军队时,他断然拒绝了。单独干或者什么都不要。他说得很婉转,却显然是毫无余地的。

他越来越成为共和国不可缺少的了。如果丢尽脸的巴黎政府想留住一点尊严的话,它必须得在外交上证实一点自己的实力:它必须保住比利时,同时尽可能的控制住莱茵河左岸。但这一切都取决于奥地利。为了使奥地利人坐到谈判桌前来,必须首先在意大利站稳脚跟,以便有一天达成一个交换协议:用北意大利来换取法国的自然边境线。这对波拿巴来说刚好是一个契机。他制定了一个计划:在意大利建立两个在他的保护之下的共和国,作为平衡条件,将威尼斯送给奥地利。但奥地利不想接收这个交易,而是派来他们最好的将军与法国作战:维尔母泽和阿尔文齐。波拿巴像一头雄狮扑向他们。

当他饱受妒嫉的痛苦折磨时,他的愤怒变得更加猛烈。他写给约瑟芬的信充满了热情的渴望和思念,"这些燃烧着的情书,整篇写满了吻,除此之外几乎没有其他的内容。"(梅里美语)约瑟芬却欺骗了他。正如他听到的一样,她和一位有教养的绅士查尔斯混在一起。"我们应该感谢他制造的这场愤怒,它使意大利的战斗迅速地结束了。"(马克西米利安·沃克斯)这些信虽然带有强烈的方言,但仍然不失为美丽的情书。我不快乐。你最后一封来信是那样的冷淡,就像一般的朋友。我在信中没有找到曾在你的眼睛中燃烧着的火焰……你不知道,没有你,没有你的心,没有你的爱,对于你的丈夫,即没有幸福也没有生命。远离你,夜晚是这样的漫长、乏味和悲伤。但如果在你的身边,却希望黑夜永远不会结束。但约瑟芬却毫无热情,她对他根本没有兴趣。她不能理解,她为什么要和她那个时代这样伟大的人物结婚。

当她最终决定回到他的身边时,正值意大利战场的紧要关头。维尔母泽带领一支新的奥地利军队赶来了,意大利也开始摇摆不定,如果法国人失败,它准备马上投降。这对法国来说是一个生死攸关的时刻,波拿巴创造了一个又一个奇迹。维尔母泽在保卫曼图亚之战中连连败北,匆忙赶来援助他的阿尔文齐也同样被击退。著名的阿尔科拉桥战役被用一幅精美的油画永恒地保留下来。在这幅画里,身材瘦削的将军挥舞着法国三色旗,面部表情英勇而悲壮。蒂博评论说,整个事件很少浪漫的情节,但它却是一个将永远地流传下去的真正的传奇。约瑟芬和一只敏捷的雄猫结了婚。他是一个战场上的幸运儿;一个战功卓著的小个子士兵。现在她在意大利又找到了一个君王。督政府驻托斯卡那的外交公使米奥特·梅利托曾在米兰附近的蒙母波罗宫殿拜访了波拿巴,他感到那里就像一个真正的王宫。晋见和晚宴的过程是按照严格的外交礼仪进行的。法国军官、意大利贵族和商人们出出进进。波拿巴将军和人们讨论问题,做出决策,处理着公务。可以说,那样子就像他生来就是一位国家统帅一样。

我在这里做的一切,他对米奥特说,还没有结果。我现在只是站在我事业的起点。您相信吗?我在意大利夺取的胜利的桂冠只是为了使督政府的律师,卡尔诺和巴拉斯更加伟大吗?米奥特得出的结论是,他看到的是一位对共和国的理想和制度完全陌生的人。

五人执政内阁了解到他的思想,开始不信任他,并派遣克拉尔科监视他,在合适时与奥地利达成和解。但波拿巴并不急于和谈,因为这将意味着他在意大利的国王般统治的结束。同时他认为,巴黎的思想家们根本不理解意大利事情,他们甚至用法国大革命的原则对其进行曲解。

他自己只是短暂的研究过一点雅各宾主义,如果情况需要,他想重新再学习一些。但是当前意大利的实际情况是:教会还一直是掌权者,在教会面前必须要小心从事。法国军队方面的现实则是:军队首先要和长裤汉党搞好关系,要小心周到地和他们打交道。不怎么相信教条的波拿巴要扮演一个现实主义的中间人的角色。

1797 年 1 月,阿尔文齐在利奥里被击溃;维尔母泽投降。这是最终的胜利吗?这不是。奥地利还有一位伟大的将军:卡尔大公。就像对其他对手一样,他也没有把波拿巴放在眼里。他的撤军打开了法国军队通往维也纳的道路。这时如果法国莱茵军团出击,就有可能攻入奥地利。但是莱茵部队并没有行动。在意大利的供给没有保证,和平已是事在必行。4 月,波拿巴在累欧本签署了一个临时的和平协议。如果他——只要是在战争中——获得这样高的威望,为什么要和平?因为法国正由于选举而弩张剑拔,这次选举肯定会使被拿破仑在圣·罗赫教堂台阶上轰炸过的右派势力重新掌权。因为右派希望和平,他给了他们和平,与他们达成谅解;同时他们在战争中的胜利又保证他不会失去爱国的左派。这位年轻的将军已经将他的军队放在政治的棋盘上进行深思熟虑了。

累欧本的和平并不是最终的和平。这个和平条约真的需要缔结吗?我如果能够在法国扮演一个和在意大利近似的角色,我就想离开这里。但是,这个机会还没有到来。一个近似的角色?这只可能是法国最高裁决官之一。但是督政府会对此不择一切手段地阻挠的。法国的天平会偏向哪一方?拿破仑等待着。如果保皇党胜利了,他必须尽可能地进行干涉,因为他无论如何不想出现君主制的复辟。当右派势力真的赢得了大选,他送去了奥热罗去帮助三名左派内阁督政官。残忍而头脑简单的奥热罗没用多少时间就解决了这些新的而主张倒退的多数派。那是在果月 18 日,暴徒们被监禁或被流放了。波拿巴为了不使自己卷进这场事端中去,让奥热罗负责来做这些令人不喜欢的事情,然后他就可以在适当的时候将团结的桂冠划在自己的名下。

在此之间,他违背督政府的指示与奥地利进行谈判。在果月政变中大开杀戒的督政府,现在又扬言要在维也纳建立共和国。波拿巴与和他持同样见解的外交部长塔西兰联合起来坚决反对这个愚蠢的计划。波拿巴签定的坎坡福米奥和约是一个十分理智的和约:奥地利皇帝放弃了比利时;关于莱茵左岸的问题待定,但如果德意志各个联邦国家同意的话,那将属于法国。如果英国也在和约上签字的话,一切都十分圆满。但是这个希望破灭了,因为英国从根本上就反对所有想在欧洲称霸的人。

通过富有成果的和平协议使自己名声大震的波拿巴是不是应该在他的军队的支持下推翻督政府?他自己清楚,这个主意是多么的愚蠢。现在军队是站在共和派一边,他不敢肯定,军队是否能支持他。时机还不成熟。督政府的成员对波拿巴的态度是既畏惧又想利用,但同时还要把他排斥于内阁之外。他们认为,他应该指挥一支对抗英国的军队,但现在还没有这样一支部队。那么该怎样打发这个烦人的长胜将军呢?让他去参加拉施塔特会议,他的任务是劝说德意志割让莱茵左岸。当他在那里刚做得有些起色时,又被召回了巴黎。

他是在二十一个月之前离开这所城市的。就这二十一个月中,他从一个无名的战士成为民族英雄。他并且开始利用他的职位和威望来帮助他家庭。约瑟夫是帕尔玛的共和国特派员,吕西安是战争特派员,路易是他哥哥在意大利的助手,列提契亚夫人和她的女儿们一起生活在巴黎。波拿巴的幸运招来了人们的嫉妒。嫉妒他的人们说,拿破仑很走运。但是拿破仑自己并不相信运气。他只相信他那个完全与众不同的星相,这也就是利用一切机会。这是作为天才的一个重要特征。

待命的英雄

巴黎张开双臂热烈欢迎波拿巴的归来。对他来说,让一切停留在迷雾之中是最好的选择。人们将他居住的大街改名为胜利大街。他清楚地知道,督政府成员对他日益升高的声望深感不安。因此,他表现得十分谦虚和顺从。他大部分时间身着便装,很少穿军服。在他被选为法兰西科学院的成员之后,他在庆典场合身着科学院制服。他在意大利时就和几何学的创始人蒙日交上了朋友。在巴黎,他周围也有一个学者的小圈子,如拉普拉斯和贝特莱。对于对所有都充满好奇心的波拿巴来说,这些科学家们是一个十分有价值的联盟。通过这种方式,使督政府成员的不安情绪逐渐平静下来,因为一般人们不会和学者一起搞阴谋。他有意识地使自己远远地离开权利之争;他一无所求,并避免任何形式的结党营私。他知道怎样使自己强大:做一个在党派之外同时也在超越党派之上的待命的英雄。保持这种策略,对他来说并不困难。他也没有无论是保皇党还是雅各宾党的那种法国人的狂热。他的任何一种政治主动性都为时过早。

但是他必须要干点什么。在巴黎人们忘记了过去发生的一切;如果我作为一个袖手旁观者而无所事事,那我也完蛋了。督政府想让他进入内阁,但考虑到他的声望又犹豫不决。最后他被任命为英国远征军的最高指挥官。但他为什么没有登船前进呢?因为他感到这个计划充满了欺骗的色彩。法国没有足够的舰队进行这次远征,远征无论如何都只是一个渺茫的希望。为这次无望获胜的爱尔兰远征做准备至少要花去一年的时间,波拿巴三周之后就将远征英国的计划否定了。现在该怎么办?督政府制定许多计划,通过其他的道路进军英国。为什么不先征服埃及,然后向波斯进军,从而切断英国通往印度的道路呢?这是法国外交的古老梦想。舒瓦瑟尔曾有过这个梦,然后是塔莱朗。同样波拿巴对东方的梦想也是由来已久。当他和朱诺——这一对倒霉和失业的难兄难弟一起穿过巴黎大街的时候,曾经谈论起这个计划。难道他不曾想过加入土耳其的军队?作为法国军队的统帅去征服东方,这该有多么的刺激!

这可不是一件容易的事情。纳尔逊的战舰控制着地中海,而四万名精兵必须被运到埃及。尽管如此,督政府还是批准了这个童话般美妙的计划。他们这样做只是为了把这位备受爱戴的将军打发走吗?仅凭这一点理由并不十分充分。这位将军终究是理智的,法国的和平面临着巨大的威胁。但是法国大革命取得了这么多的成果,征服了这么多的国家,打败了著名的军队,以至于他们自己也将自己幻想成是最伟大的。他和蒙日谈论起他的伟大的设想,这个设想只能由像他这样的男人在富饶而历史悠久的东方来实现。将军和大臣们达成了一致。英国将在埃及被迫接受一个新的欧洲。

但是一切的前提是,法国军队必须首先在埃及登陆。海军上将布鲁耶斯十分清楚,纳尔逊随时都会将由于护航舰而迟缓前进的法国舰队摧毁。这是一个巨大的风险,但是拿破仑决定冒一下这个风险。他相信要想抓住命运赐给的良机,必须坚决果断,这是多么的聪明和理性!1798 年 5 月 19 日,他乘"东方号"离开了法国。然而此时,法国海军还处在幼稚的阶段。布鲁耶斯不知道,纳尔逊在那里,纳尔逊也对布鲁耶斯的意图一无所知。在航海途中,布鲁耶斯先征服了马尔他岛,又扬帆驶向亚历山大港。波拿巴将军在甲板上大谈化学和信仰,他听音乐,还模仿纳尔逊的样子。一天夜里,英国人在距离四到五海里的海面上和法国舰队"擦肩而过",驶向叙利亚方向。虽然它一直在寻找法国军队,但却什么都没有发现。假如当时纳尔逊发现了法国战舰,那么拿破仑、他的军队、他的勋章和十五年的历史会都沉入海底。

法国军队的登陆十分顺利。统治埃及的马木留克人被征服了。波拿巴像他当年在意大利一样又开始了创业。他为了在这片土地上创造一个新的文明,带来了律师、政府官员、自然科学家、艺术家,总之,所有有用的专业人员。他真的将他的愿望变成了现实。他建造了一个现代埃及,他为此而骄傲,这里给了他作为一个法国人的特殊荣耀。但同时他也并没有忽视尊重伊斯兰的信仰。在必要时,他甚至做出一副自己就是一个穆斯林教徒的样子。尽管他在心底还为天主教保留着位置,但他对宗教信仰的热情并不比他的政治野心更狂热。他命令保留穆斯林教的传统节日,并用东方的习俗给帕夏写信。马木留克人称他为大人。这一切本来不过是一个笑料而已,但对波拿巴来说则非同寻常。它表达了波拿巴的尊严和非凡的天才。他借此达到了他希望的效应:波拿巴将军控制住了局面。

8 月 1 日,当纳尔逊最终在阿布克尔海湾找到了布鲁耶斯的舰队后,一举摧毁了它。而布鲁耶斯自己也随着曾把波拿巴运往埃及的"东方号"而沉入海底。一场无法挽回的失败！英国成了海上畅通无阻的霸主；法国军队被分割开来。令人惊讶的是，拿破仑则表现的镇定自若。如果他必须在埃及留下，那么他将在埃及待下去，并且像在意大利一样统治这里。他的军队在这个国家里找到了他们需要的一切。可是他还没有自己的专家呢？当他到达阿布克尔的那天，他就成立一个埃及研究所。他曾对部下说，我们将要在埃及待多久？几个月或是六年……我们刚刚二十九岁，但是我们有一天将会变成三十五岁。这几年对我来说，如果一切顺利的话，足足能够走到印度去。

他制定了一个又一个新的行动计划。为了把波拿巴赶出埃及，土耳其开始向叙利亚进军。这太好了！波拿巴迎面出击。为了向欧洲的两翼和背后进攻，他将首先煽动起黎巴嫩的基督教徒们，他还准备把军队向康斯坦堤诺贝尔推进，然后再进攻维也纳，有可能的话实现他征服印度的梦想。这一切在他的心中蕴藏已经由来已久了，他深信不疑，有朝一日将会变成现实。当波拿巴向土耳其迎击时，却在阿克尔遭到了顽强的阻击。当年他在布里坎那军官学校的同学，法国保皇党军官菲利波和英国人西德尼·史密斯联合起来带领土耳其人作战。堡垒城墙几乎坚不可摧，而波拿巴又没有重型大炮。在这次战役中，他暴露出了极其疯狂残暴的一面。在意大利的时候他还表现出他人道主义精神。（尽管当时他出于安全的考虑，毫不迟疑地按军法惩罚了违反军纪的士兵。）但是当他离开阿克尔的时候，他下令烧毁了所有的庄稼，杀死了所有他不能带走的俘虏。当他把一座行宫付之一炬时，他曾对路易这样说：一个政治家没有权利多愁善感。

与此同时，嫉妒比以前更为疯狂地折磨着他。对他来说，一切都昭然若揭了：约瑟芬欺骗了他，全世界都知道他受到了侮辱。英国人截获了几封他写的愚蠢的信，并且将它公之于众。其中一封是写给他的弟弟约瑟夫的：我有许多家庭的痛苦，因为我突然恍然大悟了。现在我在这个地球上只还有你的友情对我来说十分宝贵。如果有一天你也背叛了我，那我就一无所有了，我将成为人类的敌人。他甚至请求他的弟弟为他购买一片土地。当他有一天返回故乡时，可以在那里葬身。他已经成为一个厌世者。他说：我需要孤独和遁世。伟大使我感到无聊，我感觉已经死掉了。荣誉是没有意义的，二十九岁的我已经失去了生活的兴趣。在他的内心中，奥西安和维特，凯撒和马基亚弗利进行着激烈的斗争。

1799 年 7 月，他终于实现了他的东方之梦。这里寄托着他的伟大希望。他的一些行动为他赢得的荣誉（如对瘟疫病患者的拜访），为他的传奇又增添了新的光彩。他统治那里，并且创造了许多新的业绩。但是，这一切并不能满足他伟大的精神和雄心抱负。他需要法国。可他却很少得到那里的信息。英国人封锁了海上，截获了所有的信件。而英国报纸上的内容都是千篇一律，经过审查的。因此，他所收到的都是坏消息。意大利失守，敌人推进到莱茵河畔。一切都危在旦夕。法国目前肯定需要他。督政府早就招他回去，但他却对此全然不知。他回国的决定完全是出于他自己的一种直觉，当然这也存在着许多的风险。必须把军队留下，但这样士兵们将会不理解。克莱贝尔被任命为总司令。他留下来，但他能否保住埃及？难道波拿巴要单枪匹马在地中海迎战英国舰队吗？有谁会来帮助他？他顾虑重重，将所有的都压在一张赌牌上。他的三桅快速战舰再一次闯过了难关，安全地抵达了阿雅克修港口。这是他最后一次看到它(1799年10月)。在那里他得到了马塞纳和布律纳战胜了俄国、英国和荷兰,并从而使整个局面化险为夷的消息。因此,在法国对一个拯救者的渴望已不再是那么强烈。

当他在弗雷居斯登陆之时,受到了当地居民热烈的欢迎。前来迎接他的弟弟约瑟夫,向他讲述了国内所发生的一切。大多数的人民仍然反对督政府。人们不再相信它和支持它。塔讷说,年轻的共和国患了"老年衰弱症",没有人企图推翻它,它自己看起来已没有力量来支撑自己了。巴拉斯失去信任之后,支撑共和国大厦支柱是西埃耶斯。前不久他从柏林回来后被选为督政府的成员。他被做为一位伟大的宪法专家,在这场国家悲剧的最后一幕中充当了一个拯救天使的角色。西埃耶斯看的很清楚,只有依靠军队的支持才行。"我需要一把剑。"他嘟囔着说:"谁能佩带它呢?"合适的人都不在了。剩下的就只有波拿巴了。他虽然不是那么光明正大,不是那么让人信任,但他是非凡的。

波拿巴将军在前往巴黎途中所听到和看到的一切,都向他证实:法国需要一个强大的男人。但是他对这个人应该承担什么任务并不太清楚。大多数人民既不想重新回到恐怖统治时期,也不欢迎波庞王朝的复归。西埃耶斯认为,目前共和国处于战争期间,因此人们需要一个强硬的机构。它的领袖应该是一个军人。他不信任波拿巴,但是他没有别的选择。没有一个将军像他这样聪明、这样精通业务、这样受人爱戴。当然,政府不能轻易地宽容一个没有上级的命令就将它的部队弃置不管的将军。但是督政府并不想公开地冒风险对波拿巴将军进行公开的谴责。约瑟芬和巴拉斯及所有的有影响的人物的关系仍然十分密切。波拿巴起初拒绝和他不忠的妻子见面,但不久就原谅了她。或许是他经受不起她那媚力的诱惑,或许是他出于功利的考虑,不能轻易地放弃这位交际广泛,信息灵通的夫人。拿破仑回到巴黎之后,他处理的一切都恰到好处。他即没有使自己当众出丑,也没有过分表现,他避免了任何一个错误。西埃耶斯、富歇和塔莱朗正找机会准备一次政变,为了获得成功,他们需要波拿巴,尽管他们作为法律的守卫者,应该处罚这位从战场上跑回来的逃兵,但是,法律向政治低下了头。

在和约瑟夫第一次谈过话之后,波拿巴将军就相信,他将要做一个小小的游戏。五个督政府成员中的三个(戈也、穆兰、巴拉斯)投了反对票,只有西埃耶斯和罗歇·迪科知道谋反的计划并且投了赞成票。国务委员会中的雅各宾党人将会对此进行强烈的抗议。就是军队的态度也难以确定,它属于共和派和革命派,有可能拒绝参加政变。波拿巴并不想通过非法的途径来获取权利。如果一切通过合法的手段来实现,那他会对未来看得更清楚。就这样,西埃耶斯在寻找一把剑,而应该佩带这把剑的波拿巴则在寻找道德,或者至少是它的幻觉。吕西安能帮助波拿巴当上五百人议会的主席;而西埃耶斯在元老院中占居着重要的位置。已经丢了一千遍脸的巴拉斯已没有什么威胁了。目前正沉迷于对约瑟芬的爱情中的他,正在想方设法讨好约瑟芬。但是,为了不让许多人已知道的计划成为众人皆知的秘密,必须要尽快的行动。

西埃耶斯尝试寻找合法的道路,这也正是拿破仑所期望的。还没有一个人像他那样尊重法律,又能够利用法律。他的计划是这样的:雾月18日早晨,召开元老院会议,同时故意不通知反对党。只要元老院被告知有关情况之后,就马上强迫他们做出决定,让五百人委员会前往圣·科路德,那里由服从拿破仑指挥的军队保护他们。在那里,将会向他们提出一个新宪法的建议,并强迫他们接受。因为他们知道和巴黎已经失去了联系,同时士兵们已把这里围得水泄不通。然后,三位执政官:拿破仑、西埃耶斯和罗歇·迪科将接管政权。

尽管波拿巴首先和元老院进行了一次长时间、并且十分糟糕的谈话,但是这个方案的第一阶段仍和预期的一样进展顺利。吕西安在宣读完元老院的法令之后就结束了五百人委员会的会议。"一个进一步的解释,"他说,"明天将在圣·科路德进行。"当然,这使许多议员深感不安,他们预感到自己的危险处境。西埃耶斯准备将他们中间不服气的人监禁起来,但波拿巴反对。他认为,如果这次行动变成一次暴力事件,那么明天,任何一个本来就反对这个不合法政府的将军也会采取同样的做法。但是由于人们情绪激昂,人心不定,雾月 19 日在圣·克路德人们还是不得不实行了暴力。五百人会议开始不久,雅各宾党人便表示强烈的抗议。西埃耶斯失去了他的朋友们。波拿巴在会议之前首先和他法兰西科学院的弟兄们进行了一番交流,又拜访了埃尔维絮斯夫人的沙龙。他所期待的是,人们把他的任职作为一个理性的胜利来看待。当他听说会议的争论使势态恶化时,决定亲自出面。他希望,他的出场会将那些在场的人镇住。

在年元老院他受到了欢迎。但是他不策略的讲话却使他追随者们惊惶失措。当他进入五百人委员会的会场时,骚乱爆发了。雅各宾党的左派喊道:"当心这家伙!"波拿巴,这位久经杀场的勇士,面对这喧哗却心惊胆战。他没有能力对付一个充满敌意会议。这个随时都会大打出手,难以控制的局面,使波拿巴感到一阵昏厥。士兵们奋力将他带出大厅。当他重新恢复知觉之后,他骑上他的战马,对他的士兵说,有人企图谋杀他。士兵们既尊敬将军,又尊敬身穿制服的委员,他们不知该怎样对待波拿巴,是听从他的命令,还是抓起他来。是吕西安扭转了这个局面。作为五百人委员会的主席,他有权针对扰乱议会的委员而下令军队来帮助他。他利用了他的这个权利。在一片震耳的喧嚣声中,部队在缪拉的带领下强占了会议大厅。政变成功了。委员会的代表们通过通道逃跑了。但是吕西安还是抓住了几个,强迫他们同意:撤消五人督政府,取而代之的是三名执政官:波拿巴、西埃耶斯和罗歇。人民只听到了一个新的名字,没有人否认一个新的政府的合法性。法国并没有被强迫。它自己甘心如此。

第一执政官

政变的第二天,波拿巴乘马车穿过巴黎到卢森堡宫。就像在共和国日历上每十天一样,那是一个全社会的节日。空气非常柔和,湿润。在街头的墙上张贴着关于政府变化的国家公告。在工人居住的城市郊区,没有人起来保护雅各宾党。在巴黎,人们表现得轻松和兴高采烈。晚上,在剧院中,人们为赞颂这个伟大事件的演出节目而鼓掌喝彩。大街上是手持火炬,支持和宣传执政官的游行队伍,鼓号齐鸣,人们互相拥抱,欢呼:"打倒暴君!和平万岁!"所有的人都相信,这位不可战胜的、从神秘的东方回来的将军将会不战而胜地征服欧洲。糕点食品店特意制作了波拿巴甜饼干,上面写着:"法国感谢您的胜利,法国还将感谢您带来的和平。"

人们接受了这次政变。对民众来说,在国内,他们最希望是保护住革命的成果,也就是消除封建统治,成为国家主人。在外交上则要求确立法国的自然边界和维护和平。当许多流亡者盼望返回家乡时，那些飞黄腾达的，当年皇帝的谋杀者们也希望免于惩罚。所有的这些期望都不是轻易能够实现的。商人，雅各宾党人，富人，甚至对道德很有影响的知识分子，所有这些人必须得小心谨慎地对待。雾月 21 号，将军和他的官僚们一起来到科学院任职。在卢森堡宫，他脱下了制服，换上了绿色的男子大礼服，接待他未来的同事们。

他想让塔莱朗担任外交部长，富歇负责警察局。嘎巴尼斯，科学院成员，十八世纪风格的哲学家，担任内务部部长。将军用他的智慧，他的好学及他那令人信赖的声音收买人心。他巧妙地谈话，提出问题，以至没有人会注意到他知识中的漏洞。"还没有人像他那样，"蒙勒说："在他了解某种事物之前，表现得却是无所不知，他以令人惊讶的速度同时学习和掌握了一切……谁能描述他，这位孜孜不倦求知的天才？"

他对将来是怎样打算的？扬帆前进，但同时又不能忽视暗流和疾风。他说："革命必须学习，而不是预见。他生活只是为了这一天——这就是他成功的秘诀。法国患了重病，五年的高烧已使它十分虚弱，现在他需要休养和为了幸福的生活而进行治理。

在 1799 年雾月的最后几天里，拿破仑还不是法国的头号人物。西埃耶斯，这位革命的领袖，则默默地为制定宪法而工作着，这将成为他的伟大杰作。他秘密地筹划着如何取消国民议会，他对它的弊端了如指掌。由于他不能公开地这样去做，只能用推荐知名人士名单的形式来取代选举，当然该名单必须得到人民的承认，国民会议的成员就从中选出。但站在金字塔顶峰的将是一位不可撤换的第一选举者，住在凡尔赛宫殿，并由他来任命两位执政官。他应该是国家权力的惟一代表。

"权力必须由上而下，而信任则应该来自百姓。"要有一个具有立法权的国民会议对法律进行表决；一个法官委员会对法律进行讨论；一个保守的元老院作为最高法庭来保护宪法。国民会议本身不能对正在讨论的法律建议进行表决。这已经足够了，只要控制住法官委员会，就可以压制住不同的意见。从来没有出现过一部反民主的宪法。西埃耶斯让波拿巴做伟大的第一选举者。但他却用以下的话拒绝了：他宁愿什么都不是，也不做一头蠢猪或做一个被架空的国王。在这种情况下，西埃耶斯设立了第一执政官的职位，它拥有最高的行政权。这个职位自然属于拿破仑。而西埃耶斯和罗歇·迪科则重新退于幕后。波拿巴极力主张的想法就是把法国人"联合起来"。他自己选了两个助手：一个是原福利委员会主席康巴塞雷斯，另一个则是原旧政府的成员勒布伦。这两个人性情温合，才华平庸，不同的名字，却是同样的实质，这就是他要联合执政的秘密。

对法国来说，这是一个惟一的由具有任命或罢免政府官员，部长和军官权力的执政官来领导的共和国。执政官的任期为十年。这实际上是一个真正的体现个人意志的君主政体。惟一不同的是，它保持了选举制的基本原则，并且当选者要经过人民的认可。1800 年 2 月，举行了一次全民表决，在三百万选民中，只有一千五百人投了否定票。这次选举的确是公开进行的，但假如秘密地进行这次选举，其结果也将和这差不多。法国人只是为拥有这样一位使他们惊讶并能够掌握其命运的人而深感幸运。他们渴望着和平。法国人相信，过去的革命精英依然占了上风。富人们则认为，法国仅仅使上层社会发生变化。对于广大民众来说，宪法的同义词就是波拿巴。

那么，波拿巴自己呢？他享受他的权力就好像他天生就应如此。这种飘飘然的感觉,当他在意大利和埃及时就有了。但他真正喜欢的是法国。法国给予了他幸福和自信。一切必须要重新开始。当执政官们开始行使他们的权力时,宣布道:"公民们,革命又回到了它开始时的基本原则上。也就是说,它结束了。"这意味着保皇派和革命党之间的和解,流亡者有可能的返回家乡。总之,要消除人民的恐惧。如果人们只是忠诚于民族政府,那波拿巴也愿意给予宽容和谅解。他不想知道,公民们昨天干了什么。他向他们问道:你们想和我一起在今天和明天成为好的法国公民吗?如果你们愿意,我给你们指出一条荣誉之路。

首先,他必须解决财政问题。因为在雾月 19 日那个晚上,督政府在财政上已经没有一个法郎了。波拿巴在这里展示了他管理组织方面出奇的才能。他不考虑政党派别而任命那些能干的人在将成为他工作的主要工具的国务委员会中任职。对他来说,与那些思想僵硬化的书呆子相比,实干家和优秀的工人更令他喜欢。他说:学者和知识分子们对我来说就和那些卖弄风骚的女人一样,可以拜访她们,和她们一起闲扯,但既不能和她们结婚,也不能让她做大臣……。他聪明绝顶。他请来财政专家们,并按照他们的建议建立了法国银行,稳定货币。对于勤俭节约的法国人民来说,仅这一点就令他们对他的感激之情油然而升。他严格地监查新闻媒体,报纸不能成为共和国敌人手中的工具。他只允许十三种报纸出版,并且告诫它们:如果当它们有损于和平和人民的主权及军队的名誉时,将会被立即取谛。官方报纸《箴言报》按照他的旨意向社会进行报道。

这种专制主义的势头通过极端的中央集权而得到进一步的加强。省长(和执政官一词一样是一个从罗马历史中借来的词),县长,镇长,所有这些都由中央政府进行选择任命。而在巴黎则建立了一个置于警察局长管辖之下特殊的行政机构。但这样一个强大的,没有监督的权力的危机,则在以后显露出来。1800 年,专制者的自我克制减缓了专制政治的影响。所有的一切在波拿巴那里都经过了深思熟虑。如果他在他任执政官后马上住进杜伊勒斯宫,那么就表明,他想强调权力的连续性,同时也是向保皇党宣布:他决不想为了讨波庞王朝的喜欢而作为一个权力的暂时守护者。在国王的宫殿中居住,对他来说是件愉快的事情,但他却在这件事上持以幽默的态度。他对约瑟芬说:过来,我的小克里奥女人,到你主子的床上来吧!他对他的秘书布里纳说,在杜伊勒利宫居住,并不是目的,但我们必须要留在这里。当他母亲责备他工作太多时,他用科西嘉式俗语说:我是一只白田鸡的儿子吗?当一位国务委员会的委员在杜伊勒利宫古老暗淡的壁毯之间第一次见到波拿巴时对他说:"这是令人悲哀的,将军。"波拿巴针锋相对的说:是的,就像伟人一样——这是一个哲学家和诗人的回答。他比任何人都更清楚奇迹和冒险之间的界限有多大,他又是怎样和偶然的幸运紧密的联系在一起。如果让这种幸运继续下去,那就必须得到法国人的喜欢。我的政策是像大多数人希望的那样进行统治。用这种方式我相信人民的主权将得到承认。怎样做才能使法国人真正信任他呢?荣誉,他相信人民渴望它甚至胜于自由。人们只需要记住共和国这个名词,并尊重革命的外在标致。因此,他让人们称他市民执政官。他在杜伊勒利宫在亚历山大和凯撒的雕像旁边竖起了华盛顿和布鲁图的雕像。塔莱朗帮助他重新赢得了一些旧政府的重要人物。他说,这些人是惟一明白怎样为我服务的人。他继续和他科学院的同事们聚会,这些人当时非常"左"和"教条"。我不属于哪个圈子。我只属于法国人民。不再有结党营私的小圈子了,我不想也不将忍受它了。在充满告密、斗争、不安全和恐惧的十年之后,这个政策是惟一能取得成功的政策。

法国对第一行政官期待的就是首先能带来与外国的和平。他向人民许诺:只有我活着,法国就会拥有和平。在我死后的两年,这个世界将会陷入战争。但他写给英国国王和德国皇帝要求和平的信则是徒劳的。这两位统治者没有一个回答这位"篡权者"。奥地利拒绝交出意大利。比特根本不承认法国在欧洲的势力。看来一场最后的战争是不可避免了。波拿巴很难做出这样的决定。失败一次就有可能导致这个年轻政府的覆灭。而莫罗或德塞的一次的胜利则会带来一个竞争对手。出于法国国内的政治需要,波拿巴想维护和平。但如果有人拒绝和平,那他就必须强迫接受。

1800年春天,奥地利又一次挑起了战争。马塞纳率兵包围了热那亚。波拿巴认为对手的策略非常的愚蠢。奥地利如果夺取了热那亚,那么他们会向何方进军呢?向法国南部吗?但这并不是法国的心脏。他召集起军队。但是,按照宪法,他没有权力擅自下令。为了绕开这个难题,他任命贝尔蒂埃为总指挥官,这是一个有名无实的头衔。他委托康巴塞斯领导。然后他带领部队横穿圣贝尔纳大山谷。这是一个非常好的宣传主题:我们和冰雪、风暴、雪崩作战……。我们就像闪电一样出现在这里。他没有去热那亚,而是向米兰进军。他在那里犯了一个错误,把他的军队分成了三个军团。他的路线被奥地利的老梅拉斯切断了。梅拉斯准备在马伦哥附近干掉波拿巴。中午时分,初战失利,情况十分危急。这时,德赛的到达改变了战场上的局势。德赛用他生命的代价把胜利的荣誉留给了第一执政官。波拿巴真是在福星高照下出生的,梅拉斯撤军了,伦巴第顺利地落到了他的手中。为了体现他的宽容政策,他在米兰的大教堂聆听了感恩赞美诗。

拿破仑不在期间,在巴黎酝酿着一个新的阴谋。雾月党内部分裂分子挑唆和煽动西耶埃斯。而巴拉斯则与保皇党勾结在一起。有些人认为,如果波拿巴在意大利阵亡,就任命卡尔诺。但马伦哥的消息赶走了那些不吉利的乌鸦。他们小心翼翼逃到被称之为自由女神的约瑟芬那里。

返回巴黎成为惟一的凯旋捷报。巴黎郊区的女人们呼喊着:"亲爱的上帝把他给我们留下了。"虽然莫罗在这场战役中也起到了决定性的作用,但并没有引起人们的多大重视。幸运永远有他的宠儿。马伦哥是"对波拿巴个人权利的一次洗礼"(Hyde-deNeuville)。但是,一种惶恐的感觉正蹑手蹑脚地向胜利者走来。几周的缺席给他带来了很大的失利,使他对一切顾虑重重,在此期间,他被他的部长们、执政官,甚至他的兄弟们出卖了。深深铭刻在他心中的,对人类的蔑视更加强烈了。在他的心灵深处,他已经是一个老人了。但当时他只有三十一岁。

尽管如此,第一执政官的前几年是法国历史上的黄金时代之一。整个国家正经历着一个统一与和平的新生。波拿巴在所有人的眼中,是上帝送来的天使。他当然明白,要维持这一现状,必须要使民族间达成和解,而他要充分利用这一民族和解。谁能像他那样对杀害国王的人们说出这样的话呢:你们将保住你们的生命和职位,但你们将忘掉你们的仇恨。你们将被容许在和平中信奉你们的宗教。对于当时的流亡者,我们将既往不咎:你们应该回到故乡,流亡者的名单将被销毁,你们应该拥有你们自己的传教士,但是,你们应该埋掉你们的复仇意识。一方面坚持革命的基本原则,同时还不能割断过去,这是一个了不起的超人所要完成的一件非同寻常的任务。波拿巴是一个超人,一个独特的、充满激情的超人。

在米兰听感恩赞美诗是波拿巴的一个深思熟虑的政治行为:为了赢得支持波旁天主教的好感。除此之外,他还十分喜欢天主教的礼拜仪式。他还记得他儿时教堂的钟声。他真的是一个天主教徒吗? 不,他是一个自然论者。我们应该怎样创造一个良好的社会道德? 只有一条路:重新巩固宗教的地位。我们怎样才能在一个没有宗教的国家中建立秩序呢? 没有一个社会在没有不平等的财产分配情况下而存在,而没有宗教,不平等的财产分配也就不能存在……。在这个世界上,贫穷和富有必须并存。但是将来,将会出现一个永恒的,不同于现在的划分。——这是一种政治宗教。他的远期目标则是和教皇签定合约,重新加强法国的教会。但为了实现这个目标,他必须要等一段时间才行。因为这个计划引起了他身边的过去的革命分子,特别是军队的反感。"只是为了今天活着"这句话同样适合这里。

面对这样的局面,路易十八充满了新的勇气,他甚至希望波拿巴有朝一日会复辟君主制。但是,这只不过是一个幻想。波拿巴在答复这位企图篡位者写来的一封充满和解的信时说:您无权期望回到法国。您将会从成千上万具尸体上迈过。失望的保皇党人决定谋杀波拿巴。对于保皇派们来说,恐怖事件已成为司空见惯的事情。开枪射击和定时炸弹轮换着来。由于波拿巴一直希望和保皇党和解,同时约瑟芬和上层公爵夫人们有着密切的关系,因此波拿巴一开始相信保皇派要谋杀他的计划。他指责过去罗伯斯庇尔的追随者并将他们中的一百五十人流放。然而是富竭首先发现了真正的罪魁祸首:保皇分子。但是被流放的人没有一个回来。"拿破仑",司汤达说:"他一直害怕雅各宾党,他们是他惟一仇恨的人。"

他周围的许多人为一再发生恐怖事件而深感不安。他们说:"其原因很简单,国家完全被掌握在一个男人的手中。政府的反对者相信,只有首先将他推翻,整个政府才能完蛋。因此必须确定一个接班人。"波拿巴则对此不以为然。这一切不过都是关系到我的死亡,有谁能作为我的接班人呢? 他没有儿子。和约瑟芬的婚姻永远是没有后代。他的兄弟们呢? 约瑟夫诡计多端,吕西安太偏激,路易则太软弱。为什么非要一个波拿巴? 他们是由于有一个国王的父亲而登上王位的吗? 这实在是太可笑了。是不是应该收养欧仁? 他像爱亲生儿子一样爱他。或者确定他的弟弟路易为继承人? 因为他和奥坦丝结了婚? 这样肯定会令约瑟芬欢心,但对整个民族毫无意义。最终,他宁愿相信他福星高照和谋杀者的愚蠢。

但对他来说真正的危险则是一场战争之失败或将军们的谋反。一个所向无敌的士兵,比一个政府领袖对他的战友更担忧。每个战绩辉煌的将军都会说:"为什么不是我?"因此第一执政官必须要不停地提醒他的将军们,他可以在瞬间把他们消灭。他对他们不太友好,有时甚至粗暴。杜马斯将军在拿破仑那里失宠之后抑郁而死。但另一方面,波拿巴则不断巩固他和普通士兵们的友情。他常常穿着灰白色的裙子,戴一顶黑色的小帽子,亲临士兵们的营地。当将军们背叛他时,正是士兵们对他的爱戴和信仰在很长时间内保护了他。

然而为了巩固他的权力,他首先需要的是和平。在马仑哥战役中,他彻底体验到战场上的危险性。1801 年,他与奥地利签署了吕内维尔和平条约。条约的条件对法国十分有利:继续拥有比利时和莱茵河左岸,同时还将得到军事力量强大的共和国的庇护人的称号。他几乎收复了法国人在失利的 1799 年意大利战役中的全部领土。

在莱茵沿岸将设置四个法国的省。只是这个条约还必须要得到英国人的承认。第一执政官对比利时代表团说,比利时人就像诺曼底人、阿尔萨斯人、勃艮第省人一样,都是法国人。当波拿巴想用这一原则获得埃及和马尔他时,比特不能接受这种看法。除此之外,第一执政官还从西班牙手中得到美国的路易斯安娜地区,这对英国人来说重新出现了法国殖民地的问题。波拿巴威胁,封锁欧洲港口,禁止与英国贸易。波拿巴和沙皇保罗一世的联盟似乎为这计划的成功提供了保障。"令我担忧的是,"沙皇说:"无论是路易十八,还是波拿巴或是法国的另外一个国王执政,这无关紧要,重要的只是,有一个国王。"他在他的宫殿里竖起了第一执政官的塑像。他甚至许诺,为了保卫海上的自由,把丹麦、瑞士和普鲁士结成中立国联盟。

1801 年 3 月 23 日,意想不到的不幸发生了:保罗一世被谋杀。波拿巴认为这是英国人干的。他自己在 1800 年 12 月 24 日在巴黎的生尼凯斯街也遇到了一起企图谋杀他的爆炸事件。英国人在雪月三号和我失之交臂,但在圣彼德堡却没有。英国人在埃及也没有放过他,在埃及法国军队被迫投降。现在这两个国家终于有意进行谈判。最为焦虑的是英国商人:一是战争赔款问题,其次则是关于前往圣多明哥的法国商船。波拿巴并不是没有注意到尼尔逊会有一天在哥本哈根把中立国联盟打碎。这个海上霸主还一直所向无敌。双方达成妥协。1802 年,签署亚眠条约。埃及应归土耳其所有,而马尔他则应还给骑兵团骑士。法国征服欧洲的土地则继续保留。但是,两国政府的谈判各有自己的打算。英国许诺归还马尔他,但绝不准备真得这么去做。在伦敦议会上通过了亚眠条约,同时希望寄托于国王身上,他要保持警觉,一旦时机成熟,就采取必要的行动。波拿巴也十分清楚,英国从不会轻易妥协,他必须誓死保卫比利时和莱茵河。

但此时,他享受着长长的凯旋队伍带来的胜利喜悦。在法国历史上,无论是黎塞留还是路易十四都没有将法国的疆土扩展的如此巨大,并且使它安然无恙。法国人民相信,战争时代已经过去了,永恒的和平和自由贸易时代开始了,波拿巴是半个神。现在,第一执政官感觉到自己足以有力量为法国实现区域和平。1802 年 4 月 8 日,于 1801 年 1 月和教皇签定的重建法国天主教的和约被批准了。1802 年 4 月 18 日,——复活节时——在巴黎圣母院举行了一个充满节日气氛的感恩赞美诗仪式,庆祝和平的恢复和吉祥的永存。在钟声长鸣的大教堂,第一执政官受到大主教和三个主教的隆重接待。他身着红色披风,乘着豪华马车,带着身着制服的男仆。许多军官对这一仪式持反对意见。当天晚上,当他问起迪马拉斯将军的感受时,将军回答说:"只是还缺少已经死去的那十万名士兵把这一切都消灭掉!"但是老百姓们却在大街上欢呼庆祝。马仑哥战役后,议院将第一执政官的任期又延长了十年。但是,令他朝思暮想的则是他一直想说的那顶皇冠。他最不爱听的则是人们把他比喻成凯撒。拉法特暗示波拿巴,或许有一天会看到教皇将圣油瓶里的圣油擦在波拿巴的头上。这使波拿巴十分恼火。"难道您不同意吗?"拉法叶特在举行完感恩赞美仪式后说:"将军,老实说吧,您想得到的就是那个小圣油瓶。"您刚好和我一样,没有看到小瓶子的圣光所在。波拿巴说,但请您相信,当教皇和其他人表示他们反对波庞王族时,小瓶子的外部和内部的东西一样对我们十分重要。因此,小圣油瓶对他充满了诱惑。但是共和国军队中的抱怨声令他犹豫不决。他决定,不要继承权,而是实现终身执政官。最终在全民投票中,三百五十万人赞成,八千人反对,以绝对多数通过。

在公民投票之后,为了进一步加强自己的地位,他又修改了宪法。"一个顺从的议会"(司汤达)。他赋予了他自己选择继位人的权力,并以国民会议为代价进一步扩展了他的特权。一方面他通过自己的部队进行恐吓,另一方面又用自己的天才来吸引。在这种情况下,人们不得不俯首顺从。被一个如此具有想象力和创造力的人来统治,这在法国历史上还是第一次。通过我的军官、我的卫士和我的祭司,我将能实现我想做的一切。他说。事实和他所说的几乎相差无几。在财政方面,他使用了优秀的专家们。他们给他带来了实现财政方面的专业知识,并为他能迅速地掌握而大为惊叹。他创建了正如今天仍存在的财政部门。在法国的银行基础上建立了一条连接国家银行和私人银行的幸运纽带。他组建了司法机构,监督了民法典的起草工作。当人们就不同的法条进行讨论时,他那切合实际的思想和长远目光令由优秀的司法专家组成的司法委员会惊叹不已。直到今天,这个曾被许多国家接受的拿破仑法典仍具有它独到的清楚和逻辑的精神光芒。在这期间,他还为一所新的大学奠基。在法国所有的寄宿学校都响起了重新开学的鼓声。直到1900年——在第三共和国时期的寄宿学校中,人们仍沿袭这一习俗。

1802年,他创建了民族荣誉骑兵团。这个骑兵团对他来说,与过去法国国王骑士有着相近的功能。其目的是:构成一个通过高成就、动员力和闪光的行为而不断更新的贵族阶层。但这次,国民会议持相反的意见。立法者评价说:"这是儿童玩具"。但是人们需要这个玩具来引导人民。对波拿巴来说,重要的是将人民的雄心引到庸庸碌碌事情上去。由此防止他们发动大革命。骑士和丝袜代替了战靴和佩剑。约瑟芬终于得到了她的真正贵族夫人的荣誉称号,波拿巴得到了一系列头衔并获得了荣誉勋章。他成为意大利共和国的总统、瑞士和德意志联盟的监护人。在法国到处盛开着"甜蜜的生活"的花朵。由执政官执政的社会环境呈现出一派健康、生机勃勃、稳定和充满热情的景象。这位所谓的基督教的"守护神"带来了一次精神的复苏。人民丰衣足食,充满爱心。省长们从关于各地方的报道中估测对生活不满意的人只占百分之一。第一执政官的格言是:法国人民的期望既不是红色高跟鞋,也不是红色蓓蕾帽。

但是,即使是行动果敢的伟人有时也必须做些让步。因为现实常常残酷充满阴谋。一支由勒克莱尔将军司令率领的舰队被遣往圣多明哥。为了将来或许对路易斯安娜实行殖民地统治。船上的大多数染上了黄热病。勒克莱尔将军也没有幸免而死去。他的继任罗尚博只得投降。在此之后,塔莱朗以一千五百万美金的价格将路易斯安娜卖给了美国。这是对在美国统治权的最终放弃。除此之外,由此引起了一场与英国新的战争。面对英国舰队,要保卫遥远的殖民地是不可能的。英国签定了亚眠条约,英国商人们需要和平,贵族们又可以到巴黎去,在大街上找到半裸的女神们,而不会有血淋淋的绞刑架。尽管如此,两国政府却互相指责彼此的不守信用。

波拿巴谴责英国蓄意谋害他,并且没有去解决马尔他问题。英国谴责波拿巴为了确保通往辛普朗之路而兼并瓦莱,为了自己的好处来修正德国的地图,并派出一个极为可疑的贸易使团前往东方。如果波拿巴根本不准备放弃他征服印度的计划,那么他怎么能期望英国人放弃马尔他呢?为了不丢掉面子,拿破仑不同意这么做。他威胁英国人,要对英国的岛屿进行毁灭性的进攻。英国人想发动战争,他说,但是只要他首先拔出剑,那我将是最后一个把剑重新放回剑套中去的人。从这时起,他就做好准备对付英国人的入侵。他在波伦亚汇集了一支强大的部队。他还建立起一支运输部队的平底船舰队。英仑岛上的居民冷漠残酷。英国人用波拿巴的名字来吓唬小孩。在一幅漫画中，一个暴君的头挂在粪叉上，上面写着："嗨，我的小宝贝，你对英国人是什么想法？"英国舰队当时在海上四处可见，掠夺各种船只和货物。"我不说，"海军军部第一勋爵含糊地说，"法国人不会来；我只是说，他们不会从海上来。"

这是一场不寻常的战争。没有任何军事行动，但并不意味着没有罪犯。英国人不需要很长时间去寻找谋杀者。朱安党人、共和党人、军人和波拿巴所有的敌人都愿意效力。保皇党中的流亡者卡杜达尔和皮什格吕将军被英国人用船运往法国。就是战绩累累的莫罗也参与了阴谋。"空气中悬满了短剑。"塔莱朗和富歇对波拿巴报告说，乔治三世只是在等待一位波庞王室的亲王来到法国，就开始行动，因为他不想让莫罗获得政权。哪位亲王要来呢？有一个居住在边境附近，巴登大公国的亲王：吉安公爵。一个有勇气、年轻、生机勃勃的人。波拿巴做了一件他生命最不光彩的事情。他决定暗杀吉安公爵。

吉安公爵的墓地在审讯前就挖好了。这种政治犯罪激怒了许多法国人。当时的外交家夏托布里昂辞职。第一执政官为自己辩解。他认为他的行动是出自两个理由：一是为了恐吓那些想谋杀他的保皇党；二是向那些国王的谋杀者们证明帝国并不想把矛头对向他们，因为通过这次事件，他自己也已成为他们中的一员，和他们连接在一起。这个事件之后，在元老院得到那血腥的抵押品之后没过几天就给波拿巴提供了一个皇冠。皮什格吕在监狱中自杀，卡杜达尔被处死。卡杜达尔说："我来到这里，是为了创造一国王。结果没过几天却创造了一个皇帝。"一位外国大使是怎样评价波拿巴的呢？"这个家伙十分清楚把所有的事情变得对他有利。"

如果说，建立一个国王的君主制会使法国人民置于恐惧之中的话，那么与此相反，建立一个皇帝的帝国对于陶醉于罗马历史中的法国公民来说是执政官的自然晋升。令人惊讶的只是，拿破仑为教皇主持在巴黎圣母院的仪式耗资如此巨大。为此，人们事先曾在国务委员会讨论过。有人提出可以在练兵场上举行，但那样会受天气的限制。如果下起雨来，加冕会变得十分可笑，民众们会大喊大叫……这种场景巴黎人已在歌剧中见到很多。这对教皇又意味着怎样呢？人们只会往不愉快的方向去想，我们的敌人将会闹事。出于对这样一个年轻而又没有传统历史的政府的忧虑，波拿巴抛出了一个救命之锚，以便为给它重新找到一个坚固的基石。教皇庇护七世刚刚到达巴黎就听到一个令人恐惧的消息：将被授予皇后桂冠的约瑟芬巧妙地告诉他，她还没有和波拿巴举行过教堂婚礼。她终于达到了她的目的：加冕前的一个夜晚在舞曲中匆忙举行了她的教堂婚礼。

1804年12月2日，拿破仑一世成为法国的皇帝。他的全体家庭成员都出席了巴黎圣母院的加冕典礼。出于慎重起见，约瑟夫坐在了国务委员会的一个席位中。他害怕谋杀。他想，作为将来可能的接班人，无论如何也要活下去。拿破仑轻声对他说：如果我们的父亲能看到这一天该多好啊！就是在这种时候，他的话也充满幽默，想起了这个曾无人知晓的科西嘉家庭十年来走过的道路。

一千年来，没有一个皇帝像他那样不顾人们的异议在教皇面前将皇冠自己带在自己头上。拿破仑开始了这个传统：在祭坛面前以庄严的姿势自己为自己加冕。加冕仪式后，教皇为此抗议并要求，这个插曲不能在"忠告者"中提及。他可以赔罪。但皇帝却证实了他的最高统治权。他在巴黎圣母院将手放在圣经上发誓,他要捍卫自由和平等,维护国家财产,保护领土的完整。他发誓,绝不能在比利时和莱茵河地域的问题上让步。此时此刻,法国的未来被用灼热的铅字印在了巴黎圣母院的墙上。

拿破仑一世

"将救命之锚扔到海底……"这个海洋就是法国人民的历史,拿破仑想探测一下这个历史的深度。因此他有一个宫廷,一个加冕典礼,一个贵族。从 1804 年开始,他任命了帝国元帅。此后,他创立了一个皇帝贵族的体系。他授予了贝蒂埃为公爵、塔莱朗为公爵、富歇为大公、达武为大公、拉那为大公、勒布伦为大公。八年来,他共授予了四个公爵、三十个大公、三百八十八个伯爵和一千零九十个男爵。约瑟芬和皇帝的姐妹们——她们也是公主——获得了宫廷夫人和宫女的称号。塞居尔为所有的宫廷男士讲授古老的宫廷习俗,康庞夫人为女士讲授。一切都是这样的完美。就这样,拿破仑用一条传统的绳索与加冕的革命系在了一起。

这次即席演奏的非同寻常的功迹不能不令人惊叹。帝国贵族的寿命比皇帝要长得多。荣誉军团直到今天还保持着它的威望。拿破仑创造的法兰西第一帝国的风格就像路易十四时期带有伟大国王的烙印一样,它强烈的闪烁着拿破仑精神的光芒,但他最终获得了比这更高的声望,因为他从来没有完全相信过他所创造的这个童话世界。在他的内心深处,他一直没有完全丢弃他"科西嘉式的上尉,雅各宾党人和马基雅维里"。他说过一句革命性的话:御座只不过是一块镶着天鹅绒的板子。他强迫他的元帅们在宫廷中穿短裤和裙子。他之所以这样做,是因为他在自己的国家里却一直害怕那粗暴和没有教养的军队。他最终只是相信暴力。统治一个国家只有战靴和马刺有效。为此,他自己在他的宫殿中只穿军服。短裤和丝袜会使宫廷的习俗变得精美。宫廷的服装只会创造出宫廷侍从。

那些沉溺于宫廷腐败堕落的特权中的女人们在拿破仑面前却没有丝毫的地位,尽管她们中一些美貌绝伦。只要他的一个暗示,就可以将她们带上床。但当她们脱下衣服时,他却在记录军事情况:一但他占有了她们——有的时候在此之前——就将她们打发走。他真正的享乐是他的工作。他每天工作长达二十个小时,却从不感到疲倦。

每当他坐在国务委员会那长马掌形的桌子前,就感到十分愉快。围着他的是他认为听他摆布的高级官员。他"榨出了柠檬汁",从他的顾问那里得到他想知道的一切。他具有迅速敏捷的理解力和洞察力。他从不对他的部下们抱有幻想。但他有两个弱点。司汤达说:他从没有计划,也可以说,他有计划,但在不断的变化。第二个弱点是他具有异常丰富的幻想力,这种幻想有时是不着边际的,毫无意义。每当他为遥远的未来制定计划时,他就陷人其中而不能自拔。但是他能自我限制吗?对事情提出倡议,他说,然后倡议就会将你带走。他总能将眼前的事情做得十分出色。如:在战场上或在他的办公室和处理国务委员会的各种事务时。每当这时,他吸着烟斗,自我欣赏着他的即席创作。他知道,他具有高超的口才。他也清楚,他令这些有影响的人们惊叹。在这里,他可以无拘无束,直言不讳地完全放松自己。他可以一下子洞察到事情的本质。社会需要一个严格的法律,这个法律应包涵国家的人道主义,而所有其他的不过是歌剧舞台上的人道主义……我们应该拥有出色的农民,军队的力量就应该建立在他们的基础之上,而不是在那些在城市大街上游荡的市民们……在这方面,他同样相信,人们并不是全都赞成他的。一个国务委员会的委员就立法机构评论说:"国家的代表应是那些被选出来的男人,也就是议员。"皇帝打断他的话说:"啊!这就是1789年的理想。""不,陛下,这个理想是没有时间性的。"——他那里充满魔力的东西是什么?"司汤达写道,"是他的坦诚和善良。有一天,他这样谈论他和教皇之间的分歧:'您说得简单,但如果有一天教皇来找我,并告诉我,这个夜里加布里埃尔天使在我的梦中显灵,命令我事情应该这样或者那样做。这就是强迫我相信教皇的话。'"

他对他的办公室有着特殊的感情,许多的用具都是他自己的创造。他自己设计的办公桌,他的战情报告和地图。他阅读战情报告时就像一个年轻的姑娘读一本有趣的小说一样入迷。他还有令人惊讶的搜集信息的才华和超凡的记忆力。他的那些受过完美教育的秘书们对他来说不过是纯粹的工具。他要求他们飞一样地记录下他的口述,而不要插嘴,以便将他的思路复制一遍。他不喜欢自己亲自写东西。第一,他的手迹几乎无法辨认。同时他仍然像那个早年默默无闻的科西嘉小个子一样犯很多拼写错误。他将宽恕当成停战,将步兵和孩子混淆。但当他口述时就不会出现这样的错误,他可以清晰地,直接地表述出他所有的想法和有关的知识。他可以一口气说出有好几页的荣誉军团教育学院的规章制度,其原因很简单,因为在此之前他已反复考虑过了。有时他可以同时口述三封信。他的思维几乎是日夜不息,常常被没有止境的问题而缠绕着。如:多少个士兵? 每个堡垒有多少个炮弹? 还有多少存粮?而晚上在皇后和贵夫人的圈子里他则问:多少孩子? 他拥有所有的能力。

他几乎天真地相信,他通过在巴黎圣母院的加冕已经获得了欧洲其他君主对他的合法统治权力的认可。但这不过是一个欺骗。奥地利的贵族已决定给这个狂妄自大,穿制服的新爆发户一点颜色尝尝。为了对付他,英国也试图组成一个联盟。(拿破仑从1792年算起将它称为第三反法联盟。)对比特来说,让新的沙皇亚历山大信服是件容易的事情。他对亚历山大说,神圣罗马帝国灭亡了。斯拉文帝国必须反对科西嘉帝国。从1804年开始形成英国、奥地利、俄国、瑞典和那不勒斯联盟。他们的目的是迫使法国回到过去的边界上。为了不引起法国人民的激愤,他们没有公开这么讲。人们只是谈论令人不安的皇帝的野心。此时,拿破仑却只一心想着为了不使自己的毁灭,必须毁灭英国。

一些历史学家说过,波仑亚战役只不过是一个诡计。但这却令人难以置信。拿破仑十分清楚,约翰·布尔是不会饶了他的。皇帝下令建造筹集了二千只平底船。他准备好随时进攻。只要人们有胆量,敢于尝试,这个海峡是可以渡过去的。为了成功,人们首先需要将英国舰队从英吉利海峡引诱出来三天或至少一天的时间。他将投入十三万的兵力。那时伦敦的下层民众将会把法国人作为解放者来欢迎。他根本不了解英国人,也不了解大海。几次从马赛到阿雅克修的航程和埃及之行并没有将他培养成一个水手。他的海军部表现得的冷静和谨慎。皇帝为此非常恼怒。他对海军大臣说,除了如果,因为和但是之外,您没有带来别的什么东西……我除了气愤没有什么好说的了。

但法国的战舰仍滞留在土伦和布列斯特并受到围困。法国和西班牙混合舰队的指挥官维尔纳夫得到拿破仑的命令，将英国人引诱走，然后再升帆返航。但他在约好的地点没有遇到另一支法国海军的指挥官，维尔纳夫逃到了加的斯海港。他不想让法国惟一的强大舰队冒险，这是什么样的海军！皇帝训斥道，并且称他为无耻的维尔纳夫。但是革命只给他创造了寥寥无几的船只和平庸的海军。为了掩饰他"伟大英国计划"的失败，他匆匆忙忙赶到意大利接收他的伦巴第国王的铁制桂冠。在约瑟夫和路易拒绝之后，他将副国王的头衔授予了欧仁。对他们来说，等待法国的皇冠更有吸引力。

时间在流逝，此时已是8月底，奥地利军队不断向前移动。如果拿破仑再长时间地等待，俄国有可能和奥地利联合起来。8月23日，皇帝给塔莱朗写信：我先做最紧急的事。我想拆除我们的营地，向维也纳进军。他向达鲁口述了他长时间思考过的进行一场欧洲大战的计划计划。这令达鲁十分惊愕。一切都计划好了，直到有一天要向维也纳推进。这是一场短暂但战果辉煌的战役，一切都达到了预期的效果。一支短小精悍，闪闪发光的军队。这支伟大的军队仅仅通过他们将军的天才就能不战而胜，使用他们的双腿就能赢得战功。当奥地利麦克将军进军到乌尔姆时，突然发现，拿破仑已经在他和维也纳之间了。他和十万名士兵不战而降。很快，伟大军队的不可战胜就成为人们的一个信条："当奥地利将军站在中心，拿破仑在他的周围时，人们说，奥地利被包围了；但当拿破仑站在中心，奥地利军队在周围时，这则叫作：奥地利中计了。"

但是他的福星只在他亲自指挥战斗的地方闪光。在向乌尔姆进军的那天，他得知那"无耻的维尔纳夫"因为拿破仑的指责而痛苦不已，离开了加的斯海港。结果法国和西班牙的两支舰队被尼尔逊在特拉法尔加摧毁了。纳尔逊自己也在这次战斗中阵亡。皇帝并没有为这个不幸而悲哀，他这么说，当它们不小心卷入一场战斗之后，风暴使我们损失了一些船。但是事态十分的严重，英国更进一步赢得了海上霸主。拿破仑现在只能通过大陆封锁的计划使其屈服。他很想就此与沙皇谈判。但俄国人犯了一个错误，他们开始进攻在奥斯特里茨的一个军事基地，这是拿破仑已经反复考察过的地方。拿破仑在迎战敌人的第一次进攻时说：这支军队属于我了。他把俄国人诱惑到一个结了冰的湖泊上，然后用大炮将冰炸开。这是一次辉煌的军事和道德的胜利，它刚好是在皇冠加冕的一周年纪念日12日2日取得的。他在他颁发的一个命令中说：士兵们，我为你们感到自豪……只要你们说："我参加了奥斯特里茨战役"，这就足够了。人们会接着说，"这是一个勇敢的小伙子"。"这是一种富有寓意的风格"，班维尔说，"让人民和士兵喜欢的风格，如同落地座钟的表白"。不，应该说，这是那个时代的风格。

奥斯特里茨的大炮将第三联盟打碎了。沙皇退回俄国。奥地利求和。同样英国也感到受到打击。"我在奥斯特里茨战役中也被打败了。"比特在他死之前嘟囔着。和平的条件对奥地利来说是十分苛刻的。拿破仑对俄国没有提出什么条件，他想得到沙皇的友谊。他从奥地利手中夺走了德意志帝国和意大利。他在德国建立了莱茵联盟，将十六个国王和诸侯汇集在一起，他成为他们的保护者。在意大利，他缉拿来自那不勒斯的波庞党人，并将国王的位置交给了他的弟弟约瑟夫，一个和蔼，并不是为了统治别人而出生的人。路易·波拿巴——奥坦丝公开正式的丈夫成为荷兰的国王。艾丽萨·巴西奥西被封为吕克和皮昂比诺的女公爵。波利娜被封为瓜斯达拉的女公爵。热罗姆和维尔茨堡的公主卡塔琳娜结了婚。欧仁则成为巴伐利亚国王的女婿。

为什么会对这种附庸风雅的贵族阶层利令智昏？作为一个像拿破仑这样聪明的人，难道他没有看到，如果一个科西嘉氏族统治欧洲将会多么可笑。拿破仑不是盲人，他当然看到了约瑟夫和路易的无能。但是他也要为自己着想。他十分清楚，氏族精神的力量有多么的强大。他以为如果没有他，他们也就什么都不是，因此与其他的王爵们背叛他相反，他们至少要保留对他的忠诚。

四个月后，当他改变了欧洲的面貌返回巴黎时，首都正面临严重的财政危机。债权所有者冲击法国银行，希望讨回他们的钱。投机者为了自己的利润四处散布谣言，诋毁银行，但实际上，这些谣言和真实情况相差无几。因为财政部长巴尔伯·多尔保伊斯将钱借给了经纪人。但这就是玩忽职守和无能的原因吗？

拿破仑义无反顾地对此采取了措施。或者是商人用钱将他取代，或者是他将他们送到走。商人们十分清楚，这对他们意味着什么。巴尔伯·多尔保伊斯装出一幅可怜的样子，请求他的上司惩罚。皇帝说，你希望我干什么？你这个倒霉的家伙？他重新得到了他的一百万法郎，但却终身没有摆脱对那些有关商人的恐惧。作为一个把财富理解成像有着桑树、山羊的富饶田野一样的母亲的儿子，波拿巴即不喜欢高利债者，也不喜欢资本家。他对约瑟夫说：我对我做的一切十分满意。为了恢复安定，治服成打儿的投机者，我花费了很大的精力。我迫使他们把吃的东西都吐出来……我非常想不用审讯，我把他们统统枪毙。上帝保佑，我终于把钱又追回来了。这件事情搞得我心情很不好。我告诉你们这些，只是想向你们说明，人类是多么的无耻。作为一个皇帝必须要为民行善，这样才不至于被百姓唾弃。

大战告捷后，拿破仑与英国比特的接班人弗克斯相比更希望有一个持久的和平。但在英国，在野党在外交政策上和执政党常常是一致的。弗克斯曾经是法国自由派的朋友，特别是和拉法叶特关系密切。他不喜欢拿破仑。此外，普鲁士又重新站在敌对面。其借口是汉诺威，因为拿破仑同时既向英国又向普鲁士许了愿。但真正的原因是，无论是普鲁士、奥地利还是俄国都联合起来拒绝了用暴力威逼的条约。之后，他们重新网络兵马，准备决一死战。普鲁士的国王弗利得里希·威廉三世向法国提交了将于10月8号生效的最后通谍。拿破仑对贝蒂埃说：我们得到了一个在10月8日和荣誉会面的机会。任何时候都没有法国人会错过这种机会。那是一场伴随着惊天动地的鼓声的鏖战。皇帝在巴黎，在诡计和阴险的恶语面前感到是那样的窒息，而在战场上，在他的战马上和士兵之中又感到那样的轻松和自信。他在给皇后约瑟芬的信中谈到：我的工作进展得十分顺利。在上帝的帮助下，我相信，在几天之后可怜的普鲁士国王将得到一个可怕的结果。从我个人来说，这十分抱歉，因为他是一个很好的家伙。1806年是他的"紫茉莉之年"，他那闪电般战争可以和奥斯特里茨之战媲美。佯攻、侧翼攻击和切断后路的包抄之战：先是峡谷战役，然后是耶那大战。普鲁士的军队被歼灭了。希望这场战争的美丽的普鲁士王后逃走了。波拿巴给约瑟芬写道：我的朋友，我对普鲁士进行了一场漂亮的演习。昨天我大获全胜。我几乎站到了普鲁士国王的对面，差一点就把国王和王后抓获……我太伟大了。

是的，他的确很伟大，尽管他夜里只睡四个小时。他甚至发胖了。他感觉到自己如一个处于最佳状态的艺术家般幸福。普鲁士人是菲特烈大帝的士兵，是世界上最好的士兵。拿破仑战胜了他们,在罗斯巴赫复了仇。在这同一地方,普鲁士曾打败过法国,当时波拿巴还是法国人。"如果有一位是他想实现的英雄的话,那么就是普鲁士人。甚至在服装上他都模仿哲学国王的夸张风格,小帽子,灰色的短男礼服看起来和真的一模一样。"(Maximilien Vox)对于一个男人,那是一种什么样的胜利:他在生活中努力模仿菲特烈大帝,在波茨坦他菲特烈大帝的宫殿中睡觉,还将他的剑送到巴黎去。在伟大军队的战报上再现了皇帝欢庆胜利的喜悦、轻松、自然又含蓄的快乐和和蔼可亲。他在亲自交给哈茨弗尔德亲王夫人的一封信中,陈述了她丈夫搞阴谋的罪行和准备枪毙他的决定,并说:夫人,请您将这封信扔进火中。在这里与模仿菲特烈大帝相比,更多地模仿了奥古斯都。是喜剧演员还是悲剧演员?也许是双重角色。他自己也是对他演出进行评论的观众。

　　亨利希·海涅说:"拿破仑对普鲁士哈了一口气,普鲁士就不存在了。"在柏林的凯旋游行是在共和党人的马赛曲中进行的。皇帝又成为革命的统帅吗?假如他能够在这光荣的日子里得到人民的支持,在维也纳和柏林把他所信赖的人任命为新的君主,按照司汤达的观点,那么他将是不可战胜的了。但拿破仑的梦想是,得到君主制国家俱乐部的承认。这是一种十分危险的缺乏自我意识的表现。为了实施这一梦想,他必须还要战胜两个敌人:英国和俄国。对于前者,他在1806年签署了大陆封锁法,整个欧洲断绝了和英国的所有贸易关系。现在,必须还要强迫沙皇遵守这个法案。

　　由此,拿破仑进军波兰。与俄国人作战,实际上是件徒劳的事情。他们迅速撤退了。大雪覆盖了一切。到了夜晚士兵们必须还要和月亮幽灵战斗,根据命令,不许大声说话。这支庞大军队的供给面临着巨大的困难。老兵们在诅咒。如果拿破仑以波兰的解放者的形象出现的话,他也会获得人们的支持。美丽的女公爵玛丽娅·瓦列夫斯卡并不是完全被迫,而是出于对国家的忠诚,将自己交给了拿破仑。为此他给了波兰自由。但是他对玛丽娅的热情与要同沙皇和解的愿望相比还要逊色一些,他甚至想撤消他的决定。由于玛丽娅怀孕,使事情发生了变化,她成为并非不重要的人物,这表明拿破仑有了一个孩子,也就是说,他可以有一个继承者。这会促使拿破仑做出离婚的决定。如果俄国仍然使用他的传统战术,不战而退,撤到无边无际的大草原,同时将敌军诱惑到那冰天雪地之中,那么,这场俄国之战在1807年就会结束战斗了。但是本尼格森不想放弃战斗:那是艾劳之战,一场血腥大战。在这场战斗中,奥格也奥军团全军覆灭,俄国骑兵团冲到了艾劳的墓地,在那里他们几乎把拿破仑抓获。拿破仑自己对这场战斗的记忆只有对血腥屠杀的恐惧。在此之前,他依靠士兵们的双腿和他闪电般的智慧赢得了许多战役。但在这里已经不再是一场"快捷和令人高兴的"战斗了。在艾劳谁是真正的胜者和败者?"一场血腥屠杀"(Ney)。"不分胜负!"俄国人高唱凯旋歌,这是一种方式来表明自己是胜利者。拿破仑在华沙安营扎寨,耐心地等待着。或许是因为玛丽娅·瓦列夫斯卡?但这并不是最重要的原因。控制他的是这个想法:他必须获得亚历山大的友谊。在这遥远的首都,他通过信件令人难以置信地、准确无误地指挥法国国务。他组织在巴黎的节日活动,教导富歇如何处理斯塔尔夫人的胡闹,吩咐画家们应创作的选题。最后,令人渴望的战役终于来到了:这就是弗里德兰之战。这场战斗刚好是马仑哥战的纪念日——1807年6月14日。这次,没有人怀疑谁是胜者。沙皇亚历山大一世对他的联盟国十分愤怒,最终只好与拿破仑会谈。

　　会谈是在提尔西特的涅曼河中的一个支在木筏上的帐篷里举行的。那是一场魅力的竞赛。两个皇帝都想征服对方。如同一见钟情,拿破仑发誓要让这个年轻、善良和英俊的皇帝信服。他似乎成功了。"我从来没有这么喜欢过一个人。"亚历山大说。他应该怎样才能不被具有如此超人的智慧和这样善感的心灵所吸引呢？这个感觉细微的心灵甚至考虑了沙皇面对他的盟友的矛盾心理。这是一个属于世界的人物，一个亚历山大在涅曼河上遇到的文学家，而不是一个穿马靴、佩战刀的革命斗士。拿破仑也夸奖了他的新朋友：我们早早地从桌子旁站起，为了尽快地摆脱掉让我们感到无聊的普鲁士皇帝。九点钟，皇帝穿着平民的服装来到我的面前，和我一起喝茶……我们谈论政治和哲学。他知识渊博，充满自由主义的思想。这个身着士兵制服的发迹者捍卫着世袭君主制——一个被启蒙的暴君抨击着支持君主选举制的政党。拿破仑满怀获得了一位新朋友的自信离开了涅曼河。但一切是多么的荒谬，没过多久，他就不得不咒骂这位年轻英俊男人是多么像一个东罗马帝国的西腊人那样诡计多端了。但是，如果就如司汤达所说的，如果拿破仑犯了一个错误，那么，这是一个高尚的、宽宏大量的错误：一种过度的信任。与亚历山大相比，拿破仑表现出灵魂之伟大。和平完全实现了，尽管普鲁士失去了一些地区（黑色雄鹰的两个翅膀折断了）。沙皇对建立华沙大公国，一个变小了的波兰并不是特别的高兴。

当人们后来在圣赫勒拿岛问拿破仑在他一生中的什么时候感到最幸福时，他说，或许是在提尔西特……我在那里战果辉煌，发号施令，国王和皇帝向我献殷勤。7月27日，他返回巴黎，达到了他"荣誉的顶峰"。8月15日是他的生日，那是一个闻所未闻的豪华庆典。"人们庆祝的不仅仅是个英雄"，而是法国人效忠的君主。如果有反对党存在，那它也只能对此哑口无言。它能在哪里发表它的意见呢？新闻媒体被压制了。法案评审委员会通过元老院的一个简单决定被解散。——没有反对，没有反抗。但拿破仑觉得一种奇怪的不安全感正向他袭来。梦过于美丽和圆满。"如果总是这么顺利就好了。"他那聪明同时又对未来充满疑虑的母亲一再说。她的儿子知道，她是对的。他努力使提尔西特的精神富有活力地保持下去。他在写给沙皇的信中说：我们将干掉英国，我们将使世界得到和平。但是他知道，他抛出去的锚并没有扎到坚实的土地里。在圣彼得堡，就像在柏林甚至在巴黎一样，许多人仍抱着怀疑的态度：这个历险还能维持多久？他自己也怀疑。欧洲太大也太沉重了——当一个人想独自伸长的胳膊把它抱住的时候。在西班牙出现了新的困难。帝国是一个纪念碑，它设计卓越，以惊人的速度建立起来。但是它上面已布满了裂痕，每当皇帝补上一个，墙上又会震裂出一个新的。

死亡的胜利者

威胁欧洲的定时炸弹是大陆体系。可以肯定，英国处于封锁的水深火热之中——出现了失业，黄金储存量在减少。但是，大陆封锁影响到了欧洲大陆。法国本身就在许多产品上依赖进口，拿破仑必须批准进口许可。俄国的贵族非常愤怒，因为他们不能再向国外出售他们的木材和大麻。走私开始四处蔓延。一些港口一直对英国船只开放。想加入中立国联盟的丹麦必须就这些问题发出严肃的警告。瑞典站在英国的一方。葡萄牙迟迟不表明立场，因为它想将它的酒卖给英国。拿破仑为此宣布解除布拿干萨王室。他派朱诺前往里斯本。朱诺作为胜利者在罕见的时间内就进驻了这个首都，因为国王一家已逃往巴西利亚。

但是,这是一个连锁反应。信奉宗教的各个国家拒绝他们的港口对英国进行封锁。米奥利斯将军战领了罗马。西班牙对缪拉的士兵以帮助朱诺和防止英国人进攻半岛为借口而在国内安营扎寨持十分怀疑的态度。西班牙王室的关系十分模糊不清。被誉为"和平侯爵"的戈多伊首相迫使查理四世处于一个十分尴尬的位置上。查理四世的王位继承人、王子阴谋反对他父亲,他通过一场人民起义登上了王位,称为菲迪南七世。拿破仑认为,在这场动乱中西班牙会接受一个新的国王。当时负责西班牙事物的缪拉元帅赞成拿破仑的这一观点,因为他本人就想得到这个位置。拿破仑更愿意让约瑟夫担任西班牙国王。他计划让约瑟夫得到马德里,缪拉得到那不勒斯。他诱惑查理四世和菲迪南七世来到巴荣纳,并在那里将他们俘虏。

这是一次十分愚蠢的突然袭击和十分严重的错误。这次拿破仑完全算计错了。他知道许多事情,却丝毫不了解西班牙。他相信,西班牙人会感到十分高兴,他们终于从一个可笑的君主,从一个疯狂的教士和贪婪的大公统治下解放出来了。结果与此相反,这是一个笃信宗教、忠诚君主的民族。他们对死亡无所畏惧,并且把死亡看作是他们的荣誉。处于孤立无援、一筹莫展的约瑟夫给他的哥哥一封接一封地写信,指出事态严重的危险性。"为了征服西班牙,需要使用非同寻常的手段。"这个悲观的波拿巴写到,"这个国家和民族和其他国家和民族完全不同……,没有一个西班牙人支持我!"约瑟夫没有撒谎。西班牙把他看作是外来侵略者而不接受他。牧师组织游击队反抗他。这是一场艰难的战争。1808年,法国军队惨败,二万法国士兵在西班牙游击队面前投降。这引起拿破仑的大怒,就向当初在意大利,他的愤怒是可以理解的。如果欧洲发现,他是可以打败的,甚至已经被打败了,那就会向他的法国老巢发动进攻。为了弥补损失,拿破仑在去西班牙之前,决定还是和他的"老朋友"亚历山大见上一面。如果他能通过会面解除后顾之忧,他就率领大军杀向马德里,把那些游击队消灭掉。他确信,如果他亲自出马,就一定会取得胜利。在爱而富特举行了与沙皇和德国诸侯们的著名会晤。拿破仑把法兰西剧院也带了去。德意志联邦的君主们在他们的东道主面前表现出一副崇拜致极和唯唯诺诺的样子。拿破仑兴致勃勃地大谈他的年轻时代和他过去的战绩:当我还是炮兵少尉时……。在文化方面也是如此,他与德国伟大的诗人歌德和维兰特建立了密切的关系。他对歌德说,您是一位真正的人,歌德先生!亚历山大很会作戏。当塔尔玛朗诵道:"一个伟大的友谊是上帝的赐福……"沙皇对拿破仑鞠躬说:"我每一天都感受到它。"这是他的坦诚吗?仅就这种外在的表现,人们还是能感受到这已不是提尔西特精神。亚历山大避免承担任何明确的义务。拿破仑的顾问是塔莱朗。当皇帝对他表示反对和限制时,他对自己主人的无节制感到担心,并竭力表示得尽心尽力。从小心谨慎到告密只有一步之差。不久,侯爵帕诺文特说,"这是结束的开始。"拿破仑已经决定离婚,并想和一个女大公爵结婚。但塔莱朗暗地里对沙皇的拒绝表示同意。一句话,拿破仑在爱尔富特扮演了一个被欺骗的角色。他已经在思想上准备好了胜利的鞭炮,但最终他什么都没有得到。还有什么比一个不幸的聚会更令人伤心呢?在亚历山大进行的最后一次会晤之后,他陷入了沉思。西班牙的事情使他在士兵中失去了威望。

但是,他从十万名士兵中什么都没有得到吗?在巴黎,一夜之间一切都有得到恢复。在此期间,他派遣一支军队从德国前往比利牛斯,他们要在英国人到达西班牙和葡萄牙之前赶到那里。英国人反对令人不愉快的侵略者的政策一贯是:保持海上优势,占领岛屿和其他殖民地,迫使敌人沿长与陆地相连的航线,这样就有可能攻击敌人的海路供给,并为当地的游击队提供经费和武器。英国军队的统帅约翰·莫瑞先生和亚瑟·威雷斯力(绰号:威灵顿防水长靴)先生十分的能干。"您们的步兵在欧洲是最棒的,"年轻的布格奥德说,"幸运的是这样出色的士兵并不是哪儿都能找到。"在这场新的大陆对峙的前线上,拿破仑必须出现。

拿破仑的历史就是一个西西弗斯的神话。他坚持不懈地将岩石推向前面:阿尔克拉、奥斯特利茨、耶纳。但是,那岩石又一直不停地滚回山脚下。为了把它重新推向山上,每次都需要付出更大的力气和更艰苦的努力。1809 年 10 月,当岩石比以往每一次都往下滚得更远时,拿破仑匆匆忙忙地带领一支十六万人的军队开往西班牙。应该在 1801 年应征的士兵提前入伍,与老兵混编在一起。西班牙的爱国主义力量挡不住这样一支英勇的队伍。在 12 月 2 日,对拿破仑来说,这是一个历史性的时刻,他来到马德里城前。他任命他的兄弟为那里的最高统帅,取消了那里的封建法律,关闭了许多寺院。他认为,通过这些措施就可以赢得西班牙人对他的支持。他再一次对这个强悍、狂热、顽强反抗和团结一致的民族做了错误的估计。这时从巴黎传来消息,塔莱朗和富歇在他离开巴黎其间阴谋反对他。他只在巴黎说了一句话,那些不满意者就四分五裂了。但他不打算惩罚他们,令他十分遗憾的是,他还需要他们。

他平息了社会上的躁动不安。战争将不会再有了。但是,定时炸弹里还仍是装满了炸药。在西班牙,残酷的战争必须继续下去:埋伏战、街头巷战。在普鲁士,哲学家和大学生们号召进行一场全民族的解放战争。奥地利想成为这场运动的先驱者,重新组织它的军队。俄国皇后绣了战旗,英国送来了援助款和对沙皇的美好祝愿。拿破仑对教皇不敬的行为也引起了天主教的愤怒。1809 年 4 月,巴伐利亚的卡尔大公发动了进攻。西西弗斯必须抱起他的岩石,要再一次地费劲地攀登。但是攀登越来越艰难,而他的力量已经支撑不住了。他伟大军队的士兵不是太年轻就是太老了。但是,胜利还依旧属于他。他第二次打入了维也纳,可是损失惨重。

然后是一连串不幸的消息:葡萄牙失守,西班牙也危在旦夕。教皇在罗马被抓了起来,并被流放,坐在马车里被从一个地方拉到另一个地方。但是,拿破仑在瓦各拉姆取得了辉煌的胜利。可是他未能充分地利用这场胜利,因为一方面他只有很少的骑兵和炮兵。另一方面他现在必须得喘口气,休息一下。瓦各拉姆的胜利喜悦与过去奥斯特利茨已不一样。作为胜利者,我们现在知道,我们已经死亡了。他并不想把奥地利完全摧毁。当时与俄国的联盟已经不存在了,为什么不与奥地利结成联盟呢?人们不同意他娶一个女大公爵。为什么不能娶一个女大公爵呢?这个庞大的帝国期待一个继承者。现在,应该为了国家的利益要求离婚。

但是,做出这个决定对他来说并不容易。他一直爱着约瑟芬,不仅仅在肉体上,而且正如人们所说的,也在社交方面。她是一个完美的皇后。她虽然有些挥霍,但这并不重要。她深受人民喜欢,她自己也很清楚这一点,并可以以此来保护自己。但是,她也逐渐地认识到,"这关系到国家的未来,是政治的必要性,是要证明,为了拥有一位皇位继承者,拿破仑必须完全服从于这一点,尽此义务,这是为了国家利益而做出的个人牺牲。"最终,她签署了离婚协议。约瑟芬保留皇后的称号,并得到了两百万法郎的养老金。对于离婚的惟一障碍是过去的宗教婚礼仪式。那是在拿破仑涂圣油仪式称帝的那个夜晚匆忙举行的。原则上只有教皇本人才能宣布解除婚姻。但是,教皇拒绝以皇帝俘虏的身份来处理教会的事物,巴黎政府的婚姻机构做出勇敢的决定,代替教皇的位置,解除婚姻。

这样一来,与奥地利的婚姻之路已经打通,前提只是弗朗茨的同意了。但是事实表明,两位皇帝都希望这个婚姻。为确保新的法兰西王朝,拿破仑对在世袭君主的范围内增加一个强大的成员而感兴趣,而弗朗茨则为了把拿破仑与沙皇分开,并把他拉到与奥地利联盟之中。当然,这并不能排除一种危险性,即有一天这个联盟会反对拿破仑自己,使他的福星变得苍白无色。1810 年 2 月,维也纳正式宣布同意这一婚姻。玛丽·露易丝,一个年仅十八岁的年轻公主,为了国家的利益而成为牺牲品。拿破仑陶醉在已成为哈布斯堡家族成员的想像之中。这种附庸风雅是他的特点。他以作为好战的革命者开始了他的生涯,但以作为玛丽·安东尼特侄女的合法情人而结束了它。他当时是那么急迫,以致于在花桑特格尔曼大街上迎她而去,让她的马车停下来,然后急急忙忙地把她带到他的卧室,行使他做丈夫的权利。整个婚礼在维也纳就完全完成了。玛丽·露易丝立即成了皇后。在结婚的第一年,1811 年 3 月 20 号,玛丽·露易丝为拿破仑生了一个继承人。拿破仑为他命名为罗马王,他想到了过去的德意志神圣罗马帝国。

现在,拿破仑感到,未来属于他和他的儿子。但是,与奥地利的联姻他最终得到了什么呢?只要奥地利依旧保持敌对的态度和没有被彻底战胜,那么他就什么都没有得到。拿破仑曾算计到,通过大陆封锁有一天会使英国投降。预言的时间到来了,但英国丝毫没有动摇。英国的国王处于一种疯狂的状态,他的诸侯们和大臣们丝毫改变不了他。结果是,凭他的直觉本能和道德保住了英国。由于拥有海上霸权,英国占领了许多殖民地,夺取了南美洲,与欧洲大陆进行了庞大的秘密贸易,并且用这种方式挽救了英国的地位。俄国对一百五十艘挂着美国国旗的英国船只开放了港口。就是拿破仑自己也必须正视现实,允许查收到的英国再次出售,因为法国需要。由于挪威人把法国元帅贝来多特选为国王,拿破仑希望,这个从法国来的国王会积极参与大陆的封锁。但是,贝尔纳多特声明保持对沙皇的忠诚。他深知,沙皇喜欢什么。北海再一次对英国的贸易开放。西班牙的情况也没有什么好转。威尔顿领导的英国·葡萄牙联军成功地顶住了法国军队的进攻。山顶上的岩石开始松动。

在此期间,与教皇的冲突也变得日益加剧了。拿破仑想用一切武力和他在独断专行迫使教皇就范。如果庇护七世不服从,那他就召开一个高级神职人员大会,一个西方国家的高级神职人员大会,给我帝国的教会立一个规矩,同样给一种信仰立一个规矩。整个基督教位于他的权利之下吗?这使一个古老的,数百年来没有发生的争论再一次爆发了:关于神职授权的争论。教皇拒绝任命新的主教。一个由卡尔迪纳尔·费施大主教主持召开的高级神职人员大会决定,在六个月的期限之后,授职权可以由大主教来授予。1812 年 5 月,拿破仑最终公布了一个与教皇的协议,并命令把身穿普通神职人员长袍的教皇带到枫丹白露来。但是,这个俘虏的尊严对于他的看守者来说意味着一种严重的威胁。

所有这些裂痕动摇了这个帝国。这真是一种危险吗?像塔莱朗这样富有远见的人认为,在地平线上已经出现了可怕的风暴。拿破仑本人则和过去一样充满信心。他想把巴黎建成西方国家的中心。自执政官时期的黄金时代以来,法国社会里从来没有像现在这样光彩灿烂过。但这只是外表的光芒,失业的数量在令人不安地增长,并且农业收获很糟。工厂主和工人们坚信,大陆封锁扼杀了出口。许多城市到处堆满了没有卖出的棉布和丝绒。政治对经济是没有权威的。法国人还缅怀着他们的荣誉,进而感到满意。他们热爱和敬佩他们的皇帝拿破仑——他们荣誉的给予者。但是,他们开始担心,一场反对俄国的最后战争是不可避免的。当然在胜利之后,这一点对法国人来说似乎是无疑的:一个法国的欧洲即将会成为现实。

被打败的将军

自从埃尔富特之后,亚历山大对拿破仑在政治和人格方面都感到十分失望。法国皇帝不会长久地相信,他会得到俄国皇帝的支持。对于拿破仑与奥地利的婚姻,欧洲大陆的体系和华沙大公沙皇深感不安。拿破仑就华沙大公国之事对俄国使者演了一出戏:即使您的军队在蒙特马尔特高地上安营扎寨,我也绝不会分割华沙领土的一寸土地。这是多么难得的高尚行为,当哥萨克骑兵真得占领了蒙特马尔特的时候!1812 年 4 月 25 日,亚力山大使关系破裂公开化:他要求法国军队撤出普鲁士。拿破仑拖延回答这个最后通牒,他带着玛丽·露易丝赶到德累斯顿,去见她的奥地利亲威、普鲁士国王和德意志的诸侯们。他表现出神采飞扬和充满魅力,从而得到了波兰、普鲁士、萨克森、威丝法特伦、巴伐利亚和奥地利军队的支持。他允诺到……三个月之后,一切都将结束。

当时他大脑中的计划十分简单。这支大军拥有六十万士兵,其中一半是外国士兵。他本人亲自和他的元帅们一起来统帅这支大军。他从未怀疑,他将彻底打败俄国。然后沙皇请求和平的精神将会重新觉醒,欧洲将会统一。但这一切必须在短时间内很快进行,因为他不想在俄国那广阔无边的土地上失去自己。但他十分确信,他的计划将会成功。"如果一个对他有用的主意在他的脑子里确定下来,那皇帝(指拿破仑)就会被这个主意所驱使。他要占有它,拂爱它,并完全被它所支配。"科古兰这样说。他还不知道,沙皇、元帅们、贵族、还有奴隶们要同心协力反对入侵者。他们决定撤离乡村和城市,他们坚持大撤退,为了迫使拿破仑去做他自己也认为会导致失败的事情:深入俄国的腹地。俄国的元帅们避免使自己的军队与拿破仑交战。但这正是拿破仑所希望的。他想不惜一切代价通过快速前进追上敌人,从背后进攻,这是他迄今为止一直成功的做法。但是,在这个国家里,靠士兵的双腿还没有打赢一场战斗。一天晚上,他对缪拉说:明天早晨五点出发,那里是奥特利茨的阳光!第二天早晨,敌人已经不在了。拿破仑感到有些不知所措,犹豫不决,感到他的想法与事实的矛盾,亚历山大没有请求和平。

拿破仑的大军开到斯摩棱斯克。俄国军队把城市付之一炬,然后撤离了。出身于一个古老家族的库图佐夫被任命为俄国军队的最高指挥官。在托尔斯泰的小说《战争与和平》一书中描述了这个桀骜不驯的老人形象,他讨论战争形势时会睡觉,根本不相信什么战斗方案,但狂热信仰神圣的俄国。在 9 月 7 日,拿破仑的军队终于遇到了正在构筑军事防线的俄国军队。经过内伊、欧仁和缪拉的激烈进攻,俄国军队的防线受到极大的威胁,甚至被达武包围起来。双方的损失都很大。如果拿破仑让他的精锐部队也投入战斗的话,也许会稳操胜券了。但是,他对此下不了决心。内伊气愤地说,"他应该撤回到杜伊勒里宫去!"为什么拿破仑突然变得这么软弱了呢? 这是因为在他的大军和法国之间遥远的空间。德国或奥地利随时都有可能反对他。因此,他没有下达让精锐部队投入战斗的命令。结果俄国军队继续撤退。最后拿破仑违背他的意愿被迫向莫斯科进军。很快墙楼、宫殿、克里姆林宫已近在眼前。这下亚历山大没有选择,必须请求和平了,莫斯科将成为又一个提尔西特。

　　然而,这些奇迹都没有出现,莫斯科燃烧了起来,"在黑暗里就像一团火炬。"是谁点的这把火?是地方长官罗斯托普钦?或许是!但俄国人则归罪于法国抢劫的士兵。俄国人的恶狠和团结在进一步的增长。拿破仑的老兵们失去了勇气。为什么要进行这么遥远的进攻?除了燃烧的房屋外什么也见不到。奥地利军队的指挥官施瓦兹贝尔哥努力尽可能减少他的队伍的损失。拿破仑刚开始就被打败了:这是灾难的先兆!但是不久,凭借他那令人惊讶的反抗力,他又重新振作起来。莫斯科是一个等待和平的最好的政治位置。他一边等待,一边重建组织法兰西喜剧院。当他对俄国人的期望落空之后,他首先提出倡议,写信给他的好朋友亚力山大,但没有得到答复。什么消息都没有。十月开始了,俄国那令人恐惧的冬天就要来了。只是天气还较柔和,以至于他可以自我安慰:看,这里秋天甚至比枫丹白露还要美丽和温暖。他考虑着最后一次行动:与库图佐夫谈和。但这个建议却被拒绝了。现在,他必须开始新的行动。他已经失去了太多的时间。

　　撤退开始了,这是一个艰难困苦的过程。哥萨克骑兵,俄国的农民士兵都是不可以轻易摆脱的困难。在斯莫棱斯克,军队开始不能阻止地向别列金纳继续后退——在没有给养的情况下穿过茫茫的冰雪。一万四千名落伍的士兵拖拖拉拉地跟在大军的后面。在通过别列金纳河时,俄国军队的炮火把冰层炸开,情形悲惨无比。但拿破仑被救了出来。一个来自法国的信使报告说,在由马莱将军煽动的一场阴谋中宣称拿破仑已经死了。但仅一夜之间,这场阴谋就失败了,一切又恢复了正常。这清楚地说明,拿破仑的帝国是多么容易破碎。还有皇后和罗马王呢?没有人想起他们。拿破仑对他们的亲信说,他返回法国是绝对必要的。在目前的事态下,我只能从在杜伊勒斯宫的大柱子前来要求欧洲的尊重。也就是他必须离开军队。他把最高的指挥权授予缪拉。他与国王相比更缺少能力,但他是国王。君主等级制就是君主等级制。在拿破仑走之前,他必须将他的起程和失败向法国人民做出解释。他口述了令人惊讶的第二十九号公告,在公告中他以庄重的严肃性和异常寻常的冷静描述了这个历史事件,然后在科古兰的陪同下动身启程,先乘坐马车,后改用雪撬。

　　这是一次少有的旅行。拿破仑只有几个随从,他裹着一件皮披风用来抵挡刺骨的寒风。作为皇帝拿破仑要隐匿姓名横穿欧洲。我们的不幸将在法国引起极大的轰动,但是我回到法国就会使这一切不愉快的后果恢复正常。他相信,欧洲会再次属于他的。法国所忍受的挫折会结束所有对它的嫉妒。在欧洲还有一个敌人,那就是俄国。对此,科兰古更为真实地回答说,"这正是人们对陛下的担忧。"拿破仑对于这种担心感到惊讶。他不明白人们为什么要对他这个想发动战争的人感到恐惧?他所做的一切都是英国逼迫的结果。我不是唐吉可德,我是一个有理智的人,只做我认为有意义的事情。他认为,库图佐夫的撤退和把莫斯科付之一炬的行为是神经不正常。我们是气候的牺牲品,那美好的天气欺骗了我。还有西班牙呢?西班牙并不令他感到恐慌。如果三万英国士兵在比利时或者英法之间的多佛法尔海峡出现的话,与我们被迫在西班牙驻扎的一支军队相比,那会给我们带来更大的损失。在波兰的波兹南,他接到了从法国来的信。他迫不及待地撕开了信封,这是皇后写来的信。我没有一个好的夫人吗?还有一封是他儿子的保姆写来的。科兰古说:"在此时此刻,这个有这么多事务的人仍是一位最好的丈夫和温柔的父亲。"

到达巴黎后发生的事情至少表明拿破仑的冷静是有一定道理的。第二十九号公告虽然已经公报了,但是皇帝本人的到来驱除了人们的许多担忧。拿破仑说,人们更多的是忧虑而不是失去了勇气。他对大臣们说:先生们,幸运把我迷惑了,我已无法控制我自己。我到达莫斯科,我相信,我会在和平的条约上签字的。我在那里待得太长了。科古兰判断的事态要比这严重的多。他相信皇帝的天才,但他认为,这个富有创造性的灵魂并没有理解怎样才能保持住他已经具有的权利。皇帝缺少有力的支持与帮助,无论是军队的元帅们还是大臣们都已经习惯于把未来的思虑都交给他一个人来完成。通过在意大利和德国战场上的迅速决定,这一切大家都已经习以为常了。从俄国撤退是在最后的时刻才做出的决定。因此,准备工作十分草率。大撤退不属于伟大军队的习惯。除此之外(这也是政治家们可能犯的最大的错误),拿破仑没有想到,他可能会失败。"成功总是对他微笑,以至于他从未相信,有一次会遇到失败。"

但是,这发生了。在俄国,缪拉把对残余军队最高指挥权交给了欧仁。奥地利的军队指挥官施瓦兹汉尔克嘲笑这次指挥权的更选:"我们从听从皇帝的命令变成了听从国王的命令,现在又变成了听从副国王的命令。"奥地利人与库图佐夫进行了谈判,由此而来使军队的右翼处于无防御的状态。普鲁士军队呢?它的爱国主义者试图与俄国建立联盟。对奥地利怎么办?拿破仑希望,把弗朗茨二世拉到自己一边。他建议委托玛丽·露易丝去与奥地利皇帝商量。但是,他对梅特涅的认识不够。英国呢?拿破仑知道,只要他占领着比利时,那就不会有和平。他也知道,如果他授予一个不光彩的和平,在法国他将失去威望。他的处境十分糟糕,对于这一点,他还有些怀疑。法国的围攻开始了。1813年,普鲁士宣布开战。拿破仑还赢得了在吕岑和包岑战场上的胜利,但是这些胜利是徒劳的。欧洲各国的君主联合起来向他发起了进攻,甚至企图切断他返回法国的退路。

拿破仑手下的许多元帅相信,这位伟大冒险的家的事业终于结束了。在莱比锡大战中,十万法国士兵对三十万的敌人展开了激战。此后,全欧洲的军队开始进攻拿破仑。由俄国、奥地利、德国和英国人组成的七十万大军从各方向攻入法国。拿破仑的战略才能得到前未所有的证明。他说,只有波拿巴总司令还能拯救拿破仑皇帝。但是,现在即缺少负责任的总司令,又缺少有天才的总司令。没有谁来为他效力或来帮助他。元帅们都在想着自己的未来,寻找着走出困境的出路。士兵们的年纪都很年轻。拿破仑要四处出击,与奥地利搏斗,顶住普鲁士人的进攻。在蒙特比埃和查姆波伯尔进行决战,这可以和阿尔科拉和奥斯特里茨战役相媲美。他自己有一次说。但是,这胜利是最后的胜利。敌人的包围圈最终把拿破仑和他的军队紧紧围在一起。

谁要彻底打败法国,就必须进攻巴黎。1814年3月,当拿破仑得知,布吕歇尔和施瓦茨贝尔格带着军队已经达到了巴黎郊外时,他还梦想着在洛的林根地区进行几次漂亮的军事行动,使敌人措手不及。约瑟夫投降了。拿破仑听到这个消息时,第一句话就骂到:胆小鬼!如果我四个小时之前赶到的话,一切还可以挽回!他愤怒地又说:如果我不在,那帮人只会干蠢事。但是他还不认为彻底失败了。科古兰要去考察,在哪些方面还有多大的希望。科古兰拜见了沙皇,普鲁士国王和施瓦贝尔格。他们都表示，他们想和平，但没有拿破仑参与。沙皇亚历山大提出了一个方案，"拿破仑可以开价，要多少就多少。"但拿破仑既不能在法国也不能在意大利居留。住在哪里呢？科古兰列举了科西嘉、撒丁尼岛和科尔夫。亚历山大提出厄尔巴岛。为此，科古兰马上就在拿破仑退位的情况下作出一个"有约束力的承诺"。玛丽·露易丝和罗马王当时已经离开了巴黎。

在这种情况下，拿破仑前往枫丹白露，通往那里的道路还没有封锁。在枫丹白露，一个由元帅组成的代表团在内伊的带领下要求拿破仑退位。元帅们认为，对法国来说，除了波庞王朝的之外，别无其他的希望。"路德维希十八将会受到欧洲王室的欢迎。"拿破仑想最后再次发挥元帅们的作用，他对他们大喊到：我们要战争！但是回答是一片沉默。从科古兰的回忆录中得知，拿破仑试图自杀。但是所饮的毒药没有发生作用。摄政时期？罗马王？他知道，这一切都只是过去的幻想。他站在枫丹白露庭院的台阶上，他和近卫军告别……那是令最伟大的戏剧导演都会感到赞叹的场面。当我决定比你们还要活得更长时，那是因为我要继续保证你们的荣誉。我想把我们共同经历的伟大业绩记录下来……。他吻别了那些老兵们，老兵们泪流满面。在过去，是这些老兵们对拿破仑真诚的热爱，现在也只有他们保持了对他的忠诚。

与此相反，那些元帅和高级军官们则随风而倒，效力于波庞王朝。阿尔图易斯伯爵甚至敌对的君主们在巴黎则受到令人感到可耻的欢迎。夏特布里昂说，"每个人似乎都是从科布伦茨返回来的，……手帕和衬裙变成了白旗"。拿破仑自己则尽快离开枫丹白露。我打扰……为什么不尽快结束这一切？他希望，玛丽·路易丝会经常到厄尔巴岛来看望他。她担心他在旅途中被抓住吊死。人们知道，在暴民面前他十分害怕。这一点在雾月十八表现得更为显著。他穿着一件奥地利的军装，为了躲避有可能出现的暴力行为。他登上一只英国船。从而结束了一场极大的冒险。

被流放的普罗米修斯

当各国首脑和外交官们努力把支离破碎的欧洲重新缝补到一起，和毫无忠诚的皇后玛丽·露易丝在宴会上翩翩起舞时，失去皇位的法国皇帝仍然在努力凭借他自己的力量来帮助他那渺小的国家。对于一个行动果敢的人来说，没有任务是微不足道的。在厄尔巴岛上，一个像凯撒大帝一样的皇帝管理着一个小小的王国。他建立了街道、一所医院和一个后小院，并开垦土地。如果他的夫人和孩子与他同甘共苦的话，也许他会服从命运的安排。但是，只有玛丽娅·瓦列维斯卡带着她的私生子来了。可是拿破仑拒绝了她的表白。

为什么在1815年年初，他就已经决定返回法国？因为他已经四十五岁并感到自己有力量向整个欧洲挑战？因为他有许多理由进行辩护，首先是他的夫人被留在了维也纳以及所承诺的退位薪金需要来支付？因为他对自己的生命感到担忧？塔莱朗一再说，"必须干掉厄尔巴岛上的那个人。"返回到瑞士的约瑟夫警告他的兄弟防止被谋杀。拿破仑从法国得到的消息证实说，波庞王朝并没有受到法国人的欢迎。波庞王朝随着外国征服者的返回损害了民族自尊心。帝国军队的军官和士兵们必须把其一半军饷贡献给从国外回来的波庞王朝，在看到那白色的旗帜气愤得发抖。他们为"小个子下士的祝福"而痛饮。1814年8月15日，他们庆祝皇帝的生日。来自平民的士兵们说:"小个子下士会把我们从这醉生梦死中解放出来。"来自法国的来访向拿破仑报道说:共和党人和波拿巴家族的人已对反对路易十八的政变做好了准备,如果拿破仑不抓紧行动,那么奥雷安大公会抢先行动。

这种忧虑强迫他做出一个仓促的决定。通过一个总参谋长的精心考察,他开始准备启程的事宜。在厄尔巴岛上,他让人准备了一个鼓舞人心的公告:那蓝白红三色的雄鹰将从一个城楼飞向又一个城楼,直到巴黎圣母院的塔尖上。拿破仑的返回获得了极大的成功。拿破仑当时只有一千名士兵,因此必须放弃任何使用武力的可能性。他的武器是人民对他的热爱、士兵对他的喜欢和对过去十五年光荣历史的记忆。

1815年3月1日,拿破仑在戈尔夫登陆。他的计划是:通过阿尔卑斯到达格勒诺布。因为这座城市对他来说十分重要,由此他可以避免经过保守党人统治的省份。对那些本应押禁的士兵,他指着自己敞开的胸膛说:如果你们当中有人想打死我,那我就站在你们的面前……。但是,没有人开枪,格勒诺布城打开了城门,然后是里昂城。所有的军人都站在皇帝的一边,形成一支小规模的军队。现在,拿破仑拥有了足够的士兵,可以进攻巴黎了。但是,巴黎会进行抵抗吗?路易十八拒绝等待篡权者的到来。他坐在椅子上,手里拿着法国宪章,就像夏特布里昂建议的那样。"我并不是要粉饰自己",这位受尽痛风折磨的老人说到内伊对他发誓,要反抗拿破仑,并把他带到一个铁房子中去。3月20日,皇帝在杜伊勒宫进入梦乡。他是巴黎的统治者,但没有开一枪。国王和大臣们纷纷逃走。

伟大的天才进行了庆典,但是这个庆典会带来哪些作用呢?联盟国领袖们聚会维也纳,宣布在任何情况下都解除了对拿破仑的法律保护,并开始进攻法国。法国人民会团结一致准备反抗吗?拿破仑赢得了人心。他表现出小心谨慎和主张自由的精神。我对谁都没有怀恨之心。夏特布里昂进攻他了吗?当时并没有发生。康斯坦特指责他了吗?拿破仑委托他为王朝宪法起草一个补充章节,规定了自由选举、大臣们对议会的负责权限和新闻自由。这种妥协让步降低了他在那些绝对支持建立王朝的军人眼里的地位。政府官员和军官们没有进行更迭。他必须重新接受那些曾出卖他的大臣们,必须相信富歇的政策。富歇曾说,拿破仑对法国来说就像韦苏尔对那不勒斯一样。拿破仑必须任命卡尔诺,以便让过去的共和党人平静下来。所有的这一切没有把一个强有力的群体团结在一起。这些过去的受尊敬的人们由于他们忠诚的不断变换已变得失去对信任的推崇。他们既没有了信念,也没有了权威。新宪法经过一次全民表决通过了,但有许多人来参加投票。宣誓就职之际,拿破仑效仿卡尔大帝想举行一次大规模的庆祝。因此,他和他的兄弟们身着罗马式的节日长袍出现在公众面前。巴黎民众则对此嘲笑。他们更喜欢看到那灰色的男式礼服。对此,迪夏尔夫人的评价十分正确:"那种身着立宪君王装束的企图简直令人可笑。"宣布进入紧张状态,呼吁全民拿起武器,实行军管制,这些措施也许更有必要。但是在这张弓上已经上了太多的箭头。它已经失去了它应有的张力。

从1915年5月到6月,拿破仑集结了五十万军队,而联盟国军队人数达到一百万。威灵顿在旺代省策划了一起新的谋反,并借此集结起了两万五千的兵力,以在危机时刻备用。6月16日,两军在林尼相遇,然后又于1815年6月18日在位于荒凉的比利时荒原上的滑铁卢,拿破仑结束了一场十分漂亮的战斗。历史学家们一再就这场战斗中内伊、格鲁希和拿破仑所犯的错误进行讨论。当他在林尼打了胜仗之后,拿破仑没有在第二天天亮时及时追赶普鲁士的军队。通过坚强的抵抗,威灵顿打破了所有的禁卫军的勇敢冲锋。在战斗之日的晚上,最后一支法国军队从滑铁卢向巴黎退去。这时,法国全国要求拿破仑退位。拿破仑首先来到马尔梅松他的养女奥坦丝的住处,然后又到港口城市罗什福尔。如果他当时冲破阻截的话,他可能会漂洋过海去美国。对他十分敬佩的奥尔良人表示接受他避难。但他更想到英国管辖之地去。如果躲在船里而被人发现,这有损于一个皇帝的尊严。不能把自己无条件的交给他最气脑的敌人。与此相反,他则表现出了一种普鲁塔克风格的姿态。他写信给摄政王——他知道——这将会成为历史书中十分美丽的一页:尊敬的陛下,由于我造成了我们国家的分裂和欧洲各国间的敌对,我决定结束我的政治生涯。我来这里为了在英国人民的家庭中得到一个生活位置。我愿意处于英国的法律保护之下。我请求陛下您高抬贵手,让我在我的敌人中最强大、最坚强和最慷慨的国家里得到保护。

英国大臣们考虑的主要是智慧的规则,而不是友好待客的法律。厄尔巴岛的经验已经使他们不可能有任何的疏忽。他们决定,把拿破仑送往圣赫勒拿岛。这是大西洋中一个被人忘却的小岛。一些忠诚拿破仑的人请求能容许和拿破仑一起去流放。当这些同伴在谈话中称拿破仑为皇帝时,英国海军将军故意装聋。"在船上没有皇帝"。无论是把女儿送给他的奥地利帝国的皇帝,还是常常与他称兄道弟的俄国沙皇都做不出来否认拿破仑皇帝称号的事。英国从来没有承认过常胜的帝国,他们对这个囚犯皇帝十分严厉和生硬。在圣赫勒拿岛,拿破仑和他的追随者居住的木板房原来是给牲畜使用的。负责的看管赫得森·洛看上去像一个严厉的法官,举止十分粗俗和生硬。但是,这种有辱身份的待遇对拿破仑来说恰好可以达到一个较高的目的。这个天才的导演没有错过实现和达到戏剧性的效果的机会。圣赫勒拿岛成为这场戏剧的第五幕。拿破仑说,不幸也有他的英雄主义和荣誉的一面。在过去的生涯中,我从没有过失败。如果我作为皇帝死去,那么我是在我的权力的顶峰。那对许多人来说我是一个不完美的人。由于不幸,现在人们可以真实地评价我。

那么,人们可以真的看到一个真实的他吗?这几乎是不可能的。同样,相对自己来说,人也不具备绝对客观的评价自己的能力。拿破仑知道,来到圣赫勒拿岛的除了他的随同之外,还有他的传记。随同中的每个人都想写他的传记。因此也就不难理解了,为什么他可以给后人留下一个尽可能完善的传记。他想表现自己,并且成功地做到了。精神和感情是那么充满朝气,好像他又回到了他的年轻时代。在拉·卡色斯对拿破仑的回忆录中,波拿巴上尉的光辉照耀在了拿破仑皇帝的身上。当拿破仑在朗五德翻阅一本世界地图册时,找到了一张科西嘉的地图。他深情的凝视着它。过去科西嘉的一切都是那么的美好,充满泥土的芳香。拿破仑说过,通过那泥土的芳香,他就是闭着眼睛也能感到,那里是科西嘉。这种泥土的芳香,他在其他任何地方都没有遇到过。他永远是科西嘉的孩子,同样,他永远是那个充满活力的科西嘉少尉。他曾经与皇帝的女儿同床共欢,但同时他始终保持了拥有极大荣誉的普通士兵的本色。正是这种持续的生命的力量也帮助他度过了在圣赫勒拿岛的生活,承受住了从宫殿到工具棚的巨大的变化。他常常想起在巴黎的城中之岛。他多么想再过那种一天只有十二法郎的生活。一顿便宜的午餐、拜访文化沙龙和图书馆、坐在法兰西剧院正厅的前坐上。一个路易是一间房子一个月的房租……。

他开始了文学家的生涯。他决定口述他伟大业绩的历史。正如他在枫丹白露向士兵们许诺的那样,拉·卡色斯和古戈尔帮助他记录。读书的热情也一如既往。他让人给他朗读《新约圣经》。他十分欣赏基督在山上对门徒们布道的文采。虽然他能够把他背下来,可他还是一直喜欢听人为他朗读。他本人不也是一个卓越的作家吗?他有时挥起拳头一击,来结束一个段落。但是英国怎样来回报这种慷慨呢?英国制造了一种假象,似乎伸给了敌人一只好客之手。但是,当他献身一种美好的信仰时,却成了英国的牺牲品。与作家相比,拿破仑更多的是一个士兵。对伟大的文学作品,他首先从军事和政治的角度给予评价。他评论拉辛的作品中的一场战斗方案,作为小说,这是十分漂亮和精彩的。但从军事的角度来说,它毫无价值,毫无意义,十分荒唐。在他读《圣经》时,每当遇到一个地名,他都要停顿下来,讲述一个他在那里进行的战斗。他很喜欢奥德塞,但他责备说,拥有王位的国王们像乞丐一样相互争斗,这很不好。

　　同样不好的是在圣赫勒拿岛的寂寞无聊、恶劣的居住条件、尤其是相互间的嫉妒和在这个男女组成的小团体中的人与人之间的紧张关系。他们在一个皇帝的周围争斗不已。年轻的拉·卡色斯拥有高贵的品德,但他还是把家眷送回了法国。并且当他自己为拿破仑的回忆录搜集够了资料后也离开了这里。古戈尔是一个勇敢的斗士,拥有对拿破仑的忠诚与热爱,以至于他要与蒙托龙进行决斗。这不是针对一个男性的竞争对手,而是针对一个女性的竞争对手。蒙托龙夫人,一个妙龄漂亮的女人,古戈尔有理由怀疑她并不是只和一个男人睡觉。拿破仑试图安慰他,把他叫到身边,亲切地叫着他的小名,将内心深处的恐惧告诉他。您不以为,当我夜里醒来,会经受起那不幸瞬间的打击。如果我想到过去的一切和现在的处境,想到时间是这么的漫长,最终等待您的将只是一个十字架,又会怎样呢?在这里生活下去需要勇气。在经历了与自己的崇拜偶像的争吵之后,古戈尔也离开了圣·赫勒拿岛。

　　拿破仑身边的历史见证人越来越少了。人们知道生活将会有多么的艰难和单调。这个经受着回忆和思乡双重折磨的小小的团体已经很难维护其精神的尊严了。拿破仑皇帝更加痛苦了。他怎么能不痛苦呢?他已疾病缠身,皮肤变得发黄和浮肿。在那张狭窄的床上,他无法入睡。他的运动越来越少。他倍受折磨,因为他越来越清楚的明白,他再也无法离开圣赫勒拿岛。他有时威胁要杀死那些对他申请难民进行玷污的人,或者剧烈摇摆着他的身体,像以前他的随从那样提出一大堆问题。但是,他的曾用一种令人惊奇的能量积累了无数渊博知识的精神发动机现在只是在空转。他一日复一日地过着重复的生活,没有创新。他堕落地使用着粗糙的语言,就像当年在战场的兵营中所使用的那些语言那样。他距离年轻的拉·卡色斯给他描绘的那种理想的形象越来越远了。拿破仑的时代已经结束。不久那最后的帷幕就要落下了。

　　根据赫德森·洛的命令,医生的职务被解除了。拿破仑拒绝英国军医。拿破仑的母亲给他送来一个医生和一个牧师。但是医生已经无能为力了。牧师也拯救不了他。拿破仑皇帝承受着病魔的痛苦和巨大折磨,不再能进食。他是不是像他的父亲一样也死于胃癌?人们几乎一直相信他死于胃癌。一位医生曾经到圣赫勒拿岛对拿破仑的尸体进行了调查。根据他的诊断,拿破仑并没有死于胃癌,而是胃溃疡。这是由于极差的饮食和忧郁造成的。

　　拿破仑死于 1821 年 5 月 5 日。一场风暴席卷了小岛。马尔尚将拿破仑裹在一件呢大衣里。蒙龙托和贝特朗要求在他的幕碑上只写一个词:拿破仑。但英国看守赫德森·洛则要求写上拿破仑的全名:拿破仑·波拿巴。皇帝或者是元帅?对此人们没有达成统一的意见。因此墓碑上一直空着这个头衔。在遥远的欧洲，年轻的拉·卡色斯在拿破仑死亡的时刻，突然听到了一声可怕的惊雷。传奇开始了。

"传奇就是那些必须被说出来的东西。"司汤达说，"拿破仑拥有一个伟大的灵魂。"如果人们经历一遍他那令人惊讶的一生，那么人们会像他本人那样认为，他成功的一部分是归功于他成为元帅的偶然性。拿破仑说，这种成功创造伟人。但是如果仅仅凭偶然是不可能给人持久的帮助的。历史上的所有伟人都有他的共同的特点。没有这种共同点，他们的荣誉是不可想像的。首先，他们较少有大多数人所渴望的那种占有欲。从来没有一个国家的统帅像拿破仑那样让国家拥有巨大的财富，但是拿破仑自己拥有的却那么少。天才的人们看事物和对待事物，总是能按照事物本身的客观存在来理解事情，看到事情的本质，而不是按照自己的主观愿望来理解和看待事物。在他那些辉煌的年代里，拿破仑是一个现实主义者，他没有在制度上和系统上花费更多的精力和思想。后来他偏离了这个原则，因为他停止了随心所欲，说干就干的做法。但他仍然是个伟人，因为他从不期望周围的人都是完美的人，所以对周围人的缺点也就容易给予原谅。他说在某些时候，由于机会的原因，会产生罪恶，也会产生美德。有些人虽然有时做些坏事，但在本质上仍然是个好人。假如他具有一个敏捷和丰富的灵魂，一种令人难以置信的工作能量，一种充满智慧的演说能力和对人类不抱不切合实际的幻想，假如他是一个能赢得人心而不是讨好别人的天才。所有这些特征都能够保证他长久地获得成功，但是他却失败了。无疑这都是他的幻想造成的。他的许多方案都是杰出的。但他的诸如此类的方案太多了。最高的艺术并不是怎样取得成功，而是要知道什么时候可以适可而止。

正如人们一直喜欢探讨的拿破仑戏剧化的一生一样，人们也不能否认他死亡的伟大。正如普罗米修斯被绑在寂寞的山崖上，他是在痛苦和耻辱中实现并保持了一个殉道者的尊严。从1815年6月拿破仑滑铁卢战役之后，许多法国人开始憎恨他，因为他给他们留下了一个被占领的法国。但是随着时间的推移，对波庞王朝的厌恶，对光辉历史的记忆和关于对于法国俘虏的报道，人们对拿破仑的憎恨很快就转换成了同情和对他的渴望。诗人们赞颂他的荣誉，维克多雨果为他写了美丽的抒情诗。在英国人们把他像神一样来供奉。法国军队再没有忘记他那头上戴着的小帽和灰裙子。正是在这条灰裙子的带领下，法国军队越过阿尔卑斯山和莱茵河，并且高举着三色旗直到莫斯科。法国人民永远把对波拿巴的记忆和法国大革命紧密的联系在一起。1830年波拿巴的追随者和雅各宾党人第二次把波庞王朝赶下了王位。

在圣·赫勒拿岛，在这个交融着苦难和寂寞无聊的荒凉之地，他有时希望他当年应该在莫斯科死去。拉·卡色斯为了安慰他而反驳他："陛下，从厄尔巴岛重新返回巴黎，这段历史几乎令人难以置信，这一英勇行为完成了对一个英雄男人的整个过程。"是这样的，皇帝说，我相信真实。但我们说得是滑铁卢……我应该在那里死去。确实有些人，当他们功成名就后，能客观地评价自己，能超越自我，把自己的一生作为艺术品来品味。但拿破仑此时此刻深知，圣赫勒拿岛是他生命的一个痛苦的、庄严的和必要的结束语。他因为输掉了一盘棋，同时又赢得了一盘棋。拿破仑的墓地为法国人留下了一块圣地，但这不仅仅由于阿尔克拉、奥斯特里茨之战。今天的法国知道，它是由拿破仑之手塑造的。

伊丽莎白一世

伊丽莎白一世(E li Za be th l,1533—1603)英国历史上杰出的女王。她执掌朝纲凡45年(1558—1603),顺应历史发展趋势,依靠新兴资产阶级和新贵族的支持,以狡诈的手段和公开的行动,巩固了英格兰的统一,加强了中央集权和君主专制统治,促进了资本主义工商业的发展,为后来英帝国进入鼎盛时期和把侵略触角伸向世界各个角落奠定了坚实的基础。

然而,这位女王的人生旅程却极不平坦。世事沧桑,她三岁丧母,二十二岁入狱,青少年时代历尽磨难,命运多舛。"时势造英雄",她从囚徒为女王,执政近半个世纪。"皇帝女儿不愁嫁",她地位显赫,权势耀人,人又天生丽质,妩媚迷人,求婚者络绎不绝,门庭若市,但为了王位和英国的皇家事业,她"任凭山雨横竖路悠悠",任凭心头之爱、爱情之花日渐枯萎。

一代英主,谋国竟将终身误;溘然去逝,后人念此迷难解。

英格兰的新曙光

1558年,11月24日,雾都伦敦沉浸在一片欢乐之中。城中居民人人身着盛装,个个喜气洋洋,一清早就簇拥在街道两旁,欢声笑语穿破雾霭直达九霄云外。在经历了玛丽女王(1553—1558年在位)五年的血腥统治之后,人们终于盼来了新女王伊丽莎白前来伦敦承继大统、登临王位的良辰吉日。

玛丽女王统治时期是十六世纪英格兰最黑暗的时期。这一时期,由于玛丽女王同西班牙太子腓力结婚,并把自己的身心和国家的利益全都交给了这位无情的丈夫,从而使英国处于西班牙王国的从属地位。她进行反宗教改革,逆历史潮流而行,迫害新教徒残酷无情,烧死了三百余人,迫使他们为避难而纷纷逃离祖国,寄人篱下。她乞从夫君,不顾国内朝野的呼声,与西班牙结盟征伐法兰西。结果导致国库空虚,债台高筑,而且造成加莱(英国在法国占据的领地)失守,使英国丧失了在欧洲大陆上的最后一块桥头堡。国家内忧外患,人民怨声载道。1558年11月17日,玛丽女王在极度的悲愁中魂归西天。王位不可一日空悬。就在玛丽女王去世的当天,枢密院便宣布:根据先王亨利八世(1491—1547)的遗诏,由玛丽异母妹妹伊丽莎白公主继承英格兰都铎王朝王统,择吉日良辰举行登基大典。消息一经传出,英格兰举国上下始觉噩梦初醒,笼罩在人们心头的阴霾即时散去,英格兰上空再次阳光普照,人们怎能不欢欣鼓舞、喜形于色呢? 英国编年史曾如此记载:"玛丽女王狂风暴雨般的统治时代结束之后,不愉快的愁云被驱散,难忍的痛苦象迷雾一样消失,迫害成为过去。感谢上帝给英格兰送来一个平静的季节、一个明媚的太阳、一个受到伊丽莎白女王保佑的世界。"

就在伦敦城的百姓望眼欲穿的时候,全副皇家仪仗前呼后拥,簇拥着伊丽莎白女王进入了伦敦城。只见金鼓喧天,旌旗如林,前有数十名军官跨高头大马,后有一队武士持戟相跟在这威严的仪仗之后,伊丽莎白女王端坐在一乘金碧辉煌的车辇之上。

再后是一千多禁卫军紧随护卫。伊丽莎白女王天姿丽质,端庄典雅,性情文静,秀美无双。一头浓密的金发披散脑后,似一泻而下的瀑布潇洒大方,愈发衬托出肤色白皙;宽阔的前额之下,两只蓝色的眸子深邃清澈,顾盼神飞,显示出无比的聪颖与智慧;鼻梁坚挺,小口含樱,两颊桃红,又有无限妖媚乏风韵。人们目睹了女王的风采,心里感到极大的欣慰和满足,似乎已经苦尽甘来。

全国所有教堂的钟声响了起来,欢迎新女王伊丽莎白入主伦敦。

11 月 28 日,伊丽莎白身着紫红色的天鹅绒衣装,系一条披肩大围巾,在人群中策马而行,穿过拥挤的街道,来到伦敦塔,以女王的名义正式接管这个庞大的城堡。

1559 年 1 月 15 日,星期天。伊丽莎白女王的加冕典礼在这一天举行。按照惯例,国王加冕的行列得从伦敦塔出发去威斯敏斯特教堂。

这天早晨,宫廷上下聚集在伦敦塔附近。虽然天下着细雨,但贵族身上那些闪闪发光的珠宝和金银饰物似乎使阴霾的天地也变得清朗起来。女王的仪仗队全体穿深红色的制服。为此,海关官员们奉命扣下进入海关的全部大红丝绸。伊丽莎白身穿华丽的皇家袍服,头戴王冠,在一千名骑马的廷臣陪同下从伦敦塔出发,前往威斯敏斯特教堂。她乘坐一辆两匹马拉的大轿车,车身周围都是耀眼的金银饰物。从威斯敏斯特大厅到威斯敏斯特教堂,沿途铺着蓝色地毯,欣喜若狂的观众竟然在王宫队伍的脚下,你一块我一块地把地毯剪走,作为这个盛大节日的纪念品。

此时此刻,端坐于皇家车辇之中的伊丽莎白,眼望街道两旁欢呼雀跃的人群,目视沿途家家户户门口飘扬着的表示效忠的国旗,既洋洋得意,而又感慨万千。现在她已是千人颂扬、万人膜拜的君主,而四年前(1554 年)她却作为一名囚犯,被囚禁在伦敦塔中。

被囚禁入狱的王位继承人

1533 年 9 月 7 日下午 3—4 点钟,伊丽莎白,都铎在格林威治欢乐的海滨之宫降生。她一来到这个世界便卷入了皇室斗争的风风雨雨。

伊丽莎白的父亲是英国都铎王朝的第二任国王——亨利八世。他雄才大略,知识渊博,年仅十八岁就执掌朝纲。伊丽莎白的母亲安妮·波琳原是亨利八世的宫女。后来,亨利八世出于种种原因,与原王后——西班牙公主凯瑟琳离婚,而同波琳结婚。这宗婚姻一直未得到天主教会、罗马教皇的承认。因此,伊丽莎白一直被天主教会视为不合法的私生女。

伊丽莎白出生后,她的同父异母姐姐玛丽因被视为私生女而去掉了公主的头衔,并被遣送到哈特菲尔德来侍候新的公主伊丽莎白。可是,好景不长,伊丽莎白公主在两岁八个月时,母亲安妮·波琳以对丈夫不贞的罪名而被亨利八世处死。

安妮·波琳出身名门望族,曾在法国贵族大学受过教育,聪敏狡黠,极具心计。尽管她中等身材,皮肤较黑,脖子太长,嘴巴太大,胸部太平。但她有一头乌油油的又密又长的秀发,有一双美丽的黑眼睛,流波溢彩,顾盼神飞,加上轻快活泼的性格和在法国学得的对时尚的鉴赏能力,使她拥有一种特殊的魅力。亨利八世一见钟情,疯狂地迷恋上了她,进而抛弃了结发二十载的凯瑟琳,而与她缔结姻缘。

安妮·波琳仗恃国王的宠爱,在宫中作威作福,骄横霸道。1533 年 9 月临产前夕,她专门让人从国库中搬出一张价值连城、工艺精湛的大床作为产床。她要求宫中保持安静时,连国王召开的政务会都要移到郊外去进行。可是,她生下的是一个女孩,这使得亨利八世极度失望,他冒天下之大不韪,费了九牛二虎之力,没想到得到的仍然是个女孩。当接生婆把新生的伊丽莎白公主抱给他看时,亨利八世大发雷霆,拳头几乎碰到了接生婆的脸上。接着便跨马扬鞭奔出宫去,离开了波琳。

形容憔悴、忧心忡忡的波琳把一切希望都寄托在以后生个男孩上面。但命运对她实在是太残酷无情了。1536 年 1 月,波琳所怀的一个男婴流产了。亨利八世闻讯暴跳如雷,非但没有一句安慰的话语,反倒一遍又一遍地指责。从此灾难一天天降临到波琳身上。5 月 2 日,波琳被送到伦敦塔囚禁起来,因为她被指控犯了叛国罪,还被控告曾经与四个男人通奸,甚至和她自己的兄弟乱伦。除了一个宫廷乐师,其余几人否认了法庭对他们的指控。这个乐师年轻、软弱,忍受不住严刑逼供,竟招认了这件根本不可能的事。由二十六个贵族组成的法庭审议了这条站不住脚的证据,大家犹豫了。但亨利八世却决心要处死这位他曾经热烈追求过的女人。贵族们明白了国王的意思,于是判定安妮·波琳有罪。他们从法国请来了一位技术高超的刽子手,在伦敦塔的草地上立起了断头台。5 月 19 日,三十四岁的安妮·波琳身首异处。

伊丽莎白是安妮·波琳留下的惟一的孤女。她母亲被处死之后,绝情的父亲亨利八世又宣布伊丽莎白是私生女,把她赶出宫门。后来,由于凯莎琳·帕尔(亨利八世的最后一位妻子)的关怀小伊丽莎白才回到了亨利身边。

帕尔是个三十三岁的寡妇,前两个丈夫都因病而亡。她矮小瘦弱,并不漂亮,但是知书达理,有丰富的学识和睿智的头脑,还有着善良的心肠和鲜明的个性。尽管她与亨利婚后无生育,却成功地抚育了三个继子。帕尔王后安排伊丽莎白住在自己的隔壁,并鼓励她学习。伊丽莎白师从意大利学者约翰·切克学习希腊文,还专心地补习意大利语、法语、西班牙语和拉丁语。为她日后用流畅的希腊语、拉丁语和意大利语进行演讲辩论奠定了基础。在她的课程中,还安排有一些同统治国家、问鼎王位有关的内容。

1547 年 1 月 28 日亨利八世驾崩。他一生虽娶过六位王后,但身后只遗下两个公主和一个太子:长女玛丽当时三十一岁,次女伊丽莎白十四岁,独生子爱德华仅九岁。亨利八世弥留之际,曾降下遗诏:朕子爱德华为朕之独生子,故朕归天之后,即由其继承王位大统;若爱德华身后无嗣,继而由长女玛丽继承王位;倘玛丽仍无后嗣,王位再由次女伊丽莎白继承。

亨利八世好似一位高明的预言家,他的遗诏不幸言中。太子爱德华仅九岁便被扶上王位,未及数载,便于十五岁时中途崩殂。爱德华病逝后,公主玛丽继承王位。

1553 年 9 月 30 日,玛丽加冕登基。玛丽在英格兰千百万臣民的簇拥下,坐着金光灿烂的六马凤辇,浩浩荡荡地凯旋伦敦城。伊丽莎白也受到了种种恩典。在庆祝加冕的队伍中,伊丽莎白也乘一辆银光闪闪的六马凤辇,尾随在她姐姐的凤辇之后,鱼贯进入王宫。这年,伊丽莎白芳龄二十。她富有魅力,有一双动人的棕色眼睛,一头柔软的金发。可是她那朝气勃勃和高贵的仪态却未能引起拥戴玛丽的天主教谋士们的任何好感,因为他们的宗教信仰不同。

玛丽女王由于自己母亲被父王遗弃的缘故,曾被视为私生女,从小就受到各种歧视。生活在那样的社会里,使她养成了暴虐成性、性格乖张的癖性。由于这种怪癖,她将近四十岁还待字闺中。玛丽今朝为王,向她求婚的王公贵族络绎不绝。然而,求婚者并非看好了她的人品相貌,而是看好了她手中的权力。这便使她的婚姻带上了浓厚的政治色彩。最终,三十七岁的玛丽允可了年仅二十六岁的西班牙太子腓力的求婚。

玛丽女王要和西班牙太子结婚的消息传出之后,英国臣民大吃一惊,极力反对。他们认为女王嫁给西班牙太子,将会使他们这个新教国家受制于旧教的西班牙,英格兰的臣民也将成为西班牙国王查理五世的仆从。而玛丽女王却刚愎自用,一意孤行。这样,一些新教贵族开始策划废除玛丽,拥戴伊丽莎白为王。他们中的头面人物又是给伊丽莎白写信,又是去埃希利基(伊丽莎白宅邸)登门拜访。其中有一位新教贵族叫汤姆斯·韦艾特,纠集了一伙肯特郡的叛变力量,向伦敦进军。结果叛军不堪一击,大多数叛乱者被俘。玛丽女王亲自审问了韦艾特。在严刑讯问之下,韦艾特竟然把伊丽莎白也牵扯了进去,诬赖她是这次叛乱的策划者,说她阴谋推翻玛丽女王,好使自己即位。女王听后大怒,下令宫廷立刻派遣一支二千五百人的武装马队把伊丽莎白带到伦敦白厅。伊丽莎白在白厅给软禁了两个星期,并受到严厉的审问。后来玛丽女王下令将伊丽莎白遣送到伦敦塔,以便接受进一步审查。伊丽莎白听到这一决定之后,惊骇万分,她竭力申辩自己的冤屈,但无济于事。1554年3月的一个星期天,一艘船将她从白厅送到伦敦塔的"叛徒门"。

伊丽莎白被软禁在伦敦塔的钟楼上。虽然有侍女照顾,但却禁止离开她的房间,准备随时受审。在严刑拷打之下,许多人都扯上了她,但她断然否定了一切诬陷之词。经过斗争,她的待遇有所改善,伙食与其他囚徒有所不同,并获准在靠近泰晤士河的城墙上散步,后来还允许去城堡的一个小花园。不久,叛乱者韦艾特被玛丽下令绞死。韦艾特看到转嫁罪责并没有改变自己被判死刑的结局,就在1554年4月11日登上断头台时,把事实真相坦白出来,说他以前牵连伊丽莎白公主的供词都是虚构的,伊丽莎白对他的阴谋毫不知情。这样,宫廷对伊丽莎白的嫌疑稍有缓解。不久,玛丽女王下令将她押送到沃德斯托克王宫。在那里她又被软禁了几个月。最后,伊丽莎白因参与"韦艾特叛乱"的证据不足和各方援救而被宣告无罪。在获准离开沃德斯托克时,她用戒指上的钻石在窗户的玻璃上刻下了两句话,倒出她的满腹牢骚:"怀疑接踵而来,查无任何实据。"

作为囚徒的日子终于熬到了尽头。在这次阴谋事件中,伊丽莎白花了很大的气力进行周旋,方才保住了自己的性命和地位。从此,伊丽莎白就更加小心谨慎地在自己的哈特菲尔德庄园里过着朴素而幽静的生活。伊丽莎白幼年的大部分时光是在这里度过的,现在重回故地,虽不免触景生情,但总还是可以逃脱一定的麻烦。她在这里读书,听音乐,聊天,外出狩猎。有时在庭园里观看比武,在大厅观看演出。她举行的宴会经常有七十道菜,有时还举行衣着奇特华丽的化妆舞会。她表面上开心、快活,毫无所思,内心却一天都没放松警惕,为了迷惑自己的政敌和避免杀身之祸,伊丽莎白又常常假装热情,到伦敦去拜访玛丽女王。

这时的伊丽莎白公主年方二十二岁,恰似一朵盛开着的美丽鲜花,因此使其姐夫腓力太子特别爱怜,经常寻找机会接近于她。而伊丽莎白则有意借着访问姐姐的机会,利用其美貌多姿,能歌善舞,以获得姐夫的青睐和眷恋,从而争取得到他在暗中的庇护,以免遭到姐姐及其谋臣的暗算。

没有爱情的婚姻终究是要夭折的。腓力与玛丽女王婚后不久,就无情地离开了把全部身心托付给他的玛丽女王,寻找借口返回西班牙。她独守空帏,连腓力的一封短笺也始终没有收悉,致使她忧思伤感日深,终于导致病疾,且日愈加重。1558年11月17日,玛丽女王一命呜呼。

就在玛丽女王弥留之际,哈特菲尔德的旧宫里,却有一场戏剧般的活动在进行。先是西班牙大使根据女王的指示,给伊丽莎白带来王冠和权杖,随后是廷臣们从阴影浓重的圣·詹姆士王宫一个一个地溜出来,马不停蹄地跑到哈特菲尔德,想在伊丽莎白不断上升的好运中,寻得一份好处。信使来来去去,谣言一个个传出,但伊丽莎白表面上声色不动。因为她知道如果玛丽女王康复,那么自己当时任何一点举止欠妥都有可能涉叛国之嫌。为打探消息,她派心腹暗访伦敦。

但此人未归之前,玛丽女王的枢密顾问官们便来到哈特菲尔德,宣布女王确已去世,伦敦已经宣布伊丽莎白继承王位。大臣们到来时发现她正沉静地坐在一棵橡树下看书……信心十足的伊丽莎白——英格兰的新女王庄重地对跪在自己面前的大臣们说:"天性使我为姐姐的去世感到悲伤,我的重任又让我惶惑不安,但我是上帝的子女,只有勉为其难服从他的授命。我衷心希望自己在新的使命中,能得到他的帮助。"

全国所有教堂的钟都敲响了。钟声嘹亮、欢快,这不是为玛丽举哀,而是欢迎新女王伊丽莎白继位。玛丽女王的血腥统治结束了。在伊丽莎白女王从哈特菲尔德到伦敦的登基途中,欢呼雀跃的人群从女王高贵的神采、和蔼的笑容、富有魅力的金发中,仿佛看到了一个新时代——新教徒时代的来临。

革故鼎新的一代英君

伊丽莎白女王登基之时,年方二十五岁。她知识广博,性格开朗,谈吐风趣幽默。随机应变的能力很象她的父亲,而一言一行、一举一动,皆有条有理,小心翼翼,又象她的祖父亨利七世。她青少年时代的经历坎坷崎岖,从而养成了她凡事谨慎小心的性格。这一切,对于她执掌朝纲,巩固朝政,无疑是有益的。然而,伊丽莎白从她姐姐手中接过来的却是一个军备废弛、国库空虚、债台高筑、强敌环伺的英格兰。

面临百废待兴的局面,伊丽莎白女王革故鼎新,依靠她的聪明才智,采取断然措施,逐步解决内政外交的重重难题。

伊丽莎白首先解决的是棘手的宗教矛盾。因为英国的宗教问题不仅是个信仰问题,它与英国的政治、经济、社会、外交、政权紧密地联系在一起。伊丽莎白女王的宗教政策与她本人的宗教信仰有着一定的关系。在宗教教育上,她从小受到英国反天主教的主权的熏陶,所以对新教有着较深的感情。玛丽执政时,伊丽莎白奉命改信天主教,表面上每天做弥撒,伪装虔诚骗取玛丽的信任,但骨子里却是一个新教徒。另外,伊丽莎白女王决心重建国教,跟她的身世和她的王位继承权有着极大的关系。因罗马教廷一直不承认她母亲的合法王后地位,把伊丽莎白视为私生女,宣布她没有王位继承权,声称应由苏格兰女王玛丽·斯图亚特继承王位。因此,伊丽莎白女王必须在英国进行宗教改革,恢复新教。

然而,宗教改革绝非易事。伊丽莎白继位伊始,她的宗教政策就引起了国内外的普遍关注。西班牙国王菲力二世密切注视着她的宗教政策,希望与伊丽莎白女王联姻,以防止英国变成新教国家,以便与法国抗衡。当时伊丽莎白作为英格兰女王的合法身份迟迟未能得到国际社会的承认。罗马教皇保罗四世在一封给伊丽莎白的信中,将伊丽莎白作为英格兰女王的合法身份问题与英格兰的教会隶属关系问题相提并论,意思是说,她的英格兰女王的身份是否能得到教皇的承认取决于她所奉行的宗教政策。伊丽莎白女王的宗教改革所面临的另一个障碍,来自王位的竞争对手苏格兰女王玛丽·斯图亚特。玛丽作为都铎王朝第一代国王亨利七世长女的后代,对英格兰王位的继承要求也不是不合法。而且她有法兰西作为后盾。法兰西国王支持玛丽对英格兰王位继承的要求,目的是通过玛丽控制英格兰,以便与西班牙抗衡。在这种形势下,伊丽莎白女王如改新教,必定会给玛丽夺取英格兰王位增添口实,也有可能引起国际天主教势力对玛丽的支持。

在国内,伊丽莎白女王面临的宗教形势也十分严峻。天主教派与新教之间的矛盾尖锐。自亨利八世开始,英格兰教会的几度变更直接影响新教徒和天主教徒的荣辱乃至身家性命。亨利八世的宗教改革使大批朝臣、贵族和乡绅因获教产而受益。玛丽女王反动的宗教政策,又使一批新教领袖被处以极刑,更多的新教徒远离他乡,逃亡欧洲大陆。伊丽莎白继位成女王,新教徒庆幸火烧异教徒的时代已成为过去,欢呼又有了一位新教女王做后台。逃亡海外的新教徒纷纷返回国内,他们期待着一场全面的宗教改革。而在天主教徒中间则充满了恐惧。新教徒的主张与国内天主教势力形成尖锐的对立。当时同情天主教的人说:"所有的异教徒和判教教徒都从坟墓里站了起来。"这种宗教形势是需要认真对付的,稍有不妥,整个英格兰便会一片混乱,会使整个国内臣民陷于分裂。

1559年初,在英格兰伊丽莎白女王的第一届议会会议上,女王与议会联手,重建了被玛丽女王强行解散的英格兰国教会,斩断了英格兰教会对罗马教廷的隶属关系。伊丽莎白女王如此行事,是出于捍卫英格兰的经济利益的考虑。在玛丽女王恢复天主教后,罗马教廷便将英格兰视为自己的附属,以首年金和什一税等名义,不断攫取英格兰的财富。英格兰的景况,如同一头奶牛。牛,养在英格兰,奶,却流入罗马教廷。为尽早结束这种不合理的局面,1559年议会制定的第一项法律,就是将首年金与什一税全收归女王所有。这样,既可避免王国财富外流,又有助于增加女王的财政来源,可谓是一举两得、一箭双雕。

出于政治上的原因,议会还恢复了被玛丽女王废止的《国王至尊法案》。这个《法案》的恢复,使伊丽莎白女王成为英国国教的教皇、上帝在人间的代表者,从而确立了国王权力至上的国家大法,再次使英国国教会脱离罗马教廷而独立。英吉利的民族教会从此牢固地建立起来了。

为了满足新兴资产阶级和新贵族在政治、经济以及外交等方面的要求,促进英国资本主义的发展,巩固统治,伊丽莎白女王非常注意选贤任能,以辅佐自己施政。

威廉·赛西尔是伊丽莎白女王的股肱之臣,先后担任首席国务大臣、监护法庭总管、财政大臣等要职,凡四十年。他思想稳健,老成持重,克尽职守,肝脑涂地;他铮铮铁骨,常对女王直言极谏,但凡见到女王有些闪失,便如骨鲠在喉,非欲一吐为快。他为英国国教会的最后确立及1588年英西大海战的胜利立下了汗马功劳。伊丽莎白女王曾在写给他的信里这样说:"我想您是这样的人:您永远不能用任何厚礼来收买,您永远是忠于国家的。您不必考虑我个人的愿望,经常向我提出您认为是最好的建议。"

法兰西斯·窝尔星干是伊丽莎白女王重用的另一忠实的臣仆。他追随女王二十余年,兢兢业业、勤劳奉上,实为女王的左膀右臂。伊丽莎白女王知人善任,委任他主持外交事务,后擢升他为国务大臣。他在粉碎西班牙颠覆女王政权的阴谋活动中立下了不朽的功勋。1590 年他死了以后,西班牙驻伦敦的大使写信给自己的国王说:"窝尔星干首相刚刚逝世,在这里引起了极大的悲痛。"而国王腓力二世在这封信上加了这样的眉批:"在那里,是悲痛的;但在这儿,却是个好消息。"

富商汤姆斯·格勒善审时度势,积极向女王出谋献策,后成为女王的财政顾问、王室交易所的主人。他为发展英国的商业而四处奔波,绞尽脑汁用尽各种方法方式为女王大赚其钱。由于他的辅佐,伊丽莎白女王发展工商业经济,扩大海外贸易的政策,取得了巨大的成功。1559 年,女王封他为骑士,以酬其劳。

伊丽莎白女王在这一批贤能志士的辅佐下,遵循社会经济发展的趋势,顺应历史潮流,采取了一系列重大改革措施,发展资本主义工商业经济。

1560 年,伊丽莎白女王为了控制英国的物价暴涨,制定法令:收回前国王所铸的质量低劣的银币,改铸金银比价统一的货币。这一举措,奠定了英国商业、金融的坚实基础。

统一的新币制度施行后,伊丽莎白女王更加积极地推行重商主义政策。同时,为了发展工业,女王特设了玻璃、糖精、冶铁、制硝等专利权。在财政上,为了迅速改变国家财政困难的局面,女王大力节约国家日常开支和宫廷生活费用。如在宫廷的修建、衣着的装饰和各种典礼上所花的金钱,仅仅是玛丽女王在宗教活动一个项目上所花费用的三分之一。因而,女王被人们视为"吝啬的女王"。

伊丽莎白时代是英国资本主义因素在封建母胎里蓬勃发展的重要时期。这时英国的民族工业有了惊人的发展。为了适应新形势的需要,以获得更大的利润,伊丽莎白女王颁布了圈地法、劳动工立法、学徒法和济贫法,大大刺激了英国资本主义因素的发展,出现了一批与资本主义有着密切联系的新贵族。有的新贵族亲自参加资本主义经营,有的将土地出租给农业家而坐收资本主义地租。新贵族和资产阶级有了共同的利益,他们站在同一立场上共同反对阻碍他们发展的封建王朝,后来成了革命的主导力量。

另外,女王还颁布了大量的特许状,支持新兴资产阶级、新贵族和商人创建了一大批新型的资本主义性质的贸易公司。这些公司的建立和发展对英国民族工业的发展、商品市场和原料供应地的开辟、海上霸权的建立,起了极为积极和重大的作用。

到了 16 世纪下半叶,随着资本主义因素的发展,新兴资产阶级更加迫切地希望发展新文化运动,以便推动资本主义的发展。伊丽莎白女王尊崇人文主义,因此,意大利文艺复兴运动的火种便在英国迅速地传播开来。从而推动了当时的文学、哲学、艺术和建筑的发展,并结出了丰硕成果。

就文学来讲,斯宾塞的名著《仙女王》的出现是与伊丽莎白女王的伟大政绩分不开的。他在诗中歌颂伊丽莎白为"光荣的女王"。斯宾塞因此诗而被誉为英国文坛上的奇才。伊丽莎白女王特地召见了他,并赏年金五十镑。这大大鼓舞了象斯宾塞这样的新时代的文学家的成长。

这个时期培育了英国历史上的大文豪威廉·莎士比亚,他的文学作品的内容与成就都是和伊丽莎白时代的社会经济、政治斗争和外交活动息息相关的。他的作品《亨利五世》形象地描绘了当代英国民族的伟大精神和伊丽莎白女王的英明。莎士比亚剧作是世界文学宝库中的瑰宝。

伊丽莎白对新时代的哲学思想也给予了极大的支持和庇护。唯物主义理论是大不列颠的天生的产儿。但英国唯物主义理论的真正始祖是佛兰西斯·培根。这位唯物主义理论的大师生活在伊丽莎白的盛世中，其才华受到伊丽莎白的器重和赞誉。由于她的庇护他才免遭天主教的迫害。

伊丽莎白女王还在宫廷中热情接待了并且保护了国内外许多人文主义大师和进步哲学家。伟大的意大利科学家和哲学家哥白尼《日心说》的捍卫者布鲁诺，因为反对天主教的神学思想，遭迫害而四处逃亡，他受到伊丽莎白女王的热情接待，他在伦敦的两年里，相继完成了数部重要著作。

在伊丽莎白时代，英国的建筑艺术有了较快的发展。当时最有名的官邸和宅院有：王家交易所、郎格里特宫、开尔比府第和蒙法卡特大厦。在学校建筑中，最负盛名的要算牛津大学的盖伊乌斯学院、伊孟牛尔学院和剑桥大学的祖芬学院、麦尔顿学院。公共建筑则以伦敦的斯替普尔旅馆和卡尔特修道院最为著名。

文艺复兴同时也推动了英国生活方式和社会习俗的变革。其中伊丽莎白女王是倡导者。如伊丽莎白式裙子，从她倡导起一直流行到詹姆斯二世统治时期。当时伦敦妇女在装束样式方面与文艺复兴时期的威尼斯妇女着装极为相似，风行袒胸露臂、抹脸和染发。男人的服装也模仿了意大利文艺复兴时期的装饰。这一切都推动了人们思想的解放和社会风气的开化。

在强敌环伺的形势下，外交政策是英国政府保卫国土的重要手段。领地广袤的西班牙是英国最危险的敌人。西王菲利普二世与玛丽女王结婚后曾获得英王的称号，在玛丽死后对于这片国土依然觊觎不舍。法国与英国为夙敌，长期兵连祸结。玛丽女王随同西班牙对法作战，丧师失地，到伊丽莎白登位时尚未议和。同法国长期结盟的苏格兰又从北面构成对英国的威胁。在大敌当前的时刻，女王巧妙地利用了敌国之间及其内部的矛盾。西、法两国在历时六十五年的意大利战争中是交战的双方，直到伊丽莎白即位的第二年始行议和。到 60 年代，这些国家内部都出现了麻烦：法国国内发生了胡格诺战争；西班牙庞大帝国中爆发了尼德兰革命；苏格兰也发生了反对女王玛丽·斯图亚特的苏格兰长老会起义。女王利用时机，折冲樽俎，几次弭战火于未燃。这其间，女王不但亲自运筹帷幄，而且不惜以自身婚事为筹码，施展婚姻外交。女王以纵横捭阖的外交手段为英国赢得了二十多年的和平发展时间，到 80 年代英西之间战争不可避免时，英国已蓄积起相当的实力，足可与西班牙一决雌雄了。

在伊丽莎白女王的统治下，英国社会变化剧烈，正向着近代化的道路迈进。

16 世纪英国农村发生明显变化。农业生产技术有很大的提高。圈地运动一再出现高潮，尽管波及范围不大，但它初步划破了笼罩在英国农村上的封建主义乌云，从而透露出资本主义的曙光。英国农村中这些变化常被历史学家称作为"农业革命"。

在手工业方面，长期被誉为"民族工业"的毛纺织业在都铎王朝前期只是一枝独秀。1549 年，英人曾抱怨本国工业不振和大量外货进口。但到 1580 年情况已经改变。这一年，当莫斯科公司打算派出船只取道北冰洋寻求通往中国的商路时，著名地理学家哈克路特曾建议其领导人多携带英国工业样品前往。所开货单品种繁多,大都是三十年前仰仗进口的日用商品,此时不仅自给,而且有余,渴求外销。采矿、冶炼、制铁、造船等大型产业在都铎后期都在迅速发展。在女王的大臣威廉·塞西尔和莱斯特伯爵的倡导下,从德国引进技术,延聘专家,成立矿业公司,建起制铁工业中最早的资本主义企业。都铎早期诸王开始注重船舶建造,但成就不大。伊丽莎白时,造船业蓬勃发展,除了代特福德、南安普敦等主要造船中心以外,几乎每个小港口城镇都居住着熟练的造船工。到 16 世纪 80 年代初,英国拥有的一百吨位的船只已接近一百八十艘。重型工业的增长加强了英国的实力,为后来称雄海上奠定了基础。

都铎时期商品经济有较快的发展。国内贸易繁荣,海外贸易的地域日益扩向远方,大多数的贸易公司是在伊丽莎白时期建立起来的,其中一部分股份公司属于资本主义性质。

16 世纪后半期,英国城市日趋繁荣,地方城市约有七十个,或以商业,或以手工业著称。伦敦是全国最大的城市,女王即位之初,伦敦人口约有十万,到女王末年猛增到二十万。伦敦既是全国政治中心,也是经济中心,还是外贸中心。这里居住着来自全国各地的商人。伦敦市政为十二个大的同业公会的富商所主宰。伦敦居民拥戴信奉英国国教的女王,成为女王政策的重要支柱。

16 世纪后期,英国社会经济的发展是显著的,然而促成这种发展的国内外有利环境却是得之不易的。伊丽莎白即位之初所面临的局面十分棘手。亨利八世的穷兵黩武和滥发劣币破坏了经济;爱德华六世时出现了贵族结党和人民暴动;玛丽恢复天主教引起了宗教纷争;对外战争失败招致了人民的强烈不满。国际形势也十分险峻。西班牙、法兰西,苏格兰形成了对英国的月牙形包围圈,前朝对法的战争状态还未结束。英国此时是信奉新教国家中主要的一个,大陆上的新教徒视英国为新教的堡垒。这不仅加深西、法天主教国家的敌视,更激起罗马教廷的仇恨,它们都是必欲颠覆之而后已。国力不甚强大的英格兰处于天主教势力的包围之中。宗教问题、外交问题、婚姻问题、王位继承问题,错综复杂,尖锐激烈,缠绕着伊丽莎白女王甚至为之牺牲了自己的终身大事。

然而,在伊丽莎白的统治下,经过近半个世纪,英国在近代化道路上前进了很大的一步,特别是战胜西班牙之后,成为一个资本主义因素蓬勃发展的独立国家,巍然屹立于西欧列强之首。

海上霸业的奠基人

伊丽莎白继位后,大力开展对外贸易。她着眼于本国和本民族的利益,利用种种措施减少进口外国商品,大力鼓励出口本国商品。英国对外国进口商品往往苛以重税,对出口商品则经常给予补贴,一些专营对外贸易的公司相继建立。如 1554 年成立的莫斯科公司,经营俄罗斯的贸易;1579 年成立的东方公司,经营波罗的海沿岸的贸易;1581 年成立的勒凡特公司,经营地中海的贸易;1600 年成立的东印度公司,经营东方的贸易等。英国有愈来愈多的人卷入海外商贸以及殖民扩张活动。伊丽莎白女王对凡有碍于英国贸易活动的国家即视之为政治上的仇敌,并加以沉重打击,对西班牙就是如此。女王的枢密院先是下命令任何人不得向西班牙及其属地出口粮食,继而支持纵容英国海盗抢掠西班牙商船。以后,随着英国海外扩张活动的加剧,英国借助于海盗活动与西班牙展开了斗争。

伊丽莎白继位之前,英国的海盗就十分嚣张,他们在大西洋一带拦路抢劫,肆无忌惮,任何人莫敢奈何。伊丽莎白继位后,表面上也颁布过一些法令,禁止海盗活动。但当时海盗人数很多,不仅不听,反而活动更加猖獗。事实上,伊丽莎白女王鼓励海盗活动,暗中给予经济、政治等方面的资助和支持。海盗此时已成为英国在殖民掠夺和国际角逐中不可缺少的力量。约翰·霍金斯和法兰西斯·德雷克就是众多海盗中最突出、最大胆的两个头目。约翰·霍金斯出身于普利茅斯的一个商人家庭,他是英国最早从事奴隶贸易的海盗。他在几内亚一带抓获黑人,然后送到拉丁美洲高价出售。当时,西班牙当局不允许英国人在欧洲大陆从事奴隶贸易。但霍金斯根本无视于西班牙的禁令,在伊丽莎白女王的参与下,于1562——1563年、1564——1565年连续两次进行这种贩卖黑人的航行。法兰西斯·德雷克是英国著名的海盗家,英国第一个环球航行者,伊丽莎白时代的海军上将,更是闻名欧洲的海洋大盗。在1570——1571年以及1573年远航美洲,并曾夺取丰富的战利品。他发现西班牙在美洲生产的白银是经过秘鲁由海船运至巴拿马地峡,然后驮在骡背上穿过地峡,送到大西洋一侧的西班牙船上的。德雷克得到枢密院的默许,决心要打破西班牙在太平洋的独占,他穿过麦哲伦海峡后,只剩下他自己的坐舰"金雌鹿"号。他在未设防的美洲西海岸夺取大量金银,经太平洋、印度洋于1580年9月26日回到普利茅斯港。

德雷克此次环航掠夺的财宝有五箱金子(每只箱子有一英尺长),四十万镑银子,并且有大量的奇珍异宝。当时一镑金子的价值是四先令二十五便士。当英国臣民知道这个喜讯后都聚集到普利茅斯港欢迎,而后在伦敦的泰晤士河畔,为德雷克举行全国性的凯旋大典。从这里不难看出人民对于发展他们的远洋航海事业,向他们的敌人西班牙夺取海上霸权的心情是何等的迫切。

西班牙政府对德雷克的抢劫行为提出了强烈抗议,一再要求偿还所造成的损失,伊丽莎白女王根本不予理睬。在德雷克环球归来后,女王将德雷克接到宫中,常常在自己的房间里接见他,和他在花园里散步。女王还高兴地接受了德雷克送给她的礼物——金钢钻的十字架和宝石头饰。新年时,把头饰戴在头上。在1581年4月4日,女王率领王家游艇的雄伟行列,浩浩荡荡到达德特福,登上德雷克那艘饱经风霜的"金雌鹿"号,在船上举行了盛大宴会,并授予德雷克为骑士,赏他一枚"袜带勋间"。伊丽莎白女王的宠臣曾形容道:"德雷克的航海活动,象一根绞索套在西班牙的脖子上。"

英国无休止的海上活动,严重威胁了西班牙的利益,西班牙对英国恨之入骨。尤其令腓力难以容忍的是,西班牙殖民地尼德兰爆发革命后,英国竟然允许尼德兰海上游击队使用英国港口,作为反对西班牙的基地。这一切使西班牙和英国之间的关系日益恶化,双方的冲突不可避免。起先腓力二世不打算诉诸武力,而是想勾结英国天主教势力,把信奉天主教的苏格兰女王玛丽·斯图亚特扶上英国王位,没想到事机不密,伊丽莎白处死了玛丽。腓力二世想在英国"换马"的希望破灭之后,下决心用武力征服英国。

伊丽莎白闻讯后,立即任命海军宿将霍尔华德为统帅,海盗德雷克为副统帅,积极培训海军,建造舰船,提前主动出击并劫掠西班牙殖民地及西、葡的港口与海岸。

德雷克先发制人，一举击毁了西班牙一百余艘战舰，严重挫伤了敌人的锐气，推迟了战争正式爆发的日期，使英国得到充分的时间进行备战。

1588 年 5 月 30 日，腓力二世派"无敌舰队"从里斯本启航（共约有三千门炮），其中大型战舰约六十艘。有船员水手八千七百六十六人，二千零八十八个摇桨奴，步兵二万三千人，三百名僧侣和宗教裁判者，沿着西班牙海岸缓慢北驶，途中遇到风暴，直到 7 月中旬才接近英国，21 日"无敌舰队"驶进英吉利海峡，停泊在英国的普利茅斯港附近。

英国早已探知西班牙的作战计划，并作了相应的军事部署。为了反击西班牙陆战队和保卫伦敦，建立了一只一万人的陆战队，拥有二百艘军舰和运输舰的舰队，其中战舰约有一百四十艘，大型的占二十多艘。整个舰队的作战人员九千人。当西班牙"无敌舰队"进入英吉利海峡时，伊丽莎白女王立刻派霍尔华德和德雷克率领一支拥有一百八十二艘战舰的强大舰队出海迎战。

在大敌当前，英吉利民族、国家处于生死存亡的危急关头，伊丽莎白女王时值五十五岁，她不顾虚弱多病的身体，身着戎装，骑上骏马，在朝臣的陪同下到前线各军营进行巡视，极大地鼓舞了士气。1558 年 7 月 29 日，她在伦敦附近泰尔伯利的军营中发表了激动人心的演说："两班牙国王蔑视我国臣民，现在派遣'无敌舰队'倾巢来犯了。'无敌舰队'的兵虽然多，但都是些社会渣滓，指挥他们的是出身高贵、毫无海上作战经验的陆军军官。我们的将士只要沉着应战，必定能挫败他们。各位将士，我们国家正面临最危急的时刻。国家的兴亡在此一举。希望各位将士作战要勇敢，即使打到弹尽刀折，也决不向敌人投降而当亡国奴。……我向上帝发誓，决心在硝烟弥漫的战火中与你们同生死，共患难，为了上帝，为了我的王国，为了我的臣民，为了我的荣誉，为了我的祖先，我不惜战死在沙场，马革裹尸。我知道我是一个女人，力微体虚，但是我有王国的心胸，尤其是有英格兰王国的心胸，藐视胆敢犯我国土的任何欧洲君主。我面临外患决不退缩，要拿起武器，亲自挂帅，评定和奖赏英勇奋战的每个人。凭着目前战斗的热情，你们已经值得奖赏。我以国王的身份保证，你们届时一定会得到应有的奖赏。"

在伊丽莎白女王的激励下，前线的将士士气大振，纷纷表示誓为国捐躯，以报陛下的圣德高行。

7 月 27 日，"无敌舰队"开到法国的加莱海面，想与驻扎在佛兰德尔的西班牙远征队取得联系，谁知，由于英舰早已封锁海面，根本无法实现联合。7 月 28 日夜晚，庞大的"无敌舰队"还停留在加莱海面上，舰上水兵大都进入梦乡。英国人瞅住这个机会，展开了火攻战斗，他们把八艘旧商船改装成放火船，顺风向"无敌舰队"密集的锚地猛进，那里顿时火舌飞舞，浓烟滚滚。顷刻之间，"无敌舰队"成了一片火海。许多舰船着火烧毁，或相互撞击而覆没，剩下的则被大风吹向北方去了。英国舰队紧紧追踪着这些西班牙舰船。

7 月 29 日，英国舰队继续发起进攻，双方在海面上展开一场恶战。西班牙的大型战舰高耸在水面上，外表看上去颇为壮观，其实打起仗来十分笨拙，周旋不灵，正好成了英国舰炮射击的靶子。而英国的战舰，船体小，炮位多，行动迅速灵活，容易躲开西班牙射程不远的重型炮弹，自己的炮火又可远距离准确命中目标。经过激烈的交战，西班牙的"无敌舰队"损失惨重，死者竟达四千人，伤者不计其数，五艘大型战舰失去了战斗力,其余战舰弹痕累累。"无敌舰队"因大风而处于无能为力的状态,见势已去,只好撤退。在撤退的路上又遭风暴,许多船只又被撞毁、沉没。直到 1588 年 10 月,"无敌舰队"才回到西班牙,仅存四十三艘舰船,约一万人,而英国总共不过死了一百人。

"无敌舰队"的覆灭是西班牙与英国关系史上的转折点。在历史上标志着两国之间海军势力的消长。从这以后,西班牙便开始渐渐地,接着迅速地衰落下去,永远丧失了它的海上霸权,而英国则跃为新兴的海上强国。

谋国竟将终身误

伊丽莎白登基时,正值妙龄二十五岁,尚是一个风姿绰约、青春洋溢的女儿身,如一朵含苞吐萼的花朵美丽诱人。凭着她的美貌、才学,更重要的是她所拥有的显赫耀人的地位权势,欧洲大陆多少王公贵胄争相拜倒在她的石榴裙下,渴望与她结为秦晋之好。

最先向伊丽莎白求婚的是她姐夫,西班牙国王腓力二世。腓力与比他大十一岁的玛丽女王婚后,没有半点夫妻的恩爱可言。可腓力在驻跸英国一年多的时间里,对当时比他年轻六岁的小姨子伊丽莎白公主,却从内心表露出无限的爱慕之情,经常寻找机会向她大献殷勤,频送秋波。而伊丽莎白则利用自己的娇柔妩媚,能歌善舞,赢得了姐夫的眷恋,换取了他暗中的保护,免遭玛丽的迫害。伊丽莎白曾因"韦艾特叛乱"的连累被监禁,差点儿送了命。幸亏有这么一位别有用心的姐夫暗中关照,她方免遭杀身之祸。

玛丽女王尸骨未寒,腓力二世便急不可待地派媒使来向他的小姨子求婚。腓力的求婚也是出于政治上的需要。腓力正在与法国斗争,他竭力想维护玛丽执政时的西、英关系,以对抗法国。在伊丽莎白登基大典举行前夕,他就派媒使来到英国,要他想法办成这件婚事。当时腓力自恃西班牙国力雄厚,认为伊丽莎白要想维护其政权,必须依他为靠山,只要求婚必成。但在伊丽莎白心目中,玛丽政权的悲剧教训历历在目,嫁给腓力就意味着要改信天主教。但要她改信天主教,那是万万办不到的。她心里清楚,她继承王位之后,之所以国内深孚众望,原因之一就是她适应了新兴资产阶级和新贵族的需要信奉新教。当然立即拒绝腓力的求婚也是不明智的,因为同法国人的和平谈判仍然在进行中。她有了腓力这样一位求婚者做后盾,就可以在谈判中讨价还价。另外,在国内,英国国会即将开会,讨论把玛丽女王政权所信奉的宗教权颠倒过来。此时这位求婚者可起到后盾作用。他可让教皇保持沉默,避免英国的天主教徒起来反抗。原因之二,英国当时所需要的并不是公开与西班牙结盟来对抗法国,而是离间他们之间的关系,使英国超然于西、法之外,趁机发展自己的势力。

因此,在腓力向伊丽莎白提出求婚之后,并没立即遭到拒绝,伊丽莎白借口须与国会商量给拖延下来,使她赢得喘息的时间。后来在无法支吾下去的时候,她便宣布自己不打算结婚。她以嘲弄的口吻向腓力的媒使发问,她怎么好嫁给那位把自己嫂子夺为己有,又是自己的姐夫的人呢? 在另一次会见媒使时,她对腓力的求婚彻底摊牌了。她说:'腓力二世与姐姐结婚时,曾招致我国臣民的极大反感。况且西班牙又是一个旧教国家,而我英王国则是一个新教国家,我岂能嫁给一个旧教的国王! 否则,一旦允许这桩婚事,必将引起我国新教臣民的反对,故拒绝此婚事以从民意。"

其他国家的王室得知腓力求婚遭拒之后,便个个鱼贯而来,纷纷向伊丽莎白女王求婚。瑞典王子埃里克对伊丽莎白的追求到了十分狂热地步。1559 年 5 月,他遭到伊丽莎白女王的拒绝之后,6 月,他宣称,只要伊丽莎白女王一句话,他会不顾汹涌的海洋和敌人的堵截来到她的身边。在遭到三番五次的拒绝之后,埃里克仍信心十足。他的弟弟从 1559 年秋天直到第二年春天住在伦敦,为他慷慨解囊,充当媒使。第二年秋天,他又亲自前往伦敦,因遭风暴没有到达目的地。不久,又再次动身,然而大风暴驱散并摧毁了舰队。面对这种情况,他只好打消了亲赴伦敦的念头。

此后,伊丽莎白巧妙地一连拒绝了几门王子公孙的求婚。然而岁月易逝,转眼之间女王已逾而立之年。这时英国的大臣不免为女王的婚事担忧了起来。因为女王的婚姻是与王位的继承问题完全联系在一起的。一旦女王无嗣,王位势必落到苏格兰女王玛丽·斯图亚特手中。因她是亨利七世的曾外孙。亨利八世临终遗嘱中曾讲过如伊丽莎白无嗣,王位则由玛丽·斯图亚特继承。此女乃是天主教徒,如若继承王位,必将对新教的英格兰不利。于是下议院拟了一个请愿书,恳请女王为英格兰的安泰和人民的幸福着想,放弃独身主义早日择配佳偶。女王对臣民的关怀表示诚挚的感谢,但又婉言驳回了他们的好心请愿。她说:"我无须再选择佳婿结婚,因我在举行加冕大典之日,已把结婚的戒指戴在我国臣民的手指上,意即我与全体臣民结婚,故我必须贯彻独身主义,将我的生命与贞节献给大英王国。但愿我死了以后,臣民能在我的墓碑前志明'此处乃贞节处女伊丽莎白忠骨'我此生感到足矣。"

尽管女王有如此感人肺腑的坚贞誓言,无奈由于英格兰王国的江山如此多娇,伊丽沙白女王的容貌又是如此美好,所以欧洲各大国向她求婚的王子公孙仍然是络绎不绝。有意思的是,法国皇太后凯瑟琳·德·美第奇的三个儿子竟然鱼贯而来,"轮番轰炸",似乎非要娶到伊丽莎白不可。法国实际权力的操纵者凯瑟琳深知,英国如再和玛丽女王那样与西班牙联姻,那么法国就要对付两大强国,如法、英联姻,那么西班牙就要对付两大强国。因此,她极力向英国攀亲,认为让儿子去分享英国皇冠的荣誉,无论对儿子个人或民族国家都是大有裨益的。所以她在长子查理九世、次子安茹公爵求婚失败之后,毫不气馁,依然对攀这门亲事抱有很大的希望和热情,她派使臣再赴英国为其三子阿伦松说媒。

是年(1578 年),伊丽莎白女王已四十五岁,而阿伦松却是一位年仅二十岁的翩翩少年。

在处理这一求婚问题上,伊丽莎白女王不愧是一个狡黠的外文家、精明的统治者。由于法国是当时欧陆的头等强国,她又要利用法国来牵制西班牙,因此,她没有简单拒绝法国求婚,而是故作姿态,装出一副热情的样子。法国派出的两位媒使是精心挑选的,他们都是技艺高超的求爱高手。一天早上,他们趁伊丽莎白女王离开内室时偷走了她的睡衣小帽,送给了阿伦松。另一件战利品是伊丽莎白女王的手绢。阿伦松炽热地追求了起来,情书象连珠炮似地向伊丽莎白女王寄来。在媒使和阿伦松的攻击之下,伊丽莎白女王只好采取拖延的方法来加以应付,开始在表面上答应,但立即遭到伦敦市民及新贵族的激烈反对。女王只好把婚事交给国会和法国媒使进行详细磋商,他们对此事进行了漫长的讨论,有的赞同,有的反对。反对的理由是伊丽莎白女王的年龄太大,四十六岁怀第一胎是十分危险的。最终结果是决定在两个月之内举行结婚大典。但实际上一直拖到了1581年,阿伦松在英国政府的盛大欢迎之下来到了英国。

在公开来英国之前,阿伦松曾秘密地来过英国,在格林威治王宫叩见伊丽莎白女王。但这位法国王子其貌不扬,长的又矮又丑陋,一个蒜头鼻子,又加上一脸麻子,人称"青蛙王子"。他无视哥哥的劝告,在层层伪装之下偷偷溜到了英格兰。当他一大早来到伊丽莎白女王的寝室时,女王还在睡梦之中。他几乎无法自制地径直冲向伊丽莎白女王,吻了她的手。此次阿伦松应邀公开来到英国之后,伊丽莎白女王表现特别豪华骄奢。她故意卖弄风姿,亲昵地拉着他的手在御花园里散步,两人还情意绵绵地促膝交谈。把阿伦松弄得神魂颠倒,一时间得意地以为自己不久就会成为英格兰王府的乘龙快婿。宫中的宴会接连不断。在盛大的宴会上,在众多朝臣注视下,伊丽莎白女王当场把一颗戒指戴在阿伦松的手指上。就这样他们正式订了婚。消息传出,英国臣民反对的口号不绝于耳,而法国则举国欢腾,寺院鸣钟,燃火腾空,一片喜气洋洋。

但法国人为此高兴的太早。他们万万没有想到,就在婚礼举行的前几天,伊丽莎白女王突然宣布她要坚持独身,决定解除与法国王子阿伦松的婚约。女王心里也有几分内疚,觉得对不起这位比自己小二十五岁的小弟弟。不得已她亲自会见了阿伦松,对此事解释了一番。阿伦松听到伊丽莎白要解除婚约的消息后,深感羞辱,气得将定婚戒指摔在地上,痛骂道:"所有的女人的心都是难以捉摸的,伊丽莎白女王的心更是捉摸不透,普天下真难找到如此古怪的老处女。"说完便愤然而去,准备立即离英回国。

伊丽莎白女王心里明白,她捉弄了这位年轻的法国王子,只好反复向他解释说,自己是身不由己,出于无奈才做出这样的决定。阿伦松回国时,伊丽莎白女王亲自送他上船,并装出一副十分诚恳的样子,欢迎王子有机会再游英国。

伊丽莎白女王巧妙地利用这桩婚事,是为了保持英国在法、西之间所需要的中立,好使英国有充分时间休息。此目的达到之后,女王便立即停止谈判,撕毁婚约。

紧接着又有瑞典国王艾利克,奥地利大公爵查理,萨伏依王室的腓力伯特以及苏格兰阿兰子爵等等,都先后前来向英王求婚,期待着伊丽莎白女王能将彩球抛向他们。然而,他们都一个个地败下阵来,没有一个能得到女王的垂青。

光阴似箭,日月如梭,人生易老。转眼间,伊丽莎白已人到中年,眼见女王陛下已是徐娘半老,可仍是孤身一人。一时间,宫廷内外流言四起,有人趁机绘声绘色地说,女王不肯嫁人多半是生理功能不健全,因此寻求异性的愿望不强烈;也有人更加危言耸听地说,女王可能是个阴阳人,因而不敢结婚等等。

流言毕竟不是事实。这些流言蜚语随着时间的流逝,不攻自破。人们渐渐发现,伊丽莎白女王不仅有女性的魅力,而且感情丰富。她爱美,喜欢打扮,又善于打扮,在宫廷社交场合或舞会上,她总是佼佼者,令人陶醉的女人。在她的心里,并不是想保持自己冰清玉洁的形象。大自然也赋予了她性爱的本能,她需要爱情,渴望生儿育女。她有着自己深深眷恋着的情人。

据说早在女王青春激荡、风华正茂时,就同她的御马总监罗伯特·杜德利过从甚密。罗伯特身材魁武,体态优美、线条分明,风度翩翩,头发浓密黝黑,两眼充满了生机,谈吐优雅,使女性觉得在他身上隐藏着一种销魂的气质和魅力。伊丽莎白女王为罗伯特英俊的容貌、健美的身材、出众的才华所倾倒。他们暗中互送秋波,眉目传情,频频幽会。女王一度曾对罗伯特难舍难分,几乎到了神魂颠倒的程度。她不仅随便让罗伯特亲吻自己的手背,还让他随时都可进入自己的寝宫。罗伯特也投桃报李,对女王一往情深,经常侍奉在她的身边。

罗伯特在成为女王宠臣之前,就已是有妇之夫。然而,这并不能杜绝女王与他成婚,永为伴侣的萌念。可是,事有蹊跷,罗伯特的妻子艾米·罗布萨特某日间突然跌入黄泉,于是有好事者传说,罗布萨特之死,是其夫蓄意谋杀。罗伯特下此毒手是为与女王成婚剔除障碍。不管此事是真是假,人言可畏,群舌刀枪,女王深恐与罗伯特结婚,将招致非议诋毁,有损君王尊严,因此,终未能向前跨出一步。

伊丽莎白有一个表亲名叫莱蒂斯,她也深深地爱上了罗伯特。莱蒂斯是一个有夫之妇。她自知在世俗权势上比不上女王,但在情场角斗中的本能却不逊色。她的志趣是要使任何高贵的美男子取悦于她。她决心要与女王决个高低,夺取女王心目中的美男子。她争夺的本钱是自己绝顶的姿色和令人叹服的调情本领。

罗伯特开始脚踏两只船了。他一方面恋着女王的权势,为女王的娴雅多姿、风流倜傥、雍容华贵和诱人的魅力而陶醉。同时又被莱蒂斯美貌和频频送来的秋波弄得心荡神怡。人们清楚,他追求女王主要是为她头上那顶闪闪发光的王冠,垂涎莱蒂斯主要是为满足他好色的需要。这恰好正中莱蒂斯的下怀,他们便暗中不断地幽会了起来。

在爱情问题上,伊丽莎白女王的心里捉摸不定。她喜欢貌美的男子向她靠拢,对人们在她面前谈论她的婚事感到沾沾自喜。她决心要独占罗伯特此人,长时间不见罗伯特,她就会变得闷闷不乐,郁郁寡欢。罗伯特生病,她亲自去探望,亲自服侍在床前,她甚至称呼他"甜心萝卜"。但女王明白,罗伯特看中她头上的王冠,这是她决不允许他人与自己平分秋色的。因此,她与罗伯特之间始终保持情人的关系,并不会吐口答应嫁给他。久而久之,杜德利也心灰意冷,当女王得知罗伯特背着她沾花惹草时,她妒火中烧,把罗伯特痛斥一顿。有时撵他出宫,但旧情又会促使她把他重新召到宫来,守在自己身边。

罗伯特不是个傻瓜,他心里很清楚,女王尽管迷恋着他,但她是不会把终身许给他的。因此,他不会实现摘取王冠的野心。他决定从情场上得到某种补偿。他冒着失宠的风险娶了莱蒂斯为妻。伊丽莎白女王眼睁睁看着自己的情人被夺走,她悔恨异常。但她宁愿放弃自己的爱情,也要做一个十足的女王。

虽然有情人未成眷属,罗伯特又续娶她人为妻,但女王宠爱罗伯特的程度,反而有增无减。1588年,罗伯特去世,消息传至宫中,女王悲痛欲绝。以致她竟将自己囚于居室,日思夜想,神情恍惚,日不思食,夜不能寐,大有随罗伯特并赴黄泉之意。

在伊丽莎白爱的星河中,并非只有罗伯特一颗明星,还有闪耀得比他更亮的星辰。其中有俊秀的赫尼奈;有比剑场上的"冲刺神手"德维尔;有年轻美貌的布朗特;还有健美的莱斯特,美俊的威廉·哈顿和她的警卫队长罗利。哈顿以跳舞出色而闻名,女王在一次舞会上注意到他,将其收为贴身警卫,1572年升为警卫队长,后又准备任命他为大法官。当哈顿看中赫尼奇主教的别墅时,女王立刻写信命令主教交出。哈顿除了善于阿谀逢迎外一无所长,他在给女王的情书中写道:"供您驱使比上天堂还幸福;失去您则比下地狱还痛苦。"潇洒倜傥、一派才子风情的沃尔特·罗利,他专门写诗吹捧女王。在这位御用诗人的笔下,年过半百的女王老妪变成田园胜境中的可爱少女。后来讲求实际的沃尔特·罗利与年轻貌美的贝斯·成罗克莫顿缔结百年之好,女王勃然大怒,将他们双双赶出王宫。风流的伊丽莎白女王不仅对她同时代的男性的壮美倾心不已,即便是她已近人老珠黄之时,仍对周围的年轻美貌的男子的要求表现出浪漫的情爱。埃塞克斯伯爵是伊丽莎白女王老年时代最宠爱的男性。埃塞克斯伯爵是伊丽莎白一世表姐的孙子,他长得十分漂亮:棕色的头发,黑黑的眼睛。他进宫的时候非常年轻,却深得女王的宠爱,一跃而成为女王面前最吃香的人之一,六十岁的伊丽莎白甚至深深地爱上了他。

对此,埃塞克斯的母亲为儿子,常常用骄傲的目光看着她这个走红运的儿子,但是又不免为儿子忧心忡忡、提心吊胆。她说,埃塞克斯为人处事很不老练,不会弄虚作假,也不会玩弄权术。这种性格起初还是讨人喜欢的。但是,对象女王这样虚荣心很强的女人来说,长此下去能行吗?埃塞克斯此时依然稚气未脱,颇有"初生牛犊不怕虎"的味道。

不久,埃塞克斯又迷上了在英国颇有实权的沃尔辛厄姆爵士的女儿弗朗西丝。费朗西丝生得很美丽,人很文静,据说埃塞克斯所以迷上她,是因为她与他是截然不同的两种类型的人。

母亲非常担心女王会阻止她的儿子埃塞克斯与弗朗西丝的婚事,并提醒儿子说:"你会被逐出宫廷的。"

"我的好妈妈,"埃塞克斯吹嘘道,"你以为我不知道如何对付女王吗?过去和将来,没有一个男人能比得上我在她心目中的地位,你们等着瞧吧。"

结果,埃塞克斯同弗朗西丝秘密地结婚了。

不久,弗朗西丝的父亲去世。女王很难过,此后,她对弗朗西丝开始有点关心起来,让她坐在自己身旁,同她谈心,问寒问暖。然而这一来却因福得祸,招来了不幸,因为弗朗西丝很快就怀了孕,她同埃塞克斯结婚之事无论如何也瞒不过去了。一天,女王戳了一下弗朗西丝的肚子,让她说出她是不是怀孕了。弗朗西丝不会随机应变,她脸色一下子变得绯红,于是,女王确信她的怀疑是没错的。

女王对自己身边人的两性关系极感兴趣,但对这种事情她有时也会翻脸无情、勃然大怒,常使许多人为之瞠目。她一方面在爱情问题上显得神魂颠倒,一方面却又显得十分厌恶。

女王在弗朗西丝的胳膊上掐了一下,让她快讲出那个男人是谁。弗朗西丝再文静也有自己的尊严,她抬起头说:"是我丈夫"。

"你的丈夫!"女王叫道,"我记不起谁来向我请求允许同你结婚。"

"陛下,我想自己是个无足轻重的人,无须为这点小事惊动您。"

"我一向关心你父亲,如今他死了,我比以往更关心你的幸福。"

"是的,陛下,您待我非常仁慈。"

"好吧,告诉我,他是谁。"

弗朗西丝吓坏了,一下子哭了起来,女王越发起了疑心,说:"我告诉你,我不准宫廷内有这种下流的行为,我决不会轻易放过这件事的。"她抓住弗朗西丝的胳膊,粗暴地摇着她,又打了她一记耳光,叫她知道不得对女王隐瞒私情。

弗朗西丝越害怕,女王的疑心也就越大。"快说,丫头,"她叫道,"该死的,要是不讲,你可别后悔。"

"是……埃塞克斯大人。"弗朗西丝说。

女王顿时呆若木鸡,盯着她发愣。弗朗西丝吓得魂不附体,竟然忘了她是女王,径自起身,跌跌撞撞地奔出宫去。逃离时,她听到女王咬牙切齿地高声说道:"传埃塞克斯,叫他立即来见我!"

人们说,过不了今天,埃塞克斯就会被关到伦敦塔里去。

结果,埃塞克斯被女王臭骂了一顿。

埃塞克斯对自己的母亲说:"她对我大发雷霆。她说我忘恩负义,还提醒我说,是她把我提拔起来的,她可以轻而易举地使我一落千丈。"

"她没表示要把你关进塔里去吗?"母亲问。

"差不多要这样做了。我告诉她,尽管我极为尊敬她,可我是一个男人,我得有自己的生活。我问她为什么反对我结婚,她回答说,倘若我当初大大方方地把愿望告诉她,她会认真考虑的。"埃塞克斯带点自鸣得意的口吻说,"她说她所以生气不全是由于我欺骗她,而是因为她原本为我做好了种种美妙的打算,可我居然娶了一个与我身份配不上的人。其实,这不过是用来掩饰她恼怒的借口罢了,我无论同谁结婚,她都会气得发疯。"

"问题是,"母亲说,"现在情况怎样了?"

"我被贬逐出宫廷。我向女王鞠了一躬,就扬长而去。她的情绪坏极了。"

埃塞克斯失宠后,许多人幸灾乐祸。可是,他们没有得意多久,女王就发了慈悲,允许埃塞克斯回宫,但不希望见到他的妻子。

女王和埃塞克斯又重归于好。她让他守在身边,同他跳舞,一起谈笑风生。他的直言不讳博得了她的欢心。他们打牌一直打到翌日凌晨。人们说,埃塞克斯一不在身边,女王就显得坐立不安,若有所失。

后来,因为外派钦差大臣的事情,埃塞克斯又激起过女王极大的怒火。埃塞克斯主张派大臣乔治·卡鲁,而女王却坚持派威廉爵士,两人在枢密院唇枪舌剑,争得不可开交。以致埃塞克斯当众反驳说:"陛下,您错了。"

从来没有人用这种态度对女王说话,也没有人敢说女王是错的,顶多是和风细雨十分巧妙的忠告。他如此不知天高地厚地说:"陛下,您错了。"即使是女王宠爱的埃塞克斯,也是无法令人容忍的。

女王不理睬他,只是做了个手势表示这个鲁莽的小伙子的建议没有多大价值。这时,一股强烈的怒火突然在埃塞克斯胸中升起。他觉得女王在大庭广众之前羞辱了他,一时间竟让感情压倒了理智,他霍地转身不再理睬女王了。

从前埃塞克斯发脾气的时候,女王只是忍让,事后再责备他,警告他下不为例。可是这一次,女王一跃上前,狠狠给了他一记耳光,叫他滚开,去上绞刑架。

埃塞克斯完全气糊涂了,他伸手就去抓宝剑,若不是有人眼疾手快立即将他按住,他一定会把剑抽出来。当他被人强推出去时,嘴里还大喊大叫地说,就是亨利八世,他也无法忍受这种侮辱。君臣之间的这般光景是闻所未闻的。

愤怒和失望使埃塞克斯病倒了。女王改变了态度。她派自己的御医给他看病,命令医生立即给她送回病情报告,一旦病情好转,埃塞克斯必须来见她。

这就是和解了。在舞会上,大家注意到他怎样同女王跳舞,有他陪伴,女王看上去是多么高兴。

伊丽莎白女王年轻时天姿丽质,秀美无双;徐娘半老,青春韶华渐次退去之时,风韵犹存,端庄典雅之气溢于言表。求婚者仍鱼贯而来,络绎不绝。女王感情丰富,难以抑制的性爱欲望经常显露。然而,女王还是终身未嫁。这其中个由,主要是为了英格兰王国的独立存在与发展。当然,还有她在生活中所曾遇到的种种危险和忧虑,有她在性生理上的严重变态,更有她感情生活中所遭受到的不同寻常的创伤。

孩提时代,本应给人留下许多深刻而美好的记忆,而对伊丽莎白来说,那却是个令人恐怖的悲剧时期,她的感情生活在这个时期受到了严重的扭伤。在她的记忆里,那是一幕终生难忘的景象:在她两岁零八个月时,她的父亲砍掉了母亲的头。婚前波琳生性活泼,聪明伶俐,很得亨利倾心;但结婚后不久,亨利又嫌她轻佻,时生妒嫉,终于在 1536 年将她投入伦敦塔监狱,用不贞罪名加以审讯并处死。这件事在伊丽莎白幼稚的心灵里投下了阴影。从此之后,她便步入了充满困苦和疑虑的岁月。她的命运随着她父亲的政治生涯和婚姻关系的复杂变化而不断发生变化。她受到爱抚时,就是英国王位的继承者;受到漠视时,就变成了一个被人遗弃的私生子。后来父王死了,一场新的危机差一点毁了这个小姑娘的性命。那时她还不到十五岁。同继母凯瑟琳·帕尔生活在一起,而继母此时已经嫁给了摄政大臣萨默塞特的兄弟海军大臣西摩做夫人。这位海军大臣英俊潇洒,很有魅力,却粗俗野蛮。他得陇望蜀,在得到王后之后,又时刻打公主的主意。有时,在一个晨曦微露的早晨,当伊丽莎白还未起床或刚刚起床的时候,他会突然闯进她的卧室,嘻嘻哈哈地笑着扑到她身上,把她紧紧抱住,往她身上呵痒,拍她的屁股,并用哑嗓子讲一些不堪入耳的下流话。这种行径持续了几个星期后,被凯瑟琳·帕尔发现,便将伊丽莎白送到别处居住。但几个月后,凯瑟琳也不幸去世。这位好色的海军大臣又起了跟伊丽莎白结婚的念头。这个野心勃勃的美男子,怀着取得英国最高权力的美梦,企图通过与王室的缔姻以达到已的目的。他的阴谋败露之后,被投入了伦敦监狱,摄政大臣还竭力设法把伊丽莎白也拉入这个阴谋案件。伊丽莎白以她的沉着冷静和洁白无瑕,终于摆脱了这场灾难。尽管托玛斯·西摩的翩翩风采和英俊容貌,也曾经引起姑娘的春心微动,但她坚决否认自己曾有过不经摄政大臣同意而许婚的念头。伊丽莎白用自己娟秀的书法写了一封义正词严的信,驳斥了摄政大臣的指责。她在信上说,谣传她"跟海军大臣养了孩子",这是"无耻诽谤";她要求让她去宫廷,使宫内人都明白诽谤的事实。摄政大臣见这个十五岁的小姑娘不好对付,才没有进一步追究,下令砍了海军大臣的头。伊丽莎白就是在这样一个可怕的环境里度过了她的儿童时代和青春时期。如此不正常的童年生涯,使得成年之后的伊丽莎白在生理方面发生了一些变态。

姐姐玛丽的教训以及父亲的婚姻经历,破碎了她一颗充满情爱的心。姐姐玛丽登基做了女王后,向她求婚献媚的人很多,她选中了西班牙国王腓力二世,这位国王是当时欧洲旧势力的代表,他疯狂地打击和迫害新教。与其说腓力爱上了玛丽,倒不如说他爱上了她头顶上的那顶王冠。因为当时西班牙跟法国有矛盾,腓力企图通过与英国的联姻,以壮大自身的势力,打击法国。这种怀有强烈的政治阴谋的婚姻,不可能有什么幸福的爱情。他们结婚后,腓力在英国做了一阵新郎官后,见自己的政治目的已基本达到,新婚燕尔,他便抛下新娘子,回西班牙治理自己的国家去了。从此玛丽独守空房,成了一个名符其实的活寡妇。她终日闷闷不乐,连想得到一个孩子的愿望也落了空。这样她的情绪越来越坏,身体也越来越差,日渐不佳,结婚不久便苦闷地离开了人世。这一幕活剧怎能不让伊丽莎白心寒呢?

父亲亨利八世曾结过六次婚。他的第一个妻子是他长兄的寡妻、西班牙公主凯瑟琳,后因他爱上了伊丽莎白的生母安妮·波琳,与凯瑟琳离了婚。与安妮·波琳结婚仅3年,又以不贞罪杀了她。亨利八世一生随着政治气候的变化和自己感情的变化,六娶王后,三次杀妻。伊丽莎白的生母被处死时,她还不满三岁,幼小的心灵早就埋下了忧郁的种子,并滋生出一种伴君如伴虎的恐惧心理。她也许怕嫁给那些冷酷的君王而受制于人,落得姐姐和母亲的下场,因此只好将心头的爱河牢牢地冰封,而不愿为人之妻。

由此可见,伊丽莎白的精神状态,乃是她儿童时代那许许多多深刻的心理障碍所造成的结果。也有人认为,处在权力之巅的女王,实在是身不由己。伊丽莎白一向处事谨慎,小心翼翼,作为一个感情健全的女人,有七情六欲,有享受家庭生活的需要。但选择一个怎样的人来当自己的丈夫,却成了一大难题,身为一国的君上,她个人无法躲避强烈的政治光环对婚姻的影响。从当时欧洲的政治格局来看,作为英国君主,无论和哪个国家的皇族联姻,无异就是和该国结盟。而就当时的欧洲形势来说,避免和任何一个大国结盟最符合英国的利益。尤其对法国和西班牙,这是当年欧洲的两强,争夺霸权的斗争十分激烈,伊丽莎白不宜偏袒和刺激任何一方。最好的办法是利用矛盾,削弱两强,或者是在两强之间搞平衡,以求得自身的强大和发展。好多年她那神秘的肌体变成了欧洲命运的主宰和使之旋转的轴心。于是,身为国王的伊丽莎白为了国家的利益,不得不以牺牲自身的婚姻为代价,甘愿让心头的爱情之花静静地枯萎。

尽管伊丽莎白一生没有婚嫁,没有获得过一个女人应有的与自己丈夫同床共枕的欢娱,但有关她的风流韵事和桃色新闻还是不少。除了她与御马总监罗伯特的那段罗曼史外,后来她又巧妙地将几个美男子安排在身边,如华尔特·罗利和埃塞克斯伯爵等,名为宠臣,其真情和良苦用心,自然一目了然。诚然,这位女王为了英国皇家的事业,已经把个人的婚姻大事也赔上了。至于她的私生活和种种恋情纠葛,后人也许不会再去过多地加以苛责了。

酷爱巡游的君主

英格兰中部和南部许多古老宅邸的主人,常常颇感自豪地指着一些房间,有时甚至是指着这房间里某张床,煞有介事地对游客说:"女王伊丽莎白一世曾经在这儿睡过。"游客们对这种介绍都抱着姑妄听之,暂且寻寻开心的态度。殊不知在多数情况下,这种介绍的确是有根有据的。在英国历史上,伊丽莎白一世是一位酷爱巡游的君主,她登基后每年夏天都巡行全国各地。这种例行的巡游一直持续到她在位、在世的最后一年。她六十七岁那一年,也就是埃塞克斯被处死的那年,不少廷臣都劝她取消夏季巡行。但女王听后很不高兴地回答:"让老头子呆在后面,年青能干的跟我走。"不过她每天走的路很少超过十英里,因此她在沿途不少宅邸、城堡、宫殿都曾经留宿过。

夏季巡游使女王和她的廷臣们能够安全地避开瘟疫;这种可怕的疾病经常是夏

天在伦敦流行的。有时得瘟疫死去的病人就躺在离王宫咫尺之远的地方,严重威胁着贵人们的生命与健康。

　　每当夏季,伊丽莎白的廷臣,侍人、仆人们一接到起驾出游的命令,就一窝蜂地忙乱起来。有一则有趣的轶事可以重现当时那种热闹的情况。据说有一个马车夫赶着大车去王宫搬运女王旅途中穿用的衣物。他那天已经接连跑了三趟,还要再跑几次才能搬完。这位先生用手一拍大腿,开玩笑地说:"现在我才知道,女王也是女人,就象我老婆一样。"恰好女王站在窗户;旁听到了这些话。她宽容地一笑说:"真是一个无赖!"还让侍从给了他三个金币,叫他闭上嘴。伊丽莎白驾驭臣仆的高超手腕,以及她的幽默感和气度从此可以略见一斑。

　　女王穿行伦敦街道时,经常由许多显赫的臣民们陪同。一位普鲁士的游客曾描写了当时大队人马经过的情况:"队伍的最前面两人一排,骑在马上的是十八位朝廷的勋爵和大人;他们后边是十五个号手;再后面是两位大人各带一百名穿着清一色衣服的士兵。随后过来的是穿着红色长袍的十五位议会议员,长袍的衬里和镶边都是白色的兔毛。他们的后面是两位廷臣:第一个托着女王的披风,第二个捧着女王的帽子。两人都有仆人为他们牵马。再过来的是两位司宗谱纹章的侍从官,都披着蓝色披风,捧着女王的金箔盾形纹章。后面是王室大法官、财政大臣和国务大臣,他们穿着平常的长袍,宽边金领,骑着高头大马。再后面是四位拿着权杖的侍从,每一柄权杖上都装饰着一顶小王冠。五十名侍候狩猎的随从,扛着长矛;虽然也有的是贵胄出身,但还是步行相随。他们的后面是女王的坐骑,由一个侍从官牵着。镶金的马饰、马鞍、马勒缀满珍珠和宝石。马的前额挂着一枚大钻石,两耳下面各垂着一串珍珠。坐骑之后才是女王的轿椅,看上去象由华盖遮着的半张床,铺着金丝银线织成的坐垫。头戴王冠的女王坐在上面,身披一领齐腰长的红色天鹅绒披风,衬里是貂皮。轿椅的两旁是身穿缀有金箔的红色制服的雄赳赳的卫队⋯⋯"伊丽莎白纯粹为了炫耀而喜好这种排场。不过这种壮观的场面也有一种不可低估的宣传价值。它使沿途的观众直观地感受到君王的财富、权力和荣耀,从而能形成一股团结全体国民的民族凝聚力;同时也夸示了国力,给外国观察家留下一个深刻的印象。

　　一出城外,随从们众星拱月似地簇拥着伊丽莎白直奔巡游出发的集结点,通常是王室的别宫或某位权贵的豪华宅邸。达官贵人们从各处赶来这儿,于是随从队伍扩大到三百多人。声势虽然浩大,可也带来许多问题。首先是污水排放问题。在格林威治宫和其他富丽堂皇的宅邸,那种熏人的气味,使宫廷上下无不受其烦忧。这么多人吃饭、排泄,要想避免这种令人尴尬的污染几乎是不可能的。巡行途中,女王和她的廷臣们很少在一个地方逗留超过两、三天,经常是在污水塞满阴沟之前,又继续前进。另一个问题是运输问题。地方官吏通常动用大车搬运女王出巡需要的物品。当大队人马从一处巡行到另一处时,往往要向邻近各郡征聚四百辆大车、二千四百匹马才敷使用。转运的物品包括大量家俱,顶上有华盖的床和床垫,椅子、地毯、镜子、银制的长柄暖床炉,还有许多衣箱,箱内装了差不多四十件长袍和其他换用的衣物。

　　伊丽莎白和她的扈从们一般都是骑马。她本人还是一个骑术很不错的女骑手,六十多岁还能够骑马巡行。她有一双相当漂亮的鹿皮马靴现在还保存在牛津的艾希莫林博物馆。道路常常崎岖不平,泥泞难行,骑马是当时最快、最安全,也是最舒服的一种旅行方式。有时,女王也坐轿椅或乘轿式大马车。这种轿式大马车是1564年一个荷兰人制造呈献给她的。尽管马车装有豪华的伞盖和软背座垫,但是笨重的木制车身由皮条直接固定在没有弹簧的车轴上面,摇摇晃晃颠簸在坑坑洼洼的道路上,乘客未必感到舒服。这种大马车只有当女王驾临某一处驻跸的城镇或某一贵族的城堡之前才换乘。黑色的天鹅绒座垫上端坐着女王陛下,她似仙后一样,夹道欢迎的臣民们如逢喜庆佳日,欢呼雀跃,盛况空前。

一次伊丽莎白巡行到汉丁顿郡,一个男人贸然走到她的马车夫面前,请他停一停车,希望和女王说一句话。伊丽莎白似乎被他的冒失逗乐了,她微笑着伸出手让他吻。那个人向女王呈上一份请愿书后就退了下来。亲自处理来自下面的陈请书是伊丽莎白巡行各地的一个重要内容。

伊丽莎白的巡行常常要经过几个城镇。每到一个城镇或路过一个村庄,教堂嘹亮的钟声和欢呼的群众都向她致意,表示欢迎。有一次曾传说女王要光临列斯特市,全城稍微有点身份的市民听到消息后便开始象着了魔一样忙着准备。地方官命令筹集款项:每个市府参事交四十先令,每个市议会议员出二十先令。按规定市长谒见女王时要穿大红长袍,市府参事要穿最新样式的黑色长袍,参加晋见的市议会议员应穿细黑布做的滚有天鹅绒边的外套。每家住房的外表都要粉饰一新,还要负责铺修门前的街道。谁知伊丽莎白忽然改变了主意,不再去列斯特市,臣民们空忙了一阵。

有一次,伊丽莎白在乌斯特市逗留了几天。为表示对该城的特别眷顾,她接受了献给她的一只带盖的镶银茶杯,价值十一镑,杯中还装满价值四十镑的金币。全城为女王的这次光临花了二百镑,其中十六镑是支付给一位拉普顾先生,"酬谢他不辞辛劳为两处舞台上的孩子演员们编写欢迎辞,并进行具体指导。"女王离去后不久,乌斯特大主教得到升迁。

伊丽莎白还巡幸过几位达官贵人的宅邸。他们的开销远远超过乌斯特市迎候女王的花费。有时她打算"拜访"的主人们千方百计地回避这种"殊荣":他们或者哭穷叫苦,或者借口身体不爽,或者托言乡间的道路太糟,自己的宅院太狭小。伊丽莎白全然不理睬这些遁词,她派出先行官——常常是王宫的两位管事,去了解当晚下榻的住处情况。不乐意的主人只好勉为从命,承担起这次花费巨大的接待。食品和饮料通常占开支的大头。女王的廷臣、随从和仆人多达四百人,他们一到主人家就象一大群蝗虫从天而降。有一次女王在克尔特林逗留三天,主人诺思勋爵就花了七百六十二镑,主要是花在食品上。这些食品包括两大车牡蛎,四百三十磅黄油,十六头公鹿,一千二百只鸡,还有好几百只二十二个种类的野禽。女王吃各式各样的肉类、松软的白面包、各种颜色的果馅饼和果子冻,还有无数可口的布丁。这些美味佳肴都很合女王的口味,因为它们都是在从伦敦聘来的厨师指导之下制作的。贪得无厌的客人们不仅吃光了所有的珍馐佳肴,还顺手牵羊偷走了诺思勋爵的几件白银餐具。

款待女王的费用另一部分是花在为她准备礼物和巡幸该地的纪念品上。一个叫裘利斯·凯散的爵士曾经回忆说:"我送给她一件绣工精细,银丝织成的长袍;一领镶有纯金的黑绸披风;一顶缀有鲜花的白色塔夫绸帽;还有一串镶金钻石。"另一次驻跸吉泊·帕克林勋爵家时,伊丽莎白还未走到他家门廊处就接受了一把扇柄镶有钻石、精巧玲珑的扇子;还有一个花束,中间是颗一珠环翠绕的大钻石,价值四百镑(当时全国的岁入才四十万镑)。主人在晚宴后又送给她两架做工精致的小键琴;在女王的卧室里还有一件精美考究和睡裙在恭候她。女王有时还自己索要一些东西。正如她的一位廷臣曾婉转地提到:"为了表示对爵爷的恩宠,陛下自己从他那里要了一个镶嵌着红玛瑙的盐罐和一把餐匙作为纪念。"伊丽莎白也赠送一些礼品给主人全家。一次她在瓦立克郡停宿在一位爵士家,送给这位爵士的女儿一串奇特的宝石和一枚嵌有钻石和红宝石的雏菊形状的胸针。后来有人认出这枚胸针是一位贵妇过新年时送给女王的。幸好这位爵士全家并不知道胸针的来历,他们的虚荣心才算得到满足。

伊丽莎白最后一次是巡游汉普顿宫。她似乎和以往一样精神抖擞,还喜欢合着小鼓和笛声跳一种叫做"惊恐的西班牙人"的舞。可是枢密顾问官们却越来越担忧她的身体状况。出发前,她建议象从前一样骑马巡行。当天天气不好,一位勋爵劝她说:"陛下这样的年纪,天气又坏,骑马恐怕不合适吧。"她愤愤不平地回答:"我这年纪又怎么样,侍女们,快上马!"说完就在宫女们的簇拥下放马急驰而去。女王的雄风似乎丝毫不减当年,足令其臣仆们感慨不已。但此时她已是强弩之末,三年之后便卧病不起,寿终正寝。此后,王室奢华的风气愈演愈烈,到了斯图亚特王朝越发不可收拾,最后终于触发了 1642 年的英国资产阶级革命。

"腰弯随即心黑的女人"

"腰弯随即心黑的女人",这是伊丽莎白女王晚年时,她的一位最年轻儒雅的宠臣埃塞克斯伯爵痛骂她的话。因为这位女王越到晚年越走向反动,心地也更加冷酷无情。

十六世纪末,随着英国资本主义经济的日益发展,新兴资产阶级和新贵族羽毛渐丰,他们逐渐感到封建专制的统治是他们的经济进一步发展的巨大障碍。资产阶级与封建专制王权之间的矛盾日益加深,斗争也日趋尖锐化。1598 年,伊丽莎白女王颁布反圈地法案,要求凡是在她登基以后圈占的牧场,一律恢复为耕地,禁止改耕地为牧场。这项法律因受到新兴资产阶级和新贵族的抵制而成为一纸空文。与此同时,新兴资产阶级对于封建专制政府对生产和商业所实行的监护制度及限制自由竞争等的作法,深表不满。特别是对王室继续不断地将商品买卖的专利权赐给宠臣的作法,因严重损害了新兴资产阶级的利益,新兴资产阶级曾通过国会提出过强烈抗议。对此,伦敦的人民群众也予以热烈的支持。在这样的情况下,伊丽莎白女王才不得不暂时宣布禁止出卖专利权。但是,因为她不愿放弃这项权利,所以在实际行动上并不愿履行自己的承诺,以便借此保持王室的重要财政收入。

在伊丽莎白女王统治的晚年,作为维护专制王权工具的国教再也不受新兴资产阶级和新贵族的欢迎了。新兴资产阶级认为加尔文教的教义更适合自己的发展要求,便主张用加尔文教来对温和而又保守的国教进行改革,使教会摆脱专制王权的控制。由于这批人主张铲除残存在国教内的旧教渣滓,建立一种纯洁严正的新教、所以被称为"清教"。最初,他们只是反对国教会的仪礼,到了后来则进一步批评国教会的监督制度,而另外成立政教分离的"长老教会",即由参加礼拜的信徒选出教、俗两种人为长老,组织长老会以监督指导教徒,所以这些人称为"长老派"。后来,他们当中又有一派人进一步主张应该跟国教会完全脱离开来,故这一派人又被人们称为"独立派"。长老派代表大资产阶级和新贵族的利益,独立派则代表小资产阶级、小贵族和农民的利益。但他们都遭到了女王极其残酷的迫害。

为了打击清教徒的势力,以维持封建专制主义的统治,1593年2月9日国会召开会议,由大主教、主教在上议院准备好取缔清教徒的法案。4月初,国会将《女王臣民效忠法》作为法律加以通过。该法规定:凡是年逾十六岁而坚决拒绝参加国教祈祷或教唆别人反对女王在教会事务中行使权力者,一律予以监禁处治。4月6日,清教徒的领袖格林武德和独立派的领袖巴罗便被处以绞刑。

　　但是压迫愈甚反抗愈烈。格林武德被处死后,清教徒的反抗斗争更加激烈。随着清教徒的势力在激进的资产阶级和新贵族中得到迅速的发展,女王对他们的迫害就更加激起广大人民群众的不满。女王最年轻有为的宠臣埃塞克斯伯爵是当时英国军人派的领袖,也是新兴资产阶级和新贵族所寄予希望的重要人物。因为他同情支持清教的上层分子,逐渐被女王所抛弃。伊丽莎白女王曾对几个亲信朝臣表示,要惩治这位宠臣。她说:"欲驯服凶猛的野兽,必须持以严酷的手段。"不料这话竟传进埃塞克斯伯爵的耳朵里。于是他便愤慨地骂道:"女王越老其腰越弯,其面越黑,然其心竟然也随其腰弯而黑了!"谁知这句话竟被埃塞克斯伯爵的政敌抓为把柄,直接告诉了女王。女王晚年最忌讳"老"字,现在埃塞克斯伯爵不但骂她"老",而且还说她"腰弯、心黑",这可把她气坏了。她决定把埃塞克斯送上断头台。

　　1597年,爱尔兰爆发了一次反抗英格兰人奴役、掠夺的起义。女王命令埃塞克斯伯爵带兵前往镇压。埃塞克斯本不愿挂帅,但又不愿马上失宠,不得已便率军出征了。不料事与愿违,他在爱尔兰的军事行动并不顺利,使得那些渴望掠夺爱尔兰土地的宫廷臣僚和伦敦的商人们大失所望,女王也感不快。特别是未得到女王的同意,他突然引兵回朝,引起女王极大的疑忌。

　　当时埃塞克斯仓促地从爱尔兰回到英格兰,又连夜奔回伦敦。当他到达王宫时,正好是晨曦时刻。他还象以往那样没有经过任何朝臣的奏报,身着沾满征尘的军服,直入女王的宫殿。此时伊丽莎白女王刚刚起床,尚待梳洗打扮。埃塞克斯仗着自己过去是女王的宠臣,便三步并作两步地走进女王的寝宫。一个女人最不高兴人家看到她没有化妆过的模样,尤其是生性好美的伊丽莎白女王更是如此。所以当她一听见有人突然闯进寝宫,便赶紧闪避起来,感到十分尴尬。而这位伯爵还没等女王说话,便立刻跪在她的面前行吻手礼,在吻手时充分表露了情爱与敬意。

　　此时,伊丽莎白女王只觉得很窘,一时竟无言以对,只是瞪大了双眼呆呆地望着这位不速而来的昔日的宠臣。伯爵的温存和爱意,不但没有消除积压在女王心中的愤恨,反而使女王更加懊恼。结果伊丽莎白女王当天就宣布逮捕埃塞克斯。不久,女王虽然释放了他,但取消了这位伯爵所享有的甜酒专利权,使他在经济上蒙受了巨大的损失。这位同情清教运动的埃塞克斯伯爵在不断受到女王的打击后,终于铤而走险,走上与伊丽莎白女王为敌的道路。

　　伊丽莎白女王在晚年更加独断专行,满腹狐疑。她对任何事情都十分谨慎,对臣下时存疑虑、严加戒备。她对新上任的大臣更加不信任,唯恐他们不忠实执行或误解她的旨意。她对国会的控制也更加严密,她一方面允许国会可以拥有讨论某些问题的权力,另一方面又禁止国会有权讨论教会和国家体制。她在1597年的国会上公开宣布,不许国会议员凭空确定宗教和国家机构的形式,并且宣称没有一个称职的国王能够容忍臣民如此胡作非为。于是国会中的反对派迅速发展,活动更加频繁,他们与专制王权的矛盾斗争日趋尖锐了。

1601 年 2 月 25 日,伊丽莎白女王镇压了埃塞克斯伯爵所策划的叛乱,并将其逮捕后判处死刑。女王因处死了昔日这位最年轻、亲密的宠臣,内心忍受着极大的痛苦。此后,伊丽莎白女王仿佛变成了另一个人。尽管她曾以最大的勇气抵抗着愤怒与悲痛,但很快就有一种不可避免的反应随之而来,等到她充分意识到身边发生的事情而无法自解的时候,她的神经系统开始扭曲了。从此,脾气变得比过去更乖戾。她往往一连几天神情悒郁,呆坐不语,甚至忘记了进餐。她还经常在身边放一柄剑,遇到狂怒的时候,就拔剑出鞘,野蛮地来回乱戳乱砍,狂暴地刺入挂毯。女王到了她的七十寿辰后,怀着这种心情,她以身为君王而无所顾忌的态度将自己胸襟中的积郁向每一个到她跟前的人尽量的吐露。向她身边的侍嫔,向外国使节,向来看望她的老臣……时时会叨念着埃塞克斯的名字,同时做出非常哀伤的样子,并深深地叹气。

　　由于伊丽莎白女王心里怀有极大的痛苦无法解脱,终于积郁成疾于 1603 年 3 月病倒,未几,竟是欲语无声,话也说不出了。女王躺在伦敦里士满宫殿的宝榻之上,呼吸微弱,目光浑浊,恰如风前残烛,微火闪烁摇曳,随时都有熄灭的可能。3 月 23 日,在女王弥留之际,群集在女王榻前的朝臣议员,请求女王意可否由苏格兰的国王詹姆斯继承英格兰王位。女王环视群臣议员之后,便颔首表示认可。

　　1603 年 3 月 24 日凌晨一时许,一缕芳魂飘然离去,君临英格兰四十五年的伊丽莎白以七十岁高龄,带着她那枯萎在心头的爱的花朵,离开了人间。

　　伊丽莎白一世是英国史上的一代杰出的国王。她执政以后,由于能遵循英国社会经济发展的总趋势,顺应欧洲历史发展的潮流,比较巧妙地利用当时封建社会内部新兴资产阶级的力量,并采取一系列重大的措施,发展英国资本主义的工商业经济,因而加速了英国封建社会母胎中资本主义因素的发展。她果断地撤消了都铎王朝前期的英西联盟关系,拒绝各大国提出的政治联姻要求,使英国取得了在经济、政治和外交上的独立地位。她大胆而谨慎地与西班牙开展斗争,从而彻底打垮了"无敌舰队"的侵略,使英国海上霸权地位得以逐步确立。她鼓励建立林立于世界各地的贸易公司,推动了英国的海外贸易、殖民事业的大发展,为未来的不列颠殖民大帝国的建立奠定了第一块基石。

　　女王的业绩获得了臣民的称赞。1572 年一篇献给女王的颂词写道:"在您的许多虔诚臣民遭到悲惨的屠杀和放逐之后,陛下奉天承运,万众归心,登上我国王位,恢复了真正的宗教,迅速地化战争为和平,变匮乏为富庶,改劣币为精金纯银,一切光荣归于陛下。"文字虽多溢美,但这些业绩却是符合人民利益的。女王的声望在战胜西班牙无敌舰队后达到巅峰,一些歌颂蒂尔伯里阅兵和海战胜利的歌谣把全部功绩归于"神圣的女王"。女王去世后的一个世纪里,声誉依旧不衰。女王的威望使得与她同时的对手也为之赞叹。如传记所载,教皇西克斯图斯说:"她诚然是一位伟大的女王。……她不过是一位妇女,是半个岛屿的女主人,然而她使得西班牙、法兰西、神圣罗马帝国和一切国家都畏惧她。"法王亨利四世在称赞女王的果断时也说:"只有她才是一位国王!只有她才懂得如何统治。"佛兰西斯·培根曾对女王的智慧、才华及功绩如此评价:"假若蒲鲁塔克(希腊时代著名的传记家)仍然在世,让他来写作当代历史人物的传记,他会很难很难在妇女堆里找到一位与她类似的人物。这位淑女在女性中独赋才学,即使是在男性君王中也很少见……关于其政府……在这岛上从未有这样安乐的四十年的时光,而此并非来自季节性的安静,而是来自她统治之智慧。因为若从一个角度来看,她已考虑到宗教建立之真理,是经常的和平与安全;良好的司法行政,适当地使用王权……学术研究之光光辉灿烂……以及再从另外一角度看,她顾及宗教分歧,邻近国家的侵扰,西班牙的野心,及罗马的反对;她却是单独一人,无人可以分忧;这是我认为应加以注意的事情,我已无法找到更近和更适合的典型,同样的,我也认为我已无法找到另一位更卓越的人物……如果考虑到君王的博爱多才与人民的幸福之间有适当结合的话。"英国经济史专家 D. M. 帕利塞在评论伊丽莎白时期英国工业发展时指出:"如果认为'都铎工业革命'是一个夸张概念的话,人们至少可以看到 18 世纪工业革命的漫长序幕的缓缓开端"另一位英国著名学者 L. 斯通认为英国中世纪与近代的分界线应划在 1560—1640 年之间,更精确些则应划在 1580—1620 年之间。从这个意义来讲,也可认为,英国的近代历史开始于伊丽莎白在位时期。

伊丽莎白生活在 16 世纪剧烈变化的时代,君临于一个蓬勃发展的王国。但是归根结底,她毕竟是一位封建专制君主,她必然要代表封建主阶级的根本利益。在她晚年时,当她看到由于新兴资产阶级、新贵族在经济、政治方面的力量不断壮大而危害到封建专制王权的利益时,她还是对新兴资产阶级和新贵族采取了压制、打击的政策。虽然如此,但纵观伊丽莎白一世的一生,她还是为英国的社会、经济、政治的发展立下了"汗马功劳",仍不愧为一代杰出的国王,不愧为一代杰出的政治家。

华盛顿

少年时代　自学成才

乔治·华盛顿是英国古代一个家系的后裔。1657 年，他的曾祖父约翰·华盛顿远渡大西洋，来到了北美洲英国殖民地弗吉尼亚。后来，华盛顿家族在波托马克河和腊帕赫纳克河之间的威斯特摩兰县购地定居。他的父亲叫奥古斯丁·华盛顿，是个大农场主，因在当地发现铁矿而时来运转。

1732 年 2 月 22 日，华盛顿在弗吉尼亚威斯特摩兰县的布里奇斯溪庄园的老屋里诞生。他父亲给他取的全名是乔治·华盛顿，没有中间名，因此，他就成了美国历史上第一位没有中间名的总统。华盛顿的母亲玛丽·鲍尔·华盛顿是继室，共生有四男二女，华盛顿最大。

1738 年，华盛顿全家迁移到弗雷德里克斯堡对面的弗雷农庄。华盛顿在此度过童年。那个农庄占地二百六十英亩，四周是茂密的森林和大片未开垦的处女地，往东不远就是拉帕哈诺克河。华盛顿从小就在这里划船、游泳、骑马、打猎，养成了英勇刚强的性格和敢于冒险的精神。

华盛顿是一个非常诚实的孩子。曾经有一个关于樱桃树的故事广为流传：有一次，华盛顿要试一试斧子的锋利，就去父亲的果园，用斧子砍了一颗樱桃树。父亲发现后气愤的追问，小乔治主动承认了自己的过错，还连连表示，我不能说谎话。父亲深为感动，并伸出双臂把小乔治抱了起来，他说："虽然你砍了我的树，可是你已为它付出了一千倍的代价，你那诚实的行为胜过一千棵树的代价。"

华盛顿童年个性的培养和一生的成长，与他同父异母的哥哥劳伦斯关系甚大。劳伦斯比华盛顿大十四岁。1740 年，华盛顿八岁时，劳伦斯从英国学有所成回到弗吉尼亚，这时的劳伦斯已经成为一个受过良好教育、学有所成的青年了。劳伦斯很喜欢华盛顿，对弟弟爱护备至，华盛顿很崇拜劳伦斯，把富于男子气概、有教养的哥哥看做是在学识和风度方面都值得自己学习的楷模。

不久，由于英国同西班牙战争爆发，刚回到家乡的劳伦斯又应召参加了英国海军，赴加勒比海作战。在战斗中，他表现得非常英勇，赢得了弗农上将的友谊和信任。

华盛顿亲眼看到哥哥整备行装，奔赴战场。他从信中和其它来源听到一些战斗故事，就仿佛自己也置身其中。他的一切游戏都带有军事色彩，他把小同学们都变成士兵，进行模拟阅兵、演习和假想战斗。曾有"小司令"的美称。这也就是人们常常交口称赞的华盛顿少年时代军人气质的秘密所在。

华盛顿十一岁时，父亲因病去世。奥古斯丁为儿女们留下了一大笔遗产，劳伦斯取得遗产中最大的一份，由于华盛顿尚未成年，他的财产由母亲代管。

劳伦斯在父亲去世不久，就同邻居威廉·费尔法克斯的大女儿结了婚，在波托马克河畔的种植园定居，后为纪念海军上将弗农，遂将庄园改名为芒特弗农。威廉·费尔法克斯是一个出身于名门望族、受过高等教育、天赋聪敏、知识广博、经验丰富、曾从军征战并功勋卓著的人，后成了当地有名望的领袖人物。由于劳伦斯的关系，华盛顿得以同费尔法克斯家族结识相交，这种关系成了他未来生活道路上的一个举足轻重的契机。

华盛顿尊重热爱劳伦斯，他在与母亲共同生活了几年以后，就搬到劳伦斯的庄园芒特弗农居住。华盛顿在哥哥家居住时，常去威廉·费尔法克斯家做客，并深得其赏识。通过同这些英国贵族的接触，华盛顿学到了英国上流社会的道德观念、礼仪典章和高雅风度。华盛顿曾抄录过一本名为《待人接物行为准则》的小册了，准则共一百一十条，内容极其周密详尽，有些个人行为准则涉及一些非常琐碎的小事。比如，不要谴责、申斥或谩骂别人；与人交往，自己的每一个动作都要面对伙伴以示尊重；看到别人私下谈话，应该回避；同别人谈话时不要离得太近，以免唾沫星子溅在别人脸上；不要在饭桌上剔牙等。这些不能不说是青年人的最好不过的行为准则，也可能是这个准则使得华盛顿一贯讲究礼节，严于律己，虽然天性暴躁，却能严加控制。后来华盛顿成年后，经常用这些格言教育年轻人。

华盛顿的正规学历几乎无从查考。据历史学家推测，他在六、七岁时，曾有位霍比先生是他的第一位老师。第二位是威廉斯先生，他擅长数学，在他的影响下，华盛顿也非常热衷于数学。华盛顿没有受过中高等正规教育的缺陷，对他以后事业上带来了不可弥补的损失。后来，华盛顿在任总统期间，曾因不懂法语而拒绝访问法国。正如约翰·亚当斯所说："华盛顿不是一位学者，这是确实无疑的。"

华盛顿虽然没有受过高等教育，但他自幼聪明好学，靠自学获得知识。他十三岁以前，已经把各类商业文件、法律文件、汇票、契约、债券等的格式抄录成册，还学会了律师起草文件的技能。他对数学的兴趣同日后测量土地结合起来，就成了一种应用性很强的知识能力。

1746年9月，劳伦斯为华盛顿找到了一个进英国海军学习或服役的机会，可是由于母亲的反对而没有去成。如果华盛顿去了英国，他的人生道路也许是另一番情景。然而现实却使十六岁的华盛顿当了一名土地测量员，在荒野上餐风宿露、含辛茹苦。

事情是这样的：劳伦斯的岳父是英国贵族费尔法克斯勋爵的弟兄。1747年，费尔法克斯勋爵从英国回到弗吉尼亚，在芒特弗农不远处的贝尔沃庄园定居。华盛顿常去他家做客，有时还陪同勋爵去野外狩猎。交往中，勋爵发现华盛顿机智勇敢、胆识过人、骑术出色，追逐猎物穷追不舍，他打心底喜欢上了这个小伙子，并把他当作自己很好的猎伴。大概正是在这位喜欢骑马狂奔的老贵族的教导下，华盛顿才培养起对跟踪战术的爱好，并在以后以善于追击闻名于世。

华盛顿与费尔法克斯建立的友谊还产生了更重要的结果。费尔法克斯家产万贯，在西部有大量的土地，他此次来弗吉尼亚定居有一个重要打算，就是想派人勘查、丈量西部的地产。由于华盛顿身强力壮，有胆有识，加上工作认真，又喜爱测量，勋爵看中了他，让他担任测量工作。华盛顿也早就被带有神秘色彩的西部荒野所吸引，便欣然接受了费尔法克斯勋爵的邀请。

1748年3月11日，刚满十六岁的华盛顿同乔治·费尔法克斯（费尔法克斯的儿子）骑马去野外测量土地。白天，他们奔走在一望无垠的原野上；晚上，寄宿于农家简陋的茅舍中或露宿篝火旁，生活非常艰苦。有一次，他劳累一天后在乡亲家投宿，卧室里仅一张草席和一条旧床毯，他按照家里的习惯脱衣就寝。刚入睡，臭虫就咬得他奇痒难忍,他只得穿上衣服到室外的篝火旁过夜。在荒凉的地方,有时一连几天都不能在床上睡觉,只好露宿在星月之下、丛林之中。遇到恶劣天气,暴风雨吹翻了他们的帐篷,他们被雨水淋得全身湿透。一天晚上,华盛顿因过于疲劳,在篝火前熟睡,连身体下面的草席着了火都不知道,幸亏伙伴们及时叫醒了他,才幸免于难。华盛顿一路上经受了很大的磨难,增长了不少见识,他第一次遇上印第安人,亲眼看到了他们的生活状况,这对华盛顿了解社会无疑是一个极好的机会。

华盛顿对工作一丝不苟,他不仅仔细丈量土地的面积,还留心观察土质条件,把不同的情况一一记在本子上。完成了土地测量任务后,他于4月13日回到了芒特弗农。费尔法克斯勋爵对华盛顿在这次艰苦的野外作业中的表现和他提出的关于土地测量的报告书非常满意。

首次丈量土地的成功激励华盛顿向更高的目标前进,他渴望成为一名正式土地测量员。大概是靠了费尔法克斯勋爵的推荐,1749年夏天,华盛顿被任命为政府土地测量员。这样一来,他的测量记录就有了权威,并可列入本县各机构的档案。华盛顿在独立生活的道路上迈出了可喜的一步。

连续三年的野外测量工作,不仅使华盛顿工于测量的名声在乡间广为传扬,而且使他在经济上也有了不少收入。他用积蓄的钱购买了土地。不满十九岁的华盛顿就已成了拥有一千四百五十九英亩土地的有产者。

然而,华盛顿还没有意识到这几年的野外艰苦生活,给了他一笔比金钱和土地更珍贵的财富,那就是在原野上和狂风骤雨中,他不仅练就了一副强壮的体格,而且开阔了眼界,磨砺了意志,得到了一些书本上得不到的知识,这对他以后的人生旅途都产生了重大影响。

1751年9月,就在华盛顿测量土地的事业云起龙骧之时,兄长劳伦斯却因肺病加剧一蹶不振。华盛顿在陪哥哥治病的途中,不幸染上了天花,落了一脸不太明显的麻子。不久,劳伦斯在家乡病故,时年三十四岁。两年后,劳伦斯的女儿相继去世。根据亡兄的遗嘱,华盛顿继承了他的全部遗产,成了芒特弗农的新主人。

英法之战　崭露头角

当一名军人,是华盛顿的宿愿。劳伦斯生前不仅是俄亥俄公司的股东,而且是弗吉尼亚殖民地民团的一名副官。劳伦斯过世之后,弗吉尼亚行政当局任命华盛顿为南区民团副官。1753年2月2日,二十岁的华盛顿宣誓就职。华盛顿担任军职是他一生中的一大转折。如果说华盛顿任土地测量员是他独立生活的开端,那么担任民团副官则意味着他军事生涯的开始。从土地测量员到民团副官的际遇变化,使华盛顿的眼光从注视山川河流、气候变异、土地肥瘠转移到人际关系、政治风云、时局变化上,他渐渐地卷入了政治斗争、军事冲突的激流漩涡之中。

不久,英法两国为争夺北美殖民地剑拔弩张,角逐不息。弗吉尼亚西北的俄亥俄地区是双方争夺的目标,双方都把这片富饶的土地看成是自己的领土,寸土必争。

1753年秋,华盛顿从弗吉尼亚报纸上知道法军已南下俄亥俄谷地,并建立了据点,感到非常气愤。因为俄亥俄地区是英王特许给弗吉尼亚俄亥俄公司的财产,华盛顿是这个公司的股东之一,有直接的利益。后来,华盛顿获悉英王任命的弗吉尼亚总督丁威迪要派人去法军据点递送抗议书,正在总督为物色人选犯愁时,华盛顿赶到威廉斯堡,要求会见总督,主动请求担任向法军提交抗议书的重任。华盛顿的到来,使总督转忧为喜,当即决定委派华盛顿去法军据点提交抗议书。

机遇,对每个人来说并非少见,勇敢者往往抓住不放哪怕是一个短暂而微不足道的偶然之机,以致大展宏图,建功立业。华盛顿正是以他的果断与魄力抓住了这一机会,并为之付出了长期的、坚韧不拔的努力。

从威廉斯堡到伊利湖畔的法军据点,屈指行程一千英里,崇山峻岭,冰天雪地,是一条充满危险的路。然而华盛顿却义无反顾地走上了这条荆棘满地的崎岖险路。

华盛顿的勇敢精神和惊人的毅力来自几个方面:首先,他因继承了劳伦斯的事业成了俄亥俄公司的股东,决不会坐视法人夺走自己的土地。其次,他有着一种争取荣耀、珍惜声誉的责任感和敢于冒险的性格。再次,他是弗吉尼亚民团的副官,担任此行责无旁贷、义不容辞。另外,他多年土地测量员的野外生活也为他提供了丰富的生活经验和战胜困难的本领。

1753 年 10 月 31 日,华盛顿和助手们一行七人离开威廉斯堡,骑马向西北方向进发。他们翻山越岭、顶风冒雪,整个行程中,遇到的尽是风雪交加、寒风彻骨的坏天气。后来,连马都走不动了,他们只好徒步行走了几百英里。

途中,华盛顿竭力同印第安人搞好关系,并利用了法国人同印第安人的矛盾。在印第安人的帮助下,顺利到达了法军司令部所在地柏夫堡。他向法军指挥官递交了抗议信,要他们从俄亥俄地区撤走。在等待法军答复期间,他又派助手悄悄打探了柏夫堡的虚实,查清了法军的人数、装备和船只等情况。

在归途中,华盛顿遇到了比去时更为艰苦的困难,甚至还充满了生命的危险。一次,华盛顿和吉斯特两人在路上与印第安人发生了误会并遭到袭击,于是星夜逃跑,当跑至阿勒艮尼河边时,夹着冰块向前奔流的汹涌河水阻挡了他们的去路。他与伙伴砍树伐木,制成木筏强渡阿勒艮尼河。由于受顺流而下的冰块的撞击,木筏上下颠簸、左右摇晃,华盛顿站立不稳掉进河里,险些丧命。后来,他们抓住了木筏,但竭尽全力仍无法使木筏到达河岸,只好弃筏登上河中的小岛,在刺骨的寒风中度过了漫漫长夜,天微亮时,他们发现河面封冻。两人踩着冰到达彼岸。经受了一场生死考验。

1754 年 1 月 16 日,华盛顿一行终于完成了任务,回到了威廉斯堡,把法方的复信交给了总督,他还向总督交了一份七千字的旅途报告,后来此书以《俄亥俄日志》正式出版。华盛顿因此在弗吉尼亚声誉雀起。

华盛顿进行俄亥俄冒险的时候,正是一般青年人接受高等教育的大好时光,然而,华盛顿没有进威廉·玛丽学院深造,却在俄亥俄的征途中受尽煎熬。其实,这件事使华盛顿受益非浅。纵观华盛顿的一生,这两个半月的历险生活犹如一所社会大学,使他学到不少人生真谛、社会真理和活生生的知识。

俄亥俄冒险之行,是华盛顿投身的第一次政治运动,他的政治生涯始于参加英法争夺北美殖民地的争端。在历险中,他学习和施展了政治手段,同法国当局争夺印第安人,从政治角度处理英、法与印第安人的关系。同时,华盛顿在两个半月的同寒冷、饥饿、死亡、敌人的斗争中,培养了他的坚韧不拔的毅力和敏锐的观察力以及不达目的的誓不罢休的自强不息的精神。可以说,这次出使为他一生的命运奠定了基础。

不久,英法战争又起,华盛顿在与英法角逐中开始了他的政治生涯和军事生涯。

弗吉尼亚总督在接到华盛顿带回的法方复函后，对法方的态度感到极为恼火，立即召开会议，决定用武力驱走敌人，并建立一支三百人的队伍派往有争议的地区，华盛顿被任命为副指挥。华盛顿先率一百二十人的队伍直驱俄亥俄，途中，边行军边继续募兵和征集马车。由于缺乏运输工具耽误了行军的速度，法军已抢先控制了俄亥俄河叉地区。华盛顿并没有在失利的环境中退却，他带领队伍，历尽千辛万苦，穿过沼泽和森林，越过崎岖的山脉，到达龙吉俄格尼河畔，在一个叫大草原的地方摆下阵地，为第一次交战，准备了他所谓"漂亮的战场"。

　　华盛顿派两人去摸清了法军营地后，自己带领四十人，悄悄地穿过树林，沿着山路向法军逼近。就在华盛顿命令进攻的时候，法军发现了他们的队伍，立即回营取枪搬炮，霎时枪声四起，法军没作多大的抵抗就乖乖地投降了。整个战斗不超过一刻钟，法军死亡十人，受伤一人，逃路一人，被俘二十一人。华盛顿部下阵亡一人，受伤三人。在战斗中，华盛顿受到极其猛烈的火力攻击，第一次听到子弹在他耳边呼啸。后来，他回忆说："我听到子弹飕飕飞过，真的，那种声音确实振奋人心。"

　　大草原附近的战斗，是华盛顿生平指挥的第一次战役，是一次小型的奇袭。华盛顿对此欣喜若狂。战场上的第一次胜利，对一个缺乏军事经验的年轻人来说，往往潜伏着失败的危机。

　　战斗结束后，法军没有向华盛顿发动报复性的军事行动，而是秘密调动部队，积聚足够力量，准备给华盛顿以致命的一击。一次细致周密的军事行动胜过千百次鲁莽轻率的报复行为，这是华盛顿始所未料的。

　　就在华盛顿军队等待法军反攻的时候，总指挥弗赖伊不幸去世。丁威迪总督正式通知他接替弗赖伊之职，并擢升为上校副官。二十二岁的华盛顿成了这支队伍的总指挥。

　　不久，一位使者带来消息：法军约八百多人，外加四百亲法的印第安人，共一千二百人左右，正向华盛顿的驻地进发。华盛顿意识到形势十分危急，就将部队撤到大草原，并加速建筑堡垒。因堡垒建筑艰难，故称其为困苦堡。

　　还未等华盛顿做好充分准备，九百多名法军渐渐包围了困苦堡。而华盛顿四百名士兵中，真正有战斗力的还不足三百人，力量对比相差悬殊。战斗中，华盛顿部队的弹药因下雨受潮无法使用，三分之一的有生力量逐渐丧失。在万不得已的情况下，华盛顿只好答应同法军谈判，并签署了"投降协定"。英军撤出了困苦堡和大草原。这次战斗，华盛顿部队死亡三十人，伤七十人，法军死伤近三百人。

　　华盛顿虽战败而归，但丁威迪却没有因失败责怪他，相反还把他当作了不起的英雄。弗吉尼亚报纸报导说："我们勇敢的人们依然活着为他们的国王和祖国效劳。"

　　华盛顿回到弗吉尼亚以后，英国政府下达了一道命令：凡由殖民地行政当局任命的军官，即非英国正规部队的军官，都要降低军衔，最高不得超过上尉军衔。这对雄心勃勃的华盛顿来说是个沉重的打击。10月，他一气之下就离开了军队。

　　人们没有想到，弗吉尼业丛林中的枪声竟然诱发了英法两国的七年血战。1755年春，由于法军在俄亥俄地区建立据点，在困苦堡英军又被法军击败。英国王室不得不作出强有力的反击，决定派出三支远征队伍到北美同法军角逐。爱德华·布雷道克将军率两个团的英军来到弗吉尼业。华盛顿再次参军，接受了布雷道克的邀请，又当了上校副官。

华盛顿的队伍在向目标进军的途中,突然遭到埋伏在前方的法军和印第安人的猛烈袭击。华盛顿向布雷道克将军建议,立即把部队疏散到周围的树林中去,这当然是对付突袭的最好方法。可是墨守成规的布雷道克将军竟然坚持部队前进,以致部队在敌人的枪弹之下,损失惨重,一千多名英军被三百名法军打得落花流水,丢盔弃甲。将军本人身负重伤,三天后殉职身亡。华盛顿率领残部英勇杀敌,四颗子弹穿过他的上衣,两匹战马先后被打死,而他却丝毫未伤。他在给兄弟的信中说:"由于上帝的意旨,我得到近乎神奇的保佑,我周围的战士都不幸阵亡,而我竟未负伤。"

尽管华盛顿战败而归,而他的威信和声誉却在失败后不断上升。不久,弗吉尼亚议会对他以前的服务给予一定的奖励,并任命他为弗吉尼亚民团的总指挥,保卫殖民地的西部边境。在保卫边境的岁月里,华盛顿责己从严,恪守纪律、处事公道、赏罚分明,受到了边民的爱戴。

在几年的军事生涯里,华盛顿的胆略、勇敢、毅力超过了军事知识,他对北美风情地形的熟悉多于打仗的实际才能。在战场上他是一个失败者,在精神上他是一个胜利者,他在挫折中崛起,在失败中腾飞,从一个鲜为人知的土地测量员一跃成为声誉日增的英雄。

华盛顿在战场上崭露头角,可是在情场上却连连失意。他几次恋爱都不尽人意。这可能是他羞涩、寡言的个性和他四处奔波,过着长期的戎马生活所致。

正当华盛顿为保卫边境安全驻守弗吉尼亚边境的时候,一位丰腴、美丽、温顺的妇女闯进了他的心坎,她就是玛莎·丹德里奇。玛莎是个寡妇,生于1731年6月,比华盛顿大几个月。她的前夫卡斯蒂斯是个大庄园主,大她十多岁,1757年病故时给她留下了一万五千英亩土地和一百五十多个奴隶。玛莎与前夫生有四个子女,两个夭折。剩下的两个以后就成为华盛顿的继子女。华盛顿自己没有子女。

1759年1月6日,华盛顿和玛莎喜结良缘。隆重的婚礼在玛莎的寓所进行,当地上流社会人士都应邀出席。婚后两个月,他们就回到了芒特弗农——华盛顿的家。从此,芒特弗农成了华盛顿的安乐窝。婚后,华盛顿的家产激增,成了弗吉尼亚最大的种植园主之一。

华盛顿对种植园经营有方,不久就成为当地的巨富,芒特弗农成了社交中心,弗吉尼亚权贵经常到此聚会。华盛顿从1759年到1774年,一直是弗吉尼亚议会的议员,并在1760年到1774年间,兼任弗尔法克斯县的治安法官。华盛顿还以豪爽好客、乐善好施闻名遐迩,1768年至1775年间,他先后接待客人二千余人。他作为一个富有的种植园主,在庄园中确实得到了他所期望的乐趣。他过着悠闲宁静的生活,但不久,这种宁静的生活被打破。

投身抗英 步入政坛

1763年,英国在七年的英法战争中获胜,结束了两国一百多年来争霸北美大陆的斗争。战争结束后,英国国库空虚,统治集团为了转嫁沉重的负担,变本加厉地压榨北美殖民地人民。这一年,英国政府颁布了英王敕令,宣布阿巴拉契亚山脉以西的土地为王室私产,限制殖民地人民向那里迁移。这一敕令打击了新到北美的欧洲移民,但受到打击最严重的是弗吉尼亚等地区的种植园主,其中包括华盛顿家族。

1764 年，英国政府在北美推行《糖税法》，对北美商人从英国以外的其他国家输入的有关商品课以重税。1765 年，又颁布了《印花税法》，规定北美的一切文件，包括书刊杂志、文书契约，甚至大学毕业文凭都要缴税。为了保证税法的实施，英政府又颁布了《驻兵条例》，蛮横地规定英国派驻北美殖民地的军队可以占据公用房屋和民房。这一切意味着北美人民不仅经济上遭受英国统治者的剥夺，政治上也已丧失了殖民地人民自己的立法权利。因为没有北美人民代表参加的英国议会就可以制定所谓的法案，强迫北美人民纳税，这是对北美人民主权的严重侵犯。北美殖民地人民和英国统治集团之间的矛盾日益尖锐，抗议运动蓬勃发展，不久就席卷十三个殖民地。在 1765 年以前，北美殖民地人们都还自命为英国的臣民，认为北美殖民地是英国的领土。那时，殖民地人民对宗主国的要求，仅仅是为了取得与英国本土人民的同等权利。但是，1765 年掀起的反抗印花税高潮，使抗英运动转入了争取民族独立的新时期。

1765 年 5 月 29 日，弗吉尼亚议会召开，华盛顿作为议员出席了会议。会上讨论并通过了坚决反对英国印花税法的提案。9 月，华盛顿给居住在英国的亲友的信中指出，大不列颠强加于殖民地的印花税法，远非明智之举，它为母国带来的利益将大大小于内阁的估计。

10 月，纽约召开了有九个殖民地代表参加的反印花税大会。北美人民在反英斗争中越来越感到联合的必要。华盛顿积极参加抵制英货的斗争，1769 年，他写信给伦敦的商务代理人，要他们严格执行抵制英货的协议，后来又告诉他们，"我无权接受任何违背禁止进口协议的货物"。当时，他虽然还没有走在斗争的最前列，但他的宁静的庄园生活早已结束，他一直在为北美的前途担忧。他感到眼前的矛盾、冲突、争斗会越演越烈，甚至感到可能酝酿成流血战争。他经常和他的好友乔治·梅森一起商议局势。4 月 9 日，他在给梅森的信中说："当不可一世的大不列颠老爷们必欲将我们的自由剥夺将尽而后快的时候，采取某些措施以防毒手已成必要，我们每个人都应义无反顾地拿起武器。向英王请愿，向议会陈述，据说都已无济于事。武器……应是最后的手段。"信中，华盛顿还提出了具体的抵制计划。这封信表明华盛顿开始走向革命。

华盛顿从反对税法开始，认识到大不列颠老爷在剥夺殖民地人民的自由，他主张用断绝贸易等办法来对抗英国当局的暴行，正确估计到武装斗争的可能性，大胆提出拿起武器的主张。他在 1769 年提出这个想法是难能可贵的。这种关于武装斗争的正确预见也为日后的事实所证明。

可见，华盛顿这个曾一贯将英国视为祖国、母国的忠顺臣民，在英国王室的殖民政策的逼迫下，也渐渐地从不平、不满走上了反对英国的"叛逆"道路。

1770 年 3 月 5 日，波士顿发生了触目惊心的事件——波士顿惨案。英国殖民地当局为了用刺刀保证在殖民地征税收款，英国军官竟然下令向手无寸铁的北美居民开枪，结果打死 5 人。

英军的暴行激起了殖民地人民更加高涨的反英怒潮，人们纷纷组织起来。1772年 11 月，波士顿建立了北美第一个革命组织——通讯委员会。接着，几十个城镇也相继出现了通讯委员会。不久，波士顿又发生了震撼欧美的"倾茶事件"。波士顿人民反对英国征收茶税，把东印度公司的价值一万八千英磅的三百四十二箱茶叶倒入海中,北美人民用行动彻底否定了英国王室在殖民地征税的权力。

这两次事件的发生,更加扩展和加深了北美殖民地人民对英国的反抗情绪。1774年5月,弗吉尼亚议会开会,呼吁北美十三个殖民地一起召开大陆会议,商讨共同对付英国的办法。这个号召立即得到各地议会的响应。华盛顿坚决拥护大陆会议的召开,并表示:"我打算募集一千个士兵,由我自己出钱供养,并带头前去支援波士顿人民的斗争。"他的讲话得到了许多人的支持,弗吉尼亚议会立即选他作为第一届大陆会议的代表。

1774年9月5日至10月26日,第一届大陆会议在费城召开。来自十二个殖民地(佐治亚地区缺席)的五十五名代表济济一堂,共商大事。有人把这次会议说成是"自古希腊罗马以来,最有德性的时代中的一次最享盛誉的政治家的集会"。

这次会议没有宣布北美殖民地脱离英国而独立,只是作出了与英国断绝一切商业关系的决议。通过了《权利宣言》和致英王的请愿书,通过了《告不列颠人民书》和《告英属殖民地居民书》。会议的结果是积极的。

会上,华盛顿趁各地精英汇合之机,积极开展社会活动,广泛接触各地代表,结识各方有识之士。在五十三天的会议期间,他在自己的住处进餐只有七次,晚上经常外出去旅馆同其它殖民地代表接触、交往,所以会议期间,代表们对华盛顿产生了很好的印象。

关于华盛顿的表现,思想十分激进的帕特里克·亨利作了最好的概括。当有人问他在第一届大陆会议上谁是最伟大的人物时,他回答说:"如果你说的是口才,那么,南卡罗来纳的拉特利奇先生是最伟大的演说家;如果你说的是广博的见闻和健全的判断,那么,弗吉尼亚的华盛顿上校无疑是最伟大的佼佼者。"在会议上,华盛顿主张同英国作斗争,并正确预见这种斗争最后将发展为流血的武装冲突,但是这种斗争的目的仅仅是为了争取自由,即宪法所赋予的权利,而不是为了摆脱英国的统治而建立独立国家。他的看法同会议决议是一致的。

会后,华盛顿回到弗吉尼亚,投身于紧张的训练民团的工作,准备迎接战斗。

此时华盛顿的政治思想已达到了一个新的境界。他不再是只考虑自己庄园如何发展,而是考虑整个北美殖民地人民如何生存。他已从一个注重经济的种植园主发展成为一名关心政治的抗英战士。

独立战争　出任司令

大陆会议的召开,对英国统治者显然是一次勇敢的挑战。英国统治集团决心用血与火来回答北美大陆会议的请愿,命令马萨诸塞盖齐将军用武力维持对这个殖民地的统治,采取一切必要的行动防止"叛乱"发生。盖齐将军预定1775年4月18日夜晚对康科德的军火库进行突然袭击。北美爱国者探得消息后,心急如焚,骑马飞驰,昼夜兼程,赶在盖齐的戒严令之前将消息告诉了列克星敦的民兵。民兵们立即拿起武器,做好了战斗的准备。英军一到,便开始了激战,双方都开了枪,八名北美民兵在战斗中牺牲,十人受伤。

英军在列克星敦遭到抵抗后,又迅速转往康科德。他们一到那里,教堂的钟声敲响了,早已占领了那里的民兵向英军射出了仇恨的子弹。经过几个小时的战斗,英军开始溃退。这次战斗，英军阵亡七十三人，伤一百七十四人，失踪二十六人。北美人民也付出了巨大的代价，阵亡四十九人，受伤三十九人，失踪五人。

列克星敦的枪声打响了北美独立战争的第一枪，它如春雷震撼大地，似号角唤醒民众。各殖民地民兵带着武器，纷纷奔赴波士顿。不多久约一万五千名民兵包围了英军驻地。

华盛顿得知列克星敦惨案后，毫不犹豫地作出了自己的抉择。1775 年 5 月 10日，他怀着悲痛而愤怒的心情参加了第二届大陆会议。可他没有想到，这将是他经受一场伟大历险的开始。

第二届大陆会议，是在风雷激荡的人民反英斗争中召开的。这次会议的主题是商讨如何组织力量进行战争。会上通过了对英国进行武装革命的"宣言"，决议把北美二万人的民兵整编为大陆军，并下令招兵，向国外购买军火，还决定派出十个连队的兵员赶赴波士顿。当时，华盛顿是惟一穿着军装出席会议的代表。

会议在讨论大陆军总司令人选时，约翰·亚当斯首先发言。他列举了这个重要人物的种种条件，认为具备这种条件的人不在别处，就在会议厅里，那就是弗吉尼亚的代表乔治·华盛顿。理由是：其一，他在英法战争中立过功，有丰富的军事经验。其二，他是一个富有的种植园主，在联盟中，种植园主阶层有着举足轻重的地位。其三，他年富力强，比那些年迈体弱的老将更占优势。经过代表们反复权衡，最后一致选举华盛顿为大陆军总司令。

华盛顿在接任总司令时，作了简短的发言。他说："虽然我深知此项任务所给予我的崇高荣誉，但我仍感到很不安，因为我的能力和我的军事经验恐怕难以胜任这一要职。鉴于议会的要求，我将承担这一重任，并愿竭尽所能为这一神圣的事业效力。"20 日，他正式接受了任命书。四十三岁的华盛顿，仪表堂堂，精力充沛，受命于民族危亡之际，担负了大陆军总司令的重任。

华盛顿深感这一任务的沉重，甚至做好了为战争献身的准备，他在给夫人的信中，还附上了自己的遗嘱，他说："我如战死沙场，我希望我为你做的一切准备将使你感到满意。"他还写信给兄弟说："我已驶入广瀚的大海，一望无垠，也许还能找到安全的港湾。"华盛顿出征前同家人的感情流露，是一个有血有肉的英雄的内心表白，显示了他崇高的爱国精神和献身精神。从他担任总司令那天起，竟长达六年没回过家。为了民族的事业，他抛弃了舒适的庄园生活，远离亲人，驰骋战场。他这种以天下为己任的精神深受同胞的赞扬。

6 月 23 日，华盛顿一行告别费城百姓，骑马奔赴战场。当华盛顿威风凛凛地骑在马上时，他的军人气质使人人感到赏心悦目。他走到哪里，哪里就响彻一片欢呼声。

7 月 2 日，华盛顿风尘仆仆赶到波士顿，受到了民团士兵的夹道欢迎。华盛顿检阅了队伍，挥剑宣誓就职。

华盛顿面临的局势十分严峻。英美双方力量相差悬殊。当时英国是世界上头号强国，拥有一支武装精良、训练有素的军队，它的海军在世界上独占鳌头；而北美却是它的一个殖民地，没有一支正规军，更谈不上海军，只有几个民团。在战地波士顿，英国最高当局派了三名富有经验的将军来协同盖齐将军作战。英军共一万一千人，这支部队不但作战经验丰富，而且配有精良的武器；而北美参战人数不足一万五千人，其中九千人来自马萨诸塞，他们都没有受过正规军训，也无严格的组织纪律。正如美国著名的历史学家乔治·班克罗夫特所说:"与其说是一支军队,不如说是一群拿着武器的人。"

虽然力量相差悬殊,但华盛顿看到了这支军队的爱国热情,在复杂的局势下,他抓住了对未来有决定意义的环节:整顿军队。他在军队中建立了统一的编制和必要的规章制度,整顿了部队的纪律,使大陆军的面貌发生了显著的变化。华盛顿对胜利充满信心,并作出了具体的作战计划。

1776 年 3 月 2 日晚上,大陆军的炮台开始向英军发射炮弹,英军不知大陆军的真实意图,就以三倍的火力进行回击。波士顿上空炮声隆隆。3 月 4 日晚上,按照华盛顿的计划,三百辆满载建筑材料的小车悄悄而迅速地驶往波士顿南部制高点道彻斯特高地。在炮火的掩护下,他们把大炮运上高地。经过一夜的紧张工作,大陆军的两座炮台终于矗立在高地上。大陆军居高临下控制着整个地区。次日清晨,英军发现高地上的两座碉堡,大为恐慌,英军完全处于大陆军的火力圈之内,只有撤退才是惟一出路。3 月 17 日,英军撤出波士顿。

波士顿之战。仅用了十五天的时间就迫使英军撤退。首战告捷,华盛顿非常兴奋,他在目睹了英军撤退的窘状后说:"英军撤退如此之速超过了我的想象。"波士顿之战的成功,表现出了美军官兵惊人的毅力。用英军豪将军的话说:"美军一个晚上干的工作比我们全军一个月干的还要多。"为纪念波士顿的解放,大陆会议特别批准铸造了印有华盛顿头像的金质奖章。华盛顿乘胜率领军队驻守纽约。

波士顿的光复,对北美殖民地军民来说无疑是一场扬眉吐气的重大胜利。对华盛顿来说,除了军事上的胜利外,他的思想上同样也取得了重要进展。就在华盛顿率大陆军攻占波士顿的时候,民主主义者托马斯·潘恩在费城发表了著名的小册子《常识》。它用犀利的笔触揭露鞭挞了封建君主政体的罪恶、讥讽了那些戴着皇冠的统治者的暴戾和愚蠢,热情洋溢地宣传北美人民必须拿起武器摆脱英国统治争取独立的思想,呼喊出北美人民的心声和时代的最强音。《常识》一出版,很快被一抢而空。华盛顿在戎马倥偬之中,阅读了《常识》并深受感动。他认为此书的观点有无可辩驳的道理。以前,他一直把自己看成是英国的忠实臣民,真诚地希望英王室能发善心,改恶从善。但是严酷的现实和群众的爱国激情使他懂得,只有摆脱英国的殖民统治,取得民族独立,才会有美利坚民族的光明前途。他的思想,已由为正义而战提高到为独立而战的高度。1776 年 2 月初,他愤慨地说:"……我要告诉他们,我们的自由精神在沸腾,不能再屈服于奴役。"

科学的理论,进步的思想,革命的观念,是一种巨大无比的历史力量。独立已成了一股不可抗拒的潮流。1776 年 7 月 4 日,第二届大陆会议在费城正式通过了托马斯·杰斐逊起草的《独立宣言》,宣告北美十三个殖民地脱离英国而独立,宣告美利坚共和国诞生。后来,这一天被定为美国国庆日。

7 月 8 日,费城一片欢腾。9 日,华盛顿接到《宣言》的文本,激动得泪水夺眶而出,当晚就向全军宣读了这一重要文件,并率领官兵宣誓要为新生的共和国奋战到底。

然而,美国宣布独立只是走向独立的开端。北美人民只有从自己的土地上最后赶走英国殖民军,才能把独立变成现实。英国统治集团为了扼杀北美殖民地人民的独立运动,从本土派出大批军队,想一举全歼大陆军。至此美国的独立战争便全面展开。

8月1日，英军占领纽约的斯坦腾岛。22日，二万英军在长岛登陆，形成了对美军的腹背夹攻之势。华盛顿面对敌人的强大攻势，提出暂时撤退防御的作战方针。当时许多人不理解，甚至指责华盛顿。但华盛顿还是不顾别人的反对，主张放弃纽约，率部向新泽西撤退。正因为这样，他才没有中英军的圈套。英军骂华盛顿是狡猾的"狐狸"。有的军事家因此称华盛顿是一位杰出的战略家。

1776年12月，北美的气候仿佛格外寒冷，美国独立战争处于严重的危机之中。自长岛撤兵以后的三个月内，大陆军连打了五次败仗。放弃了不少军事要地，李将军又被俘。因此官兵士气低落，意志消沉，有的甚至叛变。社会上也谣言四起，人心惶惶。英国报刊预言华盛顿的军队即将"土崩瓦解"。

此时，《常识》的作者潘恩正在大陆军内服役，撤退途中，他见到了华盛顿，但这时的总司令已不是费城所见的那位头发梳得整整齐齐的弗吉尼亚贵族，而是形容憔悴、身体虚弱、满面皱纹、眼睛发红的军人。华盛顿希望潘恩能为这支军队做些工作，他对潘恩说："倘使你能写些什么东西，不只是为军队，而是为了整个国家。我们快要完了……。"

在华盛顿的鼓励下，潘恩开始了工作。在艰苦的行军途中，他利用宿营时间，在烛光下奋笔疾书，12月19日，他写的以《美国危机》为题的第一篇文章出版了，以后共出版十六篇。如同《常识》那样，潘恩用通俗易懂的语言，把真理告诉人们，鼓励伙伴们继续前进。华盛顿读了《美国危机》后很受鼓舞，心情非常激动，他感到自己动摇、抑郁的心情的危险，为了激励士气，他下令在部队进攻前的每次集会上，都要高声宣读《美国危机》。

在革命战争最危急的关头，华盛顿以极度的坚韧、勇气和深深的责任感，坚持着当时他那毫不令人羡慕而又困难重重的职责。

华盛顿主张防御战术，但不是消极防御，他千方百计地寻找战机打击敌人。1776年12月25日，华盛顿率军在当地渔民的协助下，偷渡特拉华河，奇袭特伦敦的英军。这次战役毙敌二十二人，俘敌九百四十八人，而美军只死亡二人，伤五人。次年1月3日夜，他又用突击战术打了普林斯顿的英军，一百余人被击毙，三百余人被俘。

这两次奇袭战役的胜利，扭转了战局，结束了大陆军一直打败仗的局面，像漫漫长夜中的闪光给人们以胜利的希望。随着战争的胜利，华盛顿驰誉天下，名扬欧美，英国的一些上层人士及整个欧美都开始认为华盛顿是一个有远见、有手腕的将军。普鲁士国王曾称誉这两次战役是"军事编年史上最光荣的成就"，还送给华盛顿一幅肖像并题词："欧洲最年长的将军致世界上最伟大的将军"。

普林斯顿之战以后，英军在新泽西的其他据点也受到北美民兵的袭击。1777年10月，英军伯戈因将军的部队在纽约萨拉托加战败，五千多英军放下武器，向美军投降。这是美国独立战争反败为胜的转折点。

但是，美国人民要取得最后的胜利，还须克服许多困难。华盛顿军队经受了严峻的考验。这年冬天，战事无几。华盛顿为了部队的休整和监视费城的英军，率部驻扎在离费城二十英里的伏吉谷。在伏吉谷，士兵们没有足够的衣服和毛毯，一些战士的脚和腿因冻伤又没有条件治疗，只好截肢，变成残疾。不少士兵因疾病和饥饿失去了生命。后来华盛顿感慨地写道："士兵们衣不蔽体，夜无毡毯，脚上没鞋，赤脚行军，根据路上的血迹就可以找到他们的行踪,他们几乎经常没有粮食。"一位志愿来美参加独立战争的欧洲军官评论说:"这样的艰苦条件,欧洲任何国家的任何一支部队都不可能维持一个月的时间,而美国大陆军却在这里度过了半年之久!"

就在华盛顿同士兵们在伏吉谷经受最艰苦的岁月时,军界和政界的上层领导人中间却酝酿着一场反华盛顿的阴谋,并渐渐形成了一个反对派别。他们用极其卑劣的手段中伤华盛顿,给华盛顿写匿名信责骂他,还到处散布流言蜚语。华盛顿对阴谋集团的活动从内心感到痛苦,可是在整个战争中他却表现出了宽容大度的伟大气质。他把报界的嘲骂,阴谋集团的讥诮,公众的抱怨,朋友的提醒,一概置之度外,依然同士兵一起坚持训练,以新的姿态迎接战斗。

1778年2月,北美人民在萨拉托加取得的辉煌胜利导致了外交上的重大成功,使英国的宿敌——法国站到了美国方面,美国与法国正式结成同盟了。此时英美双方的力量对比发生了重大变化,战争形势出现了根本性的转折。

英法联盟的消息传到伏吉谷,华盛顿和官兵们一起欢呼庆贺。但也使英王和内阁成员感到不安,决策阶层产生了意见分歧,最后英王同意,只要美国继续承认英国对他们的主权,放弃独立,其他一切条件都可应允,并成立和谈委员会,同美方和谈。

是战?是和?掌握军事大权的华盛顿究竟抱什么态度不是无足轻重。英国人把他列为应当争取的重点人物,但华盛顿的态度十分坚定,他写信建议大陆会议拒绝英国的和平条件,揭露英国当权者的阴谋诡计,他说:"据我看来,除独立以外,其它一切都不可能算是达到目的,其它条件的和平,只能是暂时停止战争。没有独立,就没有和平。"这标志着华盛顿已成为一个成熟、坚定的爱国主义者,在新的历史条件下,他提出没有独立,就没有和平,其思想水平又提到了一个新的高度。

6月17日,大陆会议正式回复英国和谈委员会:除非英国军队全部从美国撤走,并承认美国独立,否则绝无和谈可言。

英国的和谈方案,正如华盛顿一针见血指出的,是"赤裸裸的诡计"。就在英国派遣和谈委员会到美国的时候,英国当局已决定派亨利·克林顿将军为侵略军总司令,并作出了新的军事部署。

6月18日,克林顿率军撤离费城开赴纽约。华盛顿抓住英军撤退之机,率军追击,直追到纽约附近白愿扎营,同克林顿对峙。英军被迫筑壕自卫,战争暂停。不久,林克顿率军南下发动攻势,并击败了美军,占领了重要港口查尔斯顿。此时英将康华利也在坎登打败了盖茨将军率领的美军,英军取得胜利。

英军在南方得逞只会是暂时的。广大美国人民和大陆军战士已为英军布下了天罗地网,从1780年10月至1781年3月,英军连续遭到美军的攻打,最后英军一直撤退到约克镇。

1781年8月13日,法国派三千五百名海军官兵和二十八条战舰前来支援美军作战。华盛顿认为在约克镇同英军决战已成定局。自10月3日至14日,美法联军在约克镇向英军发起了总攻。10月17日,英将康华利做出最后选择,率领八千名英军向美法联军投降。19日,举行了庄严而富有讽刺意味的投降仪式。

约克镇胜利的消息像春雷震撼北美大地,举国上下,一片欢腾。这次胜利是独立战争中最大的一次胜利,它标志着美军的战略反攻取得了决定性的胜利。此后,英军斗志涣散,已无力再战。从列克星敦的第一枪,到约克镇的康华利投降,战争足足打了六个半年头。北美人民和大陆军为了自己祖国的独立,付出了巨大的代价和牺牲,最终实现了民族独立。

1783年9月3日,英国被迫在巴黎与美国签订《巴黎和约》,承认美利坚合众国为自由、自主的独立国家。正如列宁所指出的:"现代的文明的美国的历史,是由一次伟大的、真正解放的、真正革命的战争开始的。"

关于华盛顿在美国独立战争中的贡献和作用,历史学家是这样评论的:余志森等人认为,华盛顿作为一个军事家是值得肯定的。虽然他没有深邃的军事理论,也缺乏事变前料事如神的先见之明,但一旦事变发生却能立刻做出合理的判断,提出具有真知灼见的军事主张。在战略上,他以"费边"式的拖延著称,在战术上却迅速敏捷,惯以奇袭巧攻令对手胆寒。他是民族解放战争造就的军事家。他的军事实战虽有限,但却闪烁着特有的异彩。聂守志认为,华盛顿虽称不上拿破仑式的天才统帅,却是一个有先进思想、掌握灵活战略战术、有着丰富实践经验、为美利坚民族的独立建立了不朽功勋的军事统帅,在战争中起了关键作用。

重新出山　主持制宪

约克镇战役胜利后,新独立的美国国内形势逐渐发生了重大变化。英美之间的民族矛盾已因重大军事行动的停止渐渐降到次要地位,主要矛盾是独立之后的美国将建成何种体制的国家,邦联制还是联邦制?君主制还是共和制?意见分歧很大。华盛顿反对君主制,他认为,君主制只能给美国带来极大的危险后果——内战。当时,有人竟然公开议论让华盛顿当国王。老百姓中也流传着这样的歌谣:"上帝庇佑伟大的华盛顿,上帝诅咒国王(乔治三世)。"由华盛顿取代乔治三世在一些人心目中成了顺理成章的事情,因而出现了让华盛顿当国王的劝进书。

然而,华盛顿一方面在关心着国家的前途,竭力推进联邦制的建立;另一方面却始终没有断绝引退回家的念头,拒当国王。

1783年10月,美国邦联议会决定解散大陆军,华盛顿也断然决定解甲归田。11月2日,华盛顿向军队发表告别命令说:"在漫长的8年中,美国军队历经一切艰难挫折,它所表现出来的无与伦比的百折不挠的精神,不能不说是前所未有的奇迹。"12月4日,在纽约的一家饭店里,华盛顿含泪与朝夕相处、生死与共的大陆军军官们告别。23日,他参加了大陆会议召开的欢送会,会场上人群拥挤,连走廊上都站满了人。华盛顿郑重地把大陆军总司令委任状归还大会,并在致词中说:"长期以来,我一直在议会的命令下进行工作,我的使命已完成。现在我退出这伟大的战场,并怀着眷恋的心情向这个庄严的机构告别。"会议主席在答词中说:"华盛顿将军的美德决不会因军事生涯的结束而消逝,它仍将在遥远的未来展现其活力。"

1783年圣诞节前夜,华盛顿在三位青年军官的陪同下回到了思念已久的家乡芒特弗农。人们聚集在大厅口欢迎他的归来。晚上,大家燃起篝火,弹琴奏乐,芒特弗农一片欢腾。

此后,华盛顿隐居乡间达四年之久。他成了一个地道的弗吉尼亚种植园主,享受着一个"普通公民"的乐趣。他曾在给朋友的信中说:"我最终成了波托马克河畔的一个普通公民,在我自己的葡萄藤架和无花果树的浓荫下,没有军营中的嘈杂和公共生活中繁忙的情景,我正以宁静的欢乐自慰。这种快慰,对于一个始终追逐名誉的军人,对于日夜寝食不安地策划阴谋谋取私利、甚至毁灭别国的政治家,完全是无法理解的。"

英国诗人把华盛顿解甲归田比喻为古罗马英雄辛辛纳图斯,赞扬他在祖国危难之际挺身而出,驰骋战场,征战南北,功成身退解军归田,毫无所求的高贵品质。在华盛顿所处的资产阶级革命时代,凭借军权建立军事独裁或君主制度的,前有英国的克伦威尔,后有法国的拿破仑。拿破仑用刺刀从地上捡起王冠,而华盛顿却藏起刺刀踢开王冠。

虽然华盛顿在芒特弗农悄悄隐居下来,表面上脱离了政坛,但实际上他却忧心忡忡地注视着这个庞大的政治邦联的各个部分是不是能够协调一致。他日益怀疑在他的帮助下建立起来的这座大厦的巩固性。

美国独立后,统治美国的大资产阶级和大种植园主把战后的财政困难转嫁到劳动人民的头上。国内物价飞涨,纸币贬值,劳动人民生活受到严重威胁,监狱中竟关满了所谓"欠债"的穷人。新英格兰的贫苦农民,武装起来反对增税,围攻州政府。1786年,马萨诸塞州爆发了谢司起义,震撼了全国。华盛顿也感到十分震惊。他在致友人的一封信中说:"各州遍地是易燃之干草,星星之火,可以燎原。"他越来越感到制定新宪法的必要性。

在当时的社会上还存在着一股鼓吹君主制的思潮,麻萨诸塞、纽约都出现了有人要在美国建立君主制的谣传,连一些德高望重的人物也没有顾忌地谈论着君主制。华盛顿认为,言论可能会变成行动,要是真的如此,这将是敌人和专制主义的胜利,因为他们早就预言美国人无法在平等、自由的基础上建立共和制度。为了防止在美国出现君主制,制定一部资产阶级共和原则的宪法,是不可缺少的。

华盛顿在给詹姆斯·麦迪逊的信中说:"如果我们能制订出一部分充满活力的开明的宪法,实行严格的相互箝制和相互监督,防止人们侵犯宪法,我们就完全有可能在一定程度上恢复我们的尊严和举足轻重的地位。"这是一个成熟的政治家的远见卓识。

早在1784年,华盛顿决定要开发西部,但必须抓好内河航运和陆路交通,这就要涉及几个州的主权和利益。在他的建议下,1786年9月,弗吉尼亚等五个州召开了联席会议。会上,代表们认为,仅有五个州参加还无法讨论有关全国商业、交通的具体问题;他们建议于1787年在费城召开十三个州代表参加的全体会议。这个建议得到邦联议会的认可,并以讨论修改《邦联条例》的正式会议,通知了各个州,请各州的代表参加。1787年在费城召开的这次会议,正是美国历史上著名的制宪会议。

1787年5月25日——9月17日,制宪会议在费城召开。华盛顿以弗吉尼亚代表的身份出席了会议。来自十二个州(罗得艾兰州没有参加)的五十五名代表聚集在签署《独立宣言》的大厅里,起草美利坚合众国宪法。代表们一致推选华盛顿为会议主席,八十一岁高龄的富兰克林为副主席。

会议开始不久,华盛顿提议通过了两个决议:一是各州不论大小在表决时都只有一票;二是会议期间严加保密不得将内容向外泄露。华盛顿极为重视保密,一次,会前有人捡到一份被人遗失的文件交给他,开会时他克制住内心的怒气,不露声色。会议结束时,他突然从口袋里掏出那份文件,口气严厉地要求代表们更加谨慎小心,以免议事记录上了报纸,使大会不成熟的思想扰乱公众的平静。接着,他把文件高高举起,说:"我不知道这是谁的文件,它现在在这!"说罢,华盛顿将它扔在桌上,加了一句:"请它的主人前来领取!"然后,华盛顿向大家鞠躬,拿起帽子离开了会场。他的神情如此"严峻",以致在场的人大为吃惊。自此以后,代表们再也不敢记录会议的情况。华盛顿习惯的日记也不涉及一字。

保密原则苦了后来的历史学家,使他们无法得到这次会议的详细记录。幸亏,麦迪逊在每天的札记中写下了会议争论的详尽内容。当时他曾保证,这些内容只有在他死后四年才可予以发表。麦迪逊去世后,他的夫人就把这部载有制宪会议详细内容的札记卖给了国家,这样世人才得以窥视此次会议的内幕。

这次会议是一次不平静的会议,会上进行了激烈的争论。因为五十五名代表,分别代表着不同阶层、不同集团的利益,在讨论国家政权的组织形式时,发生了严重分歧。华盛顿凭借他的威望和代表们对他的信任,从中调停、缓和矛盾,因此使会议能顺利进行。正如他后来在呈交宪法文本的报告中所说,这部宪法是"友好、相互尊重和忍让精神的结果"。会议经过长达四个月的争论,最终制定出了美利坚合众国宪法草案。后经过了批评与反批评的斗争,终于在1788年9月获得正式批准,宪法开始生效。

这部宪法规定:美国是一个联邦制的共和国,实行立法、司法、行政三权分立,立法权属于由参议院和众议院组成的国会,司法权属于最高法院,行政权属于美利坚合众国总统,最高行政首脑总统由选举产生,并规定了任职年数。这同实行终身制和世袭制的封建君主制度相比是一种历史的进步,是一次伟大的变革。

这部宪法在当时对美国的发展产生过积极的作用。当然,美国宪法毕竟是大资产阶级和种植园主统治人民的工具,它在1791年以前没有规定公民的权利,公民的选举权和被选举权受到了种种限制,印第安人被排除在公民之外,以及允许奴隶制的存在等等,问题是十分明显的。

华盛顿在制宪中的作用,历史学家是这样评价的。华盛顿是制定宪法的热心推动者,制宪会议成功的主持者。在制宪会议上,华盛顿的作用虽不如"宪法之父"麦迪逊那样明显,但作为会议的主席,靠他的威望和组织才能,使大会取得成功,使纷繁复杂的吵闹不休的意见取得一致。华盛顿与麦迪逊两人在费城会议上的作用,如车之两轮,互相依存,不可互缺。

首任总统　政绩赫赫

新宪法的通过,揭开了华盛顿生活中新的一页。根据宪法规定,1789年1月,美国将举行历史上第一次总统选举。在正式选举以前,全国人民已经异口同声地一致拥戴他出任总统。

此时的华盛顿还在该不该出任总统候选人的问题上举棋不定,他从内心里是不愿再离开安静舒适的庄园生活,去经受惊涛骇浪的摔打。他在给好朋友的信中说:"总统职位并无使我着迷的魅力,由于日益年老体弱,并日益酷爱清静,除想作为一个诚实的人,在自己的农庄上生活和结束此生之外,别无他求。当我就任政府首脑之时,将有罪犯走向刑场之感。因我本人不具备掌舵所不可缺的政治手腕、能力和兴趣。"他的好朋友拉斐特·汉密尔顿等都写信劝慰他说:"为了美国,为了人类,你不应拒绝担任总统,因为只有你才能稳定政局。"

就在华盛顿犹豫不定时,1789 年 4 月 14 日,总统选举的最后结果是:华盛顿以六十九票(全票)当选为总统,约翰·亚当斯以三十九票当选为副总统。美国国会也同时产生。这样五十七岁的华盛顿就成了美国历史上的第一任总统。

当天,国会秘书带着国会的正式信件从纽约来到芒特弗农,将选举结果告诉了华盛顿。4 月 16 日早上,华盛顿怀着"忧虑不安的心情"辞别芒特弗农,前往纽约上任。23 日,华盛顿到达首都纽约,码头上游艇云集,礼炮齐鸣。30 日,举行了隆重的总统就职仪式。在纽约联邦大厦的阳台上华盛顿面对成千上万的民众宣誓:"我谨庄严宣誓,我将忠诚执行合众国总统职务,我将竭尽所能坚守、维护并保卫合众国的宪法。"宣誓完毕,大法官高呼:"合众国总统乔治·华盛顿万岁!"霎时,全场上下欢声雷动,礼炮齐鸣。接着,华盛顿走进大厅,向国会发表了二十分钟的就职演说。他感谢民众的信任和上帝的赐福,强调宪法的重要性,并满怀愉悦地展望未来。

在美国历史由独立战争取得胜利进入和平建设的转折点上,在人类历史上资产阶级共和政体从封建君主专制政体脱颖而出的关键时刻,华盛顿登台就职。美国人民八年的浴血奋战取得了民族的独立,又付出了五年的时间,设计出大致符合美国国情的政治形式。如果《独立宣言》是指引美国人民在争取独立道路上胜利前进的旗帜,那么 1787 年宪法则是在总结革命战果的基础上,为未来美国设计了政治体制的蓝图。但是要把蓝图变为实体,需要花费巨大的代价。

华盛顿上任后,摆在他面前的是一个烂摊子:没有完善的政府机构;国内阶级矛盾重重;国库空虚,负债累累(内外债共约八千万美元);同欧洲列强的关系错综复杂,难以应付。一句话,刚独立不久的美国百废待兴。

华盛顿首先进行组阁,他设法在内部确立势力均衡,任命了四个具有两派观点的美国第一流的人物组成第一届内阁。这四个人是:国务卿托马斯·杰斐逊、司法部长埃德豪·伦道夫、财政部长亚历山大·汉密尔顿、陆军部长亨利·诺克斯。这时,华盛顿的政府中既有北方人,又有南方人;既有富于理想崇尚民主自由的理论家,又有善于管理、精打细算的行政干将,他们的平均年龄是四十四岁。后来美国史学家称华盛顿的用人出色地证明了他的天才。

在任命政府部门其他官员的问题上,华盛顿谨言慎行,坚持任人唯贤、不徇私情,以德才取人的原则。布什罗德·华盛顿是华盛顿的侄子,曾希望做总统的伯父能为他谋一地区检察官之职。华盛顿秉公办事,严加拒绝,他告诫侄子:"百眼巨人的眼睛正注视着我,为朋友或亲戚提供被人视作特殊的过失,将无一能逃脱过去。"华盛顿的许多朋友利用各种关系,想在政府中谋个一官半职,都被他一一拒绝。他清醒地看到,要是新政府在任命和使用公职人员时,采取不公正和不得人心的手段,那么政府本身会处于被这些手段颠覆的危险之中。

如何处理总统与国会之间的关系,华盛顿坚持总统本人不亲临参议院征求意见的做法,后来成为一种惯例被继承下来。在处理总统与政府部长的关系问题上,华盛顿按照宪法的规定行事。他对所需要了解的事情,均令有关部长写出书面意见,最后由他本人作出裁决。这种处理方式也成了后来美国内阁集体讨论问题的雏形。

处理中央与州政府之间的关系,是当时美国政府生活中最复杂、最敏感的问题,其中尤以总统与州民之间的关系为最。因为美国存在有邦而无国的历史传统，州自为政，州长是一州的最高行政长官，在一些人的眼里，州长与总统是平起平坐的关系，不存在权力大小、地位高低的差别，这种看法同联邦制当然难以协调一致。华盛顿如何处理这个难题？这里有一个戏剧性的情节。

1789 年 10 月 25 日，华盛顿开始了对东部各州的巡视。当到达马萨诸塞州时，州长亨科克竟称病不出，因为在亨科克的心目中，他是该州最高权力的体现者。华盛顿对此决不示弱，以拒绝出席州长宴会加以回敬。华盛顿认为总统理所当然居于州长之上，联邦政府高于各州政府。华盛顿的强硬态度压倒了亨科克的傲慢。10 月 25日，州长在简函中向总统表示歉意，请求总统会见。华盛顿对此表示欢迎。次日，亨科克乘马车而来，在华盛顿下榻处会见了总统。

为了表明联邦政府同州政府之间的关系，加强联邦政府在人民心目中的地位，提高联邦政府的威望，华盛顿于 1791 年 3 月——7 月以四个月的时间巡视了南方。他在日记中写道："每天的见面都证明成立美国政府是正确的，而日益受人欢迎。"

财政问题是美国独立战争遗留下来的最令人头痛的老大难问题。邦联政府给华盛顿留下的不仅是一个囊空如洗的国库，而且还有一大笔惊人的债务。本是大富翁的华盛顿，如今却成了负债累累的新政府首脑。因此，他非常重用有经济头脑的财政部长汉密尔顿，给他提供了施展才能的场所和条件，让他制定发表关于经济改革的报告。汉密尔顿不负重望，上任不久，就拿出了关于解决财政问题的详细建议的报告。虽然在报告讨论时意见分歧很大，矛盾也很尖锐，但在议会上还是以三十六票对十三票多数通过。华盛顿第一任期内，解决国内经济困难、财政拮据的政策，主要是努力发展经济，促进工农业生产，以便减少对欧洲的依赖。主要措施是：第一，颁布关税条例，为本国资本主义工商业的发展和对外竞争创造有利条件。第二，课征国产税，作为资本主义积累的主要来源之一。第三，偿还内债和外债、设立合众国银行以统一货币。华盛顿的这些措施，促进了美国资本主义的发展，同时也加重了劳动人民的负担，使之处于贫困之中。

在对外政策方面，华盛顿利用国际矛盾，保护和扩大美国利益。他的外交重点是处理同欧洲的关系，而更重要的是同英国与法国的关系。

独立战争前，美英是殖民地与宗主国的关系，北美殖民地人民曾把自己视为不列颠帝国的臣民，在国际上把法国看成是竞争的最大对象，不共戴天的敌人。华盛顿年轻时曾作为英国的军人参加英法七年战争，并以此扬名天下。然而，独立战争期间，北美与英法两国的关系出现了戏剧性的变化：对美国而言，昔日的母国——英国成了它的最凶恶的敌人；往时的宿敌——法国成了它最亲密的同盟者和同一条战壕里的战友。

那么，独立战争结束后，如何处理同英法两国的关系，是华盛顿外交上的一个重要问题，也是一个难以处理的问题。

调整同英国的关系，是华盛顿对英政策的出发点。因为对美国来说，英国是最可能制造麻烦的国家，同时又是同美国保持最重要经济联系的国家，所以，华盛顿主张同英国逐渐消除敌对情绪，缓和气氛，拉点关系。1790 年，华盛顿派外交人员去英国，两国僵局开始打破。后来，英国正式派出政府官员作为互换使节来到美国，向两国关系正常化迈出第一步。

美法关系按理说应比美英关系容易处理，因为美法联盟曾经是美国人民争取自由独立取得最后胜利的有决定意义的因素。从来不会想到这种用生命和鲜血凝结起来的友好关系会出现什么困扰和挫折。可是，这种友好关系因为法国国内爆发资产阶级大革命和美国国内政治形势的变化而开始复杂起来。华盛顿是持谨慎并留有余地的态度处理同法国的关系的，一方面，他依然高度赞扬美法联盟和友谊；另一方面，又暗示不允许任何国家采取损害美国本身利益的政策。

华盛顿在第一任总统期间，还提出了一系列颇有远见卓识的设想和建议。他提出为了保卫国家安全建立军队的主张。他认为发展经济应该重视引进国外先进技术，珍视发挥人们的智能。他还从治国安邦的角度强调知识的重要，他说："知识是公众幸福最可靠的基础，有了知识就可以理解和珍视他们的权利。"为此，他提出在资助现有学院的同时，要筹建新的国立大学。

然而，华盛顿不仅整日为国事而操劳，还要为调停内阁纷争而费心。

内阁纷争主要是国务卿杰斐逊和财政部长汉密尔顿之间的争斗。杰斐逊和汉密尔顿两人都是美国的开国元勋，是美国建国史上的两位巨人。但是他们两人从外表到气质、从思想到风度、从哲学观点到外交政策都各成一体，各具特色。

律师出身的汉密尔顿，是一位出色的行政天才。他精明能干、雄心勃勃、精力旺盛的气派和细致精密且训练有素的头脑相称协调。他作为华盛顿的得力助手，利用财政部长的权力，大胆地提出了一系列有创造性的经济改革计划，解决财政困难、发展经济。政治上他主张加强联邦政府的权力和地位；经济上主张发展工业，保护关税；外交上则有明显的亲英倾向。他的务实精神并不掩盖他的思想才华，以他为主笔的《联邦党人集》，作为人类思想史的一个光辉成果闪烁着智慧之光。

杰斐逊则完全是另一种天赋禀性的人物。他是一位才华横溢、思想开阔、知识渊博的哲学家、理论家、学者和贤人，是一位理想主义者。他深受法国资产阶级启蒙思想的影响，是一位杰出的民主主义者。他酷爱自由平等，痛恨暴政；他歌颂革命，声称人民有革命的权利，对法国大革命抱着极大的同情。他起草的《独立宣言》已成为人类历史上的不朽之作。如果说汉密尔顿是用工业社会作为美国的前景，那么杰斐逊则是把祖国的未来蓝图设计成一个宁静的农业社会。

从阶级地位分析，两位历史巨匠代表了当时美国社会中的两大阶级，汉密尔顿的背后站着北方的大商业资产阶级，杰斐逊则是中小资产阶级和种植园主的代表。

汉密尔顿和杰斐逊上任初期还是能团结一致的。但因两人所代表的阶级利益不同，在政策上开始出现了分歧，并且矛盾不断加剧，愈演愈烈，最后发展到在报纸上相互攻击的地步。

华盛顿作为美国最高行政首脑，是三驾马车的带头人，他同汉密尔顿和杰斐逊保持了等距离的均衡关系。他不参加任何派别和集团，而是积极寻找中间道路，他分别给汉密尔顿和杰斐逊写信劝解，他热切希望各方都抛弃伤人的猜疑和刺激性的指责，而代之以胸怀宽大的忍让、互相克制和妥协。他采用调和、折中、妥协的手段弥合两人之间的裂缝，这是华盛顿明智、高明的作法。要是他公开站在一边反对另一边就会导致政府的瓦解，乃至国家的分裂。

华盛顿虽然没有也不能彻底解决汉密尔顿和杰斐逊之间的巨大分歧，使他们握手言欢，化仇为友，但是却把两人的争斗关在内阁里面，不致动摇整个政府大厦，而且亲自加以裁决,取两人所长,避其短处,服务于国家目标。正如杰斐逊后来所说:"我和汉密尔顿就像两只好斗的公鸡天天在内阁里打架。"这也许是华盛顿的治国之道、用人之法。

　　总之,华盛顿在任期内,处理了一些外交事务,但主要政绩是国内行政事务。那么,他的施政方针及其评价如何? 余志森认为:华盛顿在政治上,坚持执行宪法所规定的原则,力求建立法制政府。用人以德才取人,不徇私情;在经济上,主要支持汉密尔顿的联邦派来发展经济;在外交上,既不同意以杰斐逊为首的亲法派,也不同意以汉密尔顿为首的亲英派,而是从国家利益出发,采取中立的外交政策;在汉密尔顿与杰斐逊之间的激烈斗争中,尽量寻求稳健的中间政策。

连任总统　充满风波

　　1792 年,华盛顿眼看总统选举在即,他的内心世界出现了新的撞击,荣誉感、责任感同厌恶内阁纷争的情绪冲破了他原先的心理平衡,他又走到了连任与引退交叉的十字路口上。他从内心想到引退,但内阁成员都反对他这样做。有的说:"华盛顿的引退将是目前降临于祖国的最大不幸。"伦道夫在给华盛顿的信中说:"当您的祖国召唤您去任职的时候,您却允许自己退位。要是内战爆发,您将无法安居家中。"杰斐逊也对华盛顿说:"有你在,南北两方就不会分裂。"

　　正当华盛顿还在要不要连任的十字路口左顾右盼、举棋不定的时候,美国总统选举已结束,选举结果:华盛顿获一百三十二票(全票)连任,约翰·亚当斯以七十七票连任副总统。在美国历届总统选举中,连续两届以全票当选的总统只有华盛顿一人。

　　1793 年 3 月 4 日,六十一岁的华盛顿总统在首都费城举行了连任就职典礼,仪式极其简单,就职演说只有短短的一百三十五字,为历来美国总统就职演说中最简短的。

　　华盛顿第二次登台时的境遇与第一次相比,已今不如昔了,国内外形势动荡不安,各方面都出现不祥的兆头。国内内阁意见分歧,党争加剧,甚至总统本人也被卷入,并遭到了抨击。人们疑虑国内有君主政体的苗头。在世界历史上,这也是个不祥的时期,因为不久以后,就传来了路易十六被推上断头台的消息。紧接着又有一件事打破了世界的平静,就是法国向英国宣战。在这样的关头,美国持何态度,这不能不说是摆在总统面前的一个棘手的问题。

　　华盛顿二任遇到的第一个难题,就是美国同英法两国的关系问题。他连任总统不久,世界局势发生了突如其来的变化,英国伙同荷兰、俄国等欧洲其它君主国一起攻击法兰西共和国,整个欧洲都卷入了战争。国际形势的变幻给美国带来了动荡和不安。当时美国国内就存在着两种观点的斗争,随着英法的宣战,这种争斗更加激烈、更加尖锐了。以杰斐逊为代表的亲法派主张支持法国战争,以汉密尔顿为代表的亲英派则主张支持英国。内阁争斗也越来越公开化了。

　　面对这种形势,华盛顿持什么态度非常重要。他认为,处理英法关系不仅涉及国际政治,而且同杰斐逊与汉密尔顿的矛盾交叉在一起。换言之,总统的最后决策不仅在国际上会表明是亲英还是亲法的立场,而且在国内又似乎会同站在杰斐逊或汉密尔顿哪一边联系起来。稍有不慎,就有使美国卷入战争的危险,也势必会造成美国的内乱。于是,他竭力在两种对立的观点中寻求和发现共同点,异中求同,提出一个双方都能接受的方案。

4月19日,他正式召开内阁会议,要求杰斐逊和汉密尔顿都把国际问题同美国利益结合起来考虑,并提出各自的建议。两人虽然出自不同的观点和目的,但最后终于形成了一个近似的意见:美国不应该加入战争。华盛顿认为这正是他所要寻找的共同点,也符合他的设想,这是惟一可取的良策。最后,经过争论,一致决议以总统名义发表一个表明中立态度的文件。

4月22日,宣言公诸于世,这就是没有冠以中立名称的"中立宣言"。文件宣称:美国同法国、英国均保持和平关系。禁止美国人民参加海上的任何战斗,要求美国人民不得把国际惯例视为违禁品的任何物品运往交战国,等等。有的美国历史学家认为华盛顿的做法既不同于杰斐逊的亲法立场也不同于汉密尔顿的亲英态度,而是遵循了一条独立路线。

"中立宣言"的发表,标志着华盛顿外交思想臻于成熟。第一任期的华盛顿,在外交上已经形成并提出了基本构想,即美国不能卷入欧洲各集团的纷争和战端,并开始调整美英、美法关系,即对英国拉关系搞缓和,对法国开始降温减热。1793年"中立"宣言的发表,意味着这种调整在英法开战的催化下已告完成,用宣言的形式公开亮出美国对英、法的"等距离外交"方针,在两强之间保持不亲不疏、不偏不倚的立场。中立宣言的发表说明华盛顿在制定外交政策时具有冷静的判断力,难怪杰斐逊在华盛顿逝世后赞扬他说:"他性格中最突出的特点大概是审慎了。对于任何事情,不经过详细了解,周密权衡,他决不会贸然采取行动。但凡还有一点不够清楚的地方,他就会暂不采取行动。但一经决定,便排除一切障碍,贯彻到底。"

美国史学家认为:华盛顿之所以采取"中立"的外交政策,一是考虑到美国自身的利益,当时美国战争创伤尚未治愈,不仅债务尚未偿清,而且经济刚转入正轨,美国无力再卷入一场战争。二是考虑到政府主要成员在内政外交上存在重大分歧,一旦美国参战,宣布站在某一方,势必加深政府危机,甚至导致联邦分裂。三是考虑到美国经济上的不独立,经济上还离不开英国,不能联法反英,因同法国曾是一条战壕中的战友,更不能联英反法,只有采取中立的政策。这一政策的确立,更进一步表现了伟大政治家华盛顿的远见卓识。

然而,执行中立宣言比发表中立宣言不知要困难多少倍。要出现多少风波。

中立宣言发表不久,国内出现了一场"热内风暴"。法国使者热内计划在美国自下而上地发动一场支援法国革命的风暴,准备在美国开展一个反英第二战场,迫使美国卷入战争。他身上带着征集军队的任职令和委任状。他到达美国不久,就像在法国那样干起了"革命"。他同美国亲法分子串联、组织,没多久,竟然拉起了一支一千六百人的队伍,给刚刚发表的中立宣言造成了一定的冲击。最后他想越过华盛顿向人民呼吁,甚至无理要求华盛顿召开一次国会特别会议,让美国人民的代表在美国总统和法国公使之间作出评判。如果华盛顿拒绝召集会议,他宣称要直接采取行动。此时,美国人民方才觉醒,看到热内不是在帮助美国,而是在危害美国。因此,在美国人民心目中,热内很快由一个为自由而斗争的英雄变成可笑而狂妄的丑角。以后,热内得到了一份回国受审的通知,面临上断头台的热内不敢回国,要求留在美国。华盛顿不计热内的前过,宽大为怀,同意这位曾经要推翻他的"革命者"成为美国公民。后来热内过着隐居生活直到 1836 年。

如果说华盛顿政府面临的 1793 年风波起因于美法关系,那么 1794 年外交危机则由美英关系所引发。

1794 年春,对美国来说是一个不平常的春天,不仅国内南北双方的团结面临考验,而且美英关系也日趋紧张。英国政府在外交上采取了咄咄逼人的架势。当时英国在北美洲的驻军多达六万人,早在 1793 年 11 月就发出秘密命令:载有法国货物的任何中立国的商船照扣不误,因此约有二百五十艘美国商船先后落入英国人手中。

华盛顿决定由杰伊出使英国谈判。谈判的目的有二:一是建立有利的美英商业关系;二是敦促英国军队必须从美国撤走。1794 年 4 月,杰伊肩负着这项极其困难的任务抵达目的地。经过谈判,11 月双方达成协议。协议规定英国于 1796 年 6 月 11 日前将军队撤出美国领土西部的军事据点;英国允许美国商船开往英国的东印度的商业据点;英国允许西印度群岛向七十吨以下的美国商船开放,但以不准美国商船将棉花、食糖、糖浆运往其他国家为条件;英美双方建立联合委员会共同处理美国独立前所有英国债务以及边境纠纷问题;美国在商业上给英国以最惠国待遇等等,这就是所谓的《杰伊条约》。

1795 年 6 月,消息传到美国,在美国内部又引起了一场激烈的争辩。从议员到民众对条约的内容都表示不满,各大城市几乎都举行群众集会,反对批准条约。党派的争斗,此时又达到了高峰。

正在华盛顿经受巨大的政治压力的时候,7 月 7 日,一个不祥的消息传到了费城,英国重申了 1793 年 6 月关于拦截开往法国港口的商船的命令,再次扣押美国商船。面对严峻的现实,华盛顿经过深思熟虑,又征询参议院和许多人的意见,最后向英国政府宣告,如果英国不取消 1793 年 6 月的命令,美国总统决不会批准条约。做完这一切后,华盛顿断然决定批准《杰伊条约》,同时向英国政府提出一份强硬抗议,18 日正式签署。

华盛顿明知国人激烈的反对情绪,为什么还敢冒这样大的政治风险,批准条约呢?华盛顿是一个审慎的人,决不贸然行动,他是出于如下的考虑,他认为反对批准《杰伊条约》的呼声并非真正代表了人民的力量,而是党派争端所致。他在给陆军部长的信中说:"党派竞争竟达到如此程度,真理受到如此的蒙蔽与歪曲,……但是这些自作聪明的伎俩只是党争中人类感情的逆流,当争夺的目标只是为了胜利而不是为了真理时,荣耀的岗位成了私人牟利的基地。"他又说:"在我的每一项措施中,我都力求为同胞们谋幸福。为了达到这个目的,我一贯的办法是,对一切个人的、地方的、局部的利益一律不加考虑,把合众国当作一个伟大的整体看待。"华盛顿批准条约,正是从国家整体利益考虑的。

华盛顿批准条约招来了不少非议和人身攻击。对此他怀着沉重的心情告诉朋友:"由于坚定地恪守原则和中立政策,我已经为自己招来我国派别性报纸和形形色色的心怀敌意的不满分子的滔滔不绝的辱骂。但是,我既然没有任何不可告人的罪恶目的,就决不因为有人这样做就放弃自己的既定方针。"

从后果看,《杰伊条约》的签订和批准,至少使英美战争推迟了二十年。华盛顿实现了避免战争的目的。在联邦党人看来,事情也许是这样:一项事后为历史证明是正确的政策和决定并不一定能为当时代的人理解、接受和拥护。一个有作为的政治家只有具备坚定的信念和果断的性格,才有可能把一项对国家有利的政策贯彻到底。

华盛顿二任期内,除了对外关系的风波使他烦恼外,国内阶级矛盾的时常尖锐激化也使他感到不安。从 1793 年—1794 年,社会上出现了三十多个民主团体组织,经常在城市举行群众集会,其规模之大可同独立前夕的动荡年月相比。在"法国狂乱"达到顶峰的时候,费城大街上成千上万的人日复一日地威胁要把华盛顿从家中拖出来,要实现一场政府中的革命,或是迫使政府宣战,支持法国大革命。《杰伊条约》的签订,也遭到了全国人民的普遍反对。多种民主会社纷纷组织起来投入斗争,声势日大,震撼了美国。农民起义也时有发生。

1794 年 7 月,宾夕法尼亚西部爆发了美国历史上有名的"威士忌酒起义"。这个地区的农民强烈反对政府对他们的威士忌酒征税,并举行了武装起义。华盛顿认为这是一场暴动,其根子在于民主社团分子的煽动,要是这些自行其是的社团不被搞臭,他们将毁灭了这个国家的统治。于是他派兵进行了镇压,逮捕了暴动的首领。镇压农民起义,虽然加强了政府的力量,但削弱了政府的威望,还加深了联邦党人和民主党人之间的裂缝与鸿沟。

华盛顿二任期间,政府内阁发生了人员变动,当他的两个心腹杰斐逊和汉密尔顿分别于 1793 年夏和 1795 年初退出内阁时,华盛顿觉得自己受骗了。民主共和党人政治抨击的矛头开始指向华盛顿。也许因为他过去听惯了周围的阿谀奉承,所以这些尖刻的批评深深地刺伤了他。组建新政府的热情已经烟消云散。他越来越感到人才难得,没有人能够接替那两位告退的得力助手。

总之,华盛顿二任总统时期,是一个充满风波的时期,也是令华盛顿较烦恼的时期。对外政策仍奉行中立政策,并为美国赢得了极大利益,但受到部分人的责难。镇压"威士忌酒暴动",虽然加强了中央政权的力量,但却使他的名誉下降。从总体上讲,这一时期华盛顿所采取的所有措施基本是正确的,它保障了美国和平的发展,并为以后美国经济的迅速发展奠定了基础。

功成引退　英名长存

镇压威士忌酒农民起义和批准《杰伊条约》,巩固了美国统治阶级的秩序,证明了联邦政府的力量和权威,为美国经济的发展赢得了时间,但给华盛顿本人带来的却是沮丧和不愉快。

华盛顿有着强烈的自尊心和荣誉感。他积极进取,自强不息;他珍惜声誉,希望别人尊重,他渴望国人对他理解、体谅。但在他任职的八年间却常受到别人对他的无端责难和人身攻击,使他的心灵受到很大的伤害。他决心离开这纷扰的政界,避开那唇枪舌剑、你争我斗的政坛,再次要求自动引退。

1796 年春,华盛顿开始起草他向同胞告别的演说辞。9 月 19 日,公开在《美国每日新闻报》上发表,告别演说的发表犹如晴天霹雳轰动全国上下,有的赞美,有的惋惜伤心,有的借此攻击。无论是褒是贬,无论从历史的长过程进行透视,还是与当时欧洲政界进行横向比较,告别演说无意中为美国留下了两笔巨大的遗产。第一,告别演说本身成了美国历史上的一份重要的政治文献。在内政方面,华盛顿在演说中坚持认为美国的联合是关系国家命运、民族兴衰的最重要问题。他告诫同胞们要真诚地保护这种联合,并指出破坏这种联合的最危险的敌人就是邪恶的党派斗争。第二,告别演说中华盛顿对美国外交政策提出了建议,他奉劝人民应采取避开与外界任何部分永久联盟的外交政策。他告诉同胞:"通过人为的纽带把自己卷入欧洲政治的诡谲风雨,与欧洲进行友谊的结合或敌对的冲突,都是不明智的。"

告别演说,可说是华盛顿8年执政经验教训的全面总结。就国内政策而言,华盛顿从建立均衡的权力结构到寻求不偏不倚的中间道路,直到反对党派纷争,八年执政使华盛顿深切体会到党派的存在和党派精神的弥漫成了破坏美国统一、人民团结和生活安宁的最大祸害,这种祸害在华盛顿卸职时已屡见不鲜,因而使他深恶痛绝并在演说中大加挞伐。华盛顿是一个光明磊落、道德高尚的人,他痛恨党派精神也正是他正直性格的表现。后来杰斐逊也说华盛顿是"我所知道的最廉洁无私、正直不阿的人了"。虽然在执政过程中,华盛顿坚持一碗水端平,一再表白自己是无党派人士,但是随着两党的形成和活动,华盛顿难以维持其超然的地位,反对派人士早在他身上涂上了党派色彩,使他有口难辩、越辩越糟。评价华盛顿在党派问题上的看法,应从美国由无党制向两党制转变的角度上加以研究。在党派问题上,华盛顿高尚的情操和政治品质往往阻碍了他对这个问题的深入观察,对此他从道德上的呼吁多于哲理上的分析,对无党无派的美好憧憬多于对已经存在的两党的承认与疏导,以致华盛顿在告别演说中对党派产生及解决问题上的分析是不够现实的。

告别演说中阐明的美国外交政策同样是华盛顿外交实践的经验之结晶。早在独立革命期间,在美法结盟之初,华盛顿就提醒同胞们应避免走极端,不要对法兰西抱"过度"的信任。华盛顿任总统以后,他执行不亲法也不亲英的独立的等距离外交政策。英法开战,华盛顿发表中立宣言使这种政策系统化、理论化。这种逐渐明朗的外交路线在他的告别演说中最后确定下来,即独立的外交政策。

在悠悠历史长河之中,历史事件或历史人物对后人的影响往往超过当事人本身的自我认识和预想。华盛顿的告别演说其自身的价值和意义远远超越了华盛顿原来的预料和估计。这篇文献所系统阐发的外交思想对美国的未来发生了深远的影响。这是因为华盛顿的外交思想不是随心所欲的想象和主观思考的产物,也不是一种为获得短期效益的权宜之计和策略,它是适应当时美国历史条件和地理特点的一种较为长期的方针。

如果说告别演说作为一篇政治文献是华盛顿为国家留下的一篇有形财富,那么他二任引退的行为就是无形的财富,即为以后的美国总统树立了任职不超过二任的先例。在美国建国以来四十位总统中,除了富兰克林·罗斯福因第二次世界大战的原因任期超过两届以外,再没有一位总统的任期超过两届。后于1947年通过并于1951年批准的宪法第二十二条修正案明文规定:美国总统的任期不得超过两届,使历史上的惯例正式成为宪法的规定。

1796年12月,举行第三届总统选举,约翰·亚当斯当选为总统。1797年3月3日,华盛顿在他任职的最后一天,举行了一次告别宴会。会上气氛庄重热烈,充满着恋恋不舍的惜别之情。宴会快要结束时,华盛顿以公仆的身份举杯向大家祝福,会场上充满伤感气氛。4日,新总统约翰·亚当斯宣誓就职,亚当斯在演说中谈到,他的前任"长期以来用自己的深谋远虑、大公无私、稳健妥当、坚韧不拔的伟人行动赢得了同胞们的感激,获得了外国最热烈的赞扬,博得了流芳百世、永垂青史的光荣。"

关于华盛顿第二次引退的原因,李景治认为,它是由两方面的因素决定的。从消极因素方面来说,这时的美国仍未摆脱英国的控制,这从根本上动摇了新政府的基础;第二任内的政策也越来越为汉密尔顿所左右,且不得人心。面对内外交困的局面,华盛顿束手无策,只好引退。从积极方面来说,这主要取决于华盛顿的政治信仰,他坚持共和制度,其引退是为了避免军事独裁和产生君主制,使美利坚民族在民主共和的基础上得到巩固和发展。余志森则认为,华盛顿二任期间确实已面临迭迭风波,并受到各方面的责难。国内的政治局面复杂迷离。党派斗争日趋激烈,华盛顿政府不仅苦于党派纷争,更苦于两党制度的不成熟、不完善。国际上华盛顿的中立政策虽说是惟一可取和正确的对外政策,但却必须承受来自英国和法国两方面的压力,但这种状况还没能发展到使华盛顿引退的地步。他指出,华盛顿的主观因素起了决定性的作用。华盛顿有强烈的荣誉感,但又不迷恋权力,他从事政治,但厌恶党派斗争,他喜欢恬静安逸的农村生活,无意久留政坛。这种品质、气质和志趣是他二任引退的思想基础和心理条件。当然这种主观因素也深深扎根于美国的民主土壤之中。

1797 年 3 月 15 日,六十五岁的华盛顿再次回到他心爱的芒特弗农。他告诉朋友:"我已经离开政治上的宽广大道而进入私人生活的狭隘之途。"他又像往常那样,骑马奔忙于农场之中,并以极大的兴趣修缮、美化芒特弗农。

然而,华盛顿在芒特弗农只住了几个月,美法关系就出现了危机,战争似乎不可避免了。美国政府决定采取强有力的措施,国会授权亚当斯召募一万人以作应急之需。亚当斯对于突然降临到他肩上的作战责任感到一筹莫展,就写信征求华盛顿的意见,请求他接受中将军衔,指挥即将建立的合众国新军。在同一时候,陆军部长麦克亨利也给华盛顿去信说:"在这个十分可怕而重要的紧急关头,您愿意担任全军的统帅吗?我希望您愿意,因为只有您才能把大家团结起来,同心同德,共同对敌。"

华盛顿虽然顾虑重重,但还是以国家的安危为重。他在给总统和陆军部长的回信中说:"我的一生都这样地奉献给祖国了,在有生之年,只要祖国需要我牺牲自己的安逸和宁静,我就决不能在这个生死存亡的关头再争什么安逸和宁静。"华盛顿这种可贵的爱国精神,受到了人民的尊敬和爱戴。费城一家报纸这样写道:"美国人啊!感激他的深情。对于一个饱经风霜和满载荣誉的人,一个如此渴求于芒特弗农宁静树荫下终其一生却再次出山经受议事苦虑与战争劳累的人,一个曾如此光荣地为国争得自由的人,怎样感激都不为过。"

1798 年 11 月初,华盛顿前往费城,同汉密尔顿、平克尼等一起安排召募筹建军队的事宜。不料美国采取的军事措施,真的对法国政策产生影响,法国竭力想通过非官方人士劝诱美国作出友好姿态。不久,美法开战的乌云烟消云散,北美大陆恢复了平静与安宁,华盛顿又重新回到芒特弗农,过着他喜爱的退休生活。但在后来的几个月中,华盛顿仍然对军队事务进行着遥控。

华盛顿回到家后,决心大兴土木,重整家园,因为他离开家十六年,他的庄园已紊乱不堪。为了整修庄园,他日夜忙碌,干劲十足,还制定了一份今后几年内管理庄园的完整规划,规划写得十分清晰,有条有理,是一份完整的文献。说明到晚年的华盛顿,头脑仍十分清晰敏捷,工作仍有条不紊。

1799 年 12 月 12 日,他在骑马外出的途中,遭遇数小时的风雪,回家后突患急性喉炎,病势凶猛。14 日早晨,他已病得难以讲话和吞咽。下午,他让夫人取出已写好的遗嘱。在遗嘱上，华盛顿表示死后要让他的所有奴隶获得自由。他的病情恶化，经医生抢救无效，于当天晚上 10 点，这位美国历史上的伟大人物在卸职两年零九个月之后逝世，享年六十七岁。

华盛顿去世的消息传出后，举国沉痛哀悼。正在开会的国会立即休会一天。第二天国会又通过决议，决定在议会席上蒙上黑纱，众议院全体议员和工作人员在开会期间一律佩带黑纱，并指定一个两院联合委员会，研究用最适当的方式纪念这位伟大人物。

美国各地都举行了悼念仪式。圣诞节后第二天在首都费城举行了追悼会。这是当地举行过的最隆重的追悼仪式之一。华盛顿生前部属亨利·李在会上致悼词。他在悼词中对华盛顿的一生作了著名的概括，说华盛顿"在建立战功上是独一无二的，在和平建设的政绩上是独一无二的，受人民怀念之深也是独一无二的，他是一位举世无双的伟人。"

当华盛顿去世的消息传到欧洲，英国海峡舰队降军旗哀悼他。法国第一任执政官拿破仑在全军宣布华盛顿逝世时，命令各政府机构的旗帜上一律悬挂黑纱十天。曾经兵戎相见的大西洋两岸都在哀悼华盛顿。

按照华盛顿的遗嘱，他的遗体安葬在芒特弗农。1830 年至 1831 年，曾重建墓地。1928 年，建立华盛顿纪念馆。此后，芒特弗农成了美国首都华盛顿的一个历史胜地。为了纪念华盛顿，两个世纪来，美国首都及全国一百多个城镇都以华盛顿命名，华盛顿纪念塔高高地矗立在美国的首都，雄伟壮观，吸引着人们去参观、瞻仰。

华盛顿是这样一个人：他被自己的同胞尊为国父，被朋友誉为伟人，被对手或反对过他的人视为值得尊敬的人物，他逝世了，但他的名字同争取民族独立和建立资产阶级共和政体的事业是密不可分的，他的业绩如同高耸入云的纪念塔牢牢竖立在美国人民和世界人民的心中。法国外交部长塔列郎称："华盛顿的名字同一个值得纪念的时代紧密相连。他用他的才干和崇高的品质，以及无可挑剔的美德使这个时代增添光彩。"拿破仑也说过："华盛顿是一个尽善尽美的人，子孙后代将怀着敬意把他作为一个伟大帝国的缔造者来谈论。"在许多对华盛顿的评价中，托马斯·杰斐逊的评价值得一读，他说："总的来说，他是一个完美的人。虽然在某些方面似乎平淡无奇，但没有任何一点是卑劣的。这样一位靠自己的品德和时运而崛起的伟人确实是前无古人的，在名垂青史的许多英雄伟人之中，他应是毫无愧色地占有一席之地。"

综观华盛顿的一生，他不愧是一个伟大的民族英雄和杰出的政治家。他曾是英王的忠顺臣民，在英法争夺北美殖民地的战争中，为英国立下了汗马功劳；后来，他又成了弗吉尼亚最富有的种植园主。在思想感情上和政治立场上，他与英国统治阶级有着千丝万缕的联系。但是，在美利坚民族奋起反抗英国殖民统治、争取民族独立的危急关头，他虽然有过彷徨、犹豫，最后还是坚决同人民站在一起，抛弃安逸舒适的庄园生活，离别亲人，高举抗英的旗帜，走上硝烟滚滚的战场，直到把英国殖民军赶出神圣的国土。他这种为了祖国和民族独立而舍弃一切的爱国主义精神，受到了人民的赞扬。

在战场上，华盛顿并不是一位百战百胜的常胜将军，他打过不少败仗。可是，他竭尽全力领导大陆军绕过暗礁险滩，保存实力，直到最后胜利；在战略上，他清醒地估计了英强美弱的形势，避免在不利条件上同英军决战，而以"防御"、"拖延"著称；在战术上,他行动迅速,决策果断,善于组织力量攻敌之虚,发动突然袭击,取得了如特伦顿战役那样的胜利。他是民族解放战争造就的一位军事家。

美国独立以后,华盛顿又放弃了隐居生活,再次出山,积极推动制宪并成功地主持了制宪会议,为1787年美国宪法的制定作出了贡献。作为美国历史上第一位总统,他为美国作了很多事情,其中最主要的是使资产阶级共和制度在美国奠定了基础,为美国的未来开创了一个良好的起点。因此,美国人民把他尊称为"国父"。

华盛顿虽然不是一个激进的资产阶级民主主义者,而且竭力主张在美国建立强有力的中央联邦政府,但他却不迷恋个人权力和地位。在美国的具体历史条件下,独立战争胜利后,他拒当国王,解甲归田;当了总统,两届任期期满,又决意引退,这在早期资产阶级革命家和政治家中的确是难能可贵的。

华盛顿的一生是伟大的一生,光辉的一生。他把全部的生命奉献给了伟大的美利坚民族。